여러분의 합격을 응원하는
해커스공무원의 특별 혜택

FREE 2021년 군무원 9급 기출분석 무료특강

해커스공무원(gosi.Hackers.com) 접속 후 로그인 ▶ 상단의 [무료강좌] 클릭 ▶
좌측의 [기출문제 해설특강] 클릭 ▶ [2021 군무원] 선택하여 이용

📄 무료 **회독 학습 점검표**(PDF)   📄 무료 **회독용 답안지**(PDF)

해커스공무원(gosi.Hackers.com) 접속 후 로그인 ▶ 상단의 [교재·서점 → 무료 학습 자료] 클릭 ▶
본 교재의 [자료받기] 클릭

🎫 해커스공무원 온라인 단과강의 **20% 할인쿠폰**

6F3E88A663EB94AG

해커스공무원(gosi.Hackers.com) 접속 후 로그인 ▶ 상단의 [나의 강의실] 클릭 ▶
좌측의 [쿠폰등록] 클릭 ▶ 위 쿠폰번호 입력 후 이용

* 쿠폰 이용 기한: 2023년 12월 31일까지(등록 후 7일간 사용 가능) * 쿠폰 이용 관련 문의: 1588-4055

✉️ 해커스 회독증강 콘텐츠 **5만원 할인쿠폰**

28B54F285444E4NU

해커스공무원(gosi.Hackers.com) 접속 후 로그인 ▶ 상단의 [나의 강의실] 클릭 ▶
좌측의 [쿠폰등록] 클릭 ▶ 위 쿠폰번호 입력 후 이용

* 쿠폰 이용 기한: 2023년 12월 31일까지(등록 후 7일간 사용 가능)
* 월간 학습지 회독증강 행정학/행정법총론 개별상품은 할인쿠폰 할인대상에서 제외

단기 합격을 위한 해커스 커리큘럼

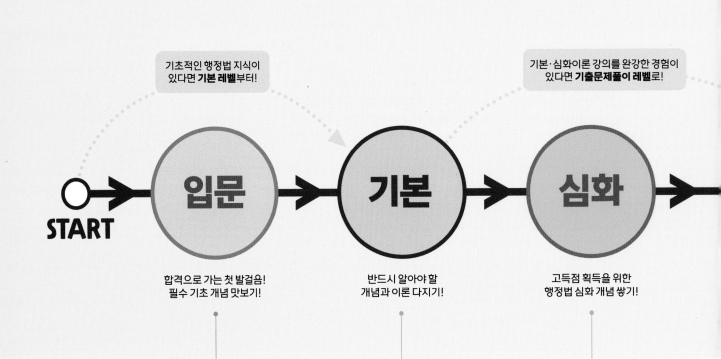

기초적인 행정법 지식이
있다면 **기본 레벨**부터!

기본·심화이론 강의를 완강한 경험이
있다면 **기출문제풀이 레벨**로!

START

입문 → **기본** → **심화** →

합격으로 가는 첫 발걸음!
필수 기초 개념 맛보기!

반드시 알아야 할
개념과 이론 다지기!

고득점 획득을 위한
행정법 심화 개념 쌓기!

강의 쌩기초 입문반

반드시 알아야 할 공무원 행정법의
기초 개념을 학습하는 강의로, 공무원
시험 공부를 이제 막 시작한 수험생
들을 위한 강의

사용교재

· 해커스공무원 쌩기초 입문서 행정법

강의 기본이론반

합격에 꼭 필요한 행정법의 기본
개념과 문제 풀이 전략을 체계적·
효율적으로 학습하는 강의

사용교재

· 해커스공무원 장재혁 행정법총론
  기본서 (세트)

강의 심화이론반

기본 개념을 확실하게 자기 것으로
완성하고, 고득점 획득을 목표로 심화
개념을 학습하는 강의

사용교재

· 해커스공무원 장재혁 행정법총론
  기본서 (세트)

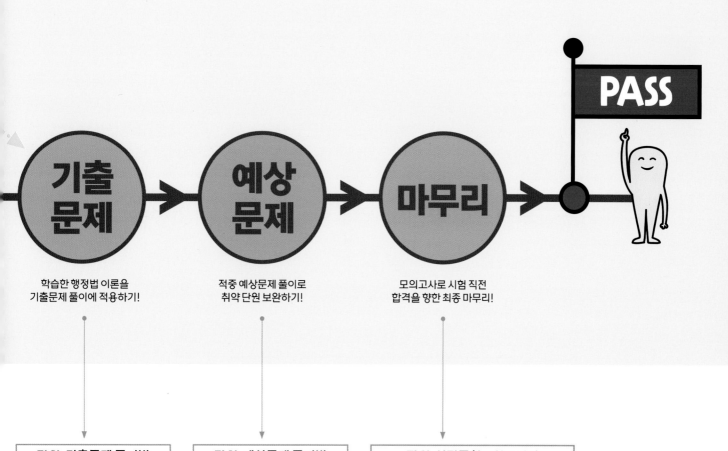

학습한 행정법 이론을
기출문제 풀이에 적용하기!

적중 예상문제 풀이로
취약 단원 보완하기!

모의고사로 시험 직전
합격을 향한 최종 마무리!

강의 기출문제 풀이반

기본·심화이론반에서 학습한 내용
들을 실제 기출문제 풀이에 적용하
면서 문제 풀이 감각을 키우는 강의

사용교재

· 해커스군무원 장재혁 행정법 16개년
기출문제집

강의 예상문제 풀이반

단원별 적중 예상문제를 풀어봄으
로써 취약한 단원을 파악하여 약점을
보완하는 강의

강의 실전동형모의고사반

공무원 행정법 시험의 최신 출제경향을 완벽하게 반
영한 모의고사를 풀어보며 실전 감각을 극대화하는
강의

사용교재

· 해커스군무원 실전동형모의고사 장재혁 행정법
· 해커스공무원 3개년 최신판례집 행정법총론

20대 마지막
기회라 생각했던
박*묵님도

적성에 맞지는 않는 전공으로
진로에 고민이 많았던
박*훈님도

여군 전역 후 노베이스로
수험 생활을 시작한
박*란님도

해커스공무원으로 자신의 꿈에 한 걸음 더 가까워졌습니다.

당신의 꿈에 가까워지는 길
해커스공무원이 함께합니다.

해커스군무원

장재혁
행정법

16개년 기출문제집

해커스공무원

장재혁

약력

연세대학교 법과대학 법학과 졸업
연세대학교 대학원 법학 석사과정

현 | 해커스공무원 행정법 강의
현 | 법무법인 대한중앙 공법 자문위원
현 | 장재혁법학연구소 소장
현 | 한국고시학원, 한국경찰학원 대표강사
전 | 박문각남부학원 대표강사

저서

해커스공무원 장재혁 행정법총론 기본서, 해커스패스
해커스공무원 장재혁 행정법총론 단원별 기출문제집, 해커스패스
해커스공무원 실전동형모의고사 장재혁 행정법총론, 해커스패스
해커스공무원 3개년 최신판례집 행정법총론, 해커스패스
해커스군무원 장재혁 행정법 16개년 기출문제집, 해커스패스
해커스군무원 실전동형모의고사 장재혁 행정법, 해커스패스

"기출문제" 그냥
풀어 보기만 하면 될까?

—

합격자들이 모두 강조하니까 풀어 봐야 할 것 같긴 한데
문제를 풀고 채점한 후 무엇을 더 해야 할지 모르겠어요.
틀린 문제를 다시 풀어 보면 또 틀리기까지 해요···

기출문제, 그냥 풀어 보기만 하면 되나요?

해커스는 자신 있게 대답합니다.
기출문제는 단순히 풀고 채점하는 것으로 끝나서는 안 됩니다. 기출문제 풀이를 통해 실제 시험의 유형과 출제 포인트를
파악하고, 취약한 부분을 파악 및 보완하여 실전에 대비할 수 있는 진짜 실력을 키워야 합니다.

**「2022 해커스군무원 장재혁 행정법 16개년 기출문제집」은
한 문제를 풀어도 완벽히 이해할 수 있도록 상세한 해설을 제공합니다.**
기출문제는 출제자의 의도를 분석하고, 정답을 정확하게 찾는 방법을 설명하는 해설로 학습해야 실력이 향상됩니다.
「2022 해커스군무원 장재혁 행정법 16개년 기출문제집」은 '출제 포인트 + 중요도 + 해설 + 관련 법령/판례' 구성으로,
한 문제를 풀더라도 기출문제 학습이 단순히 문제 풀이에서 끝나지 않고 관련 이론, 판례, 법조문의 내용까지 확인하여
실전에 완벽히 대비할 수 있습니다.

행정법 정복을 위한 다양한 학습장치를 제공합니다.
실전을 대비할 수 있도록 2021년 기출문제를 실제 시험지와 유사한 형태로 별책 수록하였으며, 문제풀이 후에는 QR
코드를 통해 2021년 9급 기출문제의 무료 해설강의도 학습할 수 있습니다. 또한 효율적인 회독을 위해 회독 학습
점검표와 회독용 답안지를 제공하여, 학습 과정에 맞게 교재를 여러 번 복습할 수 있습니다.

합격이 보이는 기출문제 풀이,
해커스가 여러분과 함께 합니다.

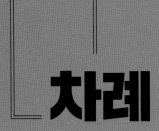

차례

[별책부록] 2021년 7·9급 군무원 기출문제

기출문제집도 해커스가 만들면 다릅니다!

01 단원별 문제와 상세한 해설로 기출문제에 대한 **완벽한 이해**가 가능합니다!

> 단원별 문제로 자연스럽게 이론을 학습할 수 있으며 문제 바로 아래에 해설이 있어 문제풀이 직후 해설을 빠르게 확인할 수 있습니다.

> '출제 포인트 + 중요도 + 해설 + 관련 법령/판례'까지 상세한 해설을 통해 문제를 완벽히 이해하여 실력을 향상시킬 수 있습니다.

▌단원별 문제 구성

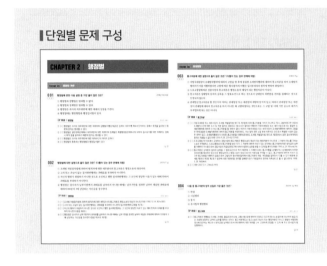

▌상세한 해설

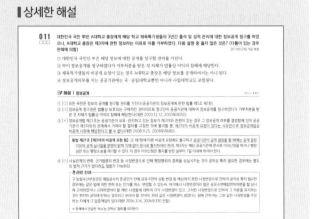

02 최신 출제 경향 및 기출문제의 유형을 철저하게 분석하여 **전략적 학습**이 가능합니다!

> '16개년 한눈에 보기'를 통해 본격적인 학습 시작 전 중점을 두어 학습해야 할 부분을 파악할 수 있습니다.

> '2021년 더 알아보기'에서는 2021년 기출문제의 발문과 대표 키워드를 통해 실제 시험에서의 출제 포인트를 확인하여 전략적으로 시험에 대비할 수 있습니다.

▌16개년 한눈에 보기

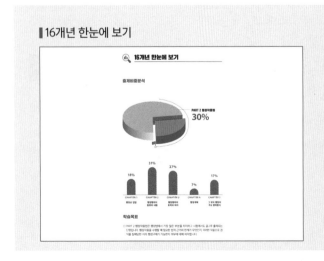

▌2021년 더 알아보기

03

군무원 행정법 시험 완벽 대비를 위한
필승으로 가는 군무원 판례를 제공합니다!

> '필승으로 가는 군무원 판례'를 통해 군무원 행정법 시험에서 출제되는 군 관련 중요 판례를 학습할 수 있습니다.
> 각 판례 아래에 수록된 '확인 OX'를 통해 실제 시험에서 어떻게 출제되는지 확인하고 점검할 수 있습니다.

군무원 행정법 중요 판례 **확인 OX**

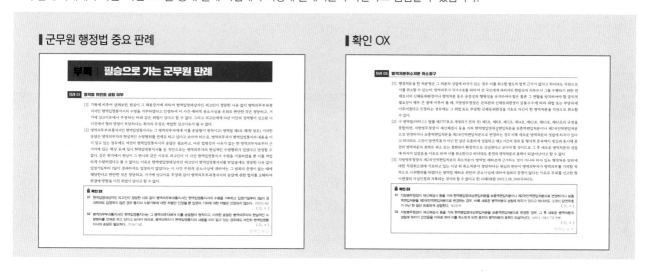

04

마무리 학습을 위한
별책부록 2021년 군무원 행정법 7·9급 기출문제를 제공합니다!

> 2021년 시행된 최신 기출문제를 실제 시험지 형태로 제공하여 시험 직전 최신 출제경향을 파악하여 효과적인 마무리 학습이 가능합니다.
> QR 코드를 통해 9급 기출문제에 대한 무료 해설 강의를 수강할 수 있으며, 정답표에는 정답과 본책의 해설 페이지 링크를 기재하여 정답과 해설을 빠르게 확인할 수 있습니다.

2021 기출문제 **정답 및 해설찾기**

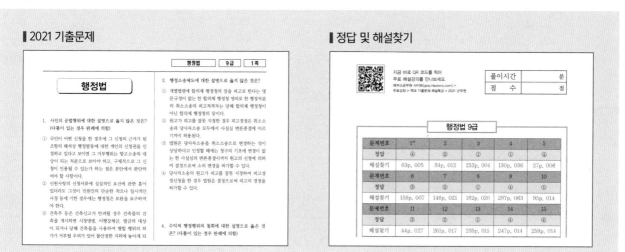

2022 군무원 시험 가이드

01 군무원 소개 및 **직렬별 주요 업무내용**

군무원이란?

군부대에서 군인과 함께 근무하는 공무원으로서 신분은 국가공무원법상 특정직 공무원으로 분류됩니다. 시험과목으로 행정법을 선택할 경우, 행정 직군 중 행정 직렬(5·7·9급), 군수 직렬(5·7·9급), 수사 직렬(5·7급)에 응시할 수 있습니다.

군무원 행정 직군 직렬별 주요 업무내용

직군	직렬	업무내용
행정	행정	· 국방정책, 군사전략, 체계분석, 평가, 제도, 계획, 연구 업무 · 일반행정, 정훈, 심리 업무 · 법제, 송무, 행정소송 업무 · 세입·세출결산, 재정금융 조사분석, 재산증명, 급여 업무 · 국유재산, 부동산 관리유지·처분에 관한 업무
	군수	· 군수품의 소요/조달, 보급/재고관리, 정비계획, 장비관리, 물자수불(청구, 불출) 업무 · 물품의 생산·공정·품질·안전관리·자원활용 등 작업계획, 생산시설 유지·생산품 처리 업무
	수사	· 범죄수사, 비위조사, 범죄예방, 계몽활동 등에 관한 업무

*행정 직군에는 행정/군수/수사 직렬 외에도 사서/군사정보/기술정보 직렬이 있으며,
이외 직군별 직렬의 업무내용은 군무원 채용관리 시스템(http://recruit.mnd.go.kr)에서 확인 가능

02 최근 3개년 **군무원 필기 시험 합격선**

연도	직 렬	채용인원	합격선
2021	행정 7급	8명	82.00점
	행정 9급	150명	84.00점
	행정 9급 (장애)	16명	64.00점
2020	행정 7급	5명	78.00점
	행정 9급	59명	74.67점
	행정 9급 (장애)	12명	60.00점
2019 (2차)	행정 9급	10명	84.00점
	행정 9급 (장애)	13명	60.00점
2019 (1차)	행정 7급	1명	90.00점
	행정 9급	40명	86.00점
	행정 9급 (장애)	32명	60.00점

* 2019~2021년 육군 군무원 7·9급 공개채용 시험 행정 직렬 기준
* 출처: 군무원 채용관리 시스템(http://recruit.mnd.go.kr)

03 한국사 및 영어 과목 **대체 시험 기준**

한국사능력시험 응시 계급별 인증 등급

시험 종류	기준등급		
	5급 응시	7급 응시	9급 응시
한국사능력검정시험	2급 이상	3급 이상	4급 이상

영어능력시험 기준 점수

시험 종류	5급	7급	9급
토익 (TOEIC)	700점 이상	570점 이상	470점 이상
토플 (TOEFL)	PBT 530점 이상 CBT 197점 이상 IBT 71점 이상	PBT 480점 이상 CBT 157점 이상 IBT 54점 이상	PBT 440점 이상 CBT 123점 이상 IBT 41점 이상
텝스 (TEPS) (2018.5.12. 이전에 실시된 시험)	625점 이상	500점 이상	400점 이상
신텝스 (TEPS) (2018.5.12. 이후에 실시된 시험)	340점 이상	268점 이상	211점 이상
지텔프 (G-TELP)	Level 2 65점 이상	Level 2 47점 이상	Level 2 32점 이상
플렉스 (FLEX)	625점 이상	500점 이상	400점 이상

*출처: 군무원 채용관리 시스템(http://recruit.mnd.go.kr)

군무원 행정법 이렇게 출제된다!

01 군무원 행정법 시험 **PART별 출제 문항 수**

군무원 행정법 시험은 총 25문항으로 구성되며, 최근 5년 동안 행정법통론과 행정작용법 PART의 출제비중이 가장 높은 경향을 보이고 있습니다. 2021년 시험에서는 2020년 시험 대비 행정작용법 PART의 출제비중이 높아졌으며, 행정법각론의 문항 수도 늘어 이에 대한 대비가 필요합니다.

시행연도	9급 PART별 출제 문항 수							총 문항 수
	행정법통론	행정작용법	행정과정	행정의 실효성 확보수단	손해전보	행정쟁송	행정법각론	
2021	5	6	3	2	2	5	2	
2020	4	4	5	3	2	6	1	
2019(2차)	6	7	5	2	0	3	2	
2019(1차)	4	7	4	3	2	5	0	25
2018	5	8	3	1	2	3	3	
2017	6	3	4	2	2	5	3	
평균	5	5.8	4	2.2	1.7	4.5	1.8	

02 최근 5개년 **군무원 행정법 시험 출제 경향**

반복되어 출제되는 기출문제

최근 들어 문제의 난도가 점차 높아지고 있으나 PART별 출제비중은 크게 변하지 않고 있으므로, 주요 단원의 빈출 개념과 관련된 조문 및 판례를 위주로 학습해야 합니다. 군무원 행정법은 공무원 행정법과 비교하여 행정과정 PART의 출제비중이 높은 편이므로 이에 대한 대비도 꾸준히 해야 합니다.

9급 공무원과 다른 출제 범위

군무원 행정법은 각론 영역의 문제도 출제되고 있으며, 특히 행정조직법과 특별행정작용법뿐만 아니라 군사행정법에서도 출제되는 것이 가장 큰 특징입니다. 기출문제를 중심으로 부록 '필승으로 가는 군무원 행정법'에 있는 판례를 함께 학습하고, 지엽적인 문제가 출제될 경우를 대비해야 합니다.

판례 영역의 높은 출제비중

최근 군무원 행정법은 판례의 출제비중이 점차 늘어나는 추세이며, 판례의 내용을 그대로 옮긴 선지들이 많은 비중을 차지하기 때문에 문제의 길이가 매우 길어지고 있습니다. 따라서 길이가 긴 판례 문제에도 당황하지 않도록 미리 관련 판례를 조금 더 꼼꼼히 학습하여 문제 풀이 시간을 단축해야 합니다.

03 군무원 행정법 시험 **영역별 출제 경향 및 수험 대책**

판례 　판례의 입장을 묻는 문제를 중심으로 구성됩니다.

> 판례는 시험에서 70% 이상 출제되는 매우 중요한 영역입니다. 주로 기본적인 입장을 묻는 문제를 중심으로 출제되지만, 예외적 결론 또는 법리, 주요 쟁점의 사실관계의 이해를 요구하는 고난도의 문제가 출제되기도 합니다.

> 판례는 결론을 중심으로 학습하되, 자주 출제되는 판례의 경우에는 구체적 내용까지 학습해 두는 것이 중요합니다. 문제를 풀 때에는 판례의 결론, 즉 서술어를 꼼꼼히 읽고 답을 선택해야 합니다.

008 다음 중 대법원 판례의 내용과 다른 것은? (다툼이 있는 경우 판례에 의함)　2020년 9급

① 일정한 자격을 갖추고 소정의 절차에 따라 국립대학의 장에 의하여 임용된 조교는 법정된 근무기간 동안 신분이 보장되는 교육공무원법상의 교육공무원 내지 국가공무원법상의 특정직공무원 지위가 부여되지만, 근무관계는 공법상 근무관계가 아닌 사법상의 근로계약관계에 해당한다.
② 행정규칙의 내용이 상위법령에 반하는 것이라면 법치국가원리에서 파생되는 법질서의 통일성과 모순금지 원칙에 따라 그것은 법질서상 당연무효이고, 행정내부적 효력도 인정될 수 없다.
③ 계약직공무원에 관한 현행 법령의 규정에 비추어 볼 때, 계약직공무원 채용계약해지의 의사표시는 일반공무원에 대한 징계처분과는 달라서 항고소송의 대상이 되는 처분 등의 성격을 가진 것으로 인정되지 아니한다.
④ 국가공무원법상 당연퇴직은 결격사유가 있을 때 법률상 당연히 퇴직하는 것이지, 공무원관계를 소멸시키기 위한 별도의 행정처분을 요하는 것이 아니며, 당연퇴직의 인사발령은 법률상 당연히 발생하는 퇴직사유를 공적으로 확인하여 알려주는 이른바 관념의 통지에 불과하므로 공무원의 신분을 상실시키는 새로운 형성적 행위가 아니므로 행정소송의 대상이 되는 독립한 행정처분이라고 할 수 없다.

조문 　조문은 반복하여 출제됩니다.

> 행정법 시험 범위로 제시되는 법령과 조문의 양은 방대하지만, 중요하게 다루어지고 있는 법령과 조문은 한정되어 있기 때문에 출제된 조문이 반복하여 출제되는 경우가 많습니다.

> 기출된 조문 위주로 학습하되, 최근 개정된 조문을 꼭 확인해야 합니다. 문제를 풀 때에는 '해야 한다', '할 수 있다' 등의 표현이나 기간, 명수 등을 나타내는 숫자에 특히 유의하여 답을 찾는 것이 좋습니다.

004 개인정보 보호법상 고유식별정보에 관한 설명으로 옳지 않은 것은?　2020년 9급

① 여권법에 따른 여권번호나 출입국관리법에 따른 외국인등록번호는 고유식별정보이다.
② 고유식별정보를 처리하려면 정보주체에게 정보의 수집·이용·제공 등에 필요한 사항을 알리고 다른 개인정보의 처리에 대한 동의와 함께 일괄적으로 동의를 받아야 한다.
③ 개인정보처리자가 이 법에 따라 고유식별정보를 처리하는 경우에는 그 고유식별정보가 분실·도난·유출·위조·변조 또는 훼손되지 아니하도록 대통령령으로 정하는 바에 따라 암호화 등 안전성 확보에 필요한 조치를 하여야 한다.
④ 개인정보처리자는 다른 개인정보의 처리에 대한 동의와 별도로 동의를 받은 경우라 하더라도 주민등록번호는 법에서 정한 예외적 인정사유에 해당하지 않는 한 처리할 수 없다.

이론 　사례형 문제를 대비해야 합니다.

> 이전에는 지엽적인 이론이 많이 출제되었으나, 최근에는 이론의 출제비중이 줄어들고 있습니다. 그러나 공무원 행정법처럼 군무원 행정법에서도 사례형 문제가 출제되고 있으므로 이에 대비해야 합니다.

> 행정법 시험의 고득점을 좌우하는 사례형 문제는 판례·조문·이론을 종합적으로 이해하고 있어야 하므로 어렵게 느껴질 수 있으나, 출제되었던 판례와 조문, 이론을 꼼꼼히 학습한다면 낯선 사례형 문제에도 대비할 수 있습니다.

048 다음에서 甲의 현행 행정쟁송법상의 권리구제수단에 관한 설명으로 옳지 않은 것은?　2009년 9급 복원

甲은 자신의 주거지 인근에 위치한 대기오염을 야기하는 공장에 대하여 관할구청에 대기환경보전법의 관련규정에 의거하여 개선명령을 발동해 줄 것을 요구하였으나, 이에 대하여 주무부장관인 환경부장관은 아무런 응답이 없었다.

① 甲은 이 경우 의무이행심판을 청구할 수는 있으나 취소심판을 청구할 수는 없다.
② 의무이행심판의 인용결정의 경우는 중앙행정심판위원회의 의결에 따라 환경부장관이 스스로 甲의 신청에 따르는 처분을 하면 된다.
③ 甲은 행정소송으로서 부작위위법확인소송을 제기할 수 있으나, 이 소송에서 법원은 부작위가 위법함을 확인하는 데 그쳐야 하고, 그 이상으로 행정청이 발급하여야 할 실체적 처분의 내용까지 심리할 수 없다고 보는 것이 대법원의 입장이다.
④ 대법원의 입장에 따르면 부작위위법확인소송에서 법원의 인용판결이 있으면 환경부장관은 판결의 기속력에 따라 적극적으로 개선명령을 발동하여야 하고, 또 다시 거부처분과 같은 소극적 처분을 하여서는 안 된다.

PART 1
행정법통론

PART 1

출제비중분석

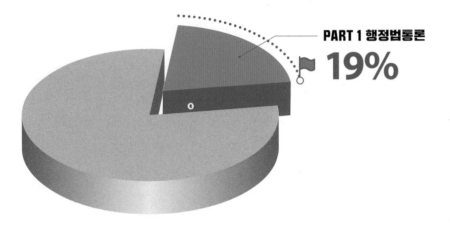

PART 1 행정법통론
19%

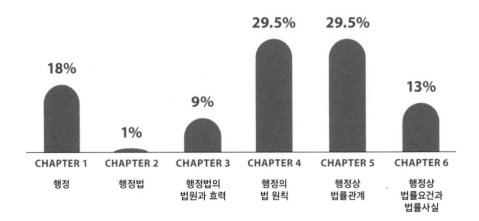

18%	1%	9%	29.5%	29.5%	13%
CHAPTER 1	CHAPTER 2	CHAPTER 3	CHAPTER 4	CHAPTER 5	CHAPTER 6
행정	행정법	행정법의 법원과 효력	행정의 법 원칙	행정상 법률관계	행정상 법률요건과 법률사실

학습목표

☐ PART 1에서는 이론 문제가 자주 출제되므로 행정과 행정법의 개념 및 이론을 먼저 정확히 이해한 후에 관련 판례를 학습하며, 법치주의, 통치행위, 행정법의 일반원칙, 사인의 공법행위 관련 내용은 특히 꼼꼼히 학습합니다.

☐ 통치행위에서는 통치행위 인정 여부뿐만 아니라 통치행위이더라도 국민의 기본권과 관련되어 사법심사의 대상이 되는 경우, 통치행위에 대한 대법원과 헌법재판소의 입장 비교까지 구체적인 내용을 암기합니다.

☐ 행정의 법 원칙에서는 개별 원칙들의 개념을 확실히 이해하고 구분합니다. 그 외에 법률유보, 공법관계와 사법관계, 개인적 공권의 성립요건, 법률상 이익과 반사적 이익의 구별 등의 내용도 자주 출제되므로 관련 판례를 이해하고 암기합니다.

2021년 더 알아보기

출제비중분석

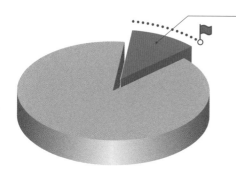

PART 1 행정법통론
16%

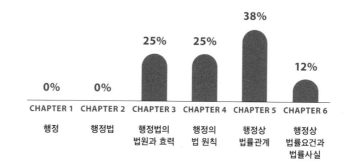

		25%	25%	38%	12%
0%	0%				
CHAPTER 1	CHAPTER 2	CHAPTER 3	CHAPTER 4	CHAPTER 5	CHAPTER 6
행정	행정법	행정법의 법원과 효력	행정의 법 원칙	행정상 법률관계	행정상 법률요건과 법률사실

출제문항별 키워드

CHAPTER 1 | 행정

THEME 01 | 행정의 의의

001 다음 중 형식적 의미와 실질적 의미 모두 행정에 해당하는 것은?

2008년 9급 복원

① 행정심판의 재결
② 공무원의 징계처분
③ 법규명령의 제정
④ 국회사무총장의 직원 임명

📝 해설 | 행정의 의의

중요도 ★★☆

① [×] 형식적 의미의 행정, 실질적 의미의 사법이다.
② [○] 형식적 의미의 행정, 실질적 의미의 행정이다.
③ [×] 형식적 의미의 행정, 실질적 의미의 입법이다.
④ [×] 형식적 의미의 입법, 실질적 의미의 행정이다.

답 ②

002 다음 중 실질적 의미의 행정에 속하지만, 형식적 의미의 행정으로 옳지 않은 것은?

2013년 9급 복원

① 세무서장에 의한 세금부과처분
② 법무부장관의 귀화허가
③ 대통령의 대법관 임명
④ 국회사무총장의 직원 임명

📝 해설 | 행정의 의의

중요도 ★★☆

①②③ [○] 실질적 의미의 행정이면서 형식적 의미의 행정이다.
④ [×] 국회사무총장의 직원 임명은 실질적 의미의 행정, 형식적 의미의 입법이다.

답 ④

003

다음 중 형식적 의미와 실질적 의미 모두 행정에 해당하는 것은?

2014년 9급 복원

① 행정청이 행하는 통고처분
② 소청심사위원회의 재결
③ 대통령의 대법원장 임명
④ 대통령령·총리령 등 법규명령의 제정·개정

📝 해설 | 행정의 의의

중요도 ★★☆

①② [×] 형식적 의미의 행정, 실질적 의미의 사법이다.
③ [○] 대통령의 대법원장 임명은 형식적 의미의 행정이면서 실질적 의미의 행정이다.
④ [×] 형식적 의미의 행정, 실질적 의미의 입법이다.

답 ③

THEME 02 | 통치행위

004

다음 중 통치행위에 대한 설명으로 옳지 않은 것은?

2007년 9급 복원

① 통치행위는 고도의 정치성을 띤 행위라 할 수 있다.
② 계엄의 선포, 조약의 체결, 선전포고 및 강화 등을 통치행위의 예로 들 수 있다.
③ 통치행위는 행정소송에 있어 열기주의를 선택했을 경우 논할 실익이 크다고 할 수 있다.
④ 우리나라의 통설과 판례는 통치행위의 관념을 인정하고 있다.

📝 해설 | 통치행위

중요도 ★★☆

①④ [○] 고도의 정치성을 띤 국가행위에 대하여는 이른바 통치행위라 하여 법원 스스로 사법심사권의 행사를 억제하여 그 심사대상에서 제외하는 영역이 있으나, 이와 같이 통치행위의 개념을 인정한다고 하더라도 과도한 사법심사의 자제가 기본권을 보장하고 법치주의 이념을 구현하여야 할 법원의 책무를 태만히 하거나 포기하는 것이 되지 않도록 그 인정을 지극히 신중하게 하여야 하며, 그 판단은 오로지 사법부만에 의하여 이루어져야 한다(대판 2004.3.26, 2003도7878).
② [○] 계엄의 선포, 남북정상회담의 개최, 사면, 이라크파병결정 등은 통치행위의 예이다.
③ [×] 열기주의는 소송법에 열기된 행정행위만을 대상으로 하지만 개괄주의는 국민권익에 영향을 주는 행정행위에 대해 사법심사가 가능하다는 입장으로 개괄주의를 택해야 통치행위를 논할 실익이 크다.

답 ③

005 다음 중 통치행위와 관련이 없는 것은?

① 불침투성이론
② 권력분립설
③ 재량행위설
④ 독자성설

📝 해설 | 통치행위

① [×] 특별권력관계이론의 바탕이 되는 이론으로, 국가의 내부관계에는 법이 침투하지 못한다는 내용이다.
② [○] 내재적 한계설이라고도 하며, 정치적 책임이 없는 법원이 통치행위에 대해 심사할 수 없다는 이론이다.
③ [○] 통치행위는 정치적 문제로 행정부의 자유재량이므로 사법심사의 대상이 되지 않는다는 이론이다.
④ [○] 통치행위는 독자적인 정치적 행위로서 사법심사의 판단에 적합한 사항이 아니라는 이론이다.

답 ①

006 통치행위를 인정하는 경우 그에 대한 설명 중 옳지 않은 것은?

① 우리나라 통설과 판례는 통치행위의 관념을 인정하고 있다.
② 통치행위의 범위는 점차 확대되어 가고 있다.
③ 통치행위는 고도의 정치성을 가지는 국가기관의 행위를 말한다.
④ 통치행위란 입법·사법·행정도 아닌 제4의 국가작용을 말한다.

📝 해설 | 통치행위

①③ [○] 고도의 정치성을 띤 국가행위에 대하여는 이른바 통치행위라 하여 법원 스스로 사법심사권의 행사를 억제하여 그 심사대상에서 제외하는 영역이 있으나, 이와 같이 통치행위의 개념을 인정한다고 하더라도 과도한 사법심사의 자제가 기본권을 보장하고 법치주의 이념을 구현하여야 할 법원의 책무를 태만히 하거나 포기하는 것이 되지 않도록 그 인정을 지극히 신중하게 하여야 하며, 그 판단은 오로지 사법부만에 의하여 이루어져야 한다(대판 2004.3.26, 2003도7878).
② [×] 오늘날 법치주의의 확대에 따라 통치행위의 범위는 점차 축소되어 가고 있다.
④ [○] 통치행위는 학설과 판례로 성립한 개념으로 입법·사법·행정이 아닌 제4의 국가작용으로 본다.

답 ②

007 통치행위에 관한 다음 설명 중 옳은 것은? (다툼이 있는 경우 판례에 의함)

① 헌법재판소는 이라크 파병결정을 통치행위에 해당하지 않는다고 하였다.
② 국회는 통치행위의 주체가 될 수 없다고 하였다.
③ 대법원은 계엄선포를 통치행위라고 판시하였다.
④ 통치행위는 이로 인하여 직접 국민의 기본권 침해가 이루어졌다 해도 헌법소원의 대상으로 볼 수 없다.

📝 **해설 | 통치행위**

중요도 ★★☆

① [×] 외국에의 국군의 파견결정은 파견군인의 생명과 신체의 안전뿐만 아니라 국제사회에서의 우리나라의 지위와 역할, 동맹국과의 관계, 국가안보문제 등 궁극적으로 국민 내지 국익에 영향을 미치는 복잡하고도 중요한 문제로서 국내 및 국제정치관계 등 제반상황을 고려하여 미래를 예측하고 목표를 설정하는 등 고도의 정치적 결단이 요구되는 사안이다(헌재 2004.4.29, 2003헌마814).
② [×] 통치행위는 정부에 의해 이루어지는 것이 일반적이며, 국회에 의해 이루어질 수도 있다. 다만, 사법부는 통치행위의 주체가 될 수 없다.
③ [○] 대통령의 계엄선포는 고도의 정치적·군사적 성격을 가진 것으로서 그 당·부당 내지 필요성 여부는 계엄해제 요구권을 가진 국회만이 판단할 수 있는 것이고 당연무효가 아닌 한 사법심사의 대상이 되지 못한다(대판 1980.8.26, 80도1278).
④ [×] 비록 고도의 정치적 결단에 의하여 행해지는 국가작용이라고 할지라도 그것이 국민의 기본권 침해와 직접 관련되는 경우에는 당연히 헌법재판소의 심판대상이 된다(헌재 1996.2.29, 93헌마186).

답 ③

008 다음 중 통치행위에 관한 설명으로 옳지 않은 것은? (다툼이 있는 경우 판례에 의함)

① 통치행위란 대통령이나 국회가 행하는 행위 가운데 고도의 정치성을 띤 행위를 의미한다.
② 통치행위라 하더라도 헌법과 법률에 위배된 경우에는 탄핵소추 등 정치적 통제의 대상이 된다.
③ 계엄선포는 통치행위임에도 불구하고 그 당·부당에 대해서는 사법심사를 인정하였다.
④ 남북정상회담의 개최는 사법심사의 대상으로 하기에 적절하지 않으나, 남북정상회담 개최과정에서의 대북송금행위는 사법심사의 대상이 된다.

📝 **해설 | 통치행위**

중요도 ★★☆

① [○] 통치행위는 고도의 정치적 행위이므로 법원을 제외한 정부나 국회가 주체가 된다.
② [○] 국민들은 통치행위에 대해 정치적 책임을 물을 수 있으며, 국회는 계엄해제를 요구하거나 탄핵소추 등을 통해서 정치적 통제를 할 수 있다.
③ [×] 헌법이나 법률에 위반되는 것으로서 명백하게 인정될 수 있는 등 특별한 사정이 있는 경우라면 몰라도, 그러하지 아니한 이상 그 계엄선포의 요건 구비 여부나 선포의 당·부당을 판단할 권한이 사법부에는 없다(대판 1997.4.17, 96도3376).
④ [○] 남북정상회담의 개최는 고도의 정치적 성격을 지니고 있는 행위라 할 것이므로 특별한 사정이 없는 한 그 당부를 심판하는 것은 사법권의 내재적·본질적 한계를 넘어서는 것이 되어 적절하지 못하지만, 남북정상회담의 개최과정에서 재정경제부장관에게 신고하지 아니하거나 통일부장관의 협력사업 승인을 얻지 아니한 채 북한측에 사업권의 대가 명목으로 송금한 행위 자체는 헌법상 법치국가의 원리와 법 앞에 평등원칙 등에 비추어 볼 때 사법심사의 대상이 된다(대판 2004.3.26, 2003도7878).

답 ③

009 다음 중 통치행위에 대한 설명으로 옳지 않은 것은? (다툼이 있는 경우 판례에 의함)

① 금융실명제에 관한 대통령의 긴급재정경제명령은 통치행위에 해당하지만, 그것이 국민의 기본권 침해와 직접 관련되는 경우에는 헌법재판소의 심판대상이 된다.

② 대통령의 독립유공자 서훈취소는 법원이 사법심사를 자제하여야 할 고도의 정치성을 띤 행위라고 볼 수는 없다.

③ 통치행위는 고도의 정치적 작용에 해당하므로 사법적·정치적 통제로부터 자유롭다.

④ 남북정상회담의 개최는 고도의 정치적 성격을 지니고 있는 행위라 할 것이므로 특별한 사정이 없는 한 그 당부를 심판하는 것은 사법권의 내재적·본질적 한계를 넘어서는 것이 되어 적절하지 못하다.

✍ 해설 | 통치행위

중요도 ★★☆

① [○] 대통령의 긴급재정경제명령은 국가긴급권의 일종으로서 고도의 정치적 결단에 의하여 발동되는 행위이고 그 결단을 존중하여야 할 필요성이 있는 행위라는 의미에서 이른바 통치행위에 속한다고 할 수 있으나, 통치행위를 포함하여 모든 국가작용은 국민의 기본권적 가치를 실현하기 위한 수단이라는 한계를 반드시 지켜야 하는 것이고, 헌법재판소는 헌법의 수호와 국민의 기본권 보장을 사명으로 하는 국가기관이므로 비록 고도의 정치적 결단에 의하여 행해지는 국가작용이라고 할지라도 그것이 국민의 기본권 침해와 직접 관련되는 경우에는 당연히 헌법재판소의 심판대상이 된다(헌재 1996.2.29, 93헌마186).

② [○] 서훈취소는 서훈수여의 경우와는 달리 이미 발생된 서훈대상자 등의 권리 등에 영향을 미치는 행위로서 관련 당사자에게 미치는 불이익의 내용과 정도 등을 고려하면 사법심사의 필요성이 크다. 따라서 기본권의 보장 및 법치주의의 이념에 비추어 보면, 비록 서훈취소가 대통령이 국가원수로서 행하는 행위라고 하더라도 법원이 사법심사를 자제하여야 할 고도의 정치성을 띤 행위라고 볼 수는 없다(대판 2015.4.23, 2012두26920).

③ [×] 고도의 정치성을 띤 통치행위는 사법심사가 배제될 수도 있으나 국민에 의한 정치적인 통제에서까지 자유로울 수는 없다.

④ [○] 남북정상회담의 개최는 고도의 정치적 성격을 지니고 있는 행위라 할 것이므로 특별한 사정이 없는 한 그 당부를 심판하는 것은 사법권의 내재적·본질적 한계를 넘어서는 것이 되어 적절하지 못하다(대판 2004.3.26, 2003도7878).

답 ③

010 다음 설명 중 옳은 것은? (다툼이 있는 경우 판례에 의함)

① 행정은 추상적·구체적 사안에 대한 규율을 행한다.

② 헌법은 통치행위를 명시적으로 규정하고 있다.

③ 헌법재판소는 대통령의 사면행위를 통치행위로 판시한 바 있다.

④ 행정법은 주로 효력규정으로 되어 있어 이에 위반하면 법적 효력이 없게 된다.

✍ 해설 | 통치행위, 행정과 행정법

중요도 ★★☆

① [×] 행정은 개별적이고 구체적인 사안에 대한 규율을 행하는 작용이다.

② [×] 통치행위는 실정법적 개념이 아닌 학설과 판례로 성립한 개념으로, 헌법에 명시적인 규정은 없다.

③ [○] 사면은 형의 선고의 효력 또는 공소권을 상실시키거나, 형의 집행을 면제시키는 국가원수의 고유한 권한을 의미하며, 사법부의 판단을 변경하는 제도로서 권력분립의 원리에 대한 예외가 된다(헌재 2000.6.1, 97헌바74).

④ [×] 행정법은 주로 단속규정(= 명령규정)으로 되어 있어 위반하더라도 효력 자체는 문제되지 않으며, 법 위반시 행정상 제재를 가하는 규정으로 볼 수 있다.

답 ③

011

다음은 판례에서 통치행위로 본 사례이다. 옳은 것을 모두 고른 것은? (다툼이 있는 경우 판례에 의함)

> ㄱ. 남북정상회담 개최과정에서의 대북송금행위
> ㄴ. 국군의 이라크파병결정
> ㄷ. 대통령의 서훈취소

① ㄱ　　　　　② ㄴ　　　　　③ ㄱ, ㄷ　　　　　④ ㄴ, ㄷ

📝 해설 | 통치행위　　　　　중요도 ★★☆

ㄱ. [×] 남북정상회담의 개최과정에서 재정경제부장관에게 신고하지 아니하거나 통일부장관의 협력사업 승인을 얻지 아니한 채 북한측에 사업권의 대가 명목으로 송금한 행위 자체는 헌법상 법치국가의 원리와 법 앞에 평등원칙 등에 비추어 볼 때 사법심사의 대상이 된다(대판 2004.3.26, 2003도7878).

ㄴ. [○] 파병결정은 그 성격상 국방 및 외교에 관련된 고도의 정치적 결단을 요하는 문제로서, 헌법과 법률이 정한 절차를 지켜 이루어진 것임이 명백하므로, 대통령과 국회의 판단은 존중되어야 하고 우리 재판소가 사법적 기준만으로 이를 심판하는 것은 자제되어야 한다(헌재 2004.4.29, 2003헌마814).

ㄷ. [×] 구 상훈법 제8조는 서훈취소의 요건을 구체적으로 명시하고 있고 절차에 관하여 상세하게 규정하고 있다. 그리고 서훈취소는 서훈수여의 경우와는 달리 이미 발생된 서훈대상자 등의 권리 등에 영향을 미치는 행위로서 관련 당사자에게 미치는 불이익의 내용과 정도 등을 고려하면 사법심사의 필요성이 크다. 따라서 기본권의 보장 및 법치주의의 이념에 비추어 보면, 비록 서훈취소가 대통령이 국가원수로서 행하는 행위라고 하더라도 법원이 사법심사를 자제하여야 할 고도의 정치성을 띤 행위라고 볼 수는 없다(대판 2015.4.23, 2012두26920).

답 ②

012

다음 중 통치행위에 관한 설명으로 옳지 않은 것은? (다툼이 있는 경우 판례에 의함)

① 남북정상회담의 개최는 고도의 정치적 성격을 지니고 있는 행위에 해당하므로 통치행위에 해당한다.

② 대통령의 긴급재정경제명령은 고도의 정치적 결단에 의하여 발동되는 통치행위에 속하지만 그것이 국민의 기본권 침해와 직접 관련되는 경우에는 헌법재판소의 심판대상이 된다.

③ 남북정상회담의 개최과정에서 법률이 정한 절차를 위반하여 이루어진 대북송금행위라도 통치행위에 해당하므로 사법심사의 대상이 되지 않는다.

④ 비상계엄의 선포와 그 확대행위가 국헌문란의 목적을 달성하기 위하여 행하여진 경우 법원은 그 자체가 범죄행위에 해당하는지 여부에 관하여 심사할 수 있다.

📝 해설 | 통치행위　　　　　중요도 ★★☆

① [○] 남북정상회담의 개최는 고도의 정치적 성격을 지니고 있는 행위라 할 것이므로 특별한 사정이 없는 한 그 당부를 심판하는 것은 사법권의 내재적·본질적 한계를 넘어서는 것이 되어 적절하지 못하다(대판 2004.3.26, 2003도7878).

② [○] 대통령의 긴급재정경제명령은 국가긴급권의 일종으로서 고도의 정치적 결단에 의하여 발동되는 행위이고 그 결단을 존중하여야 할 필요성이 있는 행위라는 의미에서 이른바 통치행위에 속한다고 할 수 있으나, 통치행위를 포함하여 모든 국가작용은 국민의 기본권적 가치를 실현하기 위한 수단이라는 한계를 반드시 지켜야 하는 것이고, 헌법재판소는 헌법의 수호와 국민의 기본권 보장을 사명으로 하는 국가기관이므로 비록 고도의 정치적 결단에 의하여 행해지는 국가작용이라고 할지라도 그것이 국민의 기본권 침해와 직접 관련되는 경우에는 당연히 헌법재판소의 심판대상이 된다(헌재 1996.2.29, 93헌마186).

③ [×] 남북정상회담의 개최과정에서 재정경제부장관에게 신고하지 아니하거나 통일부장관의 협력사업 승인을 얻지 아니한 채 북한측에 사업권의 대가 명목으로 송금한 행위 자체는 헌법상 법치국가의 원리와 법 앞에 평등원칙 등에 비추어 볼 때 사법심사의 대상이 된다(대판 2004.3.26, 2003도7878).

④ [○] 비상계엄의 선포나 확대가 국헌문란의 목적을 달성하기 위하여 행하여진 경우에는 법원은 그 자체가 범죄행위에 해당하는지의 여부에 관하여 심사할 수 있다(대판 1997.4.17, 96도3376).

답 ③

013 통치행위에 대한 설명으로 옳지 않은 것은? (다툼이 있는 경우 판례에 의함)

① 외국에의 국군의 파견결정은 고도의 정치적 결단이 요구되는 사안이므로 현행 헌법이 채택하고 있는 대의민주제 통치구조하에서 대의기관인 대통령과 국회의 그와 같은 고도의 정치적 결단은 가급적 존중되어야 한다.

② 헌법재판소는 통치행위일지라도 그것이 국민의 기본권 침해와 직접 관련되는 경우에는 당연히 헌법재판의 대상이 된다고 본다.

③ 대법원은 남북정상회담의 개최는 물론 남북정상회담의 과정에서 관련 부서에 대한 신고 또는 승인 등의 법적 절차를 거치지 아니하고 북한으로 송금한 행위도 사법심사의 대상이라 보기 어렵다고 판시하고 있다.

④ 비상계엄의 선포나 확대가 국헌문란의 목적을 달성하기 위하여 행하여진 경우에는 법원은 그 자체가 범죄행위에 해당하는지의 여부에 관하여 심사할 수 있다.

📝 해설 | 통치행위

중요도 ★★☆

① [O] 이 사건 파견결정은 그 성격상 국방 및 외교에 관련된 고도의 정치적 결단을 요하는 문제로서, 헌법과 법률이 정한 절차를 지켜 이루어진 것임이 명백하므로, 대통령과 국회의 판단은 존중되어야 하고 헌법재판소가 사법적 기준만으로 이를 심판하는 것은 자제되어야 한다(헌재 2004.4.29, 2003헌마814).

② [O] 비록 고도의 정치적 결단에 의하여 행해지는 국가작용이라고 할지라도 그것이 국민의 기본권 침해와 직접 관련되는 경우에는 당연히 헌법재판소의 심판대상이 된다(헌재 1996.2.29, 93헌마186).

③ [×] 남북정상회담의 개최는 고도의 정치적 성격을 지니고 있는 행위라 할 것이므로 특별한 사정이 없는 한 그 당부를 심판하는 것은 사법권의 내재적·본질적 한계를 넘어서는 것이 되어 적절하지 못하지만, 남북정상회담의 개최과정에서 재정경제부장관에게 신고하지 아니하거나 통일부장관의 협력사업 승인을 얻지 아니한 채 북한측에 사업권의 대가 명목으로 송금한 행위 자체는 헌법상 법치국가의 원리와 법 앞에 평등원칙 등에 비추어 볼 때 사법심사의 대상이 된다(대판 2004.3.26, 2003도7878).

④ [O] 비상계엄의 선포나 확대가 국헌문란의 목적을 달성하기 위하여 행하여진 경우에는 법원은 그 자체가 범죄행위에 해당하는지의 여부에 관하여 심사할 수 있다(대판 1997.4.17, 96도3376).

답 ③

014 다음은 1993년 8월 12일에 발하여진 대통령의 '금융실명거래 및 비밀보장에 관한 긴급재정경제명령'(이하 '긴급재정경제명령'이라 칭함)에 관한 위헌확인소원에서 헌법재판소가 내린 결정 내용이다. 옳지 않은 것은? (다툼이 있는 경우 판례에 의함)

① 대통령의 긴급재정경제명령은 국가긴급권의 일종으로서 고도의 정치적 결단에 의하여 발동되는 행위이다.

② 대통령의 긴급재정경제명령은 이른바 통치행위에 속한다고 할 수 있다.

③ 통치행위를 포함하여 모든 국가작용은 국민의 기본권적 가치를 실현하기 위한 수단이라는 한계를 반드시 지켜야 한다.

④ 국민의 기본권 침해와 직접 관련되는 경우라도 그 국가작용이 고도의 정치적 결단에 의하여 행해진다면 당연히 헌법재판소의 심판대상이 되지 않는다.

📝 해설 | 통치행위

중요도 ★★☆

①②③ [O] 대통령의 긴급재정경제명령은 국가긴급권의 일종으로서 고도의 정치적 결단에 의하여 발동되는 행위이고 그 결단을 존중하여야 할 필요성이 있는 행위라는 의미에서 이른바 통치행위에 속한다고 할 수 있으나, 통치행위를 포함하여 모든 국가작용은 국민의 기본권적 가치를 실현하기 위한 수단이라는 한계를 반드시 지켜야 한다(헌재 1996.2.29, 93헌마186).

④ [×] 헌법재판소는 헌법의 수호와 국민의 기본권 보장을 사명으로 하는 국가기관이므로 비록 고도의 정치적 결단에 의하여 행해지는 국가작용이라고 할지라도 그것이 국민의 기본권 침해와 직접 관련되는 경우에는 당연히 헌법재판소의 심판대상이 된다(헌재 1996.2.29, 93헌마186).

답 ④

015 다음 중 행정의 분류 기준 가운데 주체에 의한 분류로 옳지 않은 것은?
□□□

2011년 9급 복원

① 국가행정
② 관리행정
③ 자치행정
④ 위임행정

📑 해설 | 행정의 분류

중요도 ★☆☆

①③④ [O] 행정을 주체에 의하여 분류하면 국가행정, 자치행정, 위임행정으로 나눌 수 있다.
② [X] 관리행정은 공법형식의 행정 중에서 비권력적인 행정으로 볼 수 있으며, 행정주체가 공권력주체로서가 아니라 공기업·공물 등의 경영·관리주체로서 국민과 대등한 지위에서 행하는 작용을 말한다.

답 ②

016 다음 중 국유일반재산의 매각과 가장 관련이 있는 것은?
□□□

2006년 9급 복원

① 유도행정
② 국고행정
③ 질서행정
④ 급부행정

📑 해설 | 행정의 분류, 행정상 법률관계

중요도 ★☆☆

①③④ [X] 이들은 행정을 그 내용에 따라 분류한 것으로서 유도행정은 행정주체가 국민들의 사회, 경제적 생활 등을 일정한 방향으로 이끌며 촉진하는 활동을 의미한다. 질서행정은 사회의 질서를 유지함을 목적으로 하는 행정을, 급부행정은 국민의 복지증진을 위하여 행하는 행정을 의미한다.
② [O] 국고행정은 국가 또는 공공단체 등의 행정주체가 우월적인 지위가 아닌 사법상의 재산권의 주체로서 사인과 거래하는 것을 의미한다. 즉, 국유일반재산의 매각은 사법상의 계약이므로 국고행정에 해당한다.

답 ②

CHAPTER 2 | 행정법

001

다음 중 행정과 행정법에 대한 설명으로 옳지 않은 것은?　　　　　　　　　2010년 9급 복원

① 행정법은 행정에 관한 공법 중에서 국내법만을 의미한다.
② 영미법계 국가의 행정법은 행정절차법을 중심으로 발전하였다.
③ 공익과 사익의 구별은 보편타당하게 존재하는 선험적인 구별이다.
④ 대륙법계 국가에서는 법치주의와 행정제도의 발달을 전제로 행정법이 성립되었다.

✏ 해설 | 행정법의 성립과 특징　　　　　　　　　　　　　　　　　　　중요도 ★★☆

① [○] 행정법은 행정에 관한 공법으로 국내법이며, 국제법과 구별된다.
② [○] 영미법계의 행정법은 실체법이 아닌 행정절차법을 중심으로 발전해왔다.
③ [×] 공익이냐 사익이냐의 구별은 구체적·경험적인 구분에 대한 문제이다.
④ [○] 대륙법계 국가에서는 법치국가의 사상과 행정제도의 발달 등으로 행정법이 성립되었다.

답 ③

001 다음 중 행정법의 법원(法源)에 대한 설명으로 옳지 않은 것은?

2008년 9급 복원 변형

① 일반적으로 성문법의 형식으로 존재하나, 불문법의 형식으로도 존재한다.
② 불문법계 국가에서는 전혀 문제가 되지 않는다.
③ 지방자치단체의 학생인권조례는 행정법의 법원이 된다.
④ 법원이란 인식 근거 또는 법의 존재 형식에 관한 문제이다.

📝 해설 │ 행정법의 법원

중요도 ★☆☆

① [○] 불문법원으로는 관습법, 판례법, 조리법 등이 있다.
② [×] 행정법의 법원에 대해 성문법계 국가에서는 성문법이 원칙이며 불문법은 보충적으로 법원이 된다. 반면에 불문법계 국가에서는 불문법이 원칙이나 성문법도 법원으로 인정된다. 따라서 '전혀 문제가 되지 않는다'는 서술은 잘못되었다.
③ [○] 지방의회가 제정한 조례는 자치법규의 하나로서 행정법의 법원이 된다.
④ [○] 법원이란 법에 대한 인식의 근거 또는 법의 존재 형식을 의미한다.

답 ②

002 다음 중 헌법과 행정법의 관계에 대한 설명으로 옳지 않은 것은?

2013년 9급 복원

① 헌법의 구체화법으로서 행정법은 헌법에 대한 행정법의 기속 또는 헌법의 실현 또는 행정법의 영역에서 헌법의 중심적인 역할을 강조한 것이다.
② 오늘날 헌법은 행정과 법률과의 형식적 관계만을 정하는 것이 아니고 법률의 내용에 대하여도 제한을 가하고 있다.
③ 행정법의 전체 영역을 규율하는 헌법원리로서 권력분립원칙은 '행정작용은 입법기관이나 사법기관이 아닌 별도의 기관에 의하여 수행되어야 한다'는 내용을 도출하게 된다.
④ 독일의 행정법학자인 오토 마이어(Otto Mayer)가 말한 '헌법은 변하여도 행정법은 변하지 않는다'라는 표현은 현대의 사회적 법치국가에서는 그 타당성을 찾을 수 없다.

📝 해설 │ 헌법과 행정법

중요도 ★★☆

① [○] 헌법은 행정법의 최고 법원으로 효력상 헌법이 행정법보다 우위에 있다. 즉, 행정법은 헌법을 위반할 수 없는바 이는 헌법에 대한 행정법의 기속 또는 헌법의 실현 혹은 행정법의 영역에서 헌법의 중심적인 역할을 강조한 것이다.
② [○] 오늘날 실질적 법치주의에 따라 헌법은 행정과 법률과의 형식적 관계만이 아니라 그 내용까지도 헌법에 합치되도록 하고 있다.
③ [○] 헌법원리로서 권력분립의 원칙은 국가권력을 행정권, 입법권, 사법권으로 구분하는 3권분립이 그 내용이다. 즉, 국가의 기능을 나누어 이에 따라 국가기관을 분리하고 그 기능에 맞는 역할을 하도록 한 것이다.
④ [×] 오토 마이어가 말한 '헌법은 변하여도 행정법은 변하지 않는다'라는 표현은 행정법의 헌법에 대한 무감수성, 즉 행정법의 기술적·수단적 성격을 강조한 것이다. 오늘날 현대 법치국가에서는 행정법을 헌법의 구체화법으로 보기 때문에 행정법과 헌법을 무관하게 볼 수는 없지만, 여전히 행정법의 기술적·수단적 측면에서는 여전히 오토 마이어의 해석이 유효하다고 볼 수 있다.

답 ④

003

다음 중 행정법의 법원(法源)에 대한 설명으로 옳지 않은 것은?

① 성문법주의 국가에서는 원칙적으로 행정관습법이 인정된다.

② 헌법에 의하여 체결·공포된 조약과 일반적으로 승인된 국제법규는 국내법과 같은 효력을 가진다.

③ 대통령의 긴급명령과 긴급재정경제명령은 행정법의 법원이 된다.

④ 학교급식을 위해 국내 우수농산물을 사용하는 자에게 식재료나 구입비의 일부를 지원하는 것 등을 내용으로 하는 지방자치단체의 조례안은 '1994년 관세 및 무역에 관한 일반협정'에 위반되어 그 효력이 없다.

해설 | 행정법의 법원

중요도 ★★☆

① [×] 성문법주의 국가에서 행정관습법은 원칙적으로 인정되는 것은 아니다. 다수설인 보충적 효력설에 따르면 성문법이 없는 경우 보충적으로 법원성이 인정되어 효력을 갖게 된다.

② [○] 헌법에 의하여 체결·공포된 조약과 일반적으로 승인된 국제법규는 국내법과 같은 효력을 가진다(헌법 제6조 제1항).

③ [○] 대통령의 긴급명령과 긴급재정경제명령은 법률의 효력을 갖는 성문법으로서 행정법의 법원이 된다.

④ [○] 특정 지방자치단체의 초·중·고등학교에서 실시하는 학교급식을 위해 위 지방자치단체에서 생산되는 우수농수축산물과 이를 재료로 사용하는 가공식품을 우선적으로 사용하도록 하고 그러한 우수농산물을 사용하는 자를 선별하여 식재료나 식재료 구입비의 일부를 지원하며 지원을 받은 학교는 지원금을 반드시 우수농산물을 구입하는 데 사용하도록 하는 것을 내용으로 하는 위 지방자치단체의 조례안이 내국민대우원칙을 규정한 '1994년 관세 및 무역에 관한 일반협정'에 위반되어 그 효력이 없다(대판 2005.9.9, 2004추10).

답 ①

004

다음 중 행정법의 법원(法源)에 대한 설명으로 옳지 않은 것은?

① 처분적 법률은 형식적 의미의 법률에 해당한다.

② 독일의 법학자인 프리츠 베르너(Fritz Werner)는 '행정법은 구체화된 헌법'이라고 표현하였다.

③ 대통령은 법률에서 구체적으로 범위를 정하여 위임받은 사항과 법률을 집행하기 위하여 필요한 사항에 관하여 대통령령을 발할 수 있다.

④ 지방자치단체는 법률의 위임이 있는 경우에 자치사무에 관한 사항을 조례로 정할 수 있다.

해설 | 행정법의 법원

중요도 ★★★

① [○] 처분적 법률이란 개별적·구체적 사항을 규율하는 법률로써, 형식적 의미의 법률에 해당한다. 형식적 의미의 법률은 국회가 입법 절차에 따라 법률의 형식으로 정하는 모든 규정을 말하고, 실질적 의미의 법률은 국가기관에 의해 제정된 법규범(법규)을 말한다.

② [○] 독일의 법학자인 프리츠 베르너(Fritz Werner)는 행정법은 헌법을 구체화시키는 법으로 표현하여, 행정법이 헌법에 종속적인 법이라는 둘의 관계를 강조하였다.

③ [○] 대통령은 법률에서 구체적으로 범위를 정하여 위임받은 사항과 법률을 집행하기 위하여 필요한 사항에 관하여 대통령령을 발할 수 있다(헌법 제75조).

④ [×] 지방자치단체는 법령의 범위 안에서 그 사무에 관하여 조례를 제정할 수 있다. 다만, 주민의 권리 제한 또는 의무부과에 관한 사항이나 벌칙을 정할 때에는 법률의 위임이 있어야 한다(지방자치법 제28조).
⇨ 시험의 모든 선택지는 그 자체로서 참·거짓을 판단할 수 있도록 구성되어야 한다. 지방자치단체는 법률의 위임이 없어도 '자치사무'에 관한 사항을 조례로 정할 수 있지만, 법률의 위임을 받아서 조례로 정하는 것이 불가능한 것은 아니다. 헌법에서 인정하는 '지방자치제도'를 존중하는 취지에서, 법률이 지방자치단체의 자치사무 영역에서 자치입법권으로 구체적 타당성 있는 규율을 집행할 수 있는 여지를 전혀 허용하지 않는 것은 위헌적이므로 금지된다고 볼 수 있으나, 그 정도가 아니라면 헌법에 의해 금지된다고 해석하기도 어렵다. 따라서 '지방자치단체는 법률의 위임이 있는 경우 자치사무에 관한 사항을 조례로 정할 수 있다.'라는 진술 자체는 거짓이라고 보기 어렵다. 만약 지방자치법상 어떻게 규정되어 있는지를 묻고 싶었으면 문제 혹은 지문에 그러한 전제를 명시했어야 한다.

답 ④

005 다음 중 조약과 국제법규에 대한 설명으로 옳지 않은 것은?

① 국가간 협정과 국가와 국제기구간 협정은 별도의 입법절차를 거칠 필요 없이 법적 효력을 가진다.

② 국제법과 국내법 관계 이원론에는 국제법우위설, 국내법우위설, 동위설 등이 있다.

③ 헌법에 의해 체결·공포된 조약과 일반적으로 승인된 국제법규는 국내법과 같은 효력이 인정된다.

④ 조약과 국제법규가 동일한 효력을 가진 국내 법률·명령과 충돌하는 경우 신법우위의 원칙 및 특별법우위의 원칙이 적용된다.

📝 **해설 | 조약과 국제법규**
중요도 ★★☆

① [○] 일반적으로 승인된 국제법규는 우리나라 의회에 의한 입법절차를 거치지 않아도 바로 효력이 발생하여 국내법으로 수용된다.

② [×] 국제법우위설, 국내법우위설, 동위설 등은 국제법과 국내법 관계 일원론에 해당한다.

③ [○] 헌법에 의하여 체결·공포된 조약과 일반적으로 승인된 국제법규는 국내법과 같은 효력을 가진다(헌법 제6조 제1항).

④ [○] 헌법에 의하여 체결·공포된 조약과 일반적으로 승인된 국제법규가 동일한 효력을 가진 국내의 법률·명령과 충돌하는 경우에는 신법우위의 원칙 및 특별법우위의 원칙이 적용된다.

답 ②

THEME 06 | 행정법의 효력

006 행정법의 효력에 대한 설명으로 옳지 않은 것은?

① 조례와 규칙은 특별한 규정이 없으면 공포한 날부터 20일이 경과함으로써 효력을 발생한다.

② 행정법령은 특별한 규정이 없는 한 시행일로부터 장래에 향하여 효력을 발생하는 것이 원칙이다.

③ 법령을 소급적용하더라도 일반 국민의 이해에 직접 관계가 없는 경우에는 법령의 소급적용이 허용된다.

④ 법률불소급의 원칙은 그 법률의 효력발생 전에 완성된 요건 사실뿐만 아니라 계속 중인 사실이나 그 이후에 발생한 요건 사실에 대해서도 그 법률을 소급적용할 수 없다.

📝 **해설 | 행정법의 효력**
중요도 ★★☆

① [○] 조례와 규칙은 특별한 규정이 없으면 공포한 날부터 20일이 지나면 효력을 발생한다(지방자치법 제32조 제8항).

② [○] 대통령령, 총리령 및 부령은 특별한 규정이 없으면 공포한 날부터 20일이 경과함으로써 효력을 발생한다(법령 등 공포에 관한 법률 제13조).

③ [○] 법령의 소급적용, 특히 행정법규의 소급적용은 일반적으로는 법치주의의 원리에 반하고, 개인의 권리·자유에 부당한 침해를 가하며, 법률생활의 안정을 위협하는 것이어서, 이를 인정하지 않는 것이 원칙이고(법률불소급의 원칙 또는 행정법규불소급의 원칙), 다만 법령을 소급적용하더라도 일반 국민의 이해에 직접 관계가 없는 경우, 오히려 그 이익을 증진하는 경우, 불이익이나 고통을 제거하는 경우 등의 특별한 사정이 있는 경우에 한하여 예외적으로 법령의 소급적용이 허용된다(대판 2005.5.13, 2004다8630).

④ [×] 법령불소급의 원칙은 법령의 효력발생 전에 완성된 요건 사실에 대하여 당해 법령을 적용할 수 없다는 의미일 뿐, 계속 중인 사실이나 그 이후에 발생한 요건 사실에 대한 법령적용까지를 제한하는 것은 아니다(대판 2014.4.24, 2013두26552).

답 ④

007 행정법의 효력에 대한 설명으로 옳지 않은 것은? (다툼이 있는 경우 판례에 의함)

① 행정법규는 시행일부터 그 효력을 발생한다.

② 법령이 변경된 경우 신 법령이 피적용자에게 유리하여 이를 적용하도록 하는 경과규정을 두는 등의 특별한 규정이 없는 한 헌법 제13조 등의 규정에 비추어 볼 때 그 변경 전에 발생한 사항에 대하여는 변경 후의 신 법령이 아니라 변경 전의 구 법령이 적용되어야 한다.

③ 법령불소급의 원칙은 법령의 효력발생 전에 완성된 요건 사실에 대하여 당해 법령을 적용할 수 없다는 의미일 뿐, 계속 중인 사실이나 그 이후에 발생한 요건 사실에 대한 법령적용까지를 제한하는 것은 아니다.

④ 진정소급입법의 경우에는 신뢰보호의 이익을 주장할 수 있으나 부진정소급입법의 경우에는 신뢰보호의 이익을 주장할 수 없다.

📝 해설 | 행정법의 효력

중요도 ★★☆

① [○] 행정법규는 공포된 후에 시행일부터 그 효력이 발생하게 된다. 일반적으로 법령을 공포한 즉시 효력을 발생하게 하지 않는 이유는 법령의 시행에 따른 혼란을 최소화하기 위해 유예기간을 두는 것으로 볼 수 있다.

② [○] 대판 2002.12.10, 2001두3228

③ [○] 대판 2014.4.24, 2013두26552

④ [×] 새로운 입법으로 이미 종료된 사실관계에 작용케 하는 진정소급입법은 헌법적으로 허용되지 않는 것이 원칙이며 특단의 사정이 있는 경우에만 예외적으로 허용될 수 있는 반면, 현재 진행 중인 사실관계에 작용케 하는 부진정소급입법은 원칙적으로 허용되지만 소급효를 요구하는 공익상의 사유와 신뢰보호의 요청 사이의 교량과정에서 신뢰보호의 관점이 입법자의 형성권에 제한을 가하게 된다(헌재 1998.11.26, 97헌바58). ⇨ 부진정소급입법도 신뢰보호원칙에 의해 제한받으므로 신뢰보호이익을 주장할 수 있다.

답 ④

008 행정기본법상 법적용의 기준에 대한 설명으로 옳지 않은 것은?

① 새로운 법령은 법령에 특별한 규정이 있는 경우를 제외하고는 그 법령의 효력 발생 전에 완성되거나 종결된 사실관계 또는 법률관계에 대해서는 적용되지 아니한다.

② 당사자의 신청에 따른 처분은 법령에 특별한 규정이 있거나 처분 당시의 법령을 적용하기 곤란한 특별한 사정이 있는 경우를 제외하고는 처분 당시의 법령에 따른다.

③ 법령을 위반한 행위의 성립과 이에 대한 제재처분은 법령에 특별한 규정이 있는 경우를 제외하고는 법령을 위반한 행위 당시의 법령에 따른다.

④ 법령을 위반한 행위 후 법령의 변경에 의하여 그 행위가 법령을 위반한 행위에 해당하지 아니하는 경우에도 해당 법령에 특별한 규정이 없는 경우 변경 이전의 법령을 적용한다.

📝 해설 | 행정법의 효력

중요도 ★★☆

① [○] 새로운 법령 등은 법령 등에 특별한 규정이 있는 경우를 제외하고는 그 법령 등의 효력 발생 전에 완성되거나 종결된 사실관계 또는 법률관계에 대해서는 적용되지 아니한다(행정기본법 제14조 제1항).

② [○] 당사자의 신청에 따른 처분은 법령 등에 특별한 규정이 있거나 처분 당시의 법령 등을 적용하기 곤란한 특별한 사정이 있는 경우를 제외하고는 처분 당시의 법령 등에 따른다(동법 동조 제2항).

③ [○] ④ [×] 법령 등을 위반한 행위의 성립과 이에 대한 제재처분은 법령 등에 특별한 규정이 있는 경우를 제외하고는 법령 등을 위반한 행위 당시의 법령 등에 따른다. 다만, 법령 등을 위반한 행위 후 법령 등의 변경에 의하여 그 행위가 법령 등을 위반한 행위에 해당하지 아니하거나 제재처분 기준이 가벼워진 경우로서 해당 법령 등에 특별한 규정이 없는 경우에는 변경된 법령 등을 적용한다(동법 동조 제3항).

답 ④

CHAPTER 4 | 행정의 법 원칙

THEME 07 | 법치행정의 원칙

001 다음 법률유보에 관한 학설 가운데 법률유보에서의 법률의 범위를 형식적 법률에 한정하지 않고 조직법이나 예산까지 포함하고 있는 것은?

2013년 9급 복원

① 신침해유보설
② 중요사항유보설
③ 전부유보설
④ 사회유보설

📝 해설 | 법률유보

중요도 ★☆☆

① [○] 원칙적으로 침해유보설의 입장을 취하면서 그 범위를 확장하려는 이론이다. 법률의 범위를 형식적 법률에 한정하지 않고 급부행정에 있어서 그 자체에 법적 근거가 없더라도 조직법이나 예산 등에 근거해서 급부행정을 할 수 있다는 것이 그 내용이다.
② [×] 기본권과 관련된 중요한 사항이나 본질적인 내용에 대한 정책 형성은 직접 국회가 정하여야 한다는 이론이다.

> 🔖 **관련 판례**
> 적어도 국민의 헌법상 기본권 및 기본의무와 관련된 중요한 사항 내지 본질적인 내용에 대한 정책 형성 기능만큼은 입법부가 담당하여 법률의 형식으로써 수행해야 하지, 행정부나 사법부에 그 기능을 넘겨서는 안 된다(헌재 2004.3.25, 2001헌마882).

③ [×] 모든 행정작용은 국민의 대표인 의회에 따라 법률에 근거해야 한다는 내용으로, 국민주권주의·의회민주주의를 강조하는 이론이다.
④ [×] 급부유보설이라고도 하며, 침해적인 행정뿐만 아니라 급부적인 행정의 작용에서도 법률의 근거가 필요하다는 이론이다.

답 ①

002 다음 중 법률유보에 대한 설명으로 옳지 않은 것은?

2008년 9급 복원

① 전부유보설이 3권분립의 원칙에 가장 부합하는 주장이다.
② 의회유보설은 의회의 입법기관으로서 권한과 의무를 강조하는 이론이다.
③ 급부행정유보설은 침해행정은 물론 수익적 행정행위에 대해서도 법률의 근거가 필요하다고 본다.
④ 신침해유보설은 특별권력관계에 있어서도 구성원의 자유와 권리를 침해하기 위해서는 법률의 수권이 필요하다고 보는 점에서 전통적인 침해유보설과 구별된다.

📝 해설 | 법률유보

중요도 ★★☆

① [×] 전부유보설은 모든 행정작용이 법률에 근거해야 한다는 입장으로, 행정의 자유영역을 부정하게 되기 때문에 3권분립 원칙에 가장 부합하는 견해라고 할 수 없다.
② [○] 중요한 사항 내지 본질적인 사항에 있어서 입법부가 담당하여 법률의 형식으로 수행해야 한다는 견해로, 의회의 입법기관으로서의 권한 및 의무를 강조한다.
③ [○] 급부행정유보설은 침해행정뿐만 아니라 급부행정의 영역에 있어서도 법률의 근거가 필요하다는 견해이다.
④ [○] 신침해유보설은 원칙적으로 침해유보설의 입장을 취하지만, 급부행정에 있어서는 그 자체에 법적 근거가 없더라도 조직법, 예산 등에 근거해서 급부행정을 할 수 있다는 견해이다.

답 ①

003 다음 중 **법률유보**에 관한 설명으로 옳지 않은 것은?

① 침해유보설은 국민의 자유, 권리를 제한 또는 침해하거나 새로운 의무를 부과하는 행정작용은 법률의 근거를 요한다고 한다.

② 전부유보설은 침해유보설과 상반되는 입장으로 모든 행정작용은 법률의 근거를 요한다고 보는 견해이며 현재 우리나라의 통설이다.

③ 급부행정유보설은 침해행정은 물론 수익적 행정활동인 급부행정의 전반에 대해서 법률의 근거를 요한다고 한다.

④ 본질성설은 독일연방 헌법재판소의 판례에 의하여 정립된 것으로 각 행정부분의 본질적 사항에 관한 규율은 법률의 근거를 요한다고 한다.

📝 해설 | 법률유보

중요도 ★★☆

① [○] 국민의 자유와 권리를 제한하거나 의무를 부과하는 행위에 법률적 근거가 있어야 한다는 입장은 침해유보설이다.

② [×] 모든 행정작용은 법률에 근거해야 한다는 입장은 전부유보설로, 현재 우리나라의 통설이 아니다.

③ [○] 침해행정만이 아니라 급부행정까지도 법률의 근거가 필요하다는 입장은 급부행정유보설이다.

④ [○] 기본권이나 국가의 조직 등 본질적인 사항에 대해서는 법률로 정하여야 하고 그 이외의 사항에 대해서만 위임이 가능하다는 입장은 본질성설이다.

답 ②

---

004 다음 중 **법률유보**에 관한 설명으로 옳지 않은 것은? (다툼이 있는 경우 판례에 의함)

① 법률유보원칙은 의회민주주의원리, 법치국가원리, 기본권 보장을 그 이념적 기초로 한다.

② 법률유보원칙에서 법률이란 국회에서 제정한 형식적 의미의 법률뿐만 아니라 법률에서 구체적으로 위임을 받은 법규명령도 포함된다.

③ 법률우위의 원칙은 법 자체의 체계와 관련된 것이지만, 법률유보의 원칙은 입법과 행정과의 관계와 관련된 것이다.

④ 헌법재판소는 한국방송공사 수신료 사건과 관련하여 의회유보원칙과 행정유보원칙 모두를 인정하였다.

📝 해설 | 법률유보

중요도 ★★☆

① [○] 법률유보의 원칙은 법치국가의 원리와 민주주의원리, 각종 기본권 보장을 그 이념으로 한다.

② [○] 법률유보의 원칙은 법률이 없는 경우에 문제가 되는 것으로 국회에서 제정한 법률뿐만 아니라 법률에서 구체적 위임을 받은 법규명령도 법률유보원칙에의 법률에 포함된다.

③ [○] 법률우위의 원칙은 행정이 의회가 제정한 법률에 위반되어서는 안 된다는 것으로 법 자체의 체계와 관련이 있다. 반면 법률유보의 원칙은 행정이 의회가 제정한 법률 등에 근거하여 행해져야 한다는 것으로 입법과 행정의 관계와 관련이 있다.

④ [×] 한국방송공사법 제36조 제1항에서 국회의 결정이나 관여를 배제한 채 한국방송공사로 하여금 수신료금액을 결정해서 문화관광부장관의 승인을 얻도록 한 것은 법률유보원칙에 위반된다(헌재 1999.5.27, 98헌바70). ⇨ 헌법재판소는 의회유보를 인정하였으며 법률유보의 원칙과 반대되는 내용인 행정유보원칙은 인정한 적이 없다.

답 ④

005 다음 중 법치행정의 원리에 대한 설명으로 옳지 않은 것은?

① 재량행위의 경우 법률상 근거 없이는 부관을 붙일 수 없다.
② 법률우위의 원칙은 소극적 의미의 법률적합성의 원칙이다.
③ 법률우위의 원칙에서 법률은 헌법, 형식적 의미의 법률, 법규명령과 관습법 등 모든 법규범을 포함하나 행정규칙은 포함하지 않는다.
④ 법률유보의 원칙에서 법률은 원칙적으로 의회가 제정한 형식적 의미의 법률을 의미한다.

📝 해설 | 법치행정

중요도 ★★☆

① [×] 재량행위에 있어서는 법령상의 근거가 없다고 하더라도 부관을 붙일 수 있는데, 그 부관의 내용은 적법하고 이행 가능하여야 하며 비례의 원칙 및 평등의 원칙에 적합하고 행정처분의 본질적 효력을 해하지 아니하는 한도의 것이어야 한다(대판 1997.3.14, 96누16698).
② [○] 법률우위의 원칙은 행정이 법에 위반하여서는 안 된다는 것을 의미한다. 즉, 행정은 법률에 반해서는 안 된다는 것으로 소극적 의미의 법률적합성 원칙이라고 할 수 있다.
③ [○] 법률우위의 원칙에서 법률은 대외적 구속력(법규성)이 있는 모든 법규범을 말한다. 따라서 행정규칙은 포함되지 아니한다.
④ [○] 법률유보의 원칙에서 말하는 법률이란 국회에서 제정한 형식적 의미의 법률을 말하므로, 불문법인 관습법은 이에 포함되지 않는다.

답 ①

006 다음 설명 중 옳지 않은 것은? (다툼이 있는 경우 판례에 의함)

① 법률유보의 원칙은 행정의 모든 영역에 적용된다고 보는 것이 일관된 견해이다.
② 평등의 원칙은 법 적용뿐만 아니라 입법작용 또한 정의와 형평의 원칙에 합당하게 이루어질 것을 요구한다.
③ 신뢰보호원칙의 이론적 근거로 법적 안정성설이 다수설 및 판례의 입장이다.
④ 기술적으로 입법이 어려운 부분이나 변화가 잦은 부분에 있어서는 명확성의 원칙을 완화하여 적용해야 한다.

📝 해설 | 법치행정, 행정법의 일반원리

중요도 ★★☆

① [×] 법률우위의 원칙은 행정의 모든 영역에 적용되지만 법률유보의 원칙의 적용범위는 학설의 대립이 있다.
② [○] 평등의 원칙은 법 집행뿐만 아니라 입법작용에도 적용된다. 만일 법률이 평등의 원칙을 위반하게 되면 헌법에 위반하게 된다.
③ [○] 국민이 종전의 법률관계나 제도가 장래에도 지속될 것이라는 합리적인 신뢰를 바탕으로 이에 적응하여 법적 지위를 형성하여 온 경우 국가 등은 법치국가의 원칙에 의한 법적 안정성을 위하여 권리의무에 관련된 법규·제도의 개폐에 있어서 국민의 기대와 신뢰를 보호하지 않으면 안 된다(헌재 2014.4.24, 2010헌마747). ⇨ 다수설과 판례는 신뢰보호의 원칙의 근거를 법적 안정성에 두고 있다.
④ [○] 명확성의 원칙이란 법령의 규정을 통해서 규제하고자 하는 행위 및 요건 등을 국민이 예측할 수 있어야 한다는 의미로, 기술적으로 입법이 어렵거나 변화가 잦은 부분에 있어서는 명확성의 원칙을 완화하여 적용해야 한다.
규율대상이 지극히 다양하거나 수시로 변화하는 성질의 것일 때에는 위임의 구체성, 명확성의 요건이 완화될 수도 있을 것이다(헌재 1997.2.20, 95헌바27).

답 ①

007 비례의 원칙과 관련이 없는 것은?

2008년 9급 복원

① 최소침해의 원칙
② 필요성의 원칙
③ 적합성의 원칙
④ 자의금지의 원칙

📝 해설 | 비례의 원칙

중요도 ★☆☆

①②③ [O] 비례의 원칙(과잉금지의 원칙)이란 어떤 행정목적을 달성하기 위한 수단은 그 목적달성에 유효·적절하고(적합성의 원칙) 또한 가능한 한 최소침해를 가져오는 것이어야 하며(필요성의 원칙), 아울러 그 수단의 도입으로 인한 침해가 의도하는 공익을 능가하여서는 아니 된다(상당성의 원칙)는 헌법상의 원칙을 말한다(대판 1997.9.26, 96누10096).

④ [×] 자의금지의 원칙은 본질적으로 서로 다른 것을 자의적으로 평등하게 취급하거나 본질적으로 서로 같은 것을 자의적으로 불평등하게 취급하는 것을 금지하는 것이다.

> **🔎 관련 판례**
>
> 이 사건 법령조항이 다른 게임제공업자와는 달리 청구인들에게만 등록의무를 부과하고 등급분류의 기간을 달리 정한 것은 본질적으로 다른 것을 서로 다르게 취급한 것으로서 자의금지의 원칙에 반한다고 볼 수 없으므로, 청구인의 평등권이 침해되었다고 할 수 없다(헌재 2002.7.18, 99헌마574).

답 ④

008 비례의 원칙에 대한 설명으로 옳지 않은 것은?

2012년 9급 복원

① 비례의 원칙의 세 가지 요소를 모두 갖추지 못했을 때에만 비례의 원칙에 위반되었다는 평가를 받게 된다.
② 필요성은 최소침해의 원칙이라고도 하며 특정한 수단을 통해 이루어진 행정조치의 결과가 여러 적합한 수단 중에서도 당사자의 권리나 자유에 가장 적은 침해만을 입혀야 한다는 것을 의미한다.
③ 적합성은 행정권이 발동될 시에는 행정청이 달성하려는 행정목적에 적합한 수단을 이용하여야 한다는 것을 의미한다.
④ 비례의 원칙을 위반하는 것은 위법한 행위로 인정된다.

📝 해설 | 비례의 원칙

중요도 ★★☆

① [×] 비례의 원칙은 적합성의 원칙, 필요성의 원칙, 상당성의 원칙 세 가지 요소를 갖추고 있으며, 이 중 어느 하나라도 충족하지 못하면 위법한 행정행위가 된다.

②③ [O] 비례의 원칙(과잉금지의 원칙)이란 어떤 행정목적을 달성하기 위한 수단은 그 목적달성에 유효·적절하고(적합성의 원칙) 또한 가능한 한 최소침해를 가져오는 것이어야 하며(필요성의 원칙), 아울러 그 수단의 도입으로 인한 침해가 의도하는 공익을 능가하여서는 아니 된다(상당성의 원칙)는 헌법상의 원칙을 말한다(대판 1997.9.26, 96누10096).

④ [O] 비례의 원칙은 헌법적 효력을 가지는 법원칙이므로, 이를 위반하는 것은 위법한 행위로 인정된다.

답 ①

009 □□□ 행정법상 비례의 원칙에 관한 다음 설명 중 옳은 것은?

① 적합성의 원칙이란 행정조치의 정도는 공익상 필요의 정도와 균형을 유지해야 함을 의미한다.

② 필요성의 원칙이란 행정기관의 조치는 그 의도하는 목적을 달성할 수 있는 수단이어야 함을 의미한다.

③ 상당성의 원칙이란 일정한 목적을 달성할 수 있는 수단이 여러 가지 있는 경우에 그중에서 관계자에게 가장 적은 부담을 주는 수단을 선택함을 의미한다.

④ 음식점 영업허가의 신청이 있는 경우에 부관으로서 부담을 붙이게 되면 공익목적을 달성할 수 있는 경우임에도 불구하고 그 허가를 거부하는 것은 필요성의 원칙에 위배된다.

해설 | 비례의 원칙 중요도 ★★☆

① [×] 상당성의 원칙에 대한 설명이다.

② [×] 적합성의 원칙에 대한 설명이다.

③ [×] 필요성의 원칙에 대한 설명이다.

④ [○] 위험한 건물에 대하여 개수명령으로써 목적을 달성할 수 있음에도 불구하고 철거명령을 발령하는 것과, 음식점 영업허가의 신청이 있는 경우에 부관으로서 부담을 붙이게 되면 공익목적을 달성할 수 있음에도 불구하고 그 허가를 거부하는 것은 필요성의 원칙에 반한다.

답 ④

010 □□□ 다음 중 비례의 원칙을 위반한 사례로 옳지 않은 것은? (다툼이 있는 경우 판례에 의함)

① 근무지를 이탈하여 상관을 비판하는 기자회견을 한 검사장에 대해 면직처분을 한 사례

② 자동차를 운전하여 범죄행위를 한 자의 운전면허를 취소·정지한 사례

③ 공무원이 단 1회 총리훈령을 위반하여 요정출입을 하였다는 사유로 파면처분을 받은 사례

④ 청소년유해매체물로 결정·고시된 만화인 사실을 모르고 있던 도서대여업자가 그 고시일로부터 8일 후에 청소년에게 그 만화를 대여한 것을 사유로 금 700만원의 과징금을 부과받은 사례

해설 | 비례의 원칙 중요도 ★★☆

① [○] 근무지를 이탈하여 상관을 비판하는 기자회견을 한 검사장에 대한 면직처분은 비례의 원칙을 위반한 것으로 본다(대판 2001.8.24, 2000두7704).

② [×] 도로교통법 제78조 제1항 제5호의 규정 내용과 취지 등에 비추어 보면, 일반시민의 교통의 편의를 담당하고 있는 개인택시운전사로서 불특정 다수의 승객을 매일 운송하여야 하는 개인택시운전사가 승객인 피해자를 강제추행한 점 등의 사정에 의하면 개인택시운전사가 자동차를 이용하여 동종의 범죄를 재범할 위험성이 상당히 크므로 당해 운전면허취소처분은 적법하고, 또 그에 있어 재량권의 일탈·남용도 없다(대판 1997.10.24, 96누17288).

③ [○] 공무원이 단 1회 총리훈령을 위반하여 요정출입을 하였다는 사유로 파면처분을 받은 것은 비례의 원칙을 위반한 것으로 본다(대판 1967.5.2, 67누24).

④ [○] 청소년유해매체물로 결정·고시된 만화인 사실을 모르고 있던 도서대여업자가 그 고시일로부터 8일 후에 청소년에게 그 만화를 대여한 것을 사유로 그 도서대여업자에게 금 700만원의 과징금이 부과된 경우, 그 과징금부과처분은 재량권을 일탈·남용한 것으로서 위법하다(대판 2001.7.27, 99두9490).

답 ②

011

다음 중 재량준칙적 행정규칙의 법규성을 인정하는 근거로 가장 옳은 것은?　　　2014년 9급 복원

① 평등의 원칙
② 신의성실의 원칙
③ 부당결부금지의 원칙
④ 비례의 원칙

📝 해설 | 평등의 원칙　　　중요도 ★★☆

① [○] 상급행정기관이 하급행정기관에 대하여 업무처리지침이나 법령의 해석적용에 관한 기준을 정하여 발하는 이른바 '행정규칙이나 내부지침'은 일반적으로 행정조직 내부에서만 효력을 가질 뿐 대외적인 구속력을 갖는 것은 아니므로 행정처분이 그에 위반하였다고 하여 그러한 사정만으로 곧바로 위법하게 되는 것은 아니다. 다만, 재량권 행사의 준칙인 행정규칙이 그 정한 바에 따라 되풀이 시행되어 행정관행이 이루어지게 되면 평등의 원칙이나 신뢰보호의 원칙에 따라 행정기관은 그 상대방에 대한 관계에서 그 규칙에 따라야 할 자기구속을 받게 되므로, 이러한 경우에는 특별한 사정이 없는 한 그를 위반하는 처분은 평등의 원칙이나 신뢰보호의 원칙에 위배되어 재량권을 일탈·남용한 위법한 처분이 된다(대판 2009.12.24, 2009두7967).

② [×] 행정청은 법령 등에 따른 의무를 성실히 수행하여야 한다는 원칙을 말하며, 행정절차법 제4조(신의성실 및 신뢰보호) 및 국세기본법 제15조(신의·성실)에서 이를 인정하고 있다.

③ [×] 행정청은 행정작용을 할 때 상대방에게 해당 행정작용과 실질적인 관련이 없는 의무를 부과하여서는 아니 된다는 원칙으로, 행정기본법 제13조에서 이를 인정하고 있다.

④ [×] 비례의 원칙(과잉금지의 원칙)이란 어떤 행정목적을 달성하기 위한 수단은 그 목적달성에 유효·적절하고 또한 가능한 한 최소침해를 가져오는 것이어야 하며, 아울러 그 수단의 도입으로 인한 침해가 의도하는 공익을 능가하여서는 아니 된다는 헌법상의 원칙을 말한다(대판 1997.9.26, 96누10096).

답 ①

012

평등원칙에 대한 설명으로 옳지 않은 것은? (다툼이 있는 경우 판례에 의함)　　　2021년 9급

① 국가기관이 채용시험에서 국가유공자의 가족에게 10%의 가산점을 부여하는 규정은 평등권과 공무담임권을 침해한다.

② 평등원칙은 동일한 것 사이에서의 평등이므로 상이한 것에 대한 차별의 정도에서의 평등을 포함하지 않는다.

③ 재량준칙이 공표된 것만으로는 행정의 자기구속의 원칙이 적용될 수 없고, 재량준칙이 되풀이 시행되어 행정관행이 성립한 경우에 적용될 수 있다.

④ 행정의 자기구속의 원칙이 인정되는 경우에는 행정관행과 다른 처분은 특별한 사정이 없는 한 위법하다.

📝 해설 | 평등의 원칙　　　중요도 ★★☆

① [○] 국·공립학교의 채용시험에 국가유공자와 그 가족이 응시하는 경우 만점의 10%를 가산하도록 규정하고 있는 국가유공자 등 예우 및 지원에 관한 법률 제31조 제1항·제2항, 독립유공자 예우에 관한 법률 제16조 제3항 중 국가유공자 등 예우 및 지원에 관한 법률 제31조 제1항·제2항 준용 부분, 5·18 민주유공자 예우에 관한 법률 제22조 제1항·제2항의 경우 명시적인 헌법적 근거 없이 국가유공자의 가족들에게 만점의 10%라는 높은 가산점을 부여하고 있는바, 그러한 가산점 부여 대상자의 광범위성과 가산점 10%의 심각한 영향력과 차별효과를 고려할 때, 그러한 입법정책만으로 헌법상의 공정경쟁의 원리와 기회균등의 원칙을 훼손하는 것은 부적절하며, 국가유공자의 가족의 공직 취업기회를 위하여 매년 많은 일반 응시자들에게 불합격이라는 심각한 불이익을 입게 하는 것은 정당화될 수 없다. 이 사건 조항의 차별로 인한 불평등 효과는 입법목적과 그 달성수단 간의 비례성을 현저히 초과하는 것이므로, 이 사건 조항은 청구인들과 같은 일반 공직시험 응시자들의 평등권을 침해한다. 이 사건 조항이 공무담임권의 행사에 있어서 일반 응시자들을 차별하는 것이 평등권을 침해하는 것이라면, 같은 이유에서 이 사건 조항은 그들의 공무담임권을 침해하는 것이다(헌재 2006.2.23, 2004헌마675·981·1022).

② [×] 평등의 원칙은 같은 것을 같게, 다른 것을 다르게 취급해야 한다는 상대적 평등을 의미한다. 즉, 평등의 원칙은 상이한 것 사이의 차별에 있어서도 다른 만큼 다르게 대우하여야 한다는 것까지 규율하고 있다.

③④ [○] 상급행정기관이 하급행정기관에 대하여 업무처리지침이나 법령의 해석적용에 관한 기준을 정하여 발하는 이른바 '행정규칙이나 내부지침'은 일반적으로 행정조직 내부에서만 효력을 가질 뿐 대외적인 구속력을 갖는 것은 아니므로 행정처분이 그에 위반하였다고 하여 그러한 사정만으로 곧바로 위법하게 되는 것은 아니다. 다만, 재량권 행사의 준칙인 행정규칙이 그 정한 바에 따라 되풀이 시행되어 행정관행이 이루어지게 되면 평등의 원칙이나 신뢰보호의 원칙에 따라 행정기관은 그 상대방에 대한 관계에서 그 규칙에 따라야 할 자기구속을 받게 되므로, 이러한 경우에는 특별한 사정이 없는 한 그를 위반하는 처분은 평등의 원칙이나 신뢰보호의 원칙에 위배되어 재량권을 일탈·남용한 위법한 처분이 된다(대판 2009.12.24, 2009두7967).

답 ②

013 헌법재판소 결정례와 대법원 판례의 내용으로 옳지 않은 것은? (다툼이 있는 경우 판례에 의함) 2020년 9급

① 현역군인만을 국방부의 보조기관 및 차관보·보좌기관과 병무청 및 방위사업청의 보조기관 및 보좌기관에 보할 수 있도록 정하여 군무원을 제외하고 있는 정부조직법 관련 조항은 군무원인 청구인들의 평등권을 침해한다고 보아야 한다.

② 행정소송에 있어서 처분청의 처분권한 유무는 직권조사사항이 아니다.

③ 행정권한의 위임이 행하여진 때에는 위임관청은 그 사무를 처리할 권한을 잃는다.

④ 자동차운전면허시험 관리업무는 국가행정사무이고 지방자치단체의 장인 서울특별시장은 국가로부터 그 관리업무를 기관위임받아 국가행정기관의 지위에서 그 업무를 집행하므로, 국가는 면허시험장의 설치 및 보존의 하자로 인한 손해배상책임을 부담한다.

📝 해설 | 평등의 원칙 중요도 ★★★

① [×] 군인과 군무원은 모두 국군을 구성하며 국토수호라는 목적을 위해 국가와 국민에게 봉사하는 특정직공무원이기는 하지만 각각의 책임·직무·신분 및 근무조건에는 상당한 차이가 존재한다. 이 사건 법률조항이 현역군인에게만 국방부 등의 보조기관 등에 보해질 수 있는 특례를 인정한 것은 국방부 등이 담당하고 있는 지상·해상·상륙 및 항공작전임무와 그 임무를 수행하기 위한 교육훈련업무에는 평소 그 업무에 종사해 온 현역군인들의 작전 및 교육경험을 활용할 필요성이 인정되는 반면, 군무원들이 주로 담당해 온 정비·보급·수송 등의 군수지원분야의 업무, 행정 업무 그리고 일부 전투지원분야의 업무는 국방부 등에 근무하는 일반직공무원·별정직공무원 및 계약직공무원으로서도 충분히 감당할 수 있다는 입법자의 합리적인 재량 판단에 의한 것이다. 따라서 이와 같은 차별이 입법재량의 범위를 벗어나 현저하게 불합리한 것이라 볼 수는 없으므로 이 사건 법률조항은 청구인들의 평등권을 침해하지 않는다(헌재 2008.6.26, 2005헌마1275).

② [○] 대판 1997.6.19, 95누8669 전합

③ [○] 대판 1992.9.22, 91누11292

④ [○] 대판 1991.12.24, 91다34097

답 ①

014 다음 중 행정법의 일반원칙에 대한 설명으로 옳지 않은 것은? (다툼이 있는 경우 판례에 의함) 　　　　　2019년(1차) 9급 복원

□□□

① 제1종 보통면허로 운전할 수 있는 차량을 음주운전한 경우에는 제1종 보통면허의 취소 외에 동일인이 소지하고 있는 제1종 대형면허와 원동기장치자전거면허까지 취소할 수 있다.

② 재량권 행사의 준칙인 행정규칙이 그 정한 바에 따라 되풀이 시행되어 행정관행이 이루어지게 되면 평등의 원칙이나 신뢰보호의 원칙에 따라 행정기관은 그 상대방에 대한 관계에서 그 규칙에 따라야 할 자기구속을 받게 된다.

③ 위법한 행정처분이라 하더라도 수차례에 걸쳐 반복적으로 행하여진 경우라면 행정의 자기구속의 원칙이 적용된다.

④ 지방자치단체장이 사업자에게 주택사업계획승인을 하면서 그 주택사업과는 아무런 관련이 없는 토지를 기부채납하도록 하는 부관을 주택사업계획승인에 붙인 경우, 그 부관은 부당결부금지의 원칙에 위반되어 위법이다.

📝 **해설 | 자기구속의 원칙** 　　　　　중요도 ★★☆

① [○] 한 사람이 여러 종류의 자동차운전면허를 취득하는 경우뿐 아니라 이를 취소 또는 정지하는 경우에 있어서도 서로 별개의 것으로 취급하는 것이 원칙이기는 하나, 자동차운전면허는 그 성질이 대인적 면허일 뿐만 아니라 도로교통법 시행규칙 제26조 별표 14에 의하면, 제1종 대형면허 소지자는 제1종 보통면허로 운전할 수 있는 자동차와 원동기장치자전거를, 제1종 보통면허 소지자는 원동기장치자전거까지 운전할 수 있도록 규정하고 있어서 제1종 보통면허로 운전할 수 있는 차량의 음주운전은 당해 운전면허뿐만 아니라 제1종 대형면허로도 가능하고, 또한 제1종 대형면허나 제1종 보통면허의 취소에는 당연히 원동기장치자전거의 운전까지 금지하는 취지가 포함된 것이어서 이들 세 종류의 운전면허는 서로 관련된 것이라고 할 것이므로 제1종 보통면허로 운전할 수 있는 차량을 음주운전한 경우에 이와 관련된 면허인 제1종 대형면허와 원동기장치자전거면허까지 취소할 수 있는 것으로 보아야 한다(대판 1994.11.25, 94누9672).

② [○] 재량권 행사의 준칙인 행정규칙이 그 정한 바에 따라 되풀이 시행되어 행정관행이 이루어지게 되면 평등의 원칙이나 신뢰보호의 원칙에 따라 행정기관은 그 상대방에 대한 관계에서 그 규칙에 따라야 할 자기구속을 받게 되므로, 이러한 경우에는 특별한 사정이 없는 한 그를 위반하는 처분은 평등의 원칙이나 신뢰보호의 원칙에 위배되어 재량권을 일탈·남용한 위법한 처분이 된다(대판 2009.12.24, 2009두7967).

③ [×] 평등의 원칙은 본질적으로 같은 것을 자의적으로 다르게 취급함을 금지하는 것이고, 위법한 행정처분이 수차례에 걸쳐 반복적으로 행하여졌다 하더라도 그러한 처분이 위법한 것인 때에는 행정청에 대하여 자기구속력을 갖게 된다고 할 수 없다(대판 2009.6.25, 2008두13132).

④ [○] 지방자치단체장이 사업자에게 주택사업계획승인을 하면서 그 주택사업과는 아무런 관련이 없는 토지를 기부채납하도록 하는 부관을 주택사업계획승인에 붙인 경우, 그 부관은 부당결부금지의 원칙에 위반되어 위법하지만, 지방자치단체장이 승인한 사업자의 주택사업계획은 상당히 큰 규모의 사업임에 반하여, 사업자가 기부채납한 토지 가액은 그 100분의 1 상당의 금액에 불과한 데다가, 사업자가 그동안 그 부관에 대하여 아무런 이의를 제기하지 아니하다가 지방자치단체장이 업무착오로 기부채납한 토지에 대하여 보상협조요청서를 보내자 그때서야 비로소 부관의 하자를 들고 나온 사정에 비추어 볼 때 부관의 하자가 중대하고 명백하여 당연무효라고는 볼 수 없다(대판 1997.3.11, 96다49650).

답 ③

015 신뢰보호의 원칙에 관한 설명 중 옳지 않은 것은?

① 영미법계의 금반언의 원리와 유사하다.
② 신뢰보호의 원칙의 이론적 근거로 신의칙설이 현재의 다수설이다.
③ 행정확약이나 계획보장청구권의 보장 등에 이용될 수 있다.
④ 우리나라의 행정절차법은 신뢰보호의 원칙을 명문으로 규정하고 있다.

📝 해설 | 신뢰보호의 원칙

중요도 ★★☆

① [○] 영미법계의 행정법상에서는 금반언의 원칙으로 인정되어 왔다.
② [×] 초기에는 신의칙과 법적 안정성 등에 대한 학설의 대립이 있었으나, 최근에는 법적 안정성설이 다수설로 인정받고 있다.
③ [○] 신뢰보호의 원칙은 국민이 법률적 규율이나 제도가 장래에 지속할 것이라는 합리적인 신뢰를 바탕으로 개인의 법적 지위를 형성해 왔을 때에는 국가에게 그 국민의 신뢰를 되도록 보호할 것을 요구하는 법치국가원리의 파생원칙으로 행정확약이나 계획보장청구권의 보장 등에 이용될 수 있다.
④ [○] 행정청은 법령 등의 해석 또는 행정청의 관행이 일반적으로 국민들에게 받아들여졌을 때에는 공익 또는 제3자의 정당한 이익을 현저히 해칠 우려가 있는 경우를 제외하고는 새로운 해석 또는 관행에 따라 소급하여 불리하게 처리하여서는 아니 된다(행정절차법 제4조 제2항).

답 ②

016 다음 중 행정법의 영역에서만 적용되는 사항으로 옳지 않은 것은?

① 강제징수
② 행정상 쟁송
③ 대집행의 계고
④ 신뢰보호의 원칙

📝 해설 | 신뢰보호의 원칙

중요도 ★☆☆

① [○] 행정상 강제징수는 행정상의 급전급부의무를 이행하지 않는 경우를 대상으로 하여 행정청이 의무자의 재산에 실력을 가하여 의무가 이행된 것과 동일한 상태를 직접적으로 실현하는 작용을 말한다.
② [○] 행정상 쟁송은 광의의 개념으로 보면 행정법 관계에 관한 분쟁을 해결하는 절차를 총칭한다.
③ [○] 행정대집행법 제3조 제1항의 계고처분은 그 계고처분 자체만으로서는 행정적 법률효과를 발생하는 것은 아니나 같은 법 제3조 제2항의 대집행명령장을 발급하고 대집행을 하는 데 전제가 되는 것이므로 행정처분이라 할 수 있고 따라서 행정소송의 대상이 될 수 있다(대판 1962.10.18, 62누117).
④ [×] 헌법상의 법치국가원리의 파생원칙인 신뢰보호의 원칙은 국민이 법률적 규율이나 제도가 장래에도 지속할 것이라는 합리적인 신뢰를 바탕으로 이에 적응하여 개인의 법적 지위를 형성해 왔을 때에는 국가로 하여금 그와 같은 국민의 신뢰를 되도록 보호할 것을 요구한다. 따라서 법규나 제도의 존속에 대한 개개인의 신뢰가 그 법규나 제도의 개정으로 침해되는 경우에 상실된 신뢰의 근거 및 종류와 신뢰이익의 상실로 인한 손해의 정도 등과 개정규정이 공헌하는 공공복리의 중요성을 비교교량하여 현존상태의 지속에 대한 신뢰가 우선되어야 한다고 인정될 때에는 규범 정립자는 지속적 또는 과도적으로 그 신뢰보호에 필요한 조치를 취하여야 할 의무가 있다. 이 원칙은 법률이나 그 하위법규뿐만 아니라 국가 관리의 입시제도와 같이 국·공립대학의 입시전형을 구속하여 국민의 권리에 직접 영향을 미치는 제도운영지침의 개폐에도 적용되는 것이다(헌재 1997.7.16, 97헌마38).

답 ④

017 다음 지문에 해당되는 행정법의 일반원칙을 차례대로 나열한 것은?

ㄱ. 행정청은 법령 등의 해석 또는 행정청의 관행이 일반적으로 국민들에게 받아들여졌을 때에는 공익 또는 제3자의 정당한 이익을 현저히 해칠 우려가 있는 경우를 제외하고는 새로운 해석 또는 관행에 따라 소급하여 불리하게 처리하여서는 아니 된다.

ㄴ. 경찰관의 직권은 그 직무 수행에 필요한 최소한도에서 행사되어야 하며 남용되어서는 아니 된다.

	ㄱ	ㄴ
①	비례원칙	부당결부금지원칙
②	신뢰보호원칙	평등원칙
③	비례원칙	평등원칙
④	신뢰보호원칙	비례원칙

📝 해설 | 행정법의 일반원칙
중요도 ★★☆

ㄱ. 신뢰보호의 원칙에 대해 설명하고 있다.

> **행정절차법 제4조 【신의성실 및 신뢰보호】** ② 행정청은 법령 등의 해석 또는 행정청의 관행이 일반적으로 국민들에게 받아들여졌을 때에는 공익 또는 제3자의 정당한 이익을 현저히 해칠 우려가 있는 경우를 제외하고는 새로운 해석 또는 관행에 따라 소급하여 불리하게 처리하여서는 아니 된다.

ㄴ. 비례의 원칙에 대해 설명하고 있다.

> **경찰관 직무집행법 제1조 【목적】** ② 이 법에 규정된 경찰관의 직권은 그 직무 수행에 필요한 최소한도에서 행사되어야 하며 남용되어서는 아니 된다.

답 ④

018 신뢰보호원칙에 관한 설명 중 옳지 않은 것은? (다툼이 있는 경우 판례에 의함)

① 신뢰보호원칙이 적용되기 위한 행정기관의 공적인 견해표명 여부를 판단할 때는 행정조직상의 형식적인 권한분장에 의하여 판단한다.

② 신뢰의 대상인 행정청의 선행조치는 반드시 문서의 형식으로 행하여질 필요는 없으며 구두에 의해서도 가능하다.

③ 귀책사유의 유무는 상대방과 그로부터 신청행위를 위임받은 수임인 등 관계자 모두를 기준으로 판단한다.

④ 행정청의 확약 또는 공적 견해표명이 있은 후에 사실적·법률적 상태가 변경되었다면, 그와 같은 확약 또는 공적 의사표명은 행정청의 별다른 의사표시를 기다리지 않고 실효된다.

📝 해설 | 신뢰보호의 원칙
중요도 ★★☆

① [×] 과세관청의 공적 견해표명이 있었는지의 여부를 판단하는 데 있어 반드시 행정조직상의 형식적인 권한분장에 구애될 것은 아니고 담당자의 조직상의 지위와 임무, 당해 언동을 하게 된 구체적인 경위 및 그에 대한 납세자의 신뢰가능성에 비추어 실질에 의하여 판단하여야 하는 것이다(대판 1996.1.23, 95누13746).

② [○] 신뢰의 대상인 행정청의 선행조치로서의 공적인 견해표명은 소극적 행위, 묵시적 행위도 포함되기 때문에 반드시 문서의 형식으로 행하여질 필요가 없으며 구두에 의해서도 가능하다.

③ [○] 귀책사유의 유무는 상대방과 그로부터 신청행위를 위임받은 수임인 등 관계자 모두를 기준으로 판단하여야 한다(대판 2002.11.8, 2001두1512).

④ [○] 행정청이 상대방에게 장차 어떤 처분을 하겠다고 확약 또는 공적인 의사표명을 하였다고 하더라도, 그 자체에서 상대방으로 하여금 언제까지 처분의 발령을 신청하도록 유효기간을 두었는 데도 그 기간 내에 상대방의 신청이 없었다거나 확약 또는 공적인 의사표명이 있은 후에 사실적·법률적 상태가 변경되었다면 그와 같은 확약 또는 공적인 의사표명은 행정청의 별다른 의사표시를 기다리지 않고 실효된다(대판 1996.8.20, 95누10877).

답 ①

019 다음 중 옳지 않은 것은? (다툼이 있는 경우 판례에 의함)

① 헌법재판소의 위헌결정은 행정청이 개인에 대하여 신뢰의 대상이 되는 공적인 견해를 표명한 것이라고 할 수 없으므로 그 결정에 관련한 개인의 행위에 대하여는 신뢰보호의 원칙이 적용되지 아니한다.

② 도시계획구역 내 생산녹지로 답인 토지에 대하여 종교회관 건립을 이용목적으로 하는 토지거래계약의 허가를 받으면서 담당공무원이 관련 법규상 허용된다 하여 이를 신뢰하고 건축준비를 하였으나 그 후 토지형질변경허가신청을 불허가한 것은 신뢰보호원칙에 반한다.

③ 폐기물처리업에 대하여 관할 관청의 사전 적정통보를 받고 허가요건을 갖춘 후 허가신청을 하였음에도 청소업자의 난립으로 효율적인 청소업무의 수행에 지장이 있다는 이유로 한 불허가처분은 신뢰보호의 원칙에 반한다.

④ 총무과 민원팀장인 공무원이 민원봉사차원에서 상담에 응하여 안내한 것을 신뢰한 경우에는 신뢰보호원칙이 적용된다.

📝 해설 | 신뢰보호의 원칙

중요도 ★★☆

① [○] 헌법재판소의 위헌결정은 행정청이 개인에 대하여 신뢰의 대상이 되는 공적인 견해를 표명한 것이라고 할 수 없으므로 그 결정에 관련한 개인의 행위에 대하여는 신뢰보호의 원칙이 적용되지 아니한다(대판 2003.6.27, 2002두6965).

② [○] 종교법인이 도시계획구역 내 생산녹지로 답인 토지에 대하여 종교회관 건립을 이용목적으로 하는 토지거래계약의 허가를 받으면서 담당공무원이 관련 법규상 허용된다 하여 이를 신뢰하고 건축준비를 하였으나 그 후 당해 지방자치단체장이 다른 사유를 들어 토지형질변경허가신청을 불허가한 것이 신뢰보호원칙에 반한다(대판 1997.9.12, 96누18380).

③ [○] 폐기물처리업에 대하여 사전에 관할 관청으로부터 적정통보를 받고 막대한 비용을 들여 허가요건을 갖춘 다음 허가신청을 하였음에도 다수 청소업자의 난립으로 안정적이고 효율적인 청소업무의 수행에 지장이 있다는 이유로 한 불허가처분이 신뢰보호의 원칙 및 비례의 원칙에 반하는 것으로서 재량권을 남용한 위법한 처분이다(대판 1998.5.8, 98두4061).

④ [×] 병무청 담당부서의 담당공무원에게 공적 견해의 표명을 구하는 정식의 서면질의 등을 하지 아니한 채 총무과 민원팀장에 불과한 공무원이 민원봉사차원에서 상담에 응하여 안내한 것을 신뢰한 경우, 신뢰보호원칙이 적용되지 아니한다(대판 2003.12.26, 2003두1875).

답 ④

020 신뢰보호원칙에 대한 설명으로 옳지 않은 것은? (다툼이 있는 경우 판례에 의함)

① 신뢰보호원칙의 법적 근거로는 신의칙설 또는 법적 안정성을 드는 것이 일반적인 견해이다.

② 신뢰보호원칙의 실정법적 근거로는 행정절차법 제4조 제2항, 국세기본법 제18조 제3항 등을 들 수 있다.

③ 대법원은 실권의 법리를 신뢰보호원칙의 파생원칙으로 본다.

④ 조세법령의 규정 내용 및 행정규칙 자체는 과세관청의 공적 견해표명에 해당하지 아니한다.

CHAPTER 4 행정의 법 원칙 **39**

📝 해설 | 신뢰보호의 원칙

중요도 ★★☆

① [O] 우리의 다수설과 판례는 신뢰보호의 원칙의 근거를 법적 안정성에 두고 있으며, 독일의 행정재판소는 미망인 사건에서 신의칙설을 근거로 판시한 바 있다.

② [O] 행정청은 법령 등의 해석 또는 행정청의 관행이 일반적으로 국민들에게 받아들여졌을 때에는 공익 또는 제3자의 정당한 이익을 현저히 해칠 우려가 있는 경우를 제외하고는 새로운 해석 또는 관행에 따라 소급하여 불리하게 처리하여서는 아니 된다(행정절차법 제4조 제2항).

③ [×] 실권의 법리는 학설상 신뢰보호원칙의 파생원리로 설명되고 있으나, 판례는 아래와 같이 신의성실의 원칙의 파생원리로 판시한 바 있다. 판례가 '신뢰보호원칙'과 '신의성실원칙'을 엄밀히 구분해서 쓰고 있지 아니하여 아주 적절한 출제라고 하기는 어렵지만, 유사한 문제가 기출된 바 있으므로 수험생들은 주의를 요한다.

> **🔎 관련 판례**
>
> 실권 또는 실효의 법리는 법의 일반원리인 신의성실의 원칙에 바탕을 둔 파생원칙인 것이므로 공법관계 가운데 관리관계는 물론이고 권력관계에도 적용되어야 함을 배제할 수는 없다 하겠으나 그것은 본래 권리행사의 기회가 있음에도 불구하고 권리자가 장기간에 걸쳐 그의 권리를 행사하지 아니하였기 때문에 의무자인 상대방은 이미 그의 권리를 행사하지 아니할 것으로 믿을 만한 정당한 사유가 있게 되거나 행사하지 아니할 것으로 추인케 할 경우에 새삼스럽게 그 권리를 행사하는 것이 신의성실의 원칙에 반하는 결과가 될 때 그 권리행사를 허용하지 않는 것을 의미한다(대판 1988.4.27, 87누915).

④ [O] 대판 2003.9.5, 2001두403

답 ③

---

021 다음 중 신뢰보호의 원칙의 내용으로 가장 옳지 않은 것은? (다툼이 있는 경우 판례에 의함)

2009년 9급 복원

① 행정기관의 의사표시가 일반론적인 견해표명인 경우에는 이 원칙을 적용하지 않는다.

② 주택사업계획승인에 주택사업과는 아무런 관련이 없는 토지를 기부채납하도록 하는 부관을 붙인 것은 이 원칙에 위배된다.

③ 행정청이 아무런 조치를 취하지 않고 장기간 방치하다가 3년여가 지난 후에 운전면허취소처분을 한 것은 이 원칙에 위배된다.

④ 수익적 처분이 상대방의 허위 기타 부정한 방법으로 인해 행하여졌다면 상대방은 그 처분이 그와 같은 사유로 인해 취소될 것임을 예상할 수 없었다고 할 수 없으므로, 이러한 경우에까지 상대방의 신뢰를 보호해야 하는 것은 아니다.

📝 해설 | 신뢰보호의 원칙

중요도 ★★☆

① [O] 일반적으로 조세 법률관계에서 과세관청의 행위에 대하여 신의성실의 원칙이 적용되기 위하여는 과세관청이 납세자에게 신뢰의 대상이 되는 공적인 견해표명을 하여야 하고, 또한 국세기본법 제18조 제3항에서 말하는 비과세관행이 성립하려면 상당한 기간에 걸쳐 과세를 하지 아니한 객관적 사실이 존재할 뿐만 아니라 과세관청 자신이 그 사항에 관하여 과세할 수 있음을 알면서도 어떤 특별한 사정 때문에 과세하지 않는다는 의사가 있어야 하며 위와 같은 공적 견해나 의사는 명시적 또는 묵시적으로 표시되어야 하지만, 묵시적 표시가 있다고 하기 위하여는 단순한 과세 누락과는 달리 과세관청이 상당기간 불과세 상태에 대하여 과세하지 않겠다는 의사표시를 한 것으로 볼 수 있는 사정이 있어야 하고, 이 경우 특히 과세관청의 의사표시가 일반론적인 견해표명에 불과한 경우에는 위 원칙의 적용을 부정하여야 한다(대판 2001.4.24, 2000두5203).

② [×] 판례에 의하면 지방자치단체장이 사업자에게 주택사업계획승인을 하면서 그 주택사업과는 아무런 관련이 없는 토지를 기부채납하도록 하는 부관을 주택사업계획승인에 붙인 경우, 그 부관은 부당결부금지의 원칙에 위반되어 위법하다.

③ [O] 행정청이 아무런 조치를 취하지 않고 장기간 방치하다가 3년여가 지난 후에 운전면허취소처분을 한 것은 신뢰의 이익과 그 법적 안정성을 빼앗는 것이 된다(대판 1987.9.8, 87누373).

④ [O] 수익적 행정처분의 하자가 당사자의 사실은폐나 기타 사위의 방법에 의한 신청행위에 기인한 것이라면 당사자는 처분에 의한 이익이 위법하게 취득되었음을 알아 취소가능성도 예상하고 있었다 할 것이므로, 그 자신이 처분에 관한 신뢰이익을 원용할 수 없음은 물론 행정청이 이를 고려하지 아니하였다고 하여도 재량권의 남용이 되지 않는다(대판 2006.5.25, 2003두4669).

답 ②

022

다음 중 실권의 법리에 대한 설명으로 옳은 것은? (다툼이 있는 경우 판례에 의함)

① 우리나라의 행정절차법은 실권의 법리를 규정하고 있다.

② 실권의 법리에 대해 판례는 비례의 원칙에 대한 파생 법리의 하나로 보고 있다.

③ 철회사유 발생시, 행정청이 일정기간 철회권을 행사하지 않은 경우라도 그 행위를 철회할 수 있다는 것과 관련이 있다고 보고 있다.

④ 행정청이 철회사유가 있음을 알면서도 아무런 조치를 취하지 않고 장기간 철회권을 행사하지 않은 경우 이 법리에 의해 철회권 행사가 제한된다.

📝 해설 | 실권의 법리

중요도 ★★☆

① [×] 실권의 법리는 신뢰보호의 원칙에서 파생된 것으로 보고 있으며, 우리나라의 행정절차법은 실권의 법리를 규정하지 않고 있다.

② [×] 실권 또는 실효의 법리는 법의 일반원리인 신의성실의 원칙에 바탕을 둔 파생원칙인 것이므로 공법관계 가운데 관리관계는 물론이고 권력관계에도 적용되어야 함을 배제할 수는 없다 하겠으나 그것은 본래 권리행사의 기회가 있음에도 불구하고 권리자가 장기간에 걸쳐 그의 권리를 행사하지 아니하였기 때문에 의무자인 상대방은 이미 그의 권리를 행사하지 아니할 것으로 믿을 만한 정당한 사유가 있게 되거나 행사하지 아니할 것으로 추인케 할 경우에 새삼스럽게 그 권리를 행사하는 것이 신의성실의 원칙에 반하는 결과가 될 때 그 권리행사를 허용하지 않는 것을 의미한다(대판 1988.4.27, 87누915).

③ [×] 철회사유가 발생하였을 때, 행정청이 일정기간 철회권을 행사하지 않은 경우 신뢰보호의 원칙이 적용되어 행정청은 자유로이 그 행위를 철회할 수 없다.

④ [○] 택시운전사가 1983.4.5. 운전면허정지기간 중의 운전행위를 하다가 적발되어 형사처벌을 받았으나 행정청으로부터 아무런 행정조치가 없어 안심하고 계속 운전업무에 종사하고 있던 중 행정청이 위 위반행위가 있은 이후에 장기간에 걸쳐 아무런 행정조치를 취하지 않은 채 방치하고 있다가 3년여가 지난 1986.7.7.에 와서 이를 이유로 행정제재를 하면서 가장 무거운 운전면허를 취소하는 행정처분을 하였다면 이는 행정청이 그간 별다른 행정조치가 없을 것이라고 믿은 신뢰의 이익과 그 법적 안정성을 빼앗는 것이 되어 매우 가혹할 뿐만 아니라 비록 그 위반행위가 운전면허취소사유에 해당한다 할지라도 그와 같은 공익상의 목적만으로는 위 운전사가 입게 될 불이익에 견줄바 못된다 할 것이다(대판 1987.9.8, 87누373).

답 ④

THEME 12 │ 부당결부금지의 원칙

023

행정법상의 의무와 반대급부간에는 실질적 관련성이 있어야 한다는 것과 관련이 있는 원칙으로 옳은 것은?

① 평등의 원칙

② 비례의 원칙

③ 신뢰보호의 원칙

④ 부당결부금지의 원칙

📝 해설 | 행정법의 일반원칙

중요도 ★☆☆

① [×] 평등의 원칙은 행정작용에 있어서 특별히 합리적인 차별사유가 없는 한 국민을 공평하게 처우하여야 한다는 원칙이다.

② [×] 비례의 원칙(과잉금지의 원칙)이란 어떤 행정목적을 달성하기 위한 수단은 그 목적달성에 유효·적절하고 또한 가능한 한 최소침해를 가져오는 것이어야 하며, 아울러 그 수단의 도입으로 인한 침해가 의도하는 공익을 능가하여서는 아니 된다는 헌법상의 원칙이다(대판 1997.9.26, 96누10096).

③ [×] 국민이 법률적 규율이나 제도가 장래에 지속할 것이라는 합리적인 신뢰를 바탕으로 개인의 법적 지위를 형성해 왔을 때에는 국가에게 그 국민의 신뢰를 되도록 보호할 것을 요구하는 원칙이다.

④ [○] 부당결부금지의 원칙은 행정작용을 함에 있어서 그와 실체적 관련이 없는 상대방의 반대급부를 행정작용의 조건으로 하여서는 안 된다는 원칙이다. 즉, 행정법상의 의무와 반대급부간에는 실질적 관련성이 있어야 한다.

답 ④

024

다음의 내용과 관계있는 행정법의 일반원칙으로 옳은 것은?

○○ 시장은 주택사업계획승인에 A의 주택사업계획과는 아무런 관련이 없는 토지를 기부채납하도록 하는 부관을 붙임으로써 이 원칙을 위반하였다.

① 부당결부금지의 원칙
② 권리남용금지의 원칙
③ 신뢰보호의 원칙
④ 과잉금지의 원칙

📝 해설 | 행정법의 일반원칙

중요도 ★☆☆

① [○] 지방자치단체장이 사업자에게 주택사업계획승인을 하면서 그 주택사업과는 아무런 관련이 없는 토지를 기부채납하도록 하는 부관을 주택사업계획승인에 붙인 경우, 그 부관은 부당결부금지의 원칙에 위반되어 위법하다(대판 1997.3.11, 96다49650).

② [×] 권리행사가 권리의 남용에 해당한다고 할 수 있으려면, 주관적으로 그 권리행사의 목적이 오직 상대방에게 고통을 주고 손해를 입히려는 데 있을 뿐 행사하는 사람에게 아무런 이익이 없는 경우이어야 하고, 객관적으로는 그 권리행사가 사회질서에 위반된다고 볼 수 있어야 한다(대판 2003.2.14, 2002다62319·62326).

③ [×] 신뢰보호의 원칙이란 행정기관의 일정한 적극적·소극적 행위의 정당성 또는 존속성에 대한 개인의 보호가치 있는 신뢰는 보호해주어야 한다는 원칙을 말한다.

④ [×] 과잉금지의 원칙이란 어떤 행정목적을 달성하기 위한 수단은 그 목적달성에 유효·적절하고 또한 가능한 한 최소침해를 가져오는 것이어야 하며, 아울러 그 수단의 도입으로 인한 침해가 의도하는 공익을 능가하여서는 아니 된다는 헌법상의 원칙을 말한다.

답 ①

025

행정법에 관한 다음 설명 중 옳지 않은 것은? (다툼이 있는 경우 판례에 의함)

① 재량준칙이 공표된 것만으로는 자기구속의 원칙이 적용될 수 없고, 재량준칙이 되풀이 시행되어 행정관행이 성립한 경우이어야 자기구속의 원칙이 적용될 수 있다.

② 판례는 행정의 자기구속의 원리의 근거를 평등의 원칙이나 신뢰보호원칙에서 찾고 있다.

③ 재량준칙이 정한 바에 따라 되풀이 시행되어 행정관행이 이루어지게 되면 행정기관은 상대방에 대한 관계에서 그 규칙에 따라야 할 자기구속을 받게 되므로, 이러한 경우에는 특별한 사정이 없는 한 그에 반하는 처분은 재량권을 일탈·남용한 위법한 처분이 된다.

④ 주택사업을 승인하면서 입주민이 이용하는 진입도로의 개설 및 확장 등의 기부채납의무를 부담으로 부과하는 것은 부당결부금지의 원칙에 반한다.

📝 해설 | 행정행위의 부관

중요도 ★★★

① [○] 재량권행사의 준칙인 규칙이 그 정한 바에 따라 되풀이 시행되어 행정관행이 이루어진 경우에 자기구속원칙이 적용된다. 재량준칙이 공표된 것만으로는 행정관행이 성립하기 전까지는 자기구속원칙이 적용되지 않는다(대판 2009.12.24, 2009두7967).

② [○] 재량권행사의 준칙인 규칙이 그 정한 바에 따라 되풀이 시행되어 행정관행이 이룩되게 되면 평등의 원칙이나 신뢰보호의 원칙에 따라 행정기관은 그 상대방에 대한 관계에서 그 규칙에 따라야 할 자기구속을 당하게 되고, 그러한 경우에는 대외적인 구속력을 가지게 된다 할 것이다(헌재 1990.9.3, 90헌마13).

③ [○] 재량준칙은 일반적으로 행정조직 내부에서만 효력을 가질 뿐 대외적인 구속력을 갖는 것은 아니므로 행정처분이 이를 위반하였다고 하여 그러한 사정만으로 곧바로 위법하게 되는 것은 아니고, 다만 그 재량준칙이 정한 바에 따라 되풀이 시행되어 행정관행이 이루어지게 되면 평등의 원칙이나 신뢰보호의 원칙에 따라 행정기관은 상대방에 대한 관계에서 그 규칙에 따라야 할 자기구속을 받게 되므로, 이러한 경우에는 특별한 사정이 없는 한 그에 반하는 처분은 평등의 원칙이나 신뢰보호의 원칙에 어긋나 재량권을 일탈·남용한 위법한 처분이 된다(대판 2013.11.14, 2011두28783).

④ [×] 65세대의 공동주택을 건설하려는 사업주체에게 주택건설촉진법 제33조에 의한 주택건설사업계획의 승인처분을 함에 있어 그 주택단지의 진입도로 부지의 소유권을 확보하여 진입도로 등 간선시설을 설치하고 그 부지 소유권 등을 기부채납하며 그 주택건설사업 시행에 따라 폐쇄되는 인근 주민들의 기존 통행로를 대체하는 통행로를 설치하고 그 부지 일부를 기부채납하도록 조건을 붙인 경우, 주택건설촉진법과 같은 법 시행령 및 주택건설기준 등에 관한 규정 등 관련 법령의 관계 규정에 의하면 그와 같은 조건을 붙였다 하여도 다른 특별한 사정이 없는 한 필요한 범위를 넘어 과중한 부담을 지우는 것으로서 형평의 원칙 등에 위배되는 위법한 부관이라 할 수 없다(대판 1997.3.14, 96누16698).

답 ④

026

행정법의 일반원칙에 대한 설명으로 옳지 않은 것은? (다툼이 있는 경우 판례에 의함)   2020년 7급

① 헌법재판소는 국·공립학교 채용시험에 국가유공자와 그 가족이 응시하는 경우 만점의 10퍼센트를 가산하도록 했던 구 국가유공자 등 예우 및 지원에 관한 법률 및 5·18 민주유공자 예우에 관한 법률의 규정이 일반 응시자들의 평등권을 침해한다고 보았다.

② 헌법재판소는 납세자가 정당한 사유 없이 국세를 체납하였을 경우 세무서장이 허가, 인가, 면허 및 등록과 그 갱신이 필요한 사업의 주무관서에 그 납세자에 대하여 허가 등을 하지 않을 것을 요구할 수 있도록 한 국세징수법상 관허사업 제한 규정이 부당결부금지원칙에 반하여 위헌이라고 판단하였다.

③ 행정의 자기구속의 원칙을 적용함에 있어 종전 행정관행의 내용이 위법적인 경우에는 위법인 수익적 내용의 평등한 적용을 요구하는 청구권은 인정될 수 없다고 보았다.

④ 같은 정도의 비위를 저지른 자들임에도 불구하고 그 직무의 특성 등에 비추어 개전의 정이 있는지 여부에 따라 징계 종류의 선택과 양정에서 다르게 취급하는 것은 평등의 원칙에 반하지 않는다고 판단하였다.

📝 해설 | 행정법의 일반원칙   중요도 ★★★

① [○] 국·공립학교의 채용시험에 국가유공자와 그 가족이 응시하는 경우 만점의 10%를 가산하도록 규정하고 있는 국가유공자 등 예우 및 지원에 관한 법률 제31조 제1항·제2항, 독립유공자 예우에 관한 법률 제16조 제3항 중 국가유공자 등 예우 및 지원에 관한 법률 제31조 제1항·제2항 준용 부분, 5·18 민주유공자 예우에 관한 법률 제22조 제1항·제2항은 기타 응시자들의 평등권과 공무담임권을 침해한다(헌재 2006.2.23, 2004헌마675·981·1022).

② [×] 관허사업 제한을 규정하고 있는 국세징수법 제112조에 대해, 당해 사업과 직접 관련된 국세뿐만 아니라 전혀 관련이 없는 국세체납의 경우까지도 확대하고 있으므로 부당결부금지원칙에 반한다는 비판이 제기되고는 있으나, 국세징수법상 관허사업 제한 규정이 부당결부금지원칙에 반하여 위헌이라고 판단한 헌법재판소의 결정은 존재하지 않는다.

③ [○] 행정청이 조합설립추진위원회의 설립승인 심사에서 위법한 행정처분을 한 선례가 있다고 하여 그러한 기준을 따라야 할 의무가 없는 점 등에 비추어, 평등의 원칙이나 신뢰보호의 원칙 또는 자기구속의 원칙 등에 위배되고 재량권을 일탈·남용하여 자의적으로 조합설립추진위원회 승인처분을 한 것으로 볼 수 없다(대판 2009.6.25, 2008두13132).

④ [○] 대략 같은 정도의 비위를 저지른 자들에 대하여 그 구체적인 직무의 특성, 금전 수수의 경우에는 그 액수와 횟수, 의도적·적극적 행위인지 여부, 개전의 정이 있는지 여부 등에 따라 징계의 종류의 선택과 양정에 있어서 차별적으로 취급하는 것은 사안의 성질에 따른 합리적 차별로서 이를 자의적 취급이라고 할 수 없어 평등의 원칙 내지 형평에 반하지 아니한다(대판 2008.6.26, 2008두6387).

답 ②

027 행정기본법에 대한 설명으로 옳은 것만을 모두 고른 것은?

ㄱ. 행정은 공공의 이익을 위하여 적극적으로 추진되어야 한다.

ㄴ. 행정작용은 법률에 위반되어서는 아니 되며, 국민의 권리를 제한하거나 의무를 부과하는 경우와 그 밖에 국민 생활에 중요한 영향을 미치는 경우에는 법률에 근거하여야 한다.

ㄷ. 행정청은 합리적 이유 없이 국민을 차별하여서는 아니 된다.

ㄹ. 행정청은 행정작용을 할 때 상대방에게 해당 행정작용과 실질적인 관련이 없는 의무를 부과해서는 아니 된다.

ㅁ. 행정청은 처분에 재량이 있는 경우에는 부관(조건, 기한, 부담, 철회권의 유보 등을 말한다)을 붙일 수 있다.

① ㄱ, ㄴ, ㄷ

② ㄱ, ㄴ, ㄷ, ㄹ

③ ㄱ, ㄴ, ㄷ, ㄹ, ㅁ

④ ㄴ, ㄷ, ㄹ, ㅁ

📝 해설 | 행정법의 일반원칙

중요도 ★★★

ㄱ. [O] 행정은 공공의 이익을 위하여 적극적으로 추진되어야 한다(행정기본법 제4조 제1항).

ㄴ. [O] 행정작용은 법률에 위반되어서는 아니 되며, 국민의 권리를 제한하거나 의무를 부과하는 경우와 그 밖에 국민생활에 중요한 영향을 미치는 경우에는 법률에 근거하여야 한다(동법 제8조).

ㄷ. [O] 행정청은 합리적 이유 없이 국민을 차별하여서는 아니 된다(동법 제9조).

ㄹ. [O] 행정청은 행정작용을 할 때 상대방에게 해당 행정작용과 실질적인 관련이 없는 의무를 부과해서는 아니 된다(동법 제13조).

ㅁ. [O] 행정청은 처분에 재량이 있는 경우에는 부관(조건, 기한, 부담, 철회권의 유보 등을 말한다)을 붙일 수 있다(동법 제17조 제1항).

답 ③

CHAPTER 5 | 행정상 법률관계

THEME 13 | 행정상 법률관계의 의의

001 다음 중 행정상 법률관계에 관한 설명 중 옳지 않은 것은?

2013년 9급 복원

① 행정상 법률관계는 공·사법 이원론을 전제로 한 대륙법계에서 등장하였으며 영미법계에서는 이에 관한 구별이 20세기 이후에 대두되기 시작하였다.

② 공법관계로서의 권력관계에는 사법을 적용하지 않으며 공법의 적용을 받은 결과 공법적 효과가 발생하여 법적 분쟁도 행정소송으로 제기하게 된다.

③ 비권력관계(관리관계)는 사법이 적용됨이 원칙이나 공법적 효과 발생을 목적으로 하므로 공법관계에 해당한다.

④ 행정상 사법관계에서의 행위로는 국·공유 보존재산의 관리·매각, 공기업의 이용관계 등이 있으며 이에 대한 법적 분쟁은 민사소송의 예에 의한다.

✍ 해설 | 행정상 법률관계

중요도 ★★☆

① [○] 대륙법계에서는 공·사법을 명확히 구별하는 이원적 법체계로 확립되어 오면서 행정상 법률관계가 등장하였으며, 영미법계에서는 일원적 법체계로 공·사법을 구별하지 않은 형태였다가 20세기 이후 이에 관한 구별이 대두되기 시작하였다.

② [○] 권력관계는 행정주체가 공권력 주체의 지위에서 개인에게 일방적으로 명령·강제하고, 법률관계를 형성·변경·소멸시키는 등 우월적 지위가 인정되는 법률관계를 말하며, 특별한 규정이 없는 한 공법규정 및 공법원리가 적용되며 그에 관한 분쟁은 항고소송의 대상이 된다.

③ [○] 관리관계는 전래적 의미의 공법관계로 행정주체가 공물·공기업 등을 관리·경영하는 것과 같이 공권력 주체로서가 아니라 사업의 관리주체의 지위에서 국민과 맺는 법률관계를 말한다. 또한 원칙적으로는 사법이 적용된다.

④ [×] 국·공유재산의 관리·매각, 공기업의 이용관계 등은 행정상 사법관계의 행위에 해당하며 이에 대한 분쟁은 민사소송의 대상이 된다. 단, 국·공유재산 중 보존재산은 행정재산으로서 문화재, 사적지, 명승지 등을 의미하며 이는 매각의 대상이 될 수 없기 때문에 옳지 않은 선지라고 볼 수 있다.

답 ④

002 다음 중 공법과 사법에 관한 설명으로 옳지 않은 것은?

2010년 9급 복원

① 공법관계에 대해서는 행정소송을 통해 권익구제가 가능하다.

② 행정심판은 공법관계에서만 인정되고, 사법관계에서는 인정되지 않는다.

③ 공법에 대한 사법적용을 부정하는 것이 오늘날 통설이다.

④ 공법과 사법의 구별은 실체법상으로 구체적 사실에 적용할 법규나 법원칙을 결정하기 위하여 필요하다.

① [○] 행정소송은 행정청의 위법한 처분 등을 취소·변경하거나 그 효력 유무 또는 존재 여부를 확인함으로써 국민의 권리 또는 이익의 침해를 구제하고 공법상의 권리관계 또는 법 적용에 관한 다툼을 적정하게 해결함을 목적으로 한다(대판 2008.3.20, 2007두6342 전합).

② [○] 행정심판은 행정청의 위법 또는 부당한 처분을 취소하거나 변경하는 행정심판(취소심판), 행정청의 처분의 효력 유무 또는 존재 여부를 확인하는 행정심판(무효등 확인심판), 당사자의 신청에 대한 행정청의 위법 또는 부당한 거부처분이나 부작위에 대하여 일정한 처분을 하도록 하는 행정심판(의무이행심판)이 있으며, 이는 공법관계에서만 인정되고 사법관계에서는 인정되지 않는다.

③ [×] 공법과 사법의 구별은 실체법상으로 구체적 사실에 적용할 법규나 법원칙을 결정하기 위하여 필요하지만 오늘날 공법과 사법을 명확하게 구별하기는 어렵다. 즉, 공법이 사법에 적용되기도 하고 사법이 공법에 적용되기도 하는 공·사법의 융화현상이 나타나고 있다.

④ [○] 행정상 법률관계를 공법관계와 사법관계로 구분하는 것은 각각의 소송절차와도 관련이 있다. 즉, 공법관계는 행정법원에서 행정소송으로 진행되지만 사법관계는 일반법원에서 민사소송으로 진행된다.

답 ③

003
□□□

행정법관계에 대한 설명으로 가장 옳은 것은? (다툼이 있는 경우 판례에 의함)   2021년 7급

① 육군3사관학교의 구성원인 사관생도는 학교 입학일부터 특수한 신분관계에 놓이게 되므로 법률유보원칙은 적용되지 아니한다.

② 지방자치단체가 학교법인이 설립한 사립중학교에 의무교육대상자에 대한 교육을 위탁한 때에 그 학교법인과 해당 사립중학교에 재학 중인 학생의 재학관계는 기본적으로 공법상 계약에 따른 법률관계이다.

③ 불이익한 행정처분의 상대방은 직접 개인적 이익을 침해당한 것으로 볼 수 없으므로 처분취소소송에서 원고적격을 바로 인정받지 못한다.

④ 공무원연금수급권은 법률에 의하여 비로소 확정된다.

📝 해설 | 공법과 사법   중요도 ★★☆

※정답 없음(이의제기 결과, 모두 정답 처리)

① [×] 사관생도는 군 장교를 배출하기 위하여 국가가 모든 재정을 부담하는 특수교육기관인 육군3사관학교의 구성원으로서, 학교에 입학한 날에 육군 사관생도의 병적에 편입하고 준사관에 준하는 대우를 받는 특수한 신분관계에 있다(육군3사관학교 설치법 시행령 제3조). 따라서 그 존립 목적을 달성하기 위하여 필요한 한도 내에서 일반 국민보다 상대적으로 기본권이 더 제한될 수 있으나, 그러한 경우에도 법률유보원칙, 과잉금지원칙 등 기본권 제한의 헌법상 원칙들을 지켜야 한다(대판 2018.8.30, 2016두60591).

② [×] 사법인(私法人)인 학교법인과 학생의 재학관계는 사법상 계약에 따른 법률관계에 해당한다. 지방자치단체가 학교법인이 설립한 사립중학교에 의무교육대상자에 대한 교육을 위탁한 때에 그 학교법인과 해당 사립중학교에 재학 중인 학생의 재학관계도 기본적으로 마찬가지이다(대판 2018.12.28, 2016다33196).

③ [×] 행정처분에 있어서 불이익처분의 상대방은 직접 개인적 이익의 침해를 받은 자로서 원고적격이 인정되지만 수익처분의 상대방은 그의 권리나 법률상 보호되는 이익이 침해되었다고 볼 수 없으므로 달리 특별한 사정이 없는 한 취소를 구할 이익이 없다(대판 1995.8.22, 94누8129).

④ [×] 판례는 '수급권 자체'가 아니라 '수급권의 구체적 내용'이 법률에 의해서 비로소 확정된다고 판시하였기에 해당 지문은 다소 흠이 있다.

> 🔖 **관련 판례**
> 공무원연금법상의 각종 급여는 헌법규정만으로는 이를 실현할 수 없고 법률에 의하여 구체적으로 형성할 것을 필요로 하는바, 연금수급권의 구체적 내용, 즉 수급요건, 수급권자의 범위, 급여금액 등은 법률에 의하여 비로소 확정될 것이므로 연금수급권을 형성함에 있어 입법자는 광범위한 형성의 자유를 가진다(헌재 2011.12.29, 2011헌바41).

정답 없음

004 다음 중 공법과 사법의 구분에 관한 설명으로 옳지 않은 것은?

① 이익설은 법률관계의 목적이 공익인가 사익인가에 따라 공법과 사법으로 구별하는 견해이다.

② 우리나라의 통설은 복수기준설로 결론을 도출한다는 견해이다.

③ 신주체설은 국가 또는 공공단체 상호간이나 국가 또는 공공단체와 사인간의 법률관계를 규율하는 법이 공법이고, 개인 사이의 법률관계를 규율하는 법이 사법이라는 견해이다.

④ 권력설은 법률관계의 성질을 기준으로 하여 지배복종관계를 규율하는 법을 공법으로 보고, 대등관계를 규율하는 법을 사법으로 보는 견해이다.

📝 해설 | 공법과 사법

중요도 ★★☆

① [○] 그 목적에 따라 공법과 사법을 구별하는 이론이다.

② [○] 복수기준설은 다수설로 어떤 하나의 기준이 아니라 여러 학설을 상호 보완적으로 적용해서 결론을 도출한다는 이론이다.

③ [×] 신주체설은 공권력 담당자에게만 권리·의무가 귀속되는 경우를 공법관계로, 모든 권리주체에게 권리·의무가 귀속되는 경우를 사법관계로 본다.

④ [○] 권력설은 지배·복종관계를 규율하는 법을 공법으로 보고, 대등관계를 규율하는 법을 사법으로 보며 종속설이라고도 한다.

답 ③

---

005 다음 중 판례상 공법관계에 해당하는 것은?

① 국유림 대부행위

② 입찰보증금의 국고귀속조치

③ 전화가입계약의 해지

④ 국가나 지방자치단체에 근무하는 청원경찰의 근무관계

📝 해설 | 공법관계와 사법관계

중요도 ★★☆

①②③ [×] 판례상 국유림 대부행위(대판 2000.2.11, 99다61675), 입찰보증금의 국고귀속조치(대판 1983.12.27, 81누366), 전화가입계약의 해지(대판 1982.12.28, 82누441)는 모두 사법관계로 본다.

④ [○] 국가나 지방자치단체에서 근무하는 청원경찰의 근무관계는 공법관계로 본다. 따라서 청원경찰에 대한 징계처분의 시정을 구하는 소는 민사소송의 대상이 아니라 행정소송의 대상이다(대판 1993.7.13, 92다47564).

답 ④

006 국유일반재산의 대부행위와 국유림에 관한 대부료의 납입고지의 관계로 옳은 것은?

2009년 9급 복원

① 권력관계
② 공법상 계약관계
③ 사법관계
④ 관리관계

✎ 해설 | 행정상 법률관계

중요도 ★☆☆

① [×] 행정주체가 공권력 주체의 지위에서 개인에게 일방적으로 명령·강제하고, 법률관계를 형성·변경·소멸시키는 등 우월적 지위가 인정되는 법률관계를 뜻하며, 권력관계는 공법적 성질이 강하므로 '본래적 의미의 공법관계'라고 부르기도 한다.
② [×] 공법상 계약이란 공법상의 효과발생을 목적으로 하여 복수의 대등한 당사자간에 반대방향의 의사의 합치에 의하여 성립되는 공법행위를 의미한다.
③ [○] 구 국유재산법(1994.1.5. 법률 제4698호로 개정되기 전의 것) 제31조 제3항, 구 국유재산법 시행령(1993.3.6. 대통령령 제13869호로 개정되기 전의 것) 제33조 제2항의 규정에 의하여 국유잡종재산에 관한 관리처분의 권한을 위임받은 기관이 국유잡종재산을 대부하는 행위는 국가가 사경제주체로서 상대방과 대등한 위치에서 행하는 사법상의 계약이지 행정청이 공권력의 주체로서 상대방의 의사 여하에 불구하고 일방적으로 행하는 행정처분이라고 볼 수 없고, 국유잡종재산에 관한 사용료의 납입고지 역시 사법상의 이행청구에 해당하는 것으로서 이를 항고소송의 대상이 되는 행정처분이라고 할 수 없다(대판 1995.5.12, 94누5281).
④ [×] 행정주체가 공물·공기업 등을 관리·경영하는 것과 같이 공권력 주체로서가 아니라 사업의 관리주체의 지위에서 국민과 맺는 법률관계를 말한다.

답 ③

---

007 다음 중 판례에 따를 때 공법관계로 옳지 않은 것은?

2015년 9급 복원

① 국유일반재산(구 잡종재산) 대부행위의 법적 성질 및 그 대부료 납부고지관계
② 공공하수도의 이용관계
③ 국가나 지방자치단체에서 근무하는 청원경찰의 근무관계
④ 징발권자인 국가와 피징발자와의 관계

✎ 해설 | 공법관계와 사법관계

중요도 ★★☆

① [×] 국유재산법 제31조, 제32조 제3항, 산림법 제75조 제1항의 규정 등에 의하여 국유잡종재산에 관한 관리처분의 권한을 위임받은 기관이 국유잡종재산을 대부하는 행위는 국가가 사경제주체로서 상대방과 대등한 위치에서 행하는 사법상의 계약이고, 행정청이 공권력의 주체로서 상대방의 의사 여하에 불구하고 일방적으로 행하는 행정처분이라고 볼 수 없으며, 국유잡종재산에 관한 대부료의 납부고지 역시 사법상의 이행청구에 해당하고, 이를 행정처분이라고 할 수 없다(대판 2002.2.11, 99다61675).
② [○] 공공하수도의 이용관계는 공법관계에 해당한다(대판 2003.6.24, 2001두8865).
③ [○] 국가나 지방자치단체에서 근무하는 청원경찰의 근무관계는 공법관계이다(대판 1993.7.23, 92다47564).
④ [○] 징발권자인 국가와 피징발자와의 관계는 공법관계이다(대판 1970.3.10, 69다1886).

답 ①

다음 중 행정상 공법관계인 것으로만 묶인 것은? (다툼이 있는 경우 판례에 의함)

ㄱ. 국유(잡종)재산에 관한 대부료 납입고지
ㄴ. 입찰보증금 국고귀속조치
ㄷ. 창덕궁 비원 안내원의 채용계약
ㄹ. 지방자치단체에서 근무하는 청원경찰의 근무관계
ㅁ. 국유재산 무단점유자에 대한 변상금부과처분

① ㄱ, ㄴ
② ㄱ, ㄹ
③ ㄷ, ㅁ
④ ㄹ, ㅁ

📝 해설 | 공법관계와 사법관계

중요도 ★★★

ㄱ. [×] 국유재산법 제31조, 제32조 제3항, 산림법 제75조 제1항의 규정 등에 의하여 국유잡종재산에 관한 관리처분의 권한을 위임받은 기관이 국유잡종재산을 대부하는 행위는 국가가 사경제주체로서 상대방과 대등한 위치에서 행하는 사법상의 계약이고, 행정청이 공권력의 주체로서 상대방의 의사 여하에 불구하고 일방적으로 행하는 행정처분이라고 볼 수 없으며, 국유잡종재산에 관한 대부료의 납부고지 역시 사법상의 이행청구에 해당하고, 이를 행정처분이라고 할 수 없다(대판 2000.2.11, 99다61675).

ㄴ. [×] 예산회계법에 따라 체결되는 계약은 사법상의 계약이라고 할 것이고 동법 제70조의5의 입찰보증금은 낙찰자의 계약체결의무이행의 확보를 목적으로 하여 그 불이행시에 이를 국고에 귀속시켜 국가의 손해를 전보하는 사법상의 손해배상 예정으로서의 성질을 갖는 것이라고 할 것이므로 입찰보증금의 국고귀속조치는 국가가 사법상의 재산권의 주체로서 행위하는 것이지 공권력을 행사하는 것이거나 공권력작용과 일체성을 가진 것이 아니라 할 것이므로 이에 관한 분쟁은 행정소송이 아닌 민사소송의 대상이 될 수밖에 없다고 할 것이다(대판 1983.12.27, 81누366).

ㄷ. [×] 판례는 창덕궁 비원 안내원의 채용계약을 사법상 계약에 해당한다고 보았다.

ㄹ. [○] 국가나 지방자치단체에 근무하는 청원경찰은 국가공무원법이나 지방공무원법상의 공무원은 아니지만, 다른 청원경찰과는 달리 그 임용권자가 행정기관의 장이고, 국가나 지방자치단체로부터 보수를 받으며, 산업재해보상보험법이나 근로기준법이 아닌 공무원연금법에 따른 재해보상과 퇴직급여를 지급받고, 직무상의 불법행위에 대하여도 민법이 아닌 국가배상법이 적용되는 등의 특질이 있으며 그 외 임용자격, 직무, 복무의무 내용 등을 종합하여 볼 때, 그 근무관계를 사법상의 고용계약관계로 보기는 어려우므로 그에 대한 징계처분의 시정을 구하는 소는 행정소송의 대상이지 민사소송 대상이 아니다(대판 1993.7.13, 92다47564).

ㅁ. [○] 국유재산법 제51조 제1항에 의한 국유재산의 무단점유자에 대한 변상금부과는 대부나 사용, 수익허가 등을 받은 경우에 납부하여야 할 대부료 또는 사용료 상당액 외에도 그 징벌적 의미에서 국가측이 일방적으로 그 2할 상당액을 추가하여 변상금을 징수토록 하고 있으며 그 체납시에는 국세징수법에 의하여 강제징수토록 하고 있는 점 등에 비추어 보면 그 부과처분은 관리청이 공권력을 가진 우월적 지위에서 행하는 것으로서 행정처분이라고 보아야 하고, 그 부과처분에 의한 변상금징수권은 공법상의 권리로서 사법상의 채권과는 그 성질을 달리하므로 국유재산의 무단점유자에 대하여 국가가 민법상의 부당이득금반환청구를 하는 경우 국유재산법 제51조 제1항이 적용되지 않는다(대판 1992.4.14, 91다42197).

답 ④

009

다음 중 행정상 법률관계가 공법관계인 것은 몇 개인가?

ㄱ. 체비지 매각관계
ㄴ. 수도요금 징수관계
ㄷ. 국유재산의 무단점유자에 대한 변상금부과
ㄹ. 지방채 모집
ㅁ. 국가나 지방자치단체에 근무하는 청원경찰관계
ㅂ. 공공용지의 협의취득
ㅅ. 전화가입계약·해지관계
ㅇ. 공무원연금관리공단의 급여결정
ㅈ. 국립극장의 무료이용관계

① 3개
② 4개
③ 5개
④ 6개

해설 | 공법관계와 사법관계

중요도 ★★★

①②④ [×] ㄱ. 체비지 매각관계, ㄹ. 지방채 모집, ㅂ. 공공용지의 협의취득, ㅅ. 전화가입계약·해지관계는 모두 사법관계에 해당한다.

③ [○] ㄴ. 수도요금 징수관계(대판 1977.2.22, 76다2517), ㄷ. 국유재산의 무단점유자에 대한 변상금부과(대판 1988.2.23, 87누 1046), ㅁ. 국가나 지방자치단체에 근무하는 청원경찰관계(대판 1993.7.13, 92다47564), ㅇ. 공무원연금관리공단의 급여결정 (대판 1996.12.6, 96누6417), ㅈ. 국립극장의 무료이용관계는 모두 공법관계이다.

답 ③

010

다음 중 사법관계에 해당하는 것은? (다툼이 있는 경우 판례에 의함)

① 국유재산에 대한 사용·수익 허가
② 산업단지 입주변경계약의 취소
③ 중학교 의무교육 위탁관계
④ 국유일반재산의 대부료 납입고지

해설 | 공법관계와 사법관계

중요도 ★★☆

① [×] 공유재산의 관리청이 행정재산의 사용·수익에 대하여 허가하는 것은 순전히 사경제주체로서 행하는 사법상의 행위가 아니라 관 리청이 공권력을 가진 우월적 지위에서 행하는 행정처분으로서 특정인에게 행정재산을 사용할 수 있는 권리를 설정하여 주는 강 학상 특허에 해당한다(대판 1998.2.27, 97누1105).

② [×] 입주변경계약 취소는 행정청인 관리권자로부터 관리업무를 위탁받은 산업단지관리공단이 우월적 지위에서 입주 기업체들에게 일정한 법률상 효과를 발생하게 하는 것으로서 항고소송의 대상이 되는 행정처분에 해당한다(대판 2017.6.15, 2014두46843).

③ [×] 중학교 의무교육의 위탁관계는 초·중등교육법 제12조 제3항, 제4항 등 관련 법령에 의하여 정해지는 공법적 관계로서, 대등한 당사자 사이의 자유로운 의사를 전제로 사익 상호간의 조정을 목적으로 하는 민법 제688조의 수임인의 비용상환청구권에 관한 규정이 그대로 준용된다고 보기도 어렵다(대판 2015.1.29, 2012두7387).

④ [○] 국유재산법 제31조, 제32조 제3항, 산림법 제75조 제1항의 규정 등에 의하여 국유잡종재산에 관한 관리처분의 권한을 위임받은 기관이 국유잡종재산을 대부하는 행위는 국가가 사경제주체로서 상대방과 대등한 위치에서 행하는 사법상의 계약이고, 행정청 이 공권력의 주체로서 상대방의 의사 여하에 불구하고 일방적으로 행하는 행정처분이라고 볼 수 없으며, 국유잡종재산에 관한 대 부료의 납부고지 역시 사법상의 이행청구에 해당하고, 이를 행정처분이라고 할 수 없다(대판 2000.2.11, 99다61675).

답 ④

011 공법과 사법의 구별에 대한 설명으로 옳지 않은 것은? (다툼이 있는 경우 판례에 의함)

① 국유재산법상 국유재산의 무단점유자에 대한 변상금부과는 공권력을 가진 우월적 지위에서 행하는 행정처분이다.

② 국가나 지방자치단체에 근무하는 청원경찰은 국가공무원법이나 지방공무원법상의 공무원은 아니므로 그 근무관계는 사법상의 고용계약관계로 볼 수 있다.

③ 구 예산회계법상 입찰보증금의 국고귀속조치는 국가가 사법상의 재산권의 주체로서 행위하는 것이다.

④ 조세채무관계는 공법상의 법률관계이고 그에 관한 쟁송은 원칙적으로 행정사건으로서 행정소송법의 적용을 받는다.

📝 해설 | 공법관계와 사법관계

중요도 ★★★

① [○] 국유재산의 무단점유자에 대하여 그 징벌적 의미에서 국가측이 일방적으로 그 2할 상당액을 추가하여 변상금을 징수토록 하고 있으며, 변상금의 체납시 국세징수법에 의하여 강제징수토록 하고 있는 점 등에 비추어 보면, 관리청이 공권력을 가진 우월적 지위에서 행한 것으로서 행정소송의 대상이 되는 행정처분으로 보아야 한다(대판 1988.2.23, 87누1046·1047).

② [×] 지방자치단체에서 근무하는 청원경찰의 근무관계는 그 임용권자가 행정기관의 장이고, 국가나 지방자치단체로부터 보수를 받으며, 직무상의 불법행위에 대해서도 민법이 아닌 국가배상법이 적용되는 등의 특질이 있으며 그 외 임용자격·직무·복무의무내용 등을 종합하여 볼 때, 그 근무관계를 사법상의 고용계약관계로 보기는 어려우므로, 그에 대한 징계처분의 시정을 구하는 소는 행정소송의 대상이지 민사소송의 대상이 아니다(대판 1993.7.13, 92다47564).

③ [○] 입찰보증금은 낙찰자의 계약체결의무 이행의 확보를 목적으로 하여 그 불이행시에 이를 국고에 귀속시켜 국가의 손해를 전보하는 사법상의 손해배상 예정으로서의 성질을 갖는 것이라고 할 것이므로 입찰보증금의 국고귀속조치는 국가가 사법상의 재산권의 주체로서 행위하는 것이지 공권력을 행사하는 것이거나 공권력작용과 일체성을 가진 것이 아니라 할 것이므로 이에 관한 분쟁은 행정소송이 아닌 민사소송의 대상이 될 수밖에 없다고 할 것이다(대판 1983.12.27, 81누366).

④ [○] 조세채권은 국세징수법에 의하여 우선권 및 자력집행권 등이 인정되는 권리로서 사적 자치가 인정되는 사법상의 채권과 그 성질을 달리할 뿐 아니라, 부당한 조세징수로부터 국민을 보호하고 조세부담의 공평을 기하기 위하여 그 성립과 행사는 법률에 의해서만 가능하고 법률의 규정과 달리 당사자가 그 내용 등을 임의로 정할 수 없으며, 조세채무관계는 공법상의 법률관계로서 그에 관한 쟁송은 원칙적으로 행정소송법의 적용을 받고, 조세는 공익성과 공공성 등의 특성을 갖는다는 점에서도 사법상의 채권과 구별된다(대판 1988.6.14, 87다카2939).

답 ②

012 공법관계와 사법관계에 대한 설명으로 옳지 않은 것은? (다툼이 있는 경우 판례에 의함)

① 산림청장이 산림법령이 정하는 바에 따라 국유임야를 대부하는 행위는 사경제주체로서 하는 사법상의 행위이다.

② 건축물의 소재지를 관할하는 허가권자인 지방자치단체의 장이 국가의 건축협의를 거부한 행위는 항고소송의 대상인 거부처분에 해당한다.

③ 지방자치단체가 일반재산을 지방자치단체를 당사자로 하는 계약에 관한 법률에 따라 입찰이나 수의계약을 통해 매각하는 것은 지방자치단체가 우월적 공행정 주체로서의 지위에서 행하는 행위이다.

④ 국가가 당사자가 되는 공사도급계약에서 부정당업자에 대한 입찰참가자격 제한조치는 항고소송의 대상이 되는 처분에 해당한다.

① [○] 산림청장이 산림법 등의 정하는 바에 따라 국유임야를 대부하거나 매각 또는 양여하는 행위는 사경제주체로서 상대방과 대등한 입장에서 하는 사법상의 행위이므로 원고(산림계)의 국유임야무상양여신청서를 반려한 피고의 본건 거부처분도 단순한 사법상의 행위일 뿐 행정행위가 아니므로 행정소송의 대상이 되지 아니한다(대판 1984.12.11, 83누291).

② [○] 구 건축법(2011.5.30. 법률 제10755호로 개정되기 전의 것) 제29조 제1항, 제2항, 제11조 제1항 등의 규정 내용에 의하면, 건축협의의 실질은 지방자치단체 등에 대한 건축허가와 다르지 않으므로, 지방자치단체 등이 건축물을 건축하려는 경우 등에는 미리 건축물의 소재지를 관할하는 허가권자인 지방자치단체의 장과 건축협의를 하지 않으면, 지방자치단체라 하더라도 건축물을 건축할 수 없다. 그리고 구 지방자치법 등 관련 법령을 살펴보아도 지방자치단체의 장이 다른 지방자치단체를 상대로 한 건축협의 취소에 관하여 다툼이 있는 경우에 법적 분쟁을 실효적으로 해결할 구제수단을 찾기도 어렵다. 따라서 건축협의 취소는 상대방이 다른 지방자치단체 등 행정주체라 하더라도 '행정청이 행하는 구체적 사실에 관한 법집행으로서의 공권력 행사'(행정소송법 제2조 제1항 제1호)로서 처분에 해당한다고 볼 수 있고, 지방자치단체인 원고가 이를 다툴 실효적 해결 수단이 없는 이상, 원고는 건축물 소재지 관할 허가권자인 지방자치단체의 장을 상대로 항고소송을 통해 건축협의 취소의 취소를 구할 수 있다(대판 2014.2.27, 2012두22980).

③ [×] 지방자치단체가 일반재산을 입찰이나 수의계약을 통해 매각하는 것은 기본적으로 사경제주체의 지위에서 하는 행위이므로 원칙적으로 사적 자치와 계약자유의 원칙이 적용된다(대판 2017.11.14, 2016다201395).

④ [○] 국가나 지방자치단체의 행정청이 행하는 입찰참가자격 제한조치는 대법원이 과거부터 처분성을 인정해왔다. 다음의 판결도 처분성을 인정하는 전제하에 판시하였다.

> 🔎 **관련 판례**
>
> 중앙관서의 장인 국토교통부장관으로부터 국가계약법 제6조 제3항에 따라 요청조달계약의 형식으로 계약에 관한 사무를 위탁받은 피고는 국가계약법 제27조 제1항에 따라 입찰참가자격제한 처분을 할 수 있는 권한이 있다(대판 2019.12.27, 2017두48307).

답 ③

THEME 14 | 행정상 법률관계의 종류

013 행정청의 부작위로 인하여 권익을 침해당한 자가 행정청에 대하여 제3자에 대한 단속을 청구할 수 있는 권리로 가장 옳은 것은?
□□□   2009년 9급 복원

① 계획보장청구권
② 행정개입청구권
③ 행정행위발급청구권
④ 무하자재량행사청구권

📝 **해설** | 행정개입청구권   중요도 ★★☆

① [×] 계획보장청구권은 행정계획의 폐지·변경·불이행이 있는 경우 이로 인해 손실을 입은 개인이 행정계획의 주체에 대하여 손실의 보상을 청구할 수 있는 권리를 말한다.

② [○] (협의의) 행정개입청구권은 개인이 자기 이익을 위하여 제3자에 대해 일정한 행정권의 발동을 청구할 권리를 말한다.

③ [×] 행정행위발급청구권은 개인이 자기 이익을 위하여 자기에 대해 일정한 행정권 발동을 청구하는 권리를 말한다. 협의의 행정개입청구권과 행정행위발급청구권을 합쳐 광의의 행정개입청구권이라고 한다.

④ [×] 무하자재량행사청구권은 행정권에 재량권이 부여된 경우에 행정권에 대하여 재량권을 흠 없이 행사하여 줄 것을 청구하는 권리를 말한다.

답 ②

014

행정청의 부작위로 인하여 권익을 침해당한 자가 행정청에 대하여 제3자에 대한 단속을 청구할 수 있는 권리로 옳은 것은?

2014년 9급 복원

① 행정개입청구권
② 계획보장청구권
③ 무하자재량행사청구권
④ 행정행위발급청구권

📝 해설 | 행정개입청구권

중요도 ★★☆

① [O] (협의의) 행정개입청구권은 개인이 자기 이익을 위하여 제3자에 대해 일정한 행정권의 발동을 청구할 권리를 말한다.
② [×] 행정계획의 경우 본질적으로 가변성이 내재되어 있기 때문에 원칙적으로 계획보장청구권이 인정되지 않는다.
③ [×] 기속행위에서 인정되는 권리가 특정행위를 청구할 수 있는 권리임에 반하여, 무하자재량행사청구권은 재량의 한계를 준수해 줄 것을 청구하는 권리이다.
④ [×] 행정행위발급청구권은 개인이 자기 이익을 위하여 자기에 대해 일정한 행정권 발동을 청구하는 권리를 말한다. 협의의 행정개입 청구권과 행정행위발급청구권을 합쳐 광의의 행정개입청구권이라고 한다.

답 ①

015

다음 중 행정개입청구권에 대한 설명으로 옳지 않은 것은? (다툼이 있는 경우 판례에 의함)

2015년 9급 복원

① 행정개입청구권은 기속행위의 경우에는 원칙적으로 인정되며, 재량행위의 경우 재량권이 '0'으로 수축되는 예외적인 경우에 한하여 인정된다.
② 인접토지소유자의 장애물 철거요구를 거부한 행위는 항고소송의 대상이 되는 거부처분에 해당하지 않는다.
③ 행정개입청구권은 사전예방적 성격을 가지고 있지만 사후구제적 성격은 가지고 있지 않다.
④ 대법원은 국민은 행정청에 대하여 제3자에 대한 건축허가와 준공검사의 취소 및 제3자 소유의 건축물에 대한 철거명령을 요구할 수 있는 법규상 또는 조리상 권리가 없다고 판시하였다.

📝 해설 | 행정개입청구권

중요도 ★★☆

① [O] 기속행위의 경우 행정청은 특정한 행위를 할 의무를 지게 되므로 행정개입청구권은 원칙적으로 인정되며, 재량행위의 경우 재량권이 '0'으로 수축되는 예외적인 경우에 한하여 행정개입청구권이 인정된다.
② [O] 도시계획법, 건축법, 도로법 등 관계 법령상 주민에게 도로상 장애물의 철거를 신청할 수 있는 권리를 인정한 근거 법규가 없을 뿐 아니라 조리상 이를 인정할 수도 없고, 따라서 행정청이 인접토지소유자의 장애물 철거요구를 거부한 행위는 항고소송의 대상이 되는 거부처분에 해당될 수 없다(대판 1996.1.23, 95누1378).
③ [×] 행정개입청구권은 사전예방적 성격은 물론, 사후구제적 성격도 가지고 있다.
④ [O] 국민의 신청에 대한 행정청의 거부행위가 항고소송의 대상이 되는 행정처분에 해당하기 위하여는 국민이 행정청에 대하여 그 신청에 따른 행정행위를 하여 줄 것을 요구할 수 있는 법규상 또는 조리상의 권리가 있어야 하고, … 구 건축법 및 기타 관계 법령에 국민이 행정청에 대하여 제3자에 대한 건축허가의 취소나 준공검사의 취소 또는 제3자 소유의 건축물에 대한 철거 등의 조치를 요구할 수 있다는 취지의 규정이 없고, 같은 법 제69조 제1항 및 제70조 제1항은 각 조항 소정의 사유가 있는 경우에 시장·군수·구청장에게 건축허가 등을 취소하거나 건축물의 철거 등 필요한 조치를 명할 수 있는 권한 내지 권능을 부여한 것에 불과할 뿐, 시장·군수·구청장에게 그러한 의무가 있음을 규정한 것은 아니므로 위 조항들도 그 근거규정이 될 수 없으며, 그 밖에 조리상 이러한 권리가 인정된다고 볼 수도 없다(대판 1999.12.7, 97누17568).

답 ③

016 다음 중 행정주체로 옳지 않은 것은?

① 대한민국
② 강원도의회
③ 도시 및 주거환경정비법상의 주택재건축정비사업조합
④ 한국토지주택공사

✍ 해설 | 행정주체

중요도 ★★☆

① [○] 국가는 법인격을 가진 법인으로, 행정주체가 된다.
② [×] 강원도의회는 행정주체인 지방자치단체(강원도)를 위해 일하는 행정기관(의결기관)일 뿐이고 행정주체는 아니다.
③ [○] 도시 및 주거환경정비법상의 주택재건축정비사업조합은 정비구역 안에 있는 토지와 건축물의 소유자 등으로부터 조합설립의 동의를 받는 등 관계 법령에서 정한 요건과 절차를 갖추어 관할 행정청으로부터 조합설립인가를 받은 후 등기함으로써 법인으로 성립한다. 그리고 이러한 절차를 거쳐 설립된 재건축조합은 관할 행정청의 감독 아래 정비구역 안에서 도시정비법상의 '주택재건축사업'을 시행하는 목적 범위 내에서 법령이 정하는 바에 따라 일정한 행정작용을 행하는 행정주체로서의 지위를 갖는다(대판 2009.10.15, 2009다30427).
④ [○] 행정주체에 해당하며, 공공단체 중 영조물법인으로 볼 수 있다.

답 ②

017 다음 공무수탁사인에 대한 설명 중 옳지 않은 것은?

① 판례는 소득세의 원천징수의무자를 공무수탁사인으로 인정하고 있다.
② 공무수탁사인의 위법한 처분은 행정쟁송의 대상이 된다.
③ 교육법에 의하여 학위를 수여하는 사립대학총장은 공무수탁사인에 해당한다.
④ 공무수탁사인의 위법한 행위에 대한 손해는 행정상 손해배상청구가 가능하다.

✍ 해설 | 공무수탁사인

중요도 ★★☆

① [×] 원천징수의무자가 비록 과세관청과 같은 행정청이더라도 그의 원천징수행위는 법령에서 규정된 징수 및 납부의무를 이행하기 위한 것에 불과한 것이지, 공권력의 행사로서의 행정처분을 한 경우에 해당되지 아니한다(대판 1990.3.23, 89누4789). ⇨ <u>판례는 소득세의 원천징수의무자를 공무수탁사인으로 인정하지 않고 있다.</u>
② [○] 공무수탁사인은 행정청에 해당하므로, 공무수탁사인을 행정심판의 피청구인이나 항고소송의 피고로 할 수 있다.
③ [○] 교육법에 따라 학위를 수여하는 사립대학총장은 공무수탁사인에 해당한다.
④ [○] 국가배상법 제2조 제1항

> **제2조 【배상책임】** ① 국가나 지방자치단체는 공무원 또는 공무를 위탁받은 사인이 직무를 집행하면서 고의 또는 과실로 법령을 위반하여 타인에게 손해를 입히거나, 자동차손해배상 보장법에 따라 손해배상의 책임이 있을 때에는 이 법에 따라 그 손해를 배상하여야 한다. 다만, 군인·군무원·경찰공무원 또는 예비군대원이 전투·훈련 등 직무집행과 관련하여 전사·순직하거나 공상을 입은 경우에 본인이나 그 유족이 다른 법령에 따라 재해보상금·유족연금·상이연금 등의 보상을 지급받을 수 있을 때에는 이 법 및 민법에 따른 손해배상을 청구할 수 없다.

답 ①

018

행정상 법률관계에서 당사자에 관한 설명으로 옳지 않은 것은? (다툼이 있는 경우 판례에 의함)

2019년(2차) 9급 복원

① 행정청이 행정소송의 피고적격이 인정되는 경우 행정주체가 된다.

② 공공단체의 행정주체로서의 지위는 국가로부터 전래된 것이다.

③ 지방자치단체를 비롯한 공공조합, 영조물법인 등은 행정주체가 될 수도 있지만, 경우에 따라서는 행정객체가 될 수도 있다.

④ 대한상공회의소, 국립의료원, 정신문화연구원 등은 공공단체로서 행정객체의 지위가 인정될 수도 있다.

✍ 해설 | 행정상 법률관계의 당사자

중요도 ★★☆

① [×] 행정기관은 권리·의무의 주체가 아니며 그 행위의 효과는 권리·의무의 주체인 행정주체에게 귀속된다. 행정청도 행정기관의 하나일 뿐이고 소송의 당사자적격(피고적격)을 인정하는 것은 국민의 소송수행의 편의를 위해서 특별히 인정한 것이다. 결국 행정청에게 소송의 피고적격을 인정하더라도 행정주체가 되는 것은 아니다.

② [○] 공공단체의 행정주체로서의 지위는 국가에서 전래된 것으로 보는 것이 일반적이다.

③ [○] 지방자치단체가 그 고유의 자치사무를 처리하는 경우에는 지방자치단체는 국가기관의 일부가 아니라 국가기관과는 별도의 독립한 공법인이므로, 지방자치단체 소속공무원이 지방자치단체 고유의 자치사무를 수행하던 중 도로법 제81조 내지 제85조의 규정에 의한 위반행위를 한 경우에는 지방자치단체는 도로법 제86조의 양벌규정에 따라 처벌대상이 되는 법인에 해당한다(대판 2005.11.10, 2004도2657).

④ [○] 공공단체도 국가의 감독을 받는 등의 관계에 따라 행정객체가 될 수도 있다.

답 ①

THEME 16 | 행정법관계의 내용

019

다음 중 개인적 공권의 특징으로 옳지 않은 것은?

2010년 9급 복원

① 포기의 제한

② 불행사의 제한

③ 이전의 제한

④ 보호의 특수성

✍ 해설 | 개인적 공권

중요도 ★☆☆

① [○] 이는 개인적 공권의 특징으로, 공권은 공익적 견지에서 인정되는 것이므로 임의로 포기할 수 없는 것이 원칙이다.

② [×] 불행사의 제한은 개인적 공권의 특징으로 볼 수 없다(⑩ 투표권 불행사 - 가능).

③ [○] 이는 개인적 공권의 특징으로, 공권은 일반적으로 공익성이 인정되고 일신전속성을 가지는 경우가 많으므로 양도·상속 등 이전성이 제한되는 경우가 많다.

④ [○] 이는 개인적 공권의 특징으로, 개인적 공권도 권리이므로 침해된 경우에 법원에 제소하여 구제를 청구할 수 있다.

답 ②

020

공권에 대한 설명으로 옳지 않은 것은? (다툼이 있는 경우 판례에 의함)

① 국가유공자로 보호받을 권리는 일신전속적인 권리이므로 상속의 대상이 되지 않는다.

② 석유판매업자의 지위를 승계한 자에 대하여 종전의 석유판매업자가 유사석유제품을 판매하는 위법행위를 하였다는 이유로 사업정지 등 제재처분을 취할 수 없다.

③ 공중위생영업에 대하여 그 영업을 정지할 위법사유가 있다면, 관할 행정청은 그 영업이 양도·양수되었다 하더라도 그 업소의 양수인에 대하여 영업정지처분을 할 수 있다.

④ 공권이 침해된 경우 소송을 통해 구제가 가능하나, 반사적 이익이 침해된 경우 소송을 통한 구제가 가능하지 않다.

☑️ 해설 | 개인적 공권

중요도 ★★★

① [○] 구 국가유공자 등 예우 및 지원에 관한 법률에 의하여 국가유공자와 유족으로 등록되어 보상금을 받고, 교육보호 등 각종 보호를 받을 수 있는 권리는 국가유공자와 유족에 대한 응분의 예우와 국가유공자에 준하는 군경 등에 대한 지원을 행함으로써 이들의 생활안정과 복지향상을 도모하기 위하여 당해 개인에게 부여되어진 일신전속적인 권리이어서, 같은 법 규정에 비추어 상속의 대상으로도 될 수 없다고 할 것이므로 전상군경등록거부처분 취소청구소송은 원고의 사망과 동시에 종료하였고, 원고의 상속인들에 의하여 승계될 여지는 없다(대판 2003.8.19, 2003두5037).

② [×] 석유판매업 등록은 원칙적으로 대물적 허가의 성격을 가지는 바, 석유판매업자의 지위를 승계한 자는 종전 석유판매업자가 유사석유제품을 판매함으로써 받게 되는 사업정지 등 제재처분의 승계가 포함되어 그 지위를 승계한 자에 해당하므로 석유판매업자의 지위를 승계한 자에 대해서도 사업정지 등의 제재처분을 취할 수 있다(대판 2003.10.12, 2003두8005).

③ [○] 공중위생영업과 관련한 위반행위에 대하여 영업소에 대한 영업정지 또는 영업장 폐쇄명령은 모두 대물적 처분의 성격을 가지는 바, 만일 어떠한 공중위생영업에 대하여 그 영업을 정지할 위법사유가 있다면, 관할 행정청은 그 영업이 양도·양수되었다 하더라도 그 업소의 양수인에 대하여 영업정지처분을 할 수 있다(대판 2001.6.29, 2001두1611).

④ [○] 개인적 공권(법률상 이익)이 침해된 경우 개인은 행정쟁송으로 다툴 수 있지만, 반사적 이익을 침해받은 경우는 개인은 행정쟁송을 통한 구제를 받을 수 없다.

답 ②

021

개인적 공권에 대한 설명으로 옳지 않은 것은? (다툼이 있는 경우 판례에 의함)

① 공무원연금수급권은 국가에 대하여 적극적으로 급부를 요구하는 것이므로 헌법규정만으로는 이를 실현할 수 없어 법률에 의한 형성이 필요하고 그 구체적인 내용, 즉 수급요건, 수급권자의 범위 및 급여금액 등은 법률에 의하여 비로소 확정된다.

② 행정처분에 있어서 불이익처분의 상대방은 직접 개인적 이익의 침해를 받은 자로서 원고적격이 인정되지만 수익처분의 상대방은 그의 권리나 법률상 보호되는 이익이 침해되었다고 볼 수 없으므로 달리 특별한 사정이 없는 한 취소를 구할 이익이 없다.

③ 청구인의 주거지와 건축선을 경계로 하여 인정하고 있는 건축물이 건축법을 위반하여 청구인의 일조권을 침해하는 경우 피청구인에게 건축물에 대하여 건축법 제79조, 제80조에 근거하여 시정명령을 하여 줄 것을 청구했으나, 피청구인이 시정명령을 하지 아니하였다면 피청구인의 시정명령 불행사는 위법하다.

④ 경찰은 국민의 생명, 신체 및 재산의 보호 등과 기타 공공의 안녕과 질서유지도 직무로 하고 있고 그 직무의 원활한 수행을 위한 권한은 일반적으로 경찰관의 전문적 판단에 기한 합리적인 재량에 위임되어 있는 것이나, 그 취지와 목적에 비추어 볼 때 구체적인 사정에 따라 경찰관이 그 권한을 행사하여 필요한 조치를 취하지 아니하는 것이 현저하게 불합리하다고 인정되는 경우에는 그러한 권한의 불행사는 직무상의 의무를 위반한 것이 되어 위법하다.

① [O] 공무원연금법상의 각종 급여는 헌법규정만으로는 이를 실현할 수 없고 법률에 의하여 구체적으로 형성할 것을 필요로 하는바, 연금수급권의 구체적 내용, 즉 수급요건, 수급권자의 범위, 급여금액 등은 법률에 의하여 비로소 확정될 것이므로 연금수급권을 형성함에 있어 입법자는 광범위한 형성의 자유를 가진다(헌재 2011.12.29, 2011헌바41).

② [O] 행정처분에 있어서 불이익처분의 상대방은 직접 개인적 이익의 침해를 받은 자로서 원고적격이 인정되지만 수익처분의 상대방은 그의 권리나 법률상 보호되는 이익이 침해되었다고 볼 수 없으므로 달리 특별한 사정이 없는 한 취소를 구할 이익이 없다(대판 1995.8.22, 94누8129).

③ [×] 건축법 제79조는 시정명령에 대하여 규정하고 있으나, 동법이나 동법 시행령 어디에서도 일반 국민에게 그러한 시정명령을 신청할 권리를 부여하고 있지 않을 뿐만 아니라, 피청구인에게 건축법 위반이라고 인정되는 건축물의 건축주 등에 대하여 시정명령을 할 것인지와, 구체적인 시정명령의 내용을 무엇으로 할 것인지에 대하여 결정할 재량권을 주고 있으며, 달리 이 사건에서 시정명령을 해야 할 법적 의무가 인정된다고 볼 수 없다(헌재 2010.4.20, 2010헌마189).

④ [O] 경찰은 범죄의 예방, 진압 및 수사와 함께 국민의 생명, 신체 및 재산의 보호 기타 공공의 안녕과 질서유지를 직무로 하고 있고, 직무의 원활한 수행을 위하여 경찰관 직무집행법, 형사소송법 등 관계 법령에 의하여 여러 가지 권한이 부여되어 있으므로, 구체적인 직무를 수행하는 경찰관으로서는 제반 상황에 대응하여 자신에게 부여된 여러 가지 권한을 적절하게 행사하여 필요한 조치를 할 수 있고, 그러한 권한은 일반적으로 경찰관의 전문적 판단에 기한 합리적인 재량에 위임되어 있으나, 경찰관에게 권한을 부여한 취지와 목적에 비추어 볼 때 구체적인 사정에 따라 경찰관이 권한을 행사하여 필요한 조치를 하지 아니하는 것이 현저하게 불합리하다고 인정되는 경우에는 권한의 불행사는 직무상 의무를 위반한 것이 되어 위법하게 된다(대판 2016.4.15, 2013다20427).

답 ③

022 개인적 공권에 대한 설명으로 옳지 않은 것은? (다툼이 있는 경우 판례에 의함)   2021년 9급

① 한의사들이 가지는 한약조제권을 한약조제시험을 통하여 약사에게도 인정함으로써 감소하게 되는 한의사들의 영업상 이익은 법률에 의하여 보호되는 이익이라 볼 수 없다.

② 합병 이전의 회사에 대한 분식회계를 이유로 감사인지정제외 처분과 손해배상공동기금의 추가적립의무를 명한 조치의 효력은 합병 후 존속하는 법인에게 승계될 수 있다.

③ 당사자 사이에 석탄산업법 시행령 제41조 제4항 제5호 소정의 재해위로금에 대한 지급청구권에 관한 부제소합의가 있는 경우 그러한 합의의 효력이 인정된다.

④ 석유판매업 허가는 소위 대물적 허가의 성질을 갖는 것이어서 양수인이 그 양수 후 허가관청으로부터 석유판매업 허가를 다시 받았다 하더라도 이는 석유판매업의 양수도를 전제로 한 것이어서 이로써 양도인의 지위승계가 부정되는 것은 아니므로 양도인의 귀책사유는 양수인에게 그 효력이 미친다.

① [O] 한의사 면허는 경찰금지를 해제하는 명령적 행위(강학상 허가)에 해당하고, 한약조제시험을 통하여 약사에게 한약조제권을 인정함으로써 한의사들의 영업상 이익이 감소되었다고 하더라도 이러한 이익은 사실상의 이익에 불과하고 약사법이나 의료법 등의 법률에 의하여 보호되는 이익이라고는 볼 수 없으므로, 한의사들이 한약조제시험을 통하여 한약조제권을 인정받은 약사들에 대한 합격처분의 무효확인을 구하는 당해 소는 원고적격이 없는 자들이 제기한 소로서 부적법하다(대판 1998.3.10, 97누4289).

② [O] [1] 회사합병이 있는 경우에는 피합병회사의 권리·의무는 사법상의 관계나 공법상의 관계를 불문하고 그의 성질상 이전을 허용하지 않는 것을 제외하고는 모두 합병으로 인하여 존속한 회사에게 승계되는 것으로 보아야 할 것이고, 공인회계사법에 의하여 설립된 회계법인 간의 흡수합병이라고 하여 이와 달리 볼 것은 아니다.
　[2] 구 주식회사의 외부감사에 관한 법률(2000.1.12. 법률 제6108호로 개정되기 전의 것) 제4조의3에 규정된 감사인지정 및 같은 법 제16조 제1항에 규정된 감사인지정제외와 관련한 공법상의 관계는 감사인의 인적·물적 설비와 위반행위의 태양과 내용 등과 같은 객관적 사정에 기초하여 이루어지는 것으로서 합병으로 존속하는 회계법인에게 승계된다.
　[3] 구 주식회사의 외부감사에 관한 법률(2000.1.12. 법률 제6108호로 개정되기 전의 것) 제17조의2에 정해진 손해배상공동기금 및 같은 법 시행령(2001.6.8. 대통령령 제17232호로 개정되기 전의 것) 제17조의9에 정해진 손해배상공동기금의 추가적립과 관련한 공법상의 관계는 감사인의 감사보수총액과 위반행위의 태양 및 내용 등과 같은 객관적 사정에 기초하여 이루어지는 것으로서 합병으로 존속회계법인에게 승계된다(대판 2004.7.8, 2002두1946).

③ [×] 당사자 사이에 석탄산업법 시행령 제41조 제4항 제5호 소정의 재해위로금에 대한 지급청구권에 관한 부제소합의가 있었다고 하더라도 그러한 합의는 무효라고 할 것이다(대판 1999.1.26, 98두12598).

④ [○] 석유사업법 제12조 제3항, 제9조 제1항, 제12조 제4항 등을 종합하면 석유판매업(주유소)허가는 소위 대물적 허가의 성질을 갖는 것이어서 그 사업의 양도도 가능하고 이 경우 양수인은 양도인의 지위를 승계하게 됨에 따라 양도인의 위 허가에 따른 권리의무가 양수인에게 이전되는 것이므로 만약 양도인에게 그 허가를 취소할 위법사유가 있다면 허가관청은 이를 이유로 양수인에게 응분의 제재조치를 취할 수 있다 할 것이고, 양수인이 그 양수 후 허가관청으로부터 석유판매업허가를 다시 받았다 하더라도 이는 석유판매업의 양수도를 전제로 한 것이어서 이로써 양도인의 지위승계가 부정되는 것은 아니므로 양도인의 귀책사유는 양수인에게 그 효력이 미친다(대판 1986.7.22, 86누203).

답 ③

THEME 17 특별행정법관계(특별권력관계)

023

특별권력관계이론에 대한 설명 중 옳지 않은 것은?

2006년 9급 복원

① 특별권력관계는 법률의 규정 또는 상대방의 동의에 의하여 성립한다고 볼 수 있다.
② 종래에는 특별권력관계에 법치주의가 적용되지 않는다고 보았다.
③ 지방자치단체와 지방공무원의 관계는 특별권력관계의 하나로 볼 수 있다.
④ 공무원에 대한 직무명령은 외부행위로서 사법심사의 대상이 된다고 볼 수 있다.

📝 해설 | 특별권력관계

중요도 ★★☆

① [○] 특별권력관계의 성립원인으로는 법률 규정에 의한 경우와 동의에 의한 경우를 들 수 있다.
② [○] 종래 견해는 법치주의가 적용되는 일반권력관계와 달리, 특별권력관계는 법치주의가 적용되지 않는 특수한 관계로 보았다.
③ [○] 지방자치단체와 지방공무원의 관계는 특별권력관계의 하나로 볼 수 있으며 공법상 근무관계에 해당한다.
④ [×] 특별권력관계는 내부행위(경영수행관계)와 외부행위(기본관계)로 나눌 수 있는데, 여기서 외부행위만 사법심사의 대상으로 보는 것이 일반적 견해이며 공무원에 대한 직무명령은 내부행위로 본다.

답 ④

024

다음 중 특별권력관계의 사항으로 옳지 않은 것은?

2008년 9급 복원

① 조세부과처분
② 초등학생의 입학동의
③ 국·공립학교 학생의 재학관계
④ 법정 감염병 환자의 강제입원

📝 해설 | 특별권력관계

중요도 ★☆☆

① [×] 조세부과처분은 일반권력관계로 볼 수 있다.
②③④ [○] 초·중등학교에의 입학, 국·공립학교 학생의 재학관계, 감염병 환자의 국립병원 입원관계 등은 특별권력관계이다.

답 ①

025

다음 중 특별권력관계 또는 특별행정법관계에 대한 예로 옳지 않은 것은?

① 감염병 환자에 대한 강제입원
② 학령아동의 초등학교 취학
③ 공무원에 대한 정직명령
④ 국민에 대한 조세부과처분

✍ 해설 | 특별권력관계

중요도 ★☆☆

①②③ [O] 초·중등학교에의 입학, 감염병 환자의 국립병원 입원관계 등은 특별권력관계이며, 공무원의 징계, 학생의 정학 등도 특별권력관계에 해당한다.
④ [×] 조세부과처분은 일반권력관계에 해당한다.

답 ④

026

다음 중 상대방의 동의에 의한 특별권력관계의 성립 중 그 성질의 내용이 가장 다른 것은?

① 공무원 채용관계의 설정
② 국·공립대학교 입학
③ 국·공립도서관 이용관계의 설정
④ 학령아동의 초등학교 취학

✍ 해설 | 특별권력관계

중요도 ★★☆

①②③ [O] 상대방의 동의에 의한 특별권력관계의 성립 중 임의적 동의에 관한 내용이다.
④ [×] 상대방의 동의에 의한 특별권력관계의 성립 중 의무적 동의에 관한 내용이다.

답 ④

027

특별권력관계에 대한 설명으로 옳지 않은 것은?

① 특별권력관계에서는 법률유보의 원칙이 제한되지만 사법심사는 광범위하게 인정된다.
② 공무원의 파면은 권력주체의 일방적 배제에 의해 특별권력관계가 소멸되는 경우를 말한다.
③ 국고관계란 국가나 공공단체 등의 행정주체가 우월적인 지위에서가 아닌 재산권의 주체로서 사인과 맺는 법률관계를 말한다.
④ 특별권력관계를 기본관계와 경영수행관계로 나누는 견해에 따르면 공무원에 대한 직무상 명령에 대해 사법심사가 가능하게 된다.

✍ 해설 | 특별권력관계

중요도 ★★☆

① [O] 오늘날에는 특별권력관계에도 원칙적으로 법률유보의 원칙이 적용되고, 사법심사가 가능하다. 다만, 특별권력관계를 설정한 목적 달성을 위해 합리적이고 필요한 범위 내에서 법률에 근거한 특별한 제한이 가능할 수 있을 뿐이다.
② [O] 공무원의 파면은 권력주체가 일방적 배제를 하면서 특별권력관계가 소멸되는 경우이다.
③ [O] 국고관계에서 행정주체는 사경제의 주체로서 개인과 대등한 법률관계를 구성하게 된다.
④ [×] 특별권력관계를 기본관계와 경영수행관계로 구분하는 견해에 따르면, 공무원에 대한 직무상 명령은 경영수행관계로서 사법심사가 불가능한 영역에 해당한다.

답 ④

CHAPTER 6 | 행정법상 법률요건과 법률사실

THEME 18　공법상의 사건

001
□□□

다음은 행정법상 시효 및 기간에 관한 설명이다. 옳지 않은 것은? (다툼이 있는 경우 판례에 의함)　　　2019년(2차) 9급 복원

① 국가나 지방자치단체를 당사자로 하는 금전채권은 다른 법률에 특별한 규정이 없는 한 5년간 이를 행사하지 않을 때에는 시효로 인하여 소멸한다.

② 국회법에 따른 기간을 계산할 때에는 첫날을 산입하지 아니하며, 공무원연금법에 따른 급여를 받을 권리는 급여의 사유가 발생한 날부터 3년간 행사하지 아니하면 시효로 인하여 소멸한다.

③ 행정법상 시효의 중단과 정지에 관해서는 다른 법령에 특별한 규정이 없는 한 민법의 규정이 준용된다.

④ 국세기본법 또는 세법에서 규정하는 기간의 계산은 국세기본법 또는 그 세법에 특별한 규정이 있는 것을 제외하고는 민법에 따른다.

📝 해설 | 공법상 시효, 기간　　　　　중요도 ★★☆

① [○] 금전의 급부를 목적으로 하는 국가의 권리로서 시효에 관하여 다른 법률에 규정이 없는 것은 5년 동안 행사하지 아니하면 시효로 인하여 소멸한다(국가재정법 제96조 제1항).

② [×] 국회법 제168조, 공무원연금법 제88조 제1항

> **국회법 제168조【기간의 기산일】** 이 법에 따른 기간을 계산할 때에는 첫날을 산입한다.
> **공무원연금법 제88조【시효】** ① 이 법에 따른 급여를 받을 권리는 급여의 사유가 발생한 날부터 5년간 행사하지 아니하면 시효로 인하여 소멸한다.

③ [○] 국가재정법 제96조 제3항

> **제96조【금전채권·채무의 소멸시효】** ③ 금전의 급부를 목적으로 하는 국가의 권리에 있어서는 소멸시효의 중단·정지 그 밖의 사항에 관하여 다른 법률의 규정이 없는 때에는 민법의 규정을 적용한다. 국가에 대한 권리로서 금전의 급부를 목적으로 하는 것도 또한 같다.

④ [○] 국세기본법 제4조

> **제4조【기간의 계산】** 이 법 또는 세법에서 규정하는 기간의 계산은 이 법 또는 그 세법에 특별한 규정이 있는 것을 제외하고는 민법에 따른다.

답 ②

002

공법상 시효제도에 관한 설명으로 옳지 않은 것은? (다툼이 있는 경우 판례에 의함)

① 금전채권의 소멸시효에 관해서 국가재정법과 지방재정법은 다른 법률에 특별한 규정이 없는 한 5년으로 정하고 있다.

② 공법상 부당이득반환청구권은 원칙적으로 사권에 해당하므로 10년의 소멸시효가 적용된다.

③ 국유재산 무단점유자에 대하여 행한 변상금부과처분에 대해 변상금이 체납된 경우 변상금청구권 역시 5년의 소멸시효가 적용된다.

④ 국세징수권자의 납입고지에 의하여 발생한 시효중단의 효력은 그 납입고지에 의한 부과처분이 취소되더라도 소멸되는 것은 아니다.

📝 해설 | 공법상 시효

중요도 ★★☆

① [○] 금전의 급부를 목적으로 하는 국가의 권리로서 시효에 관하여 다른 법률에 규정이 없는 것은 5년 동안 행사하지 아니하면 시효로 인하여 소멸한다(국가재정법 제96조 제1항). 금전의 지급을 목적으로 하는 지방자치단체의 권리는 시효에 관하여 다른 법률에 특별한 규정이 있는 경우를 제외하고는 5년간 행사하지 아니하면 소멸시효가 완성한다(지방재정법 제82조 제1항).

② [×] 공법상 부당이득반환청구권의 성질에 대해서는 공권설과 사권설로 학설이 대립하고 있다. 판례는 사권으로 보고 있으며 부당이득반환청구권의 소멸시효는 특별한 규정이 없는 한 5년이다.

③ [○] 구 국유재산법 제51조 제2항, 구 국유재산법 시행령 제56조 제5항, 제44조 제3항의 규정에 의하면, 변상금 납부의무자가 변상금을 기한 내에 납부하지 아니하는 때에는 국유재산의 관리청은 변상금 납부기한을 경과한 날부터 60월을 초과하지 않는 범위 내에서 연체료를 부과할 수 있고, 연체료 부과권은 변상금 납부기한을 경과한 날부터 60월이 될 때까지 날짜의 경과에 따라 그때그때 발생하는 것이므로, 소멸시효도 각 발생일부터 순차로 5년이 경과하여야 완성된다(대판 2014.4.10, 2012두16787).

④ [○] 소멸시효의 중단은 소멸시효의 기초가 되는 권리의 불행사라는 사실 상태와 맞지 않은 사실이 생긴 것을 이유로 소멸시효의 진행을 차단케 하는 제도인 만큼 납세고지에 의한 국세징수권자의 권리행사에 의하여 이미 발생한 소멸시효중단의 효력은 그 과세처분이 취소되었다 하여 사라지지 않음은 물론 과세처분이 취소되어 소급하여 그 효력을 상실하였다고 해서 이에 기한 국세체납처분에 의한 압류처분이 실효되어 당연무효가 된다고 할 수도 없으므로 그 압류로 인한 소멸시효중단의 효력도 사라지지 않는다(대판 1988.2.23, 85누820).

답 ②

THEME 19 | 공법상 사무관리 및 부당이득

003

공법상 사무관리의 예에 해당하지 않는 것은?

① 시청의 착오에 의한 사유지의 도로 편입

② 문제가 있는 학교재단에 대한 교육위원회의 강제관리

③ 시립병원이 행하는 행려병자의 보호

④ 사인이 행한 조난자의 구호조치

📝 해설 | 공법상 사무관리

중요도 ★★☆

① [×] 시청의 착오에 의한 사유지의 도로 편입은 공법상 부당이득에 해당한다.

②③④ [○] 공법상 사무관리란 법률상 의무 없이 타인을 위하여 사무를 관리하는 것을 의미하며, 문제가 있는 학교재단에 대한 교육위원회의 강제관리, 시립병원이 행하는 행려병자의 보호, 사인이 행한 조난자의 구호조치가 그 예에 해당한다.

답 ①

공법상 부당이득에 대한 설명으로 옳지 않은 것은? (다툼이 있는 경우 판례에 의함) 　　　　2019년(1차) 9급 복원

① 공법상 부당이득이란 법률상 원인 없이 타인의 재산 또는 노무로 인하여 이득을 얻고 타인에게 손해를 가한 자에 대하여 그 이득의 반환의무를 과하는 것을 말한다.

② 개발부담금 부과처분이 취소된 이상 그 후의 부당이득으로서의 과오납금반환에 관한 법률관계는 단순한 민사관계에 불과한 것이 아니므로, 행정소송절차에 따라 반환청구를 하여야 한다.

③ 원천징수의무자가 원천납세의무자로부터 원천징수대상이 아닌 소득에 대하여 세액을 징수·납부하였거나 징수하여야 할 세액을 초과하여 징수·납부하였다면, 국가는 원천징수의무자로부터 이를 납부받는 순간 아무런 법률상의 원인 없이 보유하는 부당이득이 된다.

④ 조세부과처분이 무효임을 전제로 하여 이미 납부한 세금의 반환을 청구하는 것은 민사상의 부당이득반환청구로서 민사소송절차에 따라야 한다.

✍ 해설 | 공법상 부당이득　　　　　　　　　　　　　　　　　　　　　　　　　　중요도 ★★☆

① [○] 과세처분이 당연무효인 경우에는 과세처분에 의하여 납세의무자가 납부하거나 징수당한 오납금은 국가 등이 법률상 원인 없이 취득한 부당이득에 해당한다. 납세자는 이러한 오납금에 대하여는 과세처분 등의 존재에도 불구하고 예외적으로 부당이득의 반환을 구하는 민사소송으로 그 환급을 직접 청구할 수 있고, 이때에는 조세법상 구제절차를 거칠 필요가 없다(대판 2018.7.19, 2017다242409 전합).

② [×] 개발부담금 부과처분이 취소된 이상 그 후의 부당이득으로서의 과오납금 반환에 관한 법률관계는 단순한 민사관계에 불과한 것이고, 행정소송절차에 따라야 하는 관계로 볼 수 없다(대판 1995.12.22, 94다51253).

③ [○] 원천징수의무자가 원천납세의무자로부터 원천징수대상이 아닌 소득에 대하여 세액을 징수·납부하였거나 징수하여야 할 세액을 초과하여 징수·납부하였다면, 국가는 원천징수의무자로부터 이를 납부받는 순간 아무런 법률상의 원인 없이 보유하는 부당이득이 된다(대판 2002.11.8, 2001두8780).

④ [○] 조세부과처분이 당연무효임을 전제로 하여 이미 납부한 세금의 반환을 청구하는 것은 민사상의 부당이득반환청구로서 민사소송절차에 따라야 한다(대판 1995.4.28, 94다55019).

답 ②

005

사인의 공법행위에 대한 설명으로 옳지 않은 것은? (다툼이 있는 경우 판례에 의함)

① 국민이 어떤 신청을 한 경우에 그 신청의 근거가 된 조항의 해석상 행정발동에 대한 개인의 신청권을 인정하고 있다고 보이면 그 거부행위는 항고소송의 대상이 되는 처분으로 보아야 하고, 구체적으로 그 신청이 인용될 수 있는가 하는 점은 본안에서 판단하여야 할 사항이다.

② 민원사항의 신청서류에 실질적인 요건에 관한 흠이 있더라도 그것이 민원인의 단순한 착오나 일시적인 사정 등에 기한 경우에는 행정청은 보완을 요구하여야 한다.

③ 건축주 등은 건축신고가 반려될 경우 건축물의 건축을 개시하면 시정명령, 이행강제금, 벌금의 대상이 되거나 당해 건축물을 사용하여 행할 행위의 허가가 거부될 우려가 있어 불안정한 지위에 놓이게 되므로, 건축신고 반려행위는 항고소송의 대상성이 인정된다.

④ 건축법상의 건축신고가 다른 법률에서 정한 인가·허가 등의 의제효과를 수반하는 경우라도 특별한 사정이 없는 한 수리를 요하는 신고로 볼 수 없다.

📝 해설 | 공법상 부당이득

중요도 ★★☆

① [O] 국민이 어떤 신청을 한 경우에 그 신청의 근거가 된 조항의 해석상 행정발동에 대한 개인의 신청권을 인정하고 있다고 보이면 그 거부행위는 항고소송의 대상이 되는 처분으로 보아야 하고, 구체적으로 그 신청이 인용될 수 있는가 하는 점은 본안에서 판단하여야 할 사항이다(대판 2009.9.10, 2007두20638).

② [O] 민원사무 처리에 관한 법률 제4조 제2항, 같은 법 시행령(2002.8.21. 대통령령 제17719호로 개정되기 전의 것) 제15조 제1항·제2항, 제16조 제1항에 의하면, 행정기관은 민원사항의 신청이 있는 때에는 다른 법령에 특별한 규정이 있는 경우를 제외하고는 그 접수를 보류하거나 거부할 수 없으며, 민원서류에 흠이 있는 경우에는 보완에 필요한 상당한 기간을 정하여 지체 없이 민원인에게 보완을 요구하고 그 기간 내에 민원서류를 보완하지 아니할 때에는 7일의 기간 내에 다시 보완을 요구할 수 있으며, 위 기간 내에 민원서류를 보완하지 아니한 때에 비로소 접수된 민원서류를 되돌려 보낼 수 있도록 규정되어 있는바, 위 규정 소정의 보완의 대상이 되는 흠은 보완이 가능한 경우이어야 함은 물론이고, 그 내용 또한 형식적·절차적인 요건이거나, 실질적인 요건에 관한 흠이 있는 경우라도 그것이 민원인의 단순한 착오나 일시적인 사정 등에 기한 경우 등이라야 한다(대판 2004.10.15, 2003두6573).

③ [O] 건축주 등은 신고제하에서도 건축신고가 반려될 경우 당해 건축물의 건축을 개시하면 시정명령, 이행강제금, 벌금의 대상이 되거나 당해 건축물을 사용하여 행할 행위의 허가가 거부될 우려가 있어 불안정한 지위에 놓이게 된다. 따라서 건축신고 반려행위가 이루어진 단계에서 당사자로 하여금 반려행위의 적법성을 다투어 그 법적 불안을 해소한 다음 건축행위에 나아가도록 함으로써 장차 있을지도 모르는 위험에서 미리 벗어날 수 있도록 길을 열어 주고, 위법한 건축물의 양산과 그 철거를 둘러싼 분쟁을 조기에 근본적으로 해결할 수 있게 하는 것이 법치행정의 원리에 부합한다. 그러므로 건축신고 반려행위는 항고소송의 대상이 된다고 보는 것이 옳다(대판 2010.11.18, 2008두167 전합).

④ [×] 건축법에서 인·허가 의제제도를 둔 취지는, 인·허가 의제사항과 관련하여 건축허가 또는 건축신고의 관할 행정청으로 그 창구를 단일화하고 절차를 간소화하며 비용과 시간을 절감함으로써 국민의 권익을 보호하려는 것이지, 인·허가 의제사항 관련 법률에 따른 각각의 인·허가 요건에 관한 일체의 심사를 배제하려는 것으로 보기는 어렵다. 왜냐하면, 건축법과 인·허가 의제사항 관련 법률은 각기 고유한 목적이 있고, 건축신고와 인·허가 의제사항도 각각 별개의 제도적 취지가 있으며 그 요건 또한 달리하기 때문이다. 나아가 인·허가 의제사항 관련 법률에 규정된 요건 중 상당수는 공익에 관한 것으로서 행정청의 전문적이고 종합적인 심사가 요구되는데, 만약 건축신고만으로 인·허가 의제사항에 관한 일체의 요건 심사가 배제된다고 한다면, 중대한 공익상의 침해나 이해관계인의 피해를 야기하고 관련 법률에서 인·허가 제도를 통하여 사인의 행위를 사전에 감독하고자 하는 규율체계 전반을 무너뜨릴 우려가 있다. 또한 무엇보다도 건축신고를 하려는 자는 인·허가 의제사항 관련 법령에서 제출하도록 의무화하고 있는 신청서와 구비서류를 제출하여야 하는데, 이는 건축신고를 수리하는 행정청으로 하여금 인·허가 의제사항 관련 법률에 규정된 요건에 관하여도 심사를 하도록 하기 위한 것으로 볼 수밖에 없다. 따라서 인·허가 의제효과를 수반하는 건축신고는 일반적인 건축신고와는 달리, 특별한 사정이 없는 한 행정청이 그 실체적 요건에 관한 심사를 한 후 수리하여야 하는 이른바 '수리를 요하는 신고'로 보는 것이 옳다(대판 2011.1.20, 2010두14954).

답 ④

006 다음 중 사인의 공법행위에 해당하지 않는 것은?

① 영업허가의 출원
② 건물임대차계약
③ 행정심판의 청구
④ 선거에서의 투표행위

📝 해설 | 사인의 공법행위

중요도 ★★☆

①③④ [O] 사인의 공법행위란 공법적 효과를 가져오는 사인의 행위를 말하는 것으로, 출생·사망신고, 투표행위, 허가·특허 신청, 행정심판·행정소송의 제기 등을 예로 볼 수 있다.
② [×] 건물임대차계약은 <u>사법관계</u>의 예로 볼 수 있다.

답 ②

007 사인의 공법행위에 관한 설명 중 옳지 않은 것은? (다툼이 있는 경우 판례에 의함)

① 군인사정책상의 필요에 따라 복무연장지원서와 전역지원서를 동시에 제출한 경우, 복무연장지원의 의사표시를 우선하되, 그것이 받아들여지지 아니하는 경우에 대비하여 원에 의하여 전역하겠다는 조건부 의사표시를 한 것이므로 그 전역지원의 의사표시도 유효한 것으로 보아야 한다.
② 전역지원의 의사표시가 진의 아닌 의사표시라면 그 무효에 관한 법리를 선언한 민법 제107조 제1항 단서의 규정에 따라 무효로 보아야 한다.
③ 공무원이 강박에 의하여 사직서를 제출한 경우 사직의 의사표시는 그 강박의 정도에 따라 무효 또는 취소사유가 되며, 그 정도가 의사결정의 자유를 박탈할 정도에 이른 것이라면 사직의 의사표시는 무효가 될 것이다.
④ 범법행위를 한 공무원이 수사기관으로부터 사직종용을 받고 형사처벌을 받아 징계파면될 것을 염려하여 사직서를 제출한 경우 그 사직의사결정을 강요에 의한 것으로 볼 수는 없다.

📝 해설 | 사인의 공법행위

중요도 ★★★

① [O] 군인사정책상 필요에 의하여 복무연장지원서와 전역(여군의 경우 면역임)지원서를 동시에 제출하게 한 방침에 따라 위 양 지원서를 함께 제출한 이상, 그 취지는 복무연장지원의 의사표시를 우선으로 하되, 그것이 받아들여지지 아니하는 경우에 대비하여 원에 의하여 전역하겠다는 조건부 의사표시를 한 것이므로 그 전역지원의 의사표시도 유효한 것으로 보아야 한다(대판 1994.1.11, 93누10057).
② [×] 전역지원의 의사표시가 진의 아닌 의사표시라 하더라도 그 무효에 관한 법리를 선언한 민법 제107조 제1항 단서의 규정은 그 성질상 사인의 공법행위에는 적용되지 않는다 할 것이므로 그 표시된 대로 유효한 것으로 보아야 한다(대판 1994.1.11, 93누10057).
③ [O] 조사기관에 소환당하여 구타당하리라는 공포심에서 조사관의 요구를 거절치 못하고 작성교부한 사직서라면 이를 본인의 진정한 의사에 의하여 작성한 것이라 할 수 없으므로 그 사직원에 따른 면직처분은 위법이다(대판 1968.3.19, 67누164).
④ [O] 공무원이 사직의 의사표시를 하여 의원면직처분을 하는 경우 그 사직의 의사표시는 외부적·객관적으로 표시된 바에 따라 효력이 발생하는 것이고, 공무원이 범법행위를 저질러 수사기관에서 조사를 받는 과정에서 사직을 조건으로 내사종결하기로 하고 수사기관과 소속행정청의 직원 등이 당해 공무원에게 사직을 권고, 종용함에 있어 가사 이에 불응하는 경우 형사입건하여 구속하겠다고 하고, 또한 형사처벌을 받은 결과 징계파면을 당하면 퇴직금조차 지급받지 못하게 될 것이라고 하는 등 강경한 태도를 취하였더라도 이는 범법행위에 따른 객관적 상황을 고지한 것에 불과하고, 공무원 자신이 그 범법행위로 인하여 징계파면이 될 경우 퇴직금조차 받지 못하게 될 것을 우려하여 사직서를 작성, 제출한 것이라면 특단의 사정이 없는 한 위와 같은 사직종용 사실만으로는 사직의사결정이 강요에 의한 것으로 볼 수 없다(대판 1990.11.27, 90누257).

답 ②

008 다음 중 사인의 공법행위에 대한 설명으로 옳지 않은 것은?

① 자기완결적 신고의 경우 부적법한 신고라 하더라도 행정청이 수리하였다면 신고의 효력이 발생한다.

② 사인의 공법행위에 관한 일반법은 없다.

③ 사인의 공법행위에는 행정행위가 갖는 공정력·집행력 등의 효력이 인정되지 않는다.

④ 판례는 사인의 공법행위에는 민법상 비진의 의사표시에 관한 규정이 적용되지 않는다고 판시하고 있다.

📝 해설 | 사인의 공법행위

중요도 ★★☆

① [×] 자기완결적 신고에서 부적법한 신고에 대해 행정청이 수리하였더라도 그 후의 영업행위는 무신고 영업행위에 해당한다. 즉, 신고의 효력이 발생하지 않는다.

② [○] 사인의 공법행위에 대한 일반법 조항은 없고 개별법 조항만 있다.

③ [○] 사인의 공법행위에는 행정행위에 인정되는 공정력, 존속력, 집행력 등이 인정되지 않는다.

④ [○] 전역지원의 의사표시가 진의 아닌 의사표시라 하더라도 그 무효에 관한 법리를 선언한 민법 제107조 제1항 단서의 규정은 그 성질상 사인의 공법행위에는 적용되지 않는다 할 것이므로 그 표시된 대로 유효한 것으로 보아야 한다(대판 1994.1.11, 93누10057).

답 ①

---

009 사인의 공법행위에 대한 다음 설명 중 옳지 않은 것은? (다툼이 있는 경우 판례에 의함)

① 행정청은 허가의 요건을 갖추지 못한 신청서가 제출된 경우 이를 즉시 반려해야 한다.

② 사인의 공법행위에서는 확정력, 공정력 등은 인정되지 않는다.

③ 사인의 공법행위의 경우에는 민법 제107조 제1항 단서의 비진의 의사표시 규정은 적용되지 않는다.

④ 신고서가 반려된 경우 이를 일종의 거부처분으로 보아 행정쟁송이 가능하다.

📝 해설 | 사인의 공법행위

중요도 ★★☆

① [×] 행정청은 법령상 규정된 형식적 요건을 갖추지 못한 신고서가 제출된 경우에는 지체 없이 상당한 기간을 정하여 신고인에게 보완을 요구하여야 한다.

② [○] 사인의 공법행위에는 행정주체의 행정행위에서 인정되는 공정력, 존속력, 집행력 등이 인정되지 않는다.

③ [○] 군인사정책상 필요에 의하여 복무연장지원서와 전역(여군의 경우 면역임)지원서를 동시에 제출하게 한 피고측의 방침에 따라 위 양 지원서를 함께 제출한 이상, 그 취지는 복무연장지원의 의사표시를 우선으로 하되, 그것이 받아들여지지 아니하는 경우에 대비하여 원에 의하여 전역하겠다는 조건부 의사표시를 한 것이므로 그 전역지원의 의사표시도 유효한 것으로 보아야 하고, 가사 전역지원의 의사표시가 진의 아닌 의사표시라고 하더라도 그 무효에 관한 법리를 선언한 민법 제107조 제1항 단서의 규정은 그 성질상 사인의 공법행위에는 적용되지 않는다 할 것이므로 그 표시된 대로 유효한 것으로 보아야 할 것이다(대판 1994.1.11, 93누10057).

④ [○] 수리를 요하는 신고의 경우, 그 신고에 대한 거부행위는 행정소송의 대상이 되는 처분에 해당한다.

답 ①

010 다음 중 수리를 요하는 신고가 아닌 것은?

① 골프장 회원 모집 계획 신고
② 납골당 설치 신고
③ 골프장 이용료 변경신고
④ 양수인 양도인 지위승계 신고

✍ 해설 | 신고

중요도 ★★☆

①②④ [○] 수리를 요하는 신고의 예로 볼 수 있다.
③ [×] 체육시설의 설치·이용에 관한 법률 제20조에 의한 골프장 이용료 변경신고서는 그 신고 자체가 위법하거나 그 신고에 무효사유가 없는 한 이것이 도지사에게 제출하여 접수된 때에 신고가 있었다고 볼 것이고, 도지사의 수리행위가 있어야만 신고가 있었다고 볼 것은 아니다(대결 1993.7.6, 93마635).

답 ③

011 사인의 공법행위 중 신고에 대한 설명으로 옳지 않은 것은? (다툼이 있는 경우 판례에 의함)

① 요건을 갖추지 못한 신고서가 제출된 경우 지체 없이 상당한 기간을 정하여 신고인에게 보완을 요구하여야 한다.
② 자체완성적 신고의 접수 내지 수리를 거부하는 행위는 처분이라고 볼 수 없다.
③ 사업양수에 의한 지위승계신고를 수리하는 행위는 행정처분에 해당한다.
④ 인·허가 의제효과를 수반하는 건축신고는 자체완성적 신고이다.

✍ 해설 | 신고

중요도 ★★☆

① [○] 행정청은 제2항 각 호의 요건을 갖추지 못한 신고서가 제출된 경우에는 지체 없이 상당한 기간을 정하여 신고인에게 보완을 요구하여야 한다(행정절차법 제40조 제3항).
② [○] 자기완결적 신고는 수리를 요하지 않는 신고로, 신고 자체로 그 효과가 완성되기 때문에 행정청의 수리거부행위는 처분성이 없다.
③ [○] 액화석유가스의 안전 및 사업관리법 제7조 제2항에 의한 사업양수에 의한 지위승계신고를 수리하는 허가관청의 행위는 단순히 양도, 양수자 사이에 발생한 사법상의 사업양도의 법률효과에 의하여 양수자가 사업을 승계하였다는 사실의 신고를 접수하는 행위에 그치는 것이 아니라 실질에 있어서 양도자의 사업허가를 취소함과 아울러 양수자에게 적법히 사업을 할 수 있는 법규상 권리를 설정하여 주는 행위로서 사업허가자의 변경이라는 법률효과를 발생시키는 행위이므로 허가관청이 법 제7조 제2항에 의한 사업양수에 의한 지위승계신고를 수리하는 행위는 행정처분에 해당한다(대판 1993.6.8, 91누11544).
④ [×] 인·허가 의제효과를 수반하는 건축신고는 일반적인 건축신고와는 달리, 특별한 사정이 없는 한 행정청이 그 실체적 요건에 관한 심사를 한 후 수리하여야 하는 이른바 '수리를 요하는 신고'로 보는 것이 옳다(대판 2011.1.20, 2010두14954).

답 ④

012 신고에 관한 다음 설명 중 옳지 않은 것은? (다툼이 있는 경우 판례에 의함)

① 행위요건적 신고에 대하여 관할 행정청의 신고필증의 교부가 없더라도 적법한 신고가 있는 이상 신고의 법적 효력에는 영향이 없다.

② 건축법에 따른 건축신고를 반려하는 행위는 항고소송의 대상이 되지 않는다.

③ 정보제공형 신고를 하지 않고 신고의 대상이 된 행위를 한 경우 과태료 등의 제재가 가능하지만 신고 없이 행한 행위 자체의 효력은 유효하다.

④ 영업양도에 따른 지위승계신고를 수리하는 행정청의 행위는 양도인·양수인 사이의 영업 양도사실의 신고를 접수하는 행위에 그치는 것이 아니라, 영업허가자의 변경이라는 법률효과를 발생시키는 행위이다.

📝 해설 | 신고

중요도 ★★★

① [○] 신고필증의 교부행위는 신고사실의 확인행위에 해당하며 신고필증의 교부가 없더라도 개설신고의 효력을 부정할 수 없다(대판 1985.4.23, 84도2953).

② [×] 건축신고 반려행위가 이루어진 단계에서 당사자로 하여금 반려행위의 적법성을 다투어 그 법적 불안을 해소한 다음 건축행위에 나아가도록 함으로써 장차 있을지도 모르는 위험에서 미리 벗어날 수 있도록 길을 열어 주고, 위법한 건축물의 양산과 그 철거를 둘러싼 분쟁을 조기에 근본적으로 해결할 수 있게 하는 것이 법치행정의 원리에 부합한다. 그러므로 이 사건 건축신고 반려행위는 항고소송의 대상이 된다고 보는 것이 옳다(대판 2010.11.18, 2008두167 전합).

③ [○] 행정법상의 신고를 정보제공적 신고와 금지해제적 신고로 나누어 보는 견해에 따르면 정보제공적 신고는 자기완결적 신고에 해당하며, 금지해제적 신고는 자기완결적 신고이거나 행위요건적 신고일 때가 있다. 즉, 정보제공적 신고의 경우 신고 없이 행위를 한 경우 과태료 등의 제재가 가능하며 그 행위 자체가 위법하게 되지는 않는다. 반면 금지해제적 신고는 신고 없이 행위를 한 경우 위법하게 되어 행정벌, 시정조치의 대상이 된다.

④ [○] 식품위생법 제25조 제3항에 의한 영업양도에 따른 지위승계신고를 수리하는 허가관청의 행위는 단순히 양도인·양수인 사이에 이미 발생한 사법상의 사업양도의 법률효과에 의하여 양수인이 영업을 승계하였다는 사실의 신고를 접수하는 행위에 그치는 것이 아니라, 영업허가자의 변경이라는 법률효과를 발생시키는 행위라고 할 것이다(대판 1995.2.24, 94누9146).

답 ②

PART 2

행정작용법

PART 2

출제비중분석

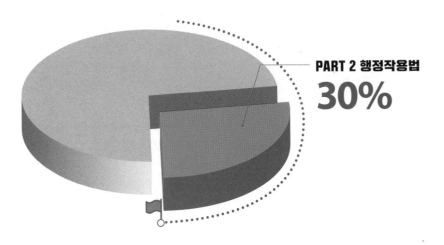

PART 2 행정작용법
30%

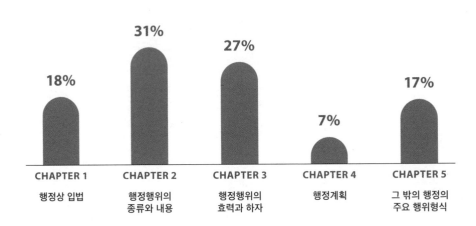

CHAPTER 1	CHAPTER 2	CHAPTER 3	CHAPTER 4	CHAPTER 5
18%	31%	27%	7%	17%
행정상 입법	행정행위의 종류와 내용	행정행위의 효력과 하자	행정계획	그 밖의 행정의 주요 행위형식

학습목표

☐ PART 2 행정작용법은 행정법에서 가장 많은 부분을 차지하고 시험에서도 골고루 출제되는 단원입니다. 행정작용을 수행할 때 필요한 법적 근거와 한계가 무엇인지, 이러한 작용으로 권익을 침해당한 자의 행정구제가 가능한지 여부에 대해 파악합니다.

☐ 행정상 입법에서는 법규명령과 행정규칙을 구분하고, 각 이론을 이해한 후에 판례를 학습합니다. 특히 행정규칙 형식의 법규명령(법령보충규칙)과 법규명령 형식의 행정규칙은 헷갈릴 수 있으므로 판례의 입장을 정확히 이해합니다.

☐ 행정행위와 관련하여 강학상 행정행위의 구별, 부관, 하자와 관련된 문제 중심으로 출제되나, 그 외에도 행정행위의 내용과 더불어 확약, 공법상 계약, 행정계획, 사실행위 등에서도 자주 출제되므로 PART 2의 영역은 전체적으로 꼼꼼히 학습해야 합니다.

2021년 더 알아보기

출제비중분석

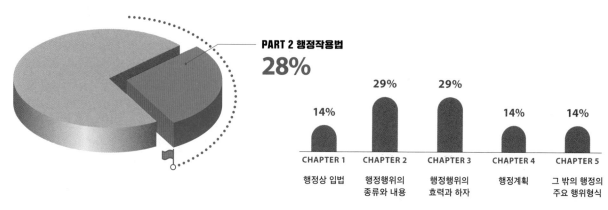

PART 2 행정작용법
28%

14%	29%	29%	14%	14%
CHAPTER 1	**CHAPTER 2**	**CHAPTER 3**	**CHAPTER 4**	**CHAPTER 5**
행정상 입법	행정행위의 종류와 내용	행정행위의 효력과 하자	행정계획	그 밖의 행정의 주요 행위형식

출제문항별 키워드

CHAPTER 1 | 행정상 입법

THEME 21 | 행정입법 개설

001 다음은 행정입법에 관한 헌법재판소의 결정의 일부이다. (   ) 안에 들어갈 내용으로 옳은 것은? (다툼이 있는 경우 판례에
□□□ 의함)
2019년(2차) 9급 복원

> 오늘날 의회의 입법독점주의에서 (ㄱ)로 전환하여 일정한 범위 내에서 행정입법을 허용하게 된 동기가 사회
> 적 변화에 대응한 입법수요의 급증과 종래의 형식적 권력분립주의로는 현대사회에 대응할 수 없다는 기능적 권
> 력분립론에 있다는 점 등을 감안하여 헌법 제40조와 헌법 제75조, 제95조의 의미를 살펴보면, 국회입법에 의한 수
> 권이 입법기관이 아닌 행정기관에게 법률 등으로 구체적인 범위를 정하여 위임한 사항에 관하여는 당해 행정기
> 관에게 법 정립의 권한을 갖게 되고, 입법자가 규율의 형식도 선택할 수도 있다 할 것이므로, 헌법이 인정하고 있
> 는 (ㄴ)의 형식은 (ㄷ)인 것으로 보아야 할 것이고, 그것은 법률이 행정규칙에 위임하더라도 그 행정규칙
> 은 위임된 사항만을 규율할 수 있으므로, 국회입법의 원칙과 상치되지도 않는다.

① ㄱ - 입법병렬주의,   ㄴ - 법규명령,   ㄷ - 한정적
② ㄱ - 입법법률주의,   ㄴ - 행정규칙,   ㄷ - 열거적
③ ㄱ - 입법선택주의,   ㄴ - 행정명령,   ㄷ - 제한적
④ ㄱ - 입법중심주의,   ㄴ - 위임입법,   ㄷ - 예시적

📝 해설 | 행정입법
중요도 ★★☆

④ [○] 오늘날 의회의 입법독점주의에서 입법중심주의로 전환하여 일정한 범위 안에서 행정입법을 허용하게 된 동기는 사회적 변화에
대응한 입법수요의 급증과 종래의 형식적 권력분립주의로는 현대사회에 대응할 수 없다는 기능적 권력분립론에 있다. 이러한 사
정을 감안하여 헌법 제40조, 제75조, 제95조의 의미를 살펴보면, 국회가 입법으로 행정기관에게 구체적인 범위를 정하여 위임한
사항에 관하여는 당해 행정기관이 법 정립의 권한을 갖게 되고, 이때 입법자가 그 규율의 형식도 선택할 수 있다고 보아야 하므
로, 헌법이 인정하고 있는 위임입법의 형식은 예시적인 것으로 보아야 한다. 따라서 법률이 일정한 사항을 행정규칙에 위임하더라
도 그 행정규칙은 위임된 사항만을 규율할 수 있으므로, 국회입법의 원칙과 상치되지 않는다(헌재 2014.7.24, 2013헌바183).

답 ④

002 법규명령에 대한 설명 중 옳지 않은 것은?

① 법규명령은 일면적 구속력을 가진다.

② 헌법상의 법규명령 형식에 관하여 예시적 규정으로 보는 것이 헌법재판소의 입장이다.

③ 법규명령이란 일반적으로 행정권이 정립하는 일반적·추상적 규율로서 법규의 성질을 가진다.

④ 법령에 의하여 위임받은 사항에 관한 일반적 기준을 정하여 하위명령에 재위임하는 것은 무방하다.

☞ 해설 | 법규명령 　　　　　　　　　　　　　　　　　　　　　　　　　　　　　중요도 ★★☆

① [×] 법규명령은 대내적·대외적 구속력을 가지므로 양면적 구속력을 가지며, 대내적 구속력만 가지는 행정규칙이 일면적 구속력을 갖는다고 할 수 있다.

② [○] 헌법이 인정하고 있는 위임입법의 형식은 예시적인 것으로 보아야 할 것이고, 그것은 법률이 행정규칙에 위임하더라도 그 행정규칙은 위임된 사항만을 규율할 수 있으므로, 국회입법의 원칙과 상치되지도 않는다(헌재 2004.10.28, 99헌바91).

③ [○] 법규명령은 법규의 성질을 가지며 행정권이 정립하는 일반적·추상적인 규범이다.

④ [○] 위임받은 사항에 관하여 대강을 정하고 그중의 특정사항을 범위를 정하여 하위법령에 다시 위임하는 경우에는 재위임이 허용된다 (대판 2015.1.15, 2013두14238).

답 ①

---

003 다음 중 법규명령을 제정할 수 있는 기관으로 옳지 않은 것은?

① 대통령

② 국방부장관

③ 경찰청장

④ 국무총리

☞ 해설 | 법규명령 　　　　　　　　　　　　　　　　　　　　　　　　　　　　　중요도 ★☆☆

①②④ [○] 법규명령의 종류에는 대통령의 긴급명령 및 긴급재정경제명령과 대통령령, 총리령, 부령, 국회·중앙선관위·대법원·헌법재판소 규칙 등이 있다.

③ [×] 부령은 행정각부의 장이 발하며, 행정각부가 아닌 국무총리 직속기관(국가보훈처, 법제처 등)이나 행정각부 소속기관(경찰청장 등)은 부령발포권이 없다.

답 ③

004 다음 중 법규명령에 관한 설명으로 옳지 않은 것은? (다툼이 있는 경우 판례에 의함) 2015년 9급 복원

① 법률에 의해 구체적 범위를 정한 위임이 있어야만 제정이 가능하다.

② 처벌법규의 위임은 일반 법률사항보다 더욱 제한을 받는다.

③ 위임명령은 상위법령의 폐지에 의해 소멸된다.

④ 위임받은 사항에 관하여 대강을 정하고 그중 특정사항의 범위를 정하여 하위의 법규명령에 다시 위임하는 경우에는 재위임도 허용된다.

📝 해설 | 법규명령 중요도 ★★☆

① [×] 위임명령은 법률이나 상위명령에서 구체적으로 범위를 정한 개별적인 위임이 있어야 제정할 수 있지만 집행명령은 법령의 수권 없이 발할 수 있다.

② [○] 법률에 의한 처벌법규의 위임은 죄형법정주의의 원칙상 그 요건과 범위가 엄격하게 제한적으로 적용되어야 함이 일반적이다.

③ [○] 구법의 위임에 의한 유효한 법규명령이 법 개정으로 위임의 근거가 없어지게 되면 그 때부터 무효인 법규명령이 된다(대판 1995.6.30, 93추83).

④ [○] 법률에서 위임받은 사항을 전혀 규정하지 아니하고 그대로 재위임하는 것은 허용되지 않으며 위임받은 사항에 관하여 대강을 정하고 그중의 특정사항을 범위를 정하여 하위법령에 다시 위임하는 경우에만 재위임이 허용된다(헌재 1996.2.29, 94헌마213).

답 ①

005 다음 중 행정입법에 대한 설명으로 옳지 않은 것은? (다툼이 있는 경우 판례에 의함) 2014년 9급 복원

① 법규명령이더라도 직접적으로 국민의 권리와 의무에 영향을 미치는 경우 처분성이 인정된다.

② 집행명령은 상위법령을 집행하기 위해 필요한 구체적인 절차·형식뿐만 아니라 새로운 국민의 권리와 의무에 관한 사항도 규정할 수 있다.

③ 일반적으로 구법에 위임의 근거가 없어 무효였더라도 사후에 법 개정으로 위임의 근거가 부여되면 그때부터는 유효한 법규명령이 된다.

④ 판례는 원칙적으로 행정규칙의 법규성을 부정하나, 예외적으로 법령보충적 행정규칙 등의 법규성을 인정한다.

📝 해설 | 행정입법 중요도 ★★☆

① [○] 법규명령이 (집행행위의 매개 없이) 직접적으로 국민의 권익을 침해하는 경우에는 처분성이 인정되어 항고소송의 대상이 된다.

② [×] 위임명령은 새로운 법규사항을 정할 수 있으나 집행명령은 상위법령의 집행에 필요한 절차나 형식을 정하는 데 그쳐야 하며 새로운 법규사항을 정할 수 없다.

③ [○] 일반적으로 법률의 위임에 의하여 효력을 갖는 법규명령의 경우, 구법에 위임의 근거가 없어 무효였더라도 사후에 법 개정으로 위임의 근거가 부여되면 그때부터는 유효한 법규명령이 된다(대판 1995.6.30, 93추83).

④ [○] 소득세법 시행령 제170조 제4항 제2호에 의하여 투기거래를 규정한 재산제세조사사무처리규정은 그 형식은 행정규칙으로 되어 있으나 위 시행령의 규정을 보충하는 기능을 가지면서 그와 결합하여 법규명령과 같은 효력을 가지는 것이므로 과세관청이 위 규정에 정하는 바에 따라 양도소득세 공정과세위원회의 자문을 거치지 아니하고 위 규정 제72조 제3항 제8호 소정의 투기거래로 인정하여 양도소득세를 과세하는 것은 위법이다(대판 1989.11.14, 89누5676).

답 ②

006 □□□ 명령·규칙에 대한 다음 설명 중 옳은 것은? (다툼이 있는 경우 판례에 의함) 2012년 9급 복원

① 부령 형식으로 제재적 처분기준을 규정한 것을 판례는 법규명령으로 보았다.

② 위임명령이 상위법에 위반하여 위법하더라도 위임의 근거가 있으면 유효하다.

③ 법규명령의 위임근거가 되는 법률에 대하여 위헌결정이 선고되면 그 위임에 근거하여 제정된 법규명령도 원칙적으로 효력을 상실한다.

④ 행정규칙은 반드시 대외적으로 공포하여야만 그 효력을 발한다.

📝 해설 | 행정입법 　　　　　　　　　　　　　　　　　　　　　　　　　　중요도 ★★★

① [×] 제재적 행정처분의 기준이 부령의 형식으로 규정되어 있더라도 그것은 행정청 내부의 사무처리준칙을 정한 것에 지나지 아니하여 대외적으로 국민이나 법원을 기속하는 효력이 없고, 당해 처분의 적법 여부는 위 처분기준만이 아니라 관계 법령의 규정 내용과 취지에 따라 판단되어야 하므로, 위 처분기준에 적합하다 하여 곧바로 당해 처분이 적법한 것이라고 할 수는 없지만, 위 처분기준이 그 자체로 헌법 또는 법률에 합치되지 아니하거나 위 처분기준에 따른 제재적 행정처분이 그 처분사유가 된 위반행위의 내용 및 관계 법령의 규정 내용과 취지에 비추어 현저히 부당하다고 인정할 만한 합리적인 이유가 없는 한 섣불리 그 처분이 재량권의 범위를 일탈하였거나 재량권을 남용한 것이라고 판단해서는 안 된다(대판 2007.9.20, 2007두6946).

② [×] 위임명령은 원칙적으로 법률이나 상위명령에 개별적인 수권규범이 있는 경우에만 유효하다. 즉, 상위법령에 위임근거가 없거나, 위임 취지에서 벗어난다면 위임명령은 무효이다.

③ [○] 법규명령의 위임근거가 되는 법률에 대하여 위헌결정이 선고되면 그 위임에 근거하여 제정된 법규명령도 원칙적으로 효력을 상실하게 된다(대판 2001.6.12, 2000다18547).

④ [×] 행정규칙은 법규명령과 달리 공포가 효력발생요건이 아니고, 적당한 방법으로 상대방에게 도달되면 효력이 발생한다.

답 ③

007 □□□ 행정입법에 대한 설명으로 옳지 않은 것은? (다툼이 있는 경우 판례에 의함) 2011년 9급 복원

① 위임입법은 개별적·구체적으로 범위를 정하여서만 가능하다.

② 하급기관이 제정한 법규명령에 상급기관은 구속되지 않는다.

③ 범죄구성요건의 구체적 위임은 죄형법정주의에 반하지 않는다.

④ 헌법재판소는 법규명령에 대하여 직접·간접 통제를 할 수 있다.

📝 해설 | 행정입법 　　　　　　　　　　　　　　　　　　　　　　　　　　중요도 ★★☆

①③ [○] 죄형법정주의와 위임입법의 한계의 요청상 처벌법규를 위임하기 위해서는, 첫째, 특히 긴급한 필요가 있거나 미리 법률로써 자세히 정할 수 없는 부득이한 사정이 있는 경우에 한정되어야 하고, 둘째, 이러한 경우일지라도 법률에서 범죄의 구성요건은 처벌대상인 행위가 어떠한 것일 거라고 이를 예측할 수 있을 정도로 구체적으로 정해야 하며, 셋째, 형벌의 종류 및 그 상한과 폭을 명백히 규정하여야 한다(헌재 1995.10.26, 93헌바62).

② [×] 법규명령은 행정권이 정립하는 일반적·추상적 규범으로 법규의 성질을 가진다. 따라서 하급기관이 제정한 법규명령 역시 법규성이 있으므로 상급기관을 포함한 모든 국가기관을 구속한다.

④ [○] 입법부·행정부·사법부에서 제정한 규칙이 별도의 집행행위를 기다리지 않고 직접 기본권을 침해하는 것일 때에는 모두 헌법소원심판의 대상이 될 수 있는 것이다(헌재 1990.10.15, 89헌마178).

답 ②

008

다음 중 포괄적 위임금지의 원칙에 대한 설명으로 옳지 않은 것은? (다툼이 있는 경우 판례에 의함)

2016년 9급 복원

① 조례에 대한 법률의 위임은 포괄적인 것으로 족하다.

② 공법적 단체 등의 정관에 대한 자치법적 사항의 위임이라도 국민의 권리·의무에 관한 본질적이고 기본적인 사항은 국회가 정하여야 한다.

③ 수권법률의 예측가능성 유무를 판단함에 있어서는 수권규정과 이와 관계된 조항, 수권법률 전체의 취지, 입법목적의 유기적·체계적 해석 등을 통하여 종합 판단하여야 한다.

④ 일반적인 급부행정법규는 처벌법규나 조세법규의 경우보다 그 위임의 요건과 범위가 더 엄격하게 제한적으로 규정되어야 한다.

해설 | 포괄위임금지

중요도 ★★★

① [○] 조례에 대한 법률의 위임은 법규명령에 대한 법률의 위임과 같이 반드시 구체적으로 범위를 정하여 할 필요가 없으며 포괄적인 것으로 족하다(헌재 1995.4.20, 92헌마264).

② [○] 법률이 공법적 단체 등의 정관에 자치법적 사항을 위임한 경우에는 헌법 제75조가 정하는 포괄적인 위임입법의 금지는 원칙적으로 적용되지 않는다고 봄이 상당하고, 그렇다 하더라도 그 사항이 국민의 권리·의무에 관련되는 것일 경우에는 적어도 국민의 권리·의무에 관한 기본적이고 본질적인 사항은 국회가 정하여야 한다(대판 2007.10.12, 2006두14476).

③ [○] 위임입법의 경우 그 한계는 예측가능성인 바, 이러한 예측가능성의 유무는 당해 특정조항 하나만을 가지고 판단할 것은 아니고 관련 법 조항 전체를 유기적·체계적으로 종합 판단하여야 하며 각 대상 법률의 성질에 따라 구체적·개별적으로 검토하여 법률조항과 법률의 입법 취지를 종합적으로 고찰할 때 합리적으로 그 대강이 예측될 수 있는 것이라면 위임의 한계를 일탈하지 아니한 것이다(대판 2007.10.26, 2007두9884).

④ [×] 위임의 구체성·명확성의 요구 정도는 그 규율대상의 종류와 성격에 따라 달라질 것이지만 특히 처벌법규나 조세법규와 같이 국민의 기본권을 직접적으로 제한하거나 침해할 소지가 있는 법규에서는 구체성·명확성의 요구가 강화되어 그 위임의 요건과 범위가 일반적인 급부행정의 경우보다 더 엄격하게 제한적으로 규정되어야 하는 반면에, 규율대상이 지극히 다양하거나 수시로 변화하는 성질의 것일 때에는 위임의 구체성·명확성의 요건이 완화되어야 할 것이다(헌재 1997.10.30, 96헌바92).

답 ④

009

행정입법에 대한 설명으로 옳지 않은 것은? (다툼이 있는 경우 판례에 의함)

2020년 7급

① 법령의 위임이 없음에도 법령에 규정된 처분요건에 해당하는 사항을 부령에서 변경하여 규정한 경우에는 그 부령의 규정은 행정청 내부의 사무처리 기준 등을 정한 것으로서 행정조직 내에서 적용되는 행정명령의 성격을 지닐 뿐 국민에 대한 대외적 구속력은 없다고 보아야 한다.

② 조례에 대한 법률의 위임은 법규명령에 대한 법률의 위임과 같이 반드시 구체적으로 범위를 정하여 할 필요가 없으며 포괄적인 것으로 족하다.

③ 법률이 공법적 단체 등의 정관에 자치법적 사항을 위임한 경우에도 헌법 제75조가 정하는 포괄적인 위임입법의 금지는 원칙적으로 적용된다.

④ 법규명령의 위임의 근거가 되는 법률에 대하여 위헌결정이 선고되면 그 위임규정에 근거하여 제정된 법규명령도 원칙적으로 효력을 상실한다.

① [○] 어떤 행정처분이 법규성이 없는 시행규칙 등의 규정에 위배된다고 하더라도 처분이 위법하게 되는 것은 아니고, 또 그 규칙 등에서 정한 요건에 부합한다고 하여도 적법한 것이라고 할 수도 없다. 이 경우 처분의 적법 여부는 일반 국민에 대하여 구속력을 가지는 법률 등 법규성이 있는 관계 법령의 규정을 기준으로 판단한다(대판 2013.9.12, 2011두10584).

② [○] 대판 1991.8.27, 90누6613

③ [×] 법률이 자치적인 사항을 정관에 위임할 경우 원칙적으로 헌법상의 포괄위임입법금지원칙이 적용되지 않는다. 그러나 자치법적인 사항일지라도 국민의 권리와 의무의 형성에 관한 사항을 비롯하여 국가의 통치조직과 작용에 관한 기본적이고 본질적인 사항은 반드시 국회가 정하여야 할 것이다. 국가유공자단체의 설립에 관한 법률상 각 단체의 대의원의 정수 및 선임방법 등은 국민의 권리와 의무의 형성에 관한 사항이나 국가의 통치조직과 작용에 관한 기본적이고 본질적인 사항이라고 볼 수 없으므로, <u>법률유보 내지 의회유보의 원칙이 지켜져야 할 영역이라고 할 수 없다(헌재 2006.3.30, 2005헌바31).</u>

④ [○] 법규명령의 위임의 근거가 되는 법률에 대하여 위헌결정이 선고되면 그 위임규정에 근거하여 제정된 법규명령도 원칙적으로 효력을 상실한다(대판 1998.4.10, 96다52359).

답 ③

010
□□□

다음 중 위임입법의 한계에 대한 내용으로 옳지 않은 것은? (다툼이 있는 경우 판례에 의함)

2015년 9급 복원

① 시행규칙에서 시행령의 위임에 의한 것임을 명시하지 않은 경우에는 시행령과의 위임관계가 인정되지 않는다.

② 입법사항을 대통령령이 아닌 총리령이나 부령에 위임할 수 있다.

③ 대법원은 예시적 위임도 가능하다고 판시하였다.

④ 위임의 구체성·명확성의 요구 정도는 그 규제대상의 종류와 성격에 따라 달라진다.

📝 **해설 |** 위임입법

중요도 ★★☆

① [×] <u>시행규칙에서 시행령의 위임에 의한 것임을 명시하지 않은 경우에도 시행령과의 위임관계가 인정된다(대판 1999.12.24, 99두5658).</u>

② [○] 헌재 1998.2.27, 97헌마64

③ [○] 토지수용법 제51조, 공공용지의 취득 및 손실보상에 관한 특례법 제4조 제5항 등의 규정취지에 비추어 볼 때, 토지수용법 제57조의2에 의하여 준용되는 위 특례법 제4조 제5항에 열거하여, 건설부령으로 평가방법 보상액 산정방법 및 기준 등을 정할 수 있도록 위임한 항목들은 제한적 한정적인 것이 아니라 예시적인 것에 불과하여 거기에 열거되지 아니한 손실에 대하여도 보상액 산정방법과 기준 등을 상위법규에 위반되지 아니한 이상 건설부령으로 정할 수 있다(대판 1994.1.28, 93누17218).

④ [○] 헌법 제75조는 "대통령은 법률에서 구체적 범위를 정하여 위임받은 사항 … 에 관하여 대통령령을 발할 수 있다."고 규정하고 있으므로, 법률의 위임은 반드시 구체적이고 개별적으로 한정된 사항에 관하여 행해져야 할 것이고, 여기서 구체적이라는 것은 일반적·추상적이어서는 안 된다는 것을, 범위를 정한다는 것은 포괄적·전면적이어서는 아니 된다는 것을 각 의미하고, 이러한 구체성의 요구의 정도는 규제대상의 종류와 성격에 따라 달라진다고 할 것이므로 보건위생 등 급부행정 영역에서는 기본권 침해 영역보다는 구체성의 요구가 다소 약화되어도 무방하다고 해석된다(대판 1995.12.8, 95카기16).

답 ①

011 행정입법에 관한 설명으로 옳지 않은 것은?

① 위임명령을 전면적으로 재위임하는 것은 금지된다.

② 법률에서 주민의 권리의무에 관한 사항에 관하여 구체적 범위를 정하지 아니한 채 포괄적으로 조례에 위임하였다면 이는 위법하다.

③ 집행명령은 법규명령이므로 공포되지 않으면 효력이 없다.

④ 백지재위임은 실질적으로 수권법의 내용을 변경하는 결과를 야기하므로 허용되지 않는다.

📝 해설 | 행정입법

중요도 ★★☆

① [O] 위임받은 사항에 관하여 대강을 정하고 그중의 특정사항을 범위를 정하여 하위법령에 다시 위임하는 경우에는 재위임이 허용된다(대판 2015.1.15, 2013두14238).

② [×] 법률이 주민의 권리의무에 관한 사항에 관하여 구체적으로 아무런 범위도 정하지 아니한 채 조례로 정하도록 포괄적으로 위임하였다고 하더라도, 행정관청의 명령과는 달라, 조례도 주민의 대표기관인 지방의회의 의결로 제정되는 지방자치단체의 자주법인 만큼, 지방자치단체가 법령에 위반되지 않는 범위 내에서 주민의 권리의무에 관한 사항을 조례로 제정할 수 있는 것이다(대판 1991.8.27, 90누6613).

③ [O] 집행명령도 법규명령이므로 공포를 효력발생요건으로 한다.

④ [O] 법률에서 위임받은 사항을 전혀 규정하지 않고 재위임하는 것은 이중위임금지의 법리에 반할 뿐 아니라 수권법의 내용변경을 초래하는 것이 되고, 부령의 제정·개정절차가 대통령령에 비하여 보다 용이한 점을 고려할 때 재위임에 의한 부령의 경우에도 위임에 의한 대통령령에 가해지는 헌법상의 제한이 당연히 적용되어야 할 것이므로 법률에서 위임받은 사항을 전혀 규정하지 아니하고 그대로 재위임하는 것은 허용되지 않으며 위임받은 사항에 관하여 대강을 정하고 그중의 특정사항을 범위를 정하여 하위법령에 다시 위임하는 경우에만 재위임이 허용된다(헌재 1996.2.29, 94헌마213).

답 ②

THEME 23 | 행정규칙

012 '행정행위를 발함에는 반드시 법적 근거가 있어야 하고 그 내용은 법에 위배되어서는 안 된다.'고 할 때, 여기서 법이 의미하는 바로 옳지 않은 것은?

① 헌법

② 공군규정

③ 군인사법 시행령

④ 평등의 원칙

📝 해설 | 행정규칙

중요도 ★☆☆

① [O] 헌법은 국가의 최고규범으로 가장 기본적인 행정법의 법원이 된다.

② [×] 공군규정은 행정조직 내부의 활동 등을 규율하기 위하여 제정된 행정규칙으로, 이는 원칙적으로 법규성을 가지지 못한다.

③ [O] 시행령은 법규명령의 일종이다.

④ [O] 평등의 원칙은 합리적 이유가 존재하지 않는 이상 차별을 금지하는 내용으로 재량권 행사의 한계원리로서 중요한 의미를 가진다. 평등의 원칙은 불문의 원칙이지만 헌법 제11조에 근거를 둔다는 견해도 있으며 이에 반하는 행정권의 행사는 위헌·위법하게 된다.

답 ②

013

상급기관이 직원 또는 하급기관의 문의나 신청에 대하여 개별적·구체적으로 발하는 명령으로 옳은 것은? 2010년 9급 복원

① 고시
② 훈령
③ 지시
④ 예규

📝 해설 | 행정규칙

중요도 ★☆☆

① [×] 고시는 법령이 정하는 바에 따라 일정 사항을 일반에게 알리기 위한 규칙이다.
② [×] 훈령은 상급기관이 하급기관에 대해 그 권한의 행사를 지시하기 위한 명령을 의미한다.
③ [○] 지시는 상급기관이 하급기관의 문의·신청에 대해 구체적·개별적으로 발하는 명령이다.
④ [×] 예규는 행정사무의 통일성을 위해 반복적 행정사무의 처리 기준으로 제시하는 규칙이다.

답 ③

014

고시에 관한 설명 중 옳지 않은 것은? (다툼이 있는 경우 판례에 의함) 2018년 9급 복원

① 고시 또는 공고의 법적 성질은 일률적으로 판단될 것이 아니라 고시에 담겨진 내용에 따라 구체적인 경우마다 달리 결정된다.
② 고시가 일반적·추상적 성격을 가질 때는 법규명령 또는 행정규칙에 해당하지만 고시가 구체적인 규율의 성격을 가진다면 행정처분에 해당한다.
③ 고시 또는 공고에 의하여 행정처분을 하는 경우에는 고시 또는 공고가 효력을 발생하는 날에 행정처분이 있음을 알았다고 보아야 한다.
④ 헌법상 위임입법의 형식은 열거적이기 때문에, 국민의 권리·의무에 관한 사항을 고시 등 행정규칙으로 정하도록 위임한 법률조항은 위헌이다.

📝 해설 | 행정규칙

중요도 ★★★

①② [○] 고시 또는 공고의 법적 성질은 일률적으로 판단될 것이 아니라 고시에 담겨진 내용에 따라 구체적인 경우마다 달리 결정된다고 보아야 한다. 즉, 고시가 일반적·추상적 성격을 가질 때는 법규명령 또는 행정규칙에 해당하지만, 고시가 구체적인 규율의 성격을 갖는다면 행정처분에 해당한다(헌재 1998.4.30, 97헌마141).
③ [○] 통상 고시 또는 공고에 의하여 행정처분을 하는 경우에는 그 처분의 상대방이 불특정 다수인이고, 그 처분의 효력이 불특정 다수인에게 일률적으로 적용되는 것이므로 그 행정처분에 이해관계를 갖는 자는 고시 또는 공고가 있었다는 사실을 현실적으로 알았는지 여부에 관계없이 고시가 효력을 발생하는 날에 행정처분이 있음을 알았다고 보아야 하고, 따라서 그에 대한 취소소송은 그 날로부터 90일 이내에 제기하여야 한다(대판 2006.4.14, 2004두3847).
④ [×] 법이 인정하고 있는 위임입법의 형식은 예시적인 것으로 보아야 할 것이고, 그것은 법률이 행정규칙에 위임하더라도 그 행정규칙은 위임된 사항만을 규율할 수 있으므로 국회입법의 원칙과 상치되지도 않는다. 다만, 행정규칙은 법규명령과 같은 엄격한 제정 및 개정절차를 요하지 아니하므로, 재산권 등과 같은 기본권을 제한하는 작용을 하는 법률이 입법위임을 할 때에는 대통령령, 총리령, 부령 등 법규명령에 위임함이 바람직하고, 고시와 같은 형식으로 입법위임을 할 때에는 적어도 행정규제기본법 제4조 제2항 단서에서 정한 바와 같이 법령이 전문적·기술적 사항이나 경미한 사항으로서 업무의 성질상 위임이 불가피한 사항에 한정된다 할 것이고, 그러한 사항이라 하더라도 포괄위임금지의 원칙상 법률의 위임은 반드시 구체적·개별적으로 한정된 사항에 대하여 행하여 져야 한다(헌재 2006.12.28, 2005헌바59).

답 ④

015 행정규칙에 관한 다음 설명 중 가장 옳은 것은? (다툼이 있는 경우 판례에 의함)

① 공공기관의 운영에 관한 법률의 위임에 따라 입찰자격제한 기준을 정하는 부령은 행정청의 법규명령에 해당한다.

② 판례는 구 청소년보호법 시행령상의 과징금 처분기준을 재량법규로 보고, 처분기준이 되는 과징금 액수를 최고한 도액이라고 판시하였다.

③ 근거법령인 상위법령이 개정됨에 그친 경우 개정법령의 시행을 위한 집행명령이 제정·발효될 때까지 여전히 그 효력을 유지하는 것은 아니다.

④ 2014년도 건물 및 기타 물건 시가표준액 조정기준은 건축법 및 지방세법령의 위임에 따른 것이지만 행정규칙의 성격을 가진다.

해설 | 행정규칙
중요도 ★★★

① [×] 공공기관의 운영에 관한 법률 제39조 제2항, 제3항 및 그 위임에 따라 기획재정부령으로 제정된 '공기업·준정부기관 계약사무규칙' 제15조 제1항의 내용을 대비해 보면, 입찰참가자격 제한의 요건을 공공기관법에서는 '공정한 경쟁이나 계약의 적정한 이행을 해칠 것이 명백할 것'을 규정하고 있는 반면, 이 사건 규칙 조항에서는 '경쟁의 공정한 집행이나 계약의 적정한 이행을 해칠 우려가 있거나 입찰에 참가시키는 것이 부적합하다고 인정되는 자'라고 규정함으로써, 이 사건 규칙 조항이 법률에 규정된 것보다 한층 완화된 처분요건을 규정하여 그 처분대상을 확대하고 있다. 그러나 공공기관법 제39조 제3항에서 부령에 위임한 것은 '입찰참가자격의 제한기준 등에 관하여 필요한 사항'일 뿐이고, 이는 그 규정의 문언상 입찰참가자격을 제한하면서 그 기간의 정도와 가중·감경 등에 관한 사항을 의미하는 것이지 처분의 요건까지를 위임한 것이라고 볼 수는 없다. 따라서 이 사건 규칙 조항에서 위와 같이 처분의 요건을 완화하여 정한 것은 상위법령의 위임 없이 규정한 것이므로 이는 행정기관 내부의 사무처리준칙을 정한 것에 지나지 않는다(대판 2013.9.12, 2011두10584).

② [O] 구 청소년보호법 제49조 제1항, 제2항에 따른 같은 법 시행령 제40조 별표 6의 위반행위의 종별에 따른 과징금 처분기준은 법규명령이기는 하나 모법의 위임규정의 내용과 취지 및 헌법상의 과잉금지의 원칙과 평등의 원칙 등에 비추어 같은 유형의 위반행위라 하더라도 그 규모나 기간·사회적 비난 정도·위반행위로 인하여 다른 법률에 의하여 처벌받은 다른 사정·행위자의 개인적 사정 및 위반행위로 얻은 불법이익의 규모 등 여러 요소를 종합적으로 고려하여 사안에 따라 적정한 과징금의 액수를 정하여야 할 것이므로 그 수액은 정액이 아니라 최고한도액이다(대판 2001.3.9, 99두5207).

③ [×] 상위법령의 시행에 필요한 세부적 사항을 정하기 위하여 행정관청이 일반적 직권에 의하여 제정하는 이른바 집행명령은 근거법령인 상위법령이 폐지되면 특별한 규정이 없는 이상 실효되는 것이나, 상위법령이 개정됨에 그친 경우에는 개정법령과 성질상 모순, 저촉되지 아니하고 개정된 상위법령의 시행에 필요한 사항을 규정하고 있는 이상 그 집행명령은 상위법령의 개정에도 불구하고 당연히 실효되지 아니하고 개정법령의 시행을 위한 집행명령이 제정, 발효될 때까지는 여전히 그 효력을 유지한다(대판 1989.9.12, 88누6962).

④ [×] 건축법 제80조 제1항 제2호, 지방세법 제4조 제2항, 지방세법 시행령 제4조 제1항 제1호의 내용, 형식 및 취지 등을 종합하면, '2014년도 건물 및 기타 물건 시가표준액 조정기준'의 각 규정들은 일정한 유형의 위반 건축물에 대한 이행강제금의 산정기준이 되는 시가표준액에 관하여 행정자치부장관으로 하여금 정하도록 한 위 건축법 및 지방세법령의 위임에 따른 것으로서 그 법령규정의 내용을 보충하고 있으므로, 그 법령규정과 결합하여 대외적인 구속력이 있는 법규명령으로서의 효력을 가지고, 그중 증·개축 건물과 대수선 건물에 관한 특례를 정한 '증·개축 건물 등에 대한 시가표준액 산출요령'의 규정들도 마찬가지라고 보아야 한다(대판 2017.5.31, 2017두30764).

답 ②

016

다음 중 행정입법에 대한 설명으로 옳지 않은 것은? (다툼이 있는 경우 판례에 의함)

① 법규명령을 위반한 행정행위는 위법하며 무효사유가 된다.
② 행정규칙은 법적 근거를 요하지 않는다.
③ 행정규칙은 원칙적으로 법원성이 인정되지 않으나 예외적으로 행정규칙의 법원성이 인정되는 경우가 있다.
④ 법규명령이 직접적으로 국민의 권리·의무에 영향을 미치는 경우 처분성이 인정된다.

🗎 해설 | 행정입법

중요도 ★★☆

① [×] 법규명령을 위반한 행정행위는 위법한 것이지만 중대명백설에 따라 무효인지 취소인지를 결정하게 된다. 즉, 반드시 무효사유가 되는 것은 아니다.
② [○] 행정적 편의를 도모하기 위해 법령의 위임을 받아 제정된 절차적 규정은 단순히 행정규칙의 성질을 가지는 데 불과하다. 즉, 행정규칙은 법률적 근거를 필요로 하지 않는다.
③ [○] 행정규칙은 원칙적으로 법규성을 가지지 못하지만 법령보충적 행정규칙과 준법규 등 예외적으로 법규적 효력을 가진다.
④ [○] 어떠한 고시가 일반적·추상적 성격을 가질 때에는 법규명령 또는 행정규칙에 해당할 것이지만, 다른 집행행위의 매개 없이 그 자체로서 직접 국민의 구체적인 권리의무나 법률관계를 규율하는 성격을 가질 때에는 행정처분에 해당한다(대판 2006.9.22, 2005두2506).

답 ①

017

행정규칙에 대한 설명으로 옳지 않은 것은? (다툼이 있는 경우 판례에 의함)

① 행정규칙인 고시가 법령의 수권에 의해 법령을 보충하는 사항을 정하는 경우에는 법령보충적 고시로서 근거법령 규정과 결합하여 대외적으로 구속력 있는 법규명령의 효력을 갖는다.
② 행정규칙은 행정규칙을 제정한 행정기관에 대하여는 대내적으로 법적 구속력을 갖지 않는다.
③ 사실상의 준비행위 또는 사전안내로 볼 수 있는 국립대학의 대학입학고사 주요요강은 공권력 행사이므로 항고소송의 대상이 되는 처분이다.
④ 일반적인 행정처분절차를 정하는 행정규칙은 대외적 구속력이 없다.

🗎 해설 | 행정입법

중요도 ★★☆

① [○] 행정규칙인 부령이나 고시가 법령의 수권에 의하여 법령을 보충하는 사항을 정하는 경우에는 그 근거 법령규정과 결합하여 대외적으로 구속력이 있는 법규명령으로서의 성질과 효력을 가진다 할 것이다(대판 2007.5.10, 2005도591).
② [○] 행정규칙은 상급행정기관의 감독권에 근거하여 하급행정기관에게 발하여지는 것이므로 하급행정기관은 공무원법상의 복종의무에 따라 행정규칙을 준수할 법적 의무를 진다. 그러나 행정규칙을 제정·발령한 상급행정기관 자신은 그 행정규칙의 규율대상이 아니므로 구속력을 받지 아니한다.
③ [×] 국립대학인 서울대학교의 94학년도 대학입학고사주요요강은 사실상의 준비행위 내지 사전안내로서 행정쟁송의 대상이 될 수 있는 행정처분이나 공권력의 행사는 될 수 없지만 그 내용이 국민의 기본권에 직접 영향을 끼치는 내용이고 앞으로 법령의 뒷받침에 의하여 그대로 실시될 것이 틀림없을 것으로 예상되어 그로 인하여 직접적으로 기본권 침해를 받게 되는 사람에게는 사실상의 규범작용으로 인한 위험성이 이미 현실적으로 발생하였다고 보아야 할 것이므로 이는 헌법소원의 대상이 되는 헌법재판소법 제68조 제1항 소정의 공권력의 행사에 해당된다고 할 것이며, 이 경우 헌법소원 외에 달리 구제방법이 없다(헌재 1992.10.1, 92헌마68·76).
④ [○] 상급행정기관이 하급행정기관에 대하여 업무처리지침이나 법령의 해석적용에 관한 기준을 정하여 발하는 이른바 행정규칙은 일반적으로 행정조직 내부에서만 효력을 가질 뿐 대외적인 구속력을 갖지 않는다(대판 2008.3.27, 2006두3742·3759).

답 ③

018

행정규칙에 대한 설명으로 옳지 않은 것은? (다툼이 있는 경우 판례에 의함)

2021년 7급

① 경찰청예규로 정해진 구 채증규칙은 행정규칙이지만 이에 의하여 집회·시위 참가자들은 구체적인 촬영행위에 의해 비로소 기본권을 제한받게 되는 것뿐만 아니라 이 채증규칙으로 인하여 직접 기본권을 침해 받게 된다.

② 행정규칙은 적당한 방법으로 통보되고 도달하면 효력을 가지며, 반드시 국민에게 공포되어야만 하는 것은 아니다.

③ 행정규칙의 내용이 상위법령이나 법의 일반원칙에 반하는 것이라면 그것은 법질서상 당연무효이고 취소의 대상이 될 수 없다.

④ 어떠한 처분의 근거나 법적인 효과가 행정규칙에 규정되어 있다고 하더라도, 그 처분이 행정규칙의 내부적 구속력에 의하여 상대방에게 권리의 설정 또는 의무의 부담을 명하거나 기타 법적인 효과를 발생하게 하는 등으로 그 상대방의 권리 의무에 직접 영향을 미치는 행위라면, 이 경우에도 항고소송의 대상이 되는 행정처분에 해당한다.

📝 해설 | 행정입법

중요도 ★★☆

① [×] 구 채증활동규칙(2012.9.26. 경찰청예규 제472호)과 채증활동규칙(2015.1.26. 경찰청예규 제495호)은 법률의 구체적인 위임 없이 제정된 경찰청 내부의 행정규칙에 불과하고, 청구인들은 구체적인 촬영행위에 의해 비로소 기본권을 제한받게 되므로, 이 사건 채증규칙이 직접 기본권을 침해한다고 볼 수 없다(헌재 2018.8.30, 2014헌마843).

② [○] 행정규칙은 발령권자가 수령의무기관에 대해서 발령하고 적당한 방법으로 통보하여 도달되기만 하면 효력을 가지게 되며, 반드시 공포되어야 하는 것은 아니다. 다만, 행정규칙에 대한 국민의 예측가능성을 높이기 위하여 법제업무운영규정 제25조에서는 각급 행정기관의 훈령·예규·고시가 적법하고 현실에 적합하도록 발령·유지·관리되어야 한다고 규정하면서, 정부입법 관련 전산시스템 등재(제2항), 등재된 행정규칙의 사후심사(제3항·제4항·제5항), 행정규칙의 사전검토(제6항) 등에 대하여 규정하고 있을 뿐이다.

③ [○] 행정규칙의 내용이 상위법령이나 법의 일반원칙에 반하는 것이라면 법치국가원리에서 파생되는 법질서의 통일성과 모순금지 원칙에 따라 그것은 법질서상 당연무효이고, 행정내부적 효력도 인정될 수 없다. 이러한 경우 법원은 해당 행정규칙이 법질서상 부존재하는 것으로 취급하여 행정기관이 한 조치의 당부를 상위법령의 규정과 입법 목적 등에 따라서 판단하여야 한다(대판 2020.5.28, 2017두66541).

④ [○] 항고소송의 대상이 되는 행정처분이라 함은 원칙적으로 행정청의 공법상 행위로서 특정사항에 대하여 법규에 의한 권리의 설정 또는 의무의 부담을 명하거나 기타 법률상 효과를 발생하게 하는 등으로 일반 국민의 권리 의무에 직접 영향을 미치는 행위를 가리키는 것이지만, 어떠한 처분의 근거나 법적인 효과가 행정규칙에 규정되어 있다고 하더라도, 그 처분이 행정규칙의 내부적 구속력에 의하여 상대방에게 권리의 설정 또는 의무의 부담을 명하거나 기타 법적인 효과를 발생하게 하는 등으로 그 상대방의 권리 의무에 직접 영향을 미치는 행위라면, 이 경우에도 항고소송의 대상이 되는 행정처분에 해당한다(대판 2002.7.26, 2001두3532).

답 ①

019

행정규칙 형식의 법규명령에 대한 설명으로 옳지 않은 것은? (다툼이 있는 경우 판례에 의함)

2020년 9급

① 헌법이 인정하고 있는 위임입법의 형식은 예시적인 것으로 보아야 할 것이고, 그것은 법률이 행정규칙에 위임하더라도 그 행정규칙은 위임된 사항만을 규율할 수 있으므로, 국회입법의 원칙과 상치되지도 않는다.

② 재산권 등과 같은 기본권을 제한하는 작용을 하는 법률이 입법위임을 할 때에는 법규명령에 위임함이 바람직하고, 금융감독위원회의 고시와 같은 행정규칙 형식으로 입법위임을 할 때에는 적어도 행정규제기본법 제4조 제2항 단서에서 정한 바와 같이 법령이 전문적·기술적 사항이나 경미한 사항으로서 업무의 성질상 위임이 불가피한 사항에 한정된다.

③ 법률이 행정규칙 형식으로 입법위임을 하는 경우에는 행정규칙의 특성상 포괄위임금지의 원칙은 인정되지 않는다.

④ 상위법령의 위임에 의하여 정하여진 행정규칙은 위임한계를 벗어나지 아니하는 한 그 상위법령의 규정과 결합하여 대외적인 구속력이 있는 법규명령으로서의 효력을 갖게 된다.

① [○] 헌재 2006.12.28, 2005헌바59
② [○] 행정규칙은 법규명령과 같은 엄격한 제정 및 개정절차를 요하지 아니하므로, 재산권 등과 같은 기본권을 제한하는 작용을 하는 법률이 입법위임을 할 때에는 "대통령령", "총리령", "부령" 등 법규명령에 위임함이 바람직하고, 금융감독위원회의 고시와 같은 형식으로 입법위임을 할 때에는 적어도 행정규제기본법 제4조 제2항 단서에서 정한 바와 같이 법령이 전문적·기술적 사항이나 경미한 사항으로서 업무의 성질상 위임이 불가피한 사항에 한정된다 할 것이고, 그러한 사항이라 하더라도 포괄위임금지의 원칙상 법률의 위임은 반드시 구체적·개별적으로 한정된 사항에 대하여 행하여져야 한다(헌재 2004.10.28, 99헌바91).
③ [×] 포괄위임금지의 원칙이 적용된다. 포괄위임금지의 원칙이 적용되지 않는 예외는 자치법규인 조례에 위임하는 경우, 공법상 단체의 정관에 자치법적 사항을 위임하는 경우 등이다.
④ [○] 법령의 규정이 특정 행정기관에게 법령 내용의 구체적 사항을 정할 수 있는 권한을 부여하면서 권한행사의 절차나 방법을 특정하지 아니한 경우에는 수임 행정기관은 행정규칙이나 규정 형식으로 법령 내용이 될 사항을 구체적으로 정할 수 있다. 이 경우 행정규칙 등은 당해 법령의 위임한계를 벗어나지 않는 한 대외적 구속력이 있는 법규명령으로서 효력을 가지게 되지만, 이는 행정규칙이 갖는 일반적 효력이 아니라 행정기관에 법령의 구체적 내용을 보충할 권한을 부여한 법령규정의 효력에 근거하여 예외적으로 인정되는 것이다(대판 2012.7. 5, 2010다72076).

답 ③

020
□□□

법규명령의 통제에 관한 다음 설명 중 옳지 않은 것은? 2013년 9급 복원

① 중앙행정기관의 장이 제정한 법규명령이 제정·개정·폐지되었을 때에는 10일 이내에 이를 국회 소관 상임위원회에 제출하여야 한다.
② 행정기관의 법규명령을 발함에 있어 일정한 절차를 거치도록 함으로써 법규명령의 적법성을 확보할 수 있다.
③ 국회는 법규명령이 법률에 위반된다고 인정되는 경우라 하더라도 직접 그 효력을 소멸시킬 수는 없다.
④ 현행법상 법규명령의 적법성에 대하여 국민이 직접 또는 간접으로 통제할 수 있는 수단은 존재하지 않는다.

✏️ **해설 | 법규명령의 통제** 중요도 ★★☆

① [○] 중앙행정기관의 장은 법률에서 위임한 사항이나 법률을 집행하기 위하여 필요한 사항을 규정한 대통령령·총리령·부령·훈령·예규·고시 등이 제정·개정 또는 폐지되었을 때에는 10일 이내에 이를 국회 소관 상임위원회에 제출하여야 한다. 다만, 대통령령의 경우에는 입법예고를 할 때(입법예고를 생략하는 경우에는 법제처장에게 심사를 요청할 때를 말한다)에도 그 입법예고안을 10일 이내에 제출하여야 한다(국회법 제98조의2 제1항).
② [○] 대통령령을 제정하려면 국무회의의 심의와 법제처의 심사를 거쳐야 하며 총리령과 부령은 법제처의 심사를 거치도록 한 것은 법규명령의 적법성 확보방법이라고 할 수 있다.
③ [○] 법규명령이 법률에 위반된다고 하더라도 국회가 직접 그 효력을 소멸시킬 수는 없다. 다만, 법규명령이 구체적 사안에 적용되어 헌법, 법률에 위반되는지가 재판의 전제가 된다면 법원은 명령·규칙의 위헌·위법을 심사할 수 있다.
④ [×] 현행법상 국민이 법규명령의 적법성에 대하여 직접적으로 통제하는 수단은 없지만 행정절차법 제41조(행정상 입법예고), 제45조(공청회) 등 간접적인 통제수단을 두고 있다.

답 ④

021

다음 중 법규명령의 통제에 관한 설명으로 옳지 않은 것은? (다툼이 있는 경우 판례에 의함)

2019년(1차) 9급 복원

① 국민권익위원회는 법령의 위임에 따른 훈령·예규·고시·공고 등 행정규칙의 부패유발요인을 분석·검토하여 그 법령 등의 소관 기관의 장에게 그 개선을 위하여 필요한 사항을 권고할 수 있다.

② 대법원은 구체적 규범통제를 행하면서 법규명령의 특정조항이 위헌·위법인 경우 무효라고 판시하였고, 이 경우 무효로 판시된 당해 조항은 일반적으로 효력이 부인된다.

③ 행정소송법은 행정소송에 대한 대법원 판결에 의하여 명령·규칙이 헌법 또는 법률에 위반된다는 것이 확정된 경우에는 대법원은 지체 없이 그 사유를 행정안전부장관에게 통보하여야 하고, 통보를 받은 행정안전부장관은 지체 없이 이를 관보에 게재하여야 한다고 규정하고 있다.

④ 재량권 행사의 준칙인 행정규칙이 그 정한 바에 따라 되풀이 시행되어 행정관행이 성립되어 평등의 원칙이나 신뢰보호의 원칙에 따라 행정기관이 그 상대방에 대한 관계에서 그 규칙에 따라야 할 자기구속을 받게 되는 경우에는 대외적인 구속력을 가지게 되어 헌법소원의 대상이 된다.

해설 | 법규명령의 통제

중요도 ★★★

① [○] 부패방지 및 국민권익위원회의 설치와 운영에 관한 법률 제28조 제1항 제2호

> **제28조【법령 등에 대한 부패유발요인 검토】** ① 위원회는 다음 각 호에 따른 법령 등의 부패유발요인을 분석·검토하여 그 법령 등의 소관 기관의 장에게 그 개선을 위하여 필요한 사항을 권고할 수 있다.
> 2. 법령의 위임에 따른 훈령·예규·고시 및 공고 등 행정규칙

② [×] 통설적 견해는 법규명령에 대해 법원이 위헌·위법으로 무효라고 판단했다면 그 법규명령은 일반적으로 효력을 상실하는 것이 아니라 당해 사건에 한하여 적용되지 않는 것으로 본다. 대법원이 구체적 규범통제를 통해 법규명령의 특정조항이 위헌·위법으로 무효라고 선언했다고 하더라도 여전히 당해 사건에 대해 적용이 배제될 뿐이고, 법령개정 절차에 의해 폐지되지 않는 한 형식적으로는 존재하게 된다.

③ [○] 행정소송법 제6조 제1항·제2항

> **제6조【명령·규칙의 위헌판결 등 공고】** ① 행정소송에 대한 대법원판결에 의하여 명령·규칙이 헌법 또는 법률에 위반된다는 것이 확정된 경우에는 대법원은 지체 없이 그 사유를 행정안전부장관에게 통보하여야 한다.
> ② 제1항의 규정에 의한 통보를 받은 행정안전부장관은 지체 없이 이를 관보에 게재하여야 한다.

④ [○] 행정규칙은 일반적으로 행정조직 내부에서만 효력을 가지는 것이나, 행정규칙이 법령의 규정에 의하여 행정관청에 법령의 구체적 내용을 보충할 권한을 부여한 경우나 재량권행사의 준칙인 규칙이 그 정한 바에 따라 되풀이 시행되어 행정관행이 이룩되게 되면, 평등의 원칙이나 신뢰보호의 원칙에 따라 행정기관은 그 상대방에 대한 관계에서 그 규칙에 따라야 할 자기구속을 당하게 되는 경우에는 대외적인 구속력을 가지게 되는바, 이러한 경우에는 헌법소원의 대상이 될 수도 있다(헌재 2001.5.31, 99헌마413).

답 ②

022

행정입법에 관한 다음 설명 중 옳지 않은 것은? (다툼이 있는 경우 판례에 의함)

2017년 9급 복원

① 법규명령 자체에 대한 항고소송은 인정하지 않는 것이 원칙이다.

② 법규명령이 헌법소원의 대상이 될 것인가에 대하여 이를 긍정하는 것이 헌법재판소의 입장이다.

③ 법규명령이 법률에 위반되었는지 여부가 재판의 전제가 된 경우에는 모든 법원에 판단권이 있으나, 대법원만이 최종적으로 심사할 권한을 갖는다.

④ 법령보충적 행정규칙은 상위법령과 결합하더라도 법규성이 부정된다.

① [○] 법규명령은 일반적·추상적 규범이므로 원칙적으로 항고소송의 대상이 되지 않지만 예외적으로 특정 사람·사건에 적용되는 처분적 법규일 때에는 항고소송의 대상이 된다.

② [○] 명령·규칙 등이 별도의 집행행위를 기다리지 않고 직접 기본권을 침해하는 것일 때에는 모두 헌법소원심판의 대상이 될 수 있다(헌재 1990.1.15, 89헌마178).

③ [○] 명령·규칙 또는 처분이 헌법이나 법률에 위반되는 여부가 재판의 전제가 된 경우에는 대법원은 이를 최종적으로 심사할 권한을 가진다(헌법 제107조 제2항).

④ [×] 법령보충적 행정규칙은 상위법령과 결합하여 일체가 되는 한도 내에서 상위법령의 일부가 됨으로써 대외적 구속력이 발생되는 것일 뿐 그 행정규칙 자체는 대외적 구속력을 갖는 것은 아니다(헌재 2004.10.28, 99헌바91).

답 ④

023 ☐☐☐ 행정입법에 관한 설명 중 옳지 않은 것은? (다툼이 있는 경우 판례에 의함) 　　　　2018년 9급 복원

① 조례는 집행행위의 개입 없이 그 자체로서 직접 국민의 권리·의무나 법적 이익에 영향을 미치더라도 항고소송의 대상이 될 수 없다.

② 군법무관임용 등에 관한 법률이 군법무관의 보수를 법관 및 검사의 예에 준하도록 규정하면서 그 구체적 내용을 시행령에 위임하고 있음에도 불구하고 행정부가 정당한 이유 없이 시행령을 제정하지 않았다면 이는 군법무관의 보수청구권을 침해하는 것으로서 국가배상법상 불법행위에 해당한다.

③ 법령보충적 행정규칙은 행정기관에 법령의 구체적 사항을 정할 수 있는 권한을 부여한 상위법령과 결합하여 대외적 효력을 갖게 된다.

④ 법률이 주민의 권리의무에 관한 사항을 조례에 위임하는 경우에는 헌법 제75조에서 정한 포괄적인 위임입법의 금지는 원칙적으로 적용되지 않는다.

📝 **해설 | 행정입법** 　　　　　　　중요도 ★★★

① [×] 조례가 집행행위의 개입 없이도 그 자체로서 직접 국민의 구체적인 권리 의무나 법적 이익에 영향을 미치는 등의 법률상 효과를 발생하는 경우 그 조례는 항고소송의 대상이 되는 행정처분에 해당한다(대판 1996.9.20, 95누8003).

② [○] 입법부가 법률로써 행정부에게 특정한 사항을 위임했음에도 불구하고 행정부가 정당한 이유 없이 이를 이행하지 않는다면 권력분립의 원칙과 법치국가 내지 법치행정의 원칙에 위배되는 것으로서 위법함과 동시에 위헌적인 것이 되는바, 구 군법무관임용법과 군법무관임용 등에 관한 법률이 명문으로 군법무관의 보수의 구체적 내용을 시행령에 위임하고 있는 이상, 행정부가 정당한 이유 없이 시행령을 제정하지 않은 것은 위 보수청구권을 침해하는 불법행위에 해당한다(대판 2007.11.29, 2006다3561).

③ [○] 상급행정기관이 하급행정기관에 대하여 업무처리지침이나 법의 해석적용에 관한 기준을 정하여서 발하는 이른바 행정규칙은 일반적으로 행정조직 내부에서만 효력을 가질 뿐 대외적인 구속력을 갖는 것은 아니지만 법령의 규정이 특정행정기관에게 그 법령 내용의 구체적 사항을 정할 수 있는 권한을 부여하면서 그 권한행사의 절차나 방법을 특정하고 있지 아니한 관계로 수임행정기관이 행정규칙의 형식으로 그 법령의 내용이 될 사항을 구체적으로 정하고 있다면 그와 같은 행정규칙·규정은 행정규칙이 갖는 일반적 효력으로서가 아니라, 행정기관에 법령의 구체적 내용을 보충할 권한을 부여한 법령규정의 효력에 의하여 그 내용을 보충하는 기능을 갖게 된다 할 것이므로 이와 같은 행정규칙·규정은 당해 법령의 위임한계를 벗어나지 아니하는 한 그것들과 결합하여 대외적인 구속력이 있는 법규명령으로서의 효력을 갖게 된다(대판 1987.9.29, 86누484).

④ [○] 법률이 주민의 권리의무에 관한 사항에 관하여 구체적으로 아무런 범위도 정하지 아니한 채 조례로 정하도록 포괄적으로 위임하였다고 하더라도, 행정관청의 명령과는 달리, 조례도 주민의 대표기관인 지방의회의 의결로 제정되는 지방자치단체의 자주법인 만큼, 지방자치단체가 법령에 위반되지 않는 범위 내에서 주민의 권리의무에 관한 사항을 조례로 제정할 수 있는 것이다(대판 1991.8.27, 90누6613).

답 ①

024 다음 중 행정입법부작위에 관한 설명으로 옳은 것은? (다툼이 있는 경우 판례에 의함)

① 부진정입법부작위는 입법부작위를 이유로 헌법소원을 제기할 수 있다.

② 대법원은 행정입법부작위가 부작위위법확인소송의 대상이 된다고 본다.

③ 헌법재판소는 행정입법부작위가 헌법소원의 대상이 될 수 없다고 본다.

④ 진정입법부작위로 인하여 국민에게 손해가 발생한 경우에는 국가배상이 인정된다.

📝 해설 | 행정입법부작위

중요도 ★★★

① [×] 행정입법의 경우에도 "부진정입법부작위"를 대상으로 헌법소원을 제기하려면 그 입법부작위를 헌법소원의 대상으로 삼을 수는 없고, 결함이 있는 당해 입법규정 그 자체를 대상으로 하여 그것이 평등의 원칙에 위배된다는 등 헌법위반을 내세워 적극적인 헌법소원을 제기하여야 한다(헌재 2009.7.14, 2009헌마349).

② [×] 행정소송은 구체적 사건에 대한 법률상 분쟁을 법에 의하여 해결함으로써 법적 안정을 기하자는 것이므로 부작위위법확인소송의 대상이 될 수 있는 것은 구체적 권리의무에 관한 분쟁이어야 하고 추상적인 법령에 관하여 제정의 여부 등은 그 자체로서 국민의 구체적인 권리의무에 직접적 변동을 초래하는 것이 아니어서 그 소송의 대상이 될 수 없다(대판 1992.5.8, 91누11261).

③ [×] 입법부작위에 대한 행정소송의 적법 여부에 관하여 대법원은 "행정소송은 구체적 사건에 대한 법률상 분쟁을 법에 의하여 해결함으로써 법적 안정을 기하자는 것이므로 부작위위법확인소송의 대상이 될 수 있는 것은 구체적 권리의무에 관한 분쟁이어야 하고, 추상적인 법령에 관하여 제정의 여부 등은 그 자체로서 국민의 구체적인 권리의무에 직접적 변동을 초래하는 것이 아니어서 행정소송의 대상이 될 수 없다"고 판시하고 있으므로, 피청구인 보건복지부장관에 대한 청구 중 위 시행규칙에 대한 입법부작위 부분은 다른 구제절차가 없는 경우에 해당한다(헌재 1998.7.16, 96헌마246).

④ [○] 입법부가 법률로써 행정부에게 특정한 사항을 위임했음에도 불구하고 행정부가 정당한 이유 없이 이를 이행하지 않는다면 권력분립의 원칙과 법치국가 내지 법치행정의 원칙에 위배되는 것으로서 위법함과 동시에 위헌적인 것이 되는바, 구 군법무관임용법 제5조 제3항과 군법무관임용 등에 관한 법률 제6조가 군법무관의 보수를 법관 및 검사의 예에 준하도록 규정하면서 그 구체적 내용을 시행령에 위임하고 있는 이상, 위 법률의 규정들은 군법무관의 보수의 내용을 법률로써 일차적으로 형성한 것이고, 위 법률들에 의해 상당한 수준의 보수청구권이 인정되는 것이므로, 위 보수청구권은 단순한 기대이익을 넘어서는 것으로서 법률의 규정에 의해 인정된 재산권의 한 내용이 되는 것으로 봄이 상당하고, 따라서 행정부가 정당한 이유 없이 시행령을 제정하지 않은 것은 위 보수청구권을 침해하는 불법행위에 해당한다(대판 2007.11.29, 2006다3561).

답 ④

다음 중 행정입법에 관한 내용 중 옳지 않은 것은? (다툼이 있는 경우 판례에 의함)　　　

① 미국과 프랑스에선 일정한 경우 행정기관에 행정입법을 제정할 의무를 부과하고 있다.

② 치과전문의 시험 실시를 위한 시행규칙 규정의 제정 미비가 있다 하더라도 보건복지부장관에게 행정입법의 작위 의무가 발생하는 것은 아니다.

③ 추상적인 법령의 제정 여부 등은 부작위위법확인소송의 대상이 될 수 없다.

④ 행정입법부작위는 행정기관에 행정입법을 제정할 법적 의무가 있어야 성립할 수 있다.

📝 해설 | 행정입법부작위　　　중요도 ★★☆

① [○] 미국과 프랑스의 경우에는 행정입법도 기본적으로 행정작용으로 보고 있으며, 일정한 요건하에서 행정기관에 행정입법 제정의무를 부과하고 있다.

② [×] 3권분립의 원칙, 법치행정의 원칙을 당연한 전제로 하고 있는 우리 헌법하에서 행정권의 행정입법 등 법집행의무는 헌법적 의무라고 보아야 한다. 왜냐하면 행정입법이나 처분의 개입 없이도 법률이 집행될 수 있거나 법률의 시행 여부나 시행시기까지 행정권에 위임된 경우는 별론으로 하고, 이 사건과 같이 치과전문의제도의 실시를 법률 및 대통령령이 규정하고 있고 그 실시를 위하여 시행규칙의 개정 등이 행해져야 함에도 불구하고 행정권이 법률의 시행에 필요한 행정입법을 하지 아니하는 경우에는 행정권에 의하여 입법권이 침해되는 결과가 되기 때문이다. 따라서 보건복지부장관에게는 헌법에서 유래하는 행정입법의 작위의무가 있다(헌재 1998.7.16, 96헌마246).

③ [○] 행정소송은 구체적 사건에 대한 법률상 분쟁을 법에 의하여 해결함으로써 법적 안정을 기하자는 것이므로 부작위위법확인소송의 대상이 될 수 있는 것은 구체적 권리의무에 관한 분쟁이어야 하고 추상적인 법령에 관하여 제정의 여부 등은 그 자체로서 국민의 구체적인 권리의무에 직접적 변동을 초래하는 것이 아니어서 그 소송의 대상이 될 수 없다(대판 1992.5.8, 91누11261).

④ [○] 행정입법의 지체가 위법으로 되어 그에 대한 법적 통제가 가능하기 위하여는, 우선 행정청에게 시행명령을 제정할 법적 의무가 있어야 하고, 상당한 기간이 지났음에도 불구하고, 명령제정권이 행사되지 않아야 한다. 3권분립의 원칙, 법치행정의 원칙을 당연한 전제로 하고 있는 우리 헌법하에서 행정권의 행정입법 등 법집행의무는 헌법적 의무라고 보아야 할 것이다(헌재 2013.5.30, 2011헌마198).

답 ②

CHAPTER 2 | 행정행위의 종류와 내용

001

기속행위와 재량행위에 대한 설명으로 옳지 않은 것은? (다툼이 있는 경우 판례에 의함)   2016년 9급 복원

① 재량행위의 경우 법원은 독자의 결론을 도출함이 없이 당해 행위에 재량권의 일탈·남용이 있는지 여부만을 심사한다.
② 대기환경보전법상 배출시설의 설치에 대한 주무관청의 허가는 기속행위이므로 공익상 문제가 있더라도 허가하여야한다.
③ 법률에서 정한 귀화요건을 갖춘 귀화신청에 대하여 법무부장관이 귀화를 허가할 것인지 여부는 재량행위에 해당한다.
④ 행정청의 재량에 속하는 처분이라도 재량권의 한계를 넘거나 그 남용이 있는 때에는 법원은 이를 취소할 수 있다.

📝 해설 | 기속행위와 재량행위   중요도 ★★☆

① [○] 행정행위를 기속행위와 재량행위로 구분하는 경우 양자에 대한 사법심사는 전자의 경우 그 법규에 대한 원칙적인 기속성으로 인하여 법원이 사실인정과 관련 법규의 해석·적용을 통하여 일정한 결론을 도출한 후 그 결론에 비추어 행정청이 한 판단의 적법 여부를 독자의 입장에서 판정하는 방식에 의하게 되나, 후자의 경우 행정청의 재량에 기한 공익판단의 여지를 감안하여 법원은 독자의 결론을 도출함이 없이 해당 행위에 재량권의 일탈 남용이 있는지 여부만을 심사하게 되고, 이러한 재량권의 일탈·남용 여부에 대한 심사는 사실오인, 비례·평등의 원칙 위배 등을 그 판단 대상으로 한다(대판 2007.6.14, 2005두1466).
② [×] 배출시설 설치허가와 설치제한에 관한 규정들의 문언과 그 체제·형식에 따르면 환경부장관은 배출시설 설치허가 신청이 구 대기환경보전법 제23조 제5항에서 정한 허가 기준에 부합하고 구 대기환경보전법 제23조 제6항, 같은 법 시행령 제12조에서 정한 허가제한사유에 해당하지 아니하는 한 원칙적으로 허가를 하여야 한다. 다만, 배출시설의 설치는 국민건강이나 환경의 보전에 직접적으로 영향을 미치는 행위라는 점과 대기오염으로 인한 국민건강이나 환경에 관한 위해를 예방하고 대기환경을 적정하고 지속가능하게 관리·보전하여 모든 국민이 건강하고 쾌적한 환경에서 생활할 수 있게 하려는 구 대기환경보전법의 목적 등을 고려하면, 환경부장관은 같은 법 시행령 제12조 각 호에서 정한 사유에 준하는 사유로서 환경 기준의 유지가 곤란하거나 주민의 건강·재산, 동식물의 생육에 심각한 위해를 끼칠 우려가 있다고 인정되는 등 중대한 공익상의 필요가 있을 때에는 허가를 거부할 수 있다고 보는 것이 타당하다(대판 2013.5.9, 2012두22799).
③ [○] 법무부장관은 귀화신청인이 법률이 정하는 귀화요건을 갖추었다고 하더라도 귀화를 허가할 것인지 여부에 관하여 재량권을 가진다(대판 2010.7.15, 2009두19069).
④ [○] 행정청의 재량에 속하는 처분이라도 재량권의 한계를 넘거나 그 남용이 있는 때에는 법원은 이를 취소할 수 있다(행정소송법 제27조).

답 ②

002

다음 중 재량행위에 관한 설명으로 옳지 않은 것은? (다툼이 있는 경우 판례에 의함)   2012년 9급 복원

① 단순한 재량위반은 부당에 그치는 데 반해, 재량의 일탈·남용은 당해 재량행위의 위법사유에 해당한다.
② 행정청은 공유수면점용허가에 명시되어 있는 허가요건이 모두 충족된 경우라 하더라도 공익을 이유로 들어 그 허가를 거부할 수 있다.
③ 현행법상 재량하자의 사법심사에 관한 명문의 규정은 존재하지 않는다.
④ 행정청의 재량행위가 재량권을 일탈한 경우 법원은 이를 취소할 수 있다.

① [○] 재량행위의 경우 입법부가 법률로써 행정청의 독자적 판단 권한을 부여하고 있으나, 그 재량권은 무한정으로 부여되는 것이 아니다. 만약 그 한계를 넘어서거나 남용한 경우에는 단순 '부당'의 정도를 넘어 '위법'에 해당한다.

② [○] 이 사건 공유수면점용허가 및 공작물설치허가에 붙은 부관 제6항에 정하여진 "관리청이 이 사건 공유수면을 점용할 필요가 생겼다"는 점에 관하여는 이를 인정할 만한 증거가 없고, "관리청이 허가를 취소할 필요가 있을 때에는 허가를 취소할 수 있다"는 취지의 부관 제7항에 의하여 피고에게 유보된 취소권(일단 유효하게 성립된 행정행위를 그 후에 발생한 새로운 사정을 이유로 철회하는 것을 의미한다)을 행사하여 허가를 취소하는 경우에도, 이는 기속재량행위로서 피허가자인 원고에게 의무위반이 있거나 중대한 공익상의 필요가 발생하는 등의 사정변경이 있는 때에 한하여 허가를 취소할 수 있다(대판 1989.12.8, 88누9299).

③ [×] 행정청의 재량에 속하는 처분이라도 재량권의 한계를 넘거나 그 남용이 있는 때에는 법원은 이를 취소할 수 있다(행정소송법 제27조).

④ [○] 재량행위에 대한 법원의 사법심사는 당해 행위가 사실오인, 비례·평등의 원칙 위배, 당해 행위의 목적 위반이나 부정한 동기 등에 근거하여 이루어짐으로써 재량권의 일탈·남용이 있는지 여부만을 심사하게 되는 것이나, 법원의 심사결과 행정청의 재량행위가 사실오인 등에 근거한 것이라고 인정되는 경우에는 이는 재량권을 일탈·남용한 것으로서 위법하여 그 취소를 면치 못한다 할 것이다(대판 2001.7.27, 99두8589).

답 ③

003 기속행위와 재량행위에 관한 설명으로 옳지 않은 것은? (다툼이 있는 경우 판례에 의함)   2015년 9급 복원

① 재량행위에 대한 사법심사의 경우 법원은 행정청의 재량에 기한 공익판단의 여지를 감안하여 독자의 결론을 도출함이 없이 당해 행위에 재량권의 일탈·남용이 있는지 여부만을 심사한다.

② 기속행위와 재량행위의 구분은 당해 행위의 근거가 된 법규의 체제·형식과 그 문언, 당해 행위가 속하는 행정 분야의 주된 목적과 특성, 당해 행위 자체의 성질과 유형 등을 모두 고려하여 판단하여야 한다.

③ 주택재건축사업시행인가는 상대방에게 권리나 이익을 부여하는 효과를 가진 이른바 수익적 행정처분으로서 법령에 행정처분의 요건에 관하여 일의적으로 규정되어 있지 아니한 이상 재량행위에 속한다.

④ 행정법규 위반행위에 대해 행정질서벌을 과할 것인지 아니면 행정형벌을 과할 것인지는 입법재량사항이 아니다.

① [○] 행정행위가 그 재량성의 유무 및 범위와 관련하여 이른바 기속행위 내지 기속재량행위와 재량행위 내지 자유재량행위로 구분된다고 할 때, 그 구분은 당해 행위의 근거가 된 법규의 체재·형식과 그 문언, 당해 행위가 속하는 행정 분야의 주된 목적과 특성, 당해 행위 자체의 개별적 성질과 유형 등을 모두 고려하여 판단하여야 하고, 이렇게 구분되는 양자에 대한 사법심사는, 전자의 경우 그 법규에 대한 원칙적인 기속성으로 인하여 법원이 사실인정과 관련 법규의 해석·적용을 통하여 일정한 결론을 도출한 후 그 결론에 비추어 행정청이 한 판단의 적법 여부를 독자의 입장에서 판정하는 방식에 의하게 되나, 후자의 경우 행정청의 재량에 기한 공익판단의 여지를 감안하여 법원은 독자의 결론을 도출함이 없이 당해 행위에 재량권의 일탈·남용이 있는지 여부만을 심사하게 되고, 이러한 재량권의 일탈·남용 여부에 대한 심사는 사실오인, 비례·평등의 원칙 위배, 당해 행위의 목적 위반이나 동기의 부정 유무 등을 그 판단 대상으로 한다(대판 2001.2.9, 98두17593).

② [○] 대판 2001.2.9, 98두17593

③ [○] 대판 2007.7.12, 2007두6663

④ [×] 어떤 행정법규 위반행위에 대하여 이를 단지 간접적으로 행정상의 질서에 장해를 줄 위험성이 있음에 불과한 경우로 보아 행정질서벌인 과태료를 과할 것인가, 아니면 직접적으로 행정목적과 공익을 침해한 행위로 보아 행정형벌을 과할 것인가, 그리고 행정형벌을 과할 경우 그 법정형의 형종과 형량을 어떻게 정할 것인가는, 당해 위반행위가 위의 어느 경우에 해당하는가에 대한 법적 판단을 그르친 것이 아닌 한 그 처벌내용은 기본적으로 입법권자가 제반사정을 고려하여 결정할 그 입법재량에 속하는 문제라고 할 수 있다(헌재 1997.8.21, 93헌바51).

답 ④

004

다음 중 재량행위와 판단여지에 대한 설명으로 옳지 않은 것은?

① 제2차 대전 후 독일에서 바호프나 울레에 의하여 주장된 이론이다.

② 판례는 판단여지의 개념을 인정하고 있다.

③ 재량은 행위효과적 측면의 문제이나 판단여지는 행위요건의 문제로 보는 것이 다수설의 입장이다.

④ 행정의 전문성이나 기술성 존중을 위하여 법원이 행정청의 판단여지를 인정하는 것이다.

해설 | 판단여지

중요도 ★☆☆

① [O] 판단여지는 법률이 행정행위의 요건에 '불확정 법개념'을 사용하여, 어떤 사실이 그 요건에 해당하는지를 일의적으로 확정하기 어려운 경우에 인정되는 것으로, 독일의 바호프나 울레 교수에 의하여 주장되었다.

② [×] 판례는 판단여지를 명시적으로 도입하고 있지 않으며 재량행위와 판단여지를 구분하지 않고 판단여지가 인정될 수 있는 경우에도 재량권이 인정되는 것으로 본다.

③ [O] 판단여지를 긍정하는 학설에 따르면, 판단여지는 법률요건에 대한 인식의 문제이지만 재량은 법률효과의 선택의 문제이고 재량은 입법자에 의해서 부여되지만 판단여지는 법원에 의하여 주어지므로 판단여지와 재량을 구별해야 한다.

④ [O] 행위요건이 불확정개념으로 정하여진 경우 그 불확정개념은 법적 개념이다. 그리고 행정기관이 어떤 구체적 사안이 행위요건에 해당하는지 여부를 판단하는 것은 법의 해석·적용이고, 이것은 전면적으로 법원의 심사대상이 된다. 다만, 법원의 심사능력 한계로 인해 행정기관의 판단을 존중하는 여지가 인정될 수 있을 뿐이다.

답 ②

005

판단여지와 재량을 구별하는 입장에서 재량에 대한 설명으로 옳지 않은 것은?

① 재량은 법률효과에서 인정된다.

② 재량의 존재 여부가 법 해석으로 도출되기도 한다.

③ 구 전염병예방법에 따른 예방접종으로 인한 질병·장애 또는 사망의 인정 여부 결정은 보건복지부장관의 재량이 인정되지 않는다.

④ 재량행위와 기속행위의 구분은 법규의 규정 양식에 따라 개별적으로 판단된다.

해설 | 판단여지

중요도 ★★☆

① [O] 재량은 일정한 법적인 한계 안에서의 선택의 자유를 인정하는 것을 의미하며 이는 법률효과의 측면에서 인정된다고 할 수 있다.

② [O] 법 규정의 해석을 통하여 행정청에게 재량이 인정되는지의 여부를 도출할 수도 있다.

③ [×] 특정인에게 권리나 이익을 부여하는 이른바 수익적 행정처분은 법령에 특별한 규정이 없는 한 재량행위이고, 구 전염병예방법 제54조의2 제2항에 의하여 보건복지가족부장관에게 예방접종으로 인한 질병, 장애 또는 사망의 인정 권한을 부여한 것은, 예방접종과 장애 등 사이에 인과관계가 있는지를 판단하는 것은 고도의 전문적 의학 지식이나 기술이 필요한 점과 전국적으로 일관되고 통일적인 해석이 필요한 점을 감안한 것으로 역시 보건복지가족부장관의 재량에 속하는 것이다(대판 2014.5.16, 2014두274).

④ [O] 어느 행정행위가 기속행위인지 재량행위인지는 이를 일률적으로 규정지을 수는 없는 것이고, 당해 처분의 근거가 된 규정의 형식이나 체재 또는 문언에 따라 개별적으로 판단해야 한다(대판 2013.12.12, 2011두3388).

답 ③

006 재량행위에 대한 설명으로 옳지 않은 것은? (다툼이 있는 경우 판례에 의함)

① 재량행위의 경우 행정청은 재량권의 한계 내에서는 법이 정한 요건을 충족하더라도 그 행위를 해야 할 의무는 없는 것이다.

② 재량권의 일탈·남용 여부에 대한 법원의 심사는 사실오인, 비례·평등의 원칙 위배, 당해 행위의 목적 위반이나 동기의 부정 유무 등을 그 판단 대상으로 한다.

③ 국토의 계획 및 이용에 관한 법률이 정한 용도지역 안에서의 건축허가는 개발행위허가의 성질도 갖는데, 개발행위허가는 허가기준 및 금지요건이 불확정개념으로 규정된 부분이 많아 그 요건에 해당하는지 여부는 행정청의 판단 여지에 속한다.

④ 자유재량에 있어서도 그 범위의 넓고 좁은 차이는 있더라도 법령의 규정뿐만 아니라 관습법 또는 일반적 조리에 의한 일정한 한계가 있는 것으로서 위 한계를 벗어난 재량권의 행사는 위법하다.

해설 | 재량행위
중요도 ★★★

① [O] 재량행위란 행정행위의 근거 법규가 법률상 일정한 요건이 충족되었을 때 행정청으로 하여금 일정한 행위를 하거나 하지 않을 수 있는 권한을 부여하는 것, 혹은 행위의 여지가 있을 때 다양한 수단 중에서 어느 하나를 선택할 수 있는 권한을 부여하는 것을 말한다. 따라서 법이 정한 요건을 충족한다 하더라도 그 행위를 해야 할 의무가 있는 것은 아니다.

② [O] 대판 2001.2.9, 98두17593

③ [×] 국토의 계획 및 이용에 관한 법률에 따른 개발행위허가와 농지법 제34조에 따른 농지전용허가·협의는 금지요건·허가기준 등이 불확정개념으로 규정된 부분이 많아 그 요건·기준에 부합하는지의 판단에 관하여 행정청에 재량권이 부여되어 있으므로, 그 요건에 해당하는지 여부는 행정청의 재량판단의 영역에 속한다. 나아가 국토계획법이 정한 용도지역 안에서 토지의 형질변경행위·농지전용행위를 수반하는 건축허가는 건축법 제11조 제1항에 의한 건축허가와 위와 같은 개발행위허가 및 농지전용허가의 성질을 아울러 갖게 되므로 이 역시 재량행위에 해당한다(대판 2017.10.12, 2017두48956).

④ [O] 대판 1990.8.28, 89누8255

답 ③

007 재량행위에 대한 설명으로 옳지 않은 것은? (다툼이 있는 경우 판례에 의함)
2021년 7급

① 행정청이 제재처분의 양정을 하면서 공익과 사익의 형량을 전혀 하지 않았거나 이익형량의 고려대상에 마땅히 포함되어야 할 사항을 누락한 경우 또는 이익형량을 하였으나 정당성·객관성이 결여된 경우에는 제재처분은 재량권을 일탈·남용한 것이라고 보아야 한다.

② 처분이 재량권을 일탈·남용하였다는 사정은 처분의 효력을 다투는 자가 주장·증명하여야 한다.

③ 공유수면 관리 및 매립에 관한 법률에 따른 공유수면의 점용·사용허가는 특정인에게 공유수면 이용권이라는 독점적 권리를 설정하여 주는 처분으로 원칙적으로 행정청의 재량행위에 속한다.

④ 구 주택건설촉진법상의 주택건설사업계획의 승인은 상대방에게 수익적 행정처분이므로 법령에 행정처분의 요건에 관하여 일의적으로 규정되어 있더라도 행정청의 재량행위에 속한다.

해설 | 재량행위
중요도 ★★★

① [O] 행정청이 제재처분 양정을 하면서 공익과 사익의 형량을 전혀 하지 않았거나 이익형량의 고려대상에 마땅히 포함하여야 할 사항을 누락한 경우 또는 이익형량을 하였으나 정당성·객관성이 결여된 경우에는 제재처분은 재량권을 일탈·남용한 것이라고 보아야 한다(대판 2020.6.25, 2019두52980).

② [O] 자유재량에 의한 행정처분이 그 재량권의 한계를 벗어난 것이어서 위법하다는 점은 그 행정처분의 효력을 다투는 자가 이를 주장·입증하여야 하고 처분청이 그 재량권의 행사가 정당한 것이었다는 점까지 주장·입증할 필요는 없다(대판 1987.12.8, 87누861).

CHAPTER 2 행정행위의 종류와 내용 **91**

③ [○] 공유수면 관리 및 매립에 관한 법률에 따른 공유수면의 점용·사용허가는 특정인에게 공유수면 이용권이라는 독점적 권리를 설정하여 주는 처분으로서 처분 여부 및 내용의 결정은 원칙적으로 행정청의 재량에 속하고, 이와 같은 재량처분에 있어서는 재량권 행사의 기초가 되는 사실인정에 오류가 있거나 그에 대한 법령적용에 잘못이 없는 한 처분이 위법하다고 할 수 없다(대판 2017.4.28, 2017두30139 전합).

④ [×] 구 주택건설촉진법(2003.5.29. 법률 제6916호 주택법으로 전문 개정되기 전의 것) 제33조에 의한 주택건설사업계획의 승인은 상대방에게 권리나 이익을 부여하는 효과를 수반하는 이른바 수익적 행정처분으로서 법령에 행정처분의 요건에 관하여 일의적으로 규정되어 있지 아니한 이상 행정청의 재량행위에 속한다(대판 2007.5.10, 2005두13315).

답 ④

008
□□□

다음 중 재량권의 일탈·남용에 대한 설명으로 옳지 않은 것은? (다툼이 있는 경우 판례에 의함)

2015년 9급 복원

① 태국에서 수입하는 냉동 새우에 유해화학물질인 말라카이트그린이 들어 있음에도 수입신고서에 그 사실을 기재하지 않았음을 이유로 행정청이 영업정지 1개월의 처분을 한 것은 재량권을 일탈·남용한 것이 아니다.

② 단원에게 지급될 급량비를 바로 지급하지 않고 모아두었다가 지급한 시립무용단원에 대한 해촉 처분은 지나치게 가혹하여 징계권을 남용한 것이다.

③ 지방식품의약품안전청장이 수입 녹용 중 전지 3대를 절단부위로부터 5cm까지의 부분을 절단하여 측정한 회분 함량이 기준치를 0.5% 초과하였다는 이유로 수입 녹용 전부에 대하여 전량 폐기 또는 반송처리를 지시한 경우 재량권을 일탈·남용한 경우에 해당된다.

④ 행정청이 정한 면허기준의 해석상 당해 신청이 면허발급의 우선순위에 해당함에도 불구하고 면허거부처분을 한 경우 재량권의 남용이 인정된다.

📝 해설 | 재량권의 일탈·남용

중요도 ★★★

① [○] 이 사건의 경우 동물용 의약품으로서 발암성 등 그 유해성이 명백히 입증된 유해화학물질인 말라카이트그린이 포함된 이 사건 냉동새우가 수입·유통됨으로써 발생할 수 있었던 위생상의 위해가 적지 않았고, 이 사건 처분은 그와 같은 위해를 야기한 원고에게 불이익을 가함과 동시에, 이로써 장래에 발생할 수 있는 위생상의 위해를 방지할 공익상의 필요에서 행해진 것으로 위 처분으로 인하여 원고가 받는 불이익이 위와 같은 공익상 필요보다 막대하다거나 양자 사이에 현저한 불균형이 발생한다고 보이지는 않는다. 결국, 위 행정처분기준에서 정하고 있는 범위를 벗어나는 처분을 하기 위한 특별한 사정이 있었다고 할 수 없으므로, 위 기준을 준수한 이 사건 처분에 재량권을 일탈 내지 남용한 위법이 있다고 보기 어렵다(대판 2010.4.8, 2009두22997).

② [○] 원고가 급량비가 나올 때마다 바로 지급하지 않고 이를 모아 두었다가 일정액에 달하였을 때에 지급하여 온 것이 관례화되어 있었을 뿐더러 원고가 급량비를 유용한 것은 개인적인 목적을 위한 것이 아니고 시립무용단장의 지시에 따라 시립무용단의 다른 용도에 일시 전용한 것이라는 점, 유용한 금액이 비교적 소액이고 그 후에 모두 단원들에게 지급된 점 등 이 사건 변론에 나타난 여러 사정 등을 종합하여 보면, 원고를 징계하기 위하여 한 이 사건 해촉은 너무 가혹하여 징계권을 남용한 것이어서 무효라고 판시하였는 바, 기록에 비추어 살펴보면, 원심의 위와 같은 사실인정과 판단은 수긍이 가고, 거기에 소론이 지적하는 위법이 있다고 할 수 없다(대판 1995.12.22, 95누4636).

③ [×] 지방식품의약품안전청장이 수입 녹용 중 전지 3대를 절단부위로부터 5cm까지의 부분을 절단하여 측정한 회분함량이 기준치를 0.5% 초과하였다는 이유로 수입 녹용 전부에 대하여 전량 폐기 또는 반송처리를 지시한 경우, 녹용 수입업자가 입게 될 불이익이 의약품의 안전성과 유효성을 확보함으로써 국민보건의 향상을 기하고 고가의 한약재인 녹용에 대하여 부적합한 수입품의 무분별한 유통을 방지하려는 공익상 필요보다 크다고는 할 수 없으므로 위 폐기 등 지시처분이 재량권을 일탈·남용한 경우에 해당하지 않는다(대판 2006.4.14, 2004두3854).

④ [○] 여객자동차운수사업법에 따른 개인택시운송사업 면허는 특정인에게 권리나 이익을 부여하는 재량행위이고, 행정청이 면허발급 여부를 심사함에 있어 이미 설정된 면허기준의 해석상 당해 신청이 면허발급의 우선순위에 해당함이 명백함에도 불구하고 이를 제외시켜 면허거부처분을 하였다면 특별한 사정이 없는 한 그 거부처분은 재량권을 남용한 위법한 처분이다(대판 2002.1.22, 2001두8414).

답 ③

009

甲은 청소년에게 주류를 제공하였다는 이유로 A구청장으로부터 6개월 이내에서 영업정지처분을 할 수 있다고 규정하는 식품위생법 제75조, 총리령인 식품위생법 시행규칙 제89조 및 별표 23[행정처분의 기준]에 근거하여 영업정지 2개월 처분을 받았다. 이에 대한 다음의 설명 중 가장 옳은 것은? (다툼이 있는 경우 판례에 의함)   2021년 7급 변형

① 위 영업정지처분은 기속행위이다.

② 위 별표는 법규명령이다.

③ A구청장은 2개월의 영업정지처분을 함에 있어서 가중·감경의 여지는 없다.

④ A구청장이 유사 사례와의 형평성을 고려하지 않고 3개월의 영업정지처분을 하였다면 甲은 행정의 자기구속원칙의 위반으로 위법함을 주장할 수 있다.

📝 해설 | 명령적 행정행위
중요도 ★☆☆

① [×] 행정청이 영업정지처분을 함에 있어서 그 정지기간을 어느 정도로 할 것인지는 행정청의 재량권에 속하는 사항인 것이다(대판 1982.9.28, 82누2).

② [×] 식품위생법 시행규칙 제53조에서 별표 15로 식품위생법 제58조에 따른 행정처분의 기준을 정하였다고 하더라도, 형식은 부령으로 되어 있으나 성질은 행정기관 내부의 사무처리준칙을 정한 것에 불과한 것으로서, 보건사회부 장관이 관계 행정기관 및 직원에 대하여 직무권한 행사의 지침을 정하여 주기 위하여 발한 행정명령의 성질을 가지는 것이지 같은 법 제58조 제1항의 규정에 보장된 재량권을 기속하는 것이라고 할 수 없고 대외적으로 국민이나 법원을 기속하는 힘이 있는 것은 아니므로, 같은 법 제58조 제1항에 의한 처분의 적법 여부는 같은 법 시행규칙에 적합한 것인가의 여부에 따라 판단할 것이 아니라 같은 법 규정 및 그 취지에 적합한 것인가의 여부에 따라 판단하여야 할 것이며, 따라서 행정처분이 위 기준에 위반되었다는 사정만으로 그 처분이 위법한 것으로 되는 것은 아니다(대판 1994.10.14, 94누4370).

③ [×] 판례는 원칙적으로 부령 형식의 제재적 처분기준의 법규성을 부인하면서, 이에 따른 제재처분의 위법성 여부는 당해 기준 뿐 아니라 관련법령의 내용과 취지에 따라 판단하고 있다. 이를 볼 때 판례는 처분에 재량이 있음을 인정하는 전제에서 판단하고 있음을 알 수 있다.

> ### 🔖 관련 판례
> 도로교통법 시행규칙 제53조 제1항이 정한 [별표 16]의 운전면허행정처분기준은 부령의 형식으로 되어 있으나, 그 규정의 성질과 내용이 운전면허의 취소처분 등에 관한 사무처리기준과 처분절차 등 행정청 내부의 사무처리준칙을 규정한 것에 지나지 아니하므로 대외적으로 국민이나 법원을 기속하는 효력이 없으므로, 자동차운전면허취소처분의 적법 여부는 그 운전면허행정처분기준만에 의하여 판단할 것이 아니라 도로교통법의 규정 내용과 취지에 따라 판단되어야 한다(대판 1997.5.30, 96누5773).

④ [○] 상급행정기관이 하급행정기관에 대하여 업무처리지침이나 법령의 해석적용에 관한 기준을 정하여 발하는 이른바 '행정규칙이나 내부지침'은 일반적으로 행정조직 내부에서만 효력을 가질 뿐 대외적인 구속력을 갖는 것은 아니므로 행정처분이 그에 위반하였다고 하여 그러한 사정만으로 곧바로 위법하게 되는 것은 아니다. 다만, 재량권 행사의 준칙인 행정규칙이 그 정한 바에 따라 되풀이 시행되어 행정관행이 이루어지게 되면 평등의 원칙이나 신뢰보호의 원칙에 따라 행정기관은 그 상대방에 대한 관계에서 그 규칙에 따라야 할 자기구속을 받게 되므로, 이러한 경우에는 특별한 사정이 없는 한 그를 위반하는 처분은 평등의 원칙이나 신뢰보호의 원칙에 위배되어 재량권을 일탈·남용한 위법한 처분이 된다(대판 2009.12.24, 2009두7967).

행정규칙은 일반적으로 행정조직 내부에서만 효력을 가지는 것이나, 행정규칙이 법령의 규정에 의하여 행정관청에 법령의 구체적 내용을 보충할 권한을 부여한 경우나 재량권행사의 준칙인 규칙이 그 정한 바에 따라 되풀이 시행되어 행정관행이 이룩되게 되면, 평등의 원칙이나 신뢰보호의 원칙에 따라 행정기관은 그 상대방에 대한 관계에서 그 규칙에 따라야 할 자기구속을 당하게 되는 경우에는 대외적인 구속력을 가지게 되는바, 이러한 경우에는 헌법소원의 대상이 될 수도 있다(헌재 2001.5.31, 99헌마413).

답 ④

010 불법시위에 대하여 경찰서장은 해산명령을 내릴 수 있다. 이러한 해산명령의 법적 성질에 해당하는 것은? (다툼이 있는 경우
□□□ 판례에 의함)
2019년(2차) 9급 복원

① 행정지도

② 하명

③ 통지

④ 허가

📝 해설 | 명령적 행정행위
중요도 ★☆☆

① [×] 행정지도란 행정기관이 그 소관 사무의 범위에서 일정한 행정목적을 실현하기 위하여 특정인에게 일정한 행위를 하거나 하지 아
니하도록 지도, 권고, 조언 등을 하는 행정작용을 말한다(행정절차법 제2조 제3호).

② [○] 불법시위에 대하여 경찰서장이 명하는 해산명령은 집회 및 시위에 관한 법률에 따른 법 집행행위로서 명령적 행정행위에 해당한다.
명령적 행정행위 중에서 해산명령은 하명에 해당하고 그중에서도 작위하명이라 할 수 있다.

③ [×] 통지란 특정인 또는 불특정다수에게 특정사실을 알리는 행위를 말한다.

④ [×] 허가란 법령에 의한 일반적·상대적 금지(부작위 의무)를 특정한 경우에 해제하여 자연적 자유를 회복시켜 주는 명령적 행정행위
를 말한다.

답 ②

011 하명에 대한 설명 중 옳지 않은 것은?
□□□
2008년 9급 복원

① 하명행위의 대상은 사실행위와 법률행위이다.

② 하명에 위반한 행위는 무효이다.

③ 하명행위의 불이행시 강제집행이나 행정벌의 대상이 된다.

④ 하명은 내용에 따라 작위하명, 부작위하명, 급부하명, 수인하명 등으로 구분된다.

📝 해설 | 하명
중요도 ★★☆

① [○] 하명은 교통장해물 제거 등과 같은 사실행위와 영업행위금지 등과 같은 법률행위도 대상으로 한다.

② [×] 의무불이행자에게 행정상 제재가 내려질 뿐이며 사법상의 효력은 무효가 되지 않는다.

③ [○] 하명에 의해 과해진 의무를 이행하지 않을 경우 행정상 강제집행이 행해지고 의무를 위반한 때에는 행정벌이 과해진다.

④ [○] 하명은 작위하명(해산명령 등), 부작위하명(통행금지 등), 급부하명(조세부과 등), 수인하명(강제입원조치 등) 등으로 구분할 수
있다.

답 ②

012 □□□ 다음 중 하명에 대한 설명으로 옳지 않은 것은?

① 하명은 수익적 행정행위이기 때문에 자유재량행위이다.

② 하명은 주로 사실상의 행위에 행해지나 법률행위에 대해서도 행해질 수 있다.

③ 하명에 위반된 행정행위의 효력 자체가 무효로 되는 것은 아니다.

④ 위법·부당한 하명에 의하여 권리나 이익을 침해당한 자는 행정쟁송절차를 통하여 그 하명의 취소나 변경을 구할 수 있다.

✍ 해설 | 하명

중요도 ★★☆

① [×] 하명은 권리를 제한하고 의무를 과하는 등의 침익적 행정행위이며 따라서 법적 근거가 필요한 기속행위이다.

② [○] 하명의 대상은 주로 불법건물철거명령 등과 같은 사실행위나 영업행위금지 등과 같은 법률행위도 포함된다.

③ [○] 하명에 위반한 법률행위라도 사법적으로는 유효하다. 다만, 의무를 불이행한 자에 대하여 행정상의 제재나 행정상의 강제집행 등이 행해질 뿐이다.

④ [○] 하명에 의해 권리나 이익을 침해당한 자는 취소소송, 무효등 확인소송, 국가배상청구소송 등을 제기할 수 있다.

답 ①

---

013 □□□ 다음 중 하명에 대한 설명으로 옳지 않은 것은?

① 위법한 하명행위에 대해서는 행정상 손해배상청구를 할 수 있다.

② 하명행위는 불특정 다수에 대하여도 행할 수 있다.

③ 하명에 위반한 법률행위는 무효이다.

④ 하명은 의무를 명하는 행위이며 대상은 사실행위와 법률행위이다.

✍ 해설 | 하명

중요도 ★★☆

① [○] 위법한 하명으로 권리가 침해된 자는 취소소송이나 무효등 확인소송을 제기하여 위법상태를 제거할 수 있고, 손해배상청구소송을 제기하여 손해를 배상받을 수 있다.

② [○] 하명행위는 일반적으로 특정인을 대상으로 하지만, 국립공원 등산로 이용금지와 같이 불특정 다수에 대해서도 행할 수 있다.

③ [×] 하명에 위반한 법률행위는 사법적으로는 유효하며, 의무불이행자에 대한 행정상 제재가 있을 뿐이다.

④ [○] 하명은 상대방에게 공법상 의무를 발생하게 하며, 대상은 사실행위(통행금지 등)와 법률행위(총포거래금지 등)이다.

답 ③

---

014 □□□ 행정법상 허가에 대한 설명으로 옳지 않은 것은?

① 허가는 규제에 반하는 행위에 대해 행정강제나 제재를 가하기 보다는 행위의 사법상 효력을 부인함으로써 규제의 목적을 달성하는 방법이다.

② 허가란 법령에 의해 금지된 행위를 일정한 요건을 갖춘 경우에 그 금지를 해제하여 적법하게 행위할 수 있게 해준다는 의미에서 상대적 금지와 관련되는 경우이다.

③ 전통적인 의미에서 허가는 원래 개인이 누리는 자연적 자유를 공익적 차원(공공의 안녕과 질서유지)에서 금지해 두었다가 일정한 요건을 갖춘 경우 그러한 공공에 대한 위험이 없다고 판단되는 경우 그 금지를 풀어줌으로써 자연적 자유를 회복시켜주는 행위이다.

④ 실정법상으로는 허가 이외에 면허, 인가, 인허, 승인 등의 용어가 사용되고 있기 때문에 그것이 학문상 개념인 허가에 해당하는지 검토할 필요가 있다.

① [×] 행정법규는 대부분 효력규정이 아니라 단속규정으로, 그 위반행위의 법적 효력을 부인하는 방법이 아니라 그 행위에 대해 제재처분 등을 가함으로써 공익을 달성하고자 한다. 허가도 이와 같아서 무허가행위는 통상 법률에서 행정제재처분 혹은 행정형벌을 부과하나, 그 자체의 법적 효력이 부인되지는 않는다.

② [○] 허가란 법령에 의한 자연적 자유에 대한 일반적인 상대적 금지를 일정한 요건을 갖춘 경우에 해제하여 적법하게 일정한 행위를 할 수 있게 하는 행정행위를 말한다. 억제적 금지, 절대적 금지와 구별하여야 한다.

③ [○] 전통적 견해인 명령적 행위설은 허가는 권리를 설정하여 주는 행위가 아니라 상대적 금지를 해제시켜 자연적 자유를 회복시켜 주는 행위이므로 명령적 행위에 속하며 이 점에서 형성적 행위인 특허·인가와 구별된다고 하는 입장이다.

④ [○] 허가는 학문상의 개념으로, 실정법상으로는 허가뿐 아니라 면허, 인가, 승인 등의 용어가 사용되고 있다.

답 ①

---

015 허가에 관한 다음 설명 중 옳은 것은? (다툼이 있는 경우 판례에 의함)

① 허가는 재량행위로 발해진다는 것이 판례의 입장이다.

② 대물적 허가의 경우 그 효력이 승계되는 것이 원칙이다.

③ 허가는 신청이 없는 경우에는 인정되지 아니한다.

④ 허가는 새로운 권리를 창설하는 성격을 갖고 있다.

📑 **해설 | 허가** 중요도 ★★☆

① [×] 허가는 자연적 자유를 회복시켜 주는 것으로 원칙적으로 기속행위의 성질을 가진다. 다만, 예외적 허가의 경우 재량행위이다.

② [○] 석유사업법 제12조 제3항, 제9조 제1항, 제12조 제4항 등을 종합하면 석유판매업(주유소)허가는 소위 대물적 허가의 성질을 갖는 것이어서 그 사업의 양도도 가능하고 이 경우 양수인은 양도인의 지위를 승계하게 됨에 따라 양도인의 위 허가에 따른 권리의무가 양수인에게 이전되는 것이다(대판 1986.7.22, 86누203). ⇨ 석유판매업허가 등과 같은 대물적 허가는 그 효력이 승계되는 것이 원칙이며, 의사면허 등과 같은 대인적 허가의 경우 원칙적으로 허가의 승계가 인정되지 않는다.

③ [×] 등산로 이용금지 해제와 같은 불특정 다수인에 대한 허가를 생각해 보면, 허가는 반드시 신청을 전제로 하는 것은 아니다.

④ [×] 허가는 새로운 권리를 창설하는 형성적 행정행위가 아니라, 일반적 금지를 해제하여 본래의 자유를 회복시켜 주는 명령적 행위의 성격을 가지고 있다.

답 ②

---

016 다음 중 허가에 대한 설명으로 옳지 않은 것은? (다툼이 있는 경우 판례에 의함)

① 허가는 제한되었던 자유를 회복시켜 주는 효과를 준다.

② 강학상 허가는 수익적 성질을 가지고 있으므로 재량행위이다.

③ 무허가행위 자체의 법률상 효력은 원칙적으로 부인되지 않는다.

④ 사실행위와 법률행위 모두 허가의 대상이 될 수 있다.

📑 **해설 | 허가** 중요도 ★★☆

① [○] 허가는 법률로 금지된 개인의 자연적 자유를 회복시켜 주는 효과를 준다.

② [×] 허가요건을 충족하였음에도 이를 거부하는 건 기본권을 부당하게 제한하는 것이므로 허가는 원칙적으로 기속행위이다. 다만, 예외적으로 공익상의 필요가 인정되는 경우 허가를 거부할 수 있다. 즉, 예외적인 경우 허가는 재량행위이다.

③ [○] 허가를 위반한 행위의 사법상 효력은 원칙적으로 부인되지 않지만, 무허가행위는 강제집행이나 행정벌의 대상이 된다.

④ [○] 허가의 대상은 음식점 영업 등과 같이 사실행위가 대부분이나, 영업양도금지 등과 같은 법률행위인 경우도 있다.

답 ②

017 허가에 대한 설명으로 옳지 않은 것은? (다툼이 있는 경우 판례에 의함)

① 건축허가는 대물적 성질을 갖는 것이어서 행정청으로서는 허가를 할 때에 건축주 또는 토지소유자가 누구인지 등 인적 요소에 관하여는 형식적 심사만 한다.

② 구 학원의 설립·운영에 관한 법률 제5조 제2항에 의한 학원의 설립인가는 강학상의 이른바 인가에 해당하는 것으로서 그 인가를 받은 자에게 특별한 권리를 부여하는 것이고 일반적인 금지를 특정한 경우에 해제하여 학원을 설립할 수 있는 자유를 회복시켜 주는 것이 아니다.

③ 유료직업 소개사업의 허가갱신은 허가취득자에게 종전의 지위를 계속 유지시키는 효과를 갖는 것에 불과하고 갱신 후에는 갱신 전의 법위반사항을 불문에 붙이는 효과를 발생하는 것이 아니므로 일단 갱신이 있은 후에도 갱신 전의 법위반사실을 근거로 허가를 취소할 수 있다.

④ 허가 등의 행정처분은 원칙적으로 처분시의 법령과 허가기준에 의하여 처리되어야 하고 허가신청 당시의 기준에 따라야 하는 것은 아니며, 비록 허가신청 후 허가기준이 변경되었다 하더라도 그 허가관청이 허가신청을 수리하고도 정당한 이유 없이 그 처리를 늦추어 그 사이에 허가기준이 변경된 것이 아닌 이상 변경된 허가기준에 따라서 처분을 하여야 한다.

📝 해설 | 허가 중요도 ★★★

① [○] 대판 2010.5.13, 2010두2296

② [×] 학원의 설립·운영에 관한 법률 제5조 제2항에 의한 학원의 설립인가는 강학상의 이른바 허가의 성질을 지니는 것으로서 그 인가를 받는 자에게 특별한 권리를 부여하는 것은 아니고 일반적인 금지를 특정한 경우에 해제하여 학원을 설립할 수 있는 자유를 회복시켜 주는 것이다(대판 1994.2.8, 93누8276).

③ [○] 대판 1982.7.27, 81누174

④ [○] 대판 1992.12.8, 92누13813

답 ②

018 허가에 관한 설명으로 옳지 않은 것은? (다툼이 있는 경우 판례에 의함)

① 법규허가는 있을 수 없다.

② 원칙적으로 기속행위 또는 기속재량행위이다.

③ 자동차운전면허는 대인적 허가에 해당한다.

④ 허가를 받지 않고 행한 행위는 당연히 무효가 된다.

📝 해설 | 허가 중요도 ★★☆

① [○] 허가는 처분의 형식으로 이루어지며 법령에 의한 허가는 허용되지 않는다.

② [○] 허가는 법정요건을 구비한 경우 관계 법규에서 정한 제한사유 이외의 사유를 들어 허가신청을 거부할 수 없다는 점에서 원칙적으로 기속행위의 성질을 갖는다. 다만, 공익상의 이유 등 예외적으로 재량이 인정될 수 있다.

③ [○] 자동차운전면허 및 의사면허 등은 원칙적으로 허가의 승계가 인정되지 않는 대인적 허가에 해당한다.

④ [×] 허가를 받지 않고 행한 행위의 사법상 효력은 원칙적으로 부인되지 않으며, 무허가행위로 한 행위는 특별한 규정이 없는 강제집행이나 행정벌의 대상이 될 뿐이다.

답 ④

019 다음 중 인·허가 의제제도에 관한 설명으로 옳은 것은? (다툼이 있는 경우 판례에 의함)

① 인·허가 의제가 인정되는 경우 의제되는 법률에 규정된 주민의 의견청취 등의 절차를 거칠 필요는 없다.

② 채광계획인가로 공유수면점용허가가 의제되는 경우 공유수면 관리청이 재량적 판단에 의하여 불허가를 결정하였더라도 채광계획 인가관청은 채광계획인가를 할 수 있다.

③ 신청된 주된 인·허가에 의해 의제되는 인·허가는 주된 인·허가로 인한 사업이 완료된 후에도 효력이 있다.

④ 사업시행자가 주택건설사업계획승인을 받음으로써 도로점용허가가 의제된 경우 당연히 도로법상의 도로점용료 납부의무를 부담한다.

📝 해설 | 인·허가 의제
중요도 ★★★

① [○] 건설부장관이 구 주택건설촉진법 제33조에 따라 관계기관의 장과의 협의를 거쳐 사업계획승인을 한 이상 같은 조 제4항의 허가·인가·결정·승인 등이 있는 것으로 볼 것이고, 그 절차와 별도로 도시계획법 제12조 등 소정의 중앙도시계획위원회의 의결이나 주민의 의견청취 등 절차를 거칠 필요는 없다(대판 1992.11.10, 92누1162).

② [×] 구 광업법 제47조의2 제5호에 의하여 채광계획인가를 받으면 공유수면 점용허가를 받은 것으로 의제되고, 이 공유수면 점용허가는 공유수면 관리청이 공공 위해의 예방 경감과 공공복리의 증진에 기여함에 적당하다고 인정하는 경우에 그 자유재량에 의하여 허가의 여부를 결정하여야 할 것이므로, 공유수면 점용허가를 필요로 하는 채광계획 인가신청에 대하여도, 공유수면 관리청이 재량적 판단에 의하여 공유수면 점용을 허가 여부를 결정할 수 있고, 그 결과 공유수면 점용을 허용하지 않기로 결정하였다면, 채광계획 인가관청은 이를 사유로 하여 채광계획을 인가하지 아니할 수 있는 것이다(대판 2002.10.11, 2001두151).

③ [×] 구 택지개발촉진법 제11조 제1항 제9호에서는 사업시행자가 택지개발사업 실시계획승인을 받은 때 도로법에 의한 도로공사시행 허가 및 도로점용허가를 받은 것으로 본다고 규정하고 있는바, 이러한 인·허가 의제제도는 목적사업의 원활한 수행을 위해 행정 절차를 간소화하고자 하는 데 그 취지가 있는 것이므로 위와 같은 실시계획승인에 의해 의제되는 도로공사시행허가 및 도로점용 허가는 원칙적으로 당해 택지개발사업을 시행하는 데 필요한 범위 내에서만 그 효력이 유지된다고 보아야 한다. 따라서 원고가 이 사건 택지개발사업과 관련하여 그 사업시행의 일환으로 이 사건 도로예정지 또는 도로에 전력관을 매설하였다고 하더라도 사업시행완료 후 이를 계속 유지·관리하기 위해 도로를 점용하는 것에 대한 도로점용허가까지 그 실시계획승인에 의해 의제된다고 볼 수는 없다(대판 2010.4.29, 2009두18547).

④ [×] 구 주택법(2006.9.27. 법률 제8014호로 개정되기 전의 것, 이하 '구 주택법'이라고 한다) 제17조에서는 사업시행자가 주택건설 사업계획 승인을 받은 때 도로법에 의한 도로공사 시행허가 및 도로점용허가를 받은 것으로 본다고 규정하고 있고, 구 도로법 (2008.3.21. 법률 제8976호로 전부 개정되기 전의 것, 이하 '구 도로법'이라고 한다) 제40조에서는 관리청으로부터 도로의 점용 허가를 받은 자는 도로의 구역 안에서 공작물·물건 기타의 시설을 신설·개축·변경 또는 제거하거나 기타의 목적으로 도로를 점 용할 수 있다고 규정하고 있으므로 사업시행자가 주택건설사업계획 승인을 받음으로써 도로점용허가가 의제되는 경우에 그 사업 시행자는 허가받은 범위 내에서 도로를 점용할 수 있는 적법한 권원이 있다고 할 것이다.

한편 구 도로법 제43조에서는 관리청은 허가를 받아 도로를 점용하는 자로부터 점용료를 징수할 수 있다고 규정하고 있고, 구 도 로법 제44조에서는 허가에 의한 도로의 점용이 일정한 요건에 해당하는 경우에는 점용료를 감면할 수 있다고 규정하고 있는 점 등에 비추어 보면 관리청으로부터 도로의 점용허가를 받았다고 하더라도 관리청이 도로점용에 관하여 점용료를 부과하기 전에 는 점용료를 납부할 의무를 부담한다고 볼 수 없고, 항상 관리청으로부터 점용료가 부과되는 것도 아니라고 할 것이다.

따라서 사업시행자가 주택건설사업계획 승인을 받음으로써 도로점용허가가 의제된 경우에 관리청이 도로점용료를 부과하지 않 아 그 점용료를 납부할 의무를 부담하지 않게 되었다고 하더라도 특별한 사정이 없는 한 사업시행자가 그 점용료 상당액을 법률상 원인 없이 부당이득하였다고 볼 수는 없다고 할 것이다(대판 2013.6.13, 2012다87010).

답 ①

020 다음은 부동산 거래신고 등에 관한 법률 조문의 일부이다. 이에 대한 설명으로 옳지 않은 것은? (다툼이 있는 경우 판례에 의함)

2019년(1차) 9급 복원

> **부동산 거래신고 등에 관한 법률 제11조【허가구역 내 토지거래에 대한 허가】** ① 허가구역에 있는 토지에 관한 소유권·지상권(소유권·지상권의 취득을 목적으로 하는 권리를 포함한다)을 이전하거나 설정(대가를 받고 이전하거나 설정하는 경우만 해당한다)하는 계약(예약을 포함한다. 이하 "토지거래계약"이라 한다)을 체결하려는 당사자는 공동으로 대통령령으로 정하는 바에 따라 시장·군수 또는 구청장의 허가를 받아야 한다. 허가받은 사항을 변경하려는 경우에도 또한 같다.
> ⑥ 제1항에 따른 허가를 받지 아니하고 체결한 토지거래계약은 그 효력이 발생하지 아니한다.

① 토지거래허가의 대상은 사법적 법률행위이다.

② 토지거래허가구역으로 지정된 토지에 대한 토지거래허가는 사인간의 사법상 법률행위의 효과를 완성시켜 주는 행정행위이다.

③ 무효인 토지거래계약에 대하여 토지거래허가를 받았다면 토지거래계약이 무효이므로 그에 대한 토지거래허가처분도 위법하게 된다.

④ 토지거래허가는 건축법상의 건축허가와는 달리 인가의 성격을 갖고 있다.

📝 해설 | 허가, 인가

중요도 ★★☆

① [○] 토지거래허가는 토지매매계약이라는 사법적 법률행위를 대상으로 한다.

② [○] 토지거래허가는 강학상 인가의 성질을 갖는다.

③ [×] 무효인 기본행위(토지거래계약)에 대해서 인가(토지거래허가)를 받았다고 하여도 기본행위의 하자가 치유되지 않기 때문에, 기본행위가 무효라면 인가도 존재 의미가 없어져 무효가 된다. 한편, 처분에 하자가 있어 위법한 경우 그 하자가 중대·명백하지 않으면 '취소사유'에 불과하나, 중대·명백하면 무효가 된다. 따라서 지문의 '위법'이란 표현은 '틀렸다'고 말하기는 어렵다. 적절한 출제라고 보기는 어렵지만, 지문을 상대적으로 판단할 때 ③번을 정답으로 골라야 한다.

④ [○] 건축허가는 강학상 허가의 성질을 가지나, 토지거래허가는 강학상 인가의 성질을 갖는다.

답 ③

---

021 강학상 특허에 대한 설명으로 옳지 않은 것은? (다툼이 있는 경우 판례에 의함)

2020년 7급

① 관세법상 보세구역의 설영특허는 보세구역의 설치, 경영에 관한 권리를 설정하는 이른바 공기업의 특허로서 그 특허의 부여 여부는 행정청의 자유재량에 속한다.

② 하천의 점용허가를 받은 사람은 그 하천부지를 권원 없이 점유·사용하는 자에 대하여 직접 부당이득의 반환 등을 구할 수도 있다.

③ 여객자동차 운수사업법에 의한 개인택시운송사업면허는 특정인에게 권리나 이익을 부여하는 행정행위로서 법령에 특별한 규정이 없는 한 재량행위이다.

④ 행정청이 도시 및 주거환경정비법 등 관련 법령에 근거하여 행하는 조합설립인가처분은 단순히 사인들의 조합설립행위에 대한 보충행위로서의 성질을 갖는 것에 그치고 법령상 요건을 갖출 경우 도시 및 주거환경정비법상 주택재건축사업을 시행할 수 있는 권한을 갖는 행정주체(공법인)로서의 지위를 부여하는 일종의 설권적 처분의 성격을 갖지 않는다.

① [○] 관세법 제78조 소정의 보세구역의 설영특허는 보세구역의 설치, 경영에 관한 권리를 설정하는 이른바 공기업의 특허로서 그 특허의 부여 여부는 행정청의 자유재량에 속하며, 특허기간이 만료된 때에 특허는 당연히 실효되는 것이어서 특허기간의 갱신은 실질적으로 권리의 설정과 같으므로 그 갱신 여부도 특허관청의 자유재량에 속한다(대판 1989.5.9, 88누4188).

② [○] 대판 1994.9.9, 94다4592

③ [○] 자동차운수사업법에 의한 개인택시운송사업면허는 특정인에게 권리나 이익을 부여하는 행정행위로서 법령에 특별한 규정이 없는 한 재량행위이고, 그 면허기준을 정하는 것도 역시 행정청의 재량에 속하는 것이므로, 행정청이 정한 면허발급의 우선순위 등에 관한 기준을 해석 적용함에 있어서도 그 기준이 객관적으로 보아 합리적이 아니라거나 타당하지 아니하여 재량권을 남용한 위법한 것이라고 인정되지 아니하는 이상 행정청의 의사는 가능한 한 존중되어야 한다(대판 1993.10.12, 93누4243).

④ [×] 행정청이 도시 및 주거환경정비법 등 관련 법령에 근거하여 행하는 조합설립인가처분은 단순히 사인들의 조합설립행위에 대한 보충행위로서의 성질을 갖는 것에 그치는 것이 아니라 법령상 요건을 갖출 경우 도시 및 주거환경정비법상 주택재건축사업을 시행할 수 있는 권한을 갖는 행정주체로서의 지위를 부여하는 일종의 설권적 처분의 성격을 갖는다고 보아야 한다(대판 2009.9.24, 2008다60568).

답 ④

022 다음 중 특허와 인가에 대한 설명 중 옳지 않은 것은? (다툼이 있는 경우 판례에 의함) 2015년 9급 복원

① 우리 법원은 주택재개발정비사업조합의 설립인가신청에 대한 행정청의 조합설립인가처분은 단순히 사인들의 조합 설립행위에 대한 보충행위로서의 성질을 가지는 것이라고 판시하고 있다.

② 특허는 법적 지위를 나타내는 것이고 그 자체가 환가 가능한 재산권은 아니다.

③ 공유수면매립면허는 특허로서 자유재량행위이고 실효된 공유수면매립면허의 효력을 회복시키는 처분도 자유재량 행위이다.

④ 대인적 특허는 이전성이 인정되지 않지만 대물적 특허는 이전성이 인정된다.

① [×] 재개발조합설립인가신청에 대한 행정청의 조합설립인가처분은 단순히 사인들의 조합설립행위에 대한 보충행위로서의 성질을 가지는 것이 아니라 법령상 일정한 요건을 갖추는 경우 행정주체의 지위를 부여하는 일종의 설권적 처분의 성질을 가진다고 보아야 한다(대판 2010.1.28, 2009두4845).

② [○] 대결 1996.9.12, 96마1088·1089

③ [○] 공유수면매립면허는 설권행위인 특허의 성질을 갖는 것이므로 원칙적으로 행정청의 자유재량에 속하며, 일단 실효된 공유수면매립면허의 효력을 회복시키는 행위도 특단의 사정이 없는 한 새로운 면허부여와 같이 면허관청의 자유재량에 속한다고 할 것이므로 공유수면매립법 부칙 제4항의 규정에 의하여 위 법 시행 전에 같은 법 제25조 제1항의 규정에 의하여 효력이 상실된 매립면허의 효력을 회복시키는 처분도 특단의 사정이 없는 한 면허관청의 자유재량에 속하는 행위라고 봄이 타당하다(대판 1989.9.12, 88누9206).

④ [○] 대판 2000.9.8, 98후3057

답 ①

023

인가에 대한 설명으로 옳지 않은 것은? (다툼이 있는 경우 판례에 의함)

2020년 9급

① 기본행위가 적법·유효하고 보충행위인 인가처분 자체에 흠이 있다면 그 인가처분의 무효나 취소를 주장할 수 있다.

② 구 외자도입법에 따른 기술도입계약에 대한 인가는 기본행위인 기술도입계약을 보충하여 그 법률상 효력을 완성시키는 보충적 행정행위에 지나지 아니하므로 기본행위인 기술도입계약의 해지로 인하여 소멸되었다면 위 인가처분은 처분청의 직권취소에 의하여 소멸할 수 있다.

③ 공유수면매립법 등 관계 법령상 공유수면매립의 면허로 인한 권리의무의 양도·양수에 있어서의 면허관청의 인가는 효력요건으로서, 면허로 인한 권리의무양도약정은 면허관청의 인가를 받지 않은 이상 법률상 아무런 효력도 발생할 수 없다.

④ 인가처분에 흠이 없다면 기본행위에 흠이 있다고 하더라도 따로 기본행위의 흠을 다투는 것은 별론으로 하고 기본행위의 흠을 내세워 바로 그에 대한 인가처분의 무효확인 또는 취소를 구할 수는 없다.

📝 해설 | 인가
중요도 ★★★

① ④ [○] 도시재개발법 제34조에 의한 행정청의 인가는 주택개량재개발조합의 관리처분계획에 대한 법률상의 효력을 완성시키는 보충행위로서 그 기본되는 관리처분계획에 하자가 있을 때에는 그에 대한 인가가 있었다 하여도 기본행위인 관리처분계획이 유효한 것으로 될 수 없으며, 다만 그 기본행위가 적법·유효하고 보충행위인 인가처분 자체에만 하자가 있다면 그 인가처분의 무효나 취소를 주장할 수 있다고 할 것이지만, 인가처분에 하자가 없다면 기본행위에 하자가 있다 하더라도 따로 그 기본행위의 하자를 다투는 것은 별론으로 하고 기본행위의 무효를 내세워 바로 그에 대한 행정청의 인가처분의 취소 또는 무효확인을 소구할 법률상의 이익이 있다고 할 수 없다(대판 2001.12.11, 2001두7541).

② [×] 구 외자도입법 제19조에 따른 기술도입계약에 대한 인가는 기본행위인 기술도입계약을 보충하여 그 법률상 효력을 완성시키는 보충적 행정행위에 지나지 아니하므로 기본행위인 기술도입계약이 해지로 인하여 소멸되었다면 위 인가처분은 무효선언이나 그 취소처분이 없어도 당연히 실효된다(대판 1983.12.27, 82누491). ⇨ 기본행위가 실효되었다면 인가 역시 당연히 실효된다.

③ [○] 대판 1991.6.25, 90누5184

답 ②

024

다음 중 행정행위에 대한 연결이 옳은 것은?

2009년 9급 복원

① 조세의 납부독촉 – 하명
② 공무원의 임명행위 – 확인
③ 학교법인 이사의 취임승인 – 인가
④ 선거인 명부에의 등록행위 – 허가

📝 해설 | 행정행위의 종류
중요도 ★☆☆

① [×] 조세의 납부독촉은 통지에 해당한다.
② [×] 공무원의 임명행위는 특허에 해당한다.
③ [○] 학교법인 이사의 취임승인은 인가에 해당한다.
④ [×] 선거인 명부에의 등록행위는 공증에 해당한다.

답 ③

025

다음 중 예시와 행정행위의 연결이 옳지 않은 것은? (다툼이 있는 경우 판례에 의함)

① 국토의 계획 및 이용에 관한 법률상 토지거래허가 – 허가

② 행려병자·사자의 유류품 처분 – 대리

③ 공유수면매립면허 – 특허

④ 여권의 발급 – 공증

📝 해설 | 행정행위의 종류

중요도 ★★☆

① [×] 구 국토의 계획 및 이용에 관한 법률상 소정의 허가가 규제지역 내의 모든 국민에게 전반적으로 토지거래의 자유를 금지하고 일정한 요건을 갖춘 경우에만 금지를 해제하여 계약체결의 자유를 회복시켜 주는 성질의 것이라고 보는 것은 위 법의 입법 취지를 넘어선 지나친 해석이라고 할 것이고 규제지역 내에서도 토지거래의 자유가 인정되나, 다만 위 허가를 허가 전의 유동적 무효 상태에 있는 법률행위의 효력을 완성시켜 주는 인가적 성질을 띤 것이라고 보는 것이 타당하다(대판 1991.12.24, 90다12243).
　　⇨ 거래허가 구역 내 토지거래허가는 인가의 예라고 할 수 있다.

② [○] 행려병자 및 사자의 유류품 처분은 대리의 예이다.

③ [○] 공유수면매립면허, 개인택시운송사업면허 등은 특허의 예이다.

④ [○] 여권의 발급, 영수증 교부 등은 공증의 예이다.

답 ①

026

행정행위에 관한 설명 중 옳지 않은 것은? (다툼이 있는 경우 판례에 의함)

① 인가의 대상이 되는 기본행위는 법률행위뿐 아니라 사실행위까지 포함한다.

② 인가의 대상이 되는 기본행위가 무효이면 그에 기반한 인가행위도 당연히 무효가 된다.

③ 특별한 규정이 없는 한 수정인가는 허용되지 않는다.

④ 무허가행위라 하더라도 사법상의 효력에는 영향이 없으나 무인가행위의 경우에는 사법상의 효력마저도 부인된다.

📝 해설 | 인가

중요도 ★★★

① [×] 인가는 법률행위를 대상으로 하여 그 효력을 보충하는 기능을 한다. 따라서 사실행위는 법적 효력을 보충해 줄 여지가 없어 인가의 대상이 아니다.

② [○] 인가의 대상이 되는 기본행위가 무효라면 이에 기반한 인가행위도 당연무효이다.

③ [○] 인가의 보충적 성질상 수정인가는 원칙적으로 허용되지 않으나 법률에 근거가 있다면 가능하다.

④ [○] 무허가행위는 행정벌·강제집행 등의 대상이 되나 그 행위의 법적 효력 자체에는 영향이 없다. 그러나 무인가행위는 법적 효력이 발생하지 않는다.

답 ①

027 다음 중 성격이 다른 하나는?

2011년 9급 복원

① 하명
② 허가
③ 면제
④ 대리

📝 해설 Ⅰ 행정행위의 유형

중요도 ★☆☆

①②③ [○] 하명, 허가, 면제는 법률행위적 행정행위 중에서 명령적 행정행위이다.
④ [×] 대리는 법률행위적 행정행위 중에서 형성적 행정행위이다.

답 ④

028 다음 중 대리에 해당하지 않는 것은?

2006년 9급 복원

① 토지수용위원회의 재결
② 압류재산의 공매처분
③ 공법인의 정관작성
④ 행려병자의 유류품관리

📝 해설 Ⅰ 대리

중요도 ★☆☆

①②③ [○] 당사자 사이의 협의불성립에 대한 행정주체의 대리(토지수용위원회의 재결), 행정주체의 행정목적을 달성하기 위한 대리(압류재산의 공매처분), 행정주체가 감독하는 관점에서의 대리(공법인의 정관작성) 등은 모두 공법상 대리의 종류이다.
④ [×] 행려병자의 유류품처리는 대리에 해당하지만 행려병자의 유류품관리는 사무관리에 해당한다.

답 ④

029 다음 중 법적 성질이 다른 하나는?

2006년 9급 복원

① 하명
② 공증
③ 허가
④ 특허

📝 해설 Ⅰ 준법률행위적 행정행위

중요도 ★☆☆

①③④ [○] 하명, 허가, 특허는 법률행위적 행정행위이다.
② [×] 공증은 준법률행위적 행정행위이다.

답 ②

030
□□□

다음 중 법적 성질이 다른 하나는 무엇인가? (다툼이 있는 경우 판례에 의함)

2019년(2차) 9급 복원

① 공유수면매립면허
② 조세부과처분
③ 학교법인 임원선임에 대한 감독청의 취임승인
④ 재임용거부취지의 임용기간만료통지

📝 해설 | 준법률행위적 행정행위

중요도 ★★☆

① [○] 공유수면매립면허는 강학상 특허(법률행위적 행정행위)이다.
② [○] 조세부과처분은 강학상 하명(법률행위적 행정행위)이다.
③ [○] 학교법인 임원선임에 대한 감독청의 취임승인은 강학상 인가(법률행위적 행정행위)이다.
④ [×] 재임용거부취지의 임용기간만료통지는 강학상 통지(준법률행위적 행정행위)이다.

답 ④

031
□□□

준법률행위적 행정행위에 대한 설명으로 옳지 않은 것은? (다툼이 있는 경우 판례에 의함)

2020년 7급

① 수리는 행정청이 타인의 행위를 유효한 것으로서 수령하는 인식의 표시행위이며, 공무원의 사표수리는 "형성적 행위"로서의 성질을 갖는다고 볼 수 있다.
② 토지수용에 있어서의 사업인정의 고시는 이미 성립한 행정행위의 효력발생요건으로서의 통지에 해당한다.
③ 선거인 명부에의 등록은 공증으로 법령에 정해진 바에 따라 권리행사의 요건이 된다.
④ 확인은 특정한 사실 또는 법률관계의 존재 여부 또는 정당성 여부를 공적으로 확정하는 효과를 발생시키므로 확인행위에는 일반적으로 불가변력(실질적 존속력)이 발생한다.

📝 해설 | 준법률행위적 행정행위

중요도 ★★☆

① [○] 수리란 행정청이 타인의 행위를 유효한 행위로 판단하여 수령하는 인식의 표시행위를 말한다. 공무원의 사표수리는 공무원관계가 소멸되는 형성적 행위로서의 성질을 갖는다.
② [×] 통지란 행정청이 특정인 또는 불특정 다수인에 대해 특정 사실 또는 의사를 알리는 행위를 말한다. 토지수용에 있어 사업인정고시는 통지에 해당하나, 통지는 이미 성립한 행정행위의 효력발생요건이 아니다. 통지는 그 자체가 독립된 행정행위의 성질을 가지고, 교부·송달이 이미 성립된 행정행위의 효력발생요건에 해당한다.
③ [○] 공증이란 특정한 사실 또는 법률관계의 존재를 공적으로 증명하는 행위를 말하며, 선거인 명부에의 등록이 이에 해당한다. 공증은 준법률행위적 행정행위이므로, 법령이 정하는 바에 따라 그 효과가 발생한다.
④ [○] 확인이란 특정한 사실 또는 법률관계의 존재 여부 및 정당성 여부를 공적으로 판단하는 행위를 말한다. 이러한 확인행위에는 불가변력, 즉 실질적 존속력이 발생한다.

답 ②

032 다음 중 조건과 부담에 관한 설명으로 옳지 않은 것은? (다툼이 있는 경우 판례에 의함)　　2006년 9급 복원

□□□

① 부담이 부가되어도 주된 행정행위의 효력은 처음부터 유효하게 발생한다.

② 행정행위의 부관 중에서도 행정행위에 부수하여 그 행정행위의 상대방에게 일정한 의무를 부과하는 행정청의 의사표시인 부담은 독립하여 행정쟁송의 대상이 될 수 있다.

③ 부담과 조건은 구분이 명확하지 않을 때에는 조건으로 봐야 한다.

④ 해제조건은 조건이 성취되면 당연히 효력이 소멸한다.

해설 | 조건, 부담　　중요도 ★★☆

① [○] 조건과 다른 점으로 부담이 부가되더라도 주된 행정행위는 처음부터 효력이 발생한다.

② [○] 부담은 상대적으로 독립된 행정행위이므로 주된 행정행위로부터 분리가 가능하며 부담만을 별도로 하여 쟁송으로 다툴 수 있다.

③ [×] 부담과 조건은 구분이 명확하지 않을 때에는 상대방에게 유리한 부담으로 추정하는 것이 일반적이다.

④ [○] 조건성취에 의해 행정행위의 효력이 소멸되는 조건을 해제조건이라고 한다.

답 ③

033 행정행위의 부관에 대한 다음 설명 중 옳지 않은 것은? (다툼이 있는 경우 판례에 의함)　　2012년 9급 복원

□□□

① 부관은 행정행위의 효과를 제한하는 기능만을 갖는 것이 아니라, 보충하는 기능도 동시에 가진다.

② 법률효과의 일부배제는 법률 자체가 인정하고 있는 법률효과의 일부를 행정기관이 배제하는 것이므로 법률에 근거가 있어야 한다.

③ 대법원은 수익적 행정처분이라 하더라도 항상 법률상 근거가 있어야 그 부관으로서 부담을 붙일 수 있다고 한다.

④ 대법원은 종교단체에 대해 기본재산전환인가를 함에 있어 인가조건을 부가하고 이를 이행하지 않을 시에는 인가를 취소할 수 있도록 한 경우, 인가조건의 의미는 철회권을 유보한 것이라고 본다.

해설 | 행정행위의 부관　　중요도 ★★☆

① [○] 부관은 행정행위의 법률효과를 제한하거나 보충하는 기능을 수행하는 주된 행정행위에 부가된 종된 규율이라고 보는 것이 다수설이다.

② [○] 법률효과의 일부배제는 다른 부관과는 다르게 법률이 정한 효과를 배제하는 효력이 있으므로 법률상 근거가 있어야 한다.

③ [×] 주택건설촉진법 제33조에 의한 주택건설사업계획의 승인은 상대방에게 권리나 이익을 부여하는 효과를 수반하는 이른바 수익적 행정처분으로서 법령에 행정처분의 요건에 관하여 일의적으로 규정되어 있지 아니한 이상 행정청의 재량행위에 속한다. 재량행위에 있어서는 법령상의 근거가 없다고 하더라도 부관을 붙일 수 있는데, 그 부관의 내용은 적법하고 이행가능하여야 하며 비례의 원칙 및 평등의 원칙에 적합하고 행정처분의 본질적 효력을 해하지 아니하는 한도의 것이어야 한다(대판 1997.3.14, 96누16698).

④ [○] 행정청이 종교단체에 대하여 기본재산전환인가를 함에 있어 인가조건을 부가하고 그 불이행시 인가를 취소할 수 있도록 한 경우, 인가조건의 의미는 철회권을 유보한 것이다(대판 2003.5.30, 2003다6422).

답 ③

034
행정행위의 부관에 관한 설명으로 옳지 않은 것은? (다툼이 있는 경우 판례에 의함)

① 조건이나 부담은 행정행위의 효과를 제한하거나 의무를 부과하는 종된 의사표시이다.

② 부관 중 부담은 부종성이 약하므로 독립쟁송이 가능하다.

③ 운행시간과 구역을 제한하여 행한 택시영업의 허가는 부담부 행정행위에 해당한다.

④ 통상적으로 부관은 제한, 조건, 기간 등의 용어로 사용되기도 한다.

📝 해설 | 행정행위의 부관
중요도 ★★☆

① [○] 조건과 부담은 부관의 일종이고, 부관은 행정행위의 법률효과를 제한하거나 의무를 부과하는 등 행정행위를 보충하는 기능을 수행한다.

② [○] 행정행위의 부관은 부담인 경우를 제외하고는 독립하여 행정소송의 대상이 될 수 없는바, 기부채납받은 행정재산에 대한 사용·수익허가에서 공유재산의 관리청이 정한 사용·수익허가의 기간은 그 허가의 효력을 제한하기 위한 행정행위의 부관으로서 이러한 사용·수익허가의 기간에 대해서는 독립하여 행정소송을 제기할 수 없다(대판 2001.6.15, 99두509).

③ [×] 운행시간과 구역을 제한하여 행한 택시영업의 허가는 법률효과의 일부배제 부관으로 볼 수 있으며, 부담이 아니다.

④ [○] 부관은 다양한 용어로 사용되는데 제한, 조건, 기간 등이 그 예이다. 특히 부담은 실무상 '조건'으로 많이 사용된다.

답 ③

035
다음 중 행정행위의 부관에 관한 설명으로 옳지 않은 것은? (다툼이 있는 경우 판례에 의함)

① 부관은 주된 의사표시에 부가하여 주된 행정행위의 효력을 발생·변경·소멸시키는 종된 의사표시를 말한다.

② 일반적으로 기속행위나 기속적 재량행위에는 부관을 붙일 수 있다.

③ 행정행위의 부관 중 부담은 단독으로 취소소송의 대상이 된다.

④ 상대방의 동의가 있는 경우에는 사후부관이 허용된다.

📝 해설 | 행정행위의 부관
중요도 ★★☆

① [○] 부관은 행정행위의 법률효과를 제한하거나 보충하는 기능을 수행한다.

② [×] 일반적으로 기속행위나 기속적 재량행위에는 부관을 붙일 수 없고 가사 부관을 붙였다 하더라도 이는 무효인 것이다(대판 1988. 4.27, 87누1106).

③ [○] 행정행위의 부관은 행정행위의 일반적인 효력이나 효과를 제한하기 위하여 의사표시의 주된 내용에 부가되는 종된 의사표시이지 그 자체로서 직접 법적 효과를 발생하는 독립된 처분이 아니므로 현행 행정쟁송제도 아래서는 부관 그 자체만을 독립된 쟁송의 대상으로 할 수 없는 것이 원칙이나, 행정행위의 부관 중에서도 행정행위에 부수하여 그 행정행위의 상대방에게 일정한 의무를 부과하는 행정청의 의사표시인 부담의 경우에는 다른 부관과는 달리 행정행위의 불가분적인 요소가 아니고 그 존속이 본체인 행정행위의 존재를 전제로 하는 것일 뿐이므로 부담 그 자체로서 행정쟁송의 대상이 될 수 있다(대판 1992.1.21, 91누1264).

④ [○] 행정처분에 이미 부담이 부가되어 있는 상태에서 그 의무의 범위 또는 내용 등을 변경하는 부관의 사후변경은, 법률에 명문의 규정이 있거나 그 변경이 미리 유보되어 있는 경우 또는 상대방의 동의가 있는 경우에 한하여 허용되는 것이 원칙이지만, 사정변경으로 인하여 당초에 부담을 부가한 목적을 달성할 수 없게 된 경우에도 그 목적달성에 필요한 범위 내에서 예외적으로 허용된다(대판 1997.5.30, 97누2627).

답 ②

036 행정행위의 부관에 관한 다음 설명 중 옳은 것은? (다툼이 있는 경우 판례에 의함)
□□□

① 부담이 무효인 경우 부담의 이행으로 한 사법상 법률행위의 효력은 당연무효이다.

② 통설·판례에 따르면 부담만을 대상으로 하여 독자적으로 취소소송을 제기할 수 없다.

③ 법률효과의 일부배제는 부관이 아니라는 것이 판례의 태도이다.

④ 행정행위의 부관은 행정행위의 조건·기한 등을 법령이 직접 규정하고 있는 법정부관과 구별된다.

해설 ┃ 행정행위의 부관 중요도 ★★☆

① [×] 행정처분에 부담인 부관을 붙인 경우 부관의 무효화에 의하여 본체인 행정처분 자체의 효력에도 영향이 있게 될 수는 있지만, 그 처분을 받은 사람이 부담의 이행으로 사법상 매매 등의 법률행위를 한 경우에는 그 부관은 특별한 사정이 없는 한 법률행위를 하게 된 동기 내지 연유로 작용하였을 뿐이므로 이는 법률행위의 취소사유가 될 수 있음은 별론으로 하고 그 법률행위 자체를 당연히 무효화하는 것은 아니다(대판 2009.6.25, 2006다18174).

② [×] 현행 행정쟁송제도 아래서는 부관 그 자체만을 독립된 쟁송의 대상으로 할 수 없는 것이 원칙이나 행정행위의 부관 중에서도 행정행위에 부수하여 그 행정행위의 상대방에게 일정한 의무를 부과하는 행정청의 의사표시인 부담의 경우에는 다른 부관과는 달리 행정행위의 불가분적인 요소가 아니고 그 존속이 본체인 행정행위의 존재를 전제로 하는 것일 뿐이므로 부담 그 자체로서 행정쟁송의 대상이 될 수 있다(대판 1992.1.21, 91누1264).

③ [×] 공유수면매립준공인가 중 매립지 일부에 대하여 한 국가귀속처분은 법률효과의 일부배제에 해당하는 부관이다(대판 1991.12. 13, 90누8503).

④ [○] 법정부관은 엄밀한 의미에서 부관이 아니며 일반적인 부관의 한계는 법정부관에 적용되지 않는다. 즉, 법정부관은 법령 그 자체로 볼 수 있으므로 규범통제제도에 의하여 통제된다.

답 ④

037 다음 중 행정행위의 부관에 대한 설명으로 옳지 않은 것은? (다툼이 있는 경우 판례에 의함)
□□□

① 부관은 원칙적으로 주된 행정행위와 분리해서 부관만을 독립하여 행정쟁송이나 강제집행의 대상으로 삼을 수 없다.

② 행정행위의 효력의 상실을 장래의 불확실한 사실에 의존시키는 부관을 해제조건이라 한다.

③ 기속행위에만 부관을 붙일 수 있고, 재량행위에는 부관을 붙일 수 없다.

④ 부담은 독립하여 행정소송의 대상이 될 수 있다는 것이 판례의 입장이다.

해설 ┃ 행정행위의 부관 중요도 ★★☆

① [○] 어업면허처분을 함에 있어 그 면허의 유효기간을 1년으로 정한 경우, 위 면허의 유효기간은 행정청이 위 어업면허처분의 효력을 제한하기 위한 행정행위의 부관이라 할 것이고 이러한 행정행위의 부관은 독립하여 행정소송의 대상이 될 수 없는 것이므로 위 어업면허처분 중 그 면허유효기간만의 취소를 구하는 청구는 허용될 수 없다(대판 1986.8.19, 86누202).

② [○] 조건을 성취했을 때 행정행위의 효력의 상실을 장래의 불확실한 사실에 의존시키는 부관을 해제조건이라 한다.

③ [×] 일반적으로 기속행위나 기속적 재량행위에는 부관을 붙일 수 없고 가사 부관을 붙였다 하더라도 무효이다(대판 1995.6.13, 94다 56883). ⇨ 재량행위에는 부관을 붙일 수 있으며, 기속행위에도 법령에 근거가 있는 경우 등 부관을 붙일 수 있는 예외가 인정된다.

④ [○] 행정행위의 부관은 부담인 경우를 제외하고는 독립하여 행정소송의 대상이 될 수 없는바, 기부채납 받은 행정재산에 대한 사용·수익허가에서 공유재산의 관리청이 정한 사용·수익허가의 기간은 그 허가의 효력을 제한하기 위한 행정행위의 부관으로서 이러한 사용·수익허가의 기간에 대해서는 독립하여 행정소송을 제기할 수 없다(대판 2001.6.15, 99두509).

답 ③

038 행정행위의 부관에 관한 설명 중 옳은 것으로만 묶은 것은? (다툼이 있는 경우 판례에 의함)

> ㄱ. 부관은 기속행위에만 붙일 수 있고, 재량행위에는 붙일 수 없다.
> ㄴ. 부관이 붙은 행정행위 전체를 쟁송의 대상으로 하면서 부관만의 취소를 구하는 부진정 일부취소소송은 허용되지 않는다.
> ㄷ. 사정변경으로 인하여 당초에 부담을 부가한 목적을 달성할 수 없게 된 경우에는 원칙적으로 사후부관이 가능하다.
> ㄹ. 행정청은 부담을 부가하기 이전에 상대방과 협의하여 부담의 내용을 협약의 형식으로 미리 정한 다음 행정처분을 하면서 이를 부가할 수는 없다.
> ㅁ. 부담과 조건의 구분이 명확하지 않은 경우, 부담이 당사자에게 조건보다 유리하기 때문에 원칙적으로 부담으로 추정해야 한다.

① ㄱ, ㄴ, ㅁ   ② ㄴ, ㅁ   ③ ㄴ, ㄷ, ㅁ   ④ ㄱ, ㄷ, ㄹ, ㅁ

📝 해설 | 행정행위의 부관

중요도 ★★★

ㄱ. [×] 일반적으로 기속행위나 기속적 재량행위에는 부관을 붙일 수 없고 가사 부관을 붙였다 하더라도 무효이다(대판 1995.6.13, 94다56883).

ㄴ. [○] 행정행위의 부관은 행정행위의 일반적인 효력이나 효과를 제한하기 위하여 의사표시의 주된 내용에 부가되는 종된 의사표시이지 그 자체로서 직접 법적 효과를 발생하는 독립된 처분이 아니므로 현행 행정쟁송제도 아래서는 부관 그 자체만을 독립된 쟁송의 대상으로 할 수 없는 것이 원칙이나 행정행위의 부관 중에서도 행정행위에 부수하여 그 행정행위의 상대방에게 일정한 의무를 부과하는 행정청의 의사표시인 부담의 경우에는 다른 부관과는 달리 행정행위의 불가분적인 요소가 아니고 그 존속이 본체인 행정행위의 존재를 전제로 하는 것일 뿐이므로 부담 그 자체로서 행정쟁송의 대상이 될 수 있다(대판 1992.1.21, 91누1264).

ㄷ. [×] 행정처분에 이미 부담이 부가되어 있는 상태에서 그 의무의 범위 또는 내용 등을 변경하는 부관의 사후변경은, 법률에 명문의 규정이 있거나 그 변경이 미리 유보되어 있는 경우 또는 상대방의 동의가 있는 경우에 한하여 허용되는 것이 원칙이지만, 사정변경으로 인하여 당초에 부담을 부가한 목적을 달성할 수 없게 된 경우에도 그 목적달성에 필요한 범위 내에서 예외적으로 허용된다(대판 1997.5.30, 97누2627).

ㄹ. [×] 수익적 행정처분에 있어서는 법령에 특별한 근거규정이 없다고 하더라도 그 부관으로서 부담을 붙일 수 있고, 그와 같은 부담은 행정청이 행정처분을 하면서 일방적으로 부가할 수도 있지만 부담을 부가하기 이전에 상대방과 협의하여 부담의 내용을 협약의 형식으로 미리 정한 다음 행정처분을 하면서 이를 부가할 수도 있다(대판 2009.2.12, 2005다65500).

ㅁ. [○] 부담과 조건의 구분이 불명확한 경우에는 <u>국민에게 유리한 부담으로 해석</u>한다.

답 ②

---

039 다음 중 행정행위의 부관을 붙이기에 옳지 않은 것은?

① 광업허가
② 귀화허가
③ 음식점 영업허가
④ 공유수면매립면허

📝 해설 | 행정행위의 부관

중요도 ★☆☆

② [×] <u>귀화허가 및 공무원의 임명행위 등과 같은 신분설정행위에는 부관을 붙일 수 없다.</u>

답 ②

040 □□□ 행정행위의 부관에 관한 다음 설명 중 가장 옳지 않은 것은?

2008년 9급 복원

① 행정행위의 부관은 행정청의 의사에 기한 것이므로 상위규정 이외의 한계는 없다.

② 철회권이 유보된 경우라도 철회의 일반적 요건이 충족되어야 철회가 가능하다.

③ 행정행위의 거부 대신에 제한적 허가를 할 수 있게 함으로써 행정에 유연성·탄력성을 부여하는 기능을 한다.

④ 부관의 성질이 조건인지 부담인지 불명확한 경우에는 원칙적으로 부담으로 해석해야 한다.

📝 **해설 | 행정행위의 부관**　　　　　　　　　　　　　　중요도 ★★☆

① [×] 법령에 위반된 부관을 붙여서는 아니 되며 주된 행정행위의 목적에 반하거나 본질적 효력을 해치지 않아야 한다. 또한 부관의 내용은 명확해야 하며, 일반원칙상의 한계도 가진다.

② [○] 철회권이 유보된 경우라도 철회의 일반원칙은 통용되며 그 요건이 충족되어야 철회권 행사가 가능하다.

③ [○] 전면적 거부 대신 제한적 긍정을 행하게 한다는 점에서 탄력성 있는 행정을 가능하게 한다.

④ [○] 부관의 성질이 불명확한 경우에는 상대방에게 유리한 부담으로 해석하는 것이 일반적이다.

답 ①

---

041 □□□ 다음 중 부관에 대한 설명으로 옳지 않은 것은? (다툼이 있는 경우 판례에 의함)

2009년 9급 복원

① 부관은 주된 의사표시에 부가하여 주된 행정행위의 효력을 발생·변경·소멸시키는 종된 의사표시를 말한다.

② 부관 중 기한과 부담은 독립적인 쟁송이 가능하다.

③ 부담부 행정행위의 경우 부담의 이행 여부와 상관없이 행정행위의 효력이 발생한다.

④ 부담은 조건과 달리 독립하여 강제집행의 대상이 될 수 있다.

📝 **해설 | 행정행위의 부관**　　　　　　　　　　　　　　중요도 ★★☆

① [○] 행정행위의 부관은 행정행위의 일반적인 효력이나 효과를 제한하기 위하여 의사표시의 주된 내용에 부가되는 종된 의사표시이다 (대판 1992.1.21, 91누1264).

② [×] 부담은 다른 부관과는 달리 행정행위의 불가분적 요소가 아니고 그 존속이 행정행위의 존재를 전제로 하는 것일 뿐이므로 부담 그 자체로 행정쟁송의 대상이 될 수 있다. 하지만 기한은 독립적인 쟁송이 불가능하다.

③ [○] 부담부 행정행위는 부담의 이행이 없어도 즉시 주된 행정행위가 효력을 발생한다.
현행 행정쟁송제도 아래서는 부관 그 자체만을 독립된 쟁송의 대상으로 할 수 없는 것이 원칙이나 행정행위의 부관 중에서도 행정행위에 부수하여 그 행정행위의 상대방에게 일정한 의무를 부과하는 행정청의 의사표시인 부담의 경우에는 다른 부관과는 달리 행정행위의 불가분적인 요소가 아니고 그 존속이 본체인 행정행위의 존재를 전제로 하는 것일 뿐이므로 부담 그 자체로서 행정쟁송의 대상이 될 수 있다(대판 1992.1.21, 91누1264).

④ [○] 조건의 경우 의무를 부과하지 않기 때문에 강제집행의 대상이 될 수 없으나, 부담은 독립하여 강제집행의 대상이 될 수 있다.

답 ②

다음 중 부관에 대한 설명으로 옳지 않은 것은? (다툼이 있는 경우 판례에 의함) 2011년 9급 복원

① 조건은 행정행위의 효력의 발생·소멸을 장래의 불확실한 사실에 의존하게 하는 행정청의 종된 의사표시를 말한다.

② 부담이 무효이면 그 부담을 이행으로 한 사법상 법률행위도 당연히 무효이다.

③ 부담으로 부가된 의무를 불이행하는 경우 행정청은 그 후의 단계적인 조치를 거부하는 것도 가능하다.

④ 기한은 행정행위의 효력의 발생·소멸을 장래의 확실한 사실에 의존하게 하는 행정청의 의사표시를 말한다.

📝 해설 | 행정행위의 부관 중요도 ★★☆

① [○] 조건이란 행정행위의 효력의 발생 또는 소멸을 장래 성취가 불확실한 사실에 의존시키는 부관을 말한다.

② [×] 행정처분에 부담인 부관을 붙인 경우 부관의 무효화에 의하여 본체인 행정처분 자체의 효력에도 영향이 있게 될 수는 있지만, 그 처분을 받은 사람이 부담의 이행으로 사법상 매매 등의 법률행위를 한 경우에는 그 부관은 특별한 사정이 없는 한 법률행위를 하게 된 동기 내지 연유로 작용하였을 뿐이므로 이는 법률행위의 취소사유가 될 수 있음은 별론으로 하고 그 법률행위 자체를 당연히 무효화하는 것은 아니다. 또한, 행정처분에 붙은 부담인 부관이 제소기간의 도과로 확정되어 이미 불가쟁력이 생겼다면 그 하자가 중대하고 명백하여 당연무효로 보아야 할 경우 외에는 누구나 그 효력을 부인할 수 없을 것이지만, 부담의 이행으로서 하게 된 사법상 매매 등의 법률행위는 부담을 붙인 행정처분과는 어디까지나 별개의 법률행위이므로 그 부담의 불가쟁력의 문제와는 별도로 법률행위가 사회질서 위반이나 강행규정에 위반되는지 여부 등을 따져보아 그 법률행위의 유효 여부를 판단하여야 한다 (대판 2009.6.25, 2006다18174).

③ [○] 부담부 행정행위에 있어서 부담에 대한 불이행이 있다면 강제집행을 할 수 있으며, 이를 이유로 하여 본체인 행정행위의 철회가 가능하고 후행 행정처분이 예정되어 있었다면 이를 거부할 수 있다.

④ [○] 기한은 행정행위의 효력의 발생 또는 소멸을 장래 도래가 확실한 사실에 의존시키는 부관을 말한다.

답 ②

행정행위의 부관에 대한 설명으로 옳지 않은 것은? (다툼이 있는 경우 판례에 의함)

① 재량행위에 있어서는 관계 법령에 명시적인 금지규정이 없는 한 행정목적을 달성하기 위하여 조건이나 기한, 부담 등의 부관을 붙일 수 있고, 그 부관의 내용이 이행 가능하고 비례의 원칙 및 평등의 원칙에 적합하며 행정처분의 본질적 효력을 저해하지 아니하는 이상 위법하다고 할 수 없다.

② 부담은 행정청이 행정처분을 하면서 일방적으로 부가하는 것이 일반적이므로 상대방과 협의하여 협약의 형식으로 미리 정한 다음 행정처분을 하면서 이를 부가하는 경우 부담으로 볼 수 없다.

③ 부관의 사후변경은 법률에 명문의 규정이 있거나 그 변경이 미리 유보되어 있는 경우 또는 상대방의 동의가 있는 경우에 한하여 허용되는 것이 원칙이지만, 사정변경으로 인하여 당초에 부담을 부가한 목적을 달성할 수 없게 된 경우에도 그 목적달성에 필요한 범위 내에서 예외적으로 허용된다.

④ 건축허가를 하면서 일정 토지를 기부채납하도록 하는 내용의 허가조건은 부관을 붙일 수 없는 기속행위 내지 기속적 재량행위인 건축허가에 붙인 부담이거나 또는 법령상 아무런 근거가 없는 부관이어서 무효이다.

✍ 해설 | 행정행위의 부관

① [○] 재량행위에 있어서는 관계 법령에 명시적인 금지규정이 없는 한 행정목적을 달성하기 위하여 조건이나 기한, 부담 등의 부관을 붙일 수 있고, 그 부관의 내용이 이행 가능하고 비례의 원칙 및 평등의 원칙에 적합하며 행정처분의 본질적 효력을 저해하지 아니하는 이상 위법하다고 할 수 없다(대판 2004.3.25, 2003두12837).

② [×] 수익적 행정처분에 있어서는 법령에 특별한 근거규정이 없다고 하더라도 그 부관으로서 부담을 붙일 수 있고, 그와 같은 부담은 행정청이 행정처분을 하면서 일방적으로 부가할 수도 있지만 부담을 부가하기 이전에 상대방과 협의하여 부담의 내용을 협약의 형식으로 미리 정한 다음 행정처분을 하면서 이를 부가할 수도 있다(대판 2009.2.12, 2005다65500).

③ [○] 행정처분에 이미 부담이 부가되어 있는 상태에서 그 의무의 범위 또는 내용 등을 변경하는 부관의 사후변경은, 법률에 명문의 규정이 있거나 그 변경이 미리 유보되어 있는 경우 또는 상대방의 동의가 있는 경우에 한하여 허용되는 것이 원칙이지만, 사정변경으로 인하여 당초에 부담을 부가한 목적을 달성할 수 없게 된 경우에도 그 목적달성에 필요한 범위 내에서 예외적으로 허용된다(대판 1997.5.30, 97누2627).

④ [○] 건축허가를 하면서 일정 토지를 기부채납하도록 하는 내용의 허가조건은 부관을 붙일 수 없는 기속행위 내지 기속적 재량행위인 건축허가에 붙인 부담이거나 또는 법령상 아무런 근거가 없는 부관이어서 무효이다(대판 1995.6.13, 94다56883).

답 ②

CHAPTER 3 | 행정행위의 효력과 하자

THEME 27 | 행정행위의 효력

001

행정행위의 구속력에 대한 설명으로 옳지 않은 것은?

2006년 9급 복원

① 행정행위가 법적 규율에 의하여 발생되는 가장 본래적인 효력을 의미한다.
② 구속력은 무효인 행정행위에는 인정되지 않는다.
③ 구속력은 행정행위의 당사자를 구속하는 실체법적인 효력이므로 이해관계인이나 행정청을 구속하지 않는다.
④ 구속력은 예외적인 경우를 제외하고, 그 성립과 동시에 효력이 발생된다.

📝 해설 | 구속력

중요도 ★★☆

① [○] 구속력은 행정행위가 법적 규율에 의해 발생되는 가장 본래적 효력을 의미하며, 행정행위 내용에 따라 효력을 발생하는 실체법상 효력을 의미한다.
② [○] 원칙적으로 모든 행정행위에 인정되지만 무효인 행정행위에는 인정되지 않는다.
③ [×] 행정행위의 구속력이란 행정행위의 내용에 따라 <u>처분의 상대방, 이해관계인, 처분청, 관계행정청</u> 등에 대하여 일정한 법률적 효과를 발생하게 하는 힘을 말한다.
④ [○] 행정행위는 상대방에게 고지를 요하는 행정행위 등과 같은 예외적 경우를 제외하고 그 성립과 동시에 효력이 발생한다.

답 ③

002

다음 중 공정력에 대한 설명으로 옳지 않은 것은?

2011년 9급 복원

① 입증책임은 공정력과는 무관하다.
② 공정력과 집행부정지 원칙은 무관하다.
③ 공정력은 취소할 수 있는 행정행위에만 인정된다.
④ 행정소송이 제기되면 처분의 효력이 정지된다.

📝 해설 | 공정력

중요도 ★★☆

① [○] 공정력은 행정행위가 위법한 것이더라도 행정의 실효성 확보 및 신뢰보호원칙과 관련해서 그 잠정적·절차적 통용력을 인정하는 유효성의 추정에 불과한 것이므로 실체법적인 적법성의 추정으로 볼 수 없다.
② [○] 집행부정지의 원칙과 관련하여 이를 공정력의 간접적인 근거로 볼 수 있는지에 대하여 견해의 대립이 있다. 현재의 통설적 견해는 행정소송의 제기로 처분의 집행을 정지시킬 것인지 여부는 입법정책적으로 결정된 것으로 보아 공정력의 근거가 될 수 없다고 한다.
③ [○] 공정력은 행정행위가 위법하더라도 당연무효인 경우를 제외하고는 권한 있는 기관에 의해 취소되지 않는 한 유효한 것으로 통용되는 효력을 말한다.
④ [×] 공정력이란 행정행위에 하자가 있더라도 무효로 인정되지 않는 한 그를 취소할 권한을 가진 기관이 취소할 때까지는 유효하게 인정되는 효력으로, 이는 소송제기 여부와는 무관하다. 또한 행정소송이 제기된 것만으로는 처분의 효력이 정지되지 않는다(집행부정지원칙).

답 ④

003 행정행위의 공정력에 관한 설명 중 옳지 않은 것은?

2008년 9급 복원

① 행정행위의 공정력은 민사법원에도 원칙적으로 미친다고 본다.

② 입증책임에 대해서는 영향을 미치지 않는다는 것이 통설이다.

③ 형사법원은 행정행위의 위법 여부가 재판의 전제가 된 경우에는 독자적으로 판단할 수 있다고 본다.

④ 행정행위가 당연무효가 아닌 한 직권 또는 쟁송취소되기 전까지는 그 적법성이 추정된다는 것이 통설이다.

📝 해설 | 공정력

중요도 ★★☆

① [O] 과세처분이 당연무효라고 볼 수 없는 한 과세처분에 취소할 수 있는 위법사유가 있다 하더라도 그 과세처분은 행정행위의 공정력 또는 집행력에 의하여 그것이 적법하게 취소되기 전까지는 유효하다 할 것이므로, 민사소송절차에서 그 과세처분의 효력을 부인할 수 없다(대판 1999.8.20, 99다20179).

② [O] 행정처분이 위법함을 내세워 그 취소를 구하는 항고소송에 있어서 그 처분의 적법성에 대한 주장 입증책임은 처분청인 피고에게 있다(대판 1983.9.13, 83누288). ⇨ 공정력은 입증책임에 대해서는 영향을 미치지 않는다.

③ [O] 구 도시계획법(2000.1.28. 법률 제6243호로 전문 개정되기 전의 것) 제78조에 정한 처분이나 조치명령을 받은 자가 이에 위반한 경우 이로 인하여 같은 법 제92조에 정한 처벌을 하기 위하여는 그 처분이나 조치명령이 적법한 것이라야 하고, 그 처분이 당연무효가 아니라 하더라도 그것이 위법한 처분으로 인정되는 한 같은 법 제92조 위반죄가 성립될 수 없다(대판 2004.5.14, 2001도2841). 즉, 형사재판에서 형사법원은 행정행위의 위법 여부를 판단할 수 있다.

④ [×] 행정행위가 비록 위법하다 하더라도 그 하자가 중대하고 명백하여 무효가 되지 않는 한 그 행정행위는 취소될 때까지 효력을 유지한다. 이는 적법성이 추정되는 것이 아니라 유효성이 추정되는 것이다.

답 ④

004 다음은 행정행위의 어떤 효력과 가장 관계가 있는가?

2011년 9급 복원

> 법무부장관이 甲에 대하여 귀화허가를 하였다면, 행정안전부장관은 그 귀화허가가 당연무효가 아닌 한 甲을 외국인으로 취급하여서는 안 된다.

① 불가쟁력

② 집행력

③ 불가변력

④ 구성요건적 효력

📝 해설 | 구성요건적 효력(공정력)

중요도 ★☆☆

① [×] 불가쟁력이란 하자 있는 행정행위라도 쟁송제기기간이 경과하거나 쟁송수단을 다 거친 경우에는 상대방 또는 이해관계인이 더 이상 그 효력을 다투지 못하는 것을 말한다.

② [×] 집행력이란 행정법상의 의무를 이행하지 않았을 경우에 행정청이 법원을 통하지 않고 직접 실력을 행사하여 자력으로 그 의무의 이행을 실현시킬 수 있는 힘을 말한다. 이는 법률상의 근거가 필요하다.

③ [×] 불가변력이란 행정행위를 한 행정청을 구속하는 효력으로, 상대방은 쟁송제기기간이 경과하지 않은 한 쟁송을 제기할 수 있다는 것을 말한다.

④ [O] 구성요건적 효력이란 유효한 행정행위가 존재하는 이상 모든 국가기관은 그의 존재를 존중하여 스스로의 판단기초 내지는 구성요건으로 삼아야 한다는 구속력을 말한다.

답 ④

PART 2

2022 해커스군무원 정재헌 행정법 16개년 기출문제집

005

다음 중 행정행위의 효력에 대한 설명으로 옳지 않은 것은? (다툼이 있는 경우 판례에 의함)

2010년 9급 복원

① 불가쟁력이 발생한 과세처분에 대해서도 부당이득반환청구소송을 제기하여 정당한 세액의 초과범위를 반환받을 수 있다는 것이 판례의 입장이다.

② 불가변력과 불가쟁력은 서로 무관하며, 하나가 발생하더라도 다른 하나가 당연히 발생하는 것은 아니다.

③ 공정력은 행정행위의 상대방인 국민에 대한 구속력인 데 반해, 구성요건적 효력은 타 국가기관에 대한 구속력이다.

④ 공정력은 취소할 수 있는 행정행위뿐만 아니라 무효나 부존재인 행정행위에도 인정된다는 것이 통설과 판례의 입장이다.

📝 해설 | 공정력

중요도 ★★☆

① [O] 물품세 과세대상이 아닌 것을 세무공무원이 직무상 과실로 과세대상으로 오인하여 과세처분을 행함으로 인하여 손해가 발생된 경우에는, 동 과세처분이 취소되지 아니하였다 하더라도 국가는 이로 인한 손해를 배상할 책임이 있다(대판 1979.4.10, 79다262).

② [O] 불가쟁력과 불가변력은 무관하다. 따라서 불가변력이 있는 행정행위도 쟁송제기기간이 경과하기 전에는 쟁송을 제기하여 그 효력을 다툴 수 있다.

③ [O] 공정력이 행정행위의 상대방 또는 이해관계인에 대한 구속력이라면 구성요건적 효력은 처분청 외의 행정청과 법원 등 타 국가기관에 대한 구속력이라고 할 수 있다.

④ [×] 행정주체의 의사는 비록 그 성립에 하자가 있을지라도 그 하자가 중대하고 명백하여 무효가 되지 않는 한, 권한 있는 행정기관이나 법원에 의하여 취소될 때까지 유효한 행위로서 통용되는 효력을 공정력이라 한다. 중대하고 명백한 하자 있는 행정행위, 즉 무효인 행정행위에는 공정력이 인정되지 않는다.

답 ④

006

다음 설명 중 옳지 않은 것은? (다툼이 있는 경우 판례에 의함)

2011년 9급 복원

① 판례는 형사소송에서 행정행위의 효력 유무가 선결문제가 되는 경우 당연무효가 아닌 한 형사법원은 직접 행정행위의 효력을 부인할 수 없다고 본다.

② 위법한 행정행위에 대한 국가배상소송의 수소법원은 당해 행정행위의 취소 여부와 상관없이 그 위법성을 확인하여 배상을 명할 수 있다.

③ 사인의 공법행위에는 공정력이 인정되지 않는다.

④ 연령 미달인 자가 연령을 속여 운전면허를 교부받고 운전을 하다 적발되어 기소된 경우 형사법원은 무면허운전으로 형사처벌할 수 있다.

📝 해설 | 행정행위의 효력

중요도 ★★☆

① [O] 형사법원은 행정행위가 당연무효라면 선결문제로서 그 행정행위의 효력을 부인할 수 있지만, 무효가 아니라면 행정행위의 효력을 부인할 수 없다.

② [O] 민사법원은 행정행위를 취소할 수는 없지만 당해 행정행위의 위법성을 확인하여 배상을 명할 수 있다. 국가배상소송의 경우 행정행위의 위법성만 인정되면 되고 취소될 필요까지는 없기 때문이다.

③ [O] 행위주체가 사인인 사인의 공법행위는 공정력·확정력 등이 인정되지 않는다.

④ [×] 공정력에 의해 행정행위의 유효성을 부인할 수 없기 때문에, 면허처분이 취소되어 소급적으로 효력을 상실하지 않는 한 형사법원은 무면허운전으로 유죄판결을 할 수 없다.

답 ④

007

불가쟁력에 관한 설명으로 옳지 않은 것은? (다툼이 있는 경우 판례에 의함)

① 불복제기기간이 지난 경우에는 불가쟁력이 발생한다.
② 무효인 행정행위에는 불가쟁력이 생기지 않는다.
③ 불가쟁력이 발생하면 행정행위의 하자가 치유된다.
④ 불가쟁력이 생긴 행정행위라도 국가배상청구는 가능하다.

📝 해설 ㅣ 불가쟁력

중요도 ★★☆

① [○] 일정한 불복기간이 경과하거나 쟁송수단을 다 거친 후 더 이상 행정행위를 다툴 수 없게 되는 효력을 불가쟁력이라고 한다.
② [○] 무효인 행정행위에는 공정력, 불가쟁력이 인정되지 않는다.
③ [×] 불가쟁력이 발생하였더라도 행정행위의 하자가 치유되는 것은 아니기 때문에 불가쟁력으로 인한 행정행위로 인해 손해를 입은 자는 손해배상을 받을 수 있다.
④ [○] 불가쟁력이 발생한 행정행위에서 해당 처분이 취소되지 않아도 국가배상청구는 가능하다.

답 ③

008

행정행위의 불가쟁력에 대한 설명으로 옳지 않은 것은?

① 불가쟁력은 무효인 행정행위에 대해서는 발생하지 않는다.
② 위법한 침익행위에 대해서 불가쟁력이 발생한 경우라면 처분행정청이라 할지라도 직권취소가 불가능하다.
③ 불가쟁력이 발생한 행정처분에 대해 원칙적으로 국민에게는 그 행정처분의 변경을 구할 신청권이 없다.
④ 불가쟁력과 불가변력은 상호 독립적이다.

📝 해설 ㅣ 불가쟁력

중요도 ★★☆

① [○] 불가쟁력은 취소사유인 하자가 있는 행정행위에 대해서는 발생하지만, 무효인 행정행위에는 발생하지 않는다.
② [×] 불가쟁력이 발생하였더라도 위법한 침익적 행정행위에 대해서 처분청은 위법성을 원인으로 직권취소 및 철회가 가능하다.
③ [○] 제소기간이 이미 도과하여 불가쟁력이 생긴 행정처분에 대하여는 개별 법규에서 그 변경을 요구할 신청권을 규정하고 있거나 관계 법령의 해석상 그러한 신청권이 인정될 수 있는 등 특별한 사정이 없는 한 국민에게 그 행정처분의 변경을 구할 신청권이 있다 할 수 없다(대판 2007.4.26, 2005두11104).
④ [○] 불가쟁력과 불가변력은 상호 무관하며 별개적·독립적이다.

답 ②

009 다음 중 행정행위의 확정력에 대한 설명으로 옳지 않은 것은? (다툼이 있는 경우 판례에 의함)
2010년 9급 복원

① 불가쟁력은 처분청이 아닌 국민을 대상으로 한다.

② 무효인 행정행위에는 불가변력이 인정되지 않는다.

③ 불가변력이 있는 행정행위는 행정청도 취소할 수 없다.

④ 불가쟁력이 발생한 행정행위를 처분청이 직권으로 취소할 수 없다.

해설 | 확정력
중요도 ★★☆

① [○] 불가쟁력은 행정행위에 대하여 불복이 있는 경우 행정쟁송법상 쟁송 제기기간이 경과되거나 쟁송수단을 마친 때에는 행정행위가 위법 또는 부당하더라도 상대방은 그 효력을 다툴 수 없는 효력을 말하며, 처분청이 아닌 국민을 대상으로 한다.

② [○] 불가변력은 행정청을 구속하는 효력으로 무효인 행정행위에는 발생하지 않으며, 당해 행정행위에만 발생하는 것이 특징이다.

③ [○] 행정행위가 행하여졌다 하더라도 위법하거나 공익에 적합하지 아니한 때에는 행정청이 이를 취소·철회할 수 있는 것이 원칙이나 일정한 행정행위의 경우 법적 안정성의 견지에서 불가변력을 인정하여 임의로 취소·변경할 수 없게 하고 있다.

④ [×] 개별토지에 대한 가격결정도 행정처분에 해당하며, 원래 행정처분을 한 처분청은 그 행위에 하자가 있는 경우에는 원칙적으로 별도의 법적 근거가 없더라도 스스로 이를 직권으로 취소할 수 있는 것이고, 행정처분에 대한 법정의 불복기간이 지나면 직권으로도 취소할 수 없게 되는 것은 아니다(대판 1995.9.15, 95누6311).

답 ④

---

010 불가쟁력과 불가변력에 대한 설명으로 옳은 것은?
2006년 9급 복원

① 불가변력이 발생하면 불가쟁력도 당연히 발생한다.

② 위법한 침익적 행정행위에 불가쟁력이 발생한 경우에는 처분행정청이라 할지라도 직권으로 취소하거나 철회할 수 없다.

③ 불가쟁력이 생긴 행정행위라도 국가배상청구는 가능하다.

④ 무효인 행정행위에는 불가변력이 발생하지 않고, 불가쟁력만 발생한다.

해설 | 불가쟁력과 불가변력
중요도 ★★☆

① [×] 행정행위가 발해지면 일정한 경우에 행정청 자신도 자유로이 이를 취소 또는 철회할 수 없는 것이 불가변력이며, 행정청이 행한 당해 행정행위가 일정한 기간이 경과한 후 효력이 확정되는 것을 불가쟁력이라고 한다. 둘은 별개의 개념이다.

② [×] 불가변력이 발생하지 않는 한 위법한 행정행위에 대해 처분을 한 행정청이 취소·철회하는 것은 가능하다.

③ [○] 불가쟁력이 발생하였더라도 손해배상청구권이 시효로 소멸하지 않은 이상 국가배상청구는 가능하다.

④ [×] 무효인 행정행위에는 불가변력이 인정되지 않고, 불가쟁력도 발생하지 않는다. 따라서 제소시간이 경과하더라도 무효확인소송을 제기할 수 있다.

답 ③

011

다음 중 행정행위의 효력에 대한 설명으로 옳지 않은 것은? (다툼이 있는 경우 판례에 의함)

① 행정행위가 쟁송취소된 경우에는 내용적 구속력이 인정되며 이는 행정청 및 관계행정청 등을 구속한다.
② 삼청교육대 피해자들에게 피해보상을 하겠다는 대통령 담화와 국방부장관의 공고를 믿고 피해신청을 한 피해자들에게 보상하지 않는 것은 신뢰보호의 원칙에 위배된다.
③ 처분 등의 취소소송, 무효등 확인소송, 부작위법확인소송의 확정판결은 제3자에게도 효력이 있다.
④ 불가쟁력이 발생한 행정행위이더라도 불가변력이 발생하지 않는 한 처분청은 직권으로 취소·변경할 수 있음이 원칙이다.

📝 해설 ㅣ 행정행위의 효력 등

중요도 ★★☆

① [×] 행정행위가 쟁송취소된 경우 인정되는 효력은 기속력이다. 내용적 구속력이란 행정행위가 그 내용에 따라 관계행정청 및 상대방과 이해관계인에 대하여 일정한 법률적 효과(구속력)를 발생시키는 힘을 말한다.
② [○] 대통령이 담화를 발표하고 이에 따라 국방부장관이 삼청교육 관련 피해자들에게 그 피해를 보상하겠다고 공고하고 피해신고까지 받음으로써, 상대방은 그 약속이 이행될 것에 대한 강한 신뢰를 가지게 되고, 이러한 신뢰는 단순한 사실상의 기대를 넘어 법적으로 보호받아야 할 이익이라고 보아야 할 것이다(대판 2003.11.28, 2002다72156).
③ [○] 행정소송법 제29조 제1항, 제38조

> **제29조 【취소판결 등의 효력】** ① 처분 등을 취소하는 확정판결은 제3자에 대하여도 효력이 있다.
> **제38조 【준용규정】** ① 제9조, 제10조, 제13조 내지 제17조, 제19조, 제22조 내지 제26조, 제29조 내지 제31조 및 제33조의 규정은 무효등 확인소송의 경우에 준용한다.
> ② 제9조, 제10조, 제13조 내지 제19조, 제20조, 제25조 내지 제27조, 제29조 내지 제31조, 제33조 및 제34조의 규정은 부작위법확인소송의 경우에 준용한다.

④ [○] 불가쟁력과 불가변력은 상호 무관하여 별개이므로 행정행위에 불가쟁력이 발생하였더라도 불가변력이 발생하지 않은 이상 처분청은 직권으로 취소·변경할 수 있다.

답 ①

012

행정행위의 특성에 대한 설명 중 옳지 않은 것은?

① 행정행위의 발동에 있어서는 원칙적으로 법적 근거가 있어야 할 뿐만 아니라 또한 그에 적합하여야 한다.
② 행정행위는 중대하고 명백한 하자로 인하여 당연무효가 되는 경우를 제외하고는 권한 있는 기관에 의해 폐지·변경될 때까지는 일단 유효성의 추정을 받아 행정청, 상대방 및 제3의 국가기관을 구속한다.
③ 행정행위는 설혹 하자가 있다 하더라도 당연무효가 된 경우를 제외하고는 일정한 기간이 경과된 후에는 당해 행정행위의 효력을 다툴 수 없다.
④ 상대방 또는 제3자가 행정행위에 의해 부과된 의무를 이행하지 않을 때에는 법률에 특별한 규정이 없더라도 행정행위의 특성상 당연히 자력으로 행정행위의 내용을 강제할 수 있는 힘을 가진다.

📝 해설 ㅣ 행정행위의 효력

중요도 ★★☆

① [○] 행정행위의 법률적합성에 해당하는 설명이다.
② [○] 공정력에 대한 옳은 설명이다.
③ [○] 불가쟁력에 대한 옳은 설명이다.
④ [×] 자력집행력에 대한 설명으로 별도의 법적 근거가 있어야만 자력집행을 할 수 있다는 것이 통설이다.

답 ④

013 행정행위의 효력에 대한 설명으로 옳지 않은 것은? (다툼이 있는 경우 판례에 의함)

① 행정처분이 아무리 위법하다고 하여도 당연무효인 사유가 있는 경우를 제외하고는 아무도 그 하자를 이유로 무단히 그 효과를 부정하지 못한다.

② 공정력의 근거를 적법성의 추정으로 보아 행정행위의 적법성은 피고인 행정청이 아니라 원고측에 입증책임이 있다.

③ 민사소송에 있어서 어느 행정처분의 당연무효 여부가 선결문제로 되는 때에는 이를 판단하여 당연무효임을 전제로 판결할 수 있고 반드시 행정소송 등의 절차에 의하여 그 취소나 무효확인을 받아야 하는 것은 아니다.

④ 어떤 법률에 의하여 행정청으로부터 시정명령을 받은 자가 이를 위반한 경우 그 때문에 그 법률에서 정한 처벌을 하기 위하여는 그 시정명령은 적법한 것이라야 한다.

🖋 해설 | 행정행위의 효력

중요도 ★★☆

① [○] 행정처분이 아무리 위법하다고 하여도 그 하자가 중대하고 명백하여 당연무효라고 보아야 할 사유가 있는 경우를 제외하고는 아무도 그 하자를 이유로 무단히 그 효과를 부정하지 못하는 것으로, 이러한 행정행위의 공정력은 판결의 기판력과 같은 효력은 아니지만 그 공정력의 객관적 범위에 속하는 행정행위의 하자가 취소사유에 불과한 때에는 그 처분이 취소되지 않는 한 처분의 효력을 부정하여 그로 인한 이득을 법률상 원인 없는 이득이라고 말할 수 없는 것이다(대판 1994.11.11, 94다28000).

② [×] 현재의 통설에 따르면 공정력은 행정행위가 위법한 것이더라도 행정의 실효성 확보 및 신뢰보호를 위해 그 잠정적·절차적 통용력을 인정하는 유효성의 추정에 불과한 것이고, 적법성을 추정하는 것은 아니다. 따라서 공정력과 입증책임은 무관하고, 입증책임은 민사소송법상의 입증책임 분배의 원칙이 행정법관계에도 그대로 적용된다. 결국 처분의 적법성은 행정청이, 처분의 위법성은 원고가 입증책임을 부담한다(법률요건분류설).

③ [○] 민사소송에 있어서 어느 행정처분의 당연무효 여부가 선결문제로 되는 때에는 이를 판단하여 당연무효임을 전제로 판결할 수 있고 반드시 행정소송 등의 절차에 의하여 그 취소나 무효확인을 받아야 하는 것은 아니다(대판 2010.4.8, 2009다90092).

④ [○] 개발제한구역의 지정 및 관리에 관한 특별조치법(이하 '개발제한구역법'이라 한다) 제30조 제1항에 의하여 행정청으로부터 시정명령을 받은 자가 이를 위반한 경우, 그로 인하여 개발제한구역법 제32조 제2호에 정한 처벌을 하기 위하여는 시정명령이 적법한 것이라야 하고, 시정명령이 당연무효가 아니더라도 위법한 것으로 인정되는 한 개발제한구역법 제32조 제2호 위반죄가 성립될 수 없다(대판 2017.9.21, 2017도7321).

답 ②

014 확정된 취소판결과 무효확인판결의 효력에 대한 설명으로 옳지 않은 것은? (다툼이 있는 경우 판례에 의함)

① 당사자가 확정된 취소판결의 존재를 사실심 변론종결시까지 주장하지 아니하였다고 하더라도 상고심에서 새로이 이를 주장·입증할 수 있다.

② 취소판결이 확정된 과세처분을 과세관청이 경정하는 처분을 하였다면 당연무효의 처분이라고 할 수 없고 단순위법인 취소사유를 가진 처분이 될 뿐이다.

③ 행정처분의 무효확인판결은 확인판결이라고 하여도 행정처분의 취소판결과 같이 소송 당사자는 물론 제3자에게도 미치는 것이다.

④ 행정처분의 취소판결이 확정되면 그 판결에서 확인된 위법사유를 배제한 상태에서 다시 처분을 하거나 그 밖에 위법한 결과를 제거하는 조치를 할 의무가 있다.

① [○] 소송에서 다투어지고 있는 권리 또는 법률관계의 존부가 동일한 당사자 사이의 전소에서 이미 다루어져 이에 관한 확정판결이 있는 경우에 당사자는 이에 저촉되는 주장을 할 수 없고, 법원도 이에 저촉되는 판단을 할 수 없음은 물론, 위와 같은 확정판결의 존부는 당사자의 주장이 없더라도 법원이 이를 직권으로 조사하여 판단하지 않으면 안 되고, 더 나아가 당사자가 확정판결의 존재를 사실심 변론종결시까지 주장하지 아니하였더라도 상고심에서 새로이 이를 주장, 입증할 수 있다(대판 1989.10.10, 89누1308).

② [×] 과세처분을 취소하는 판결이 확정되면 그 과세처분은 처분시에 소급하여 소멸하므로 그 뒤에 과세관청에서 그 과세처분을 갱정하는 갱정처분을 하였다면 이는 존재하지 않는 과세처분을 갱정한 것으로서 그 하자가 중대하고 명백한 당연무효의 처분이다(대판 1989.5.9, 88다카16096).

③ [○] 행정처분의 무효확인판결은 비록 형식상은 확인판결이라 하여도 그 확인판결의 효력은 그 취소판결의 경우와 같이 소송의 당사자는 물론 제3자에게도 미친다(대판 1982.7.27, 82다173).

④ [○] 어떤 행정처분을 위법하다고 판단하여 취소하는 판결이 확정되면 행정청은 취소판결의 기속력에 따라 그 판결에서 확인된 위법사유를 배제한 상태에서 다시 처분을 하거나 그 밖에 위법한 결과를 제거하는 조치를 할 의무가 있다(대판 2020.4.9, 2019두49953).

답 ②

THEME 28 | 행정행위의 하자

015 무효와 취소의 구별실익에 관한 사항으로 옳지 않은 것은?   2007년 9급 복원
☐☐☐

① 쟁송 여부

② 하자의 승계

③ 선결문제

④ 하자의 치유와 전환

📝 **해설** | 무효와 취소   중요도 ★★☆

① [×] 무효는 무효확인소송 또는 무효선언적 취소소송, 취소는 취소소송을 통해 쟁송이 가능하기에 쟁송 여부에 관해서는 무효와 취소를 구별할 필요가 없다.

②③④ [○] 선결문제, 행정소송의 방식과 요건, 하자의 승계, 하자의 치유와 전환, 사정판결 및 사정재결, 공정력 등의 효력 유무 등은 무효와 취소의 구별실익이 있다.

답 ①

---

016 무효와 취소의 구별실익에 관한 내용으로 옳지 않은 것은?   2020년 9급
☐☐☐

① 취소할 수 있는 행정행위에 대하여서만 사정재결, 사정판결이 인정된다.

② 행정심판전치주의는 무효선언을 구하는 취소소송과 무효확인소송 모두에 적용되지 않는다.

③ 무효확인판결에 간접강제가 인정되지 않는 것은 입법의 불비라는 비판이 있다.

④ 판례에 따르면, 무효선언을 구하는 취소소송은 제소기한의 제한이 인정된다고 한다.

① [○] 행정심판법 제44조, 행정소송법 제28조

> **행정심판법 제44조【사정재결】** ① 위원회는 심판청구가 이유가 있다고 인정하는 경우에도 이를 인용하는 것이 공공복리에 크게 위배된다고 인정하면 그 심판청구를 기각하는 재결을 할 수 있다. 이 경우 위원회는 재결의 주문에서 그 처분 또는 부작위가 위법하거나 부당하다는 것을 구체적으로 밝혀야 한다.
> ③ 제1항과 제2항은 무효등 확인심판에는 적용하지 아니한다.
> **행정소송법 제28조【사정판결】** ① 원고의 청구가 이유 있다고 인정하는 경우에도 처분 등을 취소하는 것이 현저히 공공복리에 적합하지 아니하다고 인정하는 때에는 법원은 원고의 청구를 기각할 수 있다. 이 경우 법원은 그 판결의 주문에서 그 처분 등이 위법함을 명시하여야 한다.
> ③ 원고는 피고인 행정청이 속하는 국가 또는 공공단체를 상대로 손해배상, 제해시설의 설치 그 밖에 적당한 구제방법의 청구를 당해 취소소송 등이 계속된 법원에 병합하여 제기할 수 있다.

② [×] 무효선언을 구하는 의미의 취소소송에는 행정심판전치주의가 적용된다.

③ [○] 무효확인판결에 대해 재처분의무만이 준용되고 간접강제는 준용되지 않는다. 간접강제가 불가능하면 실효성이 없다는 이유로 이는 입법의 불비라는 비판이 있다.

④ [○] 행정처분의 당연무효를 선언하는 의미에서 그 취소를 청구하는 행정소송을 제기하는 경우에도 소원의 전치와 제소기간의 준수 등 취소소송의 제소요건을 갖추어야 한다(대판 1984.5.29, 84누175).

답 ②

---

017 행정행위의 무효에 대한 설명으로 옳지 않은 것은? 2006년 9급 복원

① 행정행위의 무효사유에 대해서는 취소소송을 제기할 수 없다.

② 중대하고 명백한 하자가 있는 행정행위는 무효이다.

③ 선행행위의 하자가 무효사유이면 그 하자는 후행행위에 승계된다.

④ 무효인 행정행위에는 사정재결 및 사정판결이 인정되지 않는다.

✏ **해설 | 무효** 중요도 ★★☆

① [×] 취소소송 제기가 가능하다. 대법원은 무효인 처분에 대한 취소소송의 제기를 인정하는 전제하에 다음과 같이 판시한 바 있다.

> 🔍 **관련 판례**
> 행정처분의 당연무효를 선언하는 의미에서 그 취소를 청구하는 행정소송을 제기하는 경우에도 소원의 전치와 제소기간의 준수 등 취소소송의 제소요건을 갖추어야 한다(대판 1984.5.29, 84누175).

② [○] 중대하고 명백한 하자가 있는 행정행위는 무효이며, 그렇지 않은 경우는 취소사유로 보는 것이 다수설인 중대명백설의 입장이다.

③ [○] 선행행위의 하자가 무효사유이면 그 하자는 후행행위에 승계되어 하자의 승계와 관련된 문제가 발생하지 않는다.

④ [○] 사정재결 및 사정판결은 취소할 수 있는 행정행위에 대해서만 인정된다.

답 ①

018

무효와 취소에 대한 설명으로 옳지 않은 것은?

① 공무원의 권한 외의 행위는 무효이다.
② 담당공무원이 피한정후견인이라면 그의 행위는 취소사유가 된다.
③ 저항할 수 없는 강박에 의한 행정행위는 무효이다.
④ 정당한 대리권 없는 자의 행위는 원칙적으로 무효이다.

📝 해설 | 무효와 취소

중요도 ★★☆

① [O] 공무원의 권한 외의 행위는 원칙적으로 무효이다. 다만, 개별적으로 판단하여 취소사유에 해당하는 경우도 있다.
② [×] 피성년후견인 또는 피한정후견인은 공무원이 될 수 없으므로 그 임명행위도 무효이며 그들의 행위도 무효가 된다.
③ [O] 일반적으로 사기·강박, 증뢰에 의한 행정행위는 취소사유이지만 저항할 수 없는 강박에 의한 행정행위는 무효이다.
④ [O] 대리권 없는 자가 행한 대리행위는 원칙적으로 무효이지만, 상대방이 행위자에게 대리권이 있다고 믿을 만한 상당한 이유가 있는 때에는 표현대리가 성립되어 유효하게 되는 경우가 있다.

답 ②

019

행정행위의 하자에 관한 설명으로 옳지 않은 것은? (다툼이 있는 경우 판례에 의함)

① 행정처분이 있은 후에 집행단계에서 그 처분의 근거된 법률이 위헌으로 결정되는 경우 그 처분의 집행이나 집행력을 유지하기 위한 행위는 위헌결정의 기속력에 위반되어 허용되지 않는다.
② 행정처분에 대하여 그 행정처분의 근거가 된 법률이 위헌이라는 이유로 무효확인청구의 소가 제기된 경우에는 다른 특별한 사정이 없는 한 법원으로서는 그 법률이 위헌인지 여부에 대하여는 판단할 필요 없이 그 무효확인청구를 각하하여야 한다.
③ 법률에 근거하여 행정청이 행정처분을 한 후에 헌법재판소가 그 법률을 위헌으로 결정하였다면 결과적으로 그 행정처분은 하자가 있는 것이 된다고 할 것이나, 특별한 사정이 없는 한 이러한 하자는 위 행정처분의 취소사유에 해당할 뿐 당연무효사유는 아니라고 봄이 상당하다.
④ 법률이 위헌으로 결정된 후 그 법률에 근거하여 발령되는 행정처분은 위헌결정의 기속력에 반하므로 그 하자가 중대하고 명백하여 당연무효가 된다.

📝 해설 | 무효와 취소

중요도 ★★☆

① [O] 행정처분의 근거가 된 법률에 대하여 헌법재판소의 위헌결정이 있기 이전에 행정처분이 있었으나, 당해 행정처분에 대한 강제집행단계에서 행정처분의 근거가 된 법률에 대하여 위헌결정이 있었다면 그 처분에 대한 강제집행행위는 이미 법률적인 근거가 없어 허용하지 않는다(대판 2002.8.23, 2001두2959).
② [×] 어느 행정처분에 대하여 그 행정처분의 근거가 된 법률이 위헌이라는 이유로 무효확인청구의 소가 제기된 경우에는 <u>다른 특별한 사정이 없는 한 법원으로서는 그 법률이 위헌인지 여부에 대하여는 판단할 필요 없이 그 무효확인청구를 기각하여야 한다</u>(대판 1994.10.28, 92누9463).
③ [O] 일반적으로 법률이 헌법에 위반된다는 사정이 헌법재판소의 위헌결정이 있기 전에는 객관적으로 명백한 것이라고 할 수는 없으므로 헌법재판소의 위헌결정 전에 행정처분의 근거되는 당해 법률이 헌법에 위반된다는 사유는 특별한 사정이 없는 한 그 행정처분의 취소소송의 전제가 될 수 있을 뿐 당연무효사유는 아니라고 봄이 상당하다(대판 2014.3.27, 2011두24057).
④ [O] 법률의 위헌결정은 법원과 그 밖의 국가기관 및 지방자치단체를 기속한다(헌법재판소법 제47조 제1항).

> **🔎 관련 판례**
>
> 구 택지상법 전부에 대한 위헌결정으로 제30조 규정 역시 그날로부터 효력을 상실하게 되었고, 이 규정 이외에는 체납 택지초과소유부담금을 강제로 징수할 수 있는 다른 법률적 근거가 없다. 따라서 위헌결정 이전에 이미 택지초과소유부담금 부과처분과 압류처분 및 이에 기한 압류등기가 이루어지고 이들 처분이 확정되었다고 하여도, 위헌결정 이후에는 이와 별도의 새로운 압류처분은 결국 법률의 근거 없이 행하여진 것으로서 그 하자가 중대하고도 명백하여 당연무효이다(대판 2002.6.28, 2001두1925).

답 ②

020

다음 중 설명이 옳지 않은 것은? (다툼이 있는 경우 판례에 의함)

① 비과세관행이 성립되었다고 하려면 상당한 기간에 걸쳐 과세를 하지 않은 객관적 사실이 존재하여야 한다.

② 조세에 관한 사항은 행정조사기본법이 적용되지 않는다.

③ 세액의 산출근거가 기재되지 아니한 납세고지서에 의한 부과처분은 그 후 부과된 세금을 자진납부하면 치유된다.

④ 과세처분을 취소하는 판결이 확정되면 그 과세처분은 처분시에 소급하여 소멸하는 것이므로 과세처분을 취소하는 판결이 확정된 뒤에는 그 과세처분을 경정하는 이른바 경정처분을 할 수 없다.

📝 해설 ┃ 하자의 치유

중요도 ★★★

① [○] 비과세관행이 성립하려면 상당한 기간에 걸쳐 과세를 하지 아니한 객관적 사실이 존재할 뿐만 아니라 과세관청 자신이 그 사항에 관하여 과세할 수 있음을 알면서도 어떤 특별한 사정 때문에 과세하지 않는다는 의사가 있어야 하며 위와 같은 공적 견해나 의사는 명시적 또는 묵시적으로 표시되어야 하지만 묵시적 표시가 있다고 하기 위하여는 단순한 과세누락과는 달리 과세관청이 상당 기간의 불과세 상태에 대하여 과세하지 않겠다는 의사표시를 한 것으로 볼 수 있는 사정이 있어야 한다(대판 1995.11.14, 95누 10181).

② [○] 행정조사기본법 제3조 제2항 제5호

> **제3조 【적용범위】** ② 다음 각 호의 어느 하나에 해당하는 사항에 대하여는 이 법을 적용하지 아니한다.
> 5. 조세·형사·행형 및 보안처분에 관한 사항

③ [×] 세액산출근거가 기재되지 아니한 납세고지서에 의한 부과처분은 강행법규에 위반하여 취소대상이 된다 할 것이므로 이와 같은 하자는 납세의무자가 전심절차에서 이를 주장하지 아니하였거나, 그 후 부과된 세금을 자진납부하였다거나, 또는 조세채권의 소멸시효기간이 만료되었다 하여 치유되는 것이라고는 할 수 없다(대판 1985.4.9, 84누431).

④ [○] 과세처분을 취소하는 판결이 확정되면 그 과세처분은 처분시에 소급하여 소멸하므로 그 뒤에 과세관청에서 그 과세처분을 갱정하는 갱정처분을 하였다면 이는 존재하지 않는 과세처분을 갱정한 것으로서 그 하자가 중대하고 명백한 당연무효의 처분이다(대판 1989.5.9, 88다카16096).

답 ③

021

행정행위의 하자에 대한 설명으로 옳지 않은 것은? (다툼이 있는 경우 판례에 의함)

① 국세에 대한 증액경정처분이 있는 경우 당초 처분은 증액경정처분에 흡수된다.

② 처분 권한을 내부위임 받은 기관이 자신의 이름으로 한 처분은 무효이다.

③ 독립유공자 甲의 서훈이 취소되고 이를 국가보훈처장이 甲의 유족에게 서훈취소결정 통지를 한 것은 통지의 주체나 형식에 하자가 있다고 보기는 어렵다.

④ 과세처분 이후 조세 부과의 근거가 되었던 법률 규정에 대해 위헌결정이 내려졌다고 하더라도, 그 조세채권의 집행을 위한 체납처분은 유효하다.

📝 해설 ┃ 취소와 철회

중요도 ★★★

① [○] 과세표준과 세액을 증액하는 경정처분이 있은 경우 그 경정처분은 당초 처분을 그대로 둔 채 당초 처분에서의 과세표준과 세액을 초과하는 부분만을 추가 확정하려는 처분이 아니고, 재조사에 의하여 판명된 결과에 따라서 당초 처분에서의 과세표준과 세액을 포함시켜 전체로서의 과세표준과 세액을 결정하는 것이므로, 증액경정처분이 되면 먼저 된 당초 처분은 증액경정처분에 흡수되어 당연히 소멸하고 오직 경정처분만이 쟁송의 대상이 되는 것이고, 이는 증액경정시에 당초 결정분과의 차액만을 추가로 고지한 경우에도 동일하다 할 것이며, 당초 처분이 불복기간의 경과나 전심절차의 종결로 확정되었다 하여도 증액경정처분에 대한 소송 절차에서 납세자는 증액경정처분으로 증액된 과세표준과 세액에 관한 부분만이 아니라 당초 처분에 의하여 결정된 과세표준과 세액에 대하여도 그 위법 여부를 다툴 수 있으며 법원은 이를 심리·판단하여 위법한 때에는 취소를 할 수 있다(대판 1999.5.28, 97누16329).

② [○] 체납취득세에 대한 압류처분권한은 도지사로부터 시장에게 권한위임된 것이고 시장으로부터 압류처분권한을 내부위임받은 데 불과한 구청장으로서는 시장 명의로 압류처분을 대행처리할 수 있을 뿐이고 자신의 명의로 이를 할 수 없다 할 것이므로 구청장이 자신의 명의로 한 압류처분은 권한 없는 자에 의하여 행하여진 위법무효의 처분이다(대판 1993.5.27, 93누6621).

③ [○] 국무회의에서 건국훈장 독립장이 수여된 망인에 대한 서훈취소를 의결하고 대통령이 결재함으로써 서훈취소가 결정된 후 국가보훈처장이 망인의 유족 甲에게 '독립유공자 서훈취소결정 통보'를 하자 甲이 국가보훈처장을 상대로 서훈취소결정의 무효확인 등의 소를 제기한 사안에서, 甲이 서훈취소 처분을 행한 행정청(대통령)이 아니라 국가보훈처장을 상대로 제기한 위 소는 피고를 잘못 지정한 경우에 해당하므로, 법원으로서는 석명권을 행사하여 정당한 피고로 경정하게 하여 소송을 진행해야 함에도 국가보훈처장이 서훈취소 처분을 한 것을 전제로 처분의 적법 여부를 판단한 원심판결에 법리오해 등의 잘못이 있다(대판 2014.9.26, 2013두2518).

④ [×] 구 헌법재판소법(2011.4.5. 법률 제10546호로 개정되기 전의 것) 제47조 제1항은 "법률의 위헌결정은 법원 기타 국가기관 및 지방자치단체를 기속한다."고 규정하고 있는데, 이러한 위헌결정의 기속력과 헌법을 최고규범으로 하는 법질서의 체계적 요청에 비추어 국가기관 및 지방자치단체는 위헌으로 선언된 법률 규정에 근거하여 새로운 행정처분을 할 수 없음은 물론이고, 위헌결정 전에 이미 형성된 법률관계에 기한 후속처분이라도 그것이 새로운 위헌적 법률관계를 생성·확대하는 경우라면 이를 허용할 수 없다. 따라서 조세 부과의 근거가 되었던 법률 규정이 위헌으로 선언된 경우, 비록 그에 기한 과세처분이 위헌결정 전에 이루어졌고, 과세처분에 대한 제소기간이 이미 경과하여 조세채권이 확정되었으며, 조세채권의 집행을 위한 체납처분의 근거규정 자체에 대하여는 따로 위헌결정이 내려진 바 없다고 하더라도, 위와 같은 위헌결정 이후에 조세채권의 집행을 위한 새로운 체납처분에 착수하거나 이를 속행하는 것은 더 이상 허용되지 않고, 나아가 이러한 위헌결정의 효력에 위배하여 이루어진 체납처분은 그 사유만으로 하자가 중대하고 객관적으로 명백하여 당연무효라고 보아야 한다(대판 2012.2.16, 2010두10907 전합).

답 ④

022 다음 중 행정행위의 하자 승계가 인정되지 않는 경우는? (다툼이 있는 경우 판례에 의함)

2009년 9급 복원

① 개별공시지가결정과 과세처분 사이
② 공무원의 직위해제처분과 면직처분 사이
③ 조세체납처분에 있어서의 독촉과 압류 사이
④ 표준공시지가결정과 수용재결 사이

해설 | 하자의 승계

중요도 ★★★

① [○] 개별공시지가결정과 과세처분 사이에서 행정행위 하자의 승계를 인정한다(대판 1994.1.25, 93누8542).

② [×] 구 경찰공무원법 제50조 제1항에 의한 직위해제처분과 같은 조 제3항에 의한 면직처분은 후자가 전자의 처분을 전제로 한 것이기는 하나 각각 단계적으로 별개의 법률효과를 발생하는 행정처분이어서 선행직위해제처분의 위법사유가 면직처분에는 승계되지 아니한다 할 것이므로 선행된 직위해제처분의 위법사유를 들어 면직처분의 효력을 다툴 수는 없다(대판 1984.9.11, 84누191).

③ [○] 국세징수법 제21조, 제22조 소정의 가산금, 중가산금은 국세체납이 있는 경우에 위 법조에 따라 당연히 발생하고, 그 액수도 확정되는 것이기는 하나, 그에 관한 징수절차를 개시하려면 독촉장에 의하여 그 납부를 독촉함으로써 가능한 것이고 위 가산금 및 중가산금의 납부독촉이 부당하거나 그 절차에 하자가 있는 경우에는 그 징수처분에 대하여도 취소소송에 의한 불복이 가능하다(대판 1986.10.28, 86누147).

④ [○] 구 부동산 가격공시 및 감정평가에 관한 법률상 선행처분인 표준지공시지가의 결정에 하자가 있는 경우에 그 하자는 보상금 산정을 위한 수용재결에 승계된다(대판 2008.8.21, 2007두13845).

답 ②

023 행정행위의 하자의 승계에 대한 설명으로 옳지 않은 것은? (다툼이 있는 경우 판례에 의함)

① 하자의 승계를 인정하면 인정하지 않는 경우에 비하여 국민의 권익구제의 범위가 더 넓어지게 된다.
② 선행행위에 무효의 하자가 존재하는 경우 선행행위와 후행행위가 결합하여 하나의 법적 효과를 목적으로 하는 경우에는 하자의 승계가 인정된다.
③ 과세처분과 체납처분 사이에는 취소사유인 하자의 승계가 인정되지 않는다.
④ 제소기간이 경과하여 선행행위에 불가쟁력이 발생하였다면 하자의 승계는 문제되지 않는다.

해설 | 하자의 승계
중요도 ★★★

① [○] 선행처분의 하자가 있는 경우 쟁송제기기간이 경과된 후에도 그를 다툴 수 있게 해 준다는 측면에서 국민의 권익구제 범위가 더 넓어지게 된다.
② [○] 선행행위가 무효라면 후행행위도 당연무효가 된다.
③ [○] 조세의 부과처분과 압류 등의 체납처분은 별개의 행정처분으로서 독립성을 가지므로 부과처분에 하자가 있더라도 그 부과처분이 취소되지 아니하는 한 그 부과처분에 의한 체납처분은 위법이라고 할 수는 없지만, 체납처분은 부과처분의 집행을 위한 절차에 불과하므로 그 부과처분에 중대하고도 명백한 하자가 있어 무효인 경우에는 그 부과처분의 집행을 위한 체납처분도 무효라 할 것이다(대판 1987.9.22, 87누383).
④ [×] 이때 비로소 하자의 승계가 문제된다. 선행행위가 위법하지만 쟁송제기기간의 경과로 불가쟁력이 발생하면 후행행위 자체는 적법함에도 불구하고 선행행위의 위법을 이유로 후행행위의 위법을 주장하는 것이 하자의 승계 문제이다.

답 ④

---

024 다음 중 하자의 승계에 대한 설명으로 옳지 않은 것은? (다툼이 있는 경우 판례에 의함)

① 선행행위와 후행행위가 모두 처분일 필요는 없다.
② 무효는 불가쟁력이 없으므로 하자의 승계를 논할 실익이 없다.
③ 독촉과 체납처분은 하자의 승계가 인정된다.
④ 택지개발예정지구 지정과 택지개발계획 승인은 하자의 승계가 인정되지 않는다.

해설 | 하자의 승계
중요도 ★★☆

① [×] 하자의 승계에 대한 요건으로는 ㉠선행행위와 후행행위가 모두 처분일 것, ㉡선행행위는 무효가 아닌 취소사유일 것, ㉢선행행위에 불가쟁력이 발생하였을 것, ㉣선행행위에는 하자가 존재하나 후행행위에는 하자가 없어야 한다는 것 등이 있다.
② [○] 선행 처분이 무효라면 불가쟁력이 발생하지 않으므로 언제든지 선행 처분을 다툴 수 있다. 따라서 선행 처분의 하자가 후행 처분에 승계되는지 여부를 논할 실익이 없다.
③ [○] 독촉은 준법률행위적 행정행위인 통지로서 행정쟁송의 대상이 되는 처분으로, 독촉과 체납처분 사이에는 하자의 승계가 인정된다. 단, 과세처분과 체납처분은 별개의 행정처분으로 각각 독립성을 가지므로, 원칙적으로 하자가 승계되지 않는다.
④ [○] 구 택지개발촉진법(1999.1.25. 법률 제5688호로 개정되기 전의 것)에 의하면, 택지개발은 택지개발예정지구의 지정(제3조), 택지개발계획의 승인(제8조), 이에 기한 수용재결 등의 순서로 이루어지는바, 위 각 행위는 각각 단계적으로 별개의 법률효과가 발생되는 독립한 행정처분이어서 선행처분에 불가쟁력이 생겨 그 효력을 다툴 수 없게 된 경우에는 선행처분에 위법사유가 있다고 할지라도 그것이 당연무효의 사유가 아닌 한 선행처분의 하자가 후행처분에 승계되는 것은 아니다(대판 2000.10.13, 99두653).

답 ①

025 다음 중 하자의 승계가 인정되는 경우는? (다툼이 있는 경우 판례에 의함)

① 개별공시지가결정과 개발부담금 부과처분

② 과세처분과 체납처분

③ 도시계획결정과 수용재결

④ 직위해제처분과 면직처분

해설 | 하자의 승계

중요도 ★★★

① [O] 개발부담금을 정산하게 되면 당초의 부과처분은 그 정산에 의하여 증액 또는 감액되게 되는 바, 그 변경된 개발부담금을 부과받은 사업시행자가 부과종료시점지가의 산정에 위법이 있음을 이유로 당해 증액 또는 감액된 개발부담금 부과처분의 취소를 구하는 경우에도 부과종료시점지가 산정의 기초가 된 개별공시지가결정에 위법사유가 있음을 독립된 불복사유로 주장할 수 있다(대판 1997.4.11, 96누9096).

② [×] 조세의 부과처분과 압류 등의 체납처분은 별개의 행정처분으로서 독립성을 가지므로 부과처분에 하자가 있더라도 그 부과처분이 취소되지 아니하는 한 그 부과처분에 의한 체납처분은 위법이라고 할 수는 없다(대판 1987.9.22, 87누383).

③ [×] 도시계획의 수립에 있어서 도시계획법 제16조의2 소정의 공청회를 열지 아니하고 공공용지의 취득 및 손실보상에 관한 특례법 제8조 소정의 이주대책을 수립하지 아니하였더라도 이는 절차상의 위법으로서 취소사유에 불과하고 그 하자가 도시계획결정 또는 도시계획사업시행인가를 무효라고 할 수 있을 정도로 중대하고 명백하다고는 할 수 없으므로 이러한 위법을 선행처분인 도시계획결정이나 사업시행인가 단계에서 다투지 아니하였다면 그 쟁송기간이 이미 도과한 후인 수용재결 단계에 있어서는 도시계획수립행위의 위와 같은 위법을 들어 재결처분의 취소를 구할 수는 없다고 할 것이다(대판 1990.1.23, 87누947).

④ [×] 구 경찰공무원법 제50조 제1항에 의한 직위해제처분과 같은 조 제3항에 의한 면직처분은 후자가 전자의 처분을 전제로 한 것이기는 하나 각각 단계적으로 별개의 법률효과를 발생하는 행정처분이어서 선행직위해제처분의 위법사유가 면직처분에는 승계되지 아니한다 할 것이므로 선행된 직위해제처분의 위법사유를 들어 면직처분의 효력을 다툴 수는 없다(대판 1984.9.11, 84누191).

답 ①

026 하자의 승계가 가능한 사항으로 옳은 것은?

① 직위해제 – 직권면직

② 표준공시지가결정 – 수용재결

③ 보충역편입처분– 사회복무요원 소집처분

④ 상이등급결정 – 상이등급개정

해설 | 하자의 승계

중요도 ★★★

①③④ [×] 하자의 승계가 인정되지 않는다.

② [O] 표준공시지가결정과 수용재결 사이에는 하자의 승계가 인정된다(대판 2008.8.21, 2007두13845).

답 ②

027 다음은 행정행위의 취소와 철회에 대한 설명이다. 옳은 것은? (다툼이 있는 경우 판례에 의함)

☐☐☐

① 행정행위의 철회는 일단 유효하게 성립한 행정행위를 그 행위에 위법 또는 부당한 하자가 있음을 이유로 소급하여 그 효력을 소멸시키는 별도의 행정처분이다.

② 행정행위의 취소사유는 행정행위의 성립 당시에 존재하였던 하자를 말하고, 철회사유는 행정행위가 성립된 이후에 새로이 발생한 것으로서 행정행위의 효력을 존속시킬 수 없는 사유를 말한다.

③ 행정행위의 취소는 적법요건을 구비하여 완전히 효력을 발하고 있는 행정행위를 사후적으로 그 행위의 효력의 전부 또는 일부를 장래에 향해 소멸시키는 행정처분이다.

④ 행정행위의 철회는 처분행정청과 감독행정청이 모두 가능하지만, 행정행위의 취소는 처분행정청만이 가능하다.

📝 해설 | 취소와 철회 중요도 ★★☆

① [×] 철회가 아닌 취소에 대한 설명이다.

② [○] 행정행위의 '취소사유'는 원칙적으로 행정행위의 성립 당시에 존재하였던 하자를 말하고, '철회사유'는 행정행위가 성립된 이후에 새로이 발생한 것으로서 행정행위의 효력을 존속시킬 수 없는 사유를 말한다(대판 2018.6.28, 2015두58195).

③ [×] 취소가 아닌 철회에 대한 설명이다.

④ [×] 취소는 처분청과 감독청 모두 할 수 있다(견해대립 있음). 그러나 철회는 처분청만이 할 수 있으며 감독청은 명문의 규정 없이는 불가능하다.

답 ②

028 행정행위의 직권취소에 대한 설명으로 옳지 않은 것은?

☐☐☐

① 위법적·침익적인 행정행위에 대하여 불가쟁력이 발생한 이후에도 당해 행정행위의 위법을 이유로 직권취소할 수 있다.

② 행정행위의 위법이 치유된 경우에는 그 위법을 이유로 당해 행정행위를 직권취소할 수 없다.

③ 행정처분을 한 처분청은 그 행위에 하자가 있는 경우에는 원칙적으로 별도의 법적 근거가 없더라도 스스로 이를 직권으로 취소할 수 있다.

④ 직권취소는 행정절차법상 처분의 절차가 적용되지 않는다.

📝 해설 | 취소 중요도 ★★☆

① [○] 불가쟁력이 발생한 행정행위라도 불가변력이 발생하지 않는 한 처분청은 직권으로 취소·변경할 수 있음이 원칙이다.

② [○] 행정행위에 단순위법의 흠이 치유된 경우 그 위법을 사유로 하여 행정행위를 직권취소할 수 없다.

③ [○] 행정행위의 직권취소는 행정행위 성립상의 위법한 하자를 원인으로 하므로 법적 근거가 없어도 처분청의 직권취소가 가능하다(대판 2006.5.25, 2003두4669).

④ [×] 지방병무청장이 병역법 제41조 제1항 제1호, 제40조 제2호의 규정에 따라 산업기능요원에 대하여 한 산업기능요원 편입취소처분은, 행정처분을 할 경우 '처분의 사전통지'와 '의견제출 기회의 부여'를 규정한 행정절차법 제21조 제1항, 제22조 제3항에서 말하는 '당사자의 권익을 제한하는 처분'에 해당하는 한편, 행정절차법의 적용이 배제되는 사항인 행정절차법 제3조 제2항 제9호, 같은 법 시행령 제2조 제1호에서 규정하는 '병역법에 의한 소집에 관한 사항'에는 해당하지 아니하므로, 행정절차법상의 '처분의 사전통지'와 '의견제출 기회의 부여' 등의 절차를 거쳐야 한다(대판 2002.9.6, 2002두554).

답 ④

029 다음 중 취소권이 제한되는 사항으로 옳지 않은 것은?

① 과세처분
② 부담적 행정행위의 취소
③ 포괄적 신분관계 설정행위
④ 불가변력이 인정되는 행정행위

✍ 해설 | 취소

중요도 ★★☆

① [×] 이는 상대방에게 유리하기 때문에 취소권이 제한되지 않는다.
② [○] 부담적 행정행위의 취소를 취소하는 것은 상대방에게 유리한 처분을 취소하는 것이므로 취소권이 제한된다.
③ [○] 포괄적 신분관계 설정행위의 예로는 국적부여행위, 공무원임용행위 등이 있으며, 상대방에게는 수익적 행정행위가 되므로 취소가 제한되는 경우에 해당한다.
④ [○] 불가변력이 인정되는 행정행위의 예로는 행정심판의 재결, 합격자결정 등이 있으며 이 역시 취소가 제한되는 행정행위에 해당한다.

답 ①

THEME 30 | 행정행위의 철회

030 행정행위의 취소와 철회에 관한 설명 중 옳지 않은 것은? (다툼이 있는 경우 판례에 의함)

① 수익적 행정행위의 경우에는 그 처분을 취소하여야 할 공익상 필요가 취소로 인하여 당사자가 입게 될 불이익을 정당화할 만큼 강한 경우에 한하여 취소할 수 있다.
② 하자 없이 성립한 행정행위의 효력을 장래에 향하여 소멸시키는 것을 행정행위의 취소라 하고, 일단 유효하게 성립한 행정행위를 그 행위에 위법 또는 부당한 하자가 있음을 이유로 소급하여 그 효력을 소멸시키는 별도의 행정행위를 행정행위의 철회라고 한다.
③ 취소권을 행사함에 있어서 법령상의 근거가 필요한지 여부에 대하여 판례는 별도의 법적 근거가 없더라도 처분청은 스스로 취소가 가능하다고 본다.
④ 행정행위의 철회는 처분청만이 할 수 있으며, 감독청은 법률에 근거가 있는 경우에 한하여 철회권을 가진다.

✍ 해설 | 취소와 철회

중요도 ★★★

① [○] 일정한 행정처분으로 국민이 일정한 이익과 권리를 취득하였을 경우에 종전 행정처분을 취소하는 행정처분은 이미 취득한 국민의 기존 이익과 권리를 박탈하는 별개의 행정처분으로 취소될 행정처분에 하자 또는 취소해야 할 공공의 필요가 있어야 하고, 나아가 행정처분에 하자 등이 있다고 하더라도 취소해야 할 공익상 필요와 취소로 당사자가 입게 될 기득권과 신뢰보호 및 법률생활 안정의 침해 등 불이익을 비교·교량한 후 공익상 필요가 당사자가 입을 불이익을 정당화할 만큼 강한 경우에 한하여 취소할 수 있는 것이다(대판 2012.3.29, 2011두23375).
② [×] 행정행위의 취소는 일단 유효하게 성립한 행정행위를 그 행위에 위법 또는 부당한 하자가 있음을 이유로 소급하여 그 효력을 소멸시키는 별도의 행정처분이고, 행정행위의 철회는 적법요건을 구비하여 완전히 효력을 발하고 있는 행정행위를 사후적으로 그 행위의 효력의 전부 또는 일부를 장래에 향해 소멸시키는 행정처분이므로, 행정행위의 취소사유는 행정행위의 성립 당시에 존재하였던 하자를 말하고, 철회사유는 행정행위가 성립된 이후에 새로이 발생한 것으로서 행정행위의 효력을 존속시킬 수 없는 사유를 말한다(대판 2003.5.30, 2003다6422).
③ [○] 행정처분을 한 처분청은 그 처분의 성립에 하자가 있는 경우 이를 취소할 별도의 법적 근거가 없다고 하더라도 직권으로 이를 취소할 수 있다(대판 2002.5.28, 2001두9653).
④ [○] 행정행위의 철회는 처분청만 가능하며, 감독청은 법률에 근거가 없는 한 철회권을 행사할 수 없다.

답 ②

031

다음 중 행정행위의 철회에 대한 설명으로 옳은 것은?

① 철회는 후발적 하자를 전제로 하므로 소급효가 원칙이다.

② 철회는 별도의 법적 근거가 없어도 가능하다.

③ 수익적 행정행위를 취소 또는 철회하는 경우에는 비례원칙이 적용되지 않는다.

④ 철회권은 처분행정청과 감독청이 갖는다.

📝 해설 | 철회

중요도 ★★☆

① [×] 철회는 장래효가 원칙이다.

② [○] 행정행위를 한 처분청은 그 처분 당시에 그 행정처분에 별다른 하자가 없었고 또 그 처분 후에 이를 취소할 별도의 법적 근거가 없다 하더라도 원래의 처분을 그대로 존속시킬 필요가 없게 된 사정변경이 생겼거나 또는 중대한 공익상의 필요가 발생한 경우에는 별개의 행정행위로 이를 철회하거나 변경할 수 있다(대판 1992.1.17, 91누3130).

③ [×] 수익적 행정행위를 취소 또는 철회할 경우에는 상대방의 이익과 공익을 비교형량하여야 하므로 비례원칙이 적용된다. 반면 침익적 행정행위를 취소 또는 철회하는 경우 비례원칙이 적용될 가능성은 낮다.

④ [×] 특별한 규정이 없는 한 철회권은 처분청만이 가진다.

답 ②

032

다음 중 행정행위의 철회에 대한 설명으로 옳지 않은 것은? (다툼이 있는 경우 판례에 의함)

① 철회는 원칙적으로 처분청만이 할 수 있다.

② 철회는 장래를 향하여 행정행위의 효력을 상실시킨다.

③ 법령의 근거가 있어야 철회가 가능하다.

④ 행정행위의 성립 당시에는 하자가 없었으나 사후에 발생한 사유를 원인으로 한다.

📝 해설 | 철회

중요도 ★★★

① [○] 철회는 원칙적으로 처분청만이 행할 수 있으며 감독청은 법령에 근거가 없으면 철회권을 가지지 못한다.

②④ [○] 철회는 적법요건을 구비하여 완전히 효력을 발하고 있는 행정행위를 사후적으로 그 행위의 효력의 전부 또는 일부를 장래에 향해 소멸시키는 행정처분이다.

③ [×] 행정행위를 한 처분청은 비록 처분 당시에 별다른 하자가 없었고, 처분 후에 이를 철회할 별도의 법적 근거가 없더라도 원래의 처분을 존속시킬 필요가 없게 된 사정변경이 생겼거나 중대한 공익상 필요가 발생한 경우에는 그 효력을 상실케 하는 별개의 행정행위로 이를 철회할 수 있다(대판 2017.3.15, 2014두41190).

답 ③

033

행정행위의 철회에 관한 설명으로 옳지 않은 것은?

2009년 9급 복원

① 행정행위의 성립 당시에는 하자가 없었으나 사후에 발생한 사유를 원인으로 한다.

② 철회권의 유보는 상대방의 신뢰보호원칙의 주장을 배제시키는 기능을 한다.

③ 법령위반행위를 이유로 한 영업허가취소는 강학상 철회이다.

④ 불가쟁력이 발생한 행정행위는 취소권을 가진 처분청이라도 직권으로 취소 또는 철회할 수 없다.

📝 해설 | 철회

중요도 ★★☆

① [○] 행정행위의 철회는 적법요건을 구비하여 완전히 효력을 발하고 있는 행정행위에 대해 후발적인 하자를 이유로 그 효력의 전부 또는 일부를 장래에 향해 소멸시키는 별개의 행정처분이다.

② [○] 철회권 유보의 상대방은 당해 행위가 장래에 철회될 수도 있음을 알기 때문에, 원칙적으로 신뢰보호원칙에 따라 철회의 제한을 주장할 수 없다.

③ [○] 행정법상의 의무를 지키지 않은 영업자의 영업허가를 취소하는 것은 강학상 철회에 해당하고, 다수설과 판례는 철회에 대한 별도의 법적 근거가 없이도 가능하다는 입장이다.

④ [×] 불가쟁력이 발생한 행정행위일지라도 불가변력이 없는 경우에는 행정청 등 권한 있는 기관은 이를 직권으로 취소·철회 또는 변경할 수 있다. 또한 불가쟁력과 불가변력은 상호 무관하여 별개·독립적이다.

답 ④

034

다음 중 철회에 대한 설명으로 옳지 않은 것은?

2013년 9급 복원

① 철회는 처분행정청만이 가능하며 특별한 규정이 없는 한 감독청은 철회권이 없다.

② 부관으로 철회권이 유보되어 있다면 행정청은 제한 없이 철회권을 행사할 수 있다.

③ 수익적 행정행위의 철회는 상대방의 신뢰와 법적 안정성을 해칠 수 있기 때문에 제한된다.

④ 철회는 하나의 독립적인 행정행위이므로 하자가 있는 경우에는 무효로 하거나 취소할 수 있다.

📝 해설 | 철회

중요도 ★★★

① [○] 행정행위의 철회는 원칙적으로 처분청만 할 수 있으며, 감독청은 처분청에 철회를 명할 수 있으나 법률에 특별한 규정이 없는 한 직접 해당 행위를 철회할 수 없다.

② [×] 철회권의 유보에 대한 설명으로 유보된 사실이 발생되어야만 철회할 수 있다. 즉, 제한 없이 철회권을 행사할 수 있는 것은 아니며 철회의 경우에도 공익과 사익을 비교형량해서 판단해야 한다.

③ [○] 수익적 행정행위의 철회는 본래 적법한 행정행위의 효력을 소멸시키고 상대방에게 침익적 효과를 초래한다는 점에서 훨씬 더 강력한 신뢰보호가 요구된다.

④ [○] 철회는 그 자체가 원행정행위와는 독립된 행위이며, 중대·명백한 하자가 있는 경우에는 무효로, 단순위법의 하자가 있는 경우에는 취소로 효력이 상실된다.

답 ②

035 다음 중 취소와 철회에 대한 설명으로 옳지 않은 것은? (다툼이 있는 경우 판례에 의함) 2011년 9급 복원

① 철회권이 유보되어 있을 경우 철회권의 행사가 자유롭다.

② 철회란 일단 유효하게 성립된 행정행위가 사후적으로 발생한 새로운 사정으로 인하여 그 효력의 전부 또는 일부를 장래에 향해 소멸시키는 행정행위를 말한다.

③ 직권취소의 취소권자는 원칙적으로 행정청이다.

④ 위법한 행정행위를 한 처분청은 그 행위에 하자가 있는 경우에 별도의 법적 근거가 없더라도 스스로 취소할 수 있다는 것이 판례의 태도이다.

📝 해설 | 취소와 철회
중요도 ★★★

① [×] 행정행위의 부관 중 취소권(행정행위의 성립에 하자가 있어 이를 취소하는 경우가 아니라 유효하게 성립한 행정행위를 그 후에 발생한 새로운 사정에 의하여 취소, 즉 철회하는 경우)의 유보로서 그 취소사유는 법령에 그 규정이 있는 경우가 아니라고 하더라도 의무위반이 있는 경우, 사정변경이 있는 경우, 좁은 의미의 취소권이 유보된 경우 또는 중대한 공익상의 필요가 발생한 경우 등에는 당해 행정행위를 한 행정청은 그 행정처분을 취소할 수 있다(1984.11.13, 84누269). ⇨ 철회권의 유보라도 일정한 요건이 충족되어야 행사할 수 있다.

② [○] 행정행위의 철회란 하자 없이 적법하게 성립된 행정행위의 효력을 그 성립 후에 발생된 새로운 사정으로 인해 장래를 향하여 그 효력의 전부 또는 일부를 소멸시키는 행정행위를 말한다.

③ [○] 원칙적으로 처분청은 명문의 근거가 없이도 직권취소를 할 수 있다.

④ [○] 원래 행정처분을 한 처분청은 그 행위에 하자가 있는 경우에는 원칙적으로 별도의 법적 근거가 없더라도 스스로 이를 직권으로 취소할 수 있다(대판 1995.9.15, 95누6311).

답 ①

036 수익적 행정행위의 철회에 대한 설명으로 옳은 것은? (다툼이 있는 경우 판례에 의함) 2021년 9급

① 수익적 행정행위에 대한 취소권 등의 행사는 기득권의 침해를 정당화할 만한 중대한 공익상의 필요 또는 제3자의 이익을 보호할 필요가 있고, 이를 상대방이 받는 불이익과 비교·교량하여 볼 때 공익상의 필요 등이 상대방이 입을 불이익을 정당화할 만큼 강한 경우에 한하여 허용될 수 있다.

② 행정행위를 한 처분청은 비록 처분 당시에 별다른 하자가 없었고, 처분 후에 이를 철회할 별도의 법적 근거가 없더라도 원래의 처분을 존속시킬 필요가 없게 된 중대한 공익상 필요가 발생한 경우에도 그 효력을 상실케 하는 별개의 행정행위로 이를 철회할 수 없다.

③ 수익적 행정행위를 취소 또는 철회하거나 중지시키는 경우에는 이미 부여된 국민의 기득권을 침해하는 것이 되므로, 비록 취소 등의 사유가 있다고 하더라도 허용되지 않는다.

④ 행정행위를 한 처분청은 비록 처분 당시에 별다른 하자가 없었고, 처분 후에 이를 철회할 별도의 법적 근거가 없더라도 원래의 처분을 존속시킬 필요가 없게 된 사정변경이 생겼다는 이유만으로 그 효력을 상실케 하는 별개의 행정행위로 이를 철회하는 것은 허용되지 않는다.

① [O] 수익적 행정행위를 취소 또는 철회하거나 중지시키는 경우에는 이미 부여된 국민의 기득권을 침해하는 것이 되므로, 비록 취소 등의 사유가 있다고 하더라도 그 취소권 등의 행사는 기득권의 침해를 정당화할 만한 중대한 공익상의 필요 또는 제3자의 이익을 보호할 필요가 있고, 이를 상대방이 받는 불이익과 비교·교량하여 볼 때 공익상의 필요 등이 상대방이 입을 불이익을 정당화할 만큼 강한 경우에 한하여 허용될 수 있다(대판 2017.3.15, 2014두41190).

②④ [×] 행정행위를 한 처분청은 비록 그 처분 당시에 별다른 하자가 없었고, 또 그 처분 후에 이를 철회할 별도의 법적 근거가 없다 하더라도 원래의 처분을 존속시킬 필요가 없게 된 사정변경이 생겼거나 또는 중대한 공익상의 필요가 발생한 경우에는 그 효력을 상실케 하는 별개의 행정행위로 이를 철회할 수 있다(대판 2004.11.26, 2003두10251·10268).

③ [×] 사실관계의 변화, 근거법령의 변경 등 사정변경으로 인해 행정행위의 효력을 상실시키는 것이 공익상 특히 필요한 경우에는 별도의 법적 근거가 없더라도 철회가 가능하다.

> 🔎 **관련 판례**
> 구 농림수산부장관은 매립공사의 준공인가 전에 공유수면의 상황 변경 등 예상하지 못한 사정변경으로 인하여 공익상 특히 필요한 경우에는 같은 법에 의한 면허 또는 인가를 취소·변경할 수 있는바, 여기에서 사정변경이라 함은 공유수면매립면허처분을 할 당시에 고려하였거나 고려하였어야 할 제반 사정들에 대하여 각각 사정변경이 있고, 그러한 사정변경으로 인하여 그 처분을 유지하는 것이 현저히 공익에 반하는 경우라고 보아야 할 것이며, 위와 같은 사정변경이 생겼다는 점에 관하여는 그와 같은 사정변경을 주장하는 자에게 그 입증책임이 있다(대판 2006.3.16, 2006두330 전합).
>
> ※ 판례에서 언급한 '취소'는 강학상 '철회'를 의미한다.

답 ①

THEME 31 행정행위의 실효

037 다음 중 행정행위의 실효사유가 아닌 것은? 2012년 9급 복원

① 정지조건부 행정행위에 있어서 조건이 성취된 경우
② 새로 제정된 법률에 당해 행정행위의 효력을 부인하는 규정을 두고 있는 경우
③ 철거명령을 받은 건축물이 지진에 붕괴되어 소멸된 경우
④ 운전면허를 받은 자의 사망으로 인하여 운전면허가 실효된 경우

📝 **해설 | 실효사유** 중요도 ★★☆

① [×] 정지조건부 행정행위는 조건의 성취 여부가 정해지지 않은 동안은 그 효력이 불확정한 상태이지만 조건의 성취 이후 효력이 발생하게 된다. 반면 실효는 일정한 사유의 발생에 따라 기존 행정행위의 효력이 소멸하는 것으로 정지조건부 행정행위는 실효사유가 아니다.

② [O] 새로운 법규의 제정·개정으로 인하여 당해 행정행위의 효력을 부인하는 규정을 둔 경우 역시 행정행위의 실효사유가 된다.

③ [O] 건축물이 모두 소멸된 경우 그 기능을 더 이상 수행할 수 없으므로 실효사유가 된다.

④ [O] 행정행위의 대상인 사람의 사망으로 인하여 당연히 효력이 소멸한다.

답 ①

001 행정계획에 대한 설명으로 옳지 않은 것은? (다툼이 있는 경우 판례에 의함)   2021년 7급

① 개인의 자유와 권리에 직접 영향을 미치는 계획이라도 광범위한 형성의 자유가 결부되므로 국민들에게 고시 등으로 알려져야만 대외적으로 효력을 발생하는 것이 아니다.

② 구 도시계획법상 도시계획안의 공고 및 공람절차에 하자가 있는 행정청의 도시계획결정은 위법하다.

③ 국토이용계획변경 신청을 거부하였을 경우 실질적으로 폐기물처리업허가신청과 같은 처분을 불허하는 결과가 되는 경우 국토이용계획변경의 입안 및 결정권자인 행정청에게 계획변경을 신청할 법규상 또는 조리상 권리를 가진다.

④ 행정기관 내부지침에 그치는 행정계획이 국민의 기본권에 직접 영향을 끼치고 법령의 뒷받침에 의하여 그대로 실시될 것이 틀림없을 것으로 예상되는 때에는 예외적으로 헌법소원의 대상이 된다.

📝 해설 | 행정계획   중요도 ★★☆

① [×] 행정계획 중 국민의 권리에 직접 영향을 미치는 것이라면 행정행위에 해당한다. 또한 행정행위는 상대방에게 통지되어야 효력을 발생하고, 불특정 다수인을 상대방으로 하는 행정행위는 고시·공고의 방식으로 널리 알리는 방식으로 통지하여야 한다.

② [○] 도시계획법 제16조의2 제2항과 같은 법 시행령 제14조의2 제6항 내지 제8항의 규정을 종합하여 보면 도시계획의 입안에 있어 해당 도시계획안의 내용을 공고 및 공람하게 한 것은 다수 이해관계자의 이익을 합리적으로 조정하여 국민의 권리자유에 대한 부당한 침해를 방지하고 행정의 민주화와 신뢰를 확보하기 위하여 국민의 의사를 그 과정에 반영시키는데 있는 것이므로 이러한 공고 및 공람 절차에 하자가 있는 도시계획결정은 위법하다(대판 2000.3.23, 98두2768).

③ [○] 구 국토이용관리법(2002.2.4. 법률 제6655호 국토의 계획 및 이용에 관한 법률 부칙 제2조로 폐지)상 주민이 국토이용계획의 변경에 대하여 신청을 할 수 있다는 규정이 없을 뿐만 아니라, 국토건설종합계획의 효율적인 추진과 국토이용질서를 확립하기 위한 국토이용계획은 장기성, 종합성이 요구되는 행정계획이어서 원칙적으로는 그 계획이 일단 확정된 후에 어떤 사정의 변동이 있다고 하여 그러한 사유만으로는 지역주민이나 일반 이해관계인에게 일일이 그 계획의 변경을 신청할 권리를 인정하여 줄 수는 없을 것이지만, 장래 일정한 기간 내에 관계 법령이 규정하는 시설 등을 갖추어 일정한 행정처분을 구하는 신청을 할 수 있는 법률상 지위에 있는 자의 국토이용계획변경신청을 거부하는 것이 실질적으로 당해 행정처분 자체를 거부하는 결과가 되는 경우에는 예외적으로 그 신청인에게 국토이용계획변경을 신청할 권리가 인정된다고 봄이 상당하므로, 이러한 신청에 대한 거부행위는 항고소송의 대상이 되는 행정처분에 해당한다(대판 2003.9.23, 2001두10936).

④ [○] 비구속적 행정계획안이나 행정지침이라도 국민의 기본권에 직접적으로 영향을 끼치고, 앞으로 법령의 뒷받침에 의하여 그대로 실시될 것이 틀림없을 것으로 예상될 수 있을 때에는, 공권력행위로서 예외적으로 헌법소원의 대상이 될 수 있다(헌재 2000.6.1, 99헌마538·543·544·545·546·549).

답 ①

002 다음 중 행정계획에 대한 설명으로 옳지 않은 것은? (다툼이 있는 경우 판례에 의함)

① 판례는 행정계획의 처분성을 일관되게 부정한다.

② 판례는 행정계획의 주체에 대하여 형성의 자유를 인정한다.

③ 행정계획은 그 본질상 변경가능성과 신뢰보호의 긴장관계에 있다.

④ 행정계획으로 인하여 자신의 법률상 이익을 침해받은 자는 해당 행정계획에 대하여 취소쟁송의 방법으로 권리구제의 도모가 가능하다.

해설 | 행정계획
중요도 ★★☆

① [×] 행정계획은 행정작용의 방향을 정한 것이며 처분성 여부는 개별적으로 검토하여 판단하여야 한다는 개별검토설이 통설이다.

② [○] 도시계획법 등 관계 법령에는 추상적인 행정목표와 절차만이 규정되어 있을 뿐 행정계획의 내용에 대하여는 별다른 규정을 두고 있지 아니하므로 행정주체는 구체적인 행정계획을 입안·결정함에 있어서 비교적 광범위한 형성의 자유를 가진다고 할 것이다(대판 1996.11.29, 96누8567).

③ [○] 행정주체는 구체적인 행정계획을 입안·결정함에 있어서 비교적 광범위한 형성의 자유를 가진다. 다만, 행정주체의 위와 같은 형성의 자유가 무제한적이라고 할 수는 없고, 행정계획에서는 그에 관련되는 당사자들의 이익을 공익과 사익 사이에서는 물론이고 공익 사이에서나 사익 사이에서도 정당하게 비교·교량하여야 한다는 제한이 있다(대판 2016.2.18, 2015두53640).

④ [○] 행정계획은 다양한 형태로 존재하는데, 행정계획에 처분성이 인정되고 그로 인하여 자신의 법률상 이익을 침해받은 자는 해당 행정계획에 대하여 취소쟁송의 방법으로 권리구제를 도모할 수 있다.

답 ①

003 행정계획에 대한 설명으로 옳은 것은?

① 공청회와 이주대책이 없는 도시계획수립행위는 당연무효인 행위이다.

② 행정주체가 행정계획을 입안하고 결정함에 있어서 이익형량을 하였으나 정당성·객관성이 결여된 경우에는 형량에 하자가 있으므로 위법하다.

③ 행정주체는 구체적 행정계획을 함에 있어서 형성의 자유가 인정되지 않으므로 관계법령에 따라 입안·결정해야 한다.

④ 도시재개발법상의 관리처분계획은 처분성이 없다고 본다.

해설 | 행정계획
중요도 ★★☆

① [×] 도시계획의 수립에 있어서 도시계획법 제16조의2 소정의 공청회를 열지 아니하고 공공용지의 취득 및 손실보상에 관한 특례법 제8조 소정의 이주대책을 수립하지 아니하였더라도 이는 절차상의 위법으로서 취소사유에 불과하고 그 하자가 도시계획결정 또는 도시계획사업시행인가를 무효라고 할 수 있을 정도로 중대하고 명백하다고는 할 수 없으므로 이러한 위법을 선행처분인 도시계획결정이나 사업시행인가 단계에서 다투지 아니하였다면 그 쟁송기간이 이미 도과한 후인 수용재결단계에 있어서는 도시계획 수립 행위의 위와 같은 위법을 들어 재결처분의 취소를 구할 수는 없다고 할 것이다(대판 1990.1.23, 87누947).

② [○] 행정주체가 행정계획을 입안·결정함에 있어서 이익형량을 전혀 행하지 아니하거나 이익형량의 고려 대상에 마땅히 포함시켜야 할 사항을 누락한 경우 또는 이익형량을 하였으나 정당성과 객관성이 결여된 경우에는 그 행정계획결정은 형량에 하자가 있어 위법하게 된다(대판 2007.4.12, 2005두1893).

③ [×] 행정계획이라 함은 행정에 관한 전문적·기술적 판단을 기초로 하여 도시의 건설·정비·개량 등과 같은 특정한 행정목표를 달성하기 위하여 서로 관련되는 행정수단을 종합·조정함으로써 장래의 일정한 시점에 있어서 일정한 질서를 실현하기 위한 활동기준으로 설정된 것으로서, 도시계획법 등 관계 법령에는 추상적인 행정목표와 절차만이 규정되어 있을 뿐 행정계획의 내용에 대하여는 별다른 규정을 두고 있지 아니하므로 행정주체는 구체적인 행정계획을 입안·결정함에 있어서 비교적 광범위한 형성의 자유를 가진다고 할 것이다(대판 1996.11.29, 96누8567).

④ [×] 도시재개발법에 의한 재개발조합은 조합원에 대한 법률관계에서 적어도 특수한 존립목적을 부여받은 특수한 행정주체로서 국가의 감독 하에 그 존립 목적인 특정한 공공사무를 행하고 있다고 볼 수 있는 범위 내에서는 공법상의 권리의무 관계에 서 있는 것이므로 분양신청 후에 정하여진 관리처분계획의 내용에 관하여 다툼이 있는 경우에는 그 관리처분계획은 토지 등의 소유자에게 구체적이고 결정적인 영향을 미치는 것으로서 조합이 행한 처분에 해당하므로 항고소송의 방법으로 그 무효확인이나 취소를 구할 수 있다(대판 2002.12.10, 2001두6333).

답 ②

PART 2

2022 해커스군무원 정채훈 행정법 16개년 기출문제집

004

행정계획에 관한 설명으로 옳지 않은 것은? (다툼이 있는 경우 판례에 의함)

① 행정주체가 행정계획을 입안하고 결정함에 있어서 이익형량을 전혀 행하지 아니하거나 이익형량의 고려대상에 마땅히 포함시켜야 할 사항을 누락한 경우 또는 이익형량을 하였으나 정당성과 객관성이 결여된 경우에는 그 행정계획결정은 형량에 하자가 있어 위법하다.

② 비구속적 행정계획이라도 국민의 기본권에 직접적으로 영향을 끼치고, 앞으로 법령의 뒷받침에 의하여 그대로 실시될 것이 틀림없을 것으로 예상될 수 있을 때에는, 공권력행위로서 예외적으로 헌법소원의 대상이 될 수 있다.

③ 폐기물처리사업의 적정통보를 받은 자가 폐기물처리업허가를 받기 위해서 국토이용계획의 변경이 선행되어야 하는 경우, 폐기물처리사업의 적정통보를 받은 자는 국토이용계획변경의 입안 및 결정권자인 관계행정청에 대하여 그 계획변경을 신청할 법규상 또는 조리상 권리를 가진다.

④ 확정된 행정계획이라도 사정변경이 있는 경우에는 일반적으로 조리상 계획변경청구권이 인정된다.

📝 해설 | 행정계획

중요도 ★★★

① [○] 행정주체가 행정계획을 입안·결정함에 있어서 이익형량을 전혀 행하지 아니하거나 이익형량의 고려대상에 마땅히 포함시켜야 할 사항을 누락한 경우 또는 이익형량을 하였으나 정당성과 객관성이 결여된 경우에는 그 행정계획결정은 형량에 하자가 있어 위법하게 된다(대판 2007.4.12, 2005두1893).

② [○] 비구속적 행정계획안이나 행정지침이라도 국민의 기본권에 직접적으로 영향을 끼치고, 앞으로 법령의 뒷받침에 의하여 그대로 실시될 것이 틀림없을 것으로 예상될 수 있을 때에는, 공권력행위로서 예외적으로 헌법소원의 대상이 될 수 있다(헌재 2000.6.1, 99헌마538).

③ [○] 폐기물처리사업계획의 적정통보를 받은 자는 장래 일정한 기간 내에 관계 법령이 규정하는 시설 등을 갖추어 폐기물처리업허가신청을 할 수 있는 법률상 지위에 있다고 할 것인바, 관계행정청으로부터 폐기물처리사업계획의 적정통보를 받은 원고가 폐기물처리업 허가를 받기 위해서는 이 사건 부동산에 대한 용도지역을 '농림지역 또는 준농림지역'에서 '준도시지역'으로 변경하는 국토이용계획변경이 선행되어야 하고, 원고의 위 계획변경신청을 관계행정청이 거부한다면 이는 실질적으로 원고에 대한 폐기물처리업허가신청을 불허하는 결과가 되므로 원고는 위 국토이용계획변경의 입안 및 결정권자인 관계행정청에 대하여 그 계획변경을 신청할 법규상 또는 조리상 권리를 가진다고 할 것이다(대판 2003.9.23, 2001두10936).

④ [×] 도시계획과 같이 장기성, 종합성이 요구되는 행정계획에 있어서 그 계획이 일단 확정된 후 어떤 사정의 변동이 있다 하여 지역주민에게 일일이 그 계획의 변경을 청구할 권리를 인정해 줄 수도 없는 것이므로 그 변경 거부행위를 항고소송의 대상이 되는 행정처분에 해당한다고 볼 수 없다(대판 1994.1.28, 93누22029).

답 ④

005

다음 중 행정계획에 대한 설명으로 옳은 것은? (다툼이 있는 경우 판례에 의함)

① 정당하게 도시계획결정 등의 처분을 하였다면 이를 관보에 게재하지 아니하였다고 하여도 대외적 효력은 발생한다.

② 행정계획에 관한 일반법은 없고 개별법에 규정되어 있다.

③ 행정계획은 그 절차적 통제가 중요한 의미를 가지기 때문에 우리 행정절차법에도 이에 관한 규정을 마련하고 있다.

④ 계획재량은 형성의 자유가 인정되는 법률로부터 자유로운 행위의 일종이다.

📝 해설 | 행정계획

중요도 ★★☆

① [×] 정당하게 도시계획결정 등의 처분을 하였다고 하더라도 이를 관보에 게재하여 고시하지 아니한 이상 대외적으로는 아무런 효력도 발생하지 아니한다(대판 1985.12.10, 85누186).

② [○] 행정계획의 절차에 관한 일반규정은 없다. 즉, 행정계획에 관한 일반법은 없으며 그 필요에 따라 개별법에 규정되어 있다.

③ [×] 현행 행정절차법은 행정계획 수립 및 확정절차에 관하여 특별한 규정을 두고 있지 않다. 다만, 행정계획이 처분에 해당할 경우 간접적으로 처분에 관한 절차규정이 적용된다. 또한 행정예고 중에 계획에 대한 예고를 규정하고 있다(행정절차법 제46조 참조).

④ [×] 계획재량에서 행정주체가 가지는 형성의 자유는 무제한적인 것이 아니라 그 행정계획에 관련되는 자들의 이익을 공익과 사익 사이에서는 물론이고 공익 상호간과 사익 상호간에도 정당하게 비교·교량하여야 한다는 제한이 있다(대판 2006.4.28, 2003두11056).

답 ②

006 다음 중 행정계획에 대한 설명으로 옳지 않은 것은? (다툼이 있는 경우 판례에 의함) 2019년(1차) 9급 복원

① 비구속적 행정계획은 원칙적으로 행정소송의 대상이 될 수 없으나 국민의 기본권에 직접적으로 영향을 끼치고 앞으로 법령의 뒷받침에 의하여 그대로 실시될 것이 틀림없을 것으로 예상되는 경우에는 예외적으로 헌법소원의 대상이 될 수 있다.

② 위법한 행정계획으로 인하여 구체적으로 손해를 입은 경우에는 국가를 상대로 손해배상을 청구할 수 있다.

③ 대법원은 택지개발예정지구 지정처분을 일종의 행정계획으로서 재량행위에 해당한다고 보았다.

④ 행정계획의 개념은 강학상의 것일 뿐 대법원 판례에서 이를 직접적으로 정의한 바는 없다.

📝 해설 | 행정계획
중요도 ★★☆

① [○] 비구속적 행정계획안이나 행정지침이라도 국민의 기본권에 직접적으로 영향을 끼치고, 앞으로 법령의 뒷받침에 의하여 그대로 실시될 것이 틀림없을 것으로 예상될 수 있을 때에는, 공권력행위로서 예외적으로 헌법소원의 대상이 될 수 있다(헌재 2000.6.1, 99헌마538).

② [○] 국가배상법에 따라 위법한 행정계획으로 인하여 구체적인 손해를 입은 경우 국가를 상대로 손해배상을 청구할 수 있다.

③ [○] 택지개발예정지구 지정처분은 건설교통부장관이 법령의 범위 내에서 도시지역의 시급한 주택난 해소를 위한 택지를 개발·공급할 목적으로 주택정책상의 전문적·기술적 판단에 기초하여 행하는 일종의 행정계획으로서 재량행위라고 할 것이므로 그 재량권의 일탈·남용이 없는 이상 그 처분을 위법하다고 할 수 없다(대판 1997.9.26, 96누10096).

④ [×] 행정계획이라 함은 행정에 관한 전문적·기술적 판단을 기초로 하여 도시의 건설·정비·개량 등과 같은 특정한 행정목표를 달성하기 위하여 서로 관련되는 행정수단을 종합·조정함으로써 장래의 일정한 시점에 있어서 일정한 질서를 실현하기 위한 활동기준으로 설정된 것으로서, 도시계획법 등 관계 법령에는 추상적인 행정목표와 절차만이 규정되어 있을 뿐 행정계획의 내용에 대하여는 별다른 규정을 두고 있지 아니하다(대판 1996.11.29, 96누8567).

답 ④

---

007 계획재량에 대한 설명으로 옳지 않은 것은? 2021년 9급

① 통상적인 재량행위와 계획재량은 양적인 점에서 차이가 있을 뿐 질적인 점에서는 차이가 없다는 견해는 형량명령이 계획재량에 특유한 하자이론이라기보다는 비례의 원칙을 계획재량에 적용한 것이라고 한다.

② 행정주체는 그 행정계획에 관련되는 자들의 이익을 공익과 사익 사이에서는 물론이고 공익 상호간과 사익 상호간에도 정당하게 비교교량하여야 한다는 제한을 받는다.

③ 행정주체가 행정계획을 입안·결정함에 있어서 이익형량의 고려 대상에 마땅히 포함시켜야 할 사항을 누락한 경우 이익형량을 전혀 행하지 아니하는 등의 사정이 없는 한 그 행정계획결정은 형량에 하자가 있다고 보기 어렵다.

④ 행정계획과 관련하여 이익형량을 하였으나 정당성과 객관성이 결여된 경우에는 그 행정계획결정은 형량에 하자가 있어 위법하게 된다.

📝 해설 | 행정계획
중요도 ★★☆

① [○] 양자간 질적인 차이가 없다는 견해는 '형량명령'이 특별한 제도가 아니라 비례원칙의 계획재량에 있어서의 적용이론일 뿐이라고 본다.

②④ [○] 행정주체는 구체적인 행정계획을 입안·결정함에 있어서 비교적 광범위한 형성의 자유를 가지는 것이지만, 행정주체가 가지는 이와 같은 형성의 자유는 무제한적인 것이 아니라 그 행정계획에 관련되는 자들의 이익을 공익과 사익 사이에서는 물론이고 공익 상호간과 사익 상호간에도 정당하게 비교교량해야 한다는 제한이 있으므로, 행정주체가 행정계획을 입안·결정함에 있어서 이익형량을 전혀 행하지 않거나 이익형량의 고려 대상에 마땅히 포함시켜야 할 사항을 누락한 경우 또는 이익형량을 하였으나 정당성과 객관성이 결여된 경우에는 그 행정계획결정은 형량에 하자가 있어 위법하게 된다(대판 2007.4.12, 2005두1893).

③ [×] 행정주체가 행정계획을 입안·결정함에 있어서 이익형량을 전혀 행하지 아니하거나 이익형량의 고려 대상에 마땅히 포함시켜야 할 사항을 누락한 경우 또는 이익형량을 하였으나 정당성과 객관성이 결여된 경우에는 그 행정계획결정은 형량에 하자가 있어 위법하게 된다(대판 2007.4.12, 2005두1893).

답 ③

008 다음 중 계획재량에 대한 내용으로 옳지 않은 것은? (다툼이 있는 경우 판례에 의함) 2015년 9급 복원

① 계획재량이란 행정주체가 행정계획을 입안·결정함에 있어서 가지는 비교적 광범위한 형성의 자유를 말한다.

② 계획재량에 대해서 절차적 통제 및 실체적 통제 모두 중요한 의미를 가진다.

③ 계획재량은 불확정적인 개념 사용의 필요성이 행정재량보다 더 크다.

④ 계획재량은 장래에 이루고자 하는 목적 사항을 그 대상으로 한다.

📝 해설 | 행정계획　　　　　　　　　　　　　　중요도 ★★☆

① [O] 행정계획이라 함은 행정에 관한 전문적·기술적 판단을 기초로 하여 도시의 건설·정비·개량 등과 같은 특정한 행정목표를 달성하기 위하여 서로 관련되는 행정수단을 종합·조정함으로써 장래의 일정한 시점에 있어서 일정한 질서를 실현하기 위한 활동기준으로 설정된 것으로서, 도시계획법 등 관계 법령에는 추상적인 행정목표와 절차만이 규정되어 있을 뿐 행정계획의 내용에 대하여는 별다른 규정을 두고 있지 아니하므로 행정주체는 구체적인 행정계획을 입안·결정함에 있어서 비교적 광범위한 형성의 자유를 가진다(대판 2000.3.23, 98두2768).

② [×] 행정계획은 수립과정에서 절차적 통제가 더욱 중요한 의미를 가진다.

③ [O] 행정계획에 있어서는 다수의 상충하는 사익과 공익들의 조정에 따르는 다양한 결정가능성과 그 미래 전망적인 성격으로 인하여 그에 대한 입법적 규율은 상대적으로 제한될 수밖에 없다. 따라서 행정청이 행정계획을 수립함에 있어서는 일반 재량행위의 경우에 비하여 더욱 광범위한 판단여지 내지는 형성의 자유, 즉 계획재량이 인정되는 바, 이 경우 일반적인 행정행위의 요건을 규정하는 경우보다 추상적이고 불확정적인 개념을 사용하여야 할 필요성이 더욱 커진다(헌재 2007.10.4, 2006헌바91).

④ [O] 계획재량은 장래에 이루고자 하는 목적 사항을 그 대상으로 한다(목적프로그램). 이는 일반재량행위(조건프로그램)의 경우에 비해 더욱 광범위한 형성의 자유가 인정된다.

답 ②

---

009 다음은 사업승인과 관련한 형량명령에 관한 설명이다. 옳지 않은 것은? 2016년 9급 복원

① 이익형량의 고려대상에 당연히 포함시켜야 할 사항을 누락한 사업승인 결정은 형량의 하자로 인하여 위법하다.

② 이익형량을 하기는 하였으나 정당성과 객관성이 결여된 사업승인 결정은 형량의 하자로 인하여 위법하다.

③ 사업승인과 관련하여 결정을 할 때 이익형량을 전혀 하지 않은 경우라면 형량의 하자로 인하여 위법한 결정이 된다.

④ 사업승인과 관련하여 이익을 형량한 결과 공익에 해가 가지 않을 정도의 경미한 흠이 있다 하더라도 이러한 흠 있는 사업승인은 무조건 취소하여야 한다.

📝 해설 | 계획재량　　　　　　　　　　　　　　중요도 ★★☆

① [O] 형량의 흠결에 대한 설명으로, 이는 위법하다.

② [O] 오형량에 대한 설명으로, 이는 위법하다.

③ [O] 형량의 해태에 대한 설명으로, 이는 위법하다.

④ [×] 공익에 해가 가지 않을 정도의 경미한 흠의 경우 사업승인을 무조건 취소하여야 하는 것은 아니며, 사업승인과 관련된 이익을 비교·교량하여 결정한다.

답 ④

CHAPTER 5 | 그 밖의 행정의 주요 행위형식

THEME 33 | 행정상의 확약

001 행정상 확약과 가장 관계가 깊은 원칙으로 옳은 것은?　　　　　　　2006년 9급 복원
□□□

① 평등의 원칙
② 신뢰보호의 원칙
③ 비례의 원칙
④ 부당결부금지의 원칙

✒ 해설 | 확약　　　　　　　　　　　　　　　　　　　　　　　　중요도 ★☆☆

① [×] 평등의 원칙은 행정작용에 있어서 특별히 합리적인 차별사유가 없는 한 국민을 공평하게 처우하여야 한다는 원칙이다.
② [○] 확약은 행정청이 자기구속을 할 의도로써 장래에 향하여 행정행위를 하거나 또는 하지 않을 것을 약속하는 의사표시를 말한다. 즉, 확약은 행정청이 자기구속을 할 의도로 행하는 것인 점에서 확약된 행위를 하지 않았을 경우 신뢰보호원칙이 문제된다.
③ [×] 과잉금지의 원칙(비례의 원칙)이라 함은 국민의 기본권을 제한함에 있어서 국가작용의 한계를 명시한 것으로서 목적의 정당성·방법의 적정성·피해의 최소성·법익의 균형성 등을 의미하며 그 어느 하나에라도 저촉이 되면 위헌이 된다는 헌법상의 원칙을 말한다(헌재 1997.3.27, 95헌가17).
④ [×] 부당결부금지의 원칙은 행정주체가 행정작용을 함에 있어서 상대방에게 이와 실질적 관련이 없는 의무를 부과하거나 그 이행을 강제하여서는 아니 된다는 원칙을 의미한다.

답 ②

002 다음 중 행정상 확약에 해당하는 것은? (다툼이 있는 경우 판례에 의함)　　　　2010년 9급 복원
□□□

① 교과서 검·인정
② 지방전문직공무원 채용계약
③ 성업공사의 공매통지
④ 어업권면허 우선순위결정

✒ 해설 | 확약　　　　　　　　　　　　　　　　　　　　　　　　중요도 ★★☆

① [×] 교과서에 관련된 국정 또는 검·인정제도의 법적 성질은 인간의 자연적 자유의 제한에 대한 해제인 허가의 성질을 갖는다기보다는 어떠한 책자에 대하여 교과서라는 특수한 지위를 부여하거나 인정하는 제도이기 때문에 가치창설적인 형성적 행위로서 특허의 성질을 갖는 것으로 보아야 할 것이며, 그렇게 본다면 국가가 그에 대한 재량권을 갖는 것은 당연하다고 할 것이다(헌재 1992.11.12, 89헌마88).
② [×] 지방전문직공무원 채용계약은 공법상 계약이다.
③ [×] 성업공사의 공매통지는 사실행위에 불과하고 처분이 아니다(대판 2007.7.27, 2006두8464).
④ [○] 어업권면허에 선행하는 우선순위결정은 행정청이 우선권자로 결정된 자의 신청이 있으면 어업권면허처분을 하겠다는 것을 약속하는 행위로서 강학상 확약에 불과하고 행정처분은 아니다(대판 1995.1.20, 94누6529).

답 ④

003 행정법상 확약에 대한 설명 중 옳지 않은 것은? (다툼이 있는 경우 판례에 의함)

2007년 9급 복원

① 명문의 근거규정이 없더라도 본처분을 행할 수 있는 행정청은 그에 대한 확약도 할 수 있다.

② 확약이 있으면 행정청은 상대방에게 확약된 행위를 할 작위 구속적 의무를 지게 된다.

③ 확약은 재량행위에만 가능하고 기속행위에는 불가능하다.

④ 확약의 불이행으로 인하여 손해가 발생한 경우에는 국가배상법에 의거하여 손해배상을 청구할 수 있다.

📝 해설 | 확약

중요도 ★★☆

① [○] 확약을 허용하는 명문의 규정이 없더라도 다수설은 본처분권한에 확약에 대한 권한이 포함되어 있다고 보아 별도의 명문의 규정이 없더라도 확약을 할 수 있다는 입장이다.

② [○] 확약은 행정청이 자기구속을 할 의도로 행해지게 되며 신뢰보호의 원칙에 기반하여 일정한 법적 효력이 발생한다.

③ [×] 재량행위뿐만 아니라 기속행위도 확약의 대상이 될 수 있다는 것이 다수설의 입장이다.

④ [○] 행정청의 확약의 불이행으로 인해 손해를 입은 자는 국가배상법상 요건을 충족하는 경우에 한하여 손해배상을 청구할 수 있다.

답 ③

004 행정법상 확약에 대한 설명 중 옳지 않은 것은?

2012년 9급 복원

① 본처분에 관해 권한이 없는 행정청에서 발하여진 확약은 무효이다.

② 확약의 이론적 근거 중 하나로 '신뢰보호설'을 들 수 있다.

③ 확약에 관하여는 현행법상 규정이 없으므로 구술에 의한 확약도 가능하다.

④ 행정청이 본처분을 할 수 있는 권한이 있는 것과는 별개로 확약에서는 확약에 관한 별도의 법적 근거가 있을 것을 요한다.

📝 해설 | 확약

중요도 ★★☆

① [○] 확약은 본처분을 할 수 있는 권한 속에 포함되어 있는 것으로 보는 견해가 다수설이다. 따라서 본처분에 대한 권한이 없는 행정청에 의해 발해진 확약은 무효라 볼 수 있다.

② [○] 신뢰보호설은 신뢰보호의 원칙 등을 확약의 허용근거로 보는 견해이다.

③ [○] 학설은 대립하지만 구술로도 확약이 가능하다는 것이 다수설이다.

④ [×] 본처분에 대한 권한이 있는 행정청은 확약을 발할 수 있는 권한도 가지게 된다는 입장이 다수설이다. 이에 따르면 본처분에 대한 근거 외에 <u>확약에 대한 별도의 법적 근거는 불필요</u>하다.

답 ④

005 공법상 계약에 대한 설명으로 옳지 않은 것은?

① 공법상 계약은 복수 당사자의 동일한 방향의 의사표시가, 공법상 합동행위는 복수 당사자의 반대 방향의 의사표시가 요구된다.

② 공법상 계약은 원칙적으로 비권력적 행정작용이므로 법률상 근거 없이도 체결이 가능하다.

③ 공법상 계약의 해지는 행정처분이 아니므로 행정절차법을 따르지 않아도 된다.

④ 공법상 계약에는 공정력이 인정되지 않는다.

해설 | 공법상 계약

중요도 ★★☆

① [×] 공법상 계약은 반대 방향의 의사표시가, 공법상 합동행위는 동일한 방향의 의사표시가 요구된다.

② [○] 공법상 계약은 당사자간 합의에 의해 성립하는 것으로 원칙적으로 법률상 근거 없이도 체결이 가능하다.

③ [○] 계약직공무원에 관한 현행 법령의 규정에 비추어 볼 때, 계약직공무원 채용계약해지의 의사표시는 일반공무원에 대한 징계처분과는 달라서 항고소송의 대상이 되는 처분 등의 성격을 가진 것으로 인정되지 아니하고, 일정한 사유가 있을 때에 국가 또는 지방자치단체가 채용계약 관계의 한쪽 당사자로서 대등한 지위에서 행하는 의사표시로 취급되는 것으로 이해되므로, 이를 징계해고 등에서와 같이 그 징계사유에 한하여 효력 유무를 판단하여야 하거나, 행정처분과 같이 행정절차법에 의하여 근거와 이유를 제시하여야 하는 것은 아니다(대판 2002.11.26, 2002두5948).

④ [○] 공법상 계약은 행정행위가 아니므로 공정력이 인정되지 않는다.

답 ①

006 판례의 입장으로 옳지 않은 것은?

① 어업권면허에 선행하는 우선순위결정은 행정청이 우선권자로 결정된 자의 신청이 있으면 어업권면허처분을 하겠다는 것을 약속하는 행위로서 강학상 확약에 불과하고 행정처분은 아니다.

② 계약직공무원 채용계약해지의 의사표시는 일반공무원에 대한 징계처분과는 달라서 항고소송이 되는 처분 등의 성격을 가진 것으로 인정되지는 않지만, 행정처분과 마찬가지로 행정절차법에 의하여 근거와 이유는 제시하여야 한다.

③ 위법한 행정지도에 따라 행한 사인의 행위는 법령에 명시적으로 정하지 않는 한 그 위법행위가 정당화될 수 없다.

④ 국가가 사인과 계약을 체결할 때에는 국가계약법령에 따른 계약서를 따로 작성하는 등 요건과 절차를 이행하여야 할 것이고, 설령 국가와 사인 사이에 계약이 체결되었더라도 이러한 법령상 요건과 절차를 거치지 아니한 계약은 효력이 없다.

① [○] 어업권면허에 선행하는 우선순위결정은 행정청이 우선권자로 결정된 자의 신청이 있으면 어업권면허처분을 하겠다는 것을 약속하는 행위로서 강학상 확약에 불과하고 행정처분은 아니므로, 우선순위결정에 공정력이나 불가쟁력과 같은 효력은 인정되지 아니하며, 따라서 우선순위결정이 잘못되었다는 이유로 종전의 어업권면허처분이 취소되면 행정청은 종전의 우선순위결정을 무시하고 다시 우선순위를 결정한 다음 새로운 우선순위결정에 기하여 새로운 어업권면허를 할 수 있다(대판 1995.1.20, 94누6529).

② [×] 계약직공무원에 관한 현행 법령의 규정에 비추어 볼 때, 계약직공무원 채용계약해지의 의사표시는 일반공무원에 대한 징계처분과는 달라서 항고소송의 대상이 되는 처분 등의 성격을 가진 것으로 인정되지 아니하고, 일정한 사유가 있을 때에 국가 또는 지방자치단체가 채용계약 관계의 한쪽 당사자로서 대등한 지위에서 행하는 의사표시로 취급되는 것으로 이해되므로, 이를 징계해고 등에서와 같이 그 징계사유에 한하여 효력 유무를 판단하여야 하거나, 행정처분과 같이 행정절차법에 의하여 근거와 이유를 제시하여야 하는 것은 아니다(대판 2002.11.26, 2002두5948).

③ [○] 행정관청이 토지거래계약신고에 관하여 공시된 기준지가를 기준으로 매매가격을 신고하도록 행정지도하여 왔고 그 기준가격 이상으로 매매가격을 신고한 경우에는 거래신고서를 접수하지 않고 반려하는 것이 관행화되어 있다 하더라도 이는 법에 어긋나는 관행이라 할 것이므로 그와 같은 위법한 관행에 따라 허위신고행위에 이르렀다고 하여 그 범법행위가 사회상규에 위배되지 않는 정당한 행위라고는 볼 수 없다(대판 1992.4.24, 91도1609).

④ [○] 구 국가를 당사자로 하는 계약에 관한 법률 제11조 규정 내용과 국가가 일방 당사자가 되어 체결하는 계약의 내용을 명확히 하고 국가가 사인과 계약을 체결할 때 적법한 절차에 따를 것을 담보하려는 규정의 취지 등에 비추어 보면, 국가가 사인과 계약을 체결할 때에는 국가계약법령에 따른 계약서를 따로 작성하는 등 요건과 절차를 이행하여야 할 것이고, 설령 국가와 사인 사이에 계약이 체결되었더라도 이러한 법령상 요건과 절차를 거치지 아니한 계약은 효력이 없다(대판 2015.1.15, 2013다215133).

답 ②

---

007 다음 중 공법상 계약에 대한 설명으로 옳지 않은 것은?   2010년 9급 복원 변형

□□□

① 공법상 계약은 공정력이 인정되는 행정행위가 아니다.
② 행정절차법은 공법상 계약에 관한 규정을 두고 있지 않다.
③ 복수 당사자간의 동일방향의 의사표시의 합치에 의하여 성립한다.
④ 판례는 공중보건의사 채용계약의 해지에 대해 당사자소송으로 해결하였다.

📝 **해설 | 공법상 계약**   중요도 ★★☆

① [○] 공법상 계약은 비권력적 공법행위로 공정력, 자력집행력이 인정되지 않는다.
② [○] 행정절차법의 적용 범위에 공법상 계약은 포함되지 않는다.

> **행정절차법 제3조【적용 범위】** ① 처분, 신고, 행정상 입법예고, 행정예고 및 행정지도의 절차에 관하여 다른 법률에 특별한 규정이 있는 경우를 제외하고는 이 법에서 정하는 바에 따른다.

③ [×] 공법상 합동행위에 대한 설명이며, 공법상 계약은 공법적 효과 발생을 목적으로 하는 복수 당사자간의 반대방향의 의사의 합치로 성립되는 공법행위이다.

④ [○] 현행 실정법이 전문직공무원인 공중보건의사의 채용계약 해지의 의사표시는 일반공무원에 대한 징계처분과는 달라서 항고소송의 대상이 되는 처분 등의 성격을 가진 것으로 인정되지 아니하고, 일정한 사유가 있을 때에 관할 도지사가 채용계약 관계의 한쪽 당사자로서 대등한 지위에서 행하는 의사표시로 취급하고 있는 것으로 이해되므로, 공중보건의사 채용계약 해지의 의사표시에 대하여는 대등한 당사자간의 소송형식인 공법상의 당사자소송으로 그 의사표시의 무효확인을 청구할 수 있는 것이지, 이를 항고소송의 대상이 되는 행정처분이라는 전제하에서 그 취소를 구하는 항고소송을 제기할 수는 없다(대판 1996.5.31, 95누10617).

답 ③

008 다음 중 공법상 계약사항으로 옳지 않은 것은? (다툼이 있는 경우 판례에 의함)

① 공익사업법상의 협의취득 또는 보상합의
② 별정우체국장의 지정
③ 공무를 위탁받은 사인과 개인이 체결하는 계약
④ 국가 또는 지방자치단체와 국민 사이에 체결되는 공해방지협정 또는 환경보전협정

해설 | 공법상 계약

중요도 ★★☆

① [×] 공공용지의 취득 및 손실보상에 관한 특례법은 사업시행자가 토지 등의 소유자로부터 토지 등의 협의취득 및 그 손실보상의 기준과 방법을 정한 법으로서, 이에 의한 협의취득 또는 보상합의는 공공기관이 사경제주체로서 행하는 사법상 매매 내지 사법상 계약의 실질을 가진다(대판 2004.9.24, 2002다68713).
② [○] 별정우체국 지정은 국가가 우월한 공신력의 행사로서 행하는 행정행위에 해당된다(서울고법 1967.8.17, 67구58).
③ [○] 공무수탁사인과 개인이 체결하는 계약은 공법상 계약이 될 수 있다.
④ [○] 국가 또는 지방자치단체와 국민 사이에 체결되는 공해방지협정 또는 환경보전협정은 공법상 계약의 한 예로 볼 수 있다.

답 ①

009 행정계약에 관한 설명으로 옳지 않은 것은? (다툼이 있는 경우 판례에 의함)

① 공익사업을 위한 토지 등의 취득 및 보상에 관한 법률에 따른 토지 등의 협의취득은 공법상 계약이 아닌 사법상의 법률행위에 해당한다.
② 행정절차법은 공법상 계약의 체결절차에 관한 기본적인 사항을 규율하고 있다.
③ 서울특별시립무용단원의 위촉 및 해촉은 공법상 계약이라고 할 것이고, 그 단원의 해촉에 대해서는 공법상 당사자소송으로 그 무효확인을 청구할 수 있다.
④ 국립의료원 부설주차장에 관한 위탁관리용역 운영계약은 관리청이 사경제주체로서 행하는 사법상의 계약이라 할 수 없다.

해설 | 공법상 계약

중요도 ★★☆

① [○] 공익사업을 위한 토지 등의 취득 및 보상에 관한 법령에 의한 협의취득은 사법상의 법률행위이므로 당사자 사이의 자유로운 의사에 따라 채무불이행책임이나 매매대금 과부족금에 대한 지급의무를 약정할 수 있다(대판 2012.2.23, 2010다91206).
② [×] 처분, 신고, 행정상 입법예고, 행정예고 및 행정지도의 절차에 관하여 다른 법률에 특별한 규정이 있는 경우를 제외하고는 이 법에서 정하는 바에 따른다(행정절차법 제3조 제1항).
③ [○] 서울특별시립무용단 단원의 위촉은 공법상의 계약이라고 할 것이고, 따라서 그 단원의 해촉에 대하여는 공법상의 당사자소송으로 그 무효확인을 청구할 수 있다(대판 1995.12.22, 95누4636).
④ [○] 국유재산 등의 관리청이 하는 행정재산의 사용·수익에 대한 허가는 순전히 사경제주체로서 행하는 사법상의 행위가 아니라 관리청이 공권력을 가진 우월적 지위에서 행하는 행정처분으로서 특정인에게 행정재산을 사용할 수 있는 권리를 설정하여 주는 강학상 특허에 해당한다(대판 2006.3.9, 2004다31074).

답 ②

행정의 주요 행위형식에 대한 설명으로 옳지 않은 것은? (다툼이 있는 경우 판례에 의함)

① 행정청인 관리권자로부터 관리업무를 위탁받은 공단이 우월적 지위에서 일정한 법률상 효과를 발생하게 하는 공단입주 변경계약은 공법계약으로 이의 취소는 공법상 당사자소송으로 해야 한다.

② 어업권면허에 선행하는 우선순위결정은 행정청이 우선권자로 결정된 자의 신청이 있으면 어업권면허처분을 하겠다는 것을 약속하는 행위로서 강학상 확약에 불과하다.

③ 행정사법작용에 관한 법적 분쟁은 특별한 규정이 없는 한 민사소송을 통해 구제를 도모하여야 한다.

④ 행정자동결정이 행정사실행위에 해당한다고 하게 되면 그것은 직접적인 법적 효과는 발생하지 않으며 다만 국가배상청구권의 발생 등 간접적인 법적 효과만 발생함이 원칙이다.

✏ 해설 | 공법상 계약 등

① [×] 구 산업집적활성화 및 공장설립에 관한 법률의 규정들에서 알 수 있는 산업단지관리공단의 입주변경계약 취소는 행정청인 관리권자로부터 관리업무를 위탁받은 산업단지관리공단이 우월적 지위에서 입주기업체들에게 일정한 법률상 효과를 발생하게 하는 것으로서 항고소송의 대상이 되는 행정처분에 해당한다(대판 2017.6.15, 2014두46843).

② [○] 어업권면허에 선행하는 우선순위결정은 행정청이 우선권자로 결정된 자의 신청이 있으면 어업권면허처분을 하겠다는 것을 약속하는 행위로서 강학상 확약에 불과하고 행정처분은 아니므로, 우선순위결정에 공정력이나 불가쟁력과 같은 효력은 인정되지 아니하며, 따라서 우선순위결정이 잘못되었다는 이유로 종전의 어업권면허처분이 취소되면 행정청은 종전의 우선순위결정을 무시하고 다시 우선순위를 결정한 다음 새로운 우선순위결정에 기하여 새로운 어업권면허를 할 수 있다. 수익적 처분이 있으면 상대방은 그것을 기초로 하여 새로운 법률관계 등을 형성하게 되는 것이므로, 이러한 상대방의 신뢰를 보호하기 위하여 수익적 처분의 취소에는 일정한 제한이 따르는 것이나, 수익적 처분이 상대방의 허위 기타 부정한 방법으로 인하여 행하여졌다면 상대방은 그 처분이 그와 같은 사유로 인하여 취소될 것임을 예상할 수 없었다고 할 수 없으므로, 이러한 경우에까지 상대방의 신뢰를 보호하여야 하는 것은 아니라고 할 것이다(대판 1995.1.20, 94누6529).

③ [○] 행정사법관계는 기본적으로 사법관계이므로 이에 대한 분쟁은 민사소송에 의하여야 한다는 것이 다수설과 판례의 입장이다.

④ [○] 사실행위는 직접적으로 권리·의무의 발생·변경·소멸을 가져오지 않는 것을 말하므로 법적 효과가 발생하지 않는다. 다만, 사실행위로 인해 국가배상청구권 등이 인정될 수 있다.

답 ①

공법상 계약에 해당하는 것은? (다툼이 있는 경우 판례에 의함)

① 지방자치단체가 사인과 체결한 자원회수 시설위탁운영협약

② 중소기업 정보화지원사업에 따른 지원금 출연을 위하여 중소기업청장이 체결하는 협약

③ 공익사업을 위한 토지 등의 취득 보상에 관한 법률상의 사업시행자가 토지소유자 및 관계인과 협의가 성립되어 체결하는 계약

④ 지방자치단체의 관할구역 내에 있는 각급 학교에서 학교회계직원으로 근무하는 것을 내용으로 하는 근로계약

✏ 해설 | 행정지도

① [×] 위 협약은 甲 지방자치단체가 사인인 乙 회사 등에 위 시설의 운영을 위탁하고 그 위탁운영비용을 지급하는 것을 내용으로 하는 용역계약으로서 상호 대등한 입장에서 당사자의 합의에 따라 체결한 사법상 계약에 해당한다(대판 2019.10.17, 2018두60588).

② [○] 중소기업기술정보진흥원장이 甲 주식회사와 중소기업 정보화지원사업 지원대상인 사업의 지원에 관한 협약을 체결하였는데, 협약이 甲 회사에 책임이 있는 사업실패로 해지되었다는 이유로 협약에서 정한 대로 지급받은 정부지원금을 반환할 것을 통보한 사안에서, 협약의 해지 및 그에 따른 환수통보는 행정청이 우월한 지위에서 행하는 공권력의 행사로서 행정처분에 해당한다고 볼 수 없다(대판 2015.8.27, 2015두41449).

③ [×] 공익사업을 위한 토지 등의 취득 및 보상에 관한 법령에 의한 협의취득은 사법상의 법률행위이므로 당사자 사이의 자유로운 의사에 따라 채무불이행책임이나 매매대금 과부족금에 대한 지급의무를 약정할 수 있다(대판 2012.2.23, 2010다91206).

> **공익사업을 위한 토지 등의 취득 및 보상에 관한 법률 제17조【계약의 체결】** 사업시행자는 제16조에 따른 협의가 성립되었을 때에는 토지소유자 및 관계인과 계약을 체결하여야 한다.

④ [×] 위 근로계약이 사법상 계약이라는 전제하에 판시한 바 있다(대판 2018.5.11, 2015다237748 참조).

답 ②

THEME 35 | 행정상 사실행위

012 행정지도에 관한 설명 중 옳지 않은 것은?

2008년 9급 복원

① 행정지도는 문서로만 하여야 한다.
② 행정지도의 상대방은 의견제출이 가능하다.
③ 행정지도는 최소한의 범위 내에서 행해져야 한다.
④ 행정지도에 불응했다고 해서 불이익을 주어서는 안 된다.

🖋 해설 | 행정지도

중요도 ★☆☆

① [×] 행정지도가 말로 이루어지는 경우에 상대방이 제1항의 사항을 적은 서면의 교부를 요구하면 그 행정지도를 하는 자는 직무 수행에 특별한 지장이 없으면 이를 교부하여야 한다(행정절차법 제49조 제2항). 즉, 행정지도는 반드시 문서로만 이루어져야 하는 것은 아니다.
② [○] 행정지도의 상대방은 해당 행정지도의 방식·내용 등에 관하여 행정기관에 의견제출을 할 수 있다(동법 제50조).
③ [○] 행정지도는 그 목적달성에 필요한 최소한도에 그쳐야 하며, 행정지도의 상대방의 의사에 반하여 부당하게 강요하여서는 아니 된다(동법 제48조 제1항).
④ [○] 행정기관은 행정지도의 상대방이 행정지도에 따르지 아니하였다는 것을 이유로 불이익한 조치를 하여서는 아니 된다(동법 제48조 제2항).

답 ①

013 다음 중 행정지도에 대한 설명으로 옳은 것은?

2009년 9급 복원

① 행정지도는 반드시 문서로만 하여야 한다.
② 행정지도는 사실상 강제력으로 인하여 권력적 행정행위에 해당한다.
③ 행정지도는 처분성이 인정된다.
④ 행정지도는 법률의 근거 여부와 상관없이 행정법의 일반원칙을 따라야 한다.

🖋 해설 | 행정지도

중요도 ★☆☆

① [×] 행정절차법 제49조 제2항에 따르면 행정지도는 반드시 문서로만 하여야 하는 것은 아니다.
② [×] 행정지도는 국민의 임의적인 협력을 전제로 하는 비권력적 사실행위이다.
③ [×] 행정지도는 그 자체로는 아무런 법적 효과도 발생하지 않는다.
④ [○] 행정지도에도 법률우위의 원칙은 적용되므로 비례원칙과 평등원칙 등 행정법의 일반원칙을 준수하여야 한다.

답 ④

014 다음 중 규제적 행정지도에 해당하는 것은?

① 물가억제를 위한 권고
② 노사간 협의의 알선
③ 생활지도
④ 우량품종의 재배권장

해설 | 행정지도

중요도 ★☆☆

① [○] 오물투기의 억제를 위한 지도, 물가억제를 위한 권고 등은 규제적 행정지도의 예이다.
② [×] 노사간 협의의 알선, 투자·수출량의 조절 등을 위한 지도 등은 조정적 행정지도의 예이다.
③④ [×] 생활지도, 우량품종의 재배권장, 장학지도 등은 조성적 행정지도의 예이다.

답 ①

015 행정지도에 관한 설명 중 옳지 않은 것은? (다툼이 있는 경우 판례에 의함)

① 행정지도는 그 목적달성에 필요한 최소한도에 그쳐야 하며, 행정지도의 상대방의 의사에 반하여 부당하게 강요하여서는 아니 된다.
② 행정기관은 상대방이 행정지도에 따르지 않았다는 이유로 불이익한 조치를 취하여서는 아니 된다.
③ 위법한 행정지도라 할지라도 행정지도에 따라 행한 행위라면 위법성이 조각된다.
④ 행정지도가 행정기관의 권한 범위 내에서 이루어진 정당한 행위인 경우라면 비록 손해가 발생하였다 하더라도 그 손해에 대하여 배상책임이 없다.

해설 | 행정지도

중요도 ★★☆

① [○] 행정지도는 그 목적달성에 필요한 최소한도에 그쳐야 하며, 행정지도의 상대방의 의사에 반하여 부당하게 강요하여서는 아니 된다(행정절차법 제48조 제1항).
② [○] 행정기관은 행정지도의 상대방이 행정지도에 따르지 아니하였다는 것을 이유로 불이익한 조치를 하여서는 아니 된다(동법 제48조 제2항).
③ [×] 위법한 행정지도에 따라 행한 사인의 위법행위는 법령에 정함이 없는 한 위법성이 조각될 수 없다(대판 1994.6.14, 93도3247).
④ [○] 행정지도가 강제성을 띠지 않은 비권력적 작용으로서 행정지도의 한계를 일탈하지 아니하였다면, 그로 인하여 상대방에게 어떤 손해가 발생하였다 하더라도 행정기관은 그에 대한 손해배상책임이 없다(대판 2008.9.25, 2006다18228).

답 ③

016 행정절차법상 행정지도에 관한 내용으로 옳지 않은 것은?

① 행정기관이 동일한 행정목적의 실현을 위하여 다수의 상대방에게 행정지도를 하고자 할 때에는 행정지도에 공통 적인 내용이 되는 사항을 공표하는 것이 원칙이다.
② 행정기관은 행정지도의 상대방이 당해 행정지도에 따르지 아니한 경우 최소한의 범위 내에서 불이익한 조치를 할 수 있다.
③ 행정지도를 그 상대방의 의사에 반하여 부당하게 강요하여서는 안 된다.
④ 행정지도를 행하는 자는 그 상대방에게 당해 행정지도의 취지, 내용 및 신분을 밝혀야 한다.

📝 해설 | 행정지도   중요도 ★★☆

① [○] 행정기관이 같은 행정목적을 실현하기 위하여 많은 상대방에게 행정지도를 하려는 경우에는 특별한 사정이 없으면 행정지도에 공통적인 내용이 되는 사항을 공표하여야 한다(행정절차법 제51조).
② [×] 행정기관은 행정지도의 상대방이 행정지도에 따르지 아니하였다는 것을 이유로 불이익한 조치를 하여서는 아니 된다(동법 제48조 제2항).
③ [○] 행정지도는 그 목적달성에 필요한 최소한도에 그쳐야 하며, 행정지도의 상대방의 의사에 반하여 부당하게 강요하여서는 아니 된다 (동법 제48조 제1항).
④ [○] 행정지도를 하는 자는 그 상대방에게 그 행정지도의 취지 및 내용과 신분을 밝혀야 한다(동법 제49조 제1항).

답 ②

017 행정지도의 한계에 해당하지 않는 것은?

① 행정지도는 상대방의 의사에 반하여 부당하게 강요하여서는 아니 된다.
② 행정지도를 하는 자는 그 상대방에게 그 행정지도의 취지 및 내용과 신분을 밝혀야 한다.
③ 행정지도는 문서로 이루어져야 하며 상대방이 서면의 교부를 요구하면 이에 따라야 한다.
④ 행정지도의 상대방은 행정지도의 방식·내용 등에 관하여 행정기관에 의견을 제출할 수 있다.

📝 해설 | 행정지도   중요도 ★★☆

① [○] 행정지도는 그 목적달성에 필요한 최소한도에 그쳐야 하며, 행정지도의 상대방의 의사에 반하여 부당하게 강요하여서는 아니 된다 (행정절차법 제48조 제1항).
② [○] 행정지도를 하는 자는 그 상대방에게 그 행정지도의 취지 및 내용과 신분을 밝혀야 한다(동법 제49조 제1항).
③ [×] 행정지도가 말로 이루어지는 경우에 상대방이 제1항의 사항을 적은 서면의 교부를 요구하면 그 행정지도를 하는 자는 직무 수행 에 특별한 지장이 없으면 이를 교부하여야 한다(동법 제49조 제2항).
④ [○] 행정지도의 상대방은 해당 행정지도의 방식·내용 등에 관하여 행정기관에 의견제출을 할 수 있다(동법 제50조).

답 ③

018

다음 중 행정지도에 관한 설명으로 옳지 않은 것은? (다툼이 있는 경우 판례에 의함)

2019년(2차) 9급 복원

① 행정지도를 하는 자는 그 상대방이 행정지도에 따르도록 강제할 수 있으며, 이에 따르지 않을 경우 불이익한 조치를 할 수 있다.

② 행정지도의 상대방은 해당 행정지도의 방식·내용 등에 관하여 행정기관에 의견제출을 할 수 있다.

③ 행정기관이 같은 행정목적을 실현하기 위하여 많은 상대방에게 행정지도를 하려는 경우에는 특별한 사정이 없으면 행정지도에 공통적인 내용이 되는 사항을 공표하여야 한다.

④ 행정지도가 말로 이루어지는 경우에 상대방이 서면의 교부를 요구하면 그 행정지도를 하는 자는 직무 수행에 특별한 지장이 없으면 이를 교부하여야 한다.

📝 해설 | 행정지도

중요도 ★★☆

① [×] 행정기관은 행정지도의 상대방이 행정지도에 따르지 아니하였다는 것을 이유로 불이익한 조치를 하여서는 아니 된다(행정절차법 제48조 제2항).

② [○] 행정지도의 상대방은 해당 행정지도의 방식·내용 등에 관하여 행정기관에 의견제출을 할 수 있다(동법 제50조).

③ [○] 행정기관이 같은 행정목적을 실현하기 위하여 많은 상대방에게 행정지도를 하려는 경우에는 특별한 사정이 없으면 행정지도에 공통적인 내용이 되는 사항을 공표하여야 한다(동법 제51조).

④ [○] 행정지도가 말로 이루어지는 경우에 상대방이 제1항의 사항을 적은 서면의 교부를 요구하면 그 행정지도를 하는 자는 직무 수행에 특별한 지장이 없으면 이를 교부하여야 한다(동법 제49조 제2항).

답 ①

019

다음 중 행정지도에 대한 설명으로 옳지 않은 것은?

2010년 9급 복원

① 행정지도로 인한 손해에 대하여 판례는 원칙적으로 국가배상을 부정하나, 예외적으로 도시계획사업과 관련하여 서울시 공무원이 행정지도를 한 사안에서 손해배상책임을 인정한 바가 있다.

② 행정지도는 비권력적 사실행위로서 처분의 성질을 갖지 못하기 때문에 행정쟁송의 대상이 될 수 없다.

③ 행정지도는 그 목적달성에 필요한 최소한도에 그쳐야 하고, 행정지도의 상대방의 의사에 반하여 부당하게 강요하여서는 아니 된다.

④ 행정기관이 행정지도의 상대방이 행정지도에 따르지 아니하였다는 것을 이유로 불이익한 조치를 하는 것을 위법이라 할 수 없다.

📝 해설 | 행정지도

중요도 ★★☆

① [○] 국가배상법이 정한 배상청구의 요건인 '공무원의 직무'에는 권력적 작용만이 아니라 행정지도와 같은 비권력적 작용도 포함되며 단지 행정주체가 사경제주체로서 하는 활동만 제외된다(대판 1998.7.10, 96다38971). ⇨ 행정지도는 강제성을 띠지 않은 비권력적 작용이므로 원칙적으로 국가배상을 부정하지만 예외적으로 행정지도도 공무원의 직무상 행위에 해당한다고 하여 손해배상책임을 인정한 바가 있다.

② [○] 행정지도는 임의적 협력을 전제로 하는 비권력적 사실행위로 그 자체로는 법적 효과를 발생하지 않는다.

③ [○] 행정지도는 그 목적달성에 필요한 최소한도에 그쳐야 하며, 행정지도의 상대방의 의사에 반하여 부당하게 강요하여서는 아니 된다(행정절차법 제48조 제1항).

④ [×] 행정기관은 행정지도의 상대방이 행정지도에 따르지 아니하였다는 것을 이유로 불이익한 조치를 하여서는 아니 된다(동법 제48조 제2항).

답 ④

행정지도에 대한 설명으로 옳지 않은 것은? (다툼이 있는 경우 판례에 의함)

① 행정지도가 단순한 행정지도로서의 한계를 넘어 규제적·구속적 성격을 상당히 강하게 갖는 것이라면 헌법소원의 대상이 되는 공권력의 행사로 볼 수 있다.

② 행정관청이 국토이용관리법 소정의 토지거래계약 신고에 관하여 공시된 기준시가를 기준으로 매매가격을 신고하도록 행정지도를 하여 그에 따라 피고인이 허위신고를 한 것이라면 그 범법행위는 정당화된다.

③ 구 남녀차별금지 및 구제에 관한 법률상 국가인권위원회의 성희롱결정과 이에 따른 시정조치의 권고는 성희롱 행위자로 결정된 자의 인격권에 영향을 미침과 동시에 공공기관의 장 또는 사용자에게 일정한 법률상의 의무를 부담시키는 것이므로 국가인권위원회의 성희롱결정 및 시정조치권고는 행정소송의 대상이 되는 행정처분에 해당한다.

④ 적법한 행정지도로 인정되기 위해서는 우선 그 목적이 적법한 것으로 인정될 수 있어야 할 것이므로, 행정청이 행한 주식매각의 종용이 정당한 법률적 근거 없이 자의적으로 주주에게 제재를 가하는 것이라면 행정지도의 영역을 벗어난 것이라고 보아야 할 것이다.

📝 해설 | 행정지도

중요도 ★★★

① [○] 교육인적자원부장관의 대학총장들에 대한 이 사건 학칙시정요구는 고등교육법 제6조 제2항, 동법 시행령 제4조 제3항에 따른 것으로서 그 법적 성격은 대학총장의 임의적인 협력을 통하여 사실상의 효과를 발생시키는 행정지도의 일종이지만, 그에 따르지 않을 경우 일정한 불이익조치를 예정하고 있어 사실상 상대방에게 그에 따를 의무를 부과하는 것과 다를 바 없으므로 단순한 행정지도로서의 한계를 넘어 규제적·구속적 성격을 상당히 강하게 갖는 것으로서 헌법소원의 대상이 되는 공권력의 행사라고 볼 수 있다(헌재 2003.6.26, 2002헌마337; 2003헌마7·8).

② [×] 토지의 매매대금을 허위로 신고하고 계약을 체결하였다면 이는 계약예정금액에 대하여 허위의 신고를 하고 토지 등의 거래계약을 체결한 것으로서 구 국토이용관리법 제33조 제4호에 해당한다고 할 것이고, 행정관청이 국토이용관리법 소정의 토지거래계약 신고에 관하여 공시된 기준시가를 기준으로 매매가격을 신고하도록 행정지도를 하여 그에 따라 허위신고를 한 것이라 하더라도 이와 같은 행정지도는 법에 어긋나는 것으로서 그와 같은 행정지도나 관행에 따라 허위신고행위에 이르렀다고 하여도 이것만 가지고서는 그 범법행위가 정당화될 수 없다(대판 1994.6.14, 93도3247).

③ [○] 구 남녀차별금지 및 구제에 관한 법률 제28조에 의하면, 국가인권위원회의 성희롱결정과 이에 따른 시정조치의 권고는 불가분의 일체로 행하여지는 것인데 국가인권위원회의 이러한 결정과 시정조치의 권고는 성희롱 행위자로 결정된 자의 인격권에 영향을 미침과 동시에 공공기관의 장 또는 사용자에게 일정한 법률상의 의무를 부담시키는 것이므로 국가인권위원회의 성희롱결정 및 시정조치권고는 행정소송의 대상이 되는 행정처분에 해당한다고 보지 않을 수 없다(대판 2005.7.8, 2005두487).

④ [○] 이른바 행정지도라 함은 행정주체가 일정한 행정목적을 실현하기 위하여 권고 등과 같은 비강제적인 수단을 사용하여 상대방의 자발적 협력 내지 동의를 얻어내어 행정상 바람직한 결과를 이끌어내는 행정활동으로 이해되고, 따라서 적법한 행정지도로 인정되기 위하여는 우선 그 목적이 적법한 것으로 인정될 수 있어야 할 것이므로, 주식매각의 종용이 정당한 법률적 근거 없이 자의적으로 주주에게 제재를 가하는 것이라면 이 점에서 벌써 행정지도의 영역을 벗어난 것이라고 보아야 할 것이고 만일 이러한 행위도 행정지도에 해당된다고 한다면 이는 행정지도라는 미명하에 법치주의의 원칙을 파괴하는 것이라고 하지 않을 수 없으며, 더구나 그 주주가 주식매각의 종용을 거부한다는 의사를 명백하게 표시하였음에도 불구하고, 집요하게 위협적인 언동을 함으로써 그 매각을 강요하였다면 이는 위법한 강박행위에 해당한다고 하지 않을 수 없다 하여, 정부의 재무부 이재국장 등이 ○○그룹 정리방안에 따라 신한투자금융주식회사의 주식을 주식회사 제일은행에게 매각하도록 종용한 행위가 행정지도에 해당되어 위법성이 조각된다는 주장을 배척한 사례이다(대판 1994.12.13, 93다49482).

답 ②

021

행정지도에 대한 설명으로 옳지 않은 것은?

① 행정지도가 그의 한계를 일탈하지 아니하였다면, 그로 인하여 상대방에게 어떤 손해가 발생하였다 하더라도 행정기관은 그에 대한 손해배상책임이 없다.
② 위법한 건축물에 대한 단전 및 전화통화단절조치 요청행위는 처분성이 인정되는 행정지도이다.
③ 상대방이 행정지도에 따르지 아니하였다는 것을 직접적인 이유로 하는 불이익한 조치는 위법한 행위가 된다.
④ 국가배상법이 정한 배상청구의 요건인 공무원의 직무에는 행정지도도 포함된다.

📝 해설 | 행정지도

중요도 ★★★

① [○] 행정지도가 강제성을 띠지 않은 비권력적 작용으로서 행정지도의 한계를 일탈하지 아니하였다면, 그로 인하여 상대방에게 어떤 손해가 발생하였다 하더라도 행정기관은 그에 대한 손해배상책임이 없다(대판 2008.9.25, 2006다18228).
② [×] 건축법 제69조 제2항, 제3항의 규정에 비추어 보면, 행정청이 위법 건축물에 대한 시정명령을 하고 나서 위반자가 이를 이행하지 아니하여 전기·전화의 공급자에게 그 위법 건축물에 대한 전기·전화공급을 하지 말아 줄 것을 요청한 행위는 권고적 성격의 행위에 불과한 것으로서 전기·전화 공급자나 특정인의 법률상 지위에 직접적인 변동을 가져오는 것은 아니므로 이를 항고소송의 대상이 되는 행정처분이라고 볼 수 없다(대판 1996.3.22, 96누433).
③ [○] 행정절차법 제48조 제2항

> **제48조【행정지도의 원칙】** ② 행정기관은 행정지도의 상대방이 행정지도에 따르지 아니하였다는 것을 이유로 불이익한 조치를 하여서는 아니 된다.

④ [○] 국가배상법이 정한 손해배상청구의 요건인 '공무원의 직무'에는 국가나 지방자치단체의 권력적 작용뿐만 아니라 비권력적 작용도 포함되지만, 단순한 사경제의 주체로서 하는 작용은 포함되지 아니한다(대판 1999.11.26, 98다47245).

답 ②

022

다음 중 행정의 자동결정에 대한 설명으로 옳지 않은 것은? (다툼이 있는 경우 판례에 의함)

① 행정의 자동결정의 예로는 신호등에 의한 교통신호, 컴퓨터를 통한 중·고등학생의 학교 배정 등을 들 수 있다.

② 행정의 자동결정도 행정작용의 하나이므로 행정의 법률적합성과 행정법의 일반원칙에 의한 법적 한계를 준수하여야 한다.

③ 교통신호기의 고장으로 사고가 발생하여 손해가 발생한 경우 국가배상법에 따른 국가배상청구가 가능하다.

④ 행정의 자동결정은 컴퓨터를 통하여 이루어지는 자동적 결정이기 때문에 행정행위의 개념적 요소를 구비하는 경우에도 행정행위로서의 성격을 인정하는 데 어려움이 있다.

📝 해설 | 행정의 자동결정
중요도 ★★☆

① [○] 행정과정에서 전자처리정보 등을 투입하여 행정업무를 자동화하여 수행하는 것을 행정의 자동결정이라고 하며 교통신호, 초·중·고등학교의 배정, 시험배점 등이 그 예이다.

② [○] 행정의 자동결정도 법률우위원칙의 적용을 받으므로 행정법의 일반법원칙에 의한 구속을 받는다.

③ [○] 지방자치단체장이 교통신호기를 설치하여 그 관리권한이 도로교통법 제71조의2 제1항의 규정에 의하여 관할 지방경찰청장에게 위임되어 지방자치단체 소속공무원과 지방경찰청 소속공무원이 합동 근무하는 교통종합관제센터에서 그 관리업무를 담당하던 중 위 신호기가 고장 난 채 방치되어 교통사고가 발생한 경우, 국가배상법 제2조 또는 제5조에 의한 배상책임을 부담하는 것은 지방경찰청장이 소속된 국가가 아니라, 그 권한을 위임한 지방자치단체장이 소속된 지방자치단체라고 할 것이나, 한편 국가배상법 제6조 제1항은 같은 법 제2조, 제3조 및 제5조의 규정에 의하여 국가 또는 지방자치단체가 손해를 배상할 책임이 있는 경우에 공무원의 선임·감독 또는 영조물의 설치·관리를 맡은 자와 공무원의 봉급·급여 기타의 비용 또는 영조물의 설치·관리의 비용을 부담하는 자가 동일하지 아니한 경우에는 그 비용을 부담하는 자도 손해를 배상하여야 한다고 규정하고 있으므로 교통신호기를 관리하는 지방경찰청장 산하 경찰관들에 대한 봉급을 부담하는 국가도 국가배상법 제6조 제1항에 의한 배상책임을 부담한다(대판 1999.6.25, 99다11120).

④ [×] 견해의 대립은 있지만 행정의 자동결정은 행정행위로 보는 것이 통설이다.

답 ④

023

행정사법에 관한 다음 설명 중 옳은 것은?

① 행정사법은 행정작용의 수행에 있어서 행정주체에게 법적 형식에 대한 선택가능성이 있는 경우에만 인정될 수 있다.

② 행정사법은 사법관계이므로 공법적 규율이 가해지지 않는다.

③ 행정사법은 경찰행정 및 조세행정 등의 분야에도 적용될 수 있다.

④ 행정사법의 목적은 경제적 수익이므로 사법관계이다.

📝 해설 | 행정사법
중요도 ★★☆

① [○] 행정사법은 공법적 목적달성을 위한 행정작용의 수행에 있어서 행정주체에게 법적 형식에 대한 선택가능성이 있는 비권력적 행정의 분야에서 인정될 수 있다.

② [×] 행정사법은 사법관계이지만 공적 목적 수행한도에서는 공법적 규율이 가해진다.

③ [×] 행정사법은 일방적으로 하명하는 행위에서 적용할 수 없으며 대체로 급부행정이나 유도행정작용에서 많이 나타난다.

④ [×] 행정사법은 공익적 목적을 달성하는 것을 직접적 목적으로 한다.

답 ①

PART 3
행정과정

CHAPTER 1 행정절차

CHAPTER 2 정보공개와 개인정보 보호

PART 3

출제비중분석

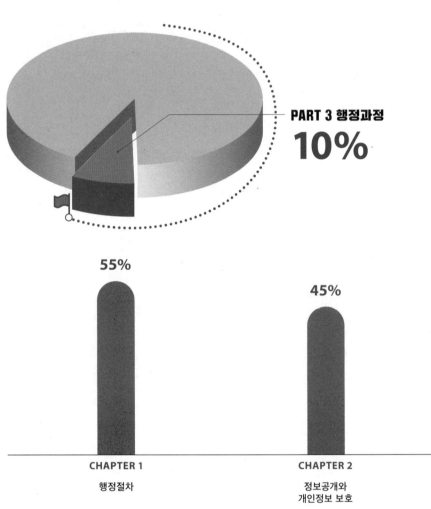

PART 3 행정과정
10%

55%

45%

CHAPTER 1

행정절차

CHAPTER 2

정보공개와
개인정보 보호

학습목표

☐ PART 3은 학습 분량이 많지 않은 것에 비하여 출제가 많이 되고 있는 단원으로, 2021년에는 2020년 대비 출제 비중이 줄었으나, 2020년 시험에서는 14%의 비중으로 예년보다 다소 높은 출제율을 보였으므로 학습에 유의해야 합니다. 법조문이 중심이 되는 단원이므로 관련 조문을 먼저 이해하고 암기한 후에 관련 판례를 학습합니다.

☐ 조문은 기출된 내용 위주로 학습하되, 헷갈리기 쉬운 숫자 관련 조문은 정확히 암기합니다. 특히 개인정보 보호법은 2020년에 개정되어 출제 가능성이 높으므로 개정된 법령을 반드시 확인합니다.

☐ 정보공개 영역에서는 판례의 출제 비중이 높으며, 특히 정보공개의 범위와 관련한 판례가 자주 출제되므로 판례의 내용을 꼼꼼히 정리합니다.

2021년 더 알아보기

출제비중분석

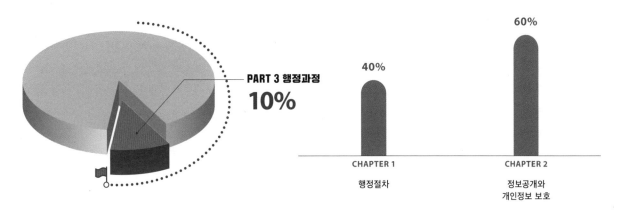

PART 3 행정과정
10%

40%
CHAPTER 1
행정절차

60%
CHAPTER 2
정보공개와
개인정보 보호

출제문항별 키워드

CHAPTER 1 | 행정절차

001 행정절차법상 용어의 정의가 옳지 않은 것은?

2011년 9급 복원

① 행정청은 '행정에 관한 의사를 결정하여 표시하는 국가 또는 지방자치단체의 기관', '기타 법령이나 자치법규에 의하여 행정권한을 가지고 있거나 위임 또는 위탁받은 공공단체나 그 기관 또는 사인'을 말한다.

② 처분은 행정청이 행하는 구체적 사실에 관한 법집행으로서의 공권력의 행사 또는 그 거부와 기타 이에 준하는 행정작용을 말한다.

③ 공청회는 행정청이 어떠한 처분을 하기에 앞서 당사자 등의 의견을 직접 듣고 증거를 조사하는 절차를 말한다.

④ 의견제출은 행정청이 어떠한 행정작용을 하기에 앞서 당사자 등이 의견을 제시하는 절차로서 청문이나 공청회에 해당하지 아니하는 절차를 말한다.

📝 해설 | 행정절차법

중요도 ★★☆

① [○] 행정절차법 제2조 제1호

> 제2조 【정의】 이 법에서 사용하는 용어의 뜻은 다음과 같다.
> 1. "행정청"이란 다음 각 목의 자를 말한다.
>   가. 행정에 관한 의사를 결정하여 표시하는 국가 또는 지방자치단체의 기관
>   나. 그 밖에 법령 또는 자치법규에 따라 행정권한을 가지고 있거나 위임 또는 위탁받은 공공단체 또는 그 기관이나 사인

② [○] "처분"이란 행정청이 행하는 구체적 사실에 관한 법집행으로서의 공권력의 행사 또는 그 거부와 그 밖에 이에 준하는 행정작용을 말한다(동법 제2조 제2호).

③ [×] 행정청이 당사자 등의 의견을 듣고 증거를 조사하는 절차는 청문이다.

> 동법 제2조 【정의】 이 법에서 사용하는 용어의 뜻은 다음과 같다.
> 5. "청문"이란 행정청이 어떠한 처분을 하기 전에 당사자 등의 의견을 직접 듣고 증거를 조사하는 절차를 말한다.
> 6. "공청회"란 행정청이 공개적인 토론을 통하여 어떠한 행정작용에 대하여 당사자 등, 전문지식과 경험을 가진 사람, 그 밖의 일반인으로부터 의견을 널리 수렴하는 절차를 말한다.

④ [○] "의견제출"이란 행정청이 어떠한 행정작용을 하기 전에 당사자 등이 의견을 제시하는 절차로서 청문이나 공청회에 해당하지 아니하는 절차를 말한다(동법 제2조 제7호).

답 ③

002

다음 중 행정절차법에 관한 설명으로 옳지 않은 것은?

① 행정절차법은 절차법적인 조항만으로 이루어져 있다.

② 사전통지가 면제되는 경우에 의견청취를 생략할 수 있다.

③ 행정청은 처분을 할 때에는 법률이 정한 경우를 제외하고는 당사자에게 그 근거와 이유를 제시하여야 한다.

④ 행정청은 불이익처분을 할 경우 처분하고자 하는 원인이 되는 사실과 그 법적 근거를 당사자에게 통지하여야 한다.

해설 | 행정절차법

중요도 ★★☆

① [×] 행정절차법은 절차적 규정뿐만 아니라 신뢰보호원칙과 같이 실체적 규정을 포함하고 있다.

② [○] 행정절차법 제22조 제4항

> **제22조【의견청취】** ④ 제1항부터 제3항까지의 규정에도 불구하고 제21조 제4항 각 호의 어느 하나에 해당하는 경우와 당사자가 의견진술의 기회를 포기한다는 뜻을 명백히 표시한 경우에는 의견청취를 하지 아니할 수 있다.

③ [○] 동법 제23조 제1항

> **제23조【처분의 이유제시】** ① 행정청은 처분을 할 때에는 다음 각 호의 어느 하나에 해당하는 경우를 제외하고는 당사자에게 그 근거와 이유를 제시하여야 한다.
> 1. 신청 내용을 모두 그대로 인정하는 처분인 경우
> 2. 단순·반복적인 처분 또는 경미한 처분으로서 당사자가 그 이유를 명백히 알 수 있는 경우
> 3. 긴급히 처분을 할 필요가 있는 경우

④ [○] 동법 제21조 제1항 제3호

> **제21조【처분의 사전통지】** ① 행정청은 당사자에게 의무를 부과하거나 권익을 제한하는 처분을 하는 경우에는 미리 다음 각 호의 사항을 당사자 등에게 통지하여야 한다.
> 1. 처분의 제목
> 2. 당사자의 성명 또는 명칭과 주소
> 3. 처분하려는 원인이 되는 사실과 처분의 내용 및 법적 근거
> 4. 제3호에 대하여 의견을 제출할 수 있다는 뜻과 의견을 제출하지 아니하는 경우의 처리방법
> 5. 의견제출기관의 명칭과 주소
> 6. 의견제출기한
> 7. 그 밖에 필요한 사항

답 ①

003 다음 중 행정절차법에 대한 설명으로 옳지 않은 것은?

2009년 9급 복원

① 행정절차에 관한 일반법으로서의 성격을 가진다.
② 행정절차법에는 행정계획에 관한 절차가 규정되어 있다.
③ 행정절차법은 행정청간의 협조의무와 행정청 상호간의 행정응원에 대하여 규정하고 있다.
④ 현행 행정절차법은 신뢰보호의 원칙은 물론 신의성실의 원칙을 명문으로 규정하고 있다.

해설 | 행정절차법

중요도 ★★☆

① [○] 행정절차법은 행정절차에 관한 일반법의 성격을 가지고 있으며, 개별법 규정이 없는 경우 보충적으로 적용된다.
② [×] 행정절차법에는 행정계획에 대한 절차가 규정되어 있지 않다.
③ [○] 행정절차법 제7조에서 행정청간의 협조를, 행정절차법 제8조에서 행정응원을 규정하고 있다.
④ [○] 행정절차법 제4조에 신의성실 및 신뢰보호의 원칙을 규정하고 있다.

답 ②

THEME 38 행정절차법의 주요내용

004 다수의 당사자 등이 공동으로 행정절차에 관한 행위를 할 때에 정하는 대표자에 관한 행정절차법의 규정 내용으로 옳지 않은 것은?

2020년 9급

① 당사자 등은 대표자를 변경하거나 해임할 수 있다.
② 대표자는 각자 그를 대표자로 선정한 당사자 등을 위하여 행정절차에 관한 모든 행위를 할 수 있다. 다만, 행정절차를 끝맺는 행위에 대하여는 당사자 등의 동의를 받아야 한다.
③ 대표자가 있는 경우에는 당사자 등은 그 대표자를 통하여서만 행정절차에 관한 행위를 할 수 있다.
④ 다수의 대표자가 있는 경우 그중 1인에 대한 행정청의 행위는 모든 당사자 등에게 효력이 있다. 다만, 행정청의 통지는 대표자 1인에게 하여도 그 효력이 있다.

해설 | 행정절차법상 대표자

중요도 ★★☆

① [○] 다수의 당사자 등이 공동으로 행정절차에 관한 행위를 할 때에는 대표자를 선정할 수 있다(행정절차법 제11조 제1항). 당사자 등은 대표자를 변경하거나 해임할 수 있다(동법 제11조 제3항).
② [○] 대표자는 각자 그를 대표자로 선정한 당사자 등을 위하여 행정절차에 관한 모든 행위를 할 수 있다. 다만, 행정절차를 끝맺는 행위에 대하여는 당사자 등의 동의를 받아야 한다(동법 제11조 제4항).
③ [○] 대표자가 있는 경우에는 당사자 등은 그 대표자를 통하여서만 행정절차에 관한 행위를 할 수 있다(동법 제11조 제5항).
④ [×] 대표자 모두에게 하여야 그 효력이 있다(동법 제11조 제6항).

> 제11조 【대표자】 ⑥ 다수의 대표자가 있는 경우 그중 1인에 대한 행정청의 행위는 모든 당사자 등에게 효력이 있다. 다만, 행정청의 통지는 대표자 모두에게 하여야 그 효력이 있다.

답 ④

005

행정절차법상 행정절차에 관한 사항으로 옳지 않은 것은?

① 송달은 다른 법령 등에 특별한 규정이 있는 경우를 제외하고는 해당 문서가 송달받을 자에게 도달됨으로써 그 효력이 발생한다.

② 행정절차법은 청문 주재자의 제척·기피·회피에 관하여 명문규정을 두고 있다.

③ 행정절차법상의 '의견제출'에는 공청회와 청문회가 포함된다.

④ 행정청은 법령상 청문실시의 사유가 있는 경우에도 당사자가 의견진술의 기회를 포기한다는 뜻을 명백히 표시한 경우에는 의견청취를 하지 않을 수 있다.

해설 | 행정절차법   중요도 ★★☆

① [○] 송달은 다른 법령 등에 특별한 규정이 있는 경우를 제외하고는 해당 문서가 송달받을 자에게 도달됨으로써 그 효력이 발생한다 (행정절차법 제15조 제1항).

② [○] 동법 제29조 제1항·제2항·제3항

> **제29조 【청문 주재자의 제척·기피·회피】** ① 청문 주재자가 다음 각 호의 어느 하나에 해당하는 경우에는 청문을 주재할 수 없다.
> ② 청문 주재자에게 공정한 청문 진행을 할 수 없는 사정이 있는 경우 당사자 등은 행정청에 기피신청을 할 수 있다. 이 경우 행정청은 청문을 정지하고 그 신청이 이유가 있다고 인정할 때에는 해당 청문 주재자를 지체 없이 교체하여야 한다.
> ③ 청문 주재자는 제1항 또는 제2항의 사유에 해당하는 경우에는 행정청의 승인을 받아 스스로 청문의 주재를 회피할 수 있다.

③ [×] 행정절차법상 의견청취 방법으로 청문, 공청회, 의견제출이 규정되어 있다(동법 제22조). 따라서 의견제출에는 공청회와 청문회가 포함되지 않는다.

④ [○] 제1항부터 제3항까지의 규정에도 불구하고 제21조 제4항 각 호의 어느 하나에 해당하는 경우와 당사자가 의견진술의 기회를 포기한다는 뜻을 명백히 표시한 경우에는 의견청취를 하지 아니할 수 있다(동법 제22조 제4항).

답 ③

006

행정절차법상 명문규정이 있는 것으로 옳은 것은?

ㄱ. 철회 및 직권취소	ㄴ. 행정쟁송
ㄷ. 고지	ㄹ. 전자공청회

① ㄱ, ㄴ

② ㄱ, ㄷ

③ ㄴ, ㄹ

④ ㄷ, ㄹ

해설 | 행정절차법   중요도 ★★☆

ㄱ, ㄴ. [×] 행정절차법에는 철회 및 직권취소, 행정쟁송에 대하여 규정되어 있지 않다.

ㄷ. [○] 행정절차법 제26조에 고지에 대한 규정이 있다.

> **제26조 【고지】** 행정청이 처분을 할 때에는 당사자에게 그 처분에 관하여 행정심판 및 행정소송을 제기할 수 있는지 여부, 그 밖에 불복을 할 수 있는지 여부, 청구절차 및 청구기간, 그 밖에 필요한 사항을 알려야 한다.

ㄹ. [○] 동법 제38조의2에 전자공청회에 대한 규정이 있다.

> **제38조의2 【전자공청회】** ① 행정청은 제38조에 따른 공청회와 병행하여서만 정보통신망을 이용한 공청회를 실시할 수 있다.

답 ④

007 행정절차법상 청문에 대한 설명으로 옳지 않은 것은?

① 청문 주재자에게 공정한 청문 진행을 할 수 없는 사정이 있는 경우 당사자 등은 행정청에 기피신청을 할 수 있다.

② 청문 주재자가 청문을 시작할 때에는 먼저 예정된 처분의 내용, 그 원인이 되는 사실 및 법적 근거 등을 설명하여야 한다.

③ 청문 주재자는 직권으로 또는 당사자의 신청에 따라 필요한 조사를 할 수 있으며, 당사자 등이 주장하지 아니한 사실에 대하여는 조사할 수 없다.

④ 행정청은 청문을 마친 후 처분을 할 때까지 새로운 사정이 발견되어 청문을 재개(再開)할 필요가 있다고 인정할 때에는 청문조서 등을 되돌려 보내고 청문의 재개를 명할 수 있다.

📝 해설 | 행정절차법
중요도 ★★☆

① [○] 청문 주재자에게 공정한 청문 진행을 할 수 없는 사정이 있는 경우 당사자등은 행정청에 기피신청을 할 수 있다. 이 경우 행정청은 청문을 정지하고 그 신청이 이유가 있다고 인정할 때에는 해당 청문 주재자를 지체 없이 교체하여야 한다(행정절차법 제29조 제2항).

② [○] 청문 주재자가 청문을 시작할 때에는 먼저 예정된 처분의 내용, 그 원인이 되는 사실 및 법적 근거 등을 설명하여야 한다(동법 제31조 제1항).

③ [×] 청문 주재자는 직권으로 또는 당사자의 신청에 따라 필요한 조사를 할 수 있으며, 당사자 등이 주장하지 아니한 사실에 대하여도 조사할 수 있다(동법 제33조 제1항).

④ [○] 행정청은 청문을 마친 후 처분을 할 때까지 새로운 사정이 발견되어 청문을 재개(再開)할 필요가 있다고 인정할 때에는 제35조 제4항에 따라 받은 청문조서 등을 되돌려 보내고 청문의 재개를 명할 수 있다. 이 경우 제31조 제5항을 준용한다(동법 제36조).

답 ③

008 다음 중 행정절차법의 내용으로 옳지 않은 것은?

① 행정절차법은 신의성실의 원칙과 신뢰보호의 원칙을 규정하고 있다.

② 행정청은 처분을 할 때에 당사자 등이 제출한 의견이 상당한 이유가 있다고 인정하는 경우에는 이를 반영하여야 한다.

③ 신청인은 처분이 있기 전에는 그 신청의 내용을 보완하거나 변경 또는 취하할 수 있다.

④ 행정청에 대하여 처분을 구하는 신청을 함에 있어 전자문서로 하는 경우에는 행정청의 컴퓨터 등에 입력된 때의 익일에 신청한 것으로 본다.

📝 해설 | 행정절차법
중요도 ★★☆

① [○] 행정청은 직무를 수행할 때 신의(信義)에 따라 성실히 하여야 한다(행정절차법 제4조 제1항). 행정청은 법령 등의 해석 또는 행정청의 관행이 일반적으로 국민들에게 받아들여졌을 때에는 공익 또는 제3자의 정당한 이익을 현저히 해칠 우려가 있는 경우를 제외하고는 새로운 해석 또는 관행에 따라 소급하여 불리하게 처리하여서는 아니 된다(동법 제4조 제2항).

② [○] 행정청은 처분을 할 때에 당사자 등이 제출한 의견이 상당한 이유가 있다고 인정하는 경우에는 이를 반영하여야 한다(동법 제27조의2 제1항).

③ [○] 신청인은 처분이 있기 전에는 그 신청의 내용을 보완·변경하거나 취하(取下)할 수 있다. 다만, 다른 법령 등에 특별한 규정이 있거나 그 신청의 성질상 보완·변경하거나 취하할 수 없는 경우에는 그러하지 아니하다(동법 제17조 제8항).

④ [×] 제1항에 따라 처분을 신청할 때 전자문서로 하는 경우에는 행정청의 컴퓨터 등에 입력된 때에 신청한 것으로 본다(동법 제17조 제2항).

답 ④

009 행정절차법에 대한 설명으로 옳은 것은?

① 우리 행정절차법에는 절차적인 사항만 규정되어 있다.
② 법령에서 정한 이유제시를 하지 않은 경우 독립된 취소사유가 된다.
③ 법의 적용 순서는 개별법 – 행정절차법 – 민원처리에 관한 법률 순이다.
④ 정보통신망을 이용한 송달은 규정하고 있지 않다.

📝 해설 ㅣ 행정절차법, 이유제시

중요도 ★★☆

① [×] 행정절차법에는 절차적인 사항뿐만 아니라, 실체적인 사항도 규정되어 있다.

> **행정절차법 제4조【신의성실 및 신뢰보호】** ① 행정청은 직무를 수행할 때 신의에 따라 성실히 하여야 한다.
> ② 행정청은 법령 등의 해석 또는 행정청의 관행이 일반적으로 국민들에게 받아들여졌을 때에는 공익 또는 제3자의 정당한 이익을 현저히 해칠 우려가 있는 경우를 제외하고는 새로운 해석 또는 관행에 따라 소급하여 불리하게 처리하여서는 아니 된다.
> **제25조【처분의 정정】** 행정청은 처분에 오기, 오산 또는 그 밖에 이에 준하는 명백한 잘못이 있을 때에는 직권으로 또는 신청에 따라 지체 없이 정정하고 그 사실을 당사자에게 통지하여야 한다.

② [○] 법령에서 정하고 있는 이유제시를 하지 않은 경우, 그 하자가 중대·명백하면 무효가 될 수 있으나, 그 외에는 취소사유가 된다. 따라서 독립된 취소사유가 된다는 지문은 틀렸다고 할 수 없는 서술이다. 모든 지문은 상대적으로 판단하여야 한다.
③ [×] 개별법 → 민원처리에 관한 법률 → 행정절차법의 순서로 적용된다.
④ [×] 정보통신망을 이용한 송달은 송달받을 자가 동의하는 경우에만 한다. 이 경우 송달받을 자는 송달받을 전자우편주소 등을 지정하여야 한다(동법 제14조 제3항).

답 ②

010 행정절차법에 대한 설명으로 옳지 않은 것은?

① 행정청은 반드시 처분기준을 공표하여야 한다.
② 청문 주재자는 직권으로 필요한 조사를 할 수 있고, 당사자 등이 주장하지 않은 사실에 대하여도 조사할 수 있다.
③ 행정예고기간은 예고 내용의 성격 등을 고려하여 정하고, 특별한 사정이 없으면 20일 이상으로 한다.
④ 행정청이 처분을 행할 때 언제나 당사자에게 그 근거와 이유를 제시해야만 하는 것은 아니다.

📝 해설 ㅣ 행정절차법

중요도 ★★☆

① [×] 제1항에 따른 처분기준을 공표하는 것이 해당 처분의 성질상 현저히 곤란하거나 공공의 안전 또는 복리를 현저히 해치는 것으로 인정될 만한 상당한 이유가 있는 경우에는 처분기준을 공표하지 아니할 수 있다(행정절차법 제20조 제2항).
② [○] 청문 주재자는 직권으로 또는 당사자의 신청에 따라 필요한 조사를 할 수 있으며, 당사자 등이 주장하지 아니한 사실에 대하여도 조사할 수 있다(동법 제33조 제1항).
③ [○] 행정예고기간은 예고 내용의 성격 등을 고려하여 정하되, 특별한 사정이 없으면 20일 이상으로 한다(동법 제46조 제3항).
④ [○] 동법 제23조 제1항

> **제23조【처분의 이유제시】** ① 행정청은 처분을 할 때에는 다음 각 호의 어느 하나에 해당하는 경우를 제외하고는 당사자에게 그 근거와 이유를 제시하여야 한다.
> 1. 신청 내용을 모두 그대로 인정하는 처분인 경우
> 2. 단순·반복적인 처분 또는 경미한 처분으로서 당사자가 그 이유를 명백히 알 수 있는 경우
> 3. 긴급히 처분을 할 필요가 있는 경우

답 ①

011

처분의 신청에 관한 행정절차법의 규정 내용으로 옳지 않은 것은?

① 행정청에 처분을 구하는 신청은 문서로 하여야 한다. 다만, 다른 법령 등에 특별한 규정이 있는 경우와 행정청이 미리 다른 방법을 정하여 공시한 경우에는 그러하지 아니하다.

② 행정청은 신청에 필요한 구비서류, 접수기관, 처리기간, 그 밖에 필요한 사항을 게시(인터넷 등을 통한 게시를 포함)하거나 이에 대한 편람을 갖추어 두고 누구나 열람할 수 있도록 하여야 한다.

③ 행정청은 신청에 구비서류의 미비 등 흠이 있는 경우에는 보완에 필요한 상당한 기간을 정하여 지체 없이 신청인에게 보완을 요구할 수 있다.

④ 행정청은 신청인의 편의를 위하여 다른 행정청에 신청을 접수하게 할 수 있다. 이 경우 행정청은 다른 행정청에 접수할 수 있는 신청의 종류를 미리 정하여 공시하여야 한다.

해설 | 행정절차법
중요도 ★★★

① [○] 행정청에 처분을 구하는 신청은 문서로 하여야 한다. 다만, 다른 법령 등에 특별한 규정이 있는 경우와 행정청이 미리 다른 방법을 정하여 공시한 경우에는 그러하지 아니하다(행정절차법 제17조 제1항).

② [○] 행정청은 신청에 필요한 구비서류, 접수기관, 처리기간, 그 밖에 필요한 사항을 게시(인터넷 등을 통한 게시를 포함한다)하거나 이에 대한 편람을 갖추어 두고 누구나 열람할 수 있도록 하여야 한다(동법 제17조 제3항).

③ [×] 행정청은 신청에 구비서류의 미비 등 흠이 있는 경우에는 보완에 필요한 상당한 기간을 정하여 지체 없이 신청인에게 보완을 요구하여야 한다(동법 제17조 제5항).

④ [○] 행정청은 신청인의 편의를 위하여 다른 행정청에 신청을 접수하게 할 수 있다. 이 경우 행정청은 다른 행정청에 접수할 수 있는 신청의 종류를 미리 정하여 공시하여야 한다(동법 제17조 제7항).

답 ③

012

사전통지에 대한 설명으로 옳지 않은 것은? (다툼이 있는 경우 판례에 의함)

① 신청에 대한 거부처분은 당사자의 권익을 제한하는 처분에 해당하므로 처분의 사전통지의 대상이 된다.

② 행정청은 식품위생법 규정에 의하여 영업자지위승계신고 수리처분을 함에 있어서 종전의 영업자에 대하여 행정절차법상 사전통지를 하고 의견제출의 기회를 주어야 한다.

③ 국가공무원법상 직위해제처분을 하는 경우 처분의 사전통지 및 의견청취 등에 관한 행정절차법 규정은 별도로 적용되지 않는다.

④ 건축법상의 공사중지명령에 대해 미리 사전통지를 하고 의견제출의 기회를 준다면 많은 액수의 손실보상금을 기대하여 공사를 강행할 우려가 있다는 사정은 처분의 사전통지 및 의견제출절차의 예외사유에 해당하지 않는다.

해설 | 사전통지
중요도 ★★☆

① [×] 행정절차법 제21조 제1항은 행정청은 당사자에게 의무를 과하거나 권익을 제한하는 처분을 하는 경우에는 미리 처분의 제목, 당사자의 성명 또는 명칭과 주소, 처분하고자 하는 원인이 되는 사실과 처분의 내용 및 법적 근거, 그에 대하여 의견을 제출할 수 있다는 뜻과 의견을 제출하지 아니하는 경우의 처리방법, 의견제출기관의 명칭과 주소, 의견제출기한 등을 당사자 등에게 통지하도록 하고 있는바, 신청에 따른 처분이 이루어지지 아니한 경우에는 아직 당사자에게 권익이 부과되지 아니하였으므로 특별한 사정이 없는 한 신청에 대한 거부처분이라고 하더라도 직접 당사자의 권익을 제한하는 것은 아니어서 신청에 대한 거부처분을 여기에서 말하는 '당사자의 권익을 제한하는 처분'에 해당한다고 할 수 없는 것이어서 처분의 사전통지대상이 된다고 할 수 없다(대판 2003.11.28, 2003두674).

② [○] 행정청이 당사자에게 의무를 과하거나 권익을 제한하는 처분을 함에 있어서는 당사자 등에게 처분의 사전통지를 하고 의견제출의 기회를 주어야 하며, 여기서 당사자라 함은 행정청의 처분에 대하여 직접 그 상대가 되는 자를 의미한다 할 것이고, 한편 구 식품위생법 제25조 제2항, 제3항의 각 규정에 의하면 지방세법에 의한 압류재산 매각절차에 따라 영업시설의 전부를 인수함으로써 그 영업자의 지위를 승계한 자가 관계행정청에 이를 신고하여 행정청이 이를 수리하는 경우에는 종전의 영업자에 대한 영업허가 등은 그 효력을 잃는다 할 것인데, 위 규정들을 종합하면 위 행정청이 구 식품위생법 규정에 의하여 영업자 지위승계신고를 수리하는 처분은 종전의 영업자의 권익을 제한하는 처분이라 할 것이고 따라서 종전의 영업자는 그 처분에 대하여 직접 그 상대가 되는 자에 해당한다고 봄이 상당하므로 행정청으로서는 위 신고를 수리하는 처분을 함에 있어서 행정절차법 규정 소정의 당사자에 해당하는 종전의 영업자에 대하여 위 규정 소정의 행정절차를 실시하고 처분을 하여야 한다(대판 2003.2.14, 2001두7015).

③ [○] 국가공무원법상 직위해제처분은 구 행정절차법 제3조 제2항 제9호, 구 행정절차법 시행령 제2조 제3호에 의하여 당해 행정작용의 성질상 행정절차를 거치기 곤란하거나 불필요하다고 인정되는 사항 또는 행정절차에 준하는 절차를 거친 사항에 해당하므로, 처분의 사전통지 및 의견청취 등에 관한 행정절차법의 규정이 별도로 적용되지 않는다(대판 2014.5.16, 2012두26180).

④ [○] 건축법의 공사중지명령에 대한 사전통지를 하고 의견제출의 기회를 준다면 많은 액수의 손실보상금을 기대하여 공사를 강행할 우려가 있다는 사정은 사전통지 및 의견제출절차의 예외사유에 해당하지 아니한다(대판 2004.5.28, 2004두1254).

답 ①

013

다음 중 행정절차법의 내용으로 옳지 않은 것은?

2015년 9급 복원

① 청문이란 행정청이 어떠한 처분을 하기 전에 당사자 등의 의견을 직접 듣고 증거를 조사하는 절차를 말한다.

② 행정절차법은 모든 침익적 처분에 대해 사전에 통지하여야 한다고 규정하고 있다.

③ 이유제시란 행정처분을 함에 있어서 그 근거가 되는 법적·사실적 근거를 명기하는 것을 말한다.

④ 이유제시를 할 때에는 단순히 처분의 근거가 되는 법령뿐만 아니라 구체적인 사실과 당해 처분과의 관계가 적시되어야 한다.

해설 | 이유제시, 사전통지 등

중요도 ★★☆

① [○] "청문"이란 행정청이 어떠한 처분을 하기 전에 당사자 등의 의견을 직접 듣고 증거를 조사하는 절차를 말한다(행정절차법 제2조 제5호).

② [×] 행정절차법은 침익적 처분에 대하여 사전통지를 하지 아니할 수 있는 경우를 규정하고 있다.

> 제21조 【처분의 사전통지】 ④ 다음 각 호의 어느 하나에 해당하는 경우에는 제1항에 따른 통지를 하지 아니할 수 있다.
> 1. 공공의 안전 또는 복리를 위하여 긴급히 처분을 할 필요가 있는 경우
> 2. 법령 등에서 요구된 자격이 없거나 없어지게 되면 반드시 일정한 처분을 하여야 하는 경우에 그 자격이 없거나 없어지게 된 사실이 법원의 재판 등에 의하여 객관적으로 증명된 경우
> 3. 해당 처분의 성질상 의견청취가 현저히 곤란하거나 명백히 불필요하다고 인정될 만한 상당한 이유가 있는 경우

③ [○] 동법 제23조 제1항

> 제23조 【처분의 이유제시】 ① 행정청은 처분을 할 때에는 다음 각 호의 어느 하나에 해당하는 경우를 제외하고는 당사자에게 그 근거와 이유를 제시하여야 한다.
> 1. 신청 내용을 모두 그대로 인정하는 처분인 경우
> 2. 단순·반복적인 처분 또는 경미한 처분으로서 당사자가 그 이유를 명백히 알 수 있는 경우
> 3. 긴급히 처분을 할 필요가 있는 경우

④ [○] 처분의 이유제시는 처분과 동시에 하며 당사자가 그 근거를 알 수 있을 정도로 상당한 이유이어야 하고 충분히 납득할 수 있도록 구체적이고 명확하여야 한다.

답 ②

다음 처분에 관한 설명 중 옳은 것은? (다툼이 있는 경우 판례에 의함)

① 행정절차법상 처분의 사전통지의 대상이 되는 '당사자에게 의무를 부과하거나 권익을 제한하는 처분'에는 '신청에 대한 거부처분'이 포함되지 않는다.

② 법률에 따라 통고처분을 할 수 있으면 행정청은 통고처분을 하여야 하며, 통고처분 이외의 조치를 할 재량은 없다.

③ 해당 처분의 성질상 의견청취가 현저히 곤란하거나 명백히 불필요하다고 인정될 만한 상당한 이유가 있는 경우 사전통지를 아니할 수 있으며, 이 경우 행정청은 처분 후에 당사자 등에게 통지를 하지 아니한 사유를 알려야 한다.

④ 도로법 제25조 제3항에 의한 도로구역변경고시의 경우는 행정절차법상 사전통지나 의견청취의 대상이 되는 처분에 해당한다.

📝 해설 ┃ 대상적격

중요도 ★★★

① [○] 행정절차법 제21조 제1항은 행정청은 당사자에게 의무를 과하거나 권익을 제한하는 처분을 하는 경우에는 미리 처분의 제목, 당사자의 성명 또는 명칭과 주소, 처분하고자 하는 원인이 되는 사실과 처분의 내용 및 법적 근거, 그에 대하여 의견을 제출할 수 있다는 뜻과 의견을 제출하지 아니하는 경우의 처리방법, 의견제출기관의 명칭과 주소, 의견제출기한 등을 당사자 등에게 통지하도록 하고 있는바, 신청에 따른 처분이 이루어지지 아니한 경우에는 아직 당사자에게 권익이 부과되지 아니하였으므로 특별한 사정이 없는 한 신청에 대한 거부처분이라고 하더라도 직접 당사자의 권익을 제한하는 것은 아니어서 신청에 대한 거부처분을 여기에서 말하는 '당사자의 권익을 제한하는 처분'에 해당한다고 할 수 없는 것이어서 처분의 사전통지대상이 된다고 할 수 없다(대판 2003.11.28, 2003두674).

② [×] 통고처분을 할 것인지의 여부는 관세청장 또는 세관장의 재량에 맡겨져 있고, 따라서 관세청장 또는 세관장이 관세범에 대하여 통고처분을 하지 아니한 채 고발하였다는 것만으로는 그 고발 및 이에 기한 공소의 제기가 부적법하게 되는 것은 아니다(대판 2007.5.11, 2006도1993).

③ [×] 처분을 할 때에는 당사자 등에게 통지를 하지 아니한 사유를 알려야 한다.

> **행정절차법 제21조【처분의 사전통지】** ④ 다음 각 호의 어느 하나에 해당하는 경우에는 제1항에 따른 통지를 하지 아니할 수 있다.
> 1. 공공의 안전 또는 복리를 위하여 긴급히 처분을 할 필요가 있는 경우
> 2. 법령 등에서 요구된 자격이 없거나 없어지게 되면 반드시 일정한 처분을 하여야 하는 경우에 그 자격이 없거나 없어지게 된 사실이 법원의 재판 등에 의하여 객관적으로 증명된 경우
> 3. 해당 처분의 성질상 의견청취가 현저히 곤란하거나 명백히 불필요하다고 인정될 만한 상당한 이유가 있는 경우
> ⑥ 제4항에 따라 사전통지를 하지 아니하는 경우 행정청은 처분을 할 때 당사자 등에게 통지를 하지 아니한 사유를 알려야 한다. 다만, 신속한 처분이 필요한 경우에는 처분 후 그 사유를 알릴 수 있다.

④ [×] 행정절차법 제2조 제4호가 행정절차법의 당사자를 행정청의 처분에 대하여 직접 그 상대가 되는 당사자로 규정하고, 도로법 제25조 제3항이 도로구역을 결정하거나 변경할 경우 이를 고시에 의하도록 하면서, 그 도면을 일반인이 열람할 수 있도록 한 점 등을 종합하여 보면, 도로구역을 변경한 이 사건 처분은 행정절차법 제21조 제1항의 사전통지나 제22조 제3항의 의견청취의 대상이 되는 처분은 아니라고 할 것이다(대판 2008.6.12, 2007두1767).

답 ①

015 청문에 대한 설명으로 옳은 것은? (다툼이 있는 경우 판례에 의함)

① 개별법에 청문을 하도록 규정해 놓은 경우에도 당사자의 신청이 있어야만 청문을 할 수 있다.

② 행정청은 청문을 하려면 청문이 시작되는 날부터 7일 전까지 당사자 등에게 통지하여야 한다.

③ 행정청과 당사자 사이에 행정절차법상 규정된 청문절차를 배제하는 내용의 협약이 체결되었다고 하여, 그러한 협약이 청문의 실시에 관한 행정절차법 규정의 적용이 배제된다거나 청문을 실시하지 않아도 되는 예외적인 경우에 해당한다고 할 수 없다.

④ 행정청은 처분 후 1개월 이내에 당사자 등이 요청하는 경우에는 청문·공청회 또는 의견제출을 위하여 제출받은 서류나 그 밖의 물건을 반환하여야 한다.

📝 해설 | 의견제출(청문)

중요도 ★★★

① [×] 행정청이 처분을 할 때 다음 각 호의 어느 하나에 해당하는 경우에는 청문을 한다(행정절차법 제22조 제1항).

② [×] 행정청은 청문을 하려면 청문이 시작되는 날부터 10일 전까지 제1항 각 호의 사항을 당사자 등에게 통지하여야 한다. 이 경우 제1항 제4호부터 제6호까지의 사항은 청문 주재자의 소속·직위 및 성명, 청문의 일시 및 장소, 청문에 응하지 아니하는 경우의 처리방법 등 청문에 필요한 사항으로 갈음한다(동법 제21조 제2항).

③ [○] 행정청이 당사자와 사이에 도시계획사업의 시행과 관련한 협약을 체결하면서 관계 법령 및 행정절차법에 규정된 청문의 실시 등 의견청취절차를 배제하는 조항을 두었다고 하더라도, 국민의 행정참여를 도모함으로써 행정의 공정성·투명성 및 신뢰성을 확보하고 국민의 권익을 보호한다는 행정절차법의 목적 및 청문제도의 취지 등에 비추어 볼 때, 위와 같은 협약의 체결로 청문의 실시에 관한 규정의 적용을 배제할 수 있다고 볼 만한 법령상의 규정이 없는 한, 이러한 협약이 체결되었다고 하여 청문의 실시에 관한 규정의 적용이 배제된다거나 청문을 실시하지 않아도 되는 예외적인 경우에 해당한다고 할 수 없다(대판 2004.7.8, 2002두8350).

④ [×] 행정청은 처분 후 1년 이내에 당사자 등이 요청하는 경우에는 청문·공청회 또는 의견제출을 위하여 제출받은 서류나 그 밖의 물건을 반환하여야 한다(동법 제22조 제6항).

답 ③

016 행정절차법상 청문을 하여야 하는 경우가 아닌 것은?

① 다른 법령 등에서 청문을 하도록 규정하고 있는 경우

② 행정청이 필요하다고 인정하는 경우

③ 인·허가 등을 취소하는 처분을 하는 경우

④ 법인이나 조합 등의 설립허가를 취소하는 처분시 의견제출기한 내에 당사자 등의 신청이 있는 경우

📝 해설 | 의견제출(청문)

중요도 ★★☆

①②④ [○] 행정절차법 제22조 제1항

> 제22조 【의견청취】 ① 행정청이 처분을 할 때 다음 각 호의 어느 하나에 해당하는 경우에는 청문을 한다.
> 1. 다른 법령 등에서 청문을 하도록 규정하고 있는 경우
> 2. 행정청이 필요하다고 인정하는 경우
> 3. 다음 각 목의 처분시 제21조 제1항 제6호에 따른 의견제출기한 내에 당사자 등의 신청이 있는 경우
>   (가. ~ 나. 생략)
>   다. 법인이나 조합 등의 설립허가의 취소

③ [×] 인·허가 등의 취소시 의견제출기한 내에 당사자 등의 신청이 있는 경우에 청문을 한다.

> 동법 제22조 【의견청취】 ① 행정청이 처분을 할 때 다음 각 호의 어느 하나에 해당하는 경우에는 청문을 한다.
> 3. 다음 각 목의 처분시 제21조 제1항 제6호에 따른 의견제출기한 내에 당사자 등의 신청이 있는 경우
>   가. 인·허가 등의 취소

답 ③

017 다음 중 행정절차법에 관한 설명으로 옳지 않은 것은? (다툼이 있는 경우 판례에 의함)

① 행정청은 당사자에게 의무를 부과하거나 권익을 제한하는 처분을 하는 경우에는 미리 일정한 사항을 당사자 등에게 통지하고 의견청취를 하여야 한다.

② 침익적 행정처분을 하는 경우 청문이나 공청회를 필요적으로 거쳐야 하는 경우에 해당하지 않는다면 의견제출절차도 거치지 않아도 된다.

③ 해당 처분의 성질상 의견청취가 현저히 곤란하거나 명백히 불필요하다고 인정될 만한 상당한 이유가 있는 경우에는 사전통지 및 의견청취절차를 거치지 아니할 수 있다.

④ 처분에 대한 사전통지를 하고 의견제출의 기회를 준다면 많은 액수의 손실보상금을 기대하여 공사를 강행할 우려가 있다는 사정만으로 이 사건 처분이 "당해 처분의 성질상 의견청취가 현저히 곤란하거나 명백히 불필요하다고 인정될 만한 상당한 이유가 있는 경우"에 해당한다고 볼 수 없다.

📝 해설 | 사전통지, 의견제출

중요도 ★★☆

① [O] 행정청은 당사자에게 의무를 부과하거나 권익을 제한하는 처분을 하는 경우에는 미리 다음 각 호의 사항을 당사자 등에게 통지하여야 한다(행정절차법 제21조 제1항).

② [×] 행정청이 당사자에게 의무를 부과하거나 권익을 제한하는 처분을 할 때 제1항 또는 제2항의 경우 외에는 당사자 등에게 의견제출의 기회를 주어야 한다(동법 제22조 제3항).

③ [O] 동법 제21조 제1항·제4항 제3호

> 제21조 【처분의 사전통지】 ① 행정청은 당사자에게 의무를 부과하거나 권익을 제한하는 처분을 하는 경우에는 미리 다음 각 호의 사항을 당사자 등에게 통지하여야 한다.
> ④ 다음 각 호의 어느 하나에 해당하는 경우에는 제1항에 따른 통지를 하지 아니할 수 있다.
> 3. 해당 처분의 성질상 의견청취가 현저히 곤란하거나 명백히 불필요하다고 인정될 만한 상당한 이유가 있는 경우

④ [O] 원고에게 처분에 대한 사전통지를 하고 의견제출의 기회를 준다면 많은 액수의 손실보상금을 기대하여 공사를 강행할 우려가 있다는 사정만으로 이 사건 처분이 "당해 처분의 성질상 의견청취가 현저히 곤란하거나 명백히 불필요하다고 인정될만한 상당한 이유가 있는 경우"에 해당한다고 볼 수 없으므로 이 사건 처분은 위법하다(대판 2004.5.28, 2004두1254).

답 ②

---

018 다음 중 청문에 대한 설명으로 옳지 않은 것은?

① 청문 주재자는 당사자 등이 주장하지 아니한 사실에 대하여도 조사할 수 있다.

② 행정청은 직권으로 여러 개의 사안을 병합하거나 분리하여 청문을 할 수 없다.

③ 행정청은 청문이 시작되는 날부터 7일 전까지 청문 주재자에게 청문과 관련한 필요한 자료를 미리 통지하여야 한다.

④ 청문 주재자 자신이 해당 처분과 관련하여 증언이나 감정을 한 경우에는 청문을 주재할 수 없다.

📝 해설 | 의견제출(청문)

중요도 ★★☆

① [O] 청문 주재자는 직권으로 또는 당사자의 신청에 따라 필요한 조사를 할 수 있으며, 당사자 등이 주장하지 아니한 사실에 대하여도 조사할 수 있다(행정절차법 제33조 제1항).

② [×] 행정청은 직권으로 또는 당사자의 신청에 따라 여러 개의 사안을 병합하거나 분리하여 청문을 할 수 있다(동법 제32조).

③ [O] 행정청은 청문이 시작되는 날부터 7일 전까지 청문 주재자에게 청문과 관련한 필요한 자료를 미리 통지하여야 한다(동법 제28조 제2항).

④ [O] 청문 주재자가 자신이 해당 처분과 관련하여 증언이나 감정을 한 경우에는 청문을 주재할 수 없다(동법 제29조 제1항 제2호).

답 ②

행정절차에 대한 설명으로 옳지 않은 것은? (다툼이 있는 경우 판례에 의함)

① 당사자 등은 인·허가 등의 취소, 신분·자격의 박탈, 법인이나 조합 등의 설립허가의 취소에 관한 처분시 의견제출 기한 내에 청문의 실시를 신청할 수 있다.

② 행정청은 처분을 함에 있어 국민생활에 큰 영향을 미치는 처분으로서 대통령령으로 정하는 처분에 대하여 대통령 령으로 정하는 수 이상의 당사자 등이 공청회 개최를 요구하는 경우 공청회를 개최한다.

③ 행정청은 국민생활에 매우 큰 영향을 주는 사항, 많은 국민의 이해가 상충되는 사항, 많은 국민에게 불편이나 부담을 주는 사항, 그 밖에 널리 국민의 의견을 수렴할 필요가 있는 사항에 대한 정책, 제도 및 계획을 수립·시행하거나 변경하려는 경우에 한해 이를 예고할 의무가 있다.

④ 판례는 당사자가 신청하는 허가 등을 거부하는 처분을 하면서 당사자가 그 근거를 알 수 있을 정도로 이유를 제시한 경우에는 처분의 근거와 이유를 구체적으로 명시하지 않았더라도 그로 인해 처분이 위법하게 되는 것은 아니라고 보았다.

📝 해설 | 행정절차법 중요도 ★★★

① [○] 행정절차법 제22조 제1항

> **제22조 【의견청취】** ① 행정청이 처분을 할 때 다음 각 호의 어느 하나에 해당하는 경우에는 청문을 한다.
> 1. 다른 법령 등에서 청문을 하도록 규정하고 있는 경우
> 2. 행정청이 필요하다고 인정하는 경우
> 3. 다음 각 목의 처분시 제21조 제1항 제6호에 따른 의견제출기한 내에 당사자 등의 신청이 있는 경우
>   가. 인·허가 등의 취소
>   나. 신분·자격의 박탈
>   다. 법인이나 조합 등의 설립허가의 취소

② [○] 동법 제22조 제2항 제3호

> **제22조 【의견청취】** ② 행정청이 처분을 할 때 다음 각 호의 어느 하나에 해당하는 경우에는 공청회를 개최한다.
> 3. 국민생활에 큰 영향을 미치는 처분으로서 대통령령으로 정하는 처분에 대하여 대통령령으로 정하는 수 이상의 당사자 등이 공청회 개최를 요구하는 경우

③ [×] 행정절차법이 개정되기 전의 내용으로 옳지 않다.

> **제46조 【행정예고】** ① 행정청은 정책, 제도 및 계획을 수립·시행하거나 변경하려는 경우에는 이를 예고하여야 한다. 다만, 다음 각 호의 어느 하나에 해당하는 경우에는 예고를 하지 아니할 수 있다.
> 1. 신속하게 국민의 권리를 보호하여야 하거나 예측이 어려운 특별한 사정이 발생하는 등 긴급한 사유로 예고가 현저히 곤란한 경우
> 2. 법령 등의 단순한 집행을 위한 경우
> 3. 정책 등의 내용이 국민의 권리·의무 또는 일상생활과 관련이 없는 경우
> 4. 정책 등의 예고가 공공의 안전 또는 복리를 현저히 해칠 우려가 상당한 경우

④ [○] 일반적으로 당사자가 근거규정 등을 명시하여 신청하는 인·허가 등을 거부하는 처분을 함에 있어 당사자가 그 근거를 알 수 있을 정도로 상당한 이유를 제시한 경우에는 당해 처분의 근거 및 이유를 구체적 조항 및 내용까지 명시하지 않더라도 그로 말미암아 그 처분이 위법한 것이 된다고 할 수 없다. 행정청이 토지형질변경허가신청을 불허하는 근거규정으로 '도시계획법 시행령 제20조'를 명시하지 아니하고 '도시계획법'이라고만 기재하였으나, 신청인이 자신의 신청이 개발제한구역의 지정목적에 현저히 지장을 초래하는 것이라는 이유로 구 도시계획법 시행령 제20조 제1항 제2호에 따라 불허된 것임을 알 수 있었던 경우 그 불허처분이 위법하지 아니하다(대판 2002.5.17, 2000두8912).

답 ③

020 甲은 乙로부터 유흥주점을 양도받고 영업자지위승계신고를 식품위생법 규정에 따라 관할 행정청 A에게 하였다. 이에 대한 다음의 설명 중 옳지 않은 것은? (다툼이 있는 경우 판례에 의함)

2021년 7급 변형

① A는 이 유흥주점영업자지위승계신고를 수리함에 있어 乙에게 그 사실을 사전에 통지하여야 한다.
② A는 이 유흥주점영업자지위승계신고를 수리함에 있어 청문이 필요하다고 인정하면 신고를 수리한 후에 청문을 할 수 있다.
③ 乙은 행정절차법상의 당사자의 지위에 있다.
④ A의 유흥주점영업자지위승계신고수리는 乙의 권익을 제한하는 처분이다.

📝 해설 | 행정절차법
중요도 ★★★

①③④ [○] 영업자지위승계신고를 수리하면 乙에 대한 영업허가를 철회하고 甲에게 영업허가를 부여하는 효과가 발생하므로 乙에 대한 침익처분에 해당하여 乙에게 사전통지를 하고 의견청취절차를 거쳐야 한다.

> **🔎 관련 판례**
>
> 행정절차법 제21조 제1항, 제22조 제3항 및 제2조 제4호의 각 규정에 의하면, 행정청이 당사자에게 의무를 과하거나 권익을 제한하는 처분을 함에 있어서는 당사자 등에게 처분의 사전통지를 하고 의견제출의 기회를 주어야 하며, 여기서 당사자라 함은 행정청의 처분에 대하여 직접 그 상대가 되는 자를 의미한다 할 것이고, 한편 구 식품위생법(2002.1.26. 법률 제6627호로 개정되기 전의 것) 제25조 제2항·제3항의 각 규정에 의하면, 지방세법에 의한 압류재산 매각절차에 따라 영업시설의 전부를 인수함으로써 그 영업자의 지위를 승계한 자가 관계행정청에 이를 신고하여 행정청이 이를 수리하는 경우에는 종전의 영업자에 대한 영업허가 등은 그 효력을 잃는다 할 것인데, 위 규정들을 종합하면 위 행정청이 구 식품위생법 규정에 의하여 영업자지위승계신고를 수리하는 처분은 종전의 영업자의 권익을 제한하는 처분이라 할 것이고 따라서 종전의 영업자는 그 처분에 대하여 직접 그 상대가 되는 자에 해당한다고 봄이 상당하므로, 행정청으로서는 위 신고를 수리하는 처분을 함에 있어서 행정절차법 규정 소정의 당사자에 해당하는 종전의 영업자에 대하여 위 규정 소정의 행정절차를 실시하고 처분을 하여야 한다(대판 2003.2.14, 2001두7015).

② [×] 의견청취절차(청문, 공청회, 의견제출)는 처분을 하기 전에 거쳐야 하는 절차이다.

답 ②

---

021 공청회의 통지날짜와 행정예고기간의 연결이 올바르게 짝지어진 것은?

2009년 9급 복원 변형

	공청회 통지날짜	행정예고기간
①	10일 전	14일 이상
②	14일 전	20일 이상
③	14일 전	40일 이상
④	20일 전	30일 이상

📝 해설 | 의견제출(공청회), 행정예고
중요도 ★☆☆

② [○] 행정절차법 제38조, 제46조 제3항

> **제38조【공청회 개최의 알림】** 행정청은 공청회를 개최하려는 경우에는 공청회 개최 14일 전까지 다음 각 호의 사항을 당사자 등에게 통지하고 관보, 공보, 인터넷 홈페이지 또는 일간신문 등에 공고하는 등의 방법으로 널리 알려야 한다. 다만, 공청회 개최를 알린 후 예정대로 개최하지 못하여 새로 일시 및 장소 등을 정한 경우에는 공청회 개최 7일 전까지 알려야 한다.
> **제46조【행정예고】** ③ 행정예고기간은 예고 내용의 성격 등을 고려하여 정하되, 특별한 사정이 없으면 20일 이상으로 한다.

답 ②

022

다음 중 법령에 대한 설명으로 옳지 않은 것은?

① 법규명령은 조문의 형식으로 한다.

② 행정절차법상 모든 법령은 입법예고를 하여야 한다.

③ 집행명령은 상위법령의 근거 없이 제정이 가능하다.

④ 대통령령은 법제처 심사와 국무회의 심의, 총리령과 부령은 법제처 심사로써 제정된다.

해설 | 법규명령, 입법예고

중요도 ★☆☆

① [○] 법규명령은 조문의 형식으로 하여야 하고, 일정한 형식을 갖추어야 한다.

② [×] 행정절차법 제41조 제1항에서 입법예고의 예외를 규정하고 있다.

> **제41조【행정상 입법예고】** ① 법령 등을 제정·개정 또는 폐지(이하 "입법"이라 한다)하려는 경우에는 해당 입법안을 마련한 행정청은 이를 예고하여야 한다. 다만, 다음 각 호의 어느 하나에 해당하는 경우에는 예고를 하지 아니할 수 있다.
> 1. 신속한 국민의 권리 보호 또는 예측 곤란한 특별한 사정의 발생 등으로 입법이 긴급을 요하는 경우
> 2. 상위법령 등의 단순한 집행을 위한 경우
> 3. 입법내용이 국민의 권리·의무 또는 일상생활과 관련이 없는 경우
> 4. 단순한 표현·자구를 변경하는 경우 등 입법내용의 성질상 예고의 필요가 없거나 곤란하다고 판단되는 경우
> 5. 예고함이 공공의 안전 또는 복리를 현저히 해칠 우려가 있는 경우

③ [○] 집행에 관련된 사항은 상위법령의 규정여부에 관련 없이 제정할 수 있지만 집행명령으로 새로운 국민의 권리를 제한하거나 의무를 부과할 수 없다.

④ [○] 대통령령은 법제처의 심사와 국무회의의 심의를 거쳐야 하며, 총리령·부령은 대통령령과 제정되는 절차가 비슷하지만 국무회의의 심의 대상이 아니며 법제처 심사로써 제정된다.

답 ②

023

다음 중 행정입법예고에 관한 설명으로 옳지 않은 것은?

① 입법예고기간은 예고할 때 정하되, 특별한 사정이 없는 한 40일(자치법규는 20일) 이상으로 한다.

② 행정청은 입법예고를 하는 경우에는 대통령령·총리령·부령·고시 등을 국회 소관 상임위원회에 제출하여야 한다.

③ 행정청은 예고된 입법안에 대하여 전자공청회 등을 통하여 널리 의견을 수렴할 수 있다.

④ 행정청은 예고된 입법안의 전문에 대하여 열람 또는 복사를 요청받았을 때에는 특별한 사유가 없으면 그 요청에 따라야 한다.

해설 | 입법예고

중요도 ★★★

① [○] 입법예고기간은 예고할 때 정하되, 특별한 사정이 없으면 40일(자치법규는 20일) 이상으로 한다(행정절차법 제43조).

② [×] 행정청은 대통령령을 입법예고하는 경우 국회 소관 상임위원회에 이를 제출하여야 한다(동법 제42조 제2항).

③ [○] 행정청은 제1항에 따라 예고된 입법안에 대하여 전자공청회 등을 통하여 널리 의견을 수렴할 수 있다. 이 경우 제38조의2 제2항부터 제4항까지의 규정을 준용한다(동법 제42조 제4항).

④ [○] 행정청은 예고된 입법안의 전문에 대한 열람 또는 복사를 요청받았을 때에는 특별한 사유가 없으면 그 요청에 따라야 한다(동법 제42조 제5항).

답 ②

024 행정절차법상 행정절차에 대한 설명으로 옳지 않은 것은?

① 행정절차법은 감사원이 감사위원회의의 결정을 거쳐 행하는 사항에 대하여는 적용하지 아니한다.

② 행정청은 대통령령·부령을 입법예고하는 경우에는 이를 국회 소관 상임위원회에 제출하여야 한다.

③ 적법한 요건을 갖춘 신고서가 접수기관에 도달된 때에는 신고의 의무가 이행된 것으로 본다.

④ 행정청은 신고에 구비서류의 미비 등 흠이 있는 경우에는 보완에 필요한 상당한 기간을 정하여 지체 없이 신고인에게 보완을 요구하여야 하며 신고인이 일정한 기간 내에 보완을 하지 아니하였을 때에는 그 이유를 구체적으로 밝혀 해당 신고서를 되돌려 보내야 한다.

📝 해설 | 행정절차법

중요도 ★★★

① [○] 행정절차법은 감사원이 감사위원회의의 결정을 거쳐 행하는 사항에 대하여는 적용하지 아니한다(행정절차법 제3조 제2항 제5호).

② [×] 입법예고시의 제출의무가 규정되어 있는 것은 대통령령뿐이다.

> **행정절차법 제42조【예고방법】** ② 행정청은 대통령령을 입법예고하는 경우 국회 소관 상임위원회에 이를 제출하여야 한다.
> **국회법 제98조의2【대통령령 등의 제출 등】** ① 중앙행정기관의 장은 법률에서 위임한 사항이나 법률을 집행하기 위하여 필요한 사항을 규정한 대통령령·총리령·부령·훈령·예규·고시 등이 제정·개정 또는 폐지되었을 때에는 10일 이내에 이를 국회 소관 상임위원회에 제출하여야 한다. 다만, 대통령령의 경우에는 입법예고를 할 때에도 그 입법예고안을 10일 이내에 제출하여야 한다.

③ [○] 행정절차법 제40조 제2항

> **제40조【신고】** ② 제1항에 따른 신고가 다음 각 호의 요건을 갖춘 경우에는 신고서가 접수기관에 도달된 때에 신고 의무가 이행된 것으로 본다.
> 1. 신고서의 기재사항에 흠이 없을 것
> 2. 필요한 구비서류가 첨부되어 있을 것
> 3. 그 밖에 법령 등에 규정된 형식상의 요건에 적합할 것

④ [○] 행정절차법 제40조 제3항·제4항

> **제40조【신고】** ③ 행정청은 제2항 각 호의 요건을 갖추지 못한 신고서가 제출된 경우에는 지체 없이 상당한 기간을 정하여 신고인에게 보완을 요구하여야 한다.
> ④ 행정청은 신고인이 제3항에 따른 기간 내에 보완을 하지 아니하였을 때에는 그 이유를 구체적으로 밝혀 해당 신고서를 되돌려 보내야 한다.

답 ②

다음 중 행정절차법상 입법예고에 대한 설명으로 옳지 않은 것은? (다툼이 있는 경우 판례에 의함)

① 입법예고기간은 예고할 때 정하되, 특별한 사정이 없으면 20일, 자치법규는 15일 이상으로 한다.

② 행정청은 대통령령을 입법예고하는 경우 국회 소관 상임위원회에 이를 제출하여야 한다.

③ 행정청은 입법예고를 할 때에 입법안과 관련이 있다고 인정되는 중앙행정기관, 지방자치단체, 그 밖의 단체 등이 예고사항을 알 수 있도록 예고사항을 통지하거나 그 밖의 방법으로 알려야 한다.

④ 행정청은 예고된 입법안의 전문에 대한 열람 또는 복사를 요청받았을 때에는 특별한 사유가 없으면 그 요청에 따라야 하며, 복사에 드는 비용을 복사를 요청한 자에게 부담시킬 수 있다.

📝 **해설 | 입법예고** 중요도 ★★☆

① [×] 입법예고기간은 예고할 때 정하되, 특별한 사정이 없으면 40일(자치법규는 20일) 이상으로 한다(행정절차법 제43조).

② [○] 행정청은 대통령령을 입법예고하는 경우 국회 소관 상임위원회에 이를 제출하여야 한다(동법 제42조 제2항).

③ [○] 행정청은 입법예고를 할 때에 입법안과 관련이 있다고 인정되는 중앙행정기관, 지방자치단체, 그 밖의 단체 등이 예고사항을 알 수 있도록 예고사항을 통지하거나 그 밖의 방법으로 알려야 한다(동법 제42조 제3항).

④ [○] 행정청은 예고된 입법안의 전문에 대한 열람 또는 복사를 요청받았을 때에는 특별한 사유가 없으면 그 요청에 따라야 하며 이에 따른 복사에 드는 비용을 복사를 요청한 자에게 부담시킬 수 있다(동법 제42조 제5항·제6항).

답 ①

CHAPTER 2 | 정보공개와 개인정보 보호

THEME 39　행정정보의 공개

001 정보공개에 대한 설명으로 옳지 않은 것은?

2020년 9급

① 정보의 공개를 청구하는 자는 해당 정보를 보유하거나 관리하고 있는 공공기관에 법령상의 요건을 갖춘 정보공개 청구서를 제출하거나 말로써 정보의 공개를 청구할 수 있다.

② 공공기관은 공개 청구된 공개 대상 정보의 전부 또는 일부가 제3자와 관련이 있다고 인정할 때에는 그 사실을 제3자에게 지체 없이 통지하여야 하며, 필요한 경우에는 그의 의견을 들을 수 있다.

③ 공공기관의 정보공개에 관한 법률 제11조 제3항에 따라 공개 청구된 사실을 통지받은 제3자는 그 통지를 받은 날부터 7일 이내에 해당 공공기관에 대하여 자신과 관련된 정보를 공개하지 아니할 것을 요청할 수 있다.

④ 공공기관의 정보공개에 관한 법률 제21조 제2항에 따른 비공개 요청에도 불구하고 공공기관이 공개 결정을 할 때에는 공개 결정 이유와 공개 실시일을 분명히 밝혀 지체 없이 문서로 통지하여야 하며, 제3자는 해당 공공기관에 문서로 이의신청을 하거나 행정심판 또는 행정소송을 제기할 수 있다.

📝 해설 | 정보공개

중요도 ★★★

① [○] 정보의 공개를 청구하는 자는 해당 정보를 보유하거나 관리하고 있는 공공기관에 다음 각 호의 사항을 적은 정보공개 청구서를 제출하거나 말로써 정보의 공개를 청구할 수 있다(공공기관의 정보공개에 관한 법률 제10조 제1항).

② [○] 공공기관은 공개 청구된 공개 대상 정보의 전부 또는 일부가 제3자와 관련이 있다고 인정할 때에는 그 사실을 제3자에게 지체 없이 통지하여야 하며, 필요한 경우에는 그의 의견을 들을 수 있다(동법 제11조 제3항).

③ [×] 제11조 제3항에 따라 공개 청구된 사실을 통지받은 제3자는 그 통지를 받은 날부터 <u>3일 이내</u>에 해당 공공기관에 대하여 자신과 관련된 정보를 공개하지 아니할 것을 요청할 수 있다(동법 제21조 제1항).

④ [○] 제1항에 따른 비공개 요청에도 불구하고 공공기관이 공개 결정을 할 때에는 공개 결정 이유와 공개 실시일을 분명히 밝혀 지체 없이 문서로 통지하여야 하며, 제3자는 해당 공공기관에 문서로 이의신청을 하거나 행정심판 또는 행정소송을 제기할 수 있다. 이 경우 이의신청은 통지를 받은 날부터 7일 이내에 하여야 한다(동법 제21조 제2항).

답 ③

002 다음 중 공공기관의 정보공개에 관한 법률에 대한 설명으로 옳지 못한 것은? (다툼이 있는 경우 판례에 의함)

2015년 9급 복원

① 알 권리에는 일반적 정보공개 청구권이 포함된다.

② 공개를 구하는 정보를 공공기관이 보유·관리하고 있을 상당한 개연성이 있다는 점에 대한 증명책임은 공개 청구자가, 그 정보를 더 이상 보유·관리하고 있지 아니하다는 점에 대한 증명책임은 공공기관이 부담한다.

③ 특정정보에 대한 공개 청구가 없었던 경우 일반적인 정보공개의무는 없다.

④ 지방자치단체는 공공기관의 정보공개에 관한 법률 제5조의 정보공개 청구권자인 국민에 포함된다.

① [○] 국민의 알 권리, 특히 국가정보에의 접근의 권리는 우리 헌법상 기본적으로 표현의 자유와 관련하여 인정되는 것으로 그 권리의 내용에는 일반 국민 누구나 국가에 대하여 보유·관리하고 있는 정보의 공개를 청구할 수 있는 이른바 일반적인 정보공개 청구권이 포함되고, 이 청구권은 정보공개법이 시행되기 전에는 구 사무관리규정 제33조 제2항과 행정정보공개운영지침에서 구체화되어 있었다(대판 1999.9.21, 97누5114).

② [○] 정보공개제도는 공공기관이 보유·관리하는 정보를 그 상태대로 공개하는 제도로서 공개를 구하는 정보를 공공기관이 보유·관리하고 있을 상당한 개연성이 있다는 점에 대하여 원칙적으로 공개 청구자에게 증명책임이 있다고 할 것이지만, 공개를 구하는 정보를 공공기관이 한 때 보유·관리하였으나 후에 그 정보가 담긴 문서 등이 폐기되어 존재하지 않게 된 것이라면 그 정보를 더 이상 보유·관리하고 있지 아니하다는 점에 대한 증명책임은 공공기관에게 있다(대판 2004.12.9, 2003두12707).

③ [○] 알 권리에서 파생되는 정부의 공개의무는 특별한 사정이 없는 한 국민의 적극적인 정보수집행위, 특히 특정의 정보에 대한 공개 청구가 있는 경우에야 비로소 존재하므로, 정보공개 청구가 없었던 경우 대한민국과 중화인민공화국이 체결한 양국간 마늘 교역에 관한 합의서 및 그 부속서 중 '2003.1.1.부터 한국의 민간기업이 자유롭게 마늘을 수입할 수 있다'는 부분을 사전에 마늘재배 농가들에게 공개할 정부의 의무는 인정되지 아니한다. 또한 공포의무가 인정되는 일정범위의 조약의 경우에는 공개 청구가 없더라도 알 권리에 상응하는 공개의무가 예외적으로 인정되는 것으로 생각해 볼 수도 있으나 위 부속서의 경우 그 내용이 이미 연도의 의미를 명확히 하고 한국이 이미 행한 3년간의 중국산 마늘에 대한 긴급수입제한조치를 그 이후에는 다시 연장하지 않겠다는 방침을 선언한 것으로 집행적인 성격이 강하고, 특히 긴급수입제한조치의 연장은 중국과의 합의로 그 연장 여부가 최종적으로 결정된 것으로 볼 수 없는 점에 비추어 헌법적으로 정부가 반드시 공포하여 국내법과 같은 효력을 부여해야 한다고 단정할 수 없다(헌재 2004.12.16, 2002헌마579).

④ [×] 정보공개법은 국민을 정보공개 청구권자로, 지방자치단체를 국민에 대응하는 정보공개의무자로 상정하고 있다고 할 것이므로, 지방자치단체는 정보공개법 제5조에서 정한 정보공개 청구권자인 '국민'에 해당되지 아니한다(서울행정법원 2005.10.12, 2005구합10484).

답 ④

공공기관의 정보공개에 관한 법률에 대한 다음 설명 중 (a)~(d)에 들어갈 숫자로 옳은 것은?

ㄱ. 공공기관은 정보공개 청구를 받으면 그 청구를 받은 날부터 ☐(a)☐ 일 이내로 공개 여부를 결정하여야 한다.

ㄴ. 청구인이 정보공개와 관련한 공공기관의 비공개 결정 또는 부분 공개 결정에 불복이 있거나, 정보공개 청구 후 ☐(b)☐ 일이 경과하도록 정보공개 결정이 없는 때에는, 공공기관으로부터 정보공개 여부의 결정 통지를 받은 날 또는 정보공개 청구 후 ☐(c)☐ 일이 경과한 날부터 ☐(d)☐ 일 이내에 해당 공공기관에 문서로 이의신청을 할 수 있다.

	(a)	(b)	(c)	(d)
①	10	10	10	30
②	10	20	10	20
③	10	20	20	30
④	20	10	20	30

③ [○] 공공기관의 정보공개에 관한 법률 제11조 제1항, 제18조 제1항

> **제11조【정보공개 여부의 결정】** ① 공공기관은 제10조에 따라 정보공개의 청구를 받으면 그 청구를 받은 날부터 10일 이내에 공개 여부를 결정하여야 한다.
> **제18조【이의신청】** ① 청구인이 정보공개와 관련한 공공기관의 비공개 결정 또는 부분 공개 결정에 대하여 불복이 있거나 정보공개 청구 후 20일이 경과하도록 정보공개 결정이 없는 때에는 공공기관으로부터 정보공개 여부의 결정 통지를 받은 날 또는 정보공개 청구 후 20일이 경과한 날부터 30일 이내에 해당 공공기관에 문서로 이의신청을 할 수 있다.

답 ③

004

다음 중 공공기관의 정보공개에 관한 법률상 정보공개에 대한 설명으로 옳은 것은?

2017년 9급 복원

① 단순히 공무원을 괴롭힐 목적으로 정보공개를 요청하는 경우에도 응하여야 한다.

② 전자적 형태로 보유·관리하는 정보에 대하여 청구인이 전자적 형태로 공개하여 줄 것을 요청하는 경우에는 그 정보의 성질상 현저히 곤란한 경우를 제외하고는 청구인의 요청에 따라야 한다.

③ 검찰보존사무규칙에서 불기소사건 기록 등의 열람·등사 등을 제한하는 것은 공공기관의 정보공개에 관한 법률에 따른 '다른 법률 또는 명령에 의하여 비공개사항으로 규정된 경우'에 해당되어 적법하다.

④ 공공기관은 비공개 대상 정보에 해당하는 부분과 공개 가능한 부분이 혼합되어 있는 경우 정보공개를 거부하여야 한다.

해설 | 정보공개

중요도 ★★★

① [×] 오로지 상대방을 괴롭힐 목적으로 정보공개를 구하고 있다는 등의 특별한 사정이 없는 한 정보공개의 청구가 신의칙에 반하거나 권리남용에 해당한다고 볼 수 없다(대판 2006.8.24, 2004두2783).

② [○] 공공기관은 전자적 형태로 보유·관리하는 정보에 대하여 청구인이 전자적 형태로 공개하여 줄 것을 요청하는 경우에는 그 정보의 성질상 현저히 곤란한 경우를 제외하고는 청구인의 요청에 따라야 한다(공공기관의 정보공개에 관한 법률 제15조 제1항).

③ [×] 검찰보존사무규칙은 비록 법무부령으로 되어 있으나, 그중 불기소사건기록 등의 열람·등사에 대하여 제한하고 있는 부분은 위임근거가 없어 행정기관 내부의 사무처리준칙으로서 행정규칙에 불과하므로, 위 규칙에 의한 열람·등사의 제한을 구 정보공개법 제7조 제1항 제1호의 '다른 법률 또는 법률에 의한 명령에 의하여 비공개사항으로 규정된 경우'에 해당한다고 볼 수 없다(대판 2004.9.23, 2003두1370).

④ [×] 법원이 행정청의 정보공개 거부처분의 위법 여부를 심리한 결과 공개를 거부한 정보에 비공개 대상 정보에 해당하는 부분과 공개가 가능한 부분이 혼합되어 있고 공개 청구의 취지에 어긋나지 아니하는 범위 안에서 두 부분을 분리할 수 있음을 인정할 수 있을 때에는, 위 정보 중 공개가 가능한 부분을 특정하고 판결의 주문에 행정청의 위 거부처분 중 공개가 가능한 정보에 관한 부분만을 취소한다고 표시하여야 한다(대판 2003.3.11, 2001두6425).

답 ②

005

다음 중 공공기관의 정보공개에 관한 법률상의 내용으로 옳지 않은 것은?

2013년 9급 복원

① 공공기관은 정보공개의 청구를 받으면 그 청구를 받은 날부터 10일 이내에 공개 여부를 결정하여야 한다.

② 중앙행정기관 및 대통령령으로 정하는 기관은 전자적 형태로 보유·관리하는 정보 중 공개 대상으로 분류된 정보를 국민의 정보공개 청구가 없더라도 정보통신망을 활용한 정보공개시스템 등을 통하여 공개하여야 한다.

③ 지방자치단체는 그 소관사무에 관하여 법령의 범위에서 정보공개에 관한 조례를 정할 수 있다.

④ 직무를 수행한 공무원의 성명과 직위는 개인에 관한 사항이므로 공개하지 않는다.

해설 | 정보공개

중요도 ★★☆

① [○] 공공기관은 제10조에 따라 정보공개의 청구를 받으면 그 청구를 받은 날부터 10일 이내에 공개 여부를 결정하여야 한다(공공기관의 정보공개에 관한 법률 제11조 제1항).

② [○] 공공기관 중 중앙행정기관 및 대통령령으로 정하는 기관은 전자적 형태로 보유·관리하는 정보 중 공개 대상으로 분류된 정보를 국민의 정보공개 청구가 없더라도 정보통신망을 활용한 정보공개시스템 등을 통하여 공개하여야 한다(동법 제8조의2).

③ [○] 지방자치단체는 그 소관사무에 관하여 법령의 범위에서 정보공개에 관한 조례를 정할 수 있다(동법 제4조 제2항).

④ [×] 직무를 수행한 공무원의 성명·직위는 공개 대상이 된다.

> **동법 제9조 【비공개 대상 정보】** ① 공공기관이 보유·관리하는 정보는 공개 대상이 된다. 다만, 다음 각 호의 어느 하나에 해당하는 정보는 공개하지 아니할 수 있다.
> 6. 해당 정보에 포함되어 있는 성명·주민등록번호 등 개인정보 보호법 제2조 제1호에 따른 개인정보로서 공개될 경우 사생활의 비밀 또는 자유를 침해할 우려가 있다고 인정되는 정보. 다만, 다음 각 목에 열거한 사항은 제외한다.
>   라. 직무를 수행한 공무원의 성명·직위

답 ④

006 다음 중 공공기관의 정보공개에 관한 법률에 대한 설명으로 옳은 것은? 2010년 9급 복원

① 정보공개의 청구는 문서로만 할 수 있다.

② 공공기관은 정보공개의 청구가 있는 때에는 연장기간을 포함하여 정보공개의 청구를 받은 날부터 10일 이내에 공개 여부를 결정하여야 한다.

③ 비공개 결정을 통지받은 청구인은 통지를 받은 날로부터 30일 이내에 해당 공공기관에 문서로 이의신청을 할 수 있다.

④ 사립고등학교는 공공기관의 정보공개에 관한 법률에서 말하는 공공기관에 포함되지 않는다.

📝 해설 | 정보공개
중요도 ★★☆

① [×] 공공기관의 정보공개에 관한 법률 제10조 제1항

> **제10조【정보공개의 청구방법】** ① 정보의 공개를 청구하는 자는 해당 정보를 보유하거나 관리하고 있는 공공기관에 다음 각 호의 사항을 적은 정보공개 청구서를 제출하거나 말로써 정보의 공개를 청구할 수 있다.
> 1. 청구인의 성명·생년월일·주소 및 연락처(전화번호·전자우편주소 등을 말한다. 이하 이 조에서 같다). 다만, 청구인이 법인 또는 단체인 경우에는 그 명칭, 대표자의 성명, 사업자등록번호 또는 이에 준하는 번호, 주된 사무소의 소재지 및 연락처를 말한다.
> 2. 청구인의 주민등록번호(본인임을 확인하고 공개 여부를 결정할 필요가 있는 정보를 청구하는 경우로 한정한다)
> 3. 공개를 청구하는 정보의 내용 및 공개방법

② [×] 10일 이내에 결정할 수 없을 때에는 10일을 연장할 수 있다.

> **동법 제11조【정보공개 여부의 결정】** ① 공공기관은 제10조에 따라 정보공개의 청구를 받으면 그 청구를 받은 날부터 10일 이내에 공개 여부를 결정하여야 한다.
> ② 공공기관은 부득이한 사유로 제1항에 따른 기간 이내에 공개 여부를 결정할 수 없을 때에는 그 기간이 끝나는 날의 다음 날부터 기산하여 10일의 범위에서 공개 여부 결정기간을 연장할 수 있다. 이 경우 공공기관은 연장된 사실과 연장 사유를 청구인에게 지체 없이 문서로 통지하여야 한다.

③ [○] 청구인이 정보공개와 관련한 공공기관의 비공개 결정 또는 부분 공개 결정에 대하여 불복이 있거나 정보공개 청구 후 20일이 경과하도록 정보공개 결정이 없는 때에는 공공기관으로부터 정보공개 여부의 결정 통지를 받은 날 또는 정보공개 청구 후 20일이 경과한 날부터 30일 이내에 해당 공공기관에 문서로 이의신청을 할 수 있다(동법 제18조 제1항).

④ [×] 사립고등학교도 공공기관에 포함된다.

> **동법 시행령 제2조【공공기관의 범위】** 공공기관의 정보공개에 관한 법률 제2조 제3호 마목에서 "대통령령으로 정하는 기관"이란 다음 각 호의 기관 또는 단체를 말한다.
> 1. 유아교육법, 초·중등교육법, 고등교육법에 따른 각급 학교 또는 그 밖의 다른 법률에 따라 설치된 학교

답 ③

---

007 다음 중 공공기관의 정보공개에 관한 법률상 정보공개에 대한 설명으로 옳지 않은 것은? (다툼이 있는 경우 판례에 의함) 2011년 9급 복원

① 공개 청구한 정보가 비공개 대상에 해당하는 부분과 공개 가능한 부분이 혼합되어 있는 경우로서 공개 청구의 취지에 어긋나지 아니하는 범위에서 두 부분을 분리할 수 있는 경우에는 비공개 대상에 해당하는 부분을 제외하고 공개하여야 한다.

② 공개 청구된 사실을 통지받은 제3자가 당해 공공기관에 공개하지 아니할 것을 요청하는 때에는 공공기관은 비공개 결정을 하여야 한다.

③ 공공기관은 정보의 공개를 결정한 경우에는 공개의 일시 및 장소 등을 분명히 밝혀야 한다.

④ 정보공개 청구는 이해관계가 없는 자도 공익을 위해서 신청할 수 있다.

① [○] 공개 청구한 정보가 제9조 제1항 각 호의 어느 하나에 해당하는 부분과 공개 가능한 부분이 혼합되어 있는 경우로서 공개 청구의 취지에 어긋나지 아니하는 범위에서 두 부분을 분리할 수 있는 경우에는 제9조 제1항 각 호의 어느 하나에 해당하는 부분을 제외하고 공개하여야 한다(공공기관의 정보공개에 관한 법률 제14조).

② [×] 제1항에 따른 비공개 요청에도 불구하고 공공기관이 공개 결정을 할 때에는 공개 결정 이유와 공개 실시일을 분명히 밝혀 지체 없이 문서로 통지하여야 하며, 제3자는 해당 공공기관에 문서로 이의신청을 하거나 행정심판 또는 행정소송을 제기할 수 있다. 이 경우 이의신청은 통지를 받은 날부터 7일 이내에 하여야 한다(동법 제21조 제2항).

③ [○] 공공기관은 제11조에 따라 정보의 공개를 결정한 경우에는 공개의 일시 및 장소 등을 분명히 밝혀 청구인에게 통지하여야 한다(동법 제13조 제1항).

④ [○] 모든 국민은 정보의 공개를 청구할 권리를 가진다(동법 제5조 제1항).

답 ②

---

008 공공기관의 정보공개에 관한 법률상의 내용으로 옳지 않은 것은? 2016년 9급 복원
□□□

① 국가안전보장에 관련되는 정보 및 보안 업무를 관장하는 기관에서 국가안전보장과 관련된 정보의 분석을 목적으로 수집하거나 작성한 정보에 대해서는 이 법을 적용하지 아니한다.

② 공공기관은 공개 청구된 공개 대상 정보의 전부 또는 일부가 제3자와 관련이 있다고 인정할 때에는 그 사실을 제3자에게 지체 없이 통지하여야 하며, 필요한 경우에는 그의 의견을 들을 수 있다.

③ 공개될 경우 부동산 투기, 매점매석 등으로 특정인에게 이익 또는 불이익을 줄 우려가 있다고 인정되는 정보는 비공개 대상 정보이다.

④ 학술·연구를 위해 일시 체류 중인 외국인은 정보공개를 청구할 수 없다.

📝 **해설 | 정보공개** 중요도 ★★☆

① [○] 국가안전보장에 관련되는 정보 및 보안 업무를 관장하는 기관에서 국가안전보장과 관련된 정보의 분석을 목적으로 수집하거나 작성한 정보에 대해서는 이 법을 적용하지 아니한다. 다만, 제8조 제1항에 따른 정보목록의 작성·비치 및 공개에 대해서는 그러하지 아니한다(공공기관의 정보공개에 관한 법률 제4조 제3항).

② [○] 공공기관은 공개 청구된 공개 대상 정보의 전부 또는 일부가 제3자와 관련이 있다고 인정할 때에는 그 사실을 제3자에게 지체 없이 통지하여야 하며, 필요한 경우에는 그의 의견을 들을 수 있다(동법 제11조 제3항).

③ [○] 공공기관이 보유·관리하는 정보는 공개 대상이 된다. 다만, 공개될 경우 부동산 투기, 매점매석 등으로 특정인에게 이익 또는 불이익을 줄 우려가 있다고 인정되는 정보는 공개하지 아니할 수 있다(동법 제9조 제1항 제8호).

④ [×] 국내에 일정한 주소를 두고 거주하거나 학술·연구를 위하여 일시적으로 체류하는 외국인은 정보공개를 청구할 수 있다(동법 시행령 제3조 제1호).

답 ④

---

009 공공기관의 정보공개에 관한 설명 중 옳지 않은 것은? (다툼이 있는 경우 판례에 의함) 2018년 9급 복원
□□□

① 정보공개 청구권은 법률상 보호되는 구체적인 권리이므로 청구인이 공공기관에 대하여 정보공개를 청구하였다가 거부처분을 받은 것 자체가 법률상 이익의 침해에 해당한다.

② 정보공개를 청구하는 자가 공공기관에 대해 출력물의 교부 등 공개방법을 특정하여 정보공개 청구를 한 경우에 법률상 예외사유에 해당하지 않는다면 공개 청구를 받은 공공기관으로서는 다른 공개방법을 선택할 재량권이 없다.

③ 정보공개 청구권자인 국민에는 자연인은 물론 법인, 권리능력 없는 사단·재단도 포함되고, 법인, 권리능력 없는 사단·재단 등의 경우에는 설립목적을 불문한다.

④ 정보공개 거부처분에 대한 정보공개 청구소송에서 정보공개 거부처분에 대한 취소판결이 확정되었다면 행정청에 대해 판결의 취지에 따른 재처분의무가 인정될 뿐 그에 대하여 간접강제까지 허용되는 것은 아니다.

①③ [○] 정보공개법 제6조 제1항은 "모든 국민은 정보의 공개를 청구할 권리를 가진다."고 규정하고 있는데, 여기에서 말하는 국민에는 자연인은 물론 법인, 권리능력 없는 사단·재단도 포함되고, 법인, 권리능력 없는 사단·재단 등의 경우에는 설립목적을 불문하며, 한편 정보공개 청구권은 법률상 보호되는 구체적인 권리이므로 청구인이 공공기관에 대하여 정보공개를 청구하였다가 거부처분을 받은 것 자체가 법률상 이익의 침해에 해당한다(대판 2003.12.12, 2003두8050).

② [○] 정보공개를 청구하는 자가 공공기관에 대해 정보의 사본 또는 출력물의 교부의 방법으로 공개방법을 선택하여 정보공개 청구를 한 경우에 공개청구를 받은 공공기관으로서는 같은 법 제8조 제2항에서 규정한 정보의 사본 또는 복제물의 교부를 제한할 수 있는 사유에 해당하지 않는 한 정보공개 청구자가 선택한 공개방법에 따라 정보를 공개하여야 하므로 그 공개방법을 선택할 재량권이 없다고 해석함이 상당하다(대판 2003.12.12, 2003두8050).

④ [×] 거부처분 취소판결에는 간접강제가 허용되고 있다.

> **행정소송법 제30조【취소판결 등의 기속력】** ② 판결에 의하여 취소되는 처분이 당사자의 신청을 거부하는 것을 내용으로 하는 경우에는 그 처분을 행한 행정청은 판결의 취지에 따라 다시 이전의 신청에 대한 처분을 하여야 한다.
> **제34조【거부처분취소판결의 간접강제】** ① 행정청이 제30조 제2항의 규정에 의한 처분을 하지 아니하는 때에는 제1심 수소법원은 당사자의 신청에 의하여 결정으로써 상당한 기간을 정하고 행정청이 그 기간 내에 이행하지 아니하는 때에는 그 지연기간에 따라 일정한 배상을 할 것을 명하거나 즉시 손해배상을 할 것을 명할 수 있다.

답 ④

---

010 공공기관의 정보공개에 관한 법률상의 정보공개에 대한 설명으로 옳지 않은 것은? (다툼이 있는 경우 판례에 의함)

2019년(1차) 9급 복원 변형

① 모든 국민은 정보의 공개를 청구할 권리를 가지고, 여기의 국민에는 자연인과 법인뿐만 아니라 권리능력 없는 사단도 포함된다.

② "정보"란 공공기관이 직무상 작성 또는 취득하여 관리하고 있는 문서(전자문서를 포함한다) 및 전자매체를 비롯한 모든 형태의 매체 등에 기록된 사항을 말한다.

③ 청구인이 정보공개 청구 후 20일이 경과하도록 정보공개 결정이 없는 때에는 정보공개 청구 후 20일이 경과한 날부터 30일 이내에 해당 공공기관에 문서로 이의신청을 할 수 있다.

④ 정보공개 청구인이 공공기관에 대하여 정보공개를 청구하였다가 거부처분을 받은 것 자체는 법률상 이익의 침해에 해당한다고 볼 수 없다.

📝 **해설** | 정보공개

① [○] 정보공개법 제6조 제1항은 "모든 국민은 정보의 공개를 청구할 권리를 가진다."고 규정하고 있는데, 여기에서 말하는 국민에는 자연인은 물론 법인, 권리능력 없는 사단·재단도 포함되고, 법인, 권리능력 없는 사단·재단 등의 경우에는 설립목적을 불문하며, 한편 정보공개 청구권은 법률상 보호되는 구체적인 권리이므로 청구인이 공공기관에 대하여 정보공개를 청구하였다가 거부처분을 받은 것 자체가 법률상 이익의 침해에 해당한다(대판 2003.12.12, 2003두8050).

② [○] "정보"란 공공기관이 직무상 작성 또는 취득하여 관리하고 있는 문서(전자문서를 포함한다) 및 전자매체를 비롯한 모든 형태의 매체 등에 기록된 사항을 말한다(공공기관의 정보공개에 관한 법률 제2조 제1호).

③ [○] 청구인이 정보공개와 관련한 공공기관의 비공개 결정 또는 부분 공개 결정에 대하여 불복이 있거나 정보공개 청구 후 20일이 경과하도록 정보공개 결정이 없는 때에는 공공기관으로부터 정보공개 여부의 결정 통지를 받은 날 또는 정보공개 청구 후 20일이 경과한 날부터 30일 이내에 해당 공공기관에 문서로 이의신청을 할 수 있다(동법 제18조 제1항).

④ [×] 정보공개 청구권은 법률상 보호되는 구체적인 권리이므로 청구인이 공공기관에 대하여 정보공개를 청구하였다가 거부처분을 받은 것 자체가 법률상 이익의 침해에 해당한다고 할 것이고, 거부처분을 받은 것 이외에 추가로 어떤 법률상의 이익을 가질 것을 요구하는 것은 아니다(대판 2004.9.23, 2003두1370).

답 ④

011 대한민국 국민 甲은 A대학교 총장에게 해당 학교 체육특기생들의 3년간 출석 및 성적 관리에 대한 정보공개 청구를 하였으나, A대학교 총장은 제3자에 관한 정보라는 이유로 이를 거부하였다. 다음 설명 중 옳지 않은 것은? (다툼이 있는 경우 판례에 의함)

2019년(2차) 9급 복원

① 대한민국 국민인 甲은 해당 정보에 대한 공개를 청구할 권리를 가진다.
② 甲이 정보공개를 청구하였다가 거부처분을 받은 것 자체가 법률상 이익의 침해에 해당한다.
③ 체육특기생들의 비공개 요청이 있는 경우 A대학교 총장은 해당 정보를 공개하여서는 아니 된다.
④ 정보공개의무를 지는 공공기관에는 국·공립대학교뿐만 아니라 사립대학교도 포함된다.

📝 해설 ㅣ 정보공개

중요도 ★★☆

① [○] 모든 국민은 정보의 공개를 청구할 권리를 가진다(공공기관의 정보공개에 관한 법률 제5조 제1항).
② [○] 정보공개 청구권은 법률상 보호되는 구체적인 권리이므로 청구인이 공공기관에 대하여 정보공개를 청구하였다가 거부처분을 받은 것 자체가 법률상 이익의 침해에 해당한다(대판 2003.12.12, 2003두8050).
③ [×] 정보공개법 제21조는 공공기관이 보유·관리하고 있는 정보가 제3자와 관련이 있는 경우 그 정보공개 여부를 결정함에 있어 공공기관이 제3자와의 관계에서 거쳐야 할 절차를 규정한 것에 불과할 뿐, 제3자의 비공개 요청이 있다는 사유만으로 정보공개법상 비공개 사유에 해당한다고 볼 수 없다(대판 2008.9.25, 2008두8680).

> **동법 제21조 【제3자의 비공개 요청 등】** ② 제1항에 따른 비공개 요청에도 불구하고 공공기관이 공개 결정을 할 때에는 공개 결정 이유와 공개 실시일을 분명히 밝혀 지체 없이 문서로 통지하여야 하며, 제3자는 해당 공공기관에 문서로 이의신청을 하거나 행정심판 또는 행정소송을 제기할 수 있다. 이 경우 이의신청은 통지를 받은 날부터 7일 이내에 하여야 한다.

④ [○] 정보공개법 시행령 제2조 제1호가 정보공개의무를 지는 공공기관의 하나로 사립대학교를 들고 있는 것이 헌법이 정한 대학의 자율성 보장 이념 등에 반하거나 모법인 정보공개법의 위임 범위를 벗어났다고 볼 수 없다. 따라서 정보공개법 시행령 제2조 제1호가 사립대학교가 가지는 대학의 자율성 등을 본질적으로 침해하거나 위임입법의 한계를 벗어나 법률상 근거 없이 기본권을 제한함으로써 위헌 또는 위법 무효가 된다는 상고이유 주장은 받아들일 수 없다(대판 2013.11.28, 2011두5049).

> **동법 시행령 제2조 【공공기관의 범위】** 공공기관의 정보공개에 관한 법률 제2조 제3호 마목에서 "대통령령으로 정하는 기관"이란 다음 각 호의 기관 또는 단체를 말한다.
> 1. 유아교육법, 초·중등교육법, 고등교육법에 따른 각 급 학교 또는 그 밖의 다른 법률에 따라 설치된 학교

답 ③

012 행정정보공개에 대한 판례의 입장으로 옳지 않은 것은?

2019년(1차) 9급 복원

① 법원 이외의 공공기관이 공공기관의 정보공개에 관한 법률 제9조 제1항 제4호에서 정한 '진행 중인 재판에 관련된 정보'에 해당한다는 사유로 정보공개를 거부하기 위하여는 반드시 그 정보가 진행 중인 재판의 소송기록 자체에 포함된 내용일 필요는 없다.
② 피청구인이 청구인에 대한 형사재판이 확정된 후 그중 제1심 공판정 심리의 녹음물을 폐기한 행위는 법원행정상의 구체적인 사실행위로서 헌법소원심판의 대상이 되는 공권력의 행사로 볼 수 있다.
③ 방송법에 의하여 설립·운영되는 한국방송공사(KBS)는 공공기관의 정보공개에 관한 법률 시행령 제2조 제4호의 '특별법에 의하여 설립된 특수법인'으로서 정보공개의무가 있는 공공기관에 해당한다.
④ 오로지 공공기관의 담당공무원을 괴롭힐 목적으로 정보공개 청구를 하는 경우처럼 권리의 남용에 해당하는 것이 명백한 경우에는 정보공개 청구권의 행사를 허용하지 아니한다.

① [○] 정보공개법의 입법 목적, 정보공개의 원칙, 비공개 대상 정보의 규정 형식과 취지 등을 고려하면, 법원 이외의 공공기관이 정보공개법 제9조 제1항 제4호에서 정한 '진행 중인 재판에 관련된 정보'에 해당한다는 사유로 정보공개를 거부하기 위하여는 반드시 그 정보가 진행 중인 재판의 소송기록 자체에 포함된 내용일 필요는 없다. 그러나 재판에 관련된 일체의 정보가 그에 해당하는 것은 아니고 진행 중인 재판의 심리 또는 재판 결과에 구체적으로 영향을 미칠 위험이 있는 정보에 한정된다고 보는 것이 타당하다(대판 2011.11.24, 2009두19021).

② [×] 녹음물을 폐기한 행위는, 조서 작성의 편의와 조서 기재 내용의 정확성을 보장하기 위하여 속기·녹음을 실시한 후 형사 공판조서 등의 작성에 관한 예규 제13조 제3항에 따른 단순한 사무집행으로서 법원 행정상의 구체적인 사실행위에 불과할 뿐이고, 청구인이 처한 현재의 사실관계나 법률관계를 적극적으로 변경시키거나 특별한 부담이나 의무를 부여하는 것이 아니어서 청구인에 대한 구체적이고 직접적인 법적 불이익을 내포한다고 할 수 없으므로, 행정청이 우월적 지위에서 일방적으로 강제하는 권력적 사실행위로서 헌법소원의 대상이 되는 공권력의 행사에 해당한다고 볼 수 없다(헌재 2013.12.10, 2013헌마721).

③ [○] 방송법이라는 특별법에 의하여 설립 운영되는 한국방송공사(KBS)는 정보공개법 시행령 제2조 제4호의 '특별법에 의하여 설립된 특수법인'으로서 정보공개의무가 있는 정보공개법 제2조 제3호의 '공공기관'에 해당한다고 판단한 원심판결을 수긍한 사례이다(대판 2010.12.23, 2008두13101).

④ [○] 국민의 정보공개 청구는 정보공개법 제9조에 정한 비공개 대상 정보에 해당하지 아니하는 한 원칙적으로 폭넓게 허용되어야 하지만, 실제로는 해당 정보를 취득 또는 활용할 의사가 전혀 없이 정보공개 제도를 이용하여 사회통념상 용인될 수 없는 부당한 이득을 얻으려 하거나, 오로지 공공기관의 담당공무원을 괴롭힐 목적으로 정보공개 청구를 하는 경우처럼 권리의 남용에 해당하는 것이 명백한 경우에는 정보공개 청구권의 행사를 허용하지 아니하는 것이 옳다(대판 2014.12.24, 2014두9349).

답 ②

---

013 **공공기관의 정보공개에 관한 법률의 내용으로 옳지 않은 것은? (다툼이 있는 경우 판례에 의함)** 2020년 9급

① 정보공개를 거부하기 위해서는 반드시 그 정보가 진행 중인 재판의 소송기록 그 자체에 포함된 내용의 정보일 필요는 없으나, 재판에 관련된 일체의 정보가 그에 해당하는 것은 아니고 진행 중인 재판의 심리 또는 재판 결과에 구체적으로 영향을 미칠 위험이 있는 정보에 한정된다고 보는 것이 타당하다.

② 처분청이 처분 당시에 적시한 구체적 사실을 변경하지 아니하는 범위 내에서 단지 그 처분의 근거법령만을 추가·변경하거나 당초의 처분사유를 구체적으로 표시하는 것에 불과한 경우에는 새로운 처분사유를 추가하거나 변경하는 것이라고 볼 수 없다.

③ 학교환경위생구역 내 금지행위(숙박시설) 해제 결정에 관한 학교환경위생정화위원회의 회의록에 기재된 발언내용에 대한 해당 발언자의 인적사항 부분에 관한 정보는 공공기관의 정보공개에 관한 법률 제7조 제1항 제5호 소정의 비공개 대상에 해당한다고 볼 수 없다.

④ 의사결정과정에 제공된 회의관련자료나 의사결정과정이 기록된 회의록 등은 의사가 결정되거나 의사가 집행된 경우에는 더 이상 의사결정과정에 있는 사항 그 자체라고는 할 수 없으나, 의사결정과정에 있는 사항에 준하는 사항으로서 비공개 대상 정보에 포함될 수 있다.

① [○] 대판 2011.11.24, 2009두19021

② [○] 행정처분의 취소를 구하는 항고소송에서 처분청이 처분 당시에 적시한 구체적 사실을 변경하지 아니하는 범위 내에서 단지 그 처분의 근거법령만을 추가·변경하거나 당초의 처분사유를 구체적으로 표시하는 것에 불과한 경우, 새로운 처분사유의 추가·변경에 해당하지 아니한다(대판 2007.2.8, 2006두4899).

③ [×] 학교환경위생구역 내 금지행위(숙박시설) 해제결정에 관한 학교환경위생정화위원회의 회의록에 기재된 발언내용에 대한 해당 발언자의 인적사항 부분에 관한 정보는 정보공개법 제7조 제1항 제5호 소정의 비공개 대상에 해당한다(대판 2003.8.22, 2002두12946).

④ [○] 정보공개법상 비공개 대상 정보의 입법 취지에 비추어 살펴보면, 같은 법 제7조 제1항 제5호에서의 '감사·감독·검사·시험·규제·입찰계약·기술개발·인사관리·의사결정과정 또는 내부검토과정에 있는 사항'은 비공개 대상 정보를 예시적으로 열거한 것이라고 할 것이므로 의사결정과정에 제공된 회의관련자료나 의사결정과정이 기록된 회의록 등은 의사가 결정되거나 의사가 집행된 경우에는 더 이상 의사결정과정에 있는 사항 그 자체라고는 할 수 없으나, 의사결정과정에 있는 사항에 준하는 사항으로서 비공개대상정보에 포함될 수 있다(대판 2003.8.22, 2002두12946).

답 ③

행정정보공개 및 개인정보 보호에 대한 설명으로 옳지 않은 것은? (다툼이 있는 경우 판례에 의함) 2020년 7급

① 정보공개심의회는 공공기관의 장의 자문에 응하여 공개 청구된 정보의 공개 여부를 결정하는 법적인 의무와 권한을 가진 주체이다.

② 정보공개 청구권은 법률상 보호되는 구체적인 권리이므로 청구인이 공공기관에 대하여 정보공개를 청구하였다가 거부처분을 받은 것 자체가 법률상 이익의 침해에 해당한다.

③ 의사결정과정에 제공된 회의 관련 자료나 의사결정과정이 기록된 회의록 등은 의사가 결정되거나 의사가 집행된 경우에는 더 이상 의사결정과정에 있는 사항 그 자체라고는 할 수 없으나, 의사결정과정에 있는 사항에 준하는 사항으로서 비공개 대상 정보에 포함될 수 있다.

④ 개인정보자기결정권의 보호대상이 되는 개인정보는 인격주체성을 특징짓는 사항으로서 개인의 동일성을 식별할 수 있게 하는 일체의 정보를 의미하며, 반드시 개인의 내밀한 영역에 속하는 정보에 국한되지 않고 공적생활에서 형성되었거나 이미 공개된 개인정보까지도 포함한다.

✏ 해설 | 정보공개 중요도 ★★☆

① [×] 정보공개법의 취지를 종합할 때, 공개 청구된 정보의 공개 여부를 결정하는 법적인 의무와 권한을 가진 주체는 공공기관의 장이고, 정보공개심의회는 공공기관의 장이 정보의 공개 여부를 결정하기 곤란하다고 보아 의견을 요청한 사항의 자문에 응하여 심의하는 것이다(대판 2002.3.15, 2001추95).

② [○] 정보공개 청구권은 법률상 보호되는 구체적인 권리이므로 청구인이 공공기관에 대하여 정보공개를 청구하였다가 거부처분을 받은 것 자체가 법률상 이익의 침해에 해당한다고 할 것이고, 거부처분을 받은 것 이외에 추가로 어떤 법률상의 이익을 가질 것을 요구하는 것은 아니다(대판 2004.9.23, 2003두1370).

③ [○] 정보공개법상 비공개 대상 정보의 입법 취지에 비추어 살펴보면, 같은 법 제7조 제1항 제5호에서의 '감사·감독·검사·시험·규제·입찰계약·기술개발·인사관리·의사결정과정 또는 내부검토과정에 있는 사항'은 비공개 대상 정보를 예시적으로 열거한 것이라고 할 것이므로 의사결정과정에 제공된 회의관련 자료나 의사결정과정이 기록된 회의록 등은 의사가 결정되거나 의사가 집행된 경우에는 더 이상 의사결정과정에 있는 사항 그 자체라고는 할 수 없으나, 의사결정과정에 있는 사항에 준하는 사항으로서 비공개 대상정보에 포함될 수 있다(대판 2003.8.22, 2002두12946).

④ [○] 대판 2016.3.10, 2012다105482

답 ①

공공기관의 정보공개에 관한 법률에 대한 설명으로 옳지 않은 것은? 2021년 9급

① 정보공개의 원칙에 따라 공공기관이 보유·관리하는 정보는 국민의 알권리 보장 등을 위하여 이 법에서 정하는 바에 따라 적극적으로 공개하여야 한다.

② 모든 국민은 정보의 공개를 청구할 권리를 가진다.

③ 공공기관의 정보공개 담당자(정보공개 청구대상 정보와 관련된 업무 담당자를 포함한다)는 정보공개 업무를 성실하게 수행하여야 하며, 공개여부의 자의적인 결정, 고의적인 처리 지연 또는 위법한 공개 거부 및 회피 등 부당한 행위를 하여서는 아니 된다.

④ 공공기관은 예산집행의 내용과 사업평가 결과 등 행정감시를 위하여 필요한 정보에 대해서는 공개의 구체적 범위, 주기, 시기 및 방법 등을 미리 정하여 정보통신망 등을 통하여 알릴 필요까지는 없으나, 정기적으로 공개하여야 한다.

① [○] 공공기관이 보유·관리하는 정보는 국민의 알권리 보장 등을 위하여 이 법에서 정하는 바에 따라 적극적으로 공개하여야 한다 (공공기관의 정보공개에 관한 법률 제3조).

② [○] 모든 국민은 정보의 공개를 청구할 권리를 가진다(동법 제5조 제1항).

③ [○] 공공기관의 정보공개 담당자(정보공개 청구 대상 정보와 관련된 업무 담당자를 포함한다)는 정보공개 업무를 성실하게 수행하여야 하며, 공개 여부의 자의적인 결정, 고의적인 처리 지연 또는 위법한 공개 거부 및 회피 등 부당한 행위를 하여서는 아니 된다(동법 제6조의2).

④ [×] 동법 제7조 제1항

> **제7조【정보의 사전적 공개 등】** ① 공공기관은 다음 각 호의 어느 하나에 해당하는 정보에 대해서는 공개의 구체적 범위, 주기, 시기 및 방법 등을 미리 정하여 정보통신망 등을 통하여 알리고, 이에 따라 정기적으로 공개하여야 한다. 다만, 제9조 제1항 각 호의 어느 하나에 해당하는 정보에 대해서는 그러하지 아니하다.
> 1. 국민생활에 매우 큰 영향을 미치는 정책에 관한 정보
> 2. 국가의 시책으로 시행하는 공사(工事) 등 대규모 예산이 투입되는 사업에 관한 정보
> 3. 예산집행의 내용과 사업평가 결과 등 행정감시를 위하여 필요한 정보
> 4. 그 밖에 공공기관의 장이 정하는 정보

답 ④

THEME 40 | 개인정보의 보호

016
☐☐☐

다음 중 개인정보 보호법상 개인정보 보호에 대한 설명으로 옳지 않은 것은?　　　　　　　2019년(1차) 9급 복원

① 개인정보 보호법상 "개인정보"란 살아 있는 개인에 관한 정보로서 사자나 법인의 정보는 포함되지 않는다.

② 개인정보 보호법은 민간에 의하여 처리되는 정보까지는 보호대상으로 하지 않는다.

③ 행정절차법도 사생활이나 경영상 또는 거래상의 비밀을 정당한 이유 없이 누설하면 안 된다는 개인정보 보호에 관한 규정을 두고 있다.

④ 정보주체는 개인정보처리자가 개인정보 보호법을 위반한 행위로 손해를 입으면 개인정보처리자에게 손해배상을 청구할 수 있으며 이 경우 그 개인정보처리자는 고의 또는 과실이 없음을 입증하지 아니하면 책임을 면할 수 없다.

① [○] 개인정보 보호법 제2조

> **제2조【정의】** 이 법에서 사용하는 용어의 뜻은 다음과 같다.
> 1. "개인정보"란 살아 있는 개인에 관한 정보로서 다음 각 목의 어느 하나에 해당하는 정보를 말한다.
>   가. 성명, 주민등록번호 및 영상 등을 통하여 개인을 알아볼 수 있는 정보
>   나. 해당 정보만으로는 특정 개인을 알아볼 수 없더라도 다른 정보와 쉽게 결합하여 알아볼 수 있는 정보. 이 경우 쉽게 결합할 수 있는지 여부는 다른 정보의 입수 가능성 등 개인을 알아보는 데 소요되는 시간, 비용, 기술 등을 합리적으로 고려하여야 한다.
>   다. 가목 또는 나목을 제1호의2에 따라 가명처리함으로써 원래의 상태로 복원하기 위한 추가 정보의 사용·결합 없이는 특정 개인을 알아볼 수 없는 정보

② [×] "개인정보처리자"란 업무를 목적으로 개인정보파일을 운용하기 위하여 스스로 또는 다른 사람을 통하여 개인정보를 처리하는 공공기관, 법인, 단체 및 개인 등을 말한다(개인정보 보호법 제2조 제5호).

③ [○] 누구든지 청문을 통하여 알게 된 사생활이나 경영상 또는 거래상의 비밀을 정당한 이유 없이 누설하거나 다른 목적으로 사용하여서는 아니 된다(행정절차법 제37조 제6항).

④ [○] 정보주체는 개인정보처리자가 이 법을 위반한 행위로 손해를 입으면 개인정보처리자에게 손해배상을 청구할 수 있다. 이 경우 그 개인정보처리자는 고의 또는 과실이 없음을 입증하지 아니하면 책임을 면할 수 없다(개인정보 보호법 제39조 제1항).

답 ②

017
□□□

다음 중 개인정보 보호법에 관한 설명으로 옳지 않은 것은? (다툼이 있는 경우 판례에 의함) 2019년(2차) 9급 복원

① 개인정보를 처리하거나 처리하였던 자가 업무상 알게 된 개인정보를 누설하거나 권한 없이 다른 사람이 이용하도록 제공한 것이라는 사정을 알면서도 영리 또는 부정한 목적으로 개인정보를 제공받은 자라면, 개인정보를 처리하거나 처리하였던 자로부터 직접 개인정보를 제공받지 아니하더라도 '개인정보를 제공받은 자'에 해당한다.

② 이미 공개된 개인정보를 정보주체의 동의가 있었다고 객관적으로 인정되는 범위 내에서 수집·이용·제공 등 처리를 할 때는 정보주체의 별도의 동의는 불필요하다고 보아야 한다.

③ 피해자의 의사와 무관하게 주민등록번호가 유출된 경우에는 조리상 주민등록번호의 변경을 요구할 신청권을 인정함이 타당하고, 구청장의 주민등록번호 변경신청 거부행위는 항고소송의 대상이 되는 행정처분에 해당한다.

④ 개인정보처리자의 고의 또는 중대한 과실로 인하여 개인정보가 분실·도난·유출·위조·변조 또는 훼손된 경우로서 정보주체에게 손해가 발생한 때에는 법원은 그 손해액의 3배를 넘지 아니하는 범위에서 손해배상액을 정할 수 있다. 이 경우 일반손해배상을 청구한 정보주체는 사실심 변론종결시까지 법정손해배상의 청구로 변경할 수 없다.

📝 해설 | 개인정보 보호법

중요도 ★★★

① [○] 개인정보를 처리하거나 처리하였던 자가 업무상 알게 된 개인정보를 누설하거나 권한 없이 다른 사람이 이용하도록 제공한 것이라는 사정을 알면서도 영리 또는 부정한 목적으로 개인정보를 제공받은 자라면, 개인정보를 처리하거나 처리하였던 자로부터 직접 개인정보를 제공받지 아니하더라도 개인정보 보호법 제71조 제5호의 '개인정보를 제공받은 자'에 해당한다(대판 2018.1.24, 2015도16508).

② [○] 이미 공개된 개인정보를 정보주체의 동의가 있었다고 객관적으로 인정되는 범위 내에서 수집·이용·제공 등 처리를 할 때는 정보주체의 별도의 동의는 불필요하다고 보아야 한다(대판 2016.8.17, 2014다235080).

③ [○] 피해자의 의사와 무관하게 주민등록번호가 유출된 경우에는 조리상 주민등록번호의 변경을 요구할 신청권을 인정함이 타당하고, 구청장의 주민등록번호 변경신청 거부행위는 항고소송의 대상이 되는 행정처분에 해당한다(대판 2017.6.15, 2013두2945).

④ [×] 사실심 변론종결시까지 법정손해배상의 청구로 변경할 수 있다.

> **개인정보 보호법 제39조【손해배상책임】** ① 정보주체는 개인정보처리자가 이 법을 위반한 행위로 손해를 입으면 개인정보처리자에게 손해배상을 청구할 수 있다. 이 경우 그 개인정보처리자는 고의 또는 과실이 없음을 입증하지 아니하면 책임을 면할 수 없다.
> ③ 개인정보처리자의 고의 또는 중대한 과실로 인하여 개인정보가 분실·도난·유출·위조·변조 또는 훼손된 경우로서 정보주체에게 손해가 발생한 때에는 법원은 그 손해액의 3배를 넘지 아니하는 범위에서 손해배상액을 정할 수 있다. 다만, 개인정보처리자가 고의 또는 중대한 과실이 없음을 증명한 경우에는 그러하지 아니하다.
> **제39조의2【법정손해배상의 청구】** ③ 제39조에 따라 손해배상을 청구한 정보주체는 사실심(事實審)의 변론이 종결되기 전까지 그 청구를 제1항에 따른 청구로 변경할 수 있다.

답 ④

018 다음 중 개인정보 보호법에 대한 설명으로 옳지 않은 것은? (다툼이 있는 경우 판례에 의함) 2019년(2차) 9급 복원

① 개인정보 보호법의 적용을 받는 것은 생존하는 개인의 정보에 국한되므로 사망한 사람이나 법인의 정보는 이에 해당하지 않는다.

② 인간의 존엄과 가치, 행복추구권에서 도출되는 일반적 인격권 및 사생활의 비밀과 자유에 의하여 보장되는 개인정보자기결정권은 자신에 관한 정보가 언제 누구에게 어느 범위까지 알려지고 또 이용되도록 할 것인지를 정보주체가 스스로 결정할 수 있는 권리이다.

③ 개인정보자기결정권의 보호대상이 되는 개인정보는 개인의 신체, 신념, 사회적 지위, 신분 등과 같이 개인의 인격주체성을 특징짓는 사항으로서 개인의 동일성을 식별할 수 있게 하는 일체의 정보로서 개인의 내밀한 영역에 속하는 정보에 국한되고, 공적 생활에서 형성되었거나 이미 공개된 개인정보는 포함되지 않는다.

④ 정치적 견해, 건강, 사상·신념에 관한 정보는 민감정보에 해당하고, 이러한 민감정보도 일정한 요건하에서는 개인정보처리자에 의하여 처리가 가능하다.

📝 해설 | 개인정보자기결정권 중요도 ★★★

① [○] "개인정보"란 살아 있는 개인에 관한 정보로서 성명, 주민등록번호 및 영상 등을 통하여 개인을 알아볼 수 있는 정보(해당 정보만으로는 특정 개인을 알아볼 수 없더라도 다른 정보와 쉽게 결합하여 알아볼 수 있는 것을 포함한다)를 말한다(개인정보 보호법 제2조 제1호).

② [○] 인간의 존엄과 가치, 행복추구권에서 도출되는 일반적 인격권 및 사생활의 비밀과 자유에 의하여 보장되는 개인정보자기결정권은 자신에 관한 정보가 언제 누구에게 어느 범위까지 알려지고 또 이용되도록 할 것인지를 정보주체가 스스로 결정할 수 있는 권리이다(헌재 2005.7.21, 2003헌마282).

③ [×] 개인정보자기결정권의 보호대상이 되는 개인정보는 개인의 신체, 신념, 사회적 지위, 신분 등과 같이 인격주체성을 특징짓는 사항으로서 개인의 동일성을 식별할 수 있게 하는 일체의 정보를 의미하며, 반드시 개인의 내밀한 영역에 속하는 정보에 국한되지 않고 공적 생활에서 형성되었거나 이미 공개된 개인정보까지도 포함한다(대판 2016.3.10, 2012다105482).

④ [○] 동법 제23조 제1항

> **제23조【민감정보의 처리 제한】** ① 개인정보처리자는 사상·신념, 노동조합·정당의 가입·탈퇴, 정치적 견해, 건강, 성생활 등에 관한 정보, 그 밖에 정보주체의 사생활을 현저히 침해할 우려가 있는 개인정보로서 대통령령으로 정하는 정보를 처리하여서는 아니 된다. 다만, 다음 각 호의 어느 하나에 해당하는 경우에는 그러하지 아니하다.
> 1. 정보주체에게 제15조 제2항 각 호 또는 제17조 제2항 각 호의 사항을 알리고 다른 개인정보의 처리에 대한 동의와 별도로 동의를 받은 경우
> 2. 법령에서 민감정보의 처리를 요구하거나 허용하는 경우

답 ③

019 개인정보 보호법상 고유식별정보에 관한 설명으로 옳지 않은 것은? 2020년 9급

① 여권법에 따른 여권번호나 출입국관리법에 따른 외국인등록번호는 고유식별정보이다.

② 고유식별정보를 처리하려면 정보주체에게 정보의 수집·이용·제공 등에 필요한 사항을 알리고 다른 개인정보의 처리에 대한 동의와 함께 일괄적으로 동의를 받아야 한다.

③ 개인정보처리자가 이 법에 따라 고유식별정보를 처리하는 경우에는 그 고유식별정보가 분실·도난·유출·위조·변조 또는 훼손되지 아니하도록 대통령령으로 정하는 바에 따라 암호화 등 안전성 확보에 필요한 조치를 하여야 한다.

④ 개인정보처리자는 다른 개인정보의 처리에 대한 동의와 별도로 동의를 받은 경우라 하더라도 주민등록번호는 법에서 정한 예외적 인정사유에 해당하지 않는 한 처리할 수 없다.

① [○] 개인정보 보호법 시행령 제19조

> **시행령 제19조【고유식별정보의 범위】** 법 제24조 제1항 각 호 외의 부분에서 "대통령령으로 정하는 정보"란 다음 각 호의 어느 하나에 해당하는 정보를 말한다. 다만, 공공기관이 법 제18조 제2항 제5호부터 제9호까지의 규정에 따라 다음 각 호의 어느 하나에 해당하는 정보를 처리하는 경우의 해당 정보는 제외한다.
> 1. 주민등록법 제7조의2 제1항에 따른 주민등록번호
> 2. 여권법 제7조 제1항 제1호에 따른 여권번호
> 3. 도로교통법 제80조에 따른 운전면허의 면허번호
> 4. 출입국관리법 제31조 제4항에 따른 외국인등록번호

② [×] 다른 동의와 '별도로' 동의를 받아야 한다.

> **개인정보 보호법 제24조【고유식별정보의 처리 제한】** ① 개인정보처리자는 다음 각 호의 경우를 제외하고는 법령에 따라 개인을 고유하게 구별하기 위하여 부여된 식별정보로서 대통령령으로 정하는 정보(이하 "고유식별정보"라 한다)를 처리할 수 없다.
> 1. 정보주체에게 제15조 제2항 각 호 또는 제17조 제2항 각 호의 사항을 알리고 다른 개인정보의 처리에 대한 동의와 별도로 동의를 받은 경우

③ [○] 개인정보처리자가 제1항 각 호에 따라 고유식별정보를 처리하는 경우에는 그 고유식별정보가 분실·도난·유출·위조·변조 또는 훼손되지 아니하도록 대통령령으로 정하는 바에 따라 암호화 등 안전성 확보에 필요한 조치를 하여야 한다(동법 제24조 제3항).

④ [○] 제24조 제1항에도 불구하고 개인정보처리자는 각 호의 어느 하나에 해당하는 경우를 제외하고는 주민등록번호를 처리할 수 없다(동법 제24조의2 제1항).

답 ②

020　**개인정보 보호에 대한 설명으로 옳지 않은 것은?**　　　　　　　　　　　　　　　　　　　　　2021년 9급
☐☐☐

① 정보통신서비스 제공자는 이용자가 필요한 최소한의 개인정보 이외의 개인정보를 제공하지 아니한다는 이유로 그 서비스의 제공을 거부할 수 있다.

② 개인정보처리자가 집단분쟁조정을 거부하거나 집단분쟁조정의 결과를 수락하지 아니한 경우에는 법원에 권리침해 행위의 금지·중지를 구하는 단체소송을 제기할 수 있다.

③ 개인정보 보호법은 외국의 정보통신서비스 제공자 등에 대하여 개인정보 보호규제에 대한 상호주의를 채택하고 있다.

④ 개인정보자기결정권의 보호대상이 되는 개인정보는 개인의 내밀한 영역에 속하는 영역뿐만 아니라 공적 생활에서 형성되었거나 이미 공개된 개인정보까지 포함한다.

① [×] 정보통신서비스 제공자는 이용자가 필요한 최소한의 개인정보 이외의 개인정보를 제공하지 아니한다는 이유로 그 서비스의 제공을 거부해서는 아니 된다. 이 경우 필요한 최소한의 개인정보는 해당 서비스의 본질적 기능을 수행하기 위하여 반드시 필요한 정보를 말한다(개인정보 보호법 제39조의3 제3항).

② [○] 다음 각 호의 어느 하나에 해당하는 단체는 개인정보처리자가 제49조에 따른 집단분쟁조정을 거부하거나 집단분쟁조정의 결과를 수락하지 아니한 경우에는 법원에 권리침해 행위의 금지·중지를 구하는 소송(이하 "단체소송"이라 한다)을 제기할 수 있다(동법 제51조).

③ [○] 제39조의12에도 불구하고 개인정보의 국외 이전을 제한하는 국가의 정보통신서비스 제공자 등에 대하여는 해당 국가의 수준에 상응하는 제한을 할 수 있다. 다만, 조약 또는 그 밖의 국제협정의 이행에 필요한 경우에는 그러하지 아니하다(동법 제39조의13).

④ [○] 개인정보자기결정권의 보호대상이 되는 개인정보는 개인의 신체, 신념, 사회적 지위, 신분 등과 같이 인격주체성을 특징짓는 사항으로서 개인의 동일성을 식별할 수 있게 하는 일체의 정보를 의미하며, 반드시 개인의 내밀한 영역에 속하는 정보에 국한되지 않고 공적 생활에서 형성되었거나 이미 공개된 개인정보까지도 포함한다(대판 2016.3.10, 2012다105482).

답 ①

개인정보 보호법상 개인정보 보호에 대한 설명으로 옳은 것은? (다툼이 있는 경우 판례에 의함)

① 많은 양의 트위터 정보처럼 개인정보와 이에 해당하지 않은 정보가 혼재된 경우 전체적으로 개인정보 보호법상 개인정보에 관한 규정이 적용된다.

② 개인정보자기결정권은 자신에 관한 정보가 언제 누구에게 어느 범위까지 알려지고 또 이용되도록 할 것인지를 정보주체가 스스로 결정할 수 있는 권리로서 헌법에 명시된 권리이다.

③ 개인정보 보호법상 개인정보는 살아있는 개인뿐만 아니라 사자(死者)에 관한 정보로서 성명, 주민등록번호 및 영상 등을 통하여 개인을 알아볼 수 있는 정보를 말한다.

④ 개인정보 보호법은 민간부분의 개인정보를 규율하고 있고, 공공부분에 관하여는 공공기관의 개인정보 보호에 관한 법률에서 규율하고 있다.

해설 | 개인정보 보호법 중요도 ★★☆

① [O] 검사가 공소외 2 주식회사로부터 임의제출 받은 28,765,148건에 달하는 대량의 트위터 정보에는 개인정보와 이에 해당하지 않는 정보가 혼재되어 있을 수 있는데, 국민의 사생활의 비밀을 보호하고 개인정보에 관한 권리를 보장하고자 하는 개인정보 보호법의 입법 취지에 비추어 그 정보의 제공에는 개인정보 보호법의 개인정보에 관한 규정이 적용되어야 하므로, 개인정보 보호법 제18조 제2항 제7호, 제2조 제6호에 따라 공공기관에 해당하지 아니하는 공소외 2 주식회사가 수사기관에 그러한 트위터 정보를 임의로 제출한 것은 위법하여 그 증거능력이 없으나, 이를 기초로 취득한 증거는 제반 사정에 비추어 증거능력이 있다고 판단하였다 (대판 2015.7.16, 2015도2625 전합).

② [×] [1] 개인정보자기결정권은 자신에 관한 정보가 언제 누구에게 어느 범위까지 알려지고 또 이용되도록 할 것인지를 그 정보주체가 스스로 결정할 수 있는 권리, 즉 정보주체가 개인정보의 공개와 이용에 관하여 스스로 결정할 권리를 말하는바, 개인의 고유성, 동일성을 나타내는 지문은 그 정보주체를 타인으로부터 식별가능하게 하는 개인정보이므로, 시장·군수 또는 구청장이 개인의 지문정보를 수집하고, 경찰청장이 이를 보관·전산화하여 범죄수사목적에 이용하는 것은 모두 개인정보자기결정권을 제한하는 것이다.
[2] 개인정보자기결정권의 헌법상 근거로는 헌법 제17조의 사생활의 비밀과 자유, 헌법 제10조 제1문의 인간의 존엄과 가치 및 행복추구권에 근거를 둔 일반적 인격권 또는 위 조문들과 동시에 우리 헌법의 자유민주적 기본질서 규정 또는 국민주권원리와 민주주의원리 등을 고려할 수 있으나, 개인정보자기결정권으로 보호하려는 내용을 위 각 기본권들 및 헌법원리들 중 일부에 완전히 포섭시키는 것은 불가능하다고 할 것이므로, 그 헌법적 근거를 굳이 어느 한 두개에 국한시키는 것은 바람직하지 않은 것으로 보이고, 오히려 개인정보자기결정권은 이들을 이념적 기초로 하는 독자적 기본권으로서 헌법에 명시되지 아니한 기본권이라고 보아야 할 것이다 (헌재 2005.5.26, 99헌마513; 2004헌마190).

③ [×] 개인정보 보호법 제2조

> **제2조 【정의】** 이 법에서 사용하는 용어의 뜻은 다음과 같다.
> 1. "개인정보"란 살아 있는 개인에 관한 정보로서 다음 각 목의 어느 하나에 해당하는 정보를 말한다.
>   가. 성명, 주민등록번호 및 영상 등을 통하여 개인을 알아볼 수 있는 정보
>   나. 해당 정보만으로는 특정 개인을 알아볼 수 없더라도 다른 정보와 쉽게 결합하여 알아볼 수 있는 정보. 이 경우 쉽게 결합할 수 있는지 여부는 다른 정보의 입수 가능성 등 개인을 알아보는 데 소요되는 시간, 비용, 기술 등을 합리적으로 고려하여야 한다.
>   다. 가목 또는 나목을 제1호의2에 따라 가명처리함으로써 원래의 상태로 복원하기 위한 추가 정보의 사용·결합 없이는 특정 개인을 알아볼 수 없는 정보(이하 "가명정보"라 한다)

④ [×] 개인정보 보호법은 사인에 의해 처리되는 정보뿐만 아니라, 공공기관에 의해 처리되는 정보까지도 보호대상으로 하고 있다.

답 ①

PART 4
행정의 실효성 확보수단

PART 4

출제비중분석

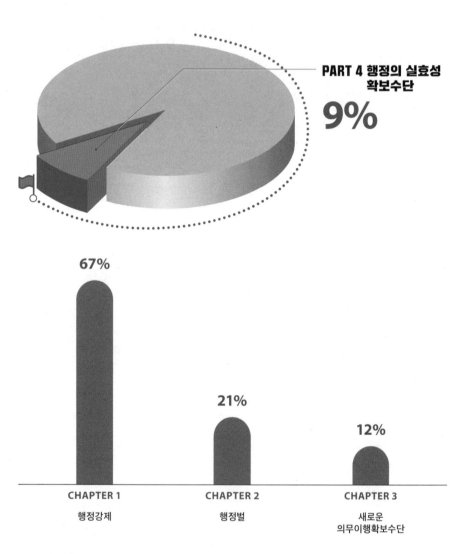

PART 4 행정의 실효성 확보수단

9%

67%

21%

12%

CHAPTER 1	CHAPTER 2	CHAPTER 3
행정강제	행정벌	새로운 의무이행확보수단

학습목표

☐ PART 4에서는 판례의 내용을 묻는 문제가 주로 출제되나 행정대집행법, 질서위반행위규제법, 행정조사기본법 등 조문의 구체적 내용을 묻는 문제도 놓치지 않고 학습합니다.

☐ 행정작용, 행정절차, 행정구제 등 다른 PART의 내용과 연계되어 출제되는 경우가 많으므로 단순히 암기하는 것이 아니라 내용을 정확히 이해합니다.

☐ 2021년에는 행정강제 영역에서 100% 출제되었으므로 학습에 유의하여야 하고, 특히 '강제집행'에서는 개괄적인 내용을 가볍게 이해한 후 개별 수단에서의 이론·조문·판례 내용까지 꼼꼼히 정리합니다.

2021년 더 알아보기

출제비중분석

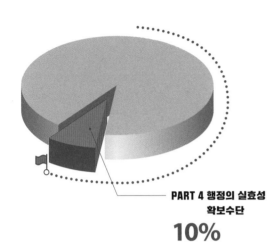

**PART 4 행정의 실효성
확보수단**
10%

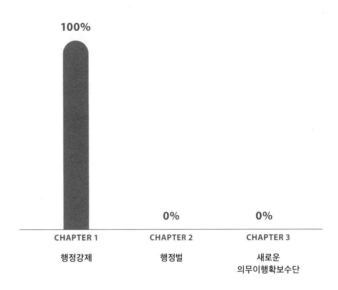

출제문항별 키워드

- 행정의 실효성 확보제도에 대한 설명으로 가장 옳은 것은? [7급] 193p, 009번
  → 직접강제의 근거, 이행강제금, 대집행의 절차, 재공매결정과 공매통지
- 행정의 실효성 확보수단에 대한 설명으로 옳지 않은 것은? [9급] 197p, 017번
  → 계고, 이행강제금, 세무조사결정의 처분성, 비대체적 작위의무
- 아래의 법률 조항에 대한 설명으로 옳지 않은 것은? [7급] 201p, 024번
  → 즉시강제, 행정상 강제의 범위, 고지의무, 감염병의 예방 및 관리에 관한 법률
- 행정조사기본법상 행정조사의 기본원칙에 대한 설명으로 옳지 않은 것은? [9급] 202p, 027번
  → 필요성의 원칙, 중복금지의 원칙, 유도의 원칙, 목적 외 이용 제공금지
- 행정조사기본법상 행정조사에 대한 설명으로 옳지 않은 것은? [7급] 203p, 028번
  → 행정조사의 근거, 자료제출의 요구, 행정조사의 기본원칙, 결과통지 기간

CHAPTER 1 | 행정강제

THEME 41 | 행정상 강제집행 개설

001 행정상 강제집행에 관한 다음 설명으로 옳지 않은 것은?

2008년 9급 복원

① 행정상 강제집행 중 집행벌은 간접적인 수단으로 볼 수 있다.

② 행정처분에 대한 쟁송제기기간 내라도 행정상 강제집행은 가능하다.

③ 행정상 강제집행의 법률상 근거에 대해서 하명의 근거만 있으면 된다고 보는 것이 현재의 통설이다.

④ 행정상 강제집행의 수단으로는 대집행, 이행강제금(집행벌), 직접강제, 행정상 강제징수 등이 있다.

✍ 해설 | 강제집행

중요도 ★☆☆

① [○] 이행강제금(집행벌)은 심리적 압박을 통하여 간접적으로 의무이행을 확보하는 수단이다.

② [○] 행정상 강제집행은 쟁송기간의 도과로 인한 불가쟁력이 발생할 것을 요건으로 하지 않는다.

③ [×] 행정상 강제집행을 위해서는 의무부과의 근거 법규 외에 별도의 법적 근거를 요한다.

④ [○] 행정상 강제집행의 수단으로는 대집행과 강제징수가 일반적으로 인정되고 직접강제와 집행벌은 예외적으로 인정된다.

답 ③

002 다음 설명 중 옳지 않은 것은? (다툼이 있는 경우 판례에 의함)

2011년 9급 복원

① 행정권한의 위임 및 위탁에 관한 규정은 명문으로 감독청의 취소권을 규정하고 있다.

② 행정처분에 대한 쟁송제기기간 내에는 행정상의 강제집행을 할 수 없다.

③ 판례는 행정청이 상대방에게 어떤 처분을 하겠다고 확약을 한 후 사실적·법률적 상태가 변경되었다면 그 확약은 행정청의 별다른 의사표시 없이 실효된다고 본다.

④ 행정상 즉시강제는 원칙적으로 사전영장주의가 적용되나, 사전영장주의를 고수하다가는 행정목적을 달성할 수 없는 예외적인 경우 사전영장주의의 적용이 배제된다.

✍ 해설 | 강제집행

중요도 ★★☆

① [○] 위임 및 위탁기관은 수임 및 수탁기관의 수임 및 수탁사무 처리에 대하여 지휘·감독하고, 그 처리가 위법하거나 부당하다고 인정될 때에는 이를 취소하거나 정지시킬 수 있다(행정권한의 위임 및 위탁에 관한 규정 제6조).

② [×] 행정의 상대방이 처분에 대해 쟁송제기를 하는 것과 행정권이 행정처분을 하고 후속집행을 하는 것은 원칙적으로 무관하다. 행정의 상대방이 처분에 대해 쟁송제기를 하면서 추가로 집행정지 신청을 하여 그것이 받아들여진다면 행정권이 후속집행을 할 수 없게 되나, 그 외의 경우에는 쟁송제기 여부와 무관하게 후속집행을 할 수 있다. 따라서 행정처분에 대한 쟁송제기기간 내에도 행정상 강제집행을 할 수 있다.

③ [○] 행정청이 상대방에게 장차 어떤 처분을 하겠다고 확약 또는 공적인 의사표명을 하였다고 하더라도, 그 자체에서 상대방으로 하여금 언제까지 처분의 발령을 신청을 하도록 유효기간을 두었는데도 그 기간 내에 상대방의 신청이 없었다거나 확약 또는 공적인 의사표명이 있은 후에 사실적·법률적 상태가 변경되었다면, 그와 같은 확약 또는 공적인 의사표명은 행정청의 별다른 의사표시를 기다리지 않고 실효된다(대판 1996.8.20, 95누10877).

④ [○] 영장주의가 원칙적으로 행정상 즉시강제에 적용되는지에 관하여 대법원과 헌법재판소의 입장을 모두 숙지하고 있어야 한다. 발문에서 말하는 판례란 대법원을 지칭하기도 하고 헌법재판소까지 지칭하기도 하기 때문이다. 즉, 수험생들은 선지를 파악한 뒤 상대적으로 정답을 골라내야 한다.

🔎 관련 판례

사전영장주의는 인신보호를 위한 헌법상의 기속원리이기 때문에 인신의 자유를 제한하는 모든 국가작용의 영역에서 존중되어야 하지만, 헌법 제12조 제3항 단서도 사전영장주의의 예외를 인정하고 있는 것처럼 사전영장주의를 고수하다가는 도저히 행정목적을 달성할 수 없는 지극히 예외적인 경우에는 형사절차에서와 같은 예외가 인정되므로, 구 사회안전법 제11조 소정의 동행보호규정은 재범의 위험성이 현저한 자를 상대로 긴급히 보호할 필요가 있는 경우에 한하여 단기간의 동행보호를 허용한 것으로서 그 요건을 엄격히 해석하는 한, 동 규정 자체가 사전영장주의를 규정한 헌법규정에 반한다고 볼 수는 없다(대판 1997.6.13, 96다56115).

비교판례 영장주의가 행정상 즉시강제에도 적용되는지에 관하여는 논란이 있으나, 행정상 즉시강제는 상대방의 임의이행을 기다릴 시간적 여유가 없을 때 하명 없이 바로 실력을 행사하는 것으로서, 그 본질상 급박성을 요건으로 하고 있어 법관의 영장을 기다려서는 그 목적을 달성할 수 없다고 할 것이므로, 원칙적으로 영장주의가 적용되지 않는다고 보아야 할 것이다. 이 사건 법률조항은 앞에서 본 바와 같이 급박한 상황에 대처하기 위한 것으로서 그 불가피성과 정당성이 충분히 인정되는 경우이므로, 이 사건 법률조항이 영장 없는 수거를 인정한다고 하더라도 이를 두고 헌법상 영장주의에 위배되는 것으로는 볼 수 없고, 위 구 음반·비디오물 및 게임물에 관한 법률 제24조 제4항에서 관계공무원이 당해 게임물 등을 수거한 때에는 그 소유자 또는 점유자에게 수거증을 교부하도록 하고 있고, 동조 제6항에서 수거 등 처분을 하는 관계공무원이나 협회 또는 단체의 임·직원은 그 권한을 표시하는 증표를 지니고 관계인에게 이를 제시하도록 하는 등의 절차적 요건을 규정하고 있으므로, 이 사건 법률조항이 적법절차의 원칙에 위배되는 것으로 보기도 어렵다(헌재 2002.10.31, 2000헌가12).

답 ②

THEME 42 | 행정상 강제집행

003 행정상 대집행에 관한 내용으로 옳지 않은 것은?

2008년 9급 복원 변형

① 행정청의 위임을 받아 대집행을 실행하는 제3자는 대집행의 주체가 된다.
② 대집행의 대상은 대체적 작위의무이다.
③ 대집행의 대상이 되는 의무는 공법상 의무이어야 한다.
④ 의무의 불이행을 방치하는 것이 심히 공익을 해한다고 인정되어야 한다.

📝 해설 | 대집행

중요도 ★☆☆

① [×] 대집행의 주체는 여전히 처분행정청이고, 제3자는 사실상의 집행만을 대행할 뿐이다.
②③ [○] 행정대집행법상 대집행의 대상이 되는 대체적 작위의무는 공법상 의무이어야 한다(대판 2006.10.13, 2006두7096).
④ [○] 행정대집행법 제2조

제2조【대집행과 그 비용징수】법률에 의하여 직접명령되었거나 또는 법률에 의거한 행정청의 명령에 의한 행위로서 타인이 대신하여 행할 수 있는 행위를 의무자가 이행하지 아니하는 경우 다른 수단으로써 그 이행을 확보하기 곤란하고 또한 그 불이행을 방치함이 심히 공익을 해할 것으로 인정될 때에는 당해 행정청은 스스로 의무자가 하여야 할 행위를 하거나 또는 제삼자로 하여금 이를 하게 하여 그 비용을 의무자로부터 징수할 수 있다.

답 ①

004 다음 중 의무불이행의 방치가 심히 공익을 해칠 수 있어 대집행이 가능한 것은?

① 불법 증축한 부분을 철거할 경우 헬기의 안전 이착륙에 지장이 있게 되는 경우
② 건축허가 면적보다 0.02평방미터 초과한 불법 증축의 경우
③ 구조변경허가와 달리 증·개축된 건물이 공사 전보다 건물 모양이 산뜻해지고, 안정감이 증대한 반면 법 위반 부분을 철거하는 경우 건물의 외관만을 손상시키고 쓰임새가 줄어드는 경우
④ 개발제한구역 내 불법 건축된 교회 건물의 경우

✒️ 해설 | 대집행

중요도 ★★☆

① [×] 대판 1990.12.7, 90누5405
② [×] 대판 1991.3.12, 90누10070
③ [×] 대판 1987.3.10, 86누860
④ [○] 개발제한구역 내 불법 건축된 교회 건물은 합법화될 가능성이 없고, 도시의 무질서한 확장을 방지하기 위한 공익 필요성이 크므로 대집행이 가능하다(대판 2000.6.23, 98두3112).

답 ④

---

005 다음 설명 중 옳지 않은 것은? (다툼이 있는 경우 판례에 의함)

① 대집행은 대체적 작위의무에 한정되며, 의사의 진료·치료의무, 예술가의 창작의무 등 비대체적 작위의무는 그 대상에서 제외된다.
② 일반재산을 포함한 모든 국유재산의 경우 공용재산 여부나 철거의무가 공법상의 의무인지 여부에 관계없이 대집행을 할 수 있다.
③ 대집행 요건의 충족에 관한 주장과 입증책임은 처분행정청에 있다.
④ 제2차, 제3차 계고처분은 각각 그 처분성이 인정된다.

✒️ 해설 | 대집행

중요도 ★★☆

① [○] 대집행은 공법상 의무의 불이행, 대체적 작위의무에 한정된다.
② [○] 대판 1992.9.8, 91누13090
③ [○] 건축법에 위반하여 건축한 것이어서 철거의무가 있는 건물이라 하더라도 그 철거의무를 대집행하기 위한 계고처분을 하려면 다른 방법으로는 이행의 확보가 어렵고 불이행을 방치함이 심히 공익을 해하는 것으로 인정될 때에 한하여 허용되고 이러한 요건의 주장입증책임은 처분행정청에 있다(대판 1993.9.14, 92누16690).
④ [×] 제2차, 제3차의 계고처분은 새로운 철거의무를 부과한 것이 아니고 다만 대집행기한의 연기통지에 불과하므로 행정처분이 아니다(대판 1994.10.28, 94누5144).

답 ④

---

006 다음 중 행정대집행의 대상이 아닌 것은?

① 불법점유토지 퇴거명령
② 불법 선전광고물의 제거
③ 무허가건물의 철거
④ 위법한 건축물의 철거

① [×] 도시공원시설인 매점의 관리청이 그 공동점유자 중의 1인에 대하여 소정의 기간 내에 위 매점으로부터 퇴거하고 이에 부수하여 그 판매 시설물 및 상품을 반출하지 아니할 때에는 이를 대집행하겠다는 내용의 계고처분은 그 주된 목적이 매점의 원형을 보존하기 위하여 점유자가 설치한 불법 시설물을 철거하고자 하는 것이 아니라, 매점에 대한 점유자의 점유를 배제하고 그 점유이전을 받는 데 있다고 할 것인데, 이러한 의무는 그것을 강제적으로 실현함에 있어 직접적인 실력행사가 필요한 것이지 대체적 작위의무에 해당하는 것은 아니어서 직접강제의 방법에 의하는 것은 별론으로 하고 행정대집행법에 의한 대집행의 대상이 되는 것은 아니다(대판 1998.10.23, 97누157).

② [○] 공직선거법 제271조 제1항, 옥외광고물법 제10조 제2항

> **공직선거법 제271조 【불법시설물 등에 대한 조치 및 대집행】** ① 각급선거관리위원회는 이 법의 규정에 위반되는 선거에 관한 벽보·인쇄물·현수막 기타 선전물이나 유사기관·사조직 또는 시설 등을 발견한 때에는 지체 없이 그 첩부 등의 중지 또는 철거·수거·폐쇄 등을 명하고, 이에 불응하는 때에는 대집행을 할 수 있다. 이 경우 대집행은 행정대집행법에 의하되, 그 절차는 행정대집행법 제3조의 규정에 불구하고 중앙선거관리위원회규칙이 정하는 바에 의할 수 있다.
>
> **옥외광고물법 제10조 【위반 등에 대한 조치】** ② 시장 등은 제1항에 따른 명령을 받은 자가 그 명령을 이행하지 아니하면 행정대집행법에 따라 해당 광고물 등을 제거하거나 필요한 조치를 하고 그 비용을 청구할 수 있다.

③ [○] 시장이 무허가건물소유자인 원고들에게 일정기간까지 철거할 것을 명함과 아울러 불이행할 때에는 대집행한다는 내용의 철거대집행계고처분을 고지한 후 원고들이 불응하자 다시 2차 계고서를 발송하여 일정기간까지의 자진철거를 촉구하고 불이행하면 대집행을 한다는 뜻을 고지하였다면 원고들의 행정대집행법상의 건물철거의무는 제1차 철거명령 및 계고처분으로서 발생하였다(대판 1991.1.25, 90누5962).

④ [○] 행정청이 건축법 제42조 제1항과 행정대집행법 제2조 및 제3조 제1항에 따라 건축법위반 건축물의 철거를 명하고 그 의무불이행시 대집행할 계고를 함에 있어서는 의무자가 이행하여야 할 행위와 그 의무불이행시 대집행할 행위의 내용 및 범위가 구체적으로 특정되어야 할 것이다(대판 1992.2.25, 91누4607).

답 ①

007
☐☐☐

다음 중 대집행의 대상이 될 수 없는 것은 몇 개인가?　　　　　　　　　　　　　　　　2014년 9급 복원

> ㄱ. 장례식장 사용중지의무의 불이행
> ㄴ. 도시공원시설 점유자의 퇴거 및 명도의무의 불이행
> ㄷ. 공유재산 대부계약의 해지에 따른 지상물 철거의무
> ㄹ. 협의취득에 의한 건물소유자의 매매대상건물 철거의무의 불이행

① 1개　　　　　　　② 2개　　　　　　　③ 3개　　　　　　　④ 4개

📝 **해설 | 대집행**　　　　　　　　　　　　　　　　　　　　　　　　　　　　　　　　　　중요도 ★★☆

공유재산 대부계약의 해지에 따른 지상물 철거의무(ㄷ)는 대집행의 대상이 될 수 있다. 따라서 이를 제외한 나머지 3개(ㄱ, ㄴ, ㄹ)가 대집행의 대상이 될 수 없는 경우에 해당한다.

ㄱ. [×] 이 사건 처분에 따른 '장례식장 사용중지의무'가 원고 이외의 '타인이 대신'할 수도 없고, 타인이 대신하여 '행할 수 있는 행위'라고도 할 수 없는 비대체적 부작위 의무에 대한 것이므로, 그 자체로 위법함이 명백하다고 할 것인데, 원심은 그 판시와 같은 이유를 들어 이 사건 처분이 적법하다고 판단하고 말았으니, 거기에는 대집행계고처분의 요건에 관한 법리를 오해한 위법이 있다고 할 것이다(대판 2005.9.28, 2005두7464).

ㄴ. [×] 이러한 의무는 그것을 강제적으로 실현함에 있어 직접적인 실력행사가 필요한 것이지 대체적 작위의무에 해당하는 것은 아니어서 직접강제의 방법에 의하는 것은 별론으로 하고 행정대집행법에 의한 대집행의 대상이 되는 것은 아니다(대판 1998.10.23, 97누157).

ㄹ. [×] 그 협의취득시 건물소유자가 매매대상 건물에 대한 철거의무를 부담하겠다는 취지의 약정을 하였다고 하더라도 이러한 철거의무는 공법상의 의무가 될 수 없고, 이 경우에도 행정대집행법을 준용하여 대집행을 허용하는 별도의 규정이 없는 한 위와 같은 철거의무는 행정대집행법에 의한 대집행의 대상이 되지 않는다(대판 2006.10.13, 2006두7096).

답 ③

다음 중 행정대집행법상의 대집행이 가능한 경우에 해당하는 것은? (다툼이 있는 경우 판례에 의함)

① 주민들의 휴식공간인 조경시설을 훼손하여 유치원 어린이놀이터로 만들고 주민들의 출입을 통제하는 등으로 주택건설촉진법상 금지규정을 위반한 행위에 지방자치단체장이 원상복구명령과 계고처분을 했으나, 원상복구명령을 할 수 있는 별도의 법적인 근거가 없었던 경우

② 행정청이 토지구획정리사업의 환지예정지를 지정하고 그 사업에 편입되는 건축물 등 지장물의 소유자 또는 임차인에게 지장물의 자진 이전을 요구한 후 이에 응하지 않자 지장물의 이전에 대한 대집행을 계고하고 다시 대집행영장을 통지하였으나, 지장물의 이전 또는 제거의무를 부과할 수 있는 근거규정이 없었던 경우

③ 협의취득시 건물소유자가 매매대상 건물에 대한 철거의무를 부담하겠다는 취지의 약정을 하였으나, 이를 행하지 않는 경우

④ 군청 내 일반공무원들의 휴게실 겸 회의실 등의 용도로도 함께 사용되어 오던 중, 위 직장협의회 소속공무원들이 법외 단체인 전국공무원노동조합에 가입하고 사무실로 임의 사용하자, 수차에 걸쳐 자진폐쇄를 요청하였음에도 이에 응하지 않은 경우

해설 | 대집행 · 중요도 ★★★

① [×] 주택건설촉진법 제38조 제2항은 공동주택 및 부대시설·복리시설의 소유자·입주자·사용자 등은 부대시설 등에 대하여 도지사의 허가를 받지 않고 사업계획에 따른 용도 이외의 용도에 사용하는 행위 등을 금지하고, 그 위반행위에 대하여 위 주택건설촉진법 제52조의2 제1호에서 1천만원 이하의 벌금에 처하도록 하는 벌칙규정만을 두고 있을 뿐, 건축법 제69조 등과 같은 부작위의무 위반행위에 대하여 대체적 작위의무로 전환하는 규정을 두고 있지 아니하므로 위 금지규정으로부터 그 위반결과의 시정을 명하는 원상복구명령을 할 수 있는 권한이 도출되는 것은 아니라고 할 것이다. 결국 피고의 원고에 대한 원상복구명령은 권한 없는 자의 처분으로 무효라고 할 것이고, 위 원상복구명령이 당연무효인 이상 후행처분인 이 사건 계고처분의 효력에 당연히 영향을 미쳐 이 사건 계고처분 역시 무효로 된다고 할 것이다(대판 1996.6.28, 96누4374).

② [×] 행정청이 토지구획정리사업의 환지예정지를 지정하고 그 사업에 편입되는 건축물 등 지장물의 소유자 또는 임차인에게 지장물의 자진이전을 요구한 후 이에 응하지 않자 지장물의 이전에 대한 대집행을 계고하고 다시 대집행영장을 통지한 사안에서, 위 계고처분 등은 행정대집행법 제2조에 따라 명령된 지장물 이전의무가 없음에도 그러한 의무의 불이행을 사유로 행하여진 것으로 위법하다고 한 사례이다(대판 2010.6.24, 2010두1231).

③ [×] 행정대집행법상 대집행의 대상이 되는 대체적 작위의무는 공법상 의무이어야 할 것인데, 구 공공용지의 취득 및 손실보상에 관한 특례법에 따른 토지 등의 협의취득은 공공사업에 필요한 토지 등을 그 소유자와의 협의에 의하여 취득하는 것으로서 공공기관이 사경제주체로서 행하는 사법상 매매 내지 사법상 계약의 실질을 가지는 것이므로, 그 협의취득시 건물소유자가 매매대상 건물에 대한 철거의무를 부담하겠다는 취지의 약정을 하였다고 하더라도 이러한 철거의무는 공법상의 의무가 될 수 없고, 이 경우에도 행정대집행법을 준용하여 대집행을 허용하는 별도의 규정이 없는 한 위와 같은 철거의무는 행정대집행법에 의한 대집행의 대상이 되지 않는다(대판 2006.10.13, 2006두7096).

④ [○] 이 사건 행정대집행은 그 주된 목적이 법외 단체인 전공노의 위 사무실에 대한 사실상 불법사용을 중지시키기 위하여 사무실 내에 비치되어 있는 전공노의 물품을 철거하고 사무실을 폐쇄함으로써 ○○군 청사의 기능을 회복하는 데 있다고 보이므로, <u>이 사건 행정대집행은 전체적으로 대집행의 대상이 되는 대체적 작위의무인 철거의무를 대상으로 한 것으로 적법한 공무집행에 해당한다고 볼 수 있고</u>, 그 집행을 행하는 공무원들에 대항하여 피고인들과 전공노 소속 ○○군청 공무원들이 폭행 등 행위를 한 것은 단체 또는 다중의 위력으로 공무원들의 적법한 직무집행을 방해한 것이 된다(대판 2011.4.28, 2007도7514).

답 ④

009

행정의 실효성 확보제도에 대한 설명으로 가장 옳은 것은? (다툼이 있는 경우 판례에 의함)

① 학원의 설립·운영 및 과외교습에 관한 법령상 등록을 요하는 학원을 설립·운영하고자 하는 자가 등록절차를 거치지 않은 경우 관할 행정청이 직접 그 무등록 학원의 폐쇄를 위하여 출입제한 시설물의 설치와 같은 조치를 할 수 있게 규정되어 있는데, 이러한 규정은 동시에 그와 같은 폐쇄명령의 근거규정이 된다.

② 행정대집행은 대체적 작위의무에 대한 강제집행수단으로, 이행강제금은 부작위의무나 비대체적 작위의무에 대한 강제집행수단으로 이해되어 왔으므로, 이행강제금은 대체적 작위의무의 위반에 대해서는 부과될 수 없다.

③ 대집행계고처분에서 정한 의무이행기간의 이행종기인 날짜에 그 계고서를 수령하였고 행정청이 대집행영장으로써 대집행의 시기를 늦추었다고 하여도 대집행의 적법절차에 위배한 것으로 위법한 처분이다.

④ 한국자산공사의 재공매결정과 공매통지는 행정처분에 해당한다.

📝 해설 | 대집행

중요도 ★★★

① [×] 부작위의무를 규정한 조항이 행정청의 작위의무 명령의 근거규정이 될 수는 없고, 별도의 작위의무 명령 발동의 근거조항이 있어야 한다.

> **🔎 관련 판례**
>
> 단순한 부작위의무의 위반, 즉 관계 법령에 정하고 있는 절대적 금지나 허가를 유보한 상대적 금지를 위반한 경우에는 당해 법령에서 그 위반자에 대하여 위반에 의하여 생긴 유형적 결과의 시정을 명하는 행정처분의 권한을 인정하는 규정(예컨대, 건축법 제69조, 도로법 제74조, 하천법 제67조, 도시공원법 제20조, 옥외광고물 등 관리법 제10조 등)을 두고 있지 아니한 이상, 법치주의의 원리에 비추어 볼 때 위와 같은 부작위의무로부터 그 의무를 위반함으로써 생긴 결과를 시정하기 위한 작위의무를 당연히 끌어낼 수는 없으며, 또 위 금지규정(특히 허가를 유보한 상대적 금지규정)으로부터 작위의무, 즉 위반결과의 시정을 명하는 권한이 당연히 추론(推論)되는 것도 아니다(대판 1996.6.28, 96누4374).

② [×] 전통적으로 행정대집행은 대체적 작위의무에 대한 강제집행수단으로, 이행강제금은 부작위의무나 비대체적 작위의무에 대한 강제집행수단으로 이해되어 왔으나, 이는 이행강제금제도의 본질에서 오는 제약은 아니며, 이행강제금은 대체적 작위의무의 위반에 대하여도 부과될 수 있다. 현행 건축법상 위법건축물에 대한 이행강제수단으로 대집행과 이행강제금(제83조 제1항)이 인정되고 있는데, 양 제도는 각각의 장·단점이 있으므로 행정청은 개별사건에 있어서 위반내용, 위반자의 시정의지 등을 감안하여 대집행과 이행강제금을 선택적으로 활용할 수 있으며, 이처럼 그 합리적인 재량에 의해 선택하여 활용하는 이상 중첩적인 제재에 해당한다고 볼 수 없다(헌재 2004.2.26, 2001헌바80).

③ [○] 행정대집행법 제3조 제1항은 행정청이 의무자에게 대집행영장으로써 대집행할 시기 등을 통지하기 위하여는 그 전제로서 대집행계고처분을 함에 있어서 의무이행을 할 수 있는 상당한 기간을 부여할 것을 요구하고 있으므로, 행정청인 피고가 의무이행기한이 1988.5.24.까지로 된 이 사건 대집행계고서를 5.19. 원고에게 발송하여 원고가 그 이행종기인 5.24. 이를 수령하였다면, 설사 피고가 대집행영장으로써 대집행의 시기를 1988.5.27 15:00로 늦추었더라도 위 대집행계고처분은 상당한 이행기한을 정하여 한 것이 아니어서 대집행의 적법절차에 위배한 것으로 위법한 처분이라고 할 것이다(대판 1990.9.14, 90누2048).

④ [×] 한국자산공사가 당해 부동산을 인터넷을 통하여 재공매(입찰)하기로 한 결정 자체는 내부적인 의사결정에 불과하여 항고소송의 대상이 되는 행정처분이라고 볼 수 없고, 또한 한국자산공사가 공매통지는 공매의 요건이 아니라 공매사실 자체를 체납자에게 알려주는 데 불과한 것으로서, 통지의 상대방의 법적 지위나 권리·의무에 직접 영향을 주는 것이 아니라고 할 것이므로 이것 역시 행정처분에 해당한다고 할 수 없다(대판 2007.7.27, 2006두8464).

답 ③

010

다음 중 대집행에 대한 설명으로 옳지 않은 것은? (다툼이 있는 경우 판례에 의함)

① 대집행이 인정되기 위해서는 대체적 작위의무의 불이행이 있어야 하고 다른 수단으로는 그 의무이행의 확보가 곤란하여야 하며, 불이행을 방치하는 것이 심히 공익을 해하는 것으로 인정되어야 한다.

② 1장의 문서로 위법건축물의 자진철거를 명함과 동시에 소정기한 내에 철거의무를 이행하지 않을 시 대집행할 것을 계고할 수 있다.

③ 판례는 반복된 계고의 경우 1차 계고뿐만 아니라 제2차·제3차 계고처분의 처분성도 인정된다고 보고 있다.

④ 공법상 의무의 불이행에 대해 행정상 강제집행절차가 인정되는 경우에는 따로 민사소송의 방법으로 의무이행을 구할 수는 없다.

해설 | 대집행

중요도 ★★★

① [O] 법률에 의하여 직접명령되었거나 또는 법률에 의거한 행정청의 명령에 의한 행위로서 타인이 대신하여 행할 수 있는 행위를 의무자가 이행하지 아니하는 경우 다른 수단으로써 그 이행을 확보하기 곤란하고 또한 그 불이행을 방치함이 심히 공익을 해할 것으로 인정될 때에는 당해 행정청은 스스로 의무자가 하여야 할 행위를 하거나 또는 제3자로 하여금 이를 하게 하여 그 비용을 의무자로부터 징수할 수 있다(행정대집행법 제2조).

② [O] 계고서라는 명칭의 1장의 문서로서 일정기간 내에 위법건축물의 자진철거를 명함과 동시에 그 소정기한 내에 자진철거를 하지 아니할 때에는 대집행할 뜻을 미리 계고한 경우라도 건축법에 의한 철거명령과 행정대집행법에 의한 계고처분은 독립하여 있는 것으로서 각 그 요건이 충족되었다고 볼 것이다(대판 1992.6.12, 91누13564).

③ [×] 건물의 소유자에게 위법건축물을 일정기간까지 철거할 것을 명함과 아울러 불이행할 때에는 대집행한다는 내용의 철거대집행 계고처분을 고지한 후 이에 불응하자 다시 제2차, 제3차 계고서를 발송하여 일정기간까지의 자진철거를 촉구하고 불이행하면 대집행을 한다는 뜻을 고지하였다면 행정대집행법상의 건물철거의무는 제1차 철거명령 및 계고처분으로서 발생하였고 제2차, 제3차의 계고처분은 새로운 철거의무를 부과한 것이 아니고, 다만 대집행기한의 연기통지에 불과하므로 행정처분이 아니다(대판 1994.10.28, 94누5144).

④ [O] 토지에 관한 도로구역 결정이 고시된 후 구 토지수용법 제18조의2 제2항에 위반하여 공작물을 축조하고 물건을 부가한 자에 대하여 관리청은 이러한 위반행위에 의하여 생긴 유형적 결과의 시정을 명하는 행정처분을 하여 이에 따르지 않는 경우에는 행정대집행의 방법으로 그 의무내용을 실현할 수 있는 것이고, 이러한 행정대집행의 절차가 인정되는 경우에는 따로 민사소송의 방법으로 공작물의 철거, 수거 등을 구할 수는 없다(대판 2000.5.12, 99다18909).

답 ③

011

다음 중 대집행에 대한 설명으로 옳은 것은? (다툼이 있는 경우 판례에 의함)

① 1차 계고 이후 2차, 3차 계고처분을 한 경우 2차, 3차 계고처분은 처분성이 인정되지 않는다.

② 계고와 통지는 대집행 절차이므로 생략이 불가능하다.

③ 권한을 위임받은 수임청은 대집행의 주체가 될 수 없다.

④ 대집행 실행 완료 후 계고의 쟁송이 제기되면 그 소를 기각한다.

해설 | 대집행

중요도 ★★☆

① [O] 건물의 소유자에게 위법건축물을 일정기간까지 철거할 것을 명함과 아울러 불이행할 때에는 대집행한다는 내용의 철거대집행 계고처분을 고지한 후 이에 불응하자 다시 제2차, 제3차 계고서를 발송하여 일정기간까지의 자진철거를 촉구하고 불이행하면 대집행을 한다는 뜻을 고지하였다면 행정대집행법상의 건물철거의무는 제1차 철거명령 및 계고처분으로서 발생하였고 제2차, 제3차의 계고처분은 새로운 철거의무를 부과한 것이 아니고 다만 대집행기한의 연기통지에 불과하므로 행정처분이 아니다(대판 1994.10.28, 94누5144).

② [×] 위험이 절박한 경우에 있어서 당해 행위의 급속한 실시를 요하여 계고 및 대집행영장에 의한 통지를 할 여유가 없을 때에는 계고 및 대집행영장에 의한 통지는 생략될 수 있다.

③ [×] 군수가 군사무위임조례의 규정에 따라 무허가건축물에 대한 철거대집행사무를 하부 행정기관인 읍·면에 위임하였다면, 읍·면장에게는 관할구역 내의 무허가건축물에 대하여 그 철거대집행을 위한 계고처분을 할 권한이 있다(대판 1997.2.14, 96누15428).

④ [×] 대집행 실행이 완료된 후에는 소의 이익이 없어 행정쟁송으로 다툴 수 없음이 원칙으로, 계고의 쟁송이 제기되면 그 소를 각하한다.

답 ①

012 다음 중 이행강제금에 대한 설명으로 옳지 않은 것은?

① 비대체적 작위의무, 부작위의무, 수인의무의 강제를 위해 일정 기한 내에 의무를 이행하지 않으면 이행강제금이라는 금전급부를 과한다는 뜻을 미리 계고하여 의무자에게 심리적인 압박을 가해 의무이행을 강제하는 수단을 말한다.

② 이행강제금은 처벌이 아니기 때문에 의무의 이행이 있을 때까지 반복 부과가 가능하며 행정벌인 과태료나 형벌과 병과할 수도 있다.

③ 이행강제금은 일신전속적인 행정처분이 아니므로 상속의 대상이 된다.

④ 대집행이나 직접강제와 달리 물리적 실력행사가 아닌 간접적·심리적 강제에 해당한다.

📝 해설 | 이행강제금

중요도 ★★☆

① [○] 이행강제금은 의무의 불이행시에 일정액수의 금전납부의무가 부과될 것임을 의무자에게 미리 계고함으로써 의무의 이행을 확보하는 수단을 말한다.

② [○] 이행강제금은 처벌이 아니므로 반복하여 부과·징수할 수 있다는 점에서 행정벌과 구별된다.

③ [×] 이행강제금 납부의무는 상속인 기타의 사람에게 승계될 수 없는 일신전속적인 성질의 것이므로 이미 사망한 사람에게 이행강제금을 부과하는 내용의 처분이나 결정은 당연무효이고, 이행강제금을 부과받은 사람의 이의에 의하여 비송사건절차법에 의한 재판절차가 개시된 후에 그 이의한 사람이 사망한 때에는 사건 자체가 목적을 잃고 절차가 종료한다(대결 2006.12.8, 2006마470).

④ [○] 이행강제금은 의무자에게 심리적 압박을 주어 의무의 이행을 간접적으로 강제하려는 행정상 강제집행의 수단이다.

답 ③

---

013 이행강제금에 관한 설명 중 옳지 않은 것은? (다툼이 있는 경우 판례에 의함)

① 이행강제금은 과거의 의무위반에 대한 제재보다는 장래의 의무이행의 확보에 주안점을 두기 때문에 행정벌과는 그 취지를 달리한다.

② 건축법상의 위법건축물에 대한 이행강제수단으로 대집행과 이행강제금이 인정되고 있으며, 이는 행정청이 합리적인 재량에 의해 선택적으로 활용할 수 있는 이상 중첩적 제재에 해당한다고 볼 수 없다.

③ 구 건축법상 이행강제금 납부의무는 상속인 기타의 사람에게 승계될 수 없는 일신전속적인 성질의 것이므로 이미 사망한 사람에게 이행강제금을 부과하는 내용의 처분이나 결정은 당연무효이다.

④ 구 건축법상 이행강제금의 부과에 대한 불복은 법률의 규정 여부에도 불구하고 비송사건절차법에 따른다.

📝 해설 | 이행강제금

중요도 ★★☆

① [○] 이행강제금은 장래의 의무이행을 확보하려는 강제수단인 점에서 행정벌과는 제도적 취지가 다르다.

② [○] 건축법상 위법건축물에 대한 이행강제수단으로 대집행과 이행강제금이 인정되고 있는데, 양 제도는 각각의 장·단점이 있으므로 행정청은 개별사건에 있어서 위반내용 위반자의 시정 의지 등을 감안하여 대집행과 이행강제금을 선택적으로 활용할 수 있으며, 이처럼 그 합리적인 재량에 의해 선택하여 활용하는 이상 중첩적인 제재에 해당한다고 볼 수 없다(헌재 2004.2.26, 2001헌바80).

③ [○] 구 건축법상의 이행강제금은 구 건축법의 위반행위에 대하여 시정명령을 받은 후 시정기간 내에 당해 시정명령을 이행하지 아니한 건축주 등에 대하여 부과되는 간접강제의 일종으로서 그 이행강제금 납부의무는 상속인 기타의 사람에게 승계될 수 없는 일신전속적인 성질의 것이므로 이미 사망한 사람에게 이행강제금을 부과하는 내용의 처분이나 결정은 당연무효이다(대결 2006.12.8, 2006마470).

④ [×] 건축법상 이행강제금의 불복에 대해 비송사건절차법에 따르도록 한 내용이 삭제되었으므로 통설은 행정쟁송에 의하여야 한다고 본다.

답 ④

014 이행강제금에 대한 설명으로 옳지 않은 것은? (다툼이 있는 경우 판례에 의함)

① 현행 건축법상 위법건축물에 대한 이행강제수단으로 대집행과 이행강제금이 인정되고 있는데, 행정청은 개별사건에 있어서 위반내용, 위반자의 시정의지 등을 감안하여 대집행과 이행강제금을 선택적으로 활용할 수 있다.

② 건축법에서 무허가 건축행위에 대한 형사처벌과 건축법 제80조 제1항에 의한 시정명령 위반에 대한 이행강제금의 부과는 헌법 제13조 제1항이 금지하는 이중처벌에 해당한다고 할 수 없다.

③ 비록 건축주 등이 장기간 시정명령을 이행하지 아니하였더라도, 그 기간 중에는 시정명령의 이행 기회가 제공되지 아니하였다가 뒤늦게 시정명령의 이행 기회가 제공된 경우라면, 시정명령의 이행 기회가 제공되지 아니한 과거의 기간에 대한 이행강제금까지 한꺼번에 부과할 수 있다.

④ 부동산 실권리자명의 등기에 관한 법률상 장기 미등기자가 이행강제금 부과 전에 등기신청의무를 이행하였다면 이행강제금의 부과로써 이행을 확보하고자 하는 목적은 이미 실현된 것이므로 이 법상 규정된 기간이 지나서 등기신청의무를 이행한 경우라 하더라도 이행강제금을 부과할 수 없다.

📝 해설 | 이행강제금

중요도 ★★★

① [○] 현행 건축법상 위법건축물에 대한 이행강제수단으로 대집행과 이행강제금(제83조 제1항)이 인정되고 있는데, 양 제도는 각각의 장·단점이 있으므로 행정청은 개별사건에 있어서 위반내용, 위반자의 시정의지 등을 감안하여 대집행과 이행강제금을 선택적으로 활용할 수 있으며, 이처럼 그 합리적인 재량에 의해 선택하여 활용하는 이상 중첩적인 제재에 해당한다고 볼 수 없다(헌재 2004.2.26, 2001헌바80).

② [○] 이 사건 법률조항에서 규정하고 있는 이행강제금은 일정한 기한까지 의무를 이행하지 않을 때에는 일정한 금전적 부담을 과할 뜻을 미리 계고함으로써 의무자에게 심리적 압박을 주어 장래에 그 의무를 이행하게 하려는 행정상 간접적인 강제집행수단의 하나로서 과거의 일정한 법률위반 행위에 대한 제재로서의 형벌이 아니라 장래의 의무이행의 확보를 위한 강제수단일 뿐이어서 범죄에 대하여 국가가 형벌권을 실행한다고 하는 과벌에 해당하지 아니하므로 헌법 제13조 제1항이 금지하는 이중처벌금지의 원칙이 적용될 여지가 없을 뿐 아니라, 건축법 제108조, 제110조에 의한 형사처벌의 대상이 되는 행위와 이 사건 법률조항에 따라 이행강제금이 부과되는 행위는 기초적 사실관계가 동일한 행위가 아니라 할 것이므로 이런 점에서도 이 사건 법률조항이 헌법 제13조 제1항의 이중처벌금지의 원칙에 위반되지 아니한다(헌재 2011.10.25, 2009헌바140).

③ [×] 비록 건축주 등이 장기간 시정명령을 이행하지 아니하였더라도, 그 기간 중에는 시정명령의 이행 기회가 제공되지 아니하였다가 뒤늦게 시정명령의 이행 기회가 제공된 경우라면, 시정명령의 이행 기회 제공을 전제로 한 1회분의 이행강제금만을 부과할 수 있고, 시정명령의 이행 기회가 제공되지 아니한 과거의 기간에 대한 이행강제금까지 한꺼번에 부과할 수는 없다. 그리고 이를 위반하여 이루어진 이행강제금 부과처분은 과거의 위반행위에 대한 제재가 아니라 행정상의 간접강제 수단이라는 이행강제금의 본질에 반하여 구 건축법 제80조 제1항, 제4항 등 법규의 중요한 부분을 위반한 것으로서, 그러한 하자는 중대할 뿐만 아니라 객관적으로도 명백하다(대판 2016.7.14, 2015두46598).

④ [○] 대판 2016.6.23, 2015두36454

답 ③

---

015 행정강제에 대한 설명으로 옳지 않은 것은? (다툼이 있는 경우 판례에 의함)

① 행정상 강제집행은 법률에 근거하여서만 행해질 수 있다.

② 비대체적 작위의무 또는 부작위의무를 이행하지 아니하는 경우에 그 의무자에게 심리적 압박을 가하여 의무의 이행을 강제하기 위하여 과하는 금전벌을 직접강제라 한다.

③ 대집행을 위해서는 먼저 의무의 이행을 최고하는 행위로서의 계고를 하여야 한다.

④ 강제징수를 위한 독촉은 통지행위인 점에서 대집행에 있어서의 계고와 성질이 같다.

📝 해설 | 강제집행

중요도 ★★☆

① [○] 행정상 강제집행은 의무부과의 법적 근거 외에 별도의 강제집행에 대한 법적 근거가 필요하다.

② [×] 직접강제가 아니라 이행강제금에 대한 설명이다.

③ [○] 대집행의 절차는 계고, 통지, 실행, 비용징수로 이어진다.

④ [○] 강제징수를 위한 독촉과 대집행계고는 처분성이 인정되며 준법률행위적 행정행위인 통지이다.

답 ②

016 행정상 강제집행에 대한 설명으로 옳지 않은 것은? (다툼이 있는 경우 판례에 의함)

① 군수가 군사무위임조례의 규정에 따라 무허가건축물에 대한 철거대집행사무를 하부 행정기관인 읍·면에 위임하였다면, 읍·면장에게는 관할구역 내의 무허가건축물에 대하여 그 철거대집행을 위한 계고처분을 할 권한이 있다.

② 이행강제금은 간접적인 행정상 강제집행수단이며, 대체적 작위의무 위반에 대하여도 부과될 수 있다.

③ 직접강제는 대체적 작위의무뿐만 아니라 비대체적 작위의무·부작위의무·수인의무 등 일체의 의무의 불이행에 대해 행할 수 있다.

④ 개발제한구역의 지정 및 관리에 관한 특별조치법에 따르면, 이행강제금을 부과·징수할 때마다 그에 앞서 시정명령 절차를 다시 거쳐야 한다.

✒ 해설 | 강제집행

중요도 ★★☆

① [○] 대판 1997.2.14, 96누15428

② [○] 전통적으로 행정대집행은 대체적 작위의무에 대한 강제집행수단으로, 이행강제금은 부작위의무나 비대체적 작위의무에 대한 강제집행수단으로 이해되어 왔으나, 이는 이행강제금제도의 본질에서 오는 제약은 아니며, 이행강제금은 대체적 작위의무의 위반에 대하여도 부과될 수 있다. 현행 건축법상 위법건축물에 대한 이행강제수단으로 대집행과 이행강제금이 인정되고 있는데, 양 제도는 각각의 장·단점이 있으므로 행정청은 개별사건에 있어서 위반내용, 위반자의 시정의지 등을 감안하여 대집행과 이행강제금을 선택적으로 활용할 수 있으며, 이처럼 그 합리적인 재량에 의해 선택하여 활용하는 이상 중첩적인 제재에 해당한다고 볼 수 없다(헌재 2004.2.26, 2001헌바80).

③ [○] 직접강제의 대상이 되는 의무에는 제한이 없다. 대체적 작위의무, 비대체적 작위의무, 수인의무 등 모든 의무가 그 대상이 된다.

④ [×] 개발제한구역의 지정 및 관리에 관한 특별조치법 제30조 제1항, 제30조의2 제1항 및 제2항의 규정에 의하면 시정명령을 받은 후 그 시정명령의 이행을 하지 아니한 자에 대하여 이행강제금을 부과할 수 있고, 이행강제금을 부과하기 전에 상당한 기간을 정하여 그 기한까지 이행되지 아니 할 때에 이행강제금을 부과·징수한다는 뜻을 문서로 계고하여야 하므로, 이행강제금의 부과·징수를 위한 계고는 시정명령을 불이행한 경우에 취할 수 있는 절차라 할 것이고, 따라서 이행강제금을 부과·징수할 때마다 그에 앞서 시정명령 절차를 다시 거쳐야 할 필요는 없다(대판 2013.12.12, 2012두20397).

답 ④

017 행정의 실효성 확보수단에 대한 설명으로 옳지 않은 것은? (다툼이 있는 경우 판례에 의함)

① 계고서라는 명칭의 1장의 문서로서 일정기간 내에 위법건축물의 자진철거를 명함과 동시에 그 소정기한 내에 자진철거를 하지 아니할 때에는 대집행할 뜻을 미리 계고한 경우라도 건축법에 의한 철거명령과 행정대집행법에 의한 계고처분은 독립하여 있는 것으로서 각 그 요건이 충족되었다고 볼 것이다.

② 이행강제금은 행정상 간접적인 강제집행 수단의 하나로서, 과거의 일정한 법률위반 행위에 대한 제재인 형벌이 아니라 장래의 의무이행 확보를 위한 강제수단일 뿐이어서, 범죄에 대하여 국가가 형벌권을 실행하는 과벌에 해당하지 아니한다.

③ 세무조사결정은 납세의무자의 권리·의무에 직접 영향을 미치는 공권력의 행사에 따른 행정작용으로 보기 어려우므로 항고소송의 대상이 될 수 없다.

④ 토지·건물 등의 인도의무는 비대체적 작위의무이므로 행정대집행법상 대집행 대상이 될 수 없다.

PART 4

2022 해커스공무원 정재항 행정법 16개년 기출문제집

① [○] 계고서라는 명칭의 1장의 문서로서 일정기간 내에 위법건축물의 자진철거를 명함과 동시에 그 소정기한 내에 자진철거를 하지 아니할 때에는 대집행할 뜻을 미리 계고한 경우라도 건축법에 의한 철거명령과 행정대집행법에 의한 계고처분은 독립하여 있는 것으로서 각 그 요건이 충족되었다고 볼 것이다(대판 1992.6.12, 91누13564).

② [○] 이행강제금은 일정한 기한까지 의무를 이행하지 않을 때에는 일정한 금전적 부담을 과할 뜻을 미리 계고함으로써 의무자에게 심리적 압박을 주어 장래에 그 의무를 이행하게 하려는 행정상 간접적인 강제집행 수단의 하나로서 과거의 일정한 법률위반 행위에 대한 제재로서의 형벌이 아니라 장래의 의무이행의 확보를 위한 강제수단일 뿐이어서 범죄에 대하여 국가가 형벌권을 실행한다고 하는 과벌에 해당하지 아니하므로 헌법 제13조 제1항이 금지하는 이중처벌금지의 원칙이 적용될 여지가 없다(헌재 2011.10.25, 2009헌바140).

③ [×] 부과처분을 위한 과세관청의 질문조사권이 행해지는 세무조사결정이 있는 경우 납세의무자는 세무공무원의 과세자료 수집을 위한 질문에 대답하고 검사를 수인하여야 할 법적 의무를 부담하게 되는 점, 세무조사는 기본적으로 적정하고 공평한 과세의 실현을 위하여 필요한 최소한의 범위 안에서 행하여져야 하고, 더욱이 동일한 세목 및 과세기간에 대한 재조사는 납세자의 영업의 자유 등 권익을 심각하게 침해할 뿐만 아니라 과세관청에 의한 자의적인 세무조사의 위험마저 있으므로 조세공평의 원칙에 현저히 반하는 예외적인 경우를 제외하고는 금지될 필요가 있는 점, 납세의무자로 하여금 개개의 과태료 처분에 대하여 불복하거나 조사 종료 후의 과세처분에 대하여만 다툴 수 있도록 하는 것보다는 그에 앞서 세무조사결정에 대하여 다툼으로써 분쟁을 조기에 근본적으로 해결할 수 있는 점 등을 종합하면, 세무조사결정은 납세의무자의 권리·의무에 직접 영향을 미치는 공권력의 행사에 따른 행정작용으로서 항고소송의 대상이 된다(대판 2011.3.10, 2009두23617·23624).

④ [○] 피수용자 등이 기업자에 대하여 부담하는 수용대상 토지의 인도의무에 관한 구 토지수용법(2002.2.4. 법률 제6656호 공익사업을 위한 토지 등의 취득 및 보상에 관한 법률 부칙 제2조로 폐지) 제63조, 제64조, 제77조 규정에서의 '인도'에는 명도도 포함되는 것으로 보아야 하고, 이러한 명도의무는 그것을 강제적으로 실현하면서 직접적인 실력행사가 필요한 것이지 대체적 작위의무라고 볼 수 없으므로 특별한 사정이 없는 한 행정대집행법에 의한 대집행의 대상이 될 수 있는 것이 아니다(대판 2005.8.19, 2004다2809).

답 ③

---

018 행정상 강제징수에 관한 설명 중 옳지 않은 것은? (다툼이 있는 경우 판례에 의함)　　　　　　　2008년 9급 복원
□□□

① 독촉은 준법률행위적 행정행위인 통지로 보는 것이 일반적이다.
② 국세징수법은 행정상 강제징수에 관하여 일반법적 지위를 가진다.
③ 판례는 독촉절차 없이 한 압류처분에 중대하고 명백한 하자가 있다고 본다.
④ 강제징수는 독촉 및 체납처분으로 나누어지며, 체납처분은 '압류 - 매각 - 청산'의 3단계로 나누어진다.

① [○] 독촉은 의무자에 대하여 의무의 이행을 최고하고 불이행시에 체납처분을 할 것을 예고하는 것으로서 준법률행위적 행정행위인 통지에 해당한다.

② [○] 강제징수를 규정하고 있는 각 법은 국세징수법의 강제징수 규정을 준용하고 있다.

③ [×] 납세의무자가 세금을 납부기한까지 납부하지 아니하기 때문에 과세청이 그 징수를 위하여 참가압류처분에 이른 것이라면 참가압류처분에 앞서 독촉절차를 거치지 아니하였고 또 참가압류조서에 납부기한을 잘못 기재한 잘못이 있다고 하더라도 이러한 위법사유만으로는 참가압류처분을 무효로 할 만큼 중대하고도 명백한 하자라고 볼 수 없다(대판 1992.3.10, 91누6030).

④ [○] 국세징수법에 의한 강제징수절차는 독촉과 체납처분으로, 체납처분은 다시 재산압류, 압류재산의 매각, 청산의 단계로 이루어진다.

답 ③

행정상 강제징수에 관한 설명 중 옳지 않은 것은? (다툼이 있는 경우 판례에 의함)

① 체납자가 아닌 제3자의 소유물건에 대한 압류처분은 당연무효이다.

② 과세관청이 체납처분으로서 행하는 공매는 우월한 공권력의 행사로서 공법상 행정처분이다.

③ 독촉절차 없이 한 압류처분은 중대하고 명백한 하자로서 당연무효이다.

④ 독촉은 준법률행위적 행정행위인 통지이다.

📝 해설 | 강제징수   중요도 ★★☆

① [○] 대판 1993.4.27, 92누12117

② [○] 과세관청이 체납처분으로서 행하는 공매는 우월한 공권력의 행사로서 행정소송의 대상이 되는 공법상의 행정처분이며 공매에 의하여 재산을 매수한 자는 그 공매처분이 취소된 경우에 그 취소처분의 위법을 주장하여 행정소송을 제기할 법률상 이익이 있다(대판 1984.9.25, 84누201).

③ [×] 독촉절차 없이 한 압류처분에 대하여 판례의 입장이 동일하지 않다. 따라서 상대적으로 답을 골라내야 한다.

> **⚖ 관련 판례**
>
> [1] 이 사건 상속 재산에 대한 압류는 그 압류 이전에 피상속인이나 그 상속인인 원고에 대하여 부과될 이 사건 양도소득세에 관하여 적법한 납세고지나 독촉이 없었으므로 무효이다(대판 1982.8.24, 81누162).
>
> [2] 조세의 부과처분과 압류 등의 체납처분은 별개의 행정처분으로서 독립성을 가지므로 부과처분에 하자가 있더라도 그 부과처분이 취소되지 아니하는 한 그 부과처분에 의한 체납처분은 위법이라고 할 수는 없지만, 체납처분은 부과처분의 집행을 위한 절차에 불과하므로 그 부과처분에 중대하고도 명백한 하자가 있어 무효인 경우에는 그 부과처분의 집행을 위한 체납처분도 무효라 할 것이다. 납세의무자가 세금을 납부기한까지 납부하지 아니하자 과세청이 그 징수를 위하여 압류처분에 이른 것이라면 비록 독촉절차 없이 압류처분을 하였다 하더라도 이러한 사유만으로는 압류처분을 무효로 되게 하는 중대하고도 명백한 하자로는 되지 않는다(대판 1987.9.22, 87누383).

④ [○] 독촉은 준법률행위적 행정행위인 통지이며 처분성이 인정된다.

답 ③

020

행정상 실효성 확보수단에 대한 설명으로 옳지 않은 것은?

① 과징금은 행정법상 의무위반자에게 행정청이 과하는 금전상의 제재이다.

② 행정상의 강제징수는 행정법상 의무불이행이 있는 경우 행정기관이 직접 의무자의 신체나 재산에 실력을 가하여 의무자가 스스로 의무를 이행한 것과 같은 상태를 실현하는 작용이다.

③ 행정벌은 의무위반에 대한 사후적인 제재로서의 성질을 갖는다.

④ 공급거부는 행정법상 의무를 위반한 자 등에 대하여 일정한 행정상의 서비스나 재화의 공급을 거부하는 행정조치이다.

📝 해설 | 강제징수 등   중요도 ★★☆

① [○] 과징금 부과처분은 제재적 행정처분으로서 행정법상 의무를 위반하거나 불이행할 때 행정청이 부과하는 금전상의 제재를 말한다.

② [×] 행정상 강제징수는 행정상의 금전급부의무를 이행하지 않는 경우를 대상으로 하여 행정청이 의무자의 재산에 실력을 가하여 의무가 이행된 것과 동일한 상태를 직접적으로 실현하는 작용을 말한다.

③ [○] 행정벌은 과거의 의무위반에 대한 사후적인 제재로 간접적으로 의무이행을 확보하는 수단이다.

④ [○] 공급거부란 행정법상의 의무를 위반하거나 불이행한 자에 대해 일정한 재화나 서비스의 공급을 거부하는 행정작용을 말한다.

답 ②

021 다음 중 행정상 즉시강제에 대한 설명으로 옳은 것은? (다툼이 있는 경우 판례에 의함)   2007년 9급 복원

① 재산에 대해서만 가능하다.

② 신체에 대해서는 허용되지 않는다.

③ 즉시강제에는 법적 근거가 반드시 있어야 한다.

④ 행정상 강제집행수단의 일종이다.

해설 | 즉시강제   중요도 ★★☆

①② [×] 행정상 즉시강제란 급박한 행정상 장애를 제거할 필요가 있는 경우에 미리 의무를 명할 시간적 여유가 없거나 혹은 그 성질상 의무를 명해서는 그 목적을 달성하기 곤란한 때에 직접 개인의 신체 또는 재산에 실력을 가하여 행정상 필요한 상태를 실현하는 행정작용을 의미하는 것이다.

③ [○] 행정상 즉시강제는 목전의 급박한 장해를 제거할 필요가 있으나 미리 의무를 명할 시간적 여유가 없는 경우 또는 그 성질상 의무를 명하고 그 이행을 기다려서는 공행정 목적을 달성하기 어려울 때 즉시 국민의 신체나 재산에 실력을 가하여 행정상 필요한 상태를 실현하는 작용이다. 이는 국민의 기본권 보장에 침해를 야기하기 때문에 실정법적 근거가 반드시 있어야 한다. 또한 행정상 즉시강제는 의무불이행을 전제로 하지 않는다는 점에서 행정상 강제집행과 구별된다.

④ [×] 행정강제는 행정상 강제집행을 원칙으로 하며, 법치국가적 요청인 예측가능성과 법적 안정성에 반하고, 기본권 침해의 소지가 큰 권력작용인 행정상 즉시강제는 어디까지나 예외적인 강제수단이라고 할 것이다. 이러한 행정상 즉시강제는 엄격한 실정법상의 근거를 필요로 할 뿐만 아니라, 그 발동에 있어서는 법규의 범위 안에서도 다시 행정상의 장해가 목전에 급박하고, 다른 수단으로는 행정목적을 달성할 수 없는 경우이어야 하며, 이러한 경우에도 그 행사는 필요 최소한도에 그쳐야 함을 내용으로 하는 조리상의 한계에 기속된다(헌재 2002.10.31, 2000헌가12).

답 ③

022 다음 중 행정상 강제집행이 아닌 것은?   2007년 9급 복원

① 무허가영업소 폐쇄조치

② 무허가건물의 강제 철거

③ 유해음식물의 무상수거

④ 이행강제금의 부과

해설 | 즉시강제   중요도 ★★☆

①②④ [○] 무허가영업소 폐쇄조치(직접강제), 무허가건물의 강제 철거(대집행), 이행강제금의 부과는 행정상 강제집행에 해당한다.

③ [×] 유해음식물의 무상수거는 행정상 즉시강제에 해당한다.

답 ③

023

□□□ **행정상 즉시강제에 대한 설명으로 옳지 않은 것은?**

① 행정상 즉시강제는 침익적 행정행위이며, 권력적 사실행위의 성질을 가진다.

② 헌법 제12조 규정 등에 따라 절차에 있어서 반드시 사전영장주의가 적용된다.

③ 위법한 침해에 대하여 행정쟁송의 처분성이 인정되나 일반적으로 소의 이익이 부인되는 경우가 대부분이다.

④ 타인의 재산에 대한 위해를 제거하기 위하여 인신을 구속하는 것은 비례의 원칙에 반한다.

📝 **해설 | 즉시강제** 중요도 ★★☆

① [○] 행정상 즉시강제는 권력적 사실행위로서의 성격을 갖고 있으며, 항고소송의 대상이 되는 처분이다.

② [×] 영장주의가 행정상 즉시강제에도 적용되는지에 관하여는 논란이 있으나, 행정상 즉시강제는 상대방의 임의이행을 기다릴 시간적 여유가 없을 때 하명 없이 바로 실력을 행사하는 것으로서, 그 본질상 급박성을 요건으로 하고 있어 법관의 영장을 기다려서는 그 목적을 달성할 수 없다고 할 것이므로, 원칙적으로 영장주의가 적용되지 않는다고 보아야 할 것이다(헌재 2002.10.31, 2000헌가12).

③ [○] 행정상 즉시강제는 권력적 사실행위로 그 실행이 끝나버리면 더 이상 취소를 구할 이익이 없다. 다만, 침해가 계속되고 있는 경우에는 취소소송 등을 다툴 소의 이익이 있다.

④ [○] 행정상 즉시강제도 행정법의 일반원칙을 준수하여야 하며, 재산권의 보호를 위해 신체의 자유를 제한하는 것은 특별한 사정이 없는 한 비례의 원칙에 반하게 되어 허용되지 않는다.

답 ②

024

□□□ **아래의 법률 조항에 대한 설명으로 옳지 않은 것은?**

> **감염병의 예방 및 관리에 관한 법률 제49조 제1항**: 질병관리청장, 시·도지사 또는 시장·군수·구청장은 감염병을 예방하기 위하여 다음 각 호에 해당하는 모든 조치를 하거나 그에 필요한 일부 조치를 하여야 하며, 보건복지부장관은 감염병을 예방하기 위하여 제2호, 제2호의2부터 제2호의4까지, 제12호 및 제12호의2에 해당하는 조치를 할 수 있다.
> 14. 감염병의심자를 적당한 장소에 일정한 기간 입원 또는 격리시키는 것

① 감염병 의심자에 대한 격리조치는 직접강제에 해당한다.

② 그 성질상 행정상 의무의 이행을 명하는 것만으로는 행정 목적 달성이 곤란한 경우에 가능하다.

③ 다른 수단으로는 행정 목적을 달성할 수 없는 경우에만 허용된다.

④ 현장에 파견되는 집행책임자는 강제하는 이유와 내용을 고지하여야 한다.

📝 **해설 | 즉시강제** 중요도 ★★☆

① [×] 감염병 의심자에 대한 격리조치는 행정상 즉시강제로 분류된다.

② [○] 행정상 즉시강제란 급박한 행정상 장애를 제거할 필요가 있는 경우에 미리 의무를 명할 시간적 여유가 없거나 혹은 그 성질상 의무를 명해서는 그 목적을 달성하기 곤란한 때에 직접 개인의 신체 또는 재산에 실력을 가하여 행정상 필요한 상태를 실현하는 행정작용을 의미하는 것이다.

③ [○] 즉시강제는 다른 수단으로는 행정목적을 달성할 수 없는 경우에만 허용되며, 이 경우에도 최소한으로만 실시하여야 한다(행정기본법 제33조 제1항).

④ [○] 즉시강제를 실시하기 위하여 현장에 파견되는 집행책임자는 그가 집행책임자임을 표시하는 증표를 보여 주어야 하며, 즉시강제의 이유와 내용을 고지하여야 한다(동법 동조 제2항).

답 ①

025 다음 중 행정조사에 해당하는 사항으로 옳지 않은 것은?　　　　　　　2006년 9급 복원

① 불량식품의 강제적 폐기　　　　　　　② 납세의무자에 대한 질문·수사
③ 여론조사　　　　　　　　　　　　　④ 경찰관의 불심검문

해설 | 행정조사　　　　　　　　　　　　　　　　　　　　　　　　중요도 ★★☆

① [×] 불량식품의 강제적 폐기는 행정상 즉시강제에 해당한다.
②③④ [○] "행정조사"란 행정기관이 정책을 결정하거나 직무를 수행하는 데 필요한 정보나 자료를 수집하기 위하여 현장조사·문서열
　　람·시료채취 등을 하거나 조사대상자에게 보고요구·자료제출요구 및 출석·진술요구를 행하는 활동을 말한다(행정조사기
　　본법 제2조 제1호).

답 ①

026 다음 중 행정조사기본법상 행정조사에 대한 설명으로 옳은 것은?　　　　　　2011년 9급 복원

① 행정기관의 장은 행정조사의 대상을 명백하고 객관적인 기준에 따라 선정하여야 한다.
② 현장조사는 조사대상자가 동의한 경우에도 해가 뜨기 전이나 해가 진 뒤에는 할 수 없다.
③ 행정기관은 조사대상자의 자발적인 협조를 얻어 실시하는 행정조사의 경우에 한정하여 행정조사를 실시할 수 있다.
④ 행정기관은 유사하거나 동일한 사안에 대하여는 공동조사를 실시하지 않고, 각각 조사를 하여야 한다.

해설 | 행정조사　　　　　　　　　　　　　　　　　　　　　　　　중요도 ★★☆

① [○] 행정기관의 장은 행정조사의 목적, 법령준수의 실적, 자율적인 준수를 위한 노력, 규모와 업종 등을 고려하여 명백하고 객관적인
　　기준에 따라 행정조사의 대상을 선정하여야 한다(행정조사기본법 제8조 제1항).
② [×] 현장조사는 해가 뜨기 전이나 해가 진 뒤에는 할 수 없다. 다만, 조사대상자(대리인 및 관리책임이 있는 자를 포함한다)가 동의한
　　경우에는 그러하지 아니하다(동법 제11조 제2항 제1호).
③ [×] 행정기관은 법령 등에서 행정조사를 규정하고 있는 경우에 한하여 행정조사를 실시할 수 있다. 다만, 조사대상자의 자발적인 협
　　조를 얻어 실시하는 행정조사의 경우에는 그러하지 아니하다(동법 제5조).
④ [×] 행정기관은 유사하거나 동일한 사안에 대하여는 공동조사 등을 실시함으로써 행정조사가 중복되지 아니하도록 하여야 한다(동
　　법 제4조 제3항).

답 ①

027 행정조사기본법상 행정조사의 기본원칙에 대한 설명으로 옳지 않은 것은? (다툼이 있는 경우 판례에 의함)　　2021년 9급

① 행정조사는 조사목적을 달성하는데 필요한 최소한의 범위 안에서 실시하여야 하며, 다른 목적 등을 위하여 조사권
　을 남용하여서는 아니 된다.
② 행정기관은 유사하거나 동일한 사안에 대하여는 공동조사 등을 실시함으로써 행정조사가 중복되지 아니하도록 하
　여야 한다.
③ 행정조사는 법령 등의 위반에 대한 처벌에 중점을 두되 법령 등을 준수하도록 유도하여야 한다.
④ 행정기관은 행정조사를 통하여 알게 된 정보를 다른 법률에 따라 내부에서 이용하거나 다른 기관에 제공하는 경우
　를 제외하고는 원래의 조사목적 이외의 용도로 이용하거나 타인에게 제공하여서는 아니 된다.

①②④ [○] 행정조사기본법 제4조 제1항·제3항·제6항

> **제4조 【행정조사의 기본원칙】** ① 행정조사는 조사목적을 달성하는데 필요한 최소한의 범위 안에서 실시하여야 하며, 다른 목적 등을 위하여 조사권을 남용하여서는 아니 된다.
> ③ 행정기관은 유사하거나 동일한 사안에 대하여는 공동조사 등을 실시함으로써 행정조사가 중복되지 아니하도록 하여야 한다.
> ⑥ 행정기관은 행정조사를 통하여 알게 된 정보를 다른 법률에 따라 내부에서 이용하거나 다른 기관에 제공하는 경우를 제외하고는 원래의 조사목적 이외의 용도로 이용하거나 타인에게 제공하여서는 아니 된다.

③ [×] 행정조사는 법령 등의 위반에 대한 처벌보다는 법령 등을 준수하도록 유도하는 데 중점을 두어야 한다(동법 동조 제4항).

답 ③

028
☐☐☐

행정조사기본법상 행정조사에 대한 설명으로 옳지 않은 것은?　　　　　　　　2021년 7급

① 조사대상자의 자발적 협조를 얻어 실시하는 현장조사의 경우에도 개별 법령의 이에 관한 법적 근거가 있어야 한다.
② 행정기관의 장은 조사대상자에게 장부·서류를 제출하도록 요구하는 때에는 자료제출요구서를 발송하여야 한다.
③ 행정조사는 조사목적을 달성하는데 필요한 최소한의 범위 안에서 실시하여야 하며, 다른 목적 등을 위하여 조사권을 남용하여서는 아니 된다.
④ 행정기관의 장은 법령 등에 특별한 규정이 있는 경우를 제외하고는 행정조사의 결과를 확정한 날부터 7일 이내에 그 결과를 조사대상자에게 통지하여야 한다.

① [×] 행정기관은 법령 등에서 행정조사를 규정하고 있는 경우에 한하여 행정조사를 실시할 수 있다. 다만, 조사대상자의 자발적인 협조를 얻어 실시하는 행정조사의 경우에는 그러하지 아니하다(행정조사기본법 제5조).
② [○] 동법 제10조 제2항

> **제10조 【보고요구와 자료제출의 요구】** ② 행정기관의 장은 조사대상자에게 장부·서류나 그 밖의 자료를 제출하도록 요구하는 때에는 다음 각 호의 사항이 기재된 자료제출요구서를 발송하여야 한다.
> 1. 제출기간
> 2. 제출요청사유
> 3. 제출서류
> 4. 제출서류의 반환 여부
> 5. 제출거부에 대한 제재(근거 법령 및 조항 포함)
> 6. 그 밖에 당해 행정조사와 관련하여 필요한 사항

③ [○] 행정조사는 조사목적을 달성하는데 필요한 최소한의 범위 안에서 실시하여야 하며, 다른 목적 등을 위하여 조사권을 남용하여서는 아니 된다(동법 제4조 제1항).
④ [○] 행정기관의 장은 법령 등에 특별한 규정이 있는 경우를 제외하고는 행정조사의 결과를 확정한 날부터 7일 이내에 그 결과를 조사대상자에게 통지하여야 한다(동법 제24조).

답 ①

CHAPTER 2 | 행정벌

THEME 45 | 행정벌 개설

001

행정벌에 관한 다음 설명 중 가장 옳지 않은 것은?

2006년 9급 복원

① 행정벌과 집행벌은 병과할 수 없다.
② 행정벌과 징계벌은 병과할 수 있다.
③ 행정벌은 과거의 의무위반에 대한 제재의 성질을 가진다.
④ 행정벌에는 행정형벌과 행정질서벌이 있다.

📝 해설 | 행정벌

중요도 ★★☆

① [×] 행정벌은 과거의 의무위반에 대한 제재이며, 집행벌(이행강제금)은 장래의 의무이행확보수단이라는 점에서 목적을 달리하기 때문에 양자는 병과할 수 있다.
② [○] 행정벌은 일반권력관계에서 의무위반에 대한 제재이며, 징계벌은 특별행정법관계에서의 내부의 질서유지를 위한 제재라는 점에서 목적 등을 달리하기 때문에 양자는 병과할 수 있다.
③ [○] 행정벌은 과거의 의무위반에 대한 제재수단의 의미가 강하다.
④ [○] 행정벌의 종류로는 행정형벌과 행정질서벌이 있다.

답 ①

002

행정벌에 대한 설명으로 옳지 않은 것은? (다툼이 있는 경우 판례에 의함)

2020년 7급

① 조세범 처벌절차법에 의하여 범칙자에 대한 세무관서의 통고처분은 행정소송의 대상이다.
② 고의 또는 과실이 없는 질서위반행위는 과태료를 부과하지 아니한다.
③ 자신의 행위가 위법하지 아니한 것으로 오인하고 행한 질서위반행위는 그 오인에 정당한 이유가 있는 때에 한하여 과태료를 부과하지 아니한다.
④ 행정청은 당사자가 납부기한까지 과태료를 납부하지 아니한 때에는 납부기한을 경과한 날부터 체납된 과태료에 대하여 100분의 3에 상당하는 가산금을 징수한다.

📝 해설 | 행정벌

중요도 ★★☆

① [×] 조세범 처벌절차법에 의하여 범칙자에 대한 세무관서의 통고처분은 행정소송의 대상이 아니다(대판 1980.10.14, 80누380).
② [○] 고의 또는 과실이 없는 질서위반행위는 과태료를 부과하지 아니한다(질서위반행위규제법 제7조).
③ [○] 자신의 행위가 위법하지 아니한 것으로 오인하고 행한 질서위반행위는 그 오인에 정당한 이유가 있는 때에 한하여 과태료를 부과하지 아니한다(동법 제8조).
④ [○] 행정청은 당사자가 납부기한까지 과태료를 납부하지 아니한 때에는 납부기한을 경과한 날부터 체납된 과태료에 대하여 100분의 3에 상당하는 가산금을 징수한다(동법 제24조 제1항).

답 ①

003 통고처분에 대한 설명으로 옳지 않은 것은? (다툼이 있는 경우 판례에 의함)   2020년 9급

① 지방국세청장이 조세범칙행위에 대하여 고발을 한 후에 동일한 조세범칙행위에 대하여 통고처분을 하여 조세범칙 행위자가 이를 이행하였다면 고발에 따른 형사절차의 이행은 일사부재리의 원칙에 반하여 위법하다.

② 도로교통법에 따른 경찰서장의 통고처분은 행정소송의 대상이 되는 행정처분이 아니다.

③ 통고처분은 상대방의 임의의 승복을 그 발효요건으로 하는 것으로서 상대방의 재판받을 권리를 침해하는 것으로 인정되지 않는다.

④ 관세법상 통고처분을 할 것인지의 여부는 관세청장 또는 세관장의 재량에 맡겨져 있고, 따라서 관세청장 또는 세관 장이 관세범에 대하여 통고처분을 하지 아니한 채 고발하였다는 것만으로는 그 고발 및 이에 기한 공소의 제기가 부적법하게 되는 것은 아니다.

✏ 해설 │ 통고처분   중요도 ★★☆

① [×] 지방국세청장 또는 세무서장이 조세범 처벌절차법 제17조 제1항에 따라 통고처분을 거치지 아니하고 즉시 고발하였다면 이로써 조세범칙사건에 대한 조사 및 처분 절차는 종료되고 형사사건 절차로 이행되어 지방국세청장 또는 세무서장으로서는 동일한 조 세범칙행위에 대하여 더 이상 통고처분을 할 권한이 없다. 따라서 지방국세청장 또는 세무서장이 조세범칙행위에 대하여 고발을 한 후에 동일한 조세범칙행위에 대하여 통고처분을 하였더라도, 이는 법적 권한 소멸 후에 이루어진 것으로서 특별한 사정이 없는 한 효력이 없고, 조세범칙행위자가 이러한 통고처분을 이행하였더라도 조세범 처벌절차법 제15조 제3항에서 정한 일사부재리의 원칙이 적용될 수 없다(대판 2016.9.28, 2014도10748).

② [○] 도로교통법 제118조에서 규정하는 경찰서장의 통고처분은 행정소송의 대상이 되는 행정처분이 아니므로 그 처분의 취소를 구하는 소송은 부적법하고, 도로교통법상의 통고처분을 받은 자가 그 처분에 대하여 이의가 있는 경우에는 통고처분에 따른 범칙금의 납부 를 이행하지 아니함으로써 경찰서장의 즉결심판청구에 의하여 법원의 심판을 받을 수 있게 될 뿐이다(대판 1995.6.29, 95누4674).

③ [○] 통고처분은 상대방의 임의의 승복을 그 발효요건으로 하기 때문에 그 자체만으로는 통고이행을 강제하거나 상대방에게 아무런 권리의무를 형성하지 않으므로 행정심판이나 행정소송의 대상으로서의 처분성을 부여할 수 없고, 통고처분에 대하여 이의가 있 으면 통고내용을 이행하지 않음으로써 고발되어 형사재판절차에서 통고처분의 위법·부당함을 얼마든지 다툴 수 있기 때문에 관 세법 제38조 제3항 제2호가 법관에 의한 재판받을 권리를 침해한다든가 적법절차의 원칙에 저촉된다고 볼 수 없다(헌재 1998. 5.28, 96헌바4).

④ [○] 대판 2007.5.11, 2006도1993

답 ①

004 다음 중 통고처분의 법적 성질로 가장 옳은 것은?   2008년 9급 복원

① 판결

② 사실행위

③ 통지

④ 준사법적 행정행위

✏ 해설 │ 통고처분   중요도 ★☆☆

④ [○] 통고처분은 현행법상 조세범, 관세범, 출입국관리사범, 교통사범 등에 대하여 인정되고 있으며 형사소송절차에 대신하여 벌금 또 는 과료에 상당하는 금액의 납부를 명하는 것이다. 통고처분제도는 항고소송의 대상이 되는 행정처분은 아니고 형벌의 비범죄화 정신에 접근하는 제도로서 범칙금을 납부함으로써 위반행위에 대한 제재를 신속·간편하게 종결할 수 있게 해 주는 준사법적 행 정행위이다.

답 ④

005
☐☐☐ 다음 중 질서위반행위규제법상 질서위반행위에 대한 설명으로 옳지 않은 것은? 2011년 9급 복원

① 질서위반행위란 법률(지방자치단체의 조례를 포함)상의 의무를 위반하여 과태료를 부과하는 행위를 말한다.

② 2인 이상이 질서위반행위에 가담한 때에는 각자가 질서위반행위를 한 것으로 본다.

③ 신분에 의하여 성립하는 질서위반행위에 신분이 없는 자가 가담한 때에는 신분이 없는 자의 질서위반행위는 성립하지 않는다.

④ 고의 또는 과실이 없는 질서위반행위는 과태료를 부과하지 아니한다.

📝 **해설 | 과태료** 중요도 ★★☆

① [○] 질서위반행위규제법 제2조

> **제2조【정의】** 이 법에서 사용하는 용어의 뜻은 다음과 같다.
> 1. "질서위반행위"란 법률상의 의무를 위반하여 과태료를 부과하는 행위를 말한다. 다만, 다음 각 목의 어느 하나에 해당하는 행위를 제외한다.
>   가. 대통령령으로 정하는 사법상·소송법상 의무를 위반하여 과태료를 부과하는 행위
>   나. 대통령령으로 정하는 법률에 따른 징계사유에 해당하여 과태료를 부과하는 행위

② [○] 2인 이상이 질서위반행위에 가담한 때에는 각자가 질서위반행위를 한 것으로 본다(동법 제12조 제1항).

③ [×] 신분에 의하여 성립하는 질서위반행위에 신분이 없는 자가 가담한 때에는 신분이 없는 자에 대하여도 질서위반행위가 성립한다(동법 제12조 제2항).

④ [○] 고의 또는 과실이 없는 질서위반행위는 과태료를 부과하지 아니한다(동법 제7조).

답 ③

006
☐☐☐ 다음 중 질서위반행위규제법에서 규정한 과태료에 대한 설명으로 옳지 않은 것은? 2013년 9급 복원

① 고의가 없는 질서위반행위는 과태료를 부과하지 않으나 과실이 없는 질서위반행위에 대해서는 과태료를 부과한다.

② 2인 이상이 질서위반행위에 가담한 때에는 각자가 질서위반행위를 한 것으로 본다.

③ 과태료는 행정청의 과태료 부과처분이나 법원의 과태료 재판이 확정된 후 5년간 징수하지 아니하거나 집행하지 아니하면 시효로 인하여 소멸한다.

④ 자신의 행위가 위법하지 아니한 것으로 오인하고 행한 질서위반행위는 그 오인에 정당한 이유가 있는 때에 한하여 과태료를 부과하지 아니한다.

📝 **해설 | 과태료** 중요도 ★★☆

① [×] 고의 또는 과실이 없는 질서위반행위는 과태료를 부과하지 아니한다(질서위반행위규제법 제7조).

② [○] 2인 이상이 질서위반행위에 가담한 때에는 각자가 질서위반행위를 한 것으로 본다(동법 제12조 제1항).

③ [○] 과태료는 행정청의 과태료 부과처분이나 법원의 과태료 재판이 확정된 후 5년간 징수하지 아니하거나 집행하지 아니하면 시효로 인하여 소멸한다(동법 제15조 제1항).

④ [○] 자신의 행위가 위법하지 아니한 것으로 오인하고 행한 질서위반행위는 그 오인에 정당한 이유가 있는 때에 한하여 과태료를 부과하지 아니한다(동법 제8조).

답 ①

007 다음 중 질서위반행위규제법상 과태료에 대한 설명으로 옳지 않은 것은?

① 과태료의 부과에는 그 위반자의 고의·과실을 요하지 않는다.

② 과태료 부과처분은 행정소송의 대상이 되는 행정처분이 아니다.

③ 과태료 재판은 검사의 명령으로써 집행한다.

④ 행정청의 과태료 부과에 불복하는 당사자는 과태료 부과 통지를 받은 날부터 60일 이내에 해당 행정청에 서면으로 이의제기를 할 수 있다.

📝 해설 | 과태료

중요도 ★★☆

① [×] 고의 또는 과실이 없는 질서위반행위는 과태료를 부과하지 아니한다(질서위반행위규제법 제7조).

② [○] 과태료 처분은 행정소송의 대상이 되는 행정처분이라고 볼 수 없다(대판 1993.11.23, 93누16833). 과태료 부과처분의 당부는 질서위반행위규제법에 정해진 절차에 따라 해당 행정청에 대한 이의제기를 거쳐 과태료 재판절차에서 판단되어야 하므로, 이 사건 과태료 부과처분은 행정소송의 대상이 되는 행정처분이라고 할 수 없다(헌재 2012.11.29, 2011헌바251).

③ [○] 과태료 재판은 검사의 명령으로써 집행한다. 이 경우 그 명령은 집행력 있는 집행권원과 동일한 효력이 있다(동법 제42조 제1항).

④ [○] 행정청의 과태료 부과에 불복하는 당사자는 제17조 제1항에 따른 과태료 부과 통지를 받은 날부터 60일 이내에 해당 행정청에 서면으로 이의제기를 할 수 있다(동법 제20조 제1항).

답 ①

008 다음 중 질서위반행위규제법에서 규정한 과태료에 대한 설명으로 가장 적절하지 않은 것은?

① 신분에 의하여 성립하는 질서위반행위에 신분이 없는 자가 가담한 때에는 신분이 없는 자에 대하여도 질서위반행위가 성립한다.

② 행정청이 질서위반행위에 대하여 과태료를 부과하고자 하는 때에는 미리 당사자에게 10일 이상의 기간을 정하여 의견을 제출할 기회를 주어야 한다.

③ 과태료는 행정청의 과태료 부과처분이나 법원의 과태료 재판이 확정된 후 3년간 징수하지 아니하거나 집행하지 아니하면 시효로 인하여 소멸한다.

④ 자신의 행위가 위법하지 아니한 것으로 오인하고 행한 질서위반행위는 그 오인에 정당한 이유가 있는 때에 한하여 과태료를 부과하지 아니한다.

📝 해설 | 과태료

중요도 ★★★

① [○] 신분에 의하여 성립하는 질서위반행위에 신분이 없는 자가 가담한 때에는 신분이 없는 자에 대하여도 질서위반행위가 성립한다(질서위반행위규제법 제12조 제2항).

② [○] 행정청이 질서위반행위에 대하여 과태료를 부과하고자 하는 때에는 미리 당사자에게 대통령령으로 정하는 사항을 통지하고, 10일 이상의 기간을 정하여 의견을 제출할 기회를 주어야 한다. 이 경우 지정된 기일까지 의견제출이 없는 경우에는 의견이 없는 것으로 본다(동법 제16조 제1항).

③ [×] 과태료는 행정청의 과태료 부과처분이나 법원의 과태료 재판이 확정된 후 5년간 징수하지 아니하거나 집행하지 아니하면 시효로 인하여 소멸한다(동법 제15조 제1항).

④ [○] 자신의 행위가 위법하지 아니한 것으로 오인하고 행한 질서위반행위는 그 오인에 정당한 이유가 있는 때에 한하여 과태료를 부과하지 아니한다(동법 제8조).

답 ③

질서위반행위규제법의 내용에 대한 설명으로 옳지 않은 것은? (다툼이 있는 경우 판례에 의함)

① 행정청이 질서위반행위에 대하여 과태료를 부과하고자 하는 때에는 미리 당사자에게 대통령령으로 정하는 사항을 통지하고, 10일 이상의 기간을 정하여 의견을 제출할 기회를 주어야 한다.

② 판례에 따르면 질서위반행위를 한 자가 자신의 책임 없는 사유로 위반행위에 이르렀다고 주장한다 하더라도 법원이 그 내용을 살펴 행위자에게 고의나 과실이 있는지 여부를 따져보아야 하는 것은 아니다.

③ 행정청의 과태료 부과처분을 받은 자가 그 통지를 받은 날부터 60일 이내에 해당 행정청에 서면으로 이의를 제기하면 행정청의 과태료 부과처분은 그 효력을 상실한다.

④ 행정청의 과태료 처분이나 법원의 과태료 재판이 확정된 후 법률이 변경되어 그 행위가 질서위반행위에 해당하지 아니하게 된 때에는 변경된 법률에 특별한 규정이 없는 한 과태료의 징수 또는 집행을 면제한다.

📝 해설 | 과태료
중요도 ★★☆

① [○] 행정청이 질서위반행위에 대하여 과태료를 부과하고자 하는 때에는 미리 당사자에게 대통령령으로 정하는 사항을 통지하고, 10일 이상의 기간을 정하여 의견을 제출할 기회를 주어야 한다. 이 경우 지정된 기일까지 의견 제출이 없는 경우에는 의견이 없는 것으로 본다(질서위반행위규제법 제16조 제1항).

② [×] 질서위반행위규제법은 과태료의 부과대상인 질서위반행위에 대하여도 책임주의 원칙을 채택하여 제7조에서 "고의 또는 과실이 없는 질서위반행위는 과태료를 부과하지 아니한다."고 규정하고 있으므로, 질서위반행위를 한 자가 자신의 책임 없는 사유로 위반행위에 이르렀다고 주장하는 경우 법원으로서는 그 내용을 살펴 행위자에게 고의나 과실이 있는지를 따져보아야 한다(대결 2011.7.14, 2011마364).

③ [○] 행정청의 과태료 부과에 불복하는 당사자는 제17조 제1항에 따른 과태료 부과 통지를 받은 날부터 60일 이내에 해당 행정청에 서면으로 이의제기를 할 수 있다. 이에 따른 이의제기가 있는 경우에는 행정청의 과태료 부과처분은 그 효력을 상실한다(동법 제20조 제1항·제2항).

④ [○] 행정청의 과태료 처분이나 법원의 과태료 재판이 확정된 후 법률이 변경되어 그 행위가 질서위반행위에 해당하지 아니하게 된 때에는 변경된 법률에 특별한 규정이 없는 한 과태료의 징수 또는 집행을 면제한다(동법 제3조 제3항).

답 ②

CHAPTER 3 | 새로운 의무이행확보수단

THEME 48 | 금전적인 제재

001 과징금에 대한 설명으로 옳지 않은 것은? (다툼이 있는 경우 판례에 의함)

2008년 9급 복원

① 행정법규의 위반으로 인하여 영업정지처분을 하여야 하는 경우에 그 영업정지처분이 국민들에게 심한 불편을 주거나 공익을 해칠 우려가 있는 때에는 행정청은 그 영업정지처분에 갈음하여 과징금을 부과할 수 있다.

② 과징금은 행정상의 제재금으로서 처벌에 해당하지 않는다.

③ 과징금이란 경찰법상의 의무위반자에게 당해 위반행위로 경제적 이익이 발생한 경우에, 행정청이 그 이익을 박탈하기 위하여 과하는 금전적 제재를 말한다.

④ 과징금은 행정청이 직접 부과·징수하므로 체납처분이 가능하다.

📝 해설 | 과징금

중요도 ★★☆

① [○] 변형적 과징금에 대한 설명이다. 본래적 과징금은 행정법상 의무위반자에 대하여 당해 위반행위로 얻게 된 경제적 이익을 박탈하기 위해 행정기관이 부과하는 제재금이다.

② [○] 구 독점규제 및 공정거래에 관한 법률 제24조의2에 의한 부당내부거래에 대한 과징금은 그 취지와 기능, 부과의 주체와 절차 등을 종합할 때 부당내부거래 억지라는 행정목적을 실현하기 위하여 그 위반행위에 대하여 제재를 가하는 행정상의 제재금으로서의 기본적 성격에 부당이득환수적 요소도 부가되어 있는 것이라 할 것이고, 이를 두고 헌법 제13조 제1항에서 금지하는 국가형벌권 행사로서의 '처벌'에 해당한다고는 할 수 없다(헌재 2003.7.24, 2001헌가25).

③ [×] 과징금은 행정법상의 의무를 위반한 자에 대하여 당해 위반행위로 얻게 된 경제적 이익을 박탈하기 위한 목적으로 부과하는 금전적인 제재를 말한다.

④ [○] 과징금은 행정기관이 부과하는 행정행위이며 이를 불이행한 경우 국세징수법 또는 지방세 체납처분의 예에 의하여 강제징수한다.

답 ③

002 행정상 실효성 확보수단에 대한 설명으로 옳지 않은 것은? (다툼이 있는 경우 판례에 의함)

2009년 9급 복원

① 행정벌은 의무위반에 대한 사후적인 제재로서의 성질을 갖는다.

② 과징금은 의무 불이행시 행정청이 강제로 실현하는 수단이다.

③ 가산세는 세법에 규정하는 의무의 성실한 이행을 확보하기 위하여 산출된 세액에 가산하여 징수하는 금액이다.

④ 이행강제금은 비대체적 작위의무 또는 부작위의무를 불이행한 경우 그 의무이행을 강제하기 위하여 부과하는 금전적 부담이다.

① [O] 행정벌은 과거의 의무위반에 대한 사후적인 제재로 간접적으로 의무이행을 확보하는 수단이다.
② [×] 과징금이란 행정법상 의무를 불이행하였거나 위반한 자에 대하여 당해 위반행위로 얻은 경제적 이익을 박탈하기 위하여 부과하거나 또는 사업의 취소·정지에 갈음하여 부과되는 금전상의 제재를 말한다.
③ [O] 가산세란 이 법 및 세법에서 규정하는 의무의 성실한 이행을 확보하기 위하여 세법에 따라 산출한 세액에 가산하여 징수하는 금액을 말한다(국세기본법 제2조 제4호).
④ [O] 전통적으로 행정대집행은 대체적 작위의무에 대한 강제집행수단으로, 이행강제금은 부작위의무나 비대체적 작위의무에 대한 강제집행수단으로 이해되어 왔으나, 이는 이행강제금제도의 본질에서 오는 제약은 아니며, 이행강제금은 대체적 작위의무의 위반에 대하여도 부과될 수 있다(헌재 2004.2.26, 2001헌바80·84·102·103·2002헌바26).

답 ②

003 　다음은 행정의 실효성 확보수단에 관한 설명이다. 옳지 않은 것은? (다툼이 있는 경우 판례에 의함) 　　2019년(2차) 9급 복원
☐☐☐

① 과징금은 의무위반행위로 인한 불법적인 이익을 박탈하기 위하여 부과하는 것으로서, 과징금부과처분을 할 때 위반자의 고의 또는 과실을 요건으로 한다.
② 대집행은 타인이 대신하여 행할 수 있는 행위를 의무자가 이행하지 아니하는 경우 다른 수단으로써 그 이행을 확보하기 곤란하고 또한 그 불이행을 방치함이 심히 공익을 해할 것으로 인정될 때 실시할 수 있다.
③ 행정법규 위반에 대하여 벌금 이외에 과징금을 부과하는 것은 이중처벌금지의 원칙에 반하지 않는다.
④ 이행강제금은 대체적 작위의무의 위반에 대하여도 부과될 수 있다.

📑 **해설 | 실효성 확보수단** 　　　　　　　　　　　　　　　　　　　　　　　　중요도 ★★☆

① [×] 과징금부과처분의 경우 원칙적으로 위반자의 고의·과실을 요하지 않는다.
② [O] 법률에 의하여 직접 명령되었거나 또는 법률에 의거한 행정청의 명령에 의한 행위로서 타인이 대신하여 행할 수 있는 행위를 의무자가 이행하지 아니하는 경우 다른 수단으로써 그 이행을 확보하기 곤란하고 또한 그 불이행을 방치함이 심히 공익을 해할 것으로 인정될 때에는 당해 행정청은 스스로 의무자가 하여야 할 행위를 하거나 또는 제3자로 하여금 이를 하게 하여 그 비용을 의무자로부터 징수할 수 있다(행정대집행법 제2조).
③ [O] 공정거래법에서 형사처벌과 아울러 과징금의 병과를 예정하고 있더라도 이중처벌금지원칙에 위반된다고 볼 수 없으며, 이 과징금부과처분에 대하여 공정력과 집행력을 인정한다고 하여 이를 확정판결 전의 형벌집행과 같은 것으로 보아 무죄추정의 원칙에 위반된다고도 할 수 없다(헌재 2003.7.24, 2001헌가25).
④ [O] 살피건대, 이행강제금은 부작위의무나 비대체적 작위의무 위반의 경우뿐만 아니라 대체적 작위의무 위반에 대하여도 부과될 수 있는 것이므로, 이 사건 법률조항에서 이행강제금을 규정하고 있다고 하여 이행강제금제도의 본질에 반한다고 할 수 없다. 그리고 행정상 의무이행을 확보하기 위하여 어떠한 행정상 강제집행수단을 활용할 것인지는 국가마다 역사, 사회, 경제적 사정, 기본권 보장의 상황 등에 따라 달라질 수 있으며, 국가가 다양한 행정상 의무이행확보수단을 마련해 두고 구체적인 사정에 따라 보다 합리적이고 유효한 강제집행수단을 활용하는 것은 입법적으로 충분히 가능한 일이라고 보아야 한다. 특히 오늘날 건축물의 대형화로 인하여 대집행에 과다한 비용이 들거나 고도의 전문기술이 요구됨으로 인하여 대집행에 의한 강제가 부적절한 경우도 발생할 수 있고, 대집행을 하는 경우 위반자의 격렬한 저항이 예상되는 경우 등에는 위반자에게 금전적인 제재를 부과하여 심리적인 압박을 가함으로써 자발적으로 의무를 이행하게 하는 이행강제금이 대집행보다 더 효과적인 강제수단이 될 수 있다. 그리고 행정대집행은 위반행위자가 위법상태를 치유하지 않아 그 이행의 확보가 곤란하고 또한 이를 방치함이 심히 공익을 해할 것으로 인정될 때에 행정청 또는 제3자가 이를 치유하는 것인 반면, 이행강제금은 위반행위자 스스로가 이를 시정할 수 있는 기회를 부여하여 불필요한 행정력의 낭비를 억제하고 위반행위로 인한 경제적 이익을 환수하기 위한 제도로서 양 제도 각각의 장·단점이 있다. 따라서 개별사건에 있어서 위반내용, 위반자의 시정의지 등을 감안하여 허가권자는 행정대집행과 이행강제금을 선택적으로 활용할 수 있고, 행정대집행과 이행강제금 부과가 동시에 이루어지는 것이 아니라 허가권자의 합리적인 재량에 의해 선택하여 활용하는 이상 이를 중첩적인 제재에 해당한다고 볼 수 없다(헌재 2011.10.25, 2009헌바140).

답 ①

004

행정법상의 의무이행확보수단의 하나인 공급거부의 일반법으로 옳은 것은?

2006년 9급 복원

① 국세징수법　　　　　　　　　　② 건축법

③ 국가배상법　　　　　　　　　　④ 없음

📝 해설 │ 공급거부

중요도 ★★☆

①②③ [×] 구 건축법 제69조에서는 위법한 건축물에 대하여는 전기·전화·수도의 공급자, 도시가스사업자 또는 관계행정기관의 장에게 전기·전화·수도 또는 도시가스공급시설의 설치 또는 공급의 중지를 요청하거나 당해 건축물을 사용하여 행할 다른 법령에 의한 영업 기타 행위의 허가를 하지 아니하도록 요청할 수 있다는 규정을 두었으나 부당결부금지원칙에 위반된다는 비판에 따라 개정법에서는 이를 삭제하였다.

④ [○] 공급거부는 행정법상의 의무를 위반하거나 불이행한 자에 대하여 일정한 재화 및 서비스의 공급을 거부하는 행정작용을 의미하며 침익적 행위이므로 법적 근거가 있어야 한다. 현재 이에 관한 일반법은 없으며 개별법에 일부 규정이 있다.

답 ④

005

행정법규 위반에 대한 제재조치의 설명으로 옳지 않은 것은? (다툼이 있는 경우 판례에 의함)

2020년 9급

① 행정법규 위반에 대한 제재조치는 행정목적의 달성을 위하여 행정법규 위반이라는 객관적 사실에 착안하여 가하는 제재이므로, 반드시 현실적인 행위자가 아니라도 법령상 책임자로 규정된 자에게 부과되며, 그러한 제재조치의 위반자에게 고의나 과실이 있어야 부과할 수 있다.

② 법규가 예외적으로 형사소추선행 원칙을 규정하고 있지 않은 이상 형사판결 확정에 앞서 일정한 위반사실을 들어 행정처분을 하였다고 하여 절차적 위반이 있다고 할 수 없다.

③ 제재적 행정처분은 권익침해의 효과를 가져오므로 철회권이 유보되어 있거나, 법률유보의 원칙상 명문의 근거가 있어야 하며, 행정청이 이러한 권한을 갖고 있다고 하여도 그러한 권한의 행사는 의무에 합당한 재량에 따라야 한다.

④ 세무서장 등은 납세자가 허가·인가·면허 및 등록을 받은 사업과 관련된 소득세, 법인세 및 부가가치세를 대통령령으로 정하는 사유 없이 체납하였을 때에는 해당 사업의 주무관서에 그 납세자에 대하여 허가 등의 갱신과 그 허가 등의 근거 법률에 따른 신규 허가 등을 하지 아니할 것을 요구할 수 있다.

📝 해설 │ 행정법규 위반에 대한 제재조치

중요도 ★★☆

① [×] 행정법규 위반에 대하여 가하는 제재조치는 행정목적의 달성을 위하여 행정법규 위반이라는 객관적 사실에 착안하여 가하는 제재이므로 반드시 현실적인 행위자가 아니라도 법령상 책임자로 규정된 자에게 부과되고 특별한 사정이 없는 한 위반자에게 고의나 과실이 없더라도 부과할 수 있다(대판 2012.5.10, 2012두1297).

② [○] 일정한 법규위반 사실이 행정처분의 전제사실이 되는 한편 이와 동시에 형사법규의 위반 사실이 되는 경우에 행정처분과 형벌은 각기 그 권력적 기초, 대상, 목적을 달리하고 있으므로 동일한 행위에 관하여 독립적으로 행정처분이나 형벌을 과하거나 이를 병과할 수 있는 것이고 법규가 예외적으로 형사소추선행의 원칙을 규정하고 있지 아니한 이상 형사판결 확정에 앞서 일정한 위반사실을 들어 행정처분을 하였다고 하여 절차적 위반이 있다고 할 수 없다(대판 1986.7.8, 85누1002).

③ [○] 선지가 참이 되려면 '제재적 행정처분을 하려면 철회권이 유보되어 있어야 한다'는 말도 참이어야 하는데, 제재적 행정처분을 위해 반드시 철회권이 유보되어 있어야 하는 것은 아니다. 따라서 전체 지문도 참이라고 볼 수 없다. 다만 ①번 선지가 명확히 거짓이므로 시험장에서는 상대적으로 답을 선택해야 한다.

④ [○] 관할 세무서장은 납세자가 허가·인가·면허 및 등록 등(이하 이 조에서 "허가 등"이라 한다)을 받은 사업과 관련된 소득세, 법인세 및 부가가치세를 체납한 경우 해당 사업의 주무관청에 그 납세자에 대하여 허가 등의 갱신과 그 허가 등의 근거 법률에 따른 신규 허가 등을 하지 아니할 것을 요구할 수 있다. 다만, 재난, 질병 또는 사업의 현저한 손실, 그 밖에 대통령령으로 정하는 사유가 있는 경우에는 그러하지 아니하다(국세징수법 제112조 제1항).

답 ①

PART 5

손해전보

PART 5

출제비중분석

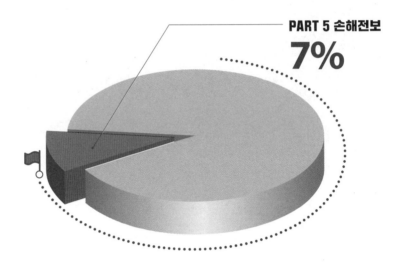

PART 5 손해전보
7%

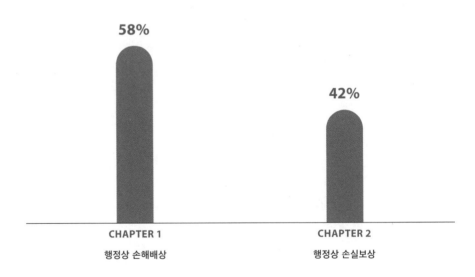

58%

42%

CHAPTER 1
행정상 손해배상

CHAPTER 2
행정상 손실보상

학습목표

☐ PART 5는 행정구제제도 가운데 손해배상과 손실보상 관련 내용으로 구성되며, 손해배상은 공무원책임과 영조물책임으로 나누어집니다. 손해배상 영역에서는 국가배상법 조문을 통해 제도를 이해한 후 개별 판례의 내용으로 확장하여 학습합니다.

☐ 손실보상 영역은 손해배상 영역보다 누적된 출제 문제 수는 적으나, 구체적인 내용을 묻는 경우 까다롭게 느껴질 수 있으므로 토지보상법 조문 및 관련 판례, 이론 내용을 모두 꼼꼼히 확인합니다.

2021년 더 알아보기

출제비중분석

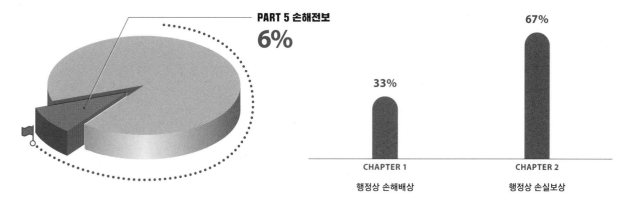

PART 5 손해전보
6%

67%

33%

CHAPTER 1
행정상 손해배상

CHAPTER 2
행정상 손실보상

출제문항별 키워드

- 국가배상법의 내용에 대한 설명으로 옳지 않은 것은? [9급]   226p, 020번
  → 배상책임의 요건, 공공시설의 하자로 인한 책임, 구상권, 이중배상금지원칙
- 손실보상에 대한 판례의 내용으로 옳지 않은 것은? [7급]   233p, 011번
  → 보상기준, 보상액 산정근거, 토지수용의 주체, 손실보상의 대상
- 공법상 결과제거청구권에 대한 설명으로 옳지 않은 것은? [9급]   235p, 015번
  → 결과제거청구권의 대상 및 성립요건, 민법상 과실상계규정의 유추적용

CHAPTER 1 | 행정상 손해배상

001 다음 중 청원이 수리될 수 있는 경우에 해당하는 것은?

2012년 9급 복원 변형

① 다른 법령에 의한 조사 · 불복 또는 구제절차가 진행 중인 경우
② 허위의 사실로 타인으로 하여금 형사처분 또는 징계처분을 받게 하거나 국가기관 등의 명예를 실추시키는 경우
③ 사인간 권리관계 또는 개인의 사생활에 관한 사항인 경우
④ 법률의 개정이나 폐지에 관한 사항인 경우

해설 | 청원

중요도 ★★☆

①②③ [○] 청원법 제6조

> 제6조 【청원처리의 예외】 청원기관의 장은 청원이 다음 각 호의 어느 하나에 해당하는 경우에는 처리를 하지 아니할 수 있다. 이 경우 사유를 청원인(제11조 제3항에 따른 공동청원의 경우에는 대표자를 말한다)에게 알려야 한다.
> 1. 국가기밀 또는 공무상 비밀에 관한 사항
> 2. 감사 · 수사 · 재판 · 행정심판 · 조정 · 중재 등 다른 법령에 의한 조사 · 불복 또는 구제절차가 진행 중인 사항
> 3. 허위의 사실로 타인으로 하여금 형사처분 또는 징계처분을 받게 하는 사항
> 4. 허위의 사실로 국가기관 등의 명예를 실추시키는 사항
> 5. 사인간의 권리관계 또는 개인의 사생활에 관한 사항
> 6. 청원인의 성명, 주소 등이 불분명하거나 청원내용이 불명확한 사항

④ [×] 법률의 개정이나 폐지에 관한 사항인 경우 청원이 수리될 수 있는 경우에 해당하지 않는다.

답 ④

002 다음 중 행정상 손해배상에 대한 설명으로 옳지 않은 것은? (다툼이 있는 경우 판례에 의함)

2019년(1차) 9급 복원

① 근대국가의 성립 초기에는 국가무책임의 원칙이 지배적이었다.
② 재량위반이 부당에 그치는 경우에는 국가는 배상책임이 없다.
③ 헌법은 공무원의 직무상 불법행위로 인한 배상책임만 규정하고 있다.
④ 직무행위 여부의 판단기준은 외형 및 공무원의 주관적 의사에 의한다는 것이 통설 · 판례의 입장이다.

해설 | 국가배상

중요도 ★★☆

① [○] 근대국가의 경우에는 국가무책임의 원칙에 따라 국가배상책임을 부담하지 않았다.
② [○] 단순 부당에 해당하는 정도는 위법한 행정작용이 아니므로 국가배상이 인정되지 않는다.

③ [○] 헌법은 공무원책임만 규정하고 있으며, 영조물책임은 국가배상법에서 규정하고 있다.

> **헌법 제29조** ① 공무원의 직무상 불법행위로 손해를 받은 국민은 법률이 정하는 바에 의하여 국가 또는 공공단체에 정당한 배상을 청구할 수 있다. 이 경우 공무원 자신의 책임은 면제되지 아니한다.
> ② 군인·군무원·경찰공무원 기타 법률이 정하는 자가 전투·훈련 등 직무집행과 관련하여 받은 손해에 대하여는 법률이 정하는 보상 외에 국가 또는 공공단체에 공무원의 직무상 불법행위로 인한 배상은 청구할 수 없다.

④ [×] 국가배상법 제2조 제1항의 "직무를 집행함에 당하여"라 함은 직접 공무원의 직무집행행위이거나 그와 밀접한 관계에 있는 행위를 포함하고, 이를 판단함에 있어서는 행위 자체의 외관을 객관적으로 관찰하여 공무원의 직무행위로 보여질 때에는 비록 그것이 실질적으로 직무행위가 아니거나 또는 행위자로서는 주관적으로 공무집행의 의사가 없었다고 하더라도 그 행위는 공무원이 "직무를 집행함에 당하여"한 것으로 보아야 한다(대판 1995.4.21, 93다14240).

답 ④

---

003 손해배상청구권은 피해자가 손해 및 가해자를 안 날로부터 몇 년 이내에 행사하여야 하는가?　　2007년 9급 복원

① 1년　　　　　② 2년　　　　　③ 3년　　　　　④ 5년

✎ 해설 | 국가배상　　　　　　　　　　　　　　　　　　　　　　　　　중요도 ★☆☆

③ [○] 3년 이내에 행사하여야 한다.

> **국가배상법 제8조 [다른 법률과의 관계]** 국가나 지방자치단체의 손해배상 책임에 관하여는 이 법에 규정된 사항 외에는 민법에 따른다. 다만, 민법 외의 법률에 다른 규정이 있을 때에는 그 규정에 따른다.
> **민법 제766조 [손해배상청구권의 소멸시효]** ① 불법행위로 인한 손해배상의 청구권은 피해자나 그 법정대리인이 그 손해 및 가해자를 안 날로부터 3년간 이를 행사하지 아니하면 시효로 인하여 소멸한다.

답 ③

---

004 다음 중 국가배상에 대한 설명으로 옳은 것은? (다툼이 있는 경우 판례에 의함)　　2013년 9급 복원

① 외국인이 피해자인 경우에도 언제나 배상이 가능하다.
② 행정행위에 대한 취소판결이 없더라도 민사법원은 행정행위의 위법성을 인정하여 국가배상청구를 인정할 수 있다.
③ 생명·신체의 침해로 인한 국가배상을 받을 권리는 양도나 압류가 가능하다.
④ 군인·군무원·경찰공무원 또는 예비군대원이 전투·훈련 등 직무집행과 관련하여 전사·순직하거나 공상을 입은 경우에는 본인이나 그 유족이 다른 법령에 따라 재해보상금·유족연금·상이연금 등의 보상을 지급받을 수 있을 때에도 손해배상을 청구할 수 있다.

✎ 해설 | 국가배상　　　　　　　　　　　　　　　　　　　　　　　　　중요도 ★★☆

① [×] 외국인이 피해자인 경우에는 해당 국가와 상호 보증이 있을 때에만 적용한다(국가배상법 제7조).
② [○] 통설·판례인 유형성 추정설에 따라 행정행위의 위법성 확인이 선결문제라면 민사법원이 그 위법성을 인정하여 국가배상청구를 인정할 수 있다.
③ [×] 생명·신체의 침해로 인한 국가배상을 받을 권리는 양도하거나 압류하지 못한다(동법 제4조).
④ [×] 군인·군무원·경찰공무원 또는 예비군대원이 전투·훈련 등 직무집행과 관련하여 전사·순직하거나 공상을 입은 경우에 본인이나 그 유족이 다른 법령에 따라 재해보상금·유족연금·상이연금 등의 보상을 지급받을 수 있을 때에는 이 법 및 민법에 따른 손해배상을 청구할 수 없다(동법 제2조 제1항 단서).

답 ②

005 판례에서 국가배상법상 공무원이 아닌 자로 판시한 것을 모두 고른 것은?　　　　2010년 9급 복원

> ㄱ. 시영버스 운전수
> ㄴ. 청원경찰
> ㄷ. 의용소방대원
> ㄹ. 미군부대 카투사
> ㅁ. 소집 중인 예비군대원

① ㄱ, ㄷ　　　　② ㄱ, ㅁ　　　　③ ㄴ, ㄷ　　　　④ ㄷ, ㄹ

해설 | 국가배상　　　　　　중요도 ★★☆

ㄱ. [×] 국가 또는 공공단체라 할지라도 공권력의 행사가 아니고 순전히 대등한 지위에서 사경제의 주체로 활동하였을 경우에는 그 손해 배상의 책임에 국가배상법의 규정이 적용될 수 없으므로, 시영버스사고에 대하여 시는 본조에 의한 책임을 지고 그 운전사가 시 의 별정직공무원이라 하여 결론을 달리하지 않는다(대판 1969.4.22, 68다2225).

ㄴ. [○] 국가나 지방자치단체에 근무하는 청원경찰은 국가공무원법이나 지방공무원법상의 공무원은 아니지만, 다른 청원경찰과는 달리 그 임용권자가 행정기관의 장이고, 국가나 지방자치단체로부터 보수를 받으며, 산업재해보상보험법이나 근로기준법이 아닌 공무 원연금법에 따른 재해보상과 퇴직급여를 지급받고, 직무상의 불법행위에 대하여도 민법이 아닌 국가배상법이 적용되는 등의 특 질이 있으며 그 외 임용자격, 직무, 복무의무 내용 등을 종합하여 볼 때, 그 근무관계를 사법상의 고용계약관계로 보기는 어려우 므로 그에 대한징계처분의 시정을 구하는 소는 행정소송의 대상이지 민사소송의 대상이 아니다(대판 1993.7.13, 92다47564).

ㄷ. [×] 소방법 제63조의 규정에 의하여 시, 읍, 면이 소방서장의 소방업무를 보조하게 하기 위하여 설치한 의용소방대를 국가기관이라고 할 수 없음은 물론 또 그것이 이를 설치한 시, 읍, 면에 예속된 기관이라고도 할 수 없다(대판 1978.7.11, 78다584).

ㄹ. [○] 미합중국군대에 파견되어 있는 한국증원군대의 구성원대(KATUSA)의 운전병이 미군들을 태워 주고 귀대 도중에 일으킨 사고는 특별한 사정이 없는 한 대한민국 공무를 수행함에 당하여 생긴 것이라고 볼 수 없고 대한민국과 아메리카합중국간의 상호방위조 약 제4조에 의한 시설과 구성 및 대한민국에서의 합중국군대의 지위에 관한 협정 제23조 제5항 소정 공무집행중의 사고라 할 것 이다(대판 1969.2.18, 68다2346).

ㅁ. [○] 향토예비군도 그 동원기간 중에는 본조 소정의 공무원 중에 포함된다고 보는 것이 상당하다(대판 1970.5.26, 70다471).

답 ①

006 다음 중 국가배상법상 손해배상에 관한 설명으로 옳지 않은 것은? (다툼이 있는 경우 판례에 의함)　　　　2009년 9급 복원

① 비권력적인 행위는 손해배상의 대상이 되지 않는다.
② 손해배상 요건 중 하나인 '공무원의 직무상 불법행위'에서의 '공무원'은 국가공무원법상의 공무원만을 의미하지는 않는다.
③ 공무를 위임받은 사인에 의한 손해의 배상에도 국가배상법이 적용된다.
④ 생명·신체의 침해에 대한 배상청구권은 이를 양도하거나 압류할 수 없다.

해설 | 국가배상　　　　　　중요도 ★★☆

① [×] 국가배상법 제2조 제1항의 공무원의 직무에는 권력적 작용만이 아니라 행정지도와 같은 비권력적 작용도 포함되지만 행정주체가 사경제주체로서 하는 활동은 제외된다.

②③ [○] 국가배상법 제2조 소정의 '공무원'이라 함은 국가공무원법이나 지방공무원법에 의하여 공무원으로서의 신분을 가진 자에 국한 하지 않고, 널리 공무를 위탁받아 실질적으로 공무에 종사하고 있는 일체의 자를 가리키는 것으로서, 공무의 위탁이 일시적이 고 한정적인 사항에 관한 활동을 위한 것이어도 달리 볼 것은 아니다(대판 2001.1.5, 98다39060).

④ [○] 생명·신체의 침해로 인한 국가배상을 받을 권리는 양도하거나 압류하지 못한다(국가배상법 제4조).

답 ①

007 국가배상법 제2조의 손해배상책임의 요건에 해당하지 않는 것은?

① 공무원이 법령에 위반하여 행한 행위가 있어야 한다.

② 공무원이 직무행위를 집행하면서 행한 행위가 있어야 한다.

③ 공무원이 타인에게 손해를 가한 경우에 성립한다.

④ 공무원의 중과실이 있어야만 한다.

해설 | 국가배상

중요도 ★☆☆

①②③ [○] 국가배상법 제2조 제1항

> **제2조【배상책임】**① 국가나 지방자치단체는 공무원 또는 공무를 위탁받은 사인(이하 "공무원"이라 한다)이 직무를 집행하면서 고의 또는 과실로 법령을 위반하여 타인에게 손해를 입히거나, 자동차손해배상 보장법에 따라 손해배상의 책임이 있을 때에는 이 법에 따라 그 손해를 배상하여야 한다. 다만, 군인·군무원·경찰공무원 또는 예비군대원이 전투·훈련 등 직무집행과 관련하여 전사(戰死)·순직(殉職)하거나 공상(公傷)을 입은 경우에 본인이나 그 유족이 다른 법령에 따라 재해보상금·유족연금·상이연금 등의 보상을 지급받을 수 있을 때에는 이 법 및 민법에 따른 손해배상을 청구할 수 없다.

④ [×] 과실에는 중과실은 물론 경과실도 포함된다.

답 ④

008 다음 중 손해배상에 관한 설명으로 옳지 않은 것은? (다툼이 있는 경우 판례에 의함)

① 국가 등이 배상한 경우 국가나 지방자치단체는 가해자인 공무원에게 구상하여야 한다.

② 공공기관이나 영조물에서 근무하는 사람은 국가배상법상 배상책임의 주체에 해당되지 않는다.

③ 법령 위반에는 엄격한 의미의 법령 위반뿐만 아니라 인권존중, 권력남용금지, 신의성실, 공서양속 등의 위반도 포함된다.

④ 직무행위의 범위에는 권력적 작용만이 아니라 비권력적 작용도 포함된다.

해설 | 국가배상

중요도 ★☆☆

① [×] 공무원에게 고의 또는 중대한 과실이 있으면 국가나 지방자치단체는 그 공무원에게 구상(求償)할 수 있다(국가배상법 제2조 제2항).

② [○] 헌법상 배상책임의 주체는 국가 및 공공단체이나, 국가배상법상 배상책임의 주체는 국가 및 지방자치단체로 규정하고 있다.

③ [○] 국가배상책임에 있어서 공무원의 가해행위는 '법령에 위반한' 것이어야 하고, 법령 위반이라 함은 엄격한 의미의 법령 위반뿐만 아니라 인권존중, 권력남용금지, 신의성실, 공서양속 등의 위반도 포함하여 널리 그 행위가 객관적인 정당성을 결여하고 있음을 의미한다고 할 것이다(대판 2009.12.24, 2009다70180).

④ [○] 국가배상법이 정한 배상청구의 요건인 '공무원의 직무'에는 권력적 작용만이 아니라 행정지도와 같은 비권력적 작용도 포함되며 단지 행정주체가 사경제주체로서 하는 활동만 제외된다(대판 1998.7.10, 96다38971).

답 ①

① 국·공립대학 교원에 대한 재임용거부처분이 재량권을 일탈·남용한 것으로 평가되어 그것이 불법행위가 됨을 이유로 국·공립대학 교원임용권자에게 손해배상책임을 묻기 위해서는 당해 재임용거부가 국·공립대학 교원 임용권자의 고의 또는 과실로 인한 것이라는 점이 인정되어야 한다.

② 입법부가 법률로써 행정부에게 특정한 사항을 위임했음에도 불구하고 행정부가 정당한 이유 없이 이를 이행하지 않는다면 권력분립의 원칙과 법치국가 내지 법치행정의 원칙에 위배되는 것으로서 위법함과 동시에 위헌적인 것이 된다.

③ 유흥주점에 감금된 채 윤락을 강요받으며 생활하던 여종업원들이 유흥주점에 화재가 났을 때 미처 피신하지 못하고 유독가스에 질식해 사망한 사안에서, 지방자치단체의 담당공무원이 위 유흥주점의 용도변경, 무허가 영업 및 시설기준에 위배된 개축에 대하여 시정명령 등 식품위생법상 취하여야 할 조치를 게을리 한 직무상 의무위반행위와 위 종업원들의 사망 사이에 상당인과관계가 존재한다.

④ 국가배상법 제2조 제1항의 '법령을 위반하여'라고 함은 엄격하게 형식적 의미의 법령에 명시적으로 공무원의 행위의무가 정하여져 있음에도 이를 위반하는 경우만을 의미하는 것은 아니고, 인권존중·권력남용금지·신의성실과 같이 공무원으로서 마땅히 지켜야 할 준칙이나 규범을 지키지 아니하고 위반한 경우를 비롯하여 널리 그 행위가 객관적인 정당성을 결여하고 있는 경우도 포함한다.

📝 해설 | 국가배상

중요도 ★★★

① [○] 국·공립대학 교원에 대한 재임용거부처분이 재량권을 일탈·남용한 것으로 평가되어 그것이 불법행위가 됨을 이유로 국·공립대학 교원 임용권자에게 손해배상책임을 묻기 위해서는 당해 재임용거부가 국·공립대학 교원 임용권자의 고의 또는 과실로 인한 것이라는 점이 인정되어야 한다. 그리고 위와 같은 고의·과실이 인정되려면 국·공립대학 교원 임용권자가 객관적 주의의무를 결하여 그 재임용거부처분이 객관적 정당성을 상실하였다고 인정될 정도에 이르러야 한다(대판 2011.1.27, 2009다30946).

② [○] 입법부가 법률로써 행정부에게 특정한 사항을 위임했음에도 불구하고 행정부가 정당한 이유 없이 이를 이행하지 않는다면 권력분립의 원칙과 법치국가 내지 법치행정의 원칙에 위배되는 것으로서 위법함과 동시에 위헌적인 것이 되는바, 구 군법무관임용법 제5조 제3항과 군법무관임용 등에 관한 법률 제6조가 군법무관의 보수를 법관 및 검사의 예에 준하도록 규정하면서 그 구체적 내용을 시행령에 위임하고 있는 이상, 위 법률의 규정들은 군법무관의 보수의 내용을 법률로써 1차적으로 형성한 것이고, 위 법률들에 의해 상당한 수준의 보수청구권이 인정되는 것이므로, 위 보수청구권은 단순한 기대이익을 넘어서는 것으로서 법률의 규정에 의해 인정된 재산권의 한 내용이 되는 것으로 봄이 상당하고, 따라서 행정부가 정당한 이유 없이 시행령을 제정하지 않은 것은 위 보수청구권을 침해하는 불법행위에 해당한다(대판 2007.11.29, 2006다3561).

③ [×] <u>소방공무원의 소방법상 의무 위반과 사망간 인과관계는 인정했으나, 담당공무원의 식품위생법상 의무 위반과 사망간 인과관계는 인정하지 않았다</u>(대판 2008.4.10, 2005다48994).

④ [○] 대판 2015.8.27, 2012다204587

답 ③

다음 중 손해배상에 대한 설명으로 옳지 않은 것은? (다툼이 있는 경우 판례에 의함)

① 한계를 일탈하지 않은 행정지도로 인하여 상대방에게 손해가 발생한 경우, 행정기관은 손해배상책임이 없다.

② ○○ 구청에서 경영상의 이유로 구청장의 자동차를 매각하면서 손해가 발생한 경우 이에 대한 손해배상은 민사소송으로 해야 한다.

③ 부작위에 대해 국가배상책임이 인정되기 위해서는 법령상 명문의 작위의무가 있어야 하며, 조리에 의한 작위의무는 인정되지 않는다.

④ 구청 세무과 소속공무원 甲이 乙에게 무허가건물 세입자들에 대한 시영아파트 입주권 매매행위를 한 경우 외형상 직무범위 내의 행위라고 볼 수 없다.

해설 | 국가배상

① [○] 행정지도가 강제성을 띠지 않은 비권력적 작용으로서 행정지도의 한계를 일탈하지 아니하였다면, 그로 인하여 상대방에게 어떤 손해가 발생하였다 하더라도 행정기관은 그에 대한 손해배상책임이 없다(대판 2008.9.25, 2006다18228).

② [○] 국가 또는 공공단체라 할지라도 사경제의 주체로 활동하였을 경우에는 그 손해배상의 책임에 국가배상법의 규정이 적용될 수 없고 민법이 적용된다.

③ [×] 국민의 생명, 신체, 재산 등에 대하여 절박하고 중대한 위험상태가 발생하였거나 발생할 우려가 있어서 국민의 생명, 신체, 재산 등을 보호하는 것을 본래적 사명으로 하는 국가가 초법규적, 일차적으로 그 위험 배제에 나서지 아니하면 국민의 생명, 신체, 재산 등을 보호할 수 없는 경우에는 형식적 의미의 법령에 근거가 없더라도 국가나 관련 공무원에 대하여 그러한 위험을 배제할 작위의무를 인정할 수 있을 것이다(대판 2004.6.25, 2003다69652).

④ [○] 구청 공무원 甲이 주택정비계장으로 부임하기 이전에 그의 처 등과 공모하여 乙에게 무허가건물철거 세입자들에 대한 시영아파트 입주권 매매행위를 한 경우 이는 甲이 개인적으로 저지른 행위에 불과하고 당시 근무하던 세무과에서 수행하던 지방세 부과, 징수 등 본래의 직무와는 관련이 없는 행위로서 외형상으로도 직무범위 내에 속하는 행위라고 볼 수 없다(대판 1993.1.15, 92다8514).

답 ③

국가배상법에 대한 설명으로 옳지 않은 것은? (다툼이 있는 경우 판례에 의함)

① 구청 공무원의 시영아파트 입주권 매매행위는 직무행위에 해당하므로 국가배상청구가 가능하다.

② 공무원의 허위 아파트 입주권 부여 대상 확인을 믿고 아파트 입주권을 매입하여 매수인이 손해를 입은 경우라면 국가배상청구의 대상이 된다.

③ 피해자가 손해를 입은 동시에 이익을 얻은 경우에는 손해배상액에서 그 이익에 상당하는 금액을 빼야 한다.

④ 군인과 군무원의 경우 이중배상은 금지된다.

해설 | 국가배상

① [×] 구청 공무원 甲이 주택정비계장으로 부임하기 이전에 그의 처 등과 공모하여 乙에게 무허가건물철거 세입자들에 대한 시영아파트 입주권 매매행위를 한 경우 이는 甲이 개인적으로 저지른 행위에 불과하고 당시 근무하던 세무과에서 수행하던 지방세 부과, 징수 등 본래의 직무와는 관련이 없는 행위로서 외형상으로도 직무 범위 내에 속하는 행위라고 볼 수 없다(대판 1993.1.15, 92다8514).

② [○] 서울특별시 소속 건설 담당 직원이 무허가건물이 철거되면 그 소유자에게 시영아파트 입주권이 부여될 것이라고 허위의 확인을 하여 주었기 때문에 그 소유자와의 사이에 처음부터 그 이행이 불가능한 아파트 입주권 매매계약을 체결하여 매매대금을 지급한 경우, 매수인이 입은 손해는 그 아파트 입주권 매매계약이 유효한 것으로 믿고서 출연한 매매대금으로서 이는 매수인이 시영아파트 입주권을 취득하지 못함으로 인하여 발생한 것이 아니라 공무원의 허위의 확인행위로 인하여 발생된 것으로 보아야 하므로, 공무원의 허위 확인행위와 매수인의 손해발생 사이에는 상당인과관계가 있다고 본 사례이다(대판 1996.11.29, 95다21709).

③ [○] 피해자가 손해를 입은 동시에 이익을 얻은 경우에는 손해배상액에서 그 이익에 상당하는 금액을 빼야 한다(국가배상법 제3조의2 제1항).

④ [○] 군인·군무원·경찰공무원 또는 예비군대원이 전투·훈련 등 직무집행과 관련하여 전사·순직하거나 공상을 입은 경우에 본인이나 그 유족이 다른 법령에 따라 재해보상금·유족연금·상이연금 등의 보상을 지급받을 수 있을 때에는 이 법 및 민법에 따른 손해배상을 청구할 수 없다(동법 제2조 제1항 단서).

답 ①

012 ☐☐☐ 행정상 손해배상에 대한 설명으로 옳지 않은 것은? (다툼이 있는 경우 판례에 의함)　　　　2020년 7급

① 자기책임설은 공무원의 직무상 행위의 위법 여부와 상관없이 국가가 자기의 행위에 대한 배상책임을 지는 것으로 보는 견해이다.

② 법관의 재판에 법령의 규정을 따르지 아니한 잘못이 있는 경우에는 이로써 바로 그 재판상 직무행위가 국가배상법 제2조 제1항에서 말하는 위법한 행위로 되어 국가의 손해배상책임이 발생한다.

③ 과실의 기준은 당해 공무원이 아니라 당해 직무를 담당하는 평균적 공무원을 기준으로 한다는 견해는 과실의 객관화(과실 개념을 객관적으로 접근)를 위한 시도라 할 수 있다.

④ 손해는 법익침해로 인한 모든 불이익을 말하며, 재산상의 손해이든 비재산적 손해(생명·신체·정신상의 손해)이든, 적극적 손해이든 소극적 손해이든 불문한다.

📝 해설 | 국가배상　　　　　　　　　　　　　　　　　　　　　　　　　　　　　중요도 ★★☆

① [O] 자기책임설은 국가가 공무원을 통하여 자기의 행위를 하는 것이기 때문에 공무원의 행위가 위법한지와 관계없이 국가에 그 책임이 귀속된다고 본다.

② [×] 법관의 재판에 법령의 규정을 따르지 아니한 잘못이 있다 하더라도 이로써 바로 그 재판상 직무행위가 국가배상법 제2조 제1항에서 말하는 위법한 행위로 되어 국가의 손해배상책임이 발생하는 것은 아니고, 그 국가배상책임이 인정되려면 당해 법관이 위법 또는 부당한 목적을 가지고 재판을 하는 등 법관이 그에게 부여된 권한의 취지에 명백히 어긋나게 이를 행사하였다고 인정할 만한 특별한 사정이 있어야 한다고 해석함이 상당하다(대판 2001.5.24, 2000다16114).

③ [O] 국가배상법은 과실책임주의를 기본으로 하나, 피해자보호를 위해 과실의 개념을 새롭게 해석하려는 시도가 나타나고 있고 판례에 의해 받아들여지고 있다. 과실의 객관화, 즉 국가배상법상 과실의 의미를 직접 행위를 한 공무원 개개인의 지식·경험·능력을 기준으로 하는 것이 아니라, 동일 직종에 종사하는 평균적 공무원의 지식·경험·능력을 기준으로 판단하는 것이 바로 그것이다.

④ [O] 손해는 생명·신체·재산·정신상 손해, 적극적·소극적 손해를 불문한다.

답 ②

---

013 ☐☐☐ 헌법과 국가배상법상의 이중배상 금지대상에 해당하지 않는 신분은?　　　　2012년 9급 복원

① 군무원　　　　　　　　　　　　　　　② 예비군대원
③ 공익근무요원　　　　　　　　　　　　④ 경찰공무원

📝 해설 | 이중배상금지　　　　　　　　　　　　　　　　　　　　　　　　중요도 ★★☆

③ [×] 공익근무요원은 병역법 제2조 제1항 제9호, 제5조 제1항의 규정에 의하면 국가기관 또는 지방자치단체의 공익목적수행에 필요한 경비·감시·보호 또는 행정업무 등의 지원과 국제협력 또는 예술·체육의 육성을 위하여 소집되어 공익분야에 종사하는 사람으로서 보충역에 편입되어 있는 자이기 때문에, 소집되어 군에 복무하지 않는 한 군인이라고 말할 수 없으므로, 비록 병역법 제75조 제2항이 공익근무요원으로 복무 중 순직한 사람의 유족에 대하여 국가유공자 등 예우 및 지원에 관한 법률에 따른 보상을 하도록 규정하고 있다고 하여도, 공익근무요원이 국가배상법 제2조 제1항 단서의 규정에 의하여 국가배상법상 손해배상청구가 제한되는 군인·군무원·경찰공무원 또는 향토예비군대원에 해당한다고 할 수 없다(대판 1997.3.28, 97다4036).

> **헌법 제29조** ② 군인·군무원·경찰공무원 기타 법률이 정하는 자가 전투·훈련 등 직무집행과 관련하여 받은 손해에 대하여는 법률이 정하는 보상 외에 국가 또는 공공단체에 공무원의 직무상 불법행위로 인한 배상은 청구할 수 없다.
>
> **국가배상법 제2조 【배상책임】** ① 국가나 지방자치단체는 공무원 또는 공무를 위탁받은 사인이 직무를 집행하면서 고의 또는 과실로 법령을 위반하여 타인에게 손해를 입히거나, 자동차손해배상 보장법에 따라 손해배상의 책임이 있을 때에는 이 법에 따라 그 손해를 배상하여야 한다. 다만, 군인·군무원·경찰공무원 또는 예비군대원이 전투·훈련 등 직무집행과 관련하여 전사·순직하거나 공상을 입은 경우에 본인이나 그 유족이 다른 법령에 따라 재해보상금·유족연금·상이연금 등의 보상을 지급받을 수 있을 때에는 이 법 및 민법에 따른 손해배상을 청구할 수 없다.

답 ③

014 다음 중 공무원의 배상책임에 대한 설명으로 옳은 것은?

2006년 9급 복원

① 대위책임설은 원칙적으로 가해공무원에 대한 국가의 구상권 행사는 불가능하다고 본다.
② 자기책임설에 따를 경우 공무원에 대한 국가의 구상권의 법적 성격은 일종의 부당이득반환청구권과 유사한 것이 된다.
③ 피해자는 비용부담자에게만 손해배상을 청구할 수 있고, 선임감독자에 대하여는 청구할 수 없다.
④ 국가나 지방자치단체는 공무원이 직무를 집행하면서 고의 또는 중대한 과실이 있으면 그 공무원에게 구상할 수 있다.

📝 해설 | 국가배상책임자

중요도 ★★★

①② [×] 대위책임설은 공무원의 개인적 불법행위를 국가가 대신 책임지는 것으로, 이에 따르면 공무원에 대한 국가의 구상권 행사는 가능하다. 또한 이 구상권의 성격은 일종의 부당이득반환청구권과 유사한 것으로 본다.
③ [×] 국가나 지방자치단체가 손해를 배상할 책임이 있는 경우에 공무원의 선임·감독 또는 영조물의 설치·관리를 맡은 자와 공무원의 봉급·급여, 그 밖의 비용 또는 영조물의 설치·관리 비용을 부담하는 자가 동일하지 아니하면 그 비용을 부담하는 자도 손해를 배상하여야 한다(국가배상법 제6조 제1항).
④ [○] 공무원에게 고의 또는 중대한 과실이 있으면 국가나 지방자치단체는 그 공무원에게 구상(求償)할 수 있다(동법 제2조 제2항).

답 ④

015 다음 중 행정상 손해배상에 관한 설명으로 옳지 않은 것은? (다툼이 있는 경우 판례에 의함)

2014년 9급 복원

① 공무원의 위법한 직무행위나 공공영조물의 설치·관리의 하자로 인하여 개인에게 손해가 발생한 경우에 행정주체가 그 손해를 배상하는 것을 의미한다.
② 국가배상법은 국가배상책임의 주체를 국가 또는 지방자치단체로 규정하고 있다.
③ 시청소차 운수수, 통장 등은 공무원에 포함시키나 의용소방대원, 시영버스 운전수는 공무원의 범위에서 제외된다.
④ 카투사 구성원 등의 공무집행 중 행위와 이들이 소유·점유 관리하는 시설 등의 설치 또는 관리의 하자로 인한 피해자는 국가배상법의 규정에 따라 대한민국에 대하여 배상을 청구할 수 없다.

📝 해설 | 국가배상책임자

중요도 ★★☆

① [○] 행정상 손해배상은 공무원의 직무상 불법행위로 인한 손해배상책임과 영조물의 설치·관리상 하자로 인한 손해배상을 의미한다.
② [○] 국가나 지방자치단체는 공무원 또는 공무를 위탁받은 사인이 직무를 집행하면서 고의 또는 과실로 법령을 위반하여 타인에게 손해를 입히거나, 자동차손해배상 보장법에 따라 손해배상의 책임이 있을 때에는 이 법에 따라 그 손해를 배상하여야 한다(국가배상법 제2조 제1항 본문).
③ [○] 시청소차 운전수(대판 1980.9.24, 80다1051) 통장(대판 1991.7.9, 91다5570) 등은 공무원에 포함시키나 의용소방대원(대판 1978.7.11, 78다584), 시영버스 운전수(1969.4.22, 68다2225)는 공무원의 범위에서 제외하는 것이 판례의 입장이다.
④ [×] 국가배상법 제2조 및 제5조의 규정에 따라 대한민국에 대하여 배상을 청구할 수 있다.

답 ④

다음 중 대법원 판례의 내용과 다른 것은? (다툼이 있는 경우 판례에 의함)

① 방사능에 오염된 고철을 타인에게 매도하는 등으로 유통시킴으로써 거래 상대방이나 전전취득한 자가 방사능오염으로 피해를 입게 되었더라도 그 원인자는 방사능오염 사실을 모르고 유통시켰을 경우에는 환경정책기본법 제44조 제1항에 따라 피해자에게 피해를 배상할 의무는 없다.

② 토양은 폐기물 기타 오염물질에 의하여 오염될 수 있는 대상일 뿐 오염토양이라 하여 동산으로서 '물질'인 폐기물에 해당한다고 할 수 없고, 나아가 오염토양은 법령상 절차에 따른 정화대상이 될 뿐 법령상 금지되거나 그와 배치되는 개념인 투기나 폐기 대상이 된다고 할 수 없다.

③ 행정청이 폐기물처리사업계획서 부적합 통보를 하면서 처분서에 불확정개념으로 규정된 법령상의 허가기준 등을 충족하지 못하였다는 취지만을 간략히 기재하였다면, 부적합 통보에 대한 취소소송절차에서 행정청은 그 처분을 하게 된 판단 근거나 자료 등을 제시하여 구체적 불허가사유를 분명히 하여야 한다.

④ 불법행위로 영업을 중단한 자가 영업 중단에 따른 손해배상을 구하는 경우 영업을 중단하지 않았으면 얻었을 순이익과 이와 별도로 영업 중단과 상관없이 불가피하게 지출해야 하는 비용도 특별한 사정이 없는 한 손해배상의 범위에 포함될 수 있다.

📝 해설 | 국가배상 중요도 ★★☆

① [×] 근거법상 모르고 유통시켰더라도 법률상의 책임을 부담한다.

> **🔖 관련 판례**
> 방사능에 오염된 고철은 원자력안전법 등의 법령에 따라 처리되어야 하고 유통되어서는 안 된다. 사업활동 등을 하던 중 고철을 방사능에 오염시킨 자는 원인자로서 관련 법령에 따라 고철을 처리함으로써 오염된 환경을 회복·복원할 책임을 진다. 이러한 조치를 취하지 않고 방사능에 오염된 고철을 타인에게 매도하는 등으로 유통시킴으로써 거래 상대방이나 전전취득한 자가 방사능오염으로 피해를 입게 되면 그 원인자는 방사능오염 사실을 모르고 유통시켰더라도 환경정책기본법 제44조 제1항에 따라 피해자에게 피해를 배상할 의무가 있다(대판 2018.9.13, 2016다35802).

② [○] 각 규정을 종합하면, 토양은 폐기물 기타 오염물질에 의하여 오염될 수 있는 대상일 뿐 오염토양이라 하여 동산으로서 '물질'인 폐기물에 해당한다고 할 수 없고, 나아가 오염토양은 법령상 절차에 따른 정화 대상이 될 뿐 법령상 금지되거나 그와 배치되는 개념인 투기나 폐기 대상이 된다고 할 수 없다. 따라서 오염토양 자체의 규율에 관하여는 '사람의 생활이나 사업 활동에 필요하지 아니하게 된 물질'의 처리를 목적으로 하는 구 폐기물관리법에서 처리를 위한 별도의 근거규정을 두고 있지 아니한 이상 구 폐기물관리법의 규정은 성질상 적용될 수 없고, 이는 오염토양이 구 폐기물관리법상의 폐기물이나 구성요소인 오염물질과 섞인 상태로 되어 있다거나 그 부분 오염토양이 정화작업 등의 목적으로 해당 부지에서 반출되어 동산인 '물질'의 상태를 일시 갖추게 되었더라도 마찬가지이다(대판 2011.5.26, 2008도2907).

③ [○] 행정청이 폐기물처리사업계획서 부적합 통보를 하면서 처분서에 불확정개념으로 규정된 법령상의 허가기준 등을 충족하지 못하였다는 취지만을 간략히 기재하였다면, 부적합 통보에 대한 취소소송절차에서 행정청은 그 처분을 하게 된 판단 근거나 자료 등을 제시하여 구체적 불허가사유를 분명히 하여야 한다. 이러한 경우 재량행위인 폐기물처리사업계획서 부적합 통보의 효력을 다투는 원고로서는 행정청이 제시한 구체적인 불허가사유에 관한 판단과 근거에 재량권 일탈·남용의 위법이 있음을 밝히기 위하여 소송절차에서 추가적인 주장을 하고 자료를 제출할 필요가 있다(대판 2019.12.24, 2019두45579).

④ [○] 불법행위로 영업을 중단한 자가 영업 중단에 따른 손해배상을 구하는 경우 영업을 중단하지 않았으면 얻었을 순이익과 이와 별도로 영업 중단과 상관없이 불가피하게 지출해야 하는 비용도 특별한 사정이 없는 한 손해배상의 범위에 포함될 수 있다. 위와 같은 순이익과 비용의 배상을 인정하는 것은 이중배상에 해당하지 않는다. 이러한 법리는 환경정책기본법 제44조 제1항에 따라 그 피해의 배상을 인정하는 경우에도 적용된다(대판 2018.9.13, 2016다35802).

답 ①

017 다음 중 국가배상법상 영조물에 해당하지 않는 것은?

2007년 9급 복원

① 국유임야
② 경찰권총
③ 소방자동차
④ 관공서청사

📝 **해설 | 국가배상** 중요도 ★★☆

① [×] 공적인 목적이 없는 일반재산 등은 국가의 소유라도 국가배상법상 영조물에 해당하지 않는다.
②③④ [○] 국가배상법 제5조 제1항 소정의 "공공의 영조물"이라 함은 국가 또는 지방자치단체에 의하여 특정 공공의 목적에 공여된 유체물 내지 물적 설비를 지칭하며, 특정 공공의 목적에 공여된 물이라 함은 일반 공중의 자유로운 사용에 직접적으로 제공되는 공공용물에 한하지 아니하고, 행정주체 자신의 사용에 제공되는 공용물도 포함하며 국가 또는 지방자치단체가 소유권, 임차권 그 밖의 권한에 기하여 관리하고 있는 경우뿐만 아니라 사실상의 관리를 하고 있는 경우도 포함한다(대판 1995.1.24, 94다45302). ⇨ 경찰관의 권총, 소방자동차, 관공서청사 등은 모두 국가배상법상 영조물에 해당한다.

답 ①

018 국가배상법 제5조에 의한 영조물의 설치·관리의 하자로 인한 손해배상에 관한 설명 중 옳지 않은 것은? (다툼이 있는 경우 판례에 의함)

2018년 9급 복원

① 국가배상법에는 영조물점유자의 면책규정이 있는 데 반하여 민법에는 공작물점유자의 면책규정이 없다.
② 국가배상법 제5조상의 영조물이란 국가 또는 지방자치단체에 의하여 특정 공공의 목적에 공여된 유체물 내지 물적 설비를 말하며 국가 또는 지방자치단체가 소유권, 임차권, 그 밖의 권한에 기하여 관리하고 있는 경우뿐만 아니라 사실상 관리하고 있는 경우도 포함된다.
③ 영조물의 설치 또는 관리의 하자란 공공의 목적에 제공된 영조물이 그 용도에 따라 통상 갖추어야 할 안전성을 갖추지 못한 상태에 있음을 말한다.
④ 학생이 담배를 피우기 위하여 3층 건물의 화장실 밖의 난간을 지나다가 실족하여 사망한 경우 학교시설의 설치·관리상의 하자는 인정되지 않는다.

📝 **해설 | 국가배상** 중요도 ★★★

① [×] 공작물의 설치 또는 보존의 하자로 인하여 타인에게 손해를 가한 때에는 공작물점유자가 손해를 배상할 책임이 있다. 그러나 점유자가 손해의 방지에 필요한 주의를 해태하지 아니한 때에는 그 소유자가 손해를 배상할 책임이 있다(민법 제758조 제1항).
② [○] 국가배상법 제5조 제1항 소정의 '공공의 영조물'이라 함은 국가 또는 지방자치단체에 의하여 특정 공공의 목적에 공여된 유체물 내지 물적 설비를 말하며, 국가 또는 지방자치단체가 소유권, 임차권 그 밖의 권한에 기하여 관리하고 있는 경우뿐만 아니라 사실상의 관리를 하고 있는 경우도 포함된다(대판 1998.10.23, 98다17381).
③ [○] 국가배상법 제5조 소정의 영조물의 설치·관리상의 하자라 함은 영조물의 설치 및 관리에 불완전한 점이 있어 이 때문에 영조물 자체가 통상 갖추어야 할 안전성을 갖추지 못한 상태에 있는 것을 말하는 것이다(대판 1994.11.22, 94다32924).
④ [○] 고등학교 3학년 학생이 교사의 단속을 피해 담배를 피우기 위하여 3층 건물 화장실 밖의 난간을 지나다가 실족하여 사망한 경우, 학교 관리자에게 그와 같은 이례적인 사고가 있을 것을 예상하여 복도나 화장실 창문에 난간으로의 출입을 막기 위하여 출입금지 장치나 추락위험을 알리는 경고표지판을 설치할 의무가 있다고 볼 수는 없으므로 학교시설의 설치·관리상의 하자가 없다(대판 1997.5.16, 96다54102).

답 ①

019

국가배상법 제5조에 따른 배상책임에 대한 설명으로 옳지 않은 것은? (다툼이 있는 경우 판례에 의함) 2019년(1차) 9급 복원

① 영조물의 설치 또는 관리의 하자란 공물이 그 용도에 따라 통상 갖추어야 할 안전성을 갖추지 못한 것을 말한다.

② 국가배상법 제5조 소정의 공공의 영조물이란 공유나 사유임을 불문하고 행정주체에 의하여 특정 공공의 목적에 공여된 유체물 또는 물적 설비를 의미하므로 만약 사고지점 도로가 군민의 통행에 제공되었다면 도로관리청에 의하여 노선 인정 기타 공용개시가 없었더라도 이를 영조물이라 할 수 있다.

③ 가변차로에 설치된 두 개의 신호등에서 서로 모순되는 신호가 들어오는 오작동이 발생하였고 그 고장이 현재의 기술 수준상 부득이한 것이라고 가정하더라도 그와 같은 사정만으로 손해발생의 예견가능성이나 회피가능성이 없어 영조물의 하자를 인정할 수 없는 경우라고 단정할 수 없다.

④ 영조물의 설치 및 관리에 있어서 항상 완전무결한 상태를 유지할 정도의 고도의 안전성을 갖추지 아니하였다고 하여 영조물의 설치 또는 관리에 하자가 있다고 단정할 수는 없다.

📝 해설 | 국가배상
중요도 ★★☆

① [○] 국가배상법 제5조 제1항에 정하여진 '영조물 설치·관리상의 하자'라 함은 공공의 목적에 공여된 영조물이 그 용도에 따라 통상 갖추어야 할 안전성을 갖추지 못한 상태에 있음을 말하는 바, 영조물의 설치 및 관리에 있어서 항상 완전무결한 상태를 유지할 정도의 고도의 안전성을 갖추지 아니하였다고 하여 영조물의 설치 또는 관리에 하자가 있다고 단정할 수 없는 것이고, 영조물의 설치자 또는 관리자에게 부과되는 방호조치의무는 영조물의 위험성에 비례하여 사회통념상 일반적으로 요구되는 정도의 것을 의미하므로 영조물인 도로의 경우도 다른 생활필수시설과의 관계나 그것을 설치하고 관리하는 주체의 재정적, 인적, 물적 제약 등을 고려하여 그것을 이용하는 자의 상식적이고 질서 있는 이용방법을 기대한 상대적인 안전성을 갖추는 것으로 족하다(대판 2002. 8.23, 2002다9158).

② [×] 국가배상법 제5조 소정의 공공의 영조물이란 공유나 사유임을 불문하고 행정주체에 의하여 특정 공공의 목적에 공여된 유체물 또는 물적 설비를 의미하므로 사실상 군민의 통행에 제공되고 있던 도로 옆의 암벽으로부터 떨어진 낙석에 맞아 소외인이 사망하는 사고가 발생하였다고 하여도 동 사고지점 도로가 피고 군에 의하여 노선 인정 기타 공용개시가 없었으면 이를 영조물이라 할 수 없다(대판 1981.7.7, 80다2478).

③ [○] 가변차로에 설치된 신호등의 용도와 오작동시에 발생하는 사고의 위험성과 심각성을 감안할 때, 만일 가변차로에 설치된 두 개의 신호기에서 서로 모순되는 신호가 들어오는 고장을 예방할 방법이 없음에도 그와 같은 신호기를 설치하여 그와 같은 고장을 발생하게 한 것이라면, 그 고장이 자연재해 등 외부요인에 의한 불가항력에 기인한 것이 아닌 한 그 자체로 설치·관리자의 방호조치의무를 다하지 못한 것으로서 신호등이 그 용도에 따라 통상 갖추어야 할 안전성을 갖추지 못한 상태에 있었다고 할 것이고, 따라서 설령 적정전압보다 낮은 저전압이 원인이 되어 위와 같은 오작동이 발생하였고 그 고장은 현재의 기술 수준상 부득이한 것이라고 가정하더라도 그와 같은 사정만으로 손해발생의 예견가능성이나 회피가능성이 없어 영조물의 하자를 인정할 수 없는 경우라고 단정할 수 없다(대판 2001.7.27, 2000다56822).

④ [○] 대판 2002.8.23, 2002다9158

답 ②

020

국가배상법의 내용에 대한 설명으로 옳지 않은 것은? (다툼이 있는 경우 판례에 의함) 2021년 9급

① 국가나 지방자치단체는 공무를 위탁받은 사인이 직무를 집행하면서 고의 또는 과실로 법령을 위반하여 타인에게 손해를 입힌 때에는 국가배상법에 따라 그 손해를 배상하여야 한다.

② 도로·하천, 그 밖의 공공의 영조물(營造物)의 설치나 관리에 하자(瑕疵)가 있기 때문에 타인에게 손해를 발생하게 하였을 때에는 국가나 지방자치단체는 그 손해를 배상하여야 한다. 이 경우 군인·군무원의 2중배상금지에 관한 규정은 적용되지 않는다.

③ 직무를 집행하는 공무원에게 고의 또는 중대한 과실이 있으면 국가나 지방자치단체는 그 공무원에게 구상(求償)할 수 있다.

④ 군인·군무원이 전투·훈련 등 직무 집행과 관련하여 전사(戰死)·순직(殉職)하거나 공상(公傷)을 입은 경우에 본인이나 그 유족이 다른 법령에 따라 재해보상금·유족연금·상이연금 등의 보상을 지급받을 수 있을 때에는 국가배상법 및 민법에 따른 손해배상을 청구할 수 없다.

①③④ [○] 국가배상법 제2조 제1항·제2항

> **제2조 【배상책임】** ① 국가나 지방자치단체는 공무원 또는 공무를 위탁받은 사인(이하 "공무원"이라 한다)이 직무를 집행하면서 고의 또는 과실로 법령을 위반하여 타인에게 손해를 입히거나, 자동차손해배상 보장법에 따라 손해배상의 책임이 있을 때에는 이 법에 따라 그 손해를 배상하여야 한다. 다만, 군인·군무원·경찰공무원 또는 예비군대원이 전투·훈련 등 직무 집행과 관련하여 전사(戰死)·순직(殉職)하거나 공상(公傷)을 입은 경우에 본인이나 그 유족이 다른 법령에 따라 재해보상금·유족연금·상이연금 등의 보상을 지급받을 수 있을 때에는 이 법 및 민법에 따른 손해배상을 청구할 수 없다.
> ② 제1항 본문의 경우에 공무원에게 고의 또는 중대한 과실이 있으면 국가나 지방자치단체는 그 공무원에게 구상(求償)할 수 있다.

② [×] 동법 제5조 제1항

> **국가배상법 제5조 【공공시설 등의 하자로 인한 책임】** ① 도로·하천, 그 밖의 공공의 영조물(營造物)의 설치나 관리에 하자(瑕疵)가 있기 때문에 타인에게 손해를 발생하게 하였을 때에는 국가나 지방자치단체는 그 손해를 배상하여야 한다. 이 경우 제2조 제1항 단서, 제3조 및 제3조의2를 준용한다.

답 ②

021
☐☐☐

영조물 책임(국가배상법 제5조)의 내용으로 옳지 않은 것은? (다툼이 있는 경우 판례에 의함)   2012년 9급 복원

① 600년 또는 1000년 빈도의 강우량에 의한 재해는 불가항력에 해당하여 국가배상책임이 부정된다.

② 영조물은 공작물보다 더 넓은 개념으로 공작물 외에도 항공기·경찰견 등을 포함한다.

③ 사실상 관리 중인 영조물은 공공목적의 영조물에 포함될 수 없다.

④ 국유일반재산(구 잡종재산)은 국가배상법 제5조의 적용 대상이 되지 않는다.

✏ 해설 | 영조물책임   중요도 ★★☆

① [○] 100년 발생빈도의 강우량을 기준으로 책정된 계획홍수위를 초과하여 600년 또는 1,000년 발생빈도의 강우량에 의한 하천의 범람은 예측가능성 및 회피가능성이 없는 불가항력적인 재해로서 그 영조물의 관리청에게 책임을 물을 수 없다(대판 2003.10.23, 2001다48057).

② [○] 국가배상법 제5조의 영조물은 민법 제758조의 공작물보다 더 넓은 개념으로 항공기, 경찰견, 권총, 공중전화부스 등이 포함된다.

③ [×] 국가배상법 제5조 제1항 소정의 "공공의 영조물"이라 함은 국가 또는 지방자치단체에 의하여 특정 공공의 목적에 공여된 유체물 내지 물적 설비를 지칭하며, 특정 공공의 목적에 공여된 유체물이라 함은 일반 공중의 자유로운 사용에 직접적으로 제공되는 공공용물에 한하지 아니하고, 행정주체 자신의 사용에 제공되는 공용물도 포함하며 국가 또는 지방자치단체가 소유권, 임차권 그 밖의 권한에 기하여 관리하고 있는 경우뿐만 아니라 <u>사실상의 관리</u>를 하고 있는 경우도 포함한다(대판 1995.1.24, 94다45302).

④ [○] 국가의 소유라도 일반재산은 공적목적이 없어 영조물에 해당하지 않으므로 국가배상법 제5조의 적용 대상이 되지 않는다.

답 ③

CHAPTER 2 | 행정상 손실보상

001 다음 중 손실보상제도와 가장 관련이 없는 것은? 2007년 9급 복원

① 특별한 희생
② 사회보장제도
③ 법률유보의 원칙
④ 사회적 공평부담의 원리

해설 | 손실보상 중요도 ★☆☆

①③④ [O] 행정상 손실보상은 공공필요에 의한 적법한 공권력의 행사로 인하여 사인에게 발생한 특별한 희생에 대한 전보이다. 이는 재산권의 보장과 공적 부담 앞의 평등원칙을 이론적 근거로 하고 있으며, 헌법 제23조 제3항에서 보상권의 근거를 두고 구체적 보상액의 산출 기준은 법률에 유보하고 있다.
② [×] 사회보장제도는 손실보상제도와 가장 관련이 없다.

답 ②

002 다음 중 행정상 손실보상원칙과 거리가 먼 것은? 2010년 9급 복원

① 사전보상원칙
② 현물보상원칙
③ 현금보상원칙
④ 전액보상원칙

해설 | 손실보상 중요도 ★☆☆

①④ [O] 공익사업을 위한 토지 등의 취득 및 보상에 관한 법률 제62조

> **제62조【사전보상】** 사업시행자는 해당 공익사업을 위한 공사에 착수하기 이전에 토지소유자와 관계인에게 보상액 전액(全額)을 지급하여야 한다. 다만, 제38조에 따른 천재지변 시의 토지 사용과 제39조에 따른 시급한 토지 사용의 경우 또는 토지소유자 및 관계인의 승낙이 있는 경우에는 그러하지 아니하다.

② [×] 손실보상은 다른 법률에 특별한 규정이 있는 경우를 제외하고는 현금으로 지급하여야 한다(동법 제63조 제1항).
③ [O] 동법 제63조에서 현금보상원칙을 규정하고 있다.

답 ②

003 다음 중 행정상 손실보상에 대한 설명으로 옳지 않은 것은? (다툼이 있는 경우 판례에 의함)

① 적법한 공권력의 행사에 의한 손실이어야 한다.

② 사업시행자는 재결신청의 청구를 받은 때에는 그 청구가 있은 날부터 1년 이내에 관할 토지수용위원회에 재결을 신청하여야 한다.

③ 현행법상 손실보상에 관한 일반법은 없다.

④ 협의가 성립되지 아니하거나 협의를 할 수 없을 때에는 사업시행자는 사업인정고시가 된 날부터 1년 이내에 관할 토지수용위원회에 재결을 신청할 수 있다.

📝 해설 | 손실보상

중요도 ★★☆

① [○] 손실보상은 적법한 공권력의 행사로 인한 손해의 전보제도이다.

② [×] 사업시행자는 제1항에 따른 청구를 받았을 때에는 그 청구를 받은 날부터 60일 이내에 대통령령으로 정하는 바에 따라 관할 토지수용위원회에 재결을 신청하여야 한다. 이 경우 수수료에 관하여는 제28조 제2항을 준용한다(공익사업을 위한 토지 등의 취득 및 보상에 관한 법률 제30조 제2항).

③ [○] 손실보상에 관한 일반법은 없고 개별법으로 존재한다.

④ [○] 제26조에 따른 협의가 성립되지 아니하거나 협의를 할 수 없을 때에는 사업시행자는 사업인정고시가 된 날부터 1년 이내에 대통령령으로 정하는 바에 따라 관할 토지수용위원회에 재결을 신청할 수 있다(동법 제28조 제1항).

답 ②

---

004 다음의 행정상 손실보상에 대한 설명 중 옳지 않은 것은? (다툼이 있는 경우 판례에 의함)

① 보상청구권의 근거에 관하여서 뿐만 아니라 보상의 기준과 방법에 관하여서도 법률에 근거하여야 한다.

② 토지수용으로 인한 보상액을 산정함에 있어서 당해 공공사업과 관계없는 다른 사업의 시행으로 인한 개발이익은 이를 배제하지 아니한 가격으로 평가하여야 한다.

③ 공시지가를 기준으로 보상을 산정하도록 하는 것은 정당보상이 될 수 없다.

④ 기대이익은 재산권의 보호대상에 포함되지 않는다.

📝 해설 | 손실보상

중요도 ★★☆

① [○] 헌법 제23조 제3항은 "공공필요에 의한 재산권의 수용·사용 또는 제한 및 그에 대한 보상은 법률로써 하되, 정당한 보상을 지급하여야 한다."라고 규정하고 있는바, 이 헌법의 규정은 보상청구권의 근거에 관하여서 뿐만 아니라 보상의 기준과 방법에 관하여서도 법률에 유보하고 있는 것으로 보아야 할 것이다(대판 2005.7.29, 2003두2311).

② [○] 토지수용으로 인한 손실보상액을 산정함에 있어서 당해 공공사업의 시행을 직접 목적으로 하는 계획의 승인·고시로 인한 가격변동은 이를 고려함이 없이 수용재결 당시의 가격을 기준으로 하여 적정가격을 정하여야 하나, 당해 공공사업과는 관계없는 다른 사업의 시행으로 인한 개발이익은 이를 배제하지 아니한 가격으로 평가하여야 한다(대판 1999.1.15, 98두8896).

③ [×] 수용대상토지의 보상가격을 정함에 있어 표준지 공시지가를 기준으로 비교한 금액이 수용대상토지의 수용 사업인정 전의 개별공시지가보다 적은 경우가 있다고 하더라도, 이것만으로 지가공시 및 토지 등의 평가에 관한 법률 제9조, 토지수용법 제46조가 정한 정당한 보상 원리를 규정한 헌법 제23조 제3항에 위배되어 위헌이라고 할 수는 없다(대판 2001.3.27, 99두7968).

④ [○] 헌법 제23조 제1항 및 제13조 제2항에 의하여 보호되는 재산권은 사적 유용성 및 그에 대한 원칙적 처분권을 내포하는 재산가치 있는 구체적 권리이므로 구체적인 권리가 아닌 단순한 이익이나 재화의 획득에 관한 기회 등은 재산권 보장의 대상이 아니라 할 것인바, 약사는 단순히 의약품의 판매뿐만 아니라 의약품의 분석, 관리 등의 업무를 다루며, 약사면허 그 자체는 양도·양수할 수 없고 상속의 대상도 되지 아니하며, 또한 약사의 한약조제권이란 그것이 타인에 의하여 침해되었을 때 방해를 배제하거나 원상회복 내지 손해배상을 청구할 수 있는 권리가 아니라 법률에 의하여 약사의 지위에서 인정되는 하나의 권능에 불과하고, 더욱이 의약품을 판매하여 얻게 되는 이익 역시 장래의 불확실한 기대이익에 불과한 것이므로, 구 약사법상 약사에게 인정된 한약조제권은 위 헌법 조항들이 말하는 재산권의 범위에 속하지 아니한다(헌재 1997.11.27, 97헌바10).

답 ③

005 다음 중 행정상 손실보상에 관한 설명으로 옳은 것은?

① 단순히 사회적인 제약이 가하여진 경우에도 원칙적으로 보상이 인정된다.

② 손실보상은 적법행위로 인한 손실뿐만 아니라 위법행위로 인한 손해도 그 보상의 대상으로 하고 있다.

③ 손실보상은 재산상 손실에 대한 보상뿐만 아니라 생명·신체의 침해에 대한 보상도 포함한다.

④ 민간사업시행자도 손실보상의 주체가 될 수 있다.

📝 해설 | 손실보상

중요도 ★★☆

① [×] 법률에 근거한 특별한 희생이 행정상 손실보상의 요건이며, 사회적 제약(일반적 희생)의 경우에는 원칙적으로 보상이 인정되지 않는다.

② [×] 위법행위에 대한 손해는 원칙적으로 행정상 손해배상의 영역이다.

③ [×] 행정상 손실보상은 원칙적으로 재산적인 손실만을 대상으로 한다.

④ [○] 헌법 제23조 제3항은 정당한 보상을 전제로 하여 재산권의 수용 등에 관한 가능성을 규정하고 있지만, 재산권 수용의 주체를 한정하지 않고 있다. 위 헌법 조항의 핵심은 당해 수용이 공공필요에 부합하는가, 정당한 보상이 지급되고 있는가 여부 등에 있는 것이지, 그 수용의 주체가 국가인지 민간기업인지 여부에 달려 있다고 볼 수 없다. 또한 국가 등의 공적 기관이 직접 수용의 주체가 되는 것이든 그러한 공적 기관의 최종적인 허부판단과 승인결정하에 민간기업이 수용의 주체가 되는 것이든, 양자 사이에 공공필요에 대한 판단과 수용의 범위에 있어서 본질적인 차이를 가져올 것으로 보이지 않는다. 따라서 위 수용 등의 주체를 국가 등의 공적 기관에 한정하여 해석할 이유가 없다. 위 헌법 조항의 핵심은 당해 수용이 공공필요에 부합하는가, 정당한 보상이 지급되고 있는가 여부 등에 있는 것이지, 그 수용의 주체가 국가인지 민간기업인지 여부에 달려 있다고 볼 수 없다. 사업시행자는 피수용권자에게 정당한 보상을 지급해야 한다(헌재 2009.9.24, 2007헌바114).

> **공익사업을 위한 토지 등의 취득 및 보상에 관한 법률 제61조 【사업시행자 보상】** 공익사업에 필요한 토지 등의 취득 또는 사용으로 인하여 토지소유자나 관계인이 입은 손실은 사업시행자가 보상하여야 한다.

답 ④

006 손실보상과 관련하여 헌법에서 규정하고 있는 보상으로 옳은 것은?

① 적정한 보상

② 완전한 보상

③ 정당한 보상

④ 상당한 보상

📝 해설 | 손실보상

중요도 ★☆☆

①②④ [×] 헌법에서 규정한 것은 '정당한 보상'이며, 이 의미에 대해 판례 및 다수설은 피침해재산의 완전한 가치를 보상해야 한다는 완전보상설을 취한다. 한편 상당보상설은 재산권의 사회적 구속성과 침해행위의 공공성에 비추어 사회국가원리에 바탕을 둔 기준에 따른 적절한 보상이면 족하다는 견해이다.

③ [○] 공공필요에 의한 재산권의 수용·사용 또는 제한 및 그에 대한 보상은 법률로써 하되, 정당한 보상을 지급하여야 한다(헌법 제23조 제3항).

답 ③

007 행정상 손실보상청구에 관한 설명으로 옳지 않은 것은?

① 판례에 따르면 비재산적 법익침해에 대한 희생보상청구권은 일반적으로 인정되고 있다.
② 손실보상은 헌법 제23조 제3항에 따라 법률로써 하고 이때의 법률은 국회가 제정한 형식적 의미의 법률을 의미한다.
③ 판례에 의하면 손실보상청구소송은 민사소송에 의하는 것이 원칙이다.
④ 징발물이 국유재산 또는 공유재산인 경우에는 보상을 하지 아니한다.

📝 해설 | 손실보상

중요도 ★★☆

① [×] 감염병의 예방 및 관리에 관한 법률 등에서 희생보상청구권을 인정하는 경우는 있지만 희생보상청구권을 일반적으로 인정할지에 대해서는 학설이 대립하고 있으며 판례도 명시적 입장을 취하지 않았다.
② [○] 공공사업의 시행 결과 그 공공사업의 시행이 기업지 밖에 미치는 간접손실에 관하여 그 피해자와 사업시행자 사이에 협의가 이루어지지 아니하고 그 보상에 관한 명문의 근거 법령이 없는 경우라고 하더라도, 헌법 제23조 제3항은 "공공필요에 의한 재산권의 수용·사용 또는 제한 및 그에 대한 보상은 법률로써 하되, 정당한 보상을 지급하여야 한다."고 규정하고 있고, 이에 따라 국민의 재산권을 침해하는 행위 그 자체는 반드시 형식적 법률에 근거하여야 한다(대판 1999.10.8, 99다27231).
③ [○] 법적 성질에 대해 다수설인 공권설과 소수설인 사권설로 학설이 대립하며, 판례는 원칙적으로 사권설을 취하여 민사소송에 의한다고 본다. 다만, 최근에는 공권설을 취하여 행정소송(당사자소송)에 의한다고 보는 경우도 있으므로 지문을 상대적으로 판단하여 정답을 고를 수 있어야 한다.
④ [○] 징발물이 국유재산 또는 공유재산인 경우에는 제19조에도 불구하고 보상을 하지 아니한다(징발법 제20조).

답 ①

008 행정상 손실보상에 관한 설명 중 옳지 않은 것은? (다툼이 있는 경우 판례에 의함)

① 이주대책은 헌법 제23조 제3항에 규정된 정당한 보상에 포함되는 것이라기보다는 생활보상의 일환으로서 국가의 정책적인 배려에 의하여 마련된 제도로서 이주대책의 실시 여부는 입법자의 입법정책적 재량의 영역에 속한다.
② 법률이 이주대책의 대상자에서 세입자를 제외하고 있더라도 세입자의 재산권을 침해하여 위헌이라고는 할 수 없다.
③ 이주대책에 의한 수분양권은 법률의 규정만으로 직접 발생한다.
④ 토지의 일부가 접도구역으로 지정·고시됨으로써 사용가치 및 교환가치의 하락 등이 발생하더라도 잔여지 손실보상의 대상에 해당하지 않는다.

📝 해설 | 토지보상법

중요도 ★★☆

① [○] 이주대책은 헌법 제23조 제3항에 규정된 정당한 보상에 포함되는 것이라기보다는 이에 부가하여 이주자들에게 종전의 생활상태를 회복시키기 위한 생활보상의 일환으로서 국가의 정책적인 배려에 의하여 마련된 제도라고 볼 것이다. 따라서 이주대책의 실시 여부는 입법자의 입법정책적 재량의 영역에 속한다(헌재 2006.2.23, 2004헌마19).
② [○] 이주대책의 실시 여부는 입법자의 입법정책적 재량의 영역에 속하므로 공익사업을 위한 토지 등의 취득 및 보상에 관한 법률(이하 '토지보상법'이라 한다) 시행령 제40조 제3항 제3호가 이주대책의 대상자에서 세입자를 제외하고 있는 것이 세입자의 재산권을 침해하는 것이라 볼 수 없다(헌재 2006.2.23, 2004헌마19).
③ [×] 토지보상법 제8조 제1항이 사업시행자에게 이주대책의 수립 실시의무를 부과하고 있다고 하여 그 규정 자체만에 의하여 이주자에게 사업시행자가 수립한 이주대책상의 아파트 입주권 등을 받을 수 있는 구체적인 권리가 직접 발생하는 것이라고는 도저히 볼 수 없으며, 사업시행자가 이주대책에 관한 구체적인 계획을 수립하여 이를 해당자에게 통지 내지 공고한 후 이주자가 수분양권을 취득하기를 희망하여 이주대책에 정한 절차에 따라 사업시행자에게 이주대책대상자 선정 신청을 하고 사업시행자가 이를 받아들여 이주대책 대상자로 확인·결정하여야만 비로소 구체적인 수분양권이 발생하게 된다(대판 1994.5.24, 92다35783 전합).
④ [○] 특정한 공익사업의 사업시행자가 보상하여야 하는 손실은, 동일한 소유자에게 속하는 일단의 토지 중 일부를 사업시행자가 그 공익사업을 위하여 취득하거나 사용함으로 인하여 잔여지에 발생하는 것임을 전제로 한다. 따라서 이러한 잔여지에 대하여 현실적 이용 상황 변경 또는 사용가치 및 교환가치의 하락 등이 발생하였더라도, 그 손실이 토지의 일부가 공익사업에 취득되거나 사용됨으로 인하여 발생하는 것이 아니라면 특별한 사정이 없는 한 토지보상법 제73조 제1항 본문에 따른 잔여지 손실보상 대상에 해당한다고 볼 수 없다(대판 2017.7.11, 2017두40860).

답 ③

009 다음 중 공익사업을 위한 토지 등의 취득 및 보상에 관한 법률에서 규정하고 있는 이주대책에 대한 설명으로 옳은 것은?
□□□ (다툼이 있는 경우 판례에 의함) 2013년 9급 복원

① 이주대책의 대상자에서 세입자를 제외하고 있는 것은 세입자의 재산권을 침해하는 것이다.

② 이주자들에게 종전의 생활상태를 회복시키기 위한 생활보상의 일환으로서의 이주대책 실시 여부는 입법자의 입법 정책적 재량의 영역에 속한다.

③ '공익사업을 위한 관계 법령에 의한 고시 등이 있은 날' 당시 주거용 건물이 아니었던 건물이 그 이후에 주거용으로 용도변경된 경우라면 이주대책의 대상이 되는 주거용 건축물에 해당한다.

④ 사업시행자의 이주대책 수립 여부와는 관계없이 이주대책 대상자에게는 구체적인 수분양권이 발생한다.

📝 해설 | 토지보상법 중요도 ★★★

① [×] 공익사업을 위한 토지 등의 취득 및 보상에 관한 법률 시행령 제40조 제3항 제3호가 이주대책의 대상자에서 세입자를 제외하고 있는 것이 세입자의 재산권을 침해하는 것이라 볼 수 없다(헌재 2003.2.23, 2004헌마19).

② [○] 이주대책은 정당한 보상에 포함되는 것이라기보다는 정당한 보상에 부가하여, 이주자들에게 종전의 생활상태를 회복시키기 위한 생활보상의 일환으로서 국가의 정책적인 배려에 의하여 마련된 제도이다. <u>그러므로 이주대책의 실시 여부는 입법자의 입법정책적 재량의 영역에 속한다고 볼 것이다</u>(헌재 2006.2.23, 2004헌마19).

③ [×] 공익사업을 위한 토지 등의 취득 및 보상에 관한 법률 제78조 제1항, 동법 시행령 제40조 제3항 제2호 규정의 문언, 내용 및 입법 취지 등을 종합하여 보면, 위 법 제78조 제1항에 정한 이주대책의 대상이 되는 주거용 건축물이란 위 시행령 제40조 제3항 제2호의 '공익사업을 위한 관계 법령에 의한 고시 등이 있은 날' 당시 건축물의 용도가 주거용인 건물을 의미한다고 해석되므로, 그 당시 주거용 건물이 아니었던 건물이 그 이후에 주거용으로 용도 변경된 경우에는 건축 허가를 받았는지 여부에 상관없이 수용재결 내지 협의계약 체결 당시 주거용으로 사용된 건물이라 할지라도 이주대책 대상이 되는 주거용 건축물이 될 수 없다(대판 2009.2.26, 2007두13340).

④ [×] 공공용지의 취득 및 손실보상에 관한 특례법에서 사업시행자에게 이주대책을 수립·실시할 의무를 부과하고 있다고 하여 그 규정 자체만에 의하여 이주자에게 사업시행자가 수립한 이주대책상의 택지분양권이나 아파트 입주권 등을 분양받을 수 있는 구체적인 권리가 직접 발생하는 것이라고는 볼 수 없고, 사업시행자가 이주대책에 관한 구체적인 계획을 수립하여 이를 이주자에게 통지하거나 공고한 후 이주자가 수분양권을 취득하기를 희망하여 이주대책에 정한 절차에 따라 사업시행자에게 이주대책 대상자 선정신청을 하고 사업시행자가 그 신청을 받아들여 이주대책 대상자로 확인·결정을 하여야만 비로소 구체적인 수분양권이 발생하게 된다(대판 1995.6.30, 94다14391).

답 ②

---

010 행정상 손실보상에 대한 설명으로 옳지 않은 것은? (다툼이 있는 경우 판례에 의함) 2020년 7급
□□□

① 수용에 따른 손실보상액 산정의 경우 헌법 제23조 제3항에 따른 정당한 보상이란 원칙적으로 피수용재산의 객관적인 재산가치를 완전하게 보상하여야 한다는 완전보상을 뜻한다.

② 공익사업을 위한 토지 등의 취득 및 보상에 관한 법률상 잔여지 수용청구를 받아들이지 않은 토지수용위원회의 재결에 대하여 토지소유자가 불복하여 제기하는 소송은 항고소송에 해당하여 토지수용위원회를 피고로 하여야 한다.

③ 공익사업을 위한 토지 등의 취득 및 보상에 관한 법률에 의한 보상합의는 공공기관이 사경제주체로서 행하는 사법상 계약의 실질을 가지는 것이다.

④ 공익사업으로 인하여 영업을 폐지하거나 휴업하는 자는 공익사업을 위한 토지 등의 취득 및 보상에 관한 법률상의 재결절차를 거치지 않은 채 곧바로 사업시행자를 상대로 손실보상을 청구하는 것은 허용되지 않는다.

📝 해설 | 토지보상법 중요도 ★★☆

① [○] 헌법이 규정한 정당한 보상이란 손실보상의 원인이 되는 재산권 침해가 기존의 법질서 안에서 개인의 재산권에 대한 개별적인 침해인 경우에는 그 손실보상은 원칙적으로 피수용재산의 객관적인 재산가치를 완전하게 보상하는 것이어야 한다는 완전보상을 뜻하는 것으로서, 보상금액뿐만 아니라 보상의 시기나 방법 등에 있어서도 어떠한 제한을 두어서는 아니 된다는 것을 의미한다(헌재 1997.11.27, 96헌바12).

② [×] 공익사업을 위한 토지 등의 취득 및 보상에 관한 법률 제72조의 문언, 연혁 및 취지 등에 비추어 보면, 위 규정이 정한 수용청구권은 토지보상법 제74조 제1항이 정한 잔여지 수용청구권과 같이 손실보상의 일환으로 토지소유자에게 부여되는 권리로서 그 청구에 의하여 수용효과가 생기는 형성권의 성질을 지니므로, 토지소유자의 토지수용청구를 받아들이지 아니한 토지수용위원회의 재결에 대하여 토지소유자가 불복하여 제기하는 소송은 토지보상법 제85조 제2항에 규정되어 있는 '보상금의 증감에 관한 소송'에 해당하고, 피고는 토지수용위원회가 아니라 사업시행자로 하여야 한다(대판 2015.4.9, 2014두46669).

③ [○] 공공용지의 취득 및 손실보상에 관한 특례법에 의한 협의취득 또는 보상합의는 공공기관이 사경제주체로서 행하는 사법상 매매 내지 사법상 계약의 실질을 가지는 것으로서, 당사자간의 합의로 같은 법 소정의 손실보상의 요건을 완화하는 약정을 할 수 있고, 그와 같은 당사자간의 합의로 같은 법 소정의 손실보상의 기준에 의하지 아니한 매매대금을 정할 수 있다(대판 1999.3.23, 98다48866).

④ [○] 공익사업으로 인하여 영업을 폐지하거나 휴업하는 자가 사업시행자로부터 구 공익사업법에 따라 영업손실에 대한 보상을 받기 위해서는 구 공익사업법 등에 규정된 재결절차를 거친 다음 그 재결에 대하여 불복이 있는 때에 비로소 구 공익사업법 제83조 내지 제85조에 따라 권리구제를 받을 수 있을 뿐, 이러한 재결절차를 거치지 않은 채 곧바로 사업시행자를 상대로 손실보상을 청구하는 것은 허용되지 않는다(대판 2011.9.29, 2009두10963).

답 ②

011 손실보상에 대한 판례의 내용으로 옳지 않은 것은?

2021년 7급

① 보상가액 산정시 공익사업으로 인한 개발이익은 토지의 객관적 가치에 포함된다.

② 개별공시지가가 아닌 표준지공시지가를 기준으로 보상액을 산정하는 것은 헌법 제23조 제3항에 위반되지 않는다.

③ 민간기업도 토지수용의 주체가 될 수 있다.

④ 공유수면매립으로 인하여 위탁판매수수료 수입을 상실한 수산업협동조합에 대해서는 법률의 보상규정이 없더라도 손실보상의 대상이 된다.

📝 해설 | 토지보상법

중요도 ★★★

① [×] 공익사업법 제67조 제2항은 보상액을 산정함에 있어 당해 공익사업으로 인한 개발이익을 배제하는 조항인데, 공익사업의 시행으로 지가가 상승하여 발생하는 개발이익은 사업시행자의 투자에 의한 것으로서 피수용자인 토지소유자의 노력이나 자본에 의하여 발생하는 것이 아니므로, 이러한 개발이익은 형평의 관념에 비추어 볼 때 토지소유자에게 당연히 귀속되어야 할 성질의 것이 아니고, 또한 개발이익은 공공사업의 시행에 의하여 비로소 발생하는 것이므로, 그것이 피수용 토지가 수용 당시 갖는 객관적 가치에 포함된다고 볼 수도 없다(헌재 2009.12.29, 2009헌바142).

② [○] '부동산 가격공시 및 감정평가에 관한 법률'(2007.4.27. 법률 제8409호로 개정된 것) 제9조 제1항 제1호가 개별공시지가가 아닌 표준지공시지가를 기준으로 보상액을 산정하도록 한 것은 개발이익이 배제된 수용 당시 피수용 재산의 객관적인 재산가치를 가장 정당하게 보상하는 것이라고 할 것이므로, 헌법 제23조 제3항에 위반된다고 할 수 없다(헌재 2011.8.30, 2009헌바245).

③ [○] 헌법 제23조 제3항은 정당한 보상을 전제로 하여 재산권의 수용 등에 관한 가능성을 규정하고 있지만, 재산권 수용의 주체를 한정하지 않고 있다. 위 헌법조항의 핵심은 당해 수용이 공공필요에 부합하는가, 정당한 보상이 지급되고 있는가 여부 등에 있는 것이지, 그 수용의 주체가 국가인지 민간기업인지 여부에 달려 있다고 볼 수 없다. 또한 국가 등의 공적 기관이 직접 수용의 주체가 되는 것이든 그러한 공적 기관의 최종적인 허부판단과 승인결정하에 민간기업이 수용의 주체가 되는 것이든, 양자 사이에 공공필요에 대한 판단과 수용의 범위에 있어서 본질적인 차이를 가져올 것으로 보이지 않는다. 따라서 위 수용 등의 주체를 국가 등의 공적 기관에 한정하여 해석할 이유가 없다(헌재 2009.9.24, 2007헌바114).

④ [○] 수산업협동조합이 수산물 위탁판매장을 운영하면서 위탁판매 수수료를 지급받아 왔고, 그 운영에 대하여는 구 수산자원보호령(1991.3.28. 대통령령 제13333호로 개정되기 전의 것) 제21조 제1항에 의하여 그 대상지역에서의 독점적 지위가 부여되어 있었는데, 공유수면매립사업의 시행으로 그 사업대상지역에서 어업활동을 하던 조합원들의 조업이 불가능하게 되어 일부 위탁판매장에서의 위탁판매사업을 중단하게 된 경우, 그로 인해 수산업협동조합이 상실하게 된 위탁판매수수료 수입은 사업시행자의 매립사업으로 인한 직접적인 영업손실이 아니고 간접적인 영업손실이라고 하더라도 피침해자인 수산업협동조합이 공공의 이익을 위하여 당연히 수인하여야 할 재산권에 대한 제한의 범위를 넘어 수산업협동조합의 위탁판매사업으로 얻고 있는 영업상의 재산이익을 본질적으로 침해하는 특별한 희생에 해당하고, 사업시행자는 공유수면매립면허 고시 당시 그 매립사업으로 인하여 위와 같은 영업손실이 발생한다는 것을 상당히 확실하게 예측할 수 있었고 그 손실의 범위도 구체적으로 확정할 수 있으므로, 위 위탁판매수수료 수입손실은 헌법 제23조 제3항에 규정한 손실보상의 대상이 되고, 그 손실에 관하여 구 공유수면매립법(1997.4.10. 법률 제5335호로 개정되기 전의 것) 또는 그 밖의 법령에 직접적인 보상규정이 없더라도 공공용지의 취득 및 손실보상에 관한 특례법 시행규칙상의 각 규정을 유추적용하여 그에 관한 보상을 인정하는 것이 타당하다(대판 1999.10.8, 99다27231).

답 ①

012 다음 중 손실보상과 관련된 내용으로 가장 옳지 않은 것은? (다툼이 있는 경우 판례에 의함)   2009년 9급 복원

□□□

① 이주대책은 그 본래의 취지에 있어 이주자들에게 종전의 생활상태를 원상으로 회복시키면서 동시에 인간다운 생활을 보장하여 주기 위한 이른바 생활보상의 일환으로 국가의 적극적이고 정책적인 배려에 의하여 마련된 제도이다.

② 지하철 공사로 일반인의 통행이 제한됨으로써 인근상점에 매출이 감소한 경우 이러한 영업상의 손실을 보상하고자 하는 것과 관련 있는 것은 수용유사적 침해이론이다.

③ 독일은 희생보상과 관련하여 관습법에서 근거를 찾으나, 우리의 경우 이러한 관습법이 존재하지 않기 때문에 사회국가의 원리·법치국가의 원리와 헌법상의 기본권 규정을 근거로 든다.

④ 손실보상의 방법은 현금보상을 원칙적으로 하나, 현물보상이나 채권보상 등도 가능하다.

📝 **해설 | 손해전보제도의 보완**   중요도 ★★☆

① [○] 이주대책은 헌법 제23조 제3항에 규정된 정당한 보상에 포함되는 것이라기보다는 이에 부가하여 이주자들에게 종전의 생활상태를 회복시키기 위한 생활보상의 일환으로서 국가의 정책적인 배려에 의하여 마련된 제도라고 볼 것이다. 따라서 이주대책의 실시 여부는 입법자의 입법정책적 재량의 영역에 속하는 것이다(헌재 2006.2.23, 2004헌마19).

② [×] 수용유사적 침해이론은 타인의 재산권에 대한 위법한 공용침해를 의미한다. 지하철 공사로 일반인의 통행이 제한됨으로써 인근상점에 매출이 감소한 경우 적법한 행정작용으로 인한 비의도적·비정형적인 재산권 침해로 이러한 손실을 보상하고자 하는 이론은 수용적 침해이론이다.

③ [○] 독일에서는 희생보상청구권의 개념을 두고 있으며 이는 관습법에 근거를 두고 있지만, 우리의 경우 학설의 대립은 있으나 헌법 제10조, 제12조, 제37조 제2항 등에 근거하여 희생보상청구권을 인정한다.

④ [○] 공익사업을 위한 토지 등의 취득 및 보상에 관한 법률 제63조 제1항·제7항

> **제63조 【현금보상 등】** ① 손실보상은 다른 법률에 특별한 규정이 있는 경우를 제외하고는 현금으로 지급하여야 한다. 다만, 토지소유자가 원하는 경우로서 사업시행자가 해당 공익사업의 합리적인 토지이용계획과 사업계획 등을 고려하여 토지로 보상이 가능한 경우에는 토지소유자가 받을 보상금 중 본문에 따른 현금 또는 제7항 및 제8항에 따른 채권으로 보상받는 금액을 제외한 부분에 대하여 다음 각 호에서 정하는 기준과 절차에 따라 그 공익사업의 시행으로 조성한 토지로 보상할 수 있다.
> ⑦ 사업시행자가 국가, 지방자치단체, 그 밖에 대통령령으로 정하는 공공기관의 운영에 관한 법률에 따라 지정·고시된 공공기관 및 공공단체인 경우로서 다음 각 호의 어느 하나에 해당되는 경우에는 제1항 본문에도 불구하고 해당 사업시행자가 발행하는 채권으로 지급할 수 있다.

답 ②

013 도로공사가 장기간 계속됨으로 인해 영업손실을 입은 인근 상인의 피해를 보상해 주어야 한다는 것과 가장 관련이 깊은 것은?   2009년 9급 복원

□□□

① 희생보상

② 수용유사적 침해

③ 수용적 침해

④ 공법상 결과제거청구권

① [×] 희생보상은 적법한 행정행위로 인하여 발생한 비재산적 법익에 대한 침해가 있는 경우에 해당한다.

② [×] 수용유사의 침해란 타인의 재산권에 대한 위법한 공용침해를 의미한다.

③ [○] 수용적 침해는 비의도적이고 비정형적인 침해로 그 원인을 묻지 않고 책임을 지는 결과책임론에 근거하고 있다. 적법한 행정작용으로 인한 타인의 재산권 침해로, 오랜 지하철 공사로 인해 인근 상점이 입은 손해 등을 구체적 예로 볼 수 있다.

④ [×] 공법상 결과제거청구권은 공행정작용으로 인하여 야기된 위법한 상태를 제거하여 그 원상회복을 목적으로 하는 권리이다.

답 ③

---

014   다음은 화재현장에 있던 사람이 진화작업에 동원되어 불을 끄던 중 사망한 경우 청구할 수 있는 권리로 옳은 것은?

2007년 9급 복원

① 수용적 침해보상청구권

② 희생보상청구권

③ 손실보상청구권

④ 국가배상청구권

①③ [×] 수용적 침해 및 수용유사적 침해에 대한 보상과 손실보상은 재산적 법익의 침해에 대한 보상이다.

② [○] 희생보상청구권이란 적법한 행정행위로 인해 비재산적 법익에 대한 침해가 발생한 경우 인정되는 보상청구권을 말하며, 문제의 사례와 가장 관련이 있다.

④ [×] 국가배상청구권은 공무원의 직무상 불법행위로 인한 손해를 입은 국민이 국가 또는 공공단체에 배상을 청구할 수 있는 권리이다.

답 ②

---

015   공법상 결과제거청구권에 대한 설명으로 옳지 않은 것은?

2021년 9급

① 공법상 결과제거청구권의 대상은 가해행위와 상당인과관계가 있는 손해이다.

② 결과제거청구는 권력작용뿐만 아니라 관리작용에 의한 침해의 경우에도 인정된다.

③ 원상회복이 행정주체에게 기대가능한 것이어야 한다.

④ 피해자의 과실이 위법상태의 발생에 기여한 경우에는 그 과실에 비례하여 결과제거청구권이 제한되거나 상실된다.

① [×] 결과제거청구권은 원상회복청구권과는 달리 행정작용으로 인하여 발생된 상당인과관계가 있는 모든 위법한 상태를 제거하는 것을 내용으로 하는 것이 아니라, 직접적으로 야기된 결과만을 제거하는 것을 내용으로 하고 있다.

② [○] 결과제거청구는 공행정작용으로 인한 침해를 대상으로 하고, 여기에는 법적 행위뿐만 아니라 사실행위도 포함되고 권력작용뿐 아니라 비권력작용(관리작용)도 포함된다.

③ [○] 원상회복에 대한 기대가능성이 인정되지 않을 경우에는 손해배상 또는 손실보상에 의한 구제만이 가능하다.

④ [○] 민법상 과실상계에 관한 규정은 공법상 결과제거청구권에 유추적용될 수 있다.

답 ①

PART 6
행정쟁송

PART 6

출제비중분석

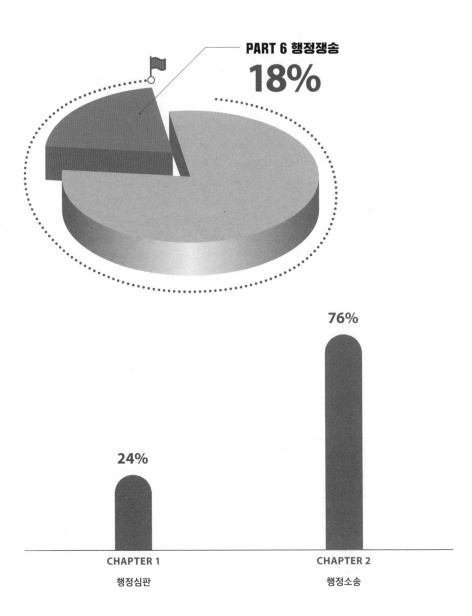

PART 6 행정쟁송

18%

76%

24%

CHAPTER 1
행정심판

CHAPTER 2
행정소송

학습목표

□ PART 6은 행정구제제도 가운데 행정심판과 행정소송으로 구성됩니다. 그중 행정소송 영역의 출제 비중이 높고 학습 분량이 많기 때문에 전체적인 절차를 개괄적으로 이해한 후에 세부적인 조문·판례 내용으로 확장하는 것이 좋습니다.

□ 행정심판법·행정소송법 조문을 중심으로 각 판례의 세부내용을 정확히 정리해야 하며, 특히 행정심판과 행정소송의 관계를 이해하고 비교할 수 있어야 합니다.

📊 2021년 더 알아보기

출제비중분석

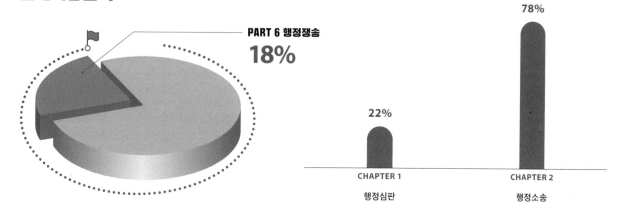

PART 6 행정쟁송
18%

CHAPTER 1
행정심판
22%

CHAPTER 2
행정소송
78%

출제문항별 키워드

CHAPTER 1 | 행정심판

001 행정심판에 관한 설명으로 옳지 않은 것은? (다툼이 있는 경우 판례에 의함)   2012년 9급 복원

□□□

① 행정심판위원회가 필요하다고 인정하는 때에는 당사자가 주장하지 아니한 사실에 대해서도 재결할 수 있으며, 청구 범위 이상의 청구를 인용할 수 있다.

② 감사원법에 의한 심사청구절차는 행정심판에 해당하지 않는다.

③ 국방부장관과 서울특별시장의 처분에 대한 행정심판은 중앙행정심판위원회에서 한다.

④ 법인의 지점은 당사자능력이 없기 때문에 당해 법인의 명의로 행정심판을 청구해야 한다.

📝 해설 | 행정심판   중요도 ★★☆

① [×] 위원회는 당사자가 주장하지 아니한 사실도 심리할 수 있으나, 청구 대상인 처분 또는 부작위 외의 사항에 대해 재결하지 못한다.

> **행정심판법 제39조 【직권심리】** 위원회는 필요하면 당사자가 주장하지 아니한 사실에 대하여도 심리할 수 있다.
> **제47조 【재결의 범위】** ① 위원회는 심판청구의 대상이 되는 처분 또는 부작위 외의 사항에 대하여는 재결하지 못한다.
> ② 위원회는 심판청구의 대상이 되는 처분보다 청구인에게 불리한 재결을 하지 못한다.

② [○] 동법 제6조 제1항 제1호

> **제6조 【행정심판위원회의 설치】** ① 다음 각 호의 행정청 또는 그 소속 행정청의 처분 또는 부작위에 대한 행정심판의 청구에 대하여는 다음 각 호의 행정청에 두는 행정심판위원회에서 심리·재결한다.
> 1. 감사원, 국가정보원장, 그 밖에 대통령령으로 정하는 대통령 소속기관의 장

③ [○] 동법 제6조 제2항

> **제6조 【행정심판위원회의 설치】** ② 다음 각 호의 행정청의 처분 또는 부작위에 대한 심판청구에 대하여는 부패방지 및 국민권익위원회의 설치와 운영에 관한 법률에 따른 국민권익위원회에 두는 중앙행정심판위원회에서 심리·재결한다.
> 1. 제1항에 따른 행정청 외의 국가행정기관의 장 또는 그 소속 행정청
> 2. 특별시장·광역시장·특별자치시장·도지사·특별자치도지사(특별시·광역시·특별자치시·도 또는 특별자치도의 교육감을 포함한다. 이하 시·도지사라 한다) 또는 특별시·광역시·특별자치시·도·특별자치도(이하 시·도라 한다)의 의회(의장, 위원회의 위원장, 사무처장 등 의회 소속 모든 행정청을 포함한다)
> 3. 지방자치법에 따른 지방자치단체조합 등 관계 법률에 따라 국가·지방자치단체·공공법인 등이 공동으로 설립한 행정청. 다만, 제3항 제3호에 해당하는 행정청은 제외한다.

④ [○] 법인의 지점은 법인격이 없으며 소득세법 제1조 제2항 제4호가 외국법인의 국내지점 또는 국내영업소(출장소 기타 이에 준하는 것을 포함한다)는 소득세법에 의하여 원천징수한 소득세를 납부할 의무를 진다고 규정하고 있으나 이는 외국법인의 국내지점에서 소득세를 원천징수할 소득금액 또는 수입금액을 지급하는 경우에는 그 소득세를 원천징수, 납부할 의무가 있다는 취지의 규정에 지나지 아니할 뿐 나아가 동 외국법인의 국내지점에 법인격을 부여하는 취지의 규정이라 볼 수 없으므로 외국법인의 국내지점은 소송 당사자능력이 없다(대판 1982.10.12, 80누495).

답 ①

002

다음 행정쟁송에 관한 설명 중 옳은 것은?

① 행정심판위원회의 재결은 대법원의 확정판결과 비슷한 효력을 가진다.

② 소송요건은 사실심 변론종결시까지 유지되어야 한다.

③ 통고처분은 행정소송의 대상이 되는 처분에 속한다.

④ 예외적 · 필요적 행정심판전치주의에 해당하는 경우 취소소송과 취소심판을 동시에 제기하면 그 즉시 각하판결을 하여야 한다.

📝 해설 | 행정쟁송
중요도 ★★☆

① [×] 행정심판위원회의 재결과 대법원의 확정판결은 기판력의 인정 여부와 관련해 본질적인 차이를 가진다. 기판력은 법원의 확정판결에만 인정된다.

② [○] 제소 당시 소송요건이 결여되었더라도 사실심의 변론종결시까지 구비하면 된다.

③ [×] 도로교통법 제118조에서 규정하는 경찰서장의 통고처분은 행정소송의 대상이 되는 행정처분이 아니므로 그 처분의 취소를 구하는 소송은 부적법하다(대판 1995.6.29, 95누4674).

④ [×] 전심절차를 밟지 아니한 채 증여세부과처분취소소송을 제기하였다면 제소 당시로 보면 전치요건을 구비하지 못한 위법이 있다 할 것이지만, 소송 계속 중 심사청구 및 심판청구를 하여 각 기각결정을 받았다면 원심 변론종결일 당시에는 위와 같은 전치요건 흠결의 하자는 치유되었다고 볼 것이다(대판 1987.4.28, 86누29).

답 ②

003

행정심판에 대한 다음 설명 중 옳지 않은 것은?

① 우리나라는 취소심판과 함께 의무이행심판, 무효등 확인심판, 부작위위법확인심판이 인정되고 있다.

② 의무이행심판에서는 작위의무의 존재가 소송물이 된다.

③ 무효등 확인심판은 준형성적 쟁송으로서의 성질을 가진다.

④ 취소심판은 행정청의 위법 · 부당한 처분을 취소하거나 변경하는 행정심판으로서 법률관계의 변동을 가져오는 형성적 쟁송이다.

📝 해설 | 행정심판의 종류
중요도 ★★☆

① [×] 행정심판법상 부작위위법확인심판은 인정되지 않는다. 대신 더 직접적인 구제수단인 의무이행심판이 규정되어 있다.

② [○] 의무이행심판은 당사자의 신청에 대한 행정청의 위법 또는 부당한 거부처분이나 부작위에 대하여 일정한 처분을 하도록 하는 행정심판으로(행정심판법 제5조 제3항), 이를 제기하려면 작위의무가 존재하여야 한다.

③ [○] 준형성쟁송설이 통설적 입장으로 무효등 확인심판이 실질적으로는 확인적 쟁송이나 형식적으로는 처분 등의 효력 또는 존재 여부를 직접 소송의 대상으로 한다는 점에서 형성적 쟁송의 성질을 가지는 것으로 본다.

④ [○] 취소심판은 행정청의 위법 또는 부당한 처분을 취소하거나 변경하는 행정심판으로 일정한 법률관계를 성립시킨 처분의 취소 또는 변경을 통해 당해 법률관계의 변경 또는 소멸을 가져오는 성질이 있다는 점에서 형성적 쟁송으로 본다.

답 ①

004 다음 중 행정심판에 대한 설명으로 옳지 않은 것은?   2007년 9급 복원

□□□

① 행정심판의 심리는 서면심리와 구술심리 모두 가능하다.

② 재량행위는 행정심판의 대상이 아니다.

③ 행정심판의 재결에 대해서는 원칙적으로 다시 행정심판을 제기할 수 없다.

④ 행정심판의 대상에는 위법한 처분뿐만 아니라 부당한 처분도 포함된다.

📝 해설 │ 행정심판   중요도 ★★☆

① [○] 행정심판의 심리는 구술심리나 서면심리로 한다. 다만, 당사자가 구술심리를 신청한 경우에는 서면심리만으로 결정할 수 있다고
　　인정되는 경우 외에는 구술심리를 하여야 한다(행정심판법 제40조 제1항).

② [×] 재량행위도 행정심판의 대상이 될 수 있다.

③ [○] 심판청구에 대한 재결이 있으면 그 재결 및 같은 처분 또는 부작위에 대하여 다시 행정심판을 청구할 수 없다(동법 제51조).

④ [○] 행정심판법상 위법한 처분·부작위뿐만 아니라 부당한 처분·부작위에 대해서도 다툴 수 있다.

답 ②

005 다음은 행정심판법상 행정심판의 종류이다. 옳지 않은 것은?   2006년 9급 복원

□□□

① 취소심판

② 무효등 확인심판

③ 의무이행심판

④ 부작위위법확인심판

📝 해설 │ 행정심판   중요도 ★☆☆

①②③ [○] 행정심판법 제5조

> **제5조 【행정심판의 종류】** 행정심판의 종류는 다음 각 호와 같다.
> 1. 취소심판: 행정청의 위법 또는 부당한 처분을 취소하거나 변경하는 행정심판
> 2. 무효등 확인심판: 행정청의 처분의 효력 유무 또는 존재 여부를 확인하는 행정심판
> 3. 의무이행심판: 당사자의 신청에 대한 행정청의 위법 또는 부당한 거부처분이나 부작위에 대하여 일정한 처분을 하도록
> 　하는 행정심판

④ [×] 현행 행정심판법에 부작위위법확인심판은 규정되어 있지 아니하다.

답 ④

006 부산광역시장의 처분에 대한 심판청구를 심리·재결하는 기관으로 옳은 것은?

2007년 9급 복원

① 부산광역시장
② 부산행정법원
③ 서울특별시장
④ 중앙행정심판위원회

📝 해설 ┃ 행정심판

중요도 ★★☆

④ [○] 부산광역시장의 처분에 대하여는 중앙행정심판위원회에서 심리·재결한다.

> **행정심판법 제6조【행정심판위원회의 설치】** ② 다음 각 호의 행정청의 처분 또는 부작위에 대한 심판청구에 대하여는 부패방지 및 국민권익위원회의 설치와 운영에 관한 법률에 따른 국민권익위원회(이하 "국민권익위원회"라 한다)에 두는 중앙행정심판위 원회에서 심리·재결한다.
> 2. 특별시장·광역시장·특별자치시장·도지사·특별자치도지사(특별시·광역시·특별자치시·도 또는 특별자치도의 교육감을 포 함한다. 이하 "시·도지사"라 한다) 또는 특별시·광역시·특별자치시·도·특별자치도(이하 "시·도"라 한다)의 의회(의장, 위원 회의 위원장, 사무처장 등 의회 소속 모든 행정청을 포함한다)

답 ④

007 행정심판에 대한 설명 중 가장 옳지 않은 것은?

2006년 9급 복원

① 행정행위가 단순한 부당에 그칠 경우 행정심판을 제기할 수 없다.
② 대통령의 처분 또는 부작위의 경우에는 행정심판의 대상으로 할 수 없다.
③ 행정심판에서는 불이익변경금지의 원칙이 적용된다.
④ 심판청구는 원칙적으로 처분이 있음을 안 날로부터 90일 이내, 처분이 있은 날로부터 180일 이내에 제기하여야 한다.

📝 해설 ┃ 행정심판

중요도 ★★☆

① [×] 행정심판법은 행정심판 절차를 통하여 행정청의 위법 또는 부당한 처분(處分)이나 부작위(不作爲)로 침해된 국민의 권리 또는 이 익을 구제하고, 아울러 행정의 적정한 운영을 꾀함을 목적으로 한다(행정심판법 제1조). 즉, 행정소송과는 다르게 위법성만이 아 닌 부당한 경우까지를 대상으로 한다.
② [○] 대통령의 처분 또는 부작위에 대하여는 다른 법률에서 행정심판을 청구할 수 있도록 정한 경우 외에는 행정심판을 청구할 수 없다 (행정심판법 제3조 제2항).
③ [○] 위원회는 심판청구의 대상이 되는 처분보다 청구인에게 불리한 재결을 하지 못한다(동법 제47조 제2항).
④ [○] 행정심판은 처분이 있음을 알게 된 날부터 90일 이내에 청구하여야 한다(동법 제27조 제1항). 행정심판은 처분이 있었던 날부터 180일이 지나면 청구하지 못한다. 다만, 정당한 사유가 있는 경우에는 그러하지 아니하다(동법 동조 제3항).

답 ①

008 행정심판 당사자에게 보장된 절차적 권리로 옳지 않은 것은?

① 행정심판위원회 위원의 회피신청권
② 구술심리신청권
③ 보충서면제출권
④ 증거조사신청권

📝 해설 | 행정심판

중요도 ★★☆

① [×] 행정심판 당사자에게는 기피신청권은 있지만 회피신청권은 없다. 회피는 위원이 스스로 할 뿐이다.

> **행정심판법 제10조 【위원의 제척·기피·회피】** ② 당사자는 위원에게 공정한 심리·의결을 기대하기 어려운 사정이 있으면 위원장에게 기피신청을 할 수 있다.
> ⑦ 위원회의 회의에 참석하는 위원이 제척사유 또는 기피사유에 해당되는 것을 알게 되었을 때에는 스스로 그 사건의 심리·의결에서 회피할 수 있다. 이 경우 회피하고자 하는 위원은 위원장에게 그 사유를 소명하여야 한다.

② [○] 행정심판의 심리는 구술심리나 서면심리로 한다. 다만, 당사자가 구술심리를 신청한 경우에는 서면심리만으로 결정할 수 있다고 인정되는 경우 외에는 구술심리를 하여야 한다(동법 제40조 제1항).
③ [○] 당사자는 심판청구서·보정서·답변서·참가신청서 등에서 주장한 사실을 보충하고 다른 당사자의 주장을 다시 반박하기 위하여 필요하면 위원회에 보충서면을 제출할 수 있다. 이 경우 다른 당사자의 수만큼 보충서면 부본을 함께 제출하여야 한다(동법 제33조 제1항).
④ [○] 위원회는 사건을 심리하기 위하여 필요하면 직권으로 또는 당사자의 신청에 의하여 다음 각 호의 방법에 따라 증거조사를 할 수 있다(동법 제36조 제1항).

답 ①

---

009 행정심판에 대한 설명으로 옳지 않은 것은?

① 행정심판의 청구는 서면으로 하여야 한다.
② 심판청구는 처분의 효력이나 그 집행 또는 절차의 속행에 영향을 주지 않는다.
③ 행정심판은 정당한 이익이 있는 자에 한하여 제기할 수 있다.
④ 청구인이 사망한 경우에는 상속인이나 그 밖에 법령에 따라 심판청구의 대상에 관계되는 권리나 이익을 승계한 자가 청구인의 지위를 승계한다.

📝 해설 | 행정심판

중요도 ★★★

① [○] 심판청구는 서면으로 하여야 한다(행정심판법 제28조 제1항).
② [○] 심판청구는 처분의 효력이나 그 집행 또는 절차의 속행에 영향을 주지 아니한다(동법 제30조 제1항).
③ [×] 법률상 이익이 있는 자가 청구할 수 있다.

> **동법 제13조 【청구인 적격】** ① 취소심판은 처분의 취소 또는 변경을 구할 법률상 이익이 있는 자가 청구할 수 있다. 처분의 효과가 기간의 경과, 처분의 집행, 그 밖의 사유로 소멸된 뒤에도 그 처분의 취소로 회복되는 법률상 이익이 있는 자의 경우에도 또한 같다.
> ② 무효등 확인심판은 처분의 효력 유무 또는 존재 여부의 확인을 구할 법률상 이익이 있는 자가 청구할 수 있다.
> ③ 의무이행심판은 처분을 신청한 자로서 행정청의 거부처분 또는 부작위에 대하여 일정한 처분을 구할 <u>법률상 이익이 있는 자가 청구할 수 있다.</u>

④ [○] 청구인이 사망한 경우에는 상속인이나 그 밖에 법령에 따라 심판청구의 대상에 관계되는 권리나 이익을 승계한 자가 청구인의 지위를 승계한다(동법 제16조 제1항).

답 ③

010

행정심판법에 따른 행정심판의 설명으로 가장 옳은 것은? (다툼이 있는 경우 판례에 의함)

2019년(1차) 9급 복원

① "부작위"란 행정청이 당사자의 신청에 대하여 상당한 기간 내에 일정한 처분을 하여야 할 법령상 의무가 있는 데도 처분을 하지 아니하는 것을 말한다.

② 여러 명의 청구인이 공동으로 심판청구를 할 때에는 청구인들 중에서 5명 이하의 선정대표자를 선정할 수 있다.

③ 재결은 피청구인 또는 위원회가 심판청구서를 받은 날부터 90일 이내에 하여야 한다.

④ 행정심판청구의 변경은 서면으로 신청하여야 한다.

📝 해설 | 행정심판

중요도 ★★☆

① [×] "부작위"란 행정청이 당사자의 신청에 대하여 상당한 기간 내에 일정한 처분을 하여야 할 법률상 의무가 있는 데도 처분을 하지 아니하는 것을 말한다(행정심판법 제2조 제2호).

② [×] 여러 명의 청구인이 공동으로 심판청구를 할 때에는 청구인들 중에서 3명 이하의 선정대표자를 선정할 수 있다(동법 제15조 제1항).

③ [×] 재결은 제23조에 따라 피청구인 또는 위원회가 심판청구서를 받은 날부터 60일 이내에 하여야 한다. 다만, 부득이한 사정이 있는 경우에는 위원장이 직권으로 30일을 연장할 수 있다(동법 제45조 제1항).

④ [○] 청구의 변경은 서면으로 신청하여야 한다. 이 경우 피청구인과 참가인의 수만큼 청구변경신청서 부본을 함께 제출하여야 한다(동법 제29조 제3항).

답 ④

011

행정심판법의 규정 내용으로 옳지 않은 것은?

2020년 9급

① 관계행정기관의 장이 특별행정심판 또는 행정심판법에 따른 행정심판 절차에 대한 특례를 신설하거나 변경하는 법령을 제정·개정할 때에는 미리 법무부장관과 협의하여야 한다.

② 행정청의 처분 또는 부작위에 대하여는 다른 법률에 특별한 규정이 있는 경우 외에는 이 법에 따라 행정심판을 청구할 수 있다.

③ 대통령의 처분 또는 부작위에 대하여는 다른 법률에서 행정심판을 청구할 수 있도록 정한 경우 외에는 행정심판을 청구할 수 없다.

④ 행정청이란 행정에 관한 의사를 결정하여 표시하는 국가 또는 지방자치단체의 기관, 그 밖에 법령 또는 자치법규에 따라 행정권한을 가지고 있거나 위탁을 받은 공공단체나 그 기관 또는 사인(私人)을 말한다.

📝 해설 | 행정심판

중요도 ★★★

① [×] 관계행정기관의 장이 특별행정심판 또는 이 법에 따른 행정심판 절차에 대한 특례를 신설하거나 변경하는 법령을 제정·개정할 때에는 미리 중앙행정심판위원회와 협의하여야 한다(행정심판법 제4조 제3항).

② [○] 행정청의 처분 또는 부작위에 대하여는 다른 법률에 특별한 규정이 있는 경우 외에는 행정심판법에 따라 행정심판을 청구할 수 있다(동법 제3조 제1항).

③ [○] 대통령의 처분 또는 부작위에 대하여는 다른 법률에서 행정심판을 청구할 수 있도록 정한 경우 외에는 행정심판을 청구할 수 없다(동법 제3조 제2항).

④ [○] "행정청"이란 행정에 관한 의사를 결정하여 표시하는 국가 또는 지방자치단체의 기관, 그 밖에 법령 또는 자치법규에 따라 행정권한을 가지고 있거나 위탁을 받은 공공단체나 그 기관 또는 사인(私人)을 말한다(동법 제2조 제4호).

답 ①

PART 6

2022 해커스군무원 정재헌 행정법 16개년 기출문제집

012 행정심판에 대한 설명으로 옳지 않은 것은? (다툼이 있는 경우 판례에 의함)

① 행정심판법에 따르면, 심판청구에 대한 재결이 있는 경우에는 당해 재결 및 동일한 처분 또는 부작위에 대하여 다시 심판청구를 제기할 수 없다.

② 재결청이 취소심판의 청구가 이유 있다고 인정하여 처분청에 처분을 취소할 것을 명하면 처분청으로서는 재결의 취지에 따라 처분을 취소하여야 한다.

③ 행정심판법은 심판청구의 심리·재결에 있어서 불고불리 및 불이익변경금지원칙을 조문으로 명문화하고 있다.

④ 행정심판청구에는 행정소송제기와는 달리 처분의 효력이나 그 집행 또는 절차의 속행에 영향을 미치는 집행정지 원칙이 적용된다.

✍ 해설 | 행정심판

중요도 ★★☆

① [○] 심판청구에 대한 재결이 있으면 그 재결 및 같은 처분 또는 부작위에 대하여 다시 행정심판을 청구할 수 없다(행정심판법 제51조).

② [○] 행정심판법 제37조 제1항의 규정에 의하면 재결은 피청구인인 행정청을 기속하는 효력을 가지므로 재결청이 취소심판청구가 이유 있다고 인정하여 처분청에게 처분을 취소할 것을 명하면 처분청으로서는 그 재결에 따라 처분을 취소하여야 하는 것이지만, 그렇다고 하여 그 재결에 따른 취소처분이 위법할 경우에 이를 항고소송으로 다툴 수 없는 것은 아니다(대판 1993.8.24, 92누17723).

③ [○] 위원회는 심판청구의 대상이 되는 처분 또는 부작위 외의 사항에 대하여는 재결하지 못하며(동법 제47조 제1항), 심판청구의 대상이 되는 처분보다 청구인에게 불리한 재결을 하지 못한다(동법 동조 제2항).

④ [×] 심판청구는 처분의 효력이나 그 집행 또는 절차의 속행에 영향을 주지 아니한다(동법 제30조 제1항).

답 ④

013 행정심판에 대한 설명으로 옳지 않은 것은?

① 행정심판의 재결은 재결 자체에 고유한 위법이 있는 경우에 한하여 다시 행정심판을 청구할 수 있다.

② 행정심판위원회는 당사자의 신청에 의한 경우는 물론 직권으로도 임시처분을 결정할 수 있다.

③ 행정청의 위법·부당한 거부처분이나 부작위에 대하여 일정한 처분을 하도록 하는 의무이행심판은 현행법상 인정된다.

④ 행정심판위원회는 심판청구의 대상이 되는 처분보다 청구인에게 불리한 재결을 하지 못한다.

✍ 해설 | 행정심판의 재결

중요도 ★★☆

① [×] 재결 자체에 고유한 위법이 있는 경우 재결에 대한 취소소송 또는 무효등 확인소송의 제기는 가능하지만 재결 자체에 대해 다시 행정심판을 청구할 수 없다.

② [○] 위원회는 처분 또는 부작위가 위법·부당하다고 상당히 의심되는 경우로서 처분 또는 부작위 때문에 당사자가 받을 우려가 있는 중대한 불이익이나 당사자에게 생길 급박한 위험을 막기 위하여 임시지위를 정하여야 할 필요가 있는 경우에는 직권으로 또는 당사자의 신청에 의하여 임시처분을 결정할 수 있다(행정심판법 제31조 제1항).

③ [○] 행정심판법 제5조 제3호에서 당사자의 신청에 대한 행정청의 위법 또는 부당한 거부처분이나 부작위에 대하여 일정한 처분을 하도록 하는 행정심판을 의무이행심판으로 인정하고 있다.

④ [○] 위원회는 심판청구의 대상이 되는 처분보다 청구인에게 불리한 재결을 하지 못한다(동법 제47조 제2항).

답 ①

014 행정심판의 재결에 대한 설명으로 옳지 않은 것은?

① 기각재결이 있은 후에도 원처분청은 원처분을 직권으로 취소 또는 변경할 수 있다.

② 재결의 기속력에는 반복금지효와 원상회복의무가 포함된다.

③ 행정심판에는 불고불리의 원칙과 불이익변경금지의 원칙이 인정되며, 처분청은 행정심판의 재결에 대해 불복할 수 없다.

④ 행정심판의 재결기간은 강행규정이다.

📝 해설 | 행정심판

중요도 ★★☆

① [○] 행정심판법 제49조 제1항

> **제49조【재결의 기속력 등】** ① 심판청구를 인용하는 재결은 피청구인과 그 밖의 관계행정청을 기속(羈束)한다.

② [○] 행정심판법 제37조가 정하고 있는 재결은 당해 처분에 관하여 재결주문 및 그 전제가 된 요건사실의 인정과 판단에 대하여 처분청을 기속하므로, 당해 처분에 관하여 위법한 것으로 재결에서 판단된 사유와 기본적 사실관계에 있어 동일성이 인정되는 사유를 내세워 다시 동일한 내용의 처분을 하는 것은 허용되지 않는다(대판 2003.4.25, 2002두3201).

③ [○] 동법 제47조 제1항

> **제47조【재결의 범위】** ① 위원회는 심판청구의 대상이 되는 처분 또는 부작위 외의 사항에 대하여는 재결하지 못한다.
> ② 위원회는 심판청구의 대상이 되는 처분보다 청구인에게 불리한 재결을 하지 못한다.

④ [×] 동법 제45조 제1항

> **제45조【재결 기간】** ① 재결은 제23조에 따라 피청구인 또는 위원회가 심판청구서를 받은 날부터 60일 이내에 하여야 한다. 다만, 부득이한 사정이 있는 경우에는 위원장이 직권으로 30일을 연장할 수 있다.

답 ④

---

015 다음 중 행정심판법의 내용으로 옳지 않은 것은?

① 위원회는 사건을 심리하기 위하여 필요하면 직권으로 또는 당사자의 신청에 의하여 당사자나 관계인이 가지고 있는 문서·장부·물건 또는 그 밖의 증거자료의 제출을 요구하고 영치하는 방법에 따라 증거조사를 할 수 있다.

② 행정심판은 처분이 있음을 알게 된 날부터 90일 이내에 청구하여야 한다.

③ 여러 명의 청구인이 공동으로 심판청구를 할 경우 선정대표자가 선정되면 다른 청구들은 그 선정대표자를 통해서만 그 사건에 관한 행위를 할 수 있다.

④ 의무이행심판과 무효등 확인심판에서 사정재결이 가능하다.

📝 해설 | 행정심판

중요도 ★★☆

① [○] 위원회는 사건을 심리하기 위하여 필요하면 직권으로 또는 당사자의 신청에 의하여 다음 각 호의 방법(당사자나 관계인이 가지고 있는 문서·장부·물건 또는 그 밖의 증거자료의 제출을 요구하고 영치하는 방법)에 따라 증거조사를 할 수 있다(행정심판법 제36조 제1항 제2호).

② [○] 행정심판은 처분이 있음을 알게 된 날부터 90일 이내에 청구하여야 한다(동법 제27조 제1항).

③ [○] 선정대표자가 선정되면 다른 청구인들은 그 선정대표자를 통해서만 그 사건에 관한 행위를 할 수 있다(동법 제15조 제4항).

④ [×] 사정재결은 무효등 확인심판에는 적용하지 아니한다(동법 제44조 제3항).

답 ④

016 행정심판의 재결에 대한 설명으로 옳은 것은? (다툼이 있는 경우 판례에 의함)

① 행정심판을 거친 후에 원처분에 대하여 취소소송을 제기할 경우 재결서의 정본을 송달받은 날부터 60일 이내에 제기하여야 한다.

② 의무이행심판의 청구가 이유 있다고 인정되는 경우에는 행정심판위원회는 직접 신청에 따른 처분을 할 수 없고, 피청구인에게 처분을 할 것을 명하는 재결을 할 수 있을 뿐이다.

③ 사정재결은 취소심판의 경우에만 인정되고, 의무이행심판과 무효확인심판의 경우에는 인정되지 않는다.

④ 취소심판의 심리 후 행정심판위원회는 영업허가취소처분을 영업정지 처분으로 적극적으로 변경하는 변경재결 또는 변경명령재결을 할 수 있다.

📝 해설 | 사정재결과 사정판결　　　　　　　　　　　　중요도 ★★☆

① [×] 행정소송법 제20조 제1항

> **제20조【제소기간】** ① 취소소송은 처분 등이 있음을 안 날부터 90일 이내에 제기하여야 한다. 다만, 제18조 제1항 단서에 규정한 경우와 그 밖에 행정심판청구를 할 수 있는 경우 또는 행정청이 행정심판청구를 할 수 있다고 잘못 알린 경우에 행정심판청구가 있은 때의 기간은 재결서의 정본을 송달받은 날부터 기산한다.

② [×] 행정심판법 제49조 제3항, 제50조 제1항

> **제49조【재결의 기속력 등】** ③ 당사자의 신청을 거부하거나 부작위로 방치한 처분의 이행을 명하는 재결이 있으면 행정청은 지체 없이 이전의 신청에 대하여 재결의 취지에 따라 처분을 하여야 한다.
> **제50조【위원회의 직접 처분】** ① 위원회는 피청구인이 제49조 제3항에도 불구하고 처분을 하지 아니하는 경우에는 당사자가 신청하면 기간을 정하여 서면으로 시정을 명하고 그 기간에 이행하지 아니하면 직접 처분을 할 수 있다. 다만, 그 처분의 성질이나 그 밖의 불가피한 사유로 위원회가 직접 처분을 할 수 없는 경우에는 그러하지 아니하다.

③ [×] 사정재결은 취소심판과 의무이행심판에서 인정된다.

> **행정심판법 제44조【사정재결】** ① 위원회는 심판청구가 이유가 있다고 인정하는 경우에도 이를 인용하는 것이 공공복리에 크게 위배된다고 인정하면 그 심판청구를 기각하는 재결을 할 수 있다. 이 경우 위원회는 재결의 주문에서 그 처분 또는 부작위가 위법하거나 부당하다는 것을 구체적으로 밝혀야 한다.
> ③ 제1항과 제2항은 무효등 확인심판에는 적용하지 아니한다.

④ [○] 취소심판에서는 취소재결, 변경재결, 변경명령재결만이 가능하고 취소명령재결은 불가능하다(법 개정으로 삭제되었음).

> **행정심판법 제5조【행정심판의 종류】** 행정심판의 종류는 다음 각 호와 같다.
> 　1. 취소심판 : 행정청의 위법 또는 부당한 처분을 취소하거나 변경하는 행정심판
> **제43조【재결의 구분】** ③ 위원회는 취소심판의 청구가 이유가 있다고 인정하면 처분을 취소 또는 다른 처분으로 변경하거나 처분을 다른 처분으로 변경할 것을 피청구인에게 명한다.

답 ④

017

사정재결과 사정판결에 대한 설명으로 옳지 않은 것은? (다툼이 있는 경우 판례에 의함)

① 사정재결은 심판청구가 이유가 있다고 인정하는 경우에도 이를 인용하는 것이 공공복리에 크게 위배된다고 인정하면 그 심판청구를 기각하는 재결을 말한다.

② 사정재결을 하는 경우 위원회는 재결의 주문에서 그 처분 또는 부작위가 적법하거나 부당하다는 것을 구체적으로 밝혀야 하고, 사정재결을 할 때에는 청구인에 대하여 상당한 구제방법을 취하거나 상당한 구제방법을 취할 것을 피청구인에게 명할 수 있다.

③ 사정판결이란 원고의 청구가 이유 있다고 인정하는 경우 처분 등을 취소하는 것이 원칙이지만, 현저히 공공복리에 적합하지 아니하다고 인정하는 때 법원이 원고의 청구를 기각하는 판결을 말한다.

④ 사정판결의 적용요건인 현저히 공공복리에 적합하지 아니한가는 위법·부당한 행정처분을 취소·변경하여야 할 필요와 그 취소·변경으로 인하여 발생할 수 있는 공공복리에 반하는 사태 등을 비교·교량하여 그 적용 여부를 판단하여야 한다.

해설 | 사정재결과 사정판결

중요도 ★★☆

① [○] 위원회는 심판청구가 이유가 있다고 인정하는 경우에도 이를 인용하는 것이 공공복리에 크게 위배된다고 인정하면 그 심판청구를 기각하는 재결을 할 수 있다. 이 경우 위원회는 재결의 주문에서 그 처분 또는 부작위가 위법하거나 부당하다는 것을 구체적으로 밝혀야 한다(행정심판법 제44조 제1항).

② [×] 위원회는 심판청구가 이유가 있다고 인정하는 경우에도 이를 인용하는 것이 공공복리에 크게 위배된다고 인정하면 그 심판청구를 기각하는 재결을 할 수 있다. 이 경우 위원회는 재결의 주문에서 그 처분 또는 부작위가 <u>위법하거나</u> 부당하다는 것을 구체적으로 밝혀야 한다(동법 제44조 제1항). 위원회는 사정재결을 할 때에는 청구인에 대하여 상당한 구제방법을 취하거나 상당한 구제방법을 취할 것을 피청구인에게 명할 수 있다(동법 동조 제2항).

③ [○] 원고의 청구가 이유 있다고 인정하는 경우에도 처분 등을 취소하는 것이 현저히 공공복리에 적합하지 아니하다고 인정하는 때에는 법원은 원고의 청구를 기각할 수 있다. 이 경우 법원은 그 판결의 주문에서 그 처분 등이 위법함을 명시하여야 한다(동법 제28조 제1항).

④ [○] 행정처분이 위법한 경우에는 이를 취소하는 것이 원칙이나 그 위법한 처분을 취소·변경함이 도리어 현저히 공공의 복리에 적합하지 않는 경우에 예외적으로 위법한 행정처분의 취소를 허용하지 아니하는 사정판결을 할 수 있는 것이고, 그 요건인 현저히 공공복리에 적합하지 아니한가의 여부를 판단함에 있어서는 위법·부당한 행정처분을 취소·변경하여야 할 필요와 그 취소·변경으로 인하여 발생할 수 있는 공공복리에 반하는 사태 등을 비교·교량하여 그 적용 여부를 판단하여야 한다(대판 1997.11.11, 95누4902).

답 ②

018 행정심판법상 재결의 효력이 아닌 것은?

① 불가변력
② 형성력
③ 기속력
④ 사정재결력

해설 | 재결의 효력

중요도 ★★☆

①②③ [○] 행정심판법 제49조에서 명문으로 규정하고 있는 재결의 효력은 기속력이지만, 내용상 불가변력, 형성력 등의 효력이 인정된다.

> **제49조【재결의 기속력 등】** ① 심판청구를 인용하는 재결은 피청구인과 그 밖의 관계 행정청을 기속(羈束)한다.
> ② 재결에 의하여 취소되거나 무효 또는 부존재로 확인되는 처분이 당사자의 신청을 거부하는 것을 내용으로 하는 경우에는 그 처분을 한 행정청은 재결의 취지에 따라 다시 이전의 신청에 대한 처분을 하여야 한다.
> ③ 당사자의 신청을 거부하거나 부작위로 방치한 처분의 이행을 명하는 재결이 있으면 행정청은 지체 없이 이전의 신청에 대하여 재결의 취지에 따라 처분을 하여야 한다.
> ④ 신청에 따른 처분이 절차의 위법 또는 부당을 이유로 재결로써 취소된 경우에는 제2항을 준용한다.
> ⑤ 법령의 규정에 따라 공고하거나 고시한 처분이 재결로써 취소되거나 변경되면 처분을 한 행정청은 지체 없이 그 처분이 취소 또는 변경되었다는 것을 공고하거나 고시하여야 한다.
> ⑥ 법령의 규정에 따라 처분의 상대방 외의 이해관계인에게 통지된 처분이 재결로써 취소되거나 변경되면 처분을 한 행정청은 지체 없이 그 이해관계인에게 그 처분이 취소 또는 변경되었다는 것을 알려야 한다.

④ [×] 사정재결력은 행정심판법상 재결의 효력과 관계없다.

답 ④

019 다음 중 행정심판의 재결에 대한 설명 중 옳지 않은 것은? (다툼이 있는 경우 판례에 의함)

① 재결이란 행정심판의 청구에 대하여 행정심판위원회가 행하는 판단을 말한다.
② 행정심판위원회는 심판청구의 대상이 되는 처분 또는 부작위 외의 사항에 대하여는 재결하지 못한다.
③ 처분의 이행을 명하는 재결이 있는 경우 행정청이 재결의 내용과 다른 처분을 하였다면 행정심판위원회가 직접 처분을 할 수 있다.
④ 행정심판위원회는 심판청구의 대상이 되는 처분보다 청구인에게 불리한 재결을 하지 못한다.

해설 | 행정심판의 재결

중요도 ★★☆

① [○] "재결(裁決)"이란 행정심판의 청구에 대하여 제6조에 따른 행정심판위원회가 행하는 판단을 말한다(행정심판법 제2조 제3호).
② [○] 위원회는 심판청구의 대상이 되는 처분 또는 부작위 외의 사항에 대하여는 재결하지 못한다(동법 제47조 제1항).
③ [×] 행정심판법 제37조 제2항, 같은 법 시행령 제27조의2 제1항의 규정에 따라 재결청이 직접 처분을 하기 위하여는 처분의 이행을 명하는 재결이 있었음에도 당해 행정청이 아무런 처분을 하지 아니하였어야 하므로, 당해 행정청이 어떠한 처분을 하였다면 그 처분이 재결의 내용에 따르지 아니하였다고 하더라도 재결청이 직접 처분을 할 수는 없다(대판 2002.7.23, 2000두9151).
④ [○] 위원회는 심판청구의 대상이 되는 처분보다 청구인에게 불리한 재결을 하지 못한다(동법 제47조 제2항).

답 ③

020 다음은 행정심판에 관한 설명이다. 옳지 않은 것은? (다툼이 있는 경우 판례에 의함)

① 행정심판의 재결에 대하여 피청구인인 처분행정청은 행정소송을 제기하지 못한다고 해석하더라도 헌법에 위반되는 것은 아니다.

② 행정심판의 경우에도 국선대리인 제도가 인정되므로 청구인이 경제적 능력으로 대리인을 선임할 수 없는 경우에는 행정심판위원회가 선정하여 지원할 수 있다.

③ 처분명령재결이 내려졌는데도 피청구인이 처분을 하지 않으면 직접 처분이 가능하므로 간접강제는 허용되지 않는다.

④ 감사원의 처분에 대해서는 감사원 소속 행정심판위원회에 행정심판을 제기하여야 한다.

📝 해설 | 행정심판 　　　　　　　　　　　　　　　　　　　　　　　　　　　중요도 ★★★

① [○] 국가가 행정감독의 수단으로서 통일적이고 능률적인 행정을 위하여 중앙행정기관 내부의 의사를 자율적으로 통제하고 국민의 권리구제를 신속하게 할 목적의 일환으로 행정심판제도를 도입하였는데, 심판청구의 대상이 된 행정청에 대하여 재결에 관한 항쟁수단을 별도로 인정하는 것은 행정상의 통제를 스스로 파괴함은 물론, 국민의 신속한 권리구제를 지연시키는 작용을 하게 될 것이다. 그리하여 행정심판법 제49조 제1항은 "심판청구를 인용하는 재결은 피청구인과 그 밖의 관계행정청을 기속한다"라고 규정하였고, 이에 따라 처분행정청은 재결에 기속되어 재결의 취지에 따른 처분의무를 부담하게 되므로 이에 불복하여 행정소송을 제기할 수 없다(대판 1998.5.8, 97누15432).

② [○] 청구인이 경제적 능력으로 인해 대리인을 선임할 수 없는 경우에는 위원회에 국선대리인을 선임하여 줄 것을 신청할 수 있다(행정심판법 제18조의2 제1항).

③ [×] 위원회는 피청구인이 제49조 제2항 또는 제3항에 따른 처분을 하지 아니하면 청구인의 신청에 의하여 결정으로 상당한 기간을 정하고 피청구인이 그 기간 내에 이행하지 아니하는 경우에는 그 지연기간에 따라 일정한 배상을 하도록 명하거나 즉시 배상을 할 것을 명할 수 있다(동법 제50조의2 제1항).

④ [○] 다음 각 호의 행정청(감사원, 국가정보원장, 그 밖에 대통령령으로 정하는 대통령 소속기관의 장) 또는 그 소속 행정청의 처분 또는 부작위에 대한 행정심판의 청구에 대하여는 다음 각 호의 행정청에 두는 행정심판위원회에서 심리·재결한다(동법 제6조 제1항 제1호).

답 ③

021 재결 자체에 고유한 위법이 있는 경우와 관련된 내용으로 옳지 않은 것은? (다툼이 있는 경우 판례에 의함)

① 권한이 없는 행정심판위원회에 의한 재결의 경우가 그 예이다.

② 재결 자체의 내용상 위법도 재결 자체에 고유한 위법이 있는 경우에 포함된다.

③ 제3자효를 수반하는 행정행위에 대한 행정심판청구의 인용재결은 원처분과 내용을 달리 하는 것이므로 그 인용재결의 취소를 구하는 것은 원처분에는 없는 재결에 고유한 하자를 주장하는 것이라고 하더라도 당연히 항고소송의 대상이 되는 것은 아니다.

④ 행정처분에 대한 행정심판의 재결에 이유모순의 위법이 있다는 사유는 재결처분 자체에 고유한 하자로서 재결처분의 취소를 구하는 소송에서는 그 위법사유로서 주장할 수 있으나, 원처분의 취소를 구하는 소송에서는 그 취소를 구할 위법사유로서 주장할 수 없다.

📝 해설 | 행정심판의 재결 　　　　　　　　　　　　　　　　　　　　　　중요도 ★★☆

① [○] 주체에 관한 위법은 고유한 위법사유에 해당한다.

② [○] 절차뿐 아니라 내용에 관한 위법도 고유한 위법사유에 해당한다.

③ [×] 이른바 복효적 행정행위, 특히 제3자효를 수반하는 행정행위에 대한 행정심판청구에 있어서 그 청구를 인용하는 내용의 재결로 인하여 비로소 권리이익을 침해받게 되는 자는 그 인용재결에 대하여 다툴 필요가 있고, 그 인용재결은 원처분과 내용을 달리하는 것이므로 그 인용재결의 취소를 구하는 것은 원처분에는 없는 재결에 고유한 하자를 주장하는 셈이어서 당연히 항고소송의 대상이 된다(대판 1997.12.23, 96누10911).

④ [○] 대판 1996.2.13, 95누8027

답 ③

CHAPTER 2 | 행정소송

THEME 58 | 행정소송 개설

001
관련법에서 정한 요건을 구비하여 행정청에 음식점 영업허가를 신청을 하였는데 거부를 당하였을 경우, 그 구제수단으로 옳은 것은?
2009년 9급 복원

① 거부처분에 대해서 무효등 확인소송, 부작위위법확인소송을 청구할 수 있다.

② 거부처분에 대해서 의무이행소송, 당사자소송을 청구할 수 있다.

③ 거부처분에 대해서 취소심판, 취소소송, 의무이행심판의 청구가 가능하다.

④ 거부처분에 대해서 손해배상을 청구할 수 없다.

📝 해설 | 행정소송
중요도 ★★☆

① [×] 거부처분이 있었으므로 부작위위법확인소송은 청구할 수는 없다.

② [×] 행정소송법상 의무이행소송을 규정하고 있지 않다.

③ [O] 위법한 거부처분에 대해서는 취소소송을, 위법하거나 부당한 거부처분에 대해서는 취소심판, 의무이행심판을 청구할 수 있다.

④ [×] 거부처분이라 하더라도 손해배상의 요건이 충족되었다면 손해배상을 청구할 수 있다.

답 ③

002
민중소송과 기관소송에 대한 설명으로 옳지 않은 것은? (다툼이 있는 경우 판례에 의함)
2020년 7급

① 공직선거법상 선거소송은 민중소송에 해당한다.

② 민중소송 또는 기관소송으로써 처분 등의 취소를 구하는 소송에는 그 성질에 반하지 아니하는 한 취소소송에 관한 규정을 준용한다.

③ 지방자치법상 지방의회 재의결에 대해 지방자치단체장이 제기하는 소송은 기관소송에 해당한다.

④ 행정소송법은 민중소송에 대해서는 법률이 정한 경우에 법률이 정한 자에 한하여 제기하도록 하는 법정주의를 취하고 있으나, 기관소송에 대해서는 이러한 제한을 두지 않아 기관소송의 제기가능성은 일반적으로 인정된다.

📝 해설 | 민중소송과 기관소송
중요도 ★★☆

① [O] 현행법상 공직선거법 제222조에서 선거소송을, 제223조에서 당선소송을 규정하고 있는데, 이는 모두 민중소송으로 인정되고 있다.

② [O] 민중소송 또는 기관소송으로써 처분 등의 취소를 구하는 소송에는 그 성질에 반하지 아니하는 한 취소소송에 관한 규정을 준용한다 (행정소송법 제46조 제1항).

③ [O] 지방의회와 지방자치단체장의 분쟁은 기관소송에 해당한다.

> **행정소송법 제3조 【행정소송의 종류】**
> 4. 기관소송: 국가 또는 공공단체의 기관 상호간에 있어서의 권한의 존부 또는 그 행사에 관한 다툼이 있을 때에 이에 대하여 제기하는 소송. 다만, 헌법재판소법 제2조의 규정에 의하여 헌법재판소의 관장사항으로 되는 소송은 제외한다.
> **헌법재판소법 제2조 【관장사항】** 헌법재판소는 다음 각 호의 사항을 관장한다.
> 4. 국가기관 상호간, 국가기관과 지방자치단체간 및 지방자치단체 상호간의 권한쟁의에 관한 심판

④ [×] 민중소송 및 기관소송은 법률이 정한 경우에 법률에 정한 자에 한하여 제기할 수 있다(행정소송법 제45조).

답 ④

003

□□□

다음 중 행정소송의 소송요건에 대한 설명으로 옳지 않은 것은?

2019년(1차) 9급 복원

① 원고적격, 소의 이익, 처분성 등은 행정소송의 소송요건에 해당한다.

② 소송요건을 갖추지 못한 경우라면 이는 부적법한 소로서 각하판결을 내려야 한다.

③ 소송요건은 불필요한 소송을 배제하여 법원의 부담을 경감하기 위하여 요구되는 것으로서 당사자가 이를 주장·입증하여야 한다.

④ 소송요건을 갖추었는지 여부를 심리하는 것을 요건심리라 한다.

📝 해설 | 소송요건

중요도 ★★☆

① [○] 행정소송의 소송요건으로는 대상적격(처분성), 원고적격, 협의의 소익, 피고적격, 제소기간, 행정심판전치주의 등이 있다.

② [○] 소송여건을 갖추지 못하면 각하판결을 한다.

③ [×] 행정소송에서 쟁송의 대상이 되는 행정처분의 존부는 소송요건으로서 직권조사사항이고, 자백의 대상이 될 수 없는 것이므로, 설사 그 존재를 당사자들이 다투지 아니한다 하더라도 그 존부에 관하여 의심이 있는 경우에는 이를 직권으로 밝혀 보아야 할 것이다(대판 2004.12.24, 2003두15195). ⇨ 소송요건은 법원의 직권조사사항이다.

④ [○] 소송요건을 갖추었는지 여부를 심리하는 것을 요건심리, 처분의 위법성 여부를 심리하는 것을 본안심리라고 한다.

답 ③

THEME 59 | 취소소송

004

□□□

행정소송제도에 대한 설명으로 옳지 않은 것은?

2021년 9급

① 개별법령에 합의제 행정청의 장을 피고로 한다는 명문규정이 없는 한 합의제 행정청 명의로 한 행정처분의 취소소송의 피고적격자는 당해 합의제 행정청이 아닌 합의제 행정청의 장이다.

② 원고가 피고를 잘못 지정한 경우 피고경정은 취소소송과 당사자소송 모두에서 사실심 변론종결에 이르기까지 허용된다.

③ 법원은 당사자소송을 취소소송으로 변경하는 것이 상당하다고 인정할 때에는 청구의 기초에 변경이 없는 한 사실심의 변론종결시까지 원고의 신청에 의하여 결정으로써 소의 변경을 허가할 수 있다.

④ 당사자소송의 원고가 피고를 잘못 지정하여 피고경정신청을 한 경우 법원은 결정으로써 피고의 경정을 허가할 수 있다.

📝 해설 | 대상적격

중요도 ★★☆

① [×] 특별한 규정이 없는 한 합의제 행정청 명의로 한 처분의 피고적격은 합의제 행정청 자체에 있다. 특별한 규정의 예로는 노동위원회법 제27조 제1항 등이 있다.

> **행정소송법 제13조【피고적격】** ① 취소소송은 다른 법률에 특별한 규정이 없는 한 그 처분 등을 행한 행정청을 피고로 한다. 다만, 처분 등이 있은 뒤에 그 처분 등에 관계되는 권한이 다른 행정청에 승계된 때에는 이를 승계한 행정청을 피고로 한다.
> **노동위원회법 제27조【중앙노동위원회의 처분에 대한 소송】** ① 중앙노동위원회의 처분에 대한 소송은 중앙노동위원회 위원장을 피고(被告)로 하여 처분의 송달을 받은 날부터 15일 이내에 제기하여야 한다.

② [○] 행정소송법 제14조에 의한 피고경정은 사실심 변론종결에 이르기까지 허용되는 것으로 해석하여야 한다(대결 2006.2.23, 2005부4).

③ [○] 법원은 취소소송을 당해 처분 등에 관계되는 사무가 귀속하는 국가 또는 공공단체에 대한 당사자소송 또는 취소소송 외의 항고소송으로 변경하는 것이 상당하다고 인정할 때에는 청구의 기초에 변경이 없는 한 사실심의 변론종결시까지 원고의 신청에 의하여 결정으로써 소의 변경을 허가할 수 있다(행정소송법 제21조 제1항). 제21조의 규정은 당사자소송을 항고소송으로 변경하는 경우에 준용한다(동법 제42조).

④ [○] 원고가 피고를 잘못 지정한 때에는 법원은 원고의 신청에 의하여 결정으로써 피고의 경정을 허가할 수 있다(동법 제14조 제1항).

답 ①

행정소송법상 항고소송의 대상이 되는 처분에 해당하는 것은? (다툼이 있는 경우 판례에 의함)　　　2018년 9급 복원

① 민원 처리에 관한 법률이 정한 '거부처분에 대한 이의신청'을 받아들이지 않는 취지의 기각 결정

② 지적공부소관청이 토지대장을 직권으로 말소한 행위

③ 수도권매립지관리공사가 행한 입찰참가자격 제한조치

④ 중소기업 정보화 지원사업에 따른 지원금 출연을 위하여 중소기업청장이 체결한 협약의 해지 및 지급받은 정부지원금에 대한 환수통보

해설 ┃ 대상적격　　　중요도 ★★☆

① [×] 민원사무처리에 관한 법률 제18조 제1항에서 정한 거부처분에 대한 이의신청은 행정청의 위법 또는 부당한 처분이나 부작위로 침해된 국민의 권리 또는 이익을 구제함을 목적으로 하여 행정청과 별도의 행정심판기관에 대하여 불복할 수 있도록 한 절차인 행정심판과는 달리, 민원사무처리법에 의하여 민원사무 처리를 거부한 처분청이 민원인의 신청 사항을 다시 심사하여 잘못이 있는 경우 스스로 시정하도록 한 절차이다. 이에 따라, 민원 이의신청을 받아들이는 경우에는 이의신청 대상인 거부처분을 취소하지 않고 바로 최초의 신청을 받아들이는 새로운 처분을 하여야 하지만, 이의신청을 받아들이지 않는 경우에는 다시 거부처분을 하지 않고 그 결과를 통지함에 그칠 뿐이다. 따라서 이의신청을 받아들이지 않는 취지의 기각 결정 내지 그 취지의 통지는, 종전의 거부처분을 유지함을 전제로 한 것에 불과하고 또한 거부처분에 대한 행정심판이나 행정소송의 제기에도 영향을 주지 못하므로 결국 민원 이의신청인의 권리·의무에 새로운 변동을 가져오는 공권력의 행사나 이에 준하는 행정작용이라고 할 수 없어, 독자적인 항고소송의 대상이 된다고 볼 수 없다고 봄이 타당하다(대판 2012.11.15, 2010두8676).

② [○] 토지에 관한 소유권보존등기 또는 소유권이전등기를 신청하려면 토지대장을 등기소에 제출해야 하는 점 등을 종합해 보면, 토지대장은 토지의 소유권을 제대로 행사하기 위한 전제요건으로서 토지소유자의 실체적 권리관계에 밀접하게 관련되어 있으므로, 이러한 토지대장을 직권으로 말소한 행위는 국민의 권리관계에 영향을 미치는 것으로서 항고소송의 대상이 되는 행정처분에 해당한다(대판 2013.10.24, 2011두13286).

③ [×] 수도권매립지관리공사는 행정소송법에서 정한 행정청 또는 그 소속기관이거나 그로부터 제재처분의 권한을 위임받은 공공기관에 해당하지 않으므로, 수도권매립지관리공사가 한 위 제재처분은 행정소송의 대상이 되는 행정처분이 아니라 단지 특정 사업자를 자신이 시행하는 입찰에 참가시키지 않겠다는 뜻의 사법상의 효력을 가지는 통지에 불과하다(대결 2010.11.26, 2010무137).

④ [×] 중소기업 정보화 지원사업에 따른 지원금 출연을 위하여 중소기업청장이 체결하는 협약은 공법상 대등한 당사자 사이의 의사표시의 합치로 성립하는 공법상 계약에 해당하는 점, 구 중소기업 기술혁신 촉진법 제32조 제1항은 제10조가 정한 기술혁신 사업과 제11조가 정한 산학협력 지원 사업에 관하여 출연한 사업비의 환수에 적용될 수 있을 뿐 이와 근거규정을 달리하는 중소기업 정보화 지원사업에 관하여 출연한 지원금에 대하여는 적용될 수 없고 달리 지원금 환수에 관한 구체적인 법령상 근거가 없는 점 등을 종합하면, 협약의 해지 및 그에 따른 환수통보는 공법상 계약에 따라 행정청이 대등한 당사자의 지위에서 하는 의사표시로 보아야 하고, 이를 행정청이 우월한 지위에서 행하는 공권력의 행사로서 행정처분에 해당한다고 볼 수는 없다(대판 2015.8.27, 2015두41449).

답 ②

다음은 행정소송에 관한 설명이다. 옳지 않은 것은? (다툼이 있는 경우 판례에 의함)　　　2019년(2차) 9급 복원

① 개발제한구역제도 개선방안을 발표한 행위는 대내외적 효력이 없는 단순한 사실행위에 불과하므로 공권력의 행사라고 할 수 없다.

② 정부의 수도권 소재 공공기관의 지방이전시책을 추진하는 과정에서 도지사가 도 내 특정 시를 혁신도시 최종입지로 선정한 행위는 항고소송의 대상이 되는 행정처분에 해당한다.

③ 행정처분취소소송에 있어서는 처분청은 당초의 처분사유와 기본적 사실관계에 있어서 동일성이 인정되는 한도 내에서만 새로운 처분사유를 추가하거나 변경할 수 있다.

④ 조례가 그 자체로 상대방의 권리의무에 직접 영향을 미치는 경우, 그 조례는 항고소송이 된다.

해설 ┃ 대상적격　　　중요도 ★★★

① [○] 개발제한구역제도 개선방안은 건설교통부장관이 개발제한구역의 해제 내지 조정을 위한 일반적인 기준을 제시하고, 개발제한구역의 운용에 대한 국가의 기본 방침을 천명하는 정책계획안으로서 비구속적 행정계획안에 불과하므로 공권력행위가 될 수 없으며, 이 사건 개선방안을 발표한 행위도 대내외적 효력이 없는 단순한 사실행위에 불과하므로 공권력의 행사라고 할 수 없다(헌재 2000.6.1, 99헌마538).

② [×] 정부의 수도권 소재 공공기관의 지방이전시책을 추진하는 과정에서 도지사가 도 내 특정 시를 공공기관이 이전할 혁신도시 최종입지로 선정한 행위는 항고소송의 대상이 되는 행정처분이 아니라고 보았다. 또한 공공기관의 지방이전을 위한 정부 등의 조치와 공공기관이 이전할 혁신도시 입지선정을 위한 사항 등을 규정하고 있을 뿐 혁신도시입지 후보지에 관련된 지역 주민 등의 권리의무에 직접 영향을 미치는 규정을 두고 있지 않으므로, 피고가 원주시를 혁신도시 최종입지로 선정한 행위는 항고소송의 대상이 되는 행정처분으로 볼 수 없다고 판단하였다(대판 2007.11.15, 2007두10198).

③ [○] 행정처분취소소송에 있어서는 실질적 법치주의와 행정처분의 상대방인 국민에 대한 신뢰보호라는 견지에서 처분청은 당초의 처분사유와 기본적 사실관계에 있어서 동일성이 인정되는 한도 내에서만 새로운 처분사유를 추가하거나 변경할 수 있고 기본적 사실관계와 동일성이 전혀 없는 별개의 사실을 들어 처분사유로서 주장함은 허용되지 아니하며 법원으로서도 당초 처분사유와 기본적 사실관계의 동일성이 없는 사실은 처분사유로 인정할 수 없다(대판 1987.7.21, 85누694).

④ [○] 조례가 집행행위의 개입 없이도 그 자체로서 직접 국민의 구체적인 권리의무나 법적 이익에 영향을 미치는 등의 법률상 효과를 발생하는 경우 그 조례는 항고소송의 대상이 되는 행정처분에 해당한다(대판 1996.9.20, 95누8003).

답 ②

007

다음 중 대법원 판례의 내용과 다른 것은? (다툼이 있는 경우 판례에 의함)   2020년 9급

① 일정한 자격을 갖추고 소정의 절차에 따라 국립대학의 장에 의하여 임용된 조교는 법정된 근무기간 동안 신분이 보장되는 교육공무원법상의 교육공무원 내지 국가공무원법상의 특정직공무원 지위가 부여되지만, 근무관계는 공법상 근무관계가 아닌 사법상의 근로계약관계에 해당한다.

② 행정규칙의 내용이 상위법령에 반하는 것이라면 법치국가원리에서 파생되는 법질서의 통일성과 모순금지 원칙에 따라 그것은 법질서상 당연무효이고, 행정내부적 효력도 인정될 수 없다.

③ 계약직공무원에 관한 현행 법령의 규정에 비추어 볼 때, 계약직공무원 채용계약해지의 의사표시는 일반공무원에 대한 징계처분과는 달라서 항고소송의 대상이 되는 처분 등의 성격을 가진 것으로 인정되지 아니한다.

④ 국가공무원법상 당연퇴직은 결격사유가 있을 때 법률상 당연히 퇴직하는 것이지 공무원관계를 소멸시키기 위한 별도의 행정처분을 요하는 것이 아니며, 당연퇴직의 인사발령은 법률상 당연히 발생하는 퇴직사유를 공적으로 확인하여 알려주는 이른바 관념의 통지에 불과하고 공무원의 신분을 상실시키는 새로운 형성적 행위가 아니므로 행정소송의 대상이 되는 독립한 행정처분이라고 할 수 없다.

🗒️ 해설 | 대상적격   중요도 ★★★

① [×] 일정한 자격을 갖추고 소정의 절차에 따라 대학의 장에 의하여 임용된 조교는 법정된 근무기간 동안 신분이 보장되는 교육공무원법상의 교육공무원 내지 국가공무원법상의 특정직공무원 지위가 부여되고, 근무관계는 사법상의 근로계약관계가 아닌 공법상 근무관계에 해당한다(대판 2019.11.14, 2015두52531).

② [○] 상급행정기관이 소속공무원이나 하급행정기관에 대하여 세부적인 업무처리절차나 법령의 해석·적용 기준을 정해 주는 '행정규칙'은 상위법령의 구체적 위임이 있지 않는 한 행정조직 내부에서만 효력을 가질 뿐 대외적으로 국민이나 법원을 구속하는 효력이 없다. 다만 행정규칙이 이를 정한 행정기관의 재량에 속하는 사항에 관한 것인 때에는 그 규정 내용이 객관적 합리성을 결여하였다는 등의 특별한 사정이 없는 한 법원은 이를 존중하는 것이 바람직하다. 그러나 행정규칙의 내용이 상위법령에 반하는 것이라면 법치국가원리에서 파생되는 법질서의 통일성과 모순금지 원칙에 따라 그것은 법질서상 당연무효이고, 행정내부적 효력도 인정될 수 없다. 이러한 경우 법원은 해당 행정규칙이 법질서상 부존재하는 것으로 취급하여 행정기관이 한 조치의 당부를 상위법령의 규정과 입법목적 등에 따라서 판단하여야 한다(대판 2019.10.31, 2013두20011).

③ [○] 계약직공무원에 관한 현행 법령의 규정에 비추어 볼 때, 계약직공무원 채용계약해지의 의사표시는 일반공무원에 대한 징계처분과는 달라서 항고소송의 대상이 되는 처분 등의 성격을 가진 것으로 인정되지 아니하고, 일정한 사유가 있을 때에 국가 또는 지방자치단체가 채용계약 관계의 한쪽 당사자로서 대등한 지위에서 행하는 의사표시로 취급되는 것으로 이해되므로, 이를 징계해고 등에서와 같이 그 징계사유에 한하여 효력 유무를 판단하여야 하거나, 행정처분과 같이 행정절차법에 의하여 근거와 이유를 제시하여야 하는 것은 아니다(대판 2002.11.26, 2002두5948).

④ [○] 대판 1995.11.14, 95누2036

답 ①

008 행정소송의 대상이 되는 처분에 관한 판례의 내용으로 옳지 않은 것은? (다툼이 있는 경우 판례에 의함)

① 당사자가 지방노동위원회의 처분에 대하여 불복하기 위해서는 처분 송달일로부터 10일 이내에 중앙노동위원회에 재심을 신청하고 중앙노동위원회의 재심판정서 송달일로부터 15일 이내에 고용노동부장관을 피고로 하여 재심판정 취소의 소를 제기하여야 할 것이다.

② 지방의회 의장에 대한 불신임의결은 의장으로서의 권한을 박탈하는 행정처분의 일종으로서 항고소송의 대상이 된다.

③ 조례가 집행행위의 개입 없이도 그 자체로서 직접 국민의 구체적인 권리의무나 법적 이익에 영향을 미치는 등의 법률상 효과를 발생하는 경우 그 조례는 항고소송의 대상이 되는 행정처분에 해당한다.

④ 항정신병 치료제의 요양급여 인정기준에 관한 보건복지부 고시가 다른 집행행위의 매개 없이 그 자체로서 제약회사, 요양기관, 환자 및 국민건강보험공단 사이의 법률관계를 직접 규율한다는 이유로 항고소송의 대상이 되는 행정처분에 해당한다.

📝 해설 | 대상적격

중요도 ★★★

① [×] 노동위원회법 제19조의2 제1항의 규정은 행정처분의 성질을 가지는 지방노동위원회의 처분에 대하여 중앙노동위원장을 상대로 행정소송을 제기할 경우의 전치요건에 관한 규정이라 할 것이므로 당사자가 지방노동위원회의 처분에 대하여 불복하기 위하여는 처분 송달일로부터 10일 이내에 중앙노동위원회에 재심을 신청하고 중앙노동위원회의 재심판정서 송달일로부터 15일 이내에 중앙노동위원장을 피고로 하여 재심판정취소의 소를 제기하여야 할 것이다(대판 1995.9.15, 95누6724).

② [○] 지방의회를 대표하고 의사를 정리하며 회의장 내의 질서를 유지하고 의회의 사무를 감독하며 위원회에 출석하여 발언할 수 있는 등의 직무권한을 가지는 지방의회 의장에 대한 불신임의결은 의장으로서의 권한을 박탈하는 행정처분의 일종으로서 항고소송의 대상이 된다(대판 1994.10.11, 94두23).

③ [○] 대판 1996.9.20, 95누8003

④ [○] 대결 2003.10.9, 2003무23

답 ①

009 다음 중 판례에 따를 때 처분으로 옳지 않은 것은?

① 근로기준법상 평균임금결정

② 공무원연금법상 재직 기간 합산처분

③ 구 도시계획법상 도시기본계획

④ 서울교육대학장의 학생에 대한 퇴학처분

📝 해설 | 대상적격

중요도 ★★☆

① [○] 대판 2002.10.25, 2000두9717

② [○] 대판 2002.11.8, 2001두7695

③ [×] 도시기본계획은 도시의 기본적인 공간구조와 장기발전방향을 제시하는 종합계획으로서 그 계획에는 토지이용계획, 환경계획, 공원녹지계획 등 장래의 도시개발의 일반적인 방향이 제시되지만, 그 계획은 도시계획입안의 지침이 되는 것에 불과하여 일반 국민에 대한 직접적인 구속력은 없는 것이므로, 도시기본계획을 입안함에 있어 토지이용계획에는 세부적인 내용을 기재하지 아니하고 다소 포괄적으로 기재하였다 하더라도 기본구상도상에 분명하게 그 내용을 표시한 이상 도시기본계획으로서 입안된 것이라고 봄이 상당하고, 또 공청회 등 절차에서 다른 자료에 의하여 그 내용이 제시된 다음 관계 법령이 정하는 절차에 따라 건설교통부장관의 승인을 받아 공람공고까지 되었다면 도시기본계획으로서 적법한 효력이 있는 것이다(대판 2002.10.11, 2000두8226).

④ [○] 대판 1991.11.22, 91누2144

답 ③

다음 설명 중 옳지 않은 것은? (다툼이 있는 경우 판례에 의함)

① 과세처분이 있은 후 당초 과세처분에 대한 증액경정처분이 있는 경우, 당초 처분은 증액경정처분에 흡수되어 당연히 소멸한다.

② 과세처분이 있은 후 증액경정처분이 있는 경우 그 증액경정처분만이 쟁송의 대상이 된다.

③ 감액경정처분의 경우 당초 처분은 불가쟁력이 발생하여 다툴 수 없다.

④ 감액경정처분의 경우 전심절차나 제소기간의 준수 여부는 당초 처분을 기준으로 결정하여야 한다.

✑ 해설 | 대상적격

중요도 ★★★

①② [○] 과세처분이 있은 후 증액경정처분이 있는 경우, 그 증액경정처분은 당초의 처분을 그대로 둔 채 당초 처분에서의 과세표준 및 세액을 초과하는 부분만을 추가로 확정하는 것이 아니라 당초의 처분에서의 과세표준 및 세액을 포함시켜 전체로서의 하나의 과세표준과 세액을 다시 결정하는 것이므로, 당초 처분은 증액경정처분에 흡수되어 당연히 소멸하고 그 증액경정처분만이 쟁송의 대상이 된다(대판 2001.12.27, 2000두10083).

③ [×] 과세표준과 세액을 감액하는 경정처분은 당초 부과처분과 별개 독립의 과세처분이 아니라 그 실질은 당초 부과처분의 변경이고, 그에 의하여 세액의 일부 취소라는 납세자에게 유리한 효과를 가져오는 처분이라 할 것이므로 그 경정결정으로도 아직 취소되지 않고 남아 있는 부분이 위법하다 하여 다투는 경우 항고소송의 대상은 당초의 부과처분 중 경정결정에 의하여 취소되지 않고 남은 부분이고, 경정결정이 항고소송의 대상이 되는 것은 아니다(대판 1993.11.9, 93누9989).

④ [○] 감액하는 내용의 경정결정을 한 경우 위 경정처분은 당초 부과처분과 별개 독립의 과세처분이 아니라 그 실질은 당초 부과처분의 변경이고, 그에 의하여 세액의 일부 취소라는 납세자에게 유리한 효과를 가져오는 처분이라 할 것이므로 그 경정결정으로도 아직 취소되지 않고 남아 있는 부분이 위법하다고 하여 다투는 경우에는 항고소송의 대상이 되는 것은 당초의 부과처분 중 경정결정에 의하여 취소되지 않고 남은 부분이 된다 할 것이고, 경정결정이 항고소송의 대상이 되는 것은 아니라 할 것이므로, 이 경우 제소기간을 준수하였는지 여부도 당초 처분을 기준으로 하여 판단하여야 할 것이다(대판 1991.9.13, 91누391).

답 ③

처분성이 인정되는 행위로 옳지 않은 것은? (다툼이 있는 경우 판례에 의함)

① 식품위생법상 영업양도에 따른 지위승계신고의 수리행위

② 한국마사회가 조교사 또는 기수의 면허를 부여하거나 취소하는 행위

③ 주민등록법상 주민등록전입신고의 수리거부 행위

④ 평생교육법상의 원격평생교육신고의 수리거부 행위

✑ 해설 | 대상적격

중요도 ★★☆

① [○] 식품위생법 제25조 제3항에 의한 영업양도에 따른 지위승계신고를 수리하는 허가관청의 행위는 단순히 양도인·양수인 사이에 이미 발생한 사법상의 사업양도의 법률효과에 의하여 양수인이 그 영업을 승계하였다는 사실의 신고를 접수하는 행위에 그치는 것이 아니라, 영업허가자의 변경이라는 법률효과를 발생시키는 행위라고 할 것이다(대판 1995.2.24, 94누9146).

② [×] 한국마사회가 조교사 또는 기수의 면허를 부여하거나 취소하는 것은 경마를 독점적으로 개최할 수 있는 지위에서 우수한 능력을 갖추었다고 인정되는 사람에게 경마에서의 일정한 기능과 역할을 수행할 수 있는 자격을 부여하거나 이를 박탈하는 것에 지나지 아니하므로, 이는 국가 기타 행정기관으로부터 위탁받은 행정권한의 행사가 아니라 일반 사법상의 법률관계에서 이루어지는 단체 내부에서의 징계 내지 제재처분이다(대판 2008.1.31, 2005두8269).

③ [○] 대판 1992.4.28, 91누8753

④ [○] 甲 시민사회단체가 일반인을 대상으로 침·뜸 교육과정을 운영하기 위하여 '시민사회단체 부설 평생교육시설신고'를 하였으나 관할 교육지원청 교육장이 무면허 의료행위 등으로 관계 법령을 위반할 가능성이 높다는 이유로 반려처분을 한 사안에서, 신고의 형식적 요건이 아닌 실체적 사유를 들어서 신고의 수리를 거부할 수 없다는 이유로 반려처분이 위법하다(대판 2016.7.22, 2014두42179).

답 ②

012

다음 중 처분성이 인정되는 사항으로 옳지 않은 것은? (다툼이 있는 경우 판례에 의함)

① 도시관리계획결정
② 환지예정지 지정처분
③ 해양수산항만 명칭결정
④ 공무원연금법상 퇴직급여결정

해설 | 대상적격

중요도 ★★☆

① [○] 도시계획법 제12조 소정의 고시된 도시계획결정은 특정 개인의 권리 내지 법률상의 이익을 개별적이고 구체적으로 규제하는 효과를 가져오게 하는 행정청의 처분이라 할 것이고, 이는 행정소송의 대상이 된다(대판 1982.3.9, 80누105).

② [○] 토지구획정리사업법 제57조, 제62조 등의 규정상 환지예정지 지정이나 환지처분은 그에 의하여 직접 토지소유자 등의 권리의무가 변동되므로 이를 항고소송의 대상이 되는 처분이라고 볼 수 있으나, 환지계획은 위와 같은 환지예정지 지정이나 환지처분의 근거가 될 뿐 그 자체가 직접 토지소유자 등의 법률상의 지위를 변동시키거나 또는 환지예정지 지정이나 환지처분과는 다른 고유한 법률효과를 수반하는 것이 아니어서 이를 항고소송의 대상이 되는 처분에 해당한다고 할 수가 없다(대판 1999.8.20, 97누6889).

③ [×] 신항만의 명칭결정은 행정기관 내부의 행위에 지나지 않으므로 그로 인해 경상남도나 진해시가 어떤 법적 불이익을 받는다고 할 수 없고, 따라서 경상남도나 진해시의 권리 의무나 법률관계에도 직접 영향을 미친다고 할 수 없으므로 이 사건 심판청구는 권한쟁의 심판청구의 대상이 되는 처분성을 갖추고 있지 못하다 할 것이다(헌재 2008.3.27, 2006헌라1).

④ [○] 공무원연금관리공단의 급여에 관한 결정은 국민의 권리에 직접 영향을 미치는 것이어서 행정처분에 해당하고, 공무원연금관리공단의 급여결정에 불복하는 자는 공무원연금급여재심위원회의 심사결정을 거쳐 공무원연금관리공단의 급여결정을 대상으로 행정소송을 제기하여야 한다(대판 1996.12.6, 96누6417).

답 ③

013

다음 중 행정소송의 대상으로 볼 수 없는 것은? (다툼이 있는 경우 판례에 의함)

① 문책경고
② 공법상 계약
③ 토지분할신청에 대한 거부
④ 일반재산의 매각에 대한 거부

해설 | 대상적격

중요도 ★★☆

① [○] 금융기관의 임원에 대한 금융감독원장의 문책경고는 그 상대방에 대한 직업선택의 자유를 직접 제한하는 효과를 발생하게 하는 등 상대방의 권리의무에 직접 영향을 미치는 행위로서 항고소송의 대상이 되는 행정처분에 해당한다(대판 2005.2.17, 2003두14765).

② [○] 서울특별시립무용단 단원의 위촉은 공법상의 계약이라고 할 것이고, 따라서 그 단원의 해촉에 대하여는 공법상의 당사자소송으로 그 무효확인을 청구할 수 있다(대판 1995.12.22, 95누4636).

③ [○] 토지소유자가 지적법 제17조 제1항, 같은 법 시행규칙 제20조 제1항 제1호의 규정에 의하여 1필지의 일부가 소유자가 다르게 되었음을 이유로 토지분할을 신청하는 경우, 1필지의 토지를 수필로 분할하여 등기하려면 반드시 같은 법이 정하는 바에 따라 분할절차를 밟아 지적공부에 각 필지마다 등록되어야 하고 이러한 절차를 거치지 아니하는 한 1개의 토지로서 등기의 목적이 될 수 없기 때문에 만약 이러한 토지분할신청을 거부한다면 토지소유자는 자기소유 부분을 등기부에 표창할 수 없고 처분도 할 수 없게 된다는 점을 고려할때, 지적 소관청의 위와 같은 토지분할신청에 대한 거부행위는 국민의 권리관계에 영향을 미친다고 할 것이므로 항고소송의 대상이 되는 처분으로 보아야 한다(대판 1993.3.23, 91누8968).

④ [×] 지방자치단체장이 국유 잡종재산을 대부하여 달라는 신청을 거부한 것은 항고소송의 대상이 되는 행정처분이 아니므로 행정소송으로 그 취소를 구할 수 없다(대판 1998.9.22, 98두7602).

답 ④

사례에 대한 설명으로 옳지 않은 것은? (다툼이 있는 경우 판례에 의함)

2021년 9급

> 병무청장이 법무부장관에게 '가수 甲이 공연을 위하여 국외여행허가를 받고 출국한 후 미국 시민권을 취득함으로써 사실상 병역의무를 면탈하였으므로 재외동포 자격으로 재입국하고자 하는 경우 국내에서 취업, 가수활동 등 영리활동을 할 수 없도록 하고, 불가능할 경우 입국 자체를 금지해 달라'고 요청함에 따라 법무부장관이 甲의 입국을 금지하는 결정을 하고, 그 정보를 내부전산망인 '출입국관리정보시스템'에 입력하였으나, 甲에게는 통보하지 않았다.

① 일반적으로 처분이 주체·내용·절차와 형식의 요건을 모두 갖추고 외부에 표시된 경우에는 처분의 존재가 인정된다.
② 행정의사가 외부에 표시되어 행정청이 자유롭게 취소·철회할 수 없는 구속을 받게 되는 시점에 처분이 성립한다.
③ 그 성립 여부는 행정청이 행정의사를 공식적인 방법으로 외부에 표시하였는지를 기준으로 판단해야 한다.
④ 위 입국금지결정은 항고소송의 대상이 되는 '처분'에 해당한다.

📝 해설 | 대상적격

중요도 ★★☆

①②③ [O] 일반적으로 처분이 주체·내용·절차와 형식의 요건을 모두 갖추고 외부에 표시된 경우에는 처분의 존재가 인정된다. 행정의사가 외부에 표시되어 행정청이 자유롭게 취소·철회할 수 없는 구속을 받게 되는 시점에 처분이 성립하고, 그 성립 여부는 행정청이 행정의사를 공식적인 방법으로 외부에 표시하였는지를 기준으로 판단해야 한다(대판 2019.7.11, 2017두38874).

④ [×] 병무청장이 법무부장관에게 '가수 甲이 공연을 위하여 국외여행허가를 받고 출국한 후 미국 시민권을 취득함으로써 사실상 병역의무를 면탈하였으므로 재외동포 자격으로 재입국하고자 하는 경우 국내에서 취업, 가수활동 등 영리활동을 할 수 없도록 하고, 불가능할 경우 입국 자체를 금지해 달라'고 요청함에 따라 법무부장관이 甲의 입국을 금지하는 결정을 하고, 그 정보를 내부전산망인 '출입국관리정보시스템'에 입력하였으나, 甲에게는 통보하지 않은 사안에서, 행정청이 행정의사를 외부에 표시하여 행정청이 자유롭게 취소·철회할 수 없는 구속을 받기 전에는 '처분'이 성립하지 않으므로 법무부장관이 출입국관리법 제11조 제1항 제3호 또는 제4호, 출입국관리법 시행령 제14조 제1항·제2항에 따라 위 입국금지결정을 했다고 해서 '처분'이 성립한다고 볼 수는 없고, 위 입국금지결정은 법무부장관의 의사가 공식적인 방법으로 외부에 표시된 것이 아니라 단지 그 정보를 내부전산망인 '출입국관리정보시스템'에 입력하여 관리한 것에 지나지 않으므로, 위 입국금지결정은 항고소송의 대상이 될 수 있는 '처분'에 해당하지 않는다(대판 2019.7.11, 2017두38874).

답 ④

다음 중 판례의 입장과 다른 것은?

2019년(1차) 9급 복원

① 도로법 시행규칙의 개정으로 도로경계선으로부터 15m를 넘지 않는 접도구역에서 송유관을 설치하는 행위가 관리청의 허가를 얻지 않아도 되는 행위로 변경되어 더 이상 그 행위에 부관을 붙일 수 없게 되었다 하더라도, 종전 시행규칙에 의하여 적법하게 행해진 허가와 접도구역 내 송유시설 이설비용 지급 의무에 관한 부담이 개정 시행규칙의 시행으로 그 효력을 상실하게 되는 것은 아니다.
② 일반적으로 법률의 위임에 의하여 효력을 갖는 법규명령의 경우, 구법에 위임의 근거가 없어 무효였더라도 사후에 법 개정으로 위임의 근거가 부여되면 그때부터는 유효한 법규명령이 된다.
③ 지하철공사의 근로자가 지하철 연장운행 방해행위로 유죄판결을 받은 경우라면 그 후 공사와 노조가 위 연장운행과 관련하여 조합 간부 및 조합원의 징계를 최소화하며 해고자가 없도록 한다는 내용의 합의를 하였다 하더라도 이를 해고의 면에서 그 행위자를 면책하기로 한다는 합의로 볼 수는 없으므로, 공사가 취업규칙에 근거하여 해당 근로자에 대하여 한 당연퇴직조치는 면책합의에 배치된다고 볼 수 없다.
④ 행정소송법상 행정청이 일정한 처분을 하지 못하도록 부작위를 구하는 청구는 허용되지 않는 부적법한 소송이라 할 것이다.

① [○] 대판 2009.2.12, 2008다56262

② [○] 일반적으로 법률의 위임에 의하여 효력을 갖는 법규명령의 경우, 구법에 위임의 근거가 없어 무효였더라도 사후에 법 개정으로 위임의 근거가 부여되면 그때부터는 유효한 법규명령이 되나, 반대로 구법의 위임에 의한 유효한 법규명령이 법 개정으로 위임의 근거가 없어지게 되면 그때부터 무효인 법규명령이 되므로, 어떤 법령의 위임근거 유무에 따른 유효 여부를 심사하려면 법 개정의 전·후에 걸쳐 모두 심사하여야만 그 법규명령의 시기에 따른 유효·무효를 판단할 수 있다(대판 2012.7.5, 2010다72076).

③ [×] 지하철공사의 근로자가 지하철 연장운행 방해행위로 유죄판결을 받았으나, 그 후 공사와 노조가 위 연장운행과 관련하여 조합간부 및 조합원의 징계를 최소화하며 해고자가 없도록 한다는 내용의 합의를 한 경우, 이는 적어도 해고의 면에서는 그 행위자를 면책하기로 한다는 합의로 풀이되므로, 공사가 취업규칙에 근거하여 위 근로자에 대하여 한 당연퇴직 조치는 위 면책합의에 배치된다(대판 2007.10.25, 2007두2067).

④ [○] 대판 2006.5.25, 2003두11988

답 ③

016 다음 중 판례의 내용으로 옳은 것은?

① 농지개량조합과 그 직원의 관계는 사법상의 근로계약관계이므로, 그 조합의 직원에 대한 징계처분의 취소를 구하는 소송은 민사소송의 대상이 된다.

② 시 소속공무원이 직무상 의무를 위반하여 시설이 불량한 선박에 대하여 선박검사증서를 발급하고 계속 운항하게 함으로써 화재사고가 발생한 것이라고 하더라도 국가배상이 인정되지 않는다.

③ 가변차로에 설치된 2개의 신호등에서 서로 모순되는 신호가 들어오는 오작동이 발생하였고 그 고장이 현재의 기술 수준상 부득이한 것이라면 손해발생의 예견가능성이나 회피가능성이 없어 영조물의 하자를 인정할 수 없는 경우로 보아야 한다.

④ 환경영향평가 대상지역 밖의 주민이라 할지라도 공유수면매립면허처분 등으로 인하여 환경상 이익에 대한 침해 또는 침해 우려가 있다는 것을 입증함으로써 그 처분 등의 무효확인을 구할 원고적격을 인정받을 수 있다.

🖉 해설 | 원고적격 　　　　　　　　　　　　　　　　　　　　　　　　　　　　　　　　　중요도 ★★★

① [×] 농지개량조합과 그 직원과의 관계는 사법상의 근로계약관계가 아닌 공법상의 특별권력관계이고, 그 조합의 직원에 대한 징계처분의 취소를 구하는 소송은 행정소송사항에 속한다(대판 1995.6.9, 94누10870).

② [×] 선박안전법이나 유선 및 도선업법의 각 규정은 공공의 안전 외에 일반인의 인명과 재화의 안전보장도 그 목적으로 하는 것이라고 할 것이므로 국가 소속 선박검사관이나 시 소속공무원들이 직무상 의무를 위반하여 시설이 불량한 선박에 대하여 선박중간검사에 합격하였다 하여 선박검사증서를 발급하고, 해당 법규에 규정된 조치를 취함이 없이 계속 운항하게 함으로써 화재사고가 발생한 것이라면, 화재사고와 공무원들의 직무상 의무위반행위와의 사이에는 상당인과관계가 있다(대판 1993.2.12, 91다43466).

③ [×] 가변차로에 설치된 신호등의 용도와 오작동시에 발생하는 사고의 위험성과 심각성을 감안할 때, 만일 가변차로에 설치된 2개의 신호기에서 서로 모순되는 신호가 들어오는 고장을 예방할 방법이 없음에도 그와 같은 신호기를 설치하여 그와 같은 고장을 발생하게 한 것이라면, 그 고장이 자연재해 등 외부요인에 의한 불가항력에 기인한 것이 아닌 한 그 자체로 설치·관리자의 방호조치의무를 다하지 못한 것으로서 신호등이 그 용도에 따라 통상 갖추어야 할 안전성을 갖추지 못한 상태에 있었다고 할 것이고, 따라서 설령 적정전압보다 낮은 저전압이 원인이 되어 위와 같은 오작동이 발생하였고 그 고장은 현재의 기술 수준상 부득이한 것이라고 가정하더라도 그와 같은 사정만으로 손해발생의 예견가능성이나 회피가능성이 없어 영조물의 하자를 인정할 수 없는 경우라고 단정할 수 없다(대판 2001.7.27, 2000다56822).

④ [○] 환경영향평가 대상지역 밖의 주민이라 할지라도 공유수면매립면허처분 등으로 인하여 그 처분 전과 비교하여 수인한도를 넘는 환경피해를 받거나 받을 우려가 있는 경우에는, 공유수면매립면허처분 등으로 인하여 환경상 이익에 대한 침해 또는 침해우려가 있다는 것을 입증함으로써 그 처분 등의 무효확인을 구할 원고적격을 인정받을 수 있다(대판 2006.3.16, 2006두330).

답 ④

행정소송의 원고적격에 대한 설명으로 옳지 않은 것은? (다툼이 있는 경우 판례에 의함)

① 면허나 인·허가 등의 수익적 행정처분의 근거가 되는 법률이 해당 업자들 사이의 과당경쟁으로 인한 경영의 불합리를 방지하는 것도 그 목적으로 하고 있는 경우, 다른 업자에 대한 면허나 인·허가 등의 수익적 행정처분에 대하여 미리 같은 종류의 면허나 인·허가 등의 처분을 받아 영업을 하고 있는 기존의 업자는 당해 행정처분의 취소를 구할 원고적격이 인정될 수 있다.

② 광업권설정허가처분과 그에 따른 광산 개발로 인하여 재산상·환경상 이익의 침해를 받거나 받을 우려가 있는 토지나 건축물의 소유자와 점유자 또는 이해관계인 및 주민들은 그 처분 전과 비교하여 수인한도를 넘는 재산상·환경상 이익의 침해를 받거나 받을 우려가 있다는 것을 증명하더라도 원고적격을 인정받을 수 없다.

③ 행정처분의 직접 상대방이 아닌 제3자라 하더라도 당해 행정처분으로 인하여 법률상 보호되는 이익을 침해당한 경우에는 취소소송을 제기하여 그 당부의 판단을 받을 자격이 있다.

④ 법인의 주주가 그 처분으로 인하여 궁극적으로 주식이 소각되거나 주주의 법인에 대한 권리가 소멸하는 등 주주의 지위에 중대한 영향을 초래하게 되는데도 그 처분의 성질상 당해 법인이 이를 다툴 것을 기대할 수 없고 달리 주주의 지위를 보전할 구제방법이 없는 경우에는 주주도 그 처분에 관하여 직접적이고 구체적인 법률상 이해관계를 가진다고 보이므로 그 취소를 구할 원고적격이 있다.

📝 해설 | 원고적격

중요도 ★★★

① [○] 일반적으로 면허나 인·허가 등의 수익적 행정처분의 근거가 되는 법률이 해당 업자들 사이의 과당경쟁으로 인한 경영의 불합리를 방지하는 것도 목적으로 하고 있는 경우, 다른 업자에 대한 면허나 인·허가 등의 수익적 행정처분에 대하여 미리 같은 종류의 면허나 인·허가 등의 수익적 행정처분을 받아 영업을 하고 있는 기존의 업자는 경업자에 대하여 이루어진 면허나 인·허가 등 행정처분의 상대방이 아니라고 하더라도 당해 행정처분의 무효확인 또는 취소를 구할 이익이 있다. 그러나 경업자에 대한 행정처분이 경업자에게 불리한 내용이라면 그와 경쟁관계에 있는 기존의 업자에게는 특별한 사정이 없는 한 유리할 것이므로 기존의 업자가 그 행정처분의 무효확인 또는 취소를 구할 이익은 없다고 보아야 한다(대판 2020.4.9, 2019두49953).

② [×] 광업권설정허가처분의 근거 법규 또는 관련 법규의 취지는 광업권설정허가처분과 그에 따른 광산 개발과 관련된 후속 절차로 인하여 직접적이고 중대한 재산상·환경상 피해가 예상되는 토지나 건축물의 소유자나 점유자 또는 이해관계인 및 주민들이 전과 비교하여 수인한도를 넘는 재산상·환경상 침해를 받지 아니한 채 토지나 건축물 등을 보유하며 쾌적하게 생활할 수 있는 개별적 이익까지도 보호하려는 데 있으므로, 광업권설정허가처분과 그에 따른 광산 개발로 인하여 재산상·환경상 이익의 침해를 받거나 받을 우려가 있는 토지나 건축물의 소유자와 점유자 또는 이해관계인 및 주민들은 그 처분 전과 비교하여 수인한도를 넘는 재산상·환경상 이익의 침해를 받거나 받을 우려가 있다는 것을 증명함으로써 그 처분의 취소를 구할 원고적격을 인정받을 수 있다(대판 2008.9.11, 2006두7577).

③ [○] 행정처분의 직접 상대방이 아닌 제3자라도 당해 행정처분의 취소를 구할 법률상의 이익이 있는 경우에는 원고적격이 인정된다 할 것이나, 여기서 말하는 법률상의 이익은 당해 처분의 근거법률에 의하여 보호되는 직접적이고 구체적인 이익이 있는 경우를 말하고, 다만 간접적이거나 사실적·경제적 이해관계를 가지는 데 불과한 경우는 여기에 포함되지 아니한다(대판 1994.4.12, 93누24247).

④ [○] 일반적으로 법인의 주주는 당해 법인에 대한 행정처분에 관하여 사실상이나 간접적인 이해관계를 가질 뿐이어서 스스로 그 처분의 취소를 구할 원고적격이 없는 것이 원칙이라고 할 것이지만, 그 처분으로 인하여 궁극적으로 주식이 소각되거나 주주의 법인에 대한 권리가 소멸하는 등 주주의 지위에 중대한 영향을 초래하게 되는데도 그 처분의 성질상 당해 법인이 이를 다툴 것을 기대할 수 없고 달리 주주의 지위를 보전할 구제방법이 없는 경우에는 주주도 그 처분에 관하여 직접적이고 구체적인 법률상 이해관계를 가진다고 보이므로 그 취소를 구할 원고적격이 있다(대판 2004.12.23, 2000두2468).

답 ②

018 취소소송의 원고적격에 대한 설명으로 옳지 않은 것은? (다툼이 있는 경우 판례에 의함)

① 법률상 이익의 의미에 관하여 법률상 보호이익설(법률상 이익구제설)은 위법한 처분에 의하여 침해되고 있는 이익이 근거 법률에 의하여 보호되고 있는 이익인 경우에는 그러한 이익이 침해된 자에게 당해 처분의 취소를 구할 원고적격이 인정된다고 한다.

② 원고적격은 사실심 변론종결시는 물론 상고심에서도 존속하여야 하며 재판 도중 소송요건이 충족되지 않을 경우 각하판결이 이루어진다.

③ 행정처분의 직접 상대방이 아닌 제3자에게는 당해 행정처분 취소를 구할 법률상 이익이 있더라도 원고적격이 인정되지 않는다.

④ 법인격이 없는 단체도 구체적인 분쟁대상과 관련하여 권리를 가질 수 있는 범위 안에서 원고적격이 인정된다.

📝 해설 | 원고적격

중요도 ★★★

① [○] 행정처분에 대한 취소소송에서 원고적격은 해당 처분의 상대방인지 여부가 아니라 그 취소를 구할 법률상 이익이 있는지 여부에 따라 결정된다(대판 2019.8.30, 2018두47189).

② [○] 처분의 취소나 효력 유무의 확인을 구할 법률상 이익의 유무는 그 처분의 성립시나 소제기시가 아니라 사실심의 변론종결시를 기준으로 판단하여야 한다(대판 1992.10.27, 91누9329).

③ [×] 행정처분의 직접 상대방이 아닌 제3자라 하더라도 당해 행정처분으로 인하여 법률상 보호되는 이익을 침해당한 경우에는 그 처분의 무효확인을 구하는 행정소송을 제기하여 그 당부의 판단을 받을 자격이 있다(대판 2006.3.16, 2006두330).

④ [○] 법인이 아닌 사단이나 재단은 대표자 또는 관리인이 있는 경우에는 그 사단이나 재단의 이름으로 당사자가 될 수 있다. 즉, 법인격 없는 단체도 구체적인 분쟁대상과 관련하여 권리를 가질 수 있는 범위 안에서 원고가 될 수 있다.

답 ③

019 다음 중 소의 이익이 인정되는 경우로 옳지 않은 것은? (다툼이 있는 경우 판례에 의함)

① 현역입영대상자가 입영한 후에 현역병입영통지처분의 취소를 구하는 경우

② 공익근무요원의 소집해제신청이 거부되어 계속 근무하였고 복무기간만료로 소집해제처분을 받은 후에 위 거부처분의 취소를 구하는 경우

③ 징계처분으로서 감봉처분이 있은 후 공무원의 신분이 상실된 경우에 위법한 감봉처분의 취소를 구하는 경우

④ 대학입학고사 불합격처분의 취소를 구하는 소송 계속 중 당해 연도의 입학시기가 지나버린 경우

📝 해설 | 협의의 소익

중요도 ★★★

① [○] 현역입영대상자로서는 현실적으로 입영을 하였다고 하더라도, 입영 이후의 법률관계에 영향을 미치고 있는 현역병입영통지처분 등을 한 관할지방병무청장을 상대로 위법을 주장하여 그 취소를 구할 소송상의 이익이 있다(대판 2003.12.26, 2003두1875).

② [×] 위법한 행정처분의 취소를 구하는 소는 위법한 처분에 의하여 발생한 위법상태를 배제하여 원상으로 회복시키고, 그 처분으로 침해되거나 방해받은 권리와 이익을 보호·구제하고자 하는 소송이므로, 처분 후의 사정에 의하여 권리와 이익의 침해 등이 해소된 경우에는 그 처분의 취소를 구할 소의 이익이 없다 할 것이고, 설령 그 처분이 위법함을 이유로 손해배상청구를 할 예정이라고 하더라도 달리 볼 것이 아니다. 공익근무요원 소집해제신청을 거부한 후에 원고가 계속하여 공익근무요원으로 복무함에 따라 복무기간 만료를 이유로 소집해제처분을 한 경우, 원고가 입게 되는 권리와 이익의 침해는 소집해제처분으로 해소되었으므로 위 거부처분의 취소를 구할 소의 이익이 없다(대판 2005.5.13, 2004두4369).

③ [○] 징계처분으로서 감봉처분이 있은 후 공무원의 신분이 상실된 경우에도 위법한 감봉처분의 취소가 필요한 경우에는 위 감봉처분의 취소를 구할 소의 이익이 있다(대판 1977.7.12, 74누147).

④ [○] 원고들이 불합격처분의 취소를 구하는 이 사건 소송 계속 중 당해 연도의 입학시기가 지났더라도 당해 연도의 합격자로 인정되면 다음 연도의 입학시기에 입학할 수도 있다고 할 것이고, 피고의 위법한 처분이 있게 됨에 따라 당연히 합격하였어야 할 원고들이 불합격 처리되고 불합격되었어야 할 자들이 합격한 결과가 되었다면 원고들은 입학정원에 들어가는 자들이라고 하지 않을 수 없다고 할 것이므로 원고들로서는 피고의 불합격처분의 적법 여부를 다툴만한 법률상의 이익이 있다(대판 1990.8.28, 89누8255).

답 ②

020

다음 중 행정소송에 있어 소의 이익에 관한 판례의 입장과 다른 것은?

① 지방의회의원의 제명의결취소소송 계속 중 의원의 임기가 만료된 경우에는 제명의결의 취소를 구할 법률상 이익이 없다.

② 현역입영대상자로서 현실적으로 입영을 한 자가 입영 후에 현역입영통지처분의 취소를 구하는 경우 소의 이익이 있다.

③ 고등학교에서 퇴학처분을 받은 자는 그 후 고등학교 졸업 학력 검정고시에 합격하였더라도 퇴학처분의 취소를 구할 소의 이익이 있다.

④ 사법시험 1차 시험에 불합격한 후 새로 실시된 사법시험 1차 시험에 합격하면, 더 이상 불합격처분의 취소를 구할 법률상의 이익이 없다.

해설 | 협의의 소익

중요도 ★★★

① [×] 지방의회 의원에 대한 제명의결취소소송 계속 중 의원의 임기가 만료된 사안에서, 제명의결의 취소로 의원의 지위를 회복할 수는 없다 하더라도 제명의결시부터 임기만료일까지의 기간에 대한 월정수당의 지급을 구할 수 있는 등 여전히 그 제명의결의 취소를 구할 법률상 이익이 있다(대판 2009.1.30, 2007두13487).

② [○] 병역법 제2조 제1항 제3호에 의하면 '입영'이란 병역의무자가 징집·소집 또는 지원에 의하여 군부대에 들어가는 것이고, 같은 법 제18조 제1항에 의하면 현역은 입영한 날부터 군부대에서 복무하도록 되어 있으므로 현역병입영통지처분에 따라 현실적으로 입영을 한 경우에는 그 처분의 집행은 종료되지만, 한편, 입영으로 그 처분의 목적이 달성되어 실효되었다는 이유로 다툴 수 없도록 한다면, 병역법상 현역입영대상자로서는 현역병입영통지처분이 위법하다 하더라도 법원에 의하여 그 처분의 집행이 정지되지 아니하는 이상 현실적으로 입영을 할 수밖에 없으므로 현역병입영통지처분에 대하여는 불복을 사실상 원천적으로 봉쇄하는 것이 되고, 또한 현역입영대상자가 입영하여 현역으로 복무하는 과정에서 현역병입영통지처분 외에는 별도의 다른 처분이 없으므로 입영한 이후에는 불복할 아무런 처분마저 없게 되는 결과가 되며, 나아가 입영하여 현역으로 복무하는 자에 대한 병적을 당해 군 참모총장이 관리한다는 것은 입영 및 복무의 근거가 된 현역병입영통지처분이 적법함을 전제로 하는 것으로서 그 처분이 위법한 경우까지를 포함하는 의미는 아니라고 할 것이므로, 현역입영대상자로서는 현실적으로 입영을 하였다고 하더라도, 입영 이후의 법률관계에 영향을 미치고 있는 현역병입영통지처분 등을 한 관할지방병무청장을 상대로 위법을 주장하여 그 취소를 구할 소송상의 이익이 있다(대판 2003.12.26, 2003두1875).

③ [○] 고등학교 졸업이 대학입학자격이나 학력인정으로서의 의미밖에 없다고 할 수 없으므로 고등학교 졸업 학력 검정고시에 합격하였다 하여 고등학교 학생으로서의 신분과 명예가 회복될 수 없는 것이니 퇴학처분을 받은 자로서는 퇴학처분의 위법을 주장하여 그 취소를 구할 소송상의 이익이 있다(대판 1992.7.14, 91누4737).

④ [○] 사법시험령 제5조, 제6조, 제8조의 각 규정을 종합하여 보면, 사법시험 제1차 시험에 합격하였다고 할지라도 그것은 합격자가 사법시험령 제6조, 제8조 제1항의 각 규정에 의하여 당회의 제2차 시험과 차회의 제2차 시험에 응시할 자격을 부여받을 수 있는 전제요건이 되는 데 불과한 것이고, 그 자체만으로 합격한 자의 법률상의 지위가 달라지게 되는 것이 아니므로, 제1차 시험 불합격 처분 이후에 새로이 실시된 사법시험 제1차 시험에 합격하였을 경우에는 더 이상 위 불합격처분의 취소를 구할 법률상 이익이 없다(대판 1996.2.23, 95누2685).

답 ①

021

소의 이익에 관한 판례의 내용으로 옳지 않은 것은? (다툼이 있는 경우 판례에 의함)

① 소음·진동배출시설에 대한 설치허가가 취소된 후 그 배출시설이 어떠한 경위로든 철거되어 다시 복구 등을 통하여 배출시설을 가동할 수 없는 상태라면 이는 배출시설 설치허가의 대상이 되지 아니하므로 외형상 설치허가 취소행위가 잔존하고 있다고 하여도 특단의 사정이 없는 한 이제 와서 군이 위 처분의 취소를 구할 법률상의 이익이 없다.

② 원자로 및 관계 시설의 부지사전승인처분은 나중에 건설허가처분이 있게 되더라도 그 건설허가처분에 흡수되어 독립된 존재가치를 상실하는 것이 아니므로, 부지사전승인처분의 취소를 구할 이익이 있다.

③ 법인세 과세표준과 관련하여 과세관청이 법인의 소득처분 상대방에 대한 소득처분을 경정하면서 증액과 감액을 동시에 한 결과 전체로서 소득처분금액이 감소된 경우, 법인이 소득금액변동통지의 취소를 구할 소의 이익이 없다.

④ 건물철거 대집행계고처분취소소송 계속 중 건물철거대집행의 계고처분에 이어 대집행의 실행으로 건물에 대한 철거가 이미 사실행위로서 완료된 경우에는 원고로서는 계고처분의 취소를 구할 소의 이익이 없게 된다.

① [O] 대판 2002.1.11, 2000두2457

② [×] 원자로 및 관계 시설의 부지사전승인처분은 그 자체로서 건설부지를 확정하고 사전공사를 허용하는 법률효과를 지닌 독립한 행정처분이기는 하지만, 건설허가 전에 신청자의 편의를 위하여 미리 그 건설허가의 일부 요건을 심사하여 행하는 사전적 부분 건설허가처분의 성격을 갖고 있는 것이어서 나중에 건설허가처분이 있게 되면 그 건설허가처분에 흡수되어 독립된 존재가치를 상실함으로써 그 건설허가처분만이 쟁송의 대상이 되는 것이므로, 부지사전승인처분의 취소를 구하는 소는 소의 이익을 잃게 되고, 따라서 부지사전승인처분의 위법성은 나중에 내려진 건설허가처분의 취소를 구하는 소송에서 이를 다투면 된다(대판 1998.9.4, 97누19588).

③ [O] 법인이 법인세의 과세표준을 신고하면서 배당, 상여 또는 기타 소득으로 소득처분한 금액은 당해 법인이 신고기일에 소득처분의 상대방에게 지급한 것으로 의제되어 그때 원천징수하는 소득세의 납세의무가 성립·확정되며, 그 후 과세관청이 직권으로 상대방에 대한 소득처분을 경정하면서 일부 항목에 대한 증액과 다른 항목에 대한 감액을 동시에 한 결과 전체로서 소득처분금액이 감소된 경우에는 그에 따른 소득금액변동통지가 납세자인 당해 법인에 불이익을 미치는 처분이 아니므로 당해 법인은 그 소득금액변동통지의 취소를 구할 이익이 없다(대판 2012.4.13, 2009두5510).

④ [O] 계고처분에 기한 대집행의 실행이 이미 사실행위로서 완료된 이상 계고처분의 취소를 구할 법률상 이익이 없다(대판 1993.11.9, 93누14271).

답 ②

---

022 판례상 행정소송에서의 법률상 이익을 인정한 경우는?   2021년 7급
□□□

① 환지처분의 일부에 대한 취소소송

② 가중처벌에 관한 제재적 처분기준이 행정규칙의 형식으로 되어 있는 경우, 실효된 제재처분의 취소를 구하는 소송

③ 위법한 건축물에 대한 취소소송 중 건축공사가 완료된 경우

④ 교원소청심사위원회의 파면처분 취소결정에 대한 취소소송 계속 중 학교법인이 교원에 대한 징계처분을 해임으로 변경한 경우

📝 **해설 | 피고적격**   중요도 ★☆☆

① [×] 토지구획정리사업법에 의한 환지처분이 일단 공고되어 그 효력을 발생한 이상 환지전체의 절차를 처음부터 다시 밟지 않는 한 그 일부만을 따로 떼어 환지처분을 변경할 길이 없으므로 그 환지처분 중 일부 토지에 관하여 환지도 지정하지 아니하고 또 정산금도 지급하지 아니한 위법이 있다 하여도 이를 이유로 민법상의 불법행위로 인한 손해배상을 구할 수 있으므로 그 환지확정처분의 일부에 대하여 취소를 구할 법률상 이익은 없다(대판 1985.4.23, 84누446).

② [O] 제재적 행정처분의 가중사유나 전제요건에 관한 규정이 법령이 아니라 규칙의 형식으로 되어 있다고 하더라도, 그러한 규칙이 법령에 근거를 두고 있는 이상 그 법적 성질이 대외적·일반적 구속력을 갖는 법규명령인지 여부와는 상관없이, 관할 행정청이나 담당공무원은 이를 준수할 의무가 있으므로 이들이 그 규칙에 정해진 바에 따라 행정작용을 할 것이 당연히 예견되고, 그 결과 행정작용의 상대방인 국민으로서는 그 규칙의 영향을 받을 수밖에 없다. 따라서 그러한 규칙이 정한 바에 따라 선행처분을 받은 상대방이 그 처분의 존재로 인하여 장래에 받을 불이익, 즉 후행처분의 위험은 구체적이고 현실적인 것이므로, 상대방에게는 선행처분의 취소소송을 통하여 그 불이익을 제거할 필요가 있다고 할 것이다(대판 2006.6.22, 2003두1684 전합).

③ [×] 위법한 행정처분의 취소를 구하는 소는 위법한 처분에 의하여 발생한 위법상태를 배제하여 원상으로 회복시키고 그 처분으로 침해되거나 방해받은 권리와 이익을 보호·구제하고자 하는 소송이므로, 비록 그 위법한 처분을 취소한다 하더라도 원상회복이 불가능한 경우에는 그 취소를 구할 이익이 없다(대판 1996.11.29, 96누9768).

④ [×] 교원소청심사위원회의 파면처분 취소결정에 대한 취소소송 계속 중 학교법인이 교원에 대한 징계처분을 파면에서 해임으로 변경한 경우, 종전의 파면처분은 소급하여 실효되고 해임만 효력을 발생하므로, 소급하여 효력을 잃은 파면처분을 취소한다는 내용의 교원소청심사결정의 취소를 구하는 것은 법률상 이익이 없다(대판 2010.2.25, 2008두20765).

답 ②

023 다음 중 행정소송법상 행정청으로 옳지 않은 것은?

2007년 9급 복원

① 공무수탁사인
② 국가
③ 도지사
④ 국방부장관

✍ 해설 | 피고적격　　　　　　　　　　　　　　　　　　　　　　　　　중요도 ★☆☆

①③④ [○] 행정소송법을 적용함에 있어서 행정청에는 법령에 의하여 행정권한의 위임 또는 위탁을 받은 행정기관, 공공단체 및 그 기관 또는 사인이 포함된다(행정소송법 제2조 제2항).
② [×] 국가는 행정소송법상 행정청이 아니라 행정주체에 해당한다.

답 ②

---

024 행정소송법상 행정청에 포함되지 않는 것은?

2006년 9급 복원

① 공무수탁사인
② 국방부장관
③ 대한민국
④ 서울특별시장

✍ 해설 | 피고적격　　　　　　　　　　　　　　　　　　　　　　　　　중요도 ★☆☆

①②④ [○] 행정소송법을 적용함에 있어서 행정청에는 법령에 의하여 행정권한의 위임 또는 위탁을 받은 행정기관, 공공단체 및 그 기관 또는 사인이 포함된다(행정소송법 제2조 제2항).
③ [×] 대한민국은 행정청이 아닌 행정주체에 해당한다.

답 ③

---

025 서울지방경찰청장이 서초구경찰서장에게 내부위임한 사무를 서초구경찰서장이 적법한 절차와 형식에 따른 처분을 한 경우 이에 대한 취소소송의 피고에 해당하는 자로 옳은 것은?

2017년 9급 복원

① 서울지방경찰청
② 서울지방경찰청장
③ 서초구경찰서
④ 서초구경찰서장

✍ 해설 | 피고적격　　　　　　　　　　　　　　　　　　　　　　　　　중요도 ★★☆

② [○] 원칙적으로 내부위임에 대한 취소소송의 피고는 위임청이 된다. 내부위임의 경우 처분명의자는 위임받은 행정청이 아니라 위임한 행정청이기 때문이다. 따라서 서울지방경찰청장이 피고가 된다.

답 ②

PART 6

2022 해커스군무원 정재혁 행정법 16개년 기출문제집

026 행정소송의 피고적격에 대한 설명으로 옳지 않은 것은? (다툼이 있는 경우 판례에 의함)

① 성업공사가 체납압류된 재산을 공매하는 것은 세무서장의 공매권한 위임에 의한 것으로 보아야 할 것이므로, 성업공사가 한 그 공매처분에 대한 취소 등의 항고소송을 제기함에 있어서는 실제로 공매를 행한 성업공사를 피고로 하여야 한다.

② 세무서는 행정조직 내에서 사무분담기구일 뿐이고 대외적으로 의사를 결정·표시할 권한을 가진 행정청이 아니므로 피고는 행정청인 세무서장이 된다.

③ 무효등 확인소송에 있어서의 피고는 효력 유무나 존재 여부의 확인대상이 되는 처분 등을 한 행정청이다.

④ 조례가 항고소송의 대상이 되는 경우 조례를 제정한 지방의회가 피고가 된다.

해설 | 피고적격

중요도 ★★★

① [○] 성업공사가 체납압류된 재산을 공매하는 것은 세무서장의 공매권한 위임에 의한 것으로 보아야 할 것이므로, 성업공사가 한 그 공매처분에 대한 취소 등의 항고소송을 제기함에 있어서는 수임청으로서 실제로 공매를 행한 성업공사를 피고로 하여야 하고, 위임청인 세무서장은 피고적격이 없다. 세무서장의 위임에 의하여 성업공사가 한 공매처분에 대하여 피고 지정을 잘못하여 피고적격이 없는 세무서장을 상대로 그 공매처분의 취소를 구하는 소송이 제기된 경우, 법원으로서는 석명권을 행사하여 피고를 성업공사로 경정하게 하여 소송을 진행하여야 한다(대판 1997.2.28, 96누1757).

② [○] 취소소송은 다른 법률에 특별한 규정이 없는 한 그 처분 등을 행한 행정청을 피고로 한다. 다만, 처분 등이 있은 뒤에 그 처분 등에 관계되는 권한이 다른 행정청에 승계된 때에는 이를 승계한 행정청을 피고로 한다(행정소송법 제13조 제1항).

③ [○] 행정소송법 제9조, 제10조, 제13조 내지 제17조, 제19조, 제22조 내지 제26조, 제29조 내지 제31조 및 제33조의 규정은 무효등 확인소송의 경우에 준용한다(동법 제38조 제1항).

④ [×] 조례가 집행행위의 개입 없이도 그 자체로서 직접 국민의 구체적인 권리의무나 법적 이익에 영향을 미치는 등의 법률상 효과를 발생하는 경우 그 조례는 항고소송의 대상이 되는 행정처분에 해당하고, 이러한 조례에 대한 무효확인소송을 제기함에 있어서 행정소송법 제38조 제1항, 제13조에 의하여 피고적격이 있는 처분 등을 행한 행정청은, 행정주체인 지방자치단체 또는 지방자치단체의 내부적 의결기관으로서 지방자치단체의 의사를 외부에 표시한 권한이 없는 지방의회가 아니라, 구 지방자치법 제19조 제2항, 제92조에 의하여 지방자치단체의 집행기관으로서 조례로서의 효력을 발생시키는 공포권이 있는 지방자치단체의 장이다(대판 1996.9.20, 95누8003).

답 ④

027 다음 중 피고적격에 대한 설명으로 옳은 것은? (다툼이 있는 경우 판례에 의함)

① 서울특별시장의 권한이 부시장에게 위임된 경우, 위임사항에 관한 부시장의 처분에 불복하는 때에는 서울특별시장을 피고로 하여 소송을 제기해야 한다.

② 시·도 인사위원회가 7급 지방공무원의 신규임용시험의 실시를 관장한다고 할지라도 합의제기관은 피고적격을 가지지 않으므로 그 관서장인 시·도 인사위원회 위원장은 그의 명의로 한 7급 지방공무원의 신규임용시험 불합격결정에 대한 취소소송의 피고적격을 가지지 않는다.

③ 근로복지공단의 이사장으로부터 보험료의 부과 등에 관한 대리권을 수여받은 지역본부장이 대리의 취지를 명시적으로 표시하지 않고서 산재보험료 부과처분을 한 경우, 지역본부장은 물론 그 상대방 등도 근로복지공단과 지역본부장의 대리관계를 알고 있었다 하더라도 항고소송의 피고적격은 처분명의자인 지역본부장에 있다.

④ 광주광역시장이 사고로 인하여 직무를 수행할 수 없게 되어 부시장이 대리하여 처분을 행한 경우 그에 대한 취소소송의 피고는 광주광역시장이다.

① [×] 일반적인 권한위임의 경우 처분은 수임청 명의로 발령되므로, 이 경우에도 서울특별시장이 아니라 수임청인 부시장을 피고로 하여 소송을 제기해야 한다.

② [×] 구 지방공무원법 제7조, 제8조, 제9조, 제32조, 지방공무원 임용령 제42조의2 등 관계 규정에 의하면, 시·도 인사위원회는 독립된 합의제행정기관으로서 7급 지방공무원의 신규임용시험의 실시를 관장한다고 할 것이므로, 그 관서장인 시·도 인사위원회 위원장은 그의 명의로 한 7급 지방공무원의 신규임용시험 불합격결정에 대한 취소소송의 피고적격을 가진다(대판 1997.3.28, 95누7055).

③ [×] 대리권을 수여받은 데 불과하여 그 자신의 명의로는 행정처분을 할 권한이 없는 행정청의 경우 대리관계를 밝힘이 없이 그 자신의 명의로 행정처분을 하였다면 그에 대하여는 처분명의자인 당해 행정청이 항고소송의 피고가 되어야 하는 것이 원칙이지만, 비록 대리관계를 명시적으로 밝히지는 아니하였다 하더라도 처분명의자가 피대리 행정청 산하의 행정기관으로서 실제로 피대리 행정청으로부터 대리권한을 수여받아 피대리 행정청을 대리한다는 의사로 행정처분을 하였고 처분명의자는 물론 그 상대방도 그 행정처분이 피대리 행정청을 대리하여 한 것임을 알고서 이를 받아들인 예외적인 경우에는 피대리 행정청이 피고가 되어야 한다(대판 2006.2.23, 2005부4).

④ [○] 이 경우 처분은 피대리청인 광주광역시장 명의로 발령되고, 취소소송의 피고도 광주광역시장이 된다.

답 ④

028

사실행위에 관한 판례의 내용으로 옳지 않은 것은? (다툼이 있는 경우 판례에 의함) 2020년 9급

① 교도소장이 수형자를 '접견내용 녹음·녹화 및 접견시 교도관 참여대상자'로 지정한 행위는 수형자의 구체적 권리의무에 직접적 변동을 가져오는 행정청의 공법상 행위로서 항고소송의 대상이 되는 '처분'에 해당한다.

② 구청장이 사회복지법인에 특별감사 결과, 지적사항에 대한 시정지시와 그 결과를 관계서류와 함께 보고하도록 지시한 경우, 그 시정지시는 항고소송의 대상이 되는 행정처분에 해당하지 아니한다.

③ 교도소 수형자에게 소변을 받아 제출하게 한 것은, 형을 집행하는 우월적인 지위에서 외부와 격리된 채 형의 집행에 관한 지시, 명령을 복종하여야 할 관계에 있는 자에게 행해진 것으로서 권력적 사실행위이다.

④ 국세징수법에 의한 체납처분의 집행으로서 한 압류처분은, 행정청이 한 공법상의 처분이고, 따라서 그 처분이 위법이라고 하여 그 취소를 구하는 소송은 행정소송이다.

① [○] 대판 2014.2.13, 2013두20899

② [×] 구청장이 사회복지법인에 특별감사 결과 지적사항에 대한 시정지시와 그 결과를 관계서류와 함께 보고하도록 지시한 경우, 그 시정지시는 비권력적 사실행위가 아니라 항고소송의 대상이 되는 행정처분에 해당한다(대판 2008.4.24, 2008두3500).

③ [○] 교도소 수형자에게 소변을 받아 제출하게 한 것은, 형을 집행하는 우월적인 지위에서 외부와 격리된 채 형의 집행에 관한 지시, 명령을 복종하여야 할 관계에 있는 자에게 행해진 것으로서 그 목적 또한 교도소 내의 안전과 질서유지를 위하여 실시하였고, 일방적으로 강제하는 측면이 존재하며, 응하지 않을 경우 직접적인 징벌 등의 제재는 없다고 하여도 불리한 처우를 받을 수 있다는 심리적 압박이 존재하리라는 것을 충분히 예상할 수 있는 점에 비추어, 권력적 사실행위로서 헌법재판소법 제68조 제1항의 공권력의 행사에 해당한다(헌재 2006.7.27, 2005헌마277).

④ [○] 대판 1969.4.29, 69누12

답 ②

029 다음 중 판례에 따를 때 처분성이 인정되는 사항으로 옳지 않은 것은?

① 원자로시설부지 사전승인
② 어업권면허에 선행하는 우선순위결정
③ 건축주명의변경신고 거부처분
④ 농지개량조합 임직원의 근무관계

해설 | 확약

중요도 ★★☆

① [○] 원자로시설부지 사전승인처분의 근거 법률인 구 원자력법 제11조 제3항에 근거한 원자로 및 관계시설의 부지사전승인처분은 원자로 등의 건설허가 전에 그 원자로 등 건설예정지로 계획 중인 부지가 원자력법의 관계 규정에 비추어 적법성을 구비한 것인지 여부를 심사하여 행하는 사전적 부분 건설허가처분의 성격을 가지고 있는 것이므로, 원자력법 제12조 제2호·제3호로 규정한 원자로 및 관계시설의 허가기준에 관한 사항은 건설허가처분의 기준이 됨은 물론 부지사전승인처분의 기준으로도 된다(대판 1998.9.4, 97누19588).

② [×] 어업권면허에 선행하는 우선순위결정은 행정청이 우선권자로 결정된 자의 신청이 있으면 어업권면허처분을 하겠다는 것을 약속하는 행위로서 강학상 확약에 불과하고 행정처분은 아니므로, 우선순위결정에 공정력이나 불가쟁력과 같은 효력은 인정되지 아니한다(대판 1995.1.20, 94누6529).

③ [○] 건축주명의변경신고 수리거부행위는 원고의 권리의무에 직접 영향을 미치는 것으로서 취소소송의 대상이 되는 처분이라고 하지 않을 수 없다(대판 1992.3.31, 91누4911).

④ [○] 농지개량조합과 그 직원과의 관계는 사법상의 근로계약관계가 아닌 공법상의 특별권력관계이고, 그 조합의 직원에 대한 징계처분의 취소를 구하는 소송은 행정소송사항에 속한다(대판 1995.6.9, 94누10870).

답 ②

030 취소소송에 대한 설명으로 옳지 않은 것은? (다툼이 있는 경우 판례에 따름)

① 처분성이 인정되는 국민권익위원회의 조치요구에 대해 소방청장은 취소소송을 제기할 당사자능력과 원고적격을 갖는다.
② 사증발급의 법적 성질과 출입국관리법의 입법목적을 고려할 때 외국인은 사증발급거부처분의 취소를 구할 법률상 이익이 있다.
③ 거부처분이 행정심판의 재결을 통해 취소된 경우 재결에 따른 후속처분이 아니라 그 재결의 취소를 구하는 것은 분쟁해결의 유효적절한 수단이라고 할 수 없어 소의 이익이 없다.
④ 병무청장의 병역의무 기피자의 인적사항 공개결정은 취소소송의 대상이 되는 처분에 해당한다.

해설 | 취소소송 요건

중요도 ★★☆

① [○] 국민권익위원회가 소방청장에게 인사와 관련하여 부당한 지시를 한 사실이 인정된다며 이를 취소할 것을 요구하기로 의결하고 그 내용을 통지한 것에 대하여 소방청장으로서는 조치요구의 취소를 구하는 항고소송을 제기하는 것이 유효·적절한 수단으로 볼 수 있으므로 소방청장은 예외적으로 당사자능력과 원고적격을 가진다(대판 2018.8.1, 2014두35379).

> **부패방지권익위법 제62조의4【행정소송의 제기 등】** ① 소속기관장 등은 신분보장 등 조치결정에 대하여 행정소송법에 따른 행정소송을 제기하는 경우에는 같은 법 제20조 제1항에도 불구하고 신분보장 등 조치결정을 통보받은 날부터 30일 이내에 제기하여야 한다.
> ② 소속기관장 등은 신분보장 등 조치결정에 대해서는 행정심판법에 따른 행정심판을 청구할 수 없다.

② [×] 사증발급거부처분을 다투는 외국인은, 아직 대한민국에 입국하지 않은 상태에서 대한민국에 입국하게 해달라고 주장하는 것으로, 대한민국과의 실질적 관련성 내지 대한민국에서 법적으로 보호가치 있는 이해관계를 형성한 경우는 아니어서, 해당 처분의 취소를 구할 법률상 이익을 인정하여야 할 법 정책적 필요성도 크지 않다. 반면, 국적법상 귀화불허가처분이나 출입국관리법상 체류자격변경 불허가처분, 강제퇴거명령 등을 다투는 외국인은 대한민국에 적법하게 입국하여 상당한 기간을 체류한 사람이므로, 이미 대한민국과의 실질적 관련성 내지 대한민국에서 법적으로 보호가치 있는 이해관계를 형성한 경우이어서, 해당 처분의 취소를 구할 법률상 이익이 인정된다고 보아야 한다(대판 2018.5.15, 2014두42506).

③ [○] 당사자의 신청을 받아들이지 않은 거부처분이 재결에서 취소된 경우에 행정청은 종전 거부처분 또는 재결 후에 발생한 새로운 사유를 내세워 다시 거부처분을 할 수 있다. 또한 행정청이 재결에 따라 이전의 신청을 받아들이는 후속처분을 하였더라도 후속처분이 위법한 경우에는 재결에 대한 취소소송을 제기하지 않고도 곧바로 후속처분에 대한 항고소송을 제기하여 다툴 수 있다. 나아가 재결에 대한 항고소송을 제기하여 재결을 취소하는 판결이 확정되더라도 그와 별도로 후속처분이 취소되지 않는 이상 후속처분으로 인한 제3자의 권리나 이익에 대한 침해 상태는 여전히 유지된다. 이러한 점들을 종합하면, 거부처분이 재결에서 취소된 경우 재결에 따른 후속처분이 아니라 그 재결의 취소를 구하는 것은 실효적이고 직접적인 권리구제수단이 될 수 없어 분쟁해결의 유효적절한 수단이라고 할 수 없으므로 법률상 이익이 없다(대판 2017.10.31, 2015두45045).

④ [○] 병무청장이 병역법 제81조의2 제1항에 따라 병역의무 기피자의 인적사항 등을 인터넷 홈페이지에 게시하는 등의 방법으로 공개한 경우, 병무청장의 공개결정은 항고소송의 대상이 되는 행정처분에 해당한다(대판 2019.6.27, 2018두49130).

답 ②

031 다음 행정쟁송에 관한 설명으로 옳지 않은 것은?

2010년 9급 복원

① 행정심판에서 인용재결이 이루어진 후 제기된 행정소송은 각하된다.
② 제3자효적 행정행위에 대한 처분 등의 취소나 무효의 확인 및 부작위의 위법을 확인하는 확정판결은 제3자에 대하여도 효력이 있다.
③ 행정소송법에서 취소소송은 처분 등이 있음을 안 날부터 180일 내에 제기하여야 한다고 규정되어 있다.
④ 행정소송을 제기하여도 처분의 집행은 중단되지 않는다.

📝 해설 | 행정쟁송

중요도 ★★☆

① [○] 행정심판에서 인용재결이 이루어진 후 제기된 행정소송은 협의의 소익이 없으므로 각하된다.
② [○] 처분 등을 취소하는 확정판결은 제3자에 대하여도 효력이 있다(행정소송법 제29조 제1항).
③ [×] 취소소송은 처분 등이 있음을 안 날부터 90일 이내에 제기하여야 한다. 다만, 제18조 제1항 단서에 규정한 경우와 그 밖에 행정심판청구를 할 수 있는 경우 또는 행정청이 행정심판청구를 할 수 있다고 잘못 알린 경우에 행정심판청구가 있은 때의 기간은 재결서의 정본을 송달받은 날부터 기산한다(동법 제20조 제1항).
④ [○] 집행부정지 원칙에 따라서 행정소송을 제기한다고 하더라도 처분의 집행이 중단되지 않는다.

> **동법 제23조【집행정지】** ① 취소소송의 제기는 처분 등의 효력이나 그 집행 또는 절차의 속행에 영향을 주지 아니한다.

답 ③

032 행정쟁송에 대한 다음 설명 중 옳지 않은 것은? (다툼이 있는 경우 판례에 의함)

2012년 9급 복원

① 하나의 행정처분에 대한 무효확인과 취소청구는 주위적·예비적 청구로서만 병합이 가능하다.
② 제3자 소송참가인은 공동소송적 보조참가인의 지위를 가진다.
③ 법원은 소송의 결과에 따라 권리 또는 이익의 침해를 받을 제3자가 있는 경우 당사자 또는 제3자의 신청 또는 직권에 의하여 결정으로써 제3자를 소송에 참가시킬 수 있다.
④ 권리주체가 아니더라도 원칙적으로 항고소송의 청구가 가능하다.

① [O] 행정처분에 대한 무효확인과 취소청구는 서로 양립할 수 없는 청구로서 주위적·예비적 청구로서만 병합이 가능하고 선택적 청구로서의 병합이나 단순 병합은 허용되지 아니한다(대판 1999.8.20, 97누6889).

② [O] 행정소송에 참가한 제3자는 공동소송적 보조참가인의 지위를 가진다고 보는 것이 통설이다. 참가인은 현실적으로 소송행위를 했는지 여부를 불문하고 참가한 소송의 판결효력을 받게 된다.

③ [O] 법원은 소송의 결과에 따라 권리 또는 이익의 침해를 받을 제3자가 있는 경우에는 당사자 또는 제3자의 신청 또는 직권에 의하여 결정으로써 그 제3자를 소송에 참가시킬 수 있다(행정소송법 제16조 제1항).

④ [×] 원칙적으로 권리주체만이 항고소송의 당사자가 될 수 있다.

> **⚖ 관련 판례**
> 도롱뇽은 천성산 일원에 서식하고 있는 도롱뇽목 도롱뇽과에 속하는 양서류로서 자연물인 도롱뇽 또는 그를 포함한 자연 그 자체로서는 소송을 수행할 당사자능력을 인정할 수 없다(대결 2006.6.2, 2004마1148·1149).
>
> ※ 단, 대법원은 권리주체 아닌 소방청장의 항고소송 당사자능력과 원고적격을 예외적으로 인정한 바 있다(대판 2018.8.1, 2014두35379 참조).

답 ④

---

033 행정소송에 관한 설명 중 옳지 않은 것은? (다툼이 있는 경우 판례에 의함) 2009년 9급 복원

① 법원은 필요하다고 인정할 때에는 직권으로 증거조사를 할 수 있다.
② 행정소송법상 관련청구소송의 이송 및 병합이 인정된다.
③ 우리나라 행정소송법은 행정소송의 대상에 관해 열기주의를 택하고 있다.
④ 취소소송이 제기되어도 원칙적으로 해당 처분의 효력은 정지되지 않는다.

✍ 해설 | 행정소송 중요도 ★★☆

① [O] 법원은 필요하다고 인정할 때에는 직권으로 증거조사를 할 수 있고, 당사자가 주장하지 아니한 사실에 대하여도 판단할 수 있다(행정소송법 제26조).

② [O] 동법 제10조 제1항·제2항

> **제10조【관련청구소송의 이송 및 병합】** ① 취소소송과 다음 각 호의 1에 해당하는 소송(이하 "관련청구소송"이라 한다)이 각각 다른 법원에 계속되고 있는 경우에 관련청구소송이 계속된 법원이 상당하다고 인정하는 때에는 당사자의 신청 또는 직권에 의하여 이를 취소소송이 계속된 법원으로 이송할 수 있다.
> 1. 당해 처분 등과 관련되는 손해배상·부당이득반환·원상회복 등 청구소송
> 2. 당해 처분 등과 관련되는 취소소송
> ② 취소소송에는 사실심의 변론종결시까지 관련청구소송을 병합하거나 피고 외의 자를 상대로 한 관련청구소송을 취소소송이 계속된 법원에 병합하여 제기할 수 있다.

③ [×] 행정소송의 대상에 관해서는 개괄주의를 택하고 있다.

> **동법 제2조【정의】** ① 이 법에서 사용하는 용어의 정의는 다음과 같다.
> 1. "처분 등"이라 함은 행정청이 행하는 구체적 사실에 관한 법집행으로서의 공권력의 행사 또는 그 거부와 그 밖에 이에 준하는 행정작용(이하 "처분"이라 한다) 및 행정심판에 대한 재결을 말한다.
> 2. "부작위"라 함은 행정청이 당사자의 신청에 대하여 상당한 기간 내에 일정한 처분을 하여야 할 법률상 의무가 있음에도 불구하고 이를 하지 아니하는 것을 말한다.
> **제3조【행정소송의 종류】** 행정소송은 다음의 네 가지로 구분한다.
> 1. 항고소송: 행정청의 처분 등이나 부작위에 대하여 제기하는 소송

④ [O] 행정소송법은 집행부정지를 원칙으로 한다.

답 ③

034 甲은 부산광역시의 건축 관련 처분에 대해 행정심판을 제기하였으나 기각판결이 나자 이에 대해 행정소송을 제기하려고 한다. 다음 중 행정소송의 피고와 관할 법원이 연결된 경우로 옳은 것은?
2008년 9급 복원

① 부산광역시장 – 부산지방법원
② 국토교통부장관 – 서울행정법원
③ 중앙행정심판위원회 – 부산지방법원
④ 중앙행정심판위원회 – 서울행정법원

📝 해설 | 행정소송의 요건
중요도 ★★☆

① [○] 피고는 처분행정청인 부산광역시장이고, 관할 법원은 부산지방법원이 될 수 있다.

> **행정소송법 제13조 【피고적격】** ① 취소소송은 다른 법률에 특별한 규정이 없는 한 그 처분 등을 행한 행정청을 피고로 한다. 다만, 처분 등이 있은 뒤에 그 처분 등에 관계되는 권한이 다른 행정청에 승계된 때에는 이를 승계한 행정청을 피고로 한다.
> **제9조 【재판관할】** ① 취소소송의 제1심 관할 법원은 피고의 소재지를 관할하는 행정법원으로 한다.

답 ①

---

035 다음 중 행정소송에 대한 설명으로 옳지 않은 것은?
2011년 9급 복원

① 토지의 수용 기타 부동산 또는 특정의 장소에 관계되는 처분 등에 대한 취소소송은 그 부동산 또는 장소의 소재지를 관할하는 행정법원에 이를 제기할 수 있다.
② 중앙행정기관의 장이 피고인 경우 취소소송을 제기하는 경우에는 대법원 소재지를 관할하는 행정법원을 제1심 관할 법원으로 해야 한다.
③ 처분이 있은 뒤에 그 처분에 관계되는 권한이 다른 행정청에 승계된 경우에는 그 권한을 승계한 행정청을 피고로 한다.
④ 대통령선거와 국회의원선거에 대한 제1심 재판관할은 대법원이 된다.

📝 해설 | 행정소송의 요건
중요도 ★★☆

① [○] 토지의 수용 기타 부동산 또는 특정의 장소에 관계되는 처분 등에 대한 취소소송은 그 부동산 또는 장소의 소재지를 관할하는 행정법원에 이를 제기할 수 있다(행정소송법 제9조 제3항).
② [×] 대법원소재지를 관할하는 행정법원에 제기할 수 있다.

> **동법 제9조 【재판관할】** ② 제1항에도 불구하고 다음 각 호의 어느 하나에 해당하는 피고에 대하여 취소소송을 제기하는 경우에는 대법원소재지를 관할하는 행정법원에 제기할 수 있다.
> 1. 중앙행정기관, 중앙행정기관의 부속기관과 합의제행정기관 또는 그 장
> 2. 국가의 사무를 위임 또는 위탁받은 공공단체 또는 그 장

③ [○] 취소소송은 다른 법률에 특별한 규정이 없는 한 그 처분 등을 행한 행정청을 피고로 한다. 다만, 처분 등이 있은 뒤에 그 처분 등에 관계되는 권한이 다른 행정청에 승계된 때에는 이를 승계한 행정청을 피고로 한다(동법 제13조 제1항).
④ [○] 대통령선거 및 국회의원선거에 있어서 선거의 효력에 관하여 이의가 있는 선거인·정당 또는 후보자는 선거일부터 30일 이내에 당해 선거구선거관리위원회위원장을 피고로 하여 대법원에 소를 제기할 수 있다(공직선거법 제222조 제1항).

답 ②

036 다음 중 행정소송법상 집행정지의 요건에 해당하지 않는 것은?

① 대상이 되는 처분이 존재할 것
② 본안소송이 적법하게 계속되어 있을 것
③ 회복하기 어려운 손해발생의 우려가 있을 것
④ 공공복리에 중대한 영향을 미칠 우려가 있을 것

해설 | 집행정지

중요도 ★★☆

① [○] 처분 전일 경우 집행정지할 수 없으며 정지대상인 처분이 있어야 집행정지가 가능하다.
② [○] 본안문제인 행정처분 자체의 적법 여부는 집행정지신청의 요건이 되지 아니하는 것이 원칙이지만 본안소송의 제기 자체는 적법한 것이어야 한다.
③ [○] 집행정지의 요건으로는 회복하기 어려운 손해발생의 우려가 있어야 하며, 이때 회복하기 어려운 손해란 행정처분을 받은 당사자가 사회통념상 참고 견디기가 매우 어려운 유형·무형의 손해를 말한다.
④ [×] 집행정지는 공공복리에 중대한 영향을 미칠 우려가 있을 때에는 허용되지 아니한다(행정소송법 제23조 제3항).

답 ④

037 적법한 건축물에 철거명령이 내려진 경우 원고가 취소소송을 제기하면서 취할 수 있는 가장 적절한 권리구제수단으로 옳은 것은?

① 철거명령 자체의 효력정지를 구해야 한다.
② 강제집행절차인 계고처분의 전부나 일부정지로 속행을 중지하여야 한다.
③ 효력정지와 집행정지 둘 다 가능하다.
④ 계고처분의 취소소송에서 철거명령의 하자를 주장하는 것으로 충분하다.

해설 | 집행정지

중요도 ★★☆

①③ [×] 행정소송법 제23조 제2항

> **제23조【집행정지】** ② 취소소송이 제기된 경우에 처분 등이나 그 집행 또는 절차의 속행으로 인하여 생길 회복하기 어려운 손해를 예방하기 위하여 긴급한 필요가 있다고 인정할 때에는 본안이 계속되고 있는 법원은 당사자의 신청 또는 직권에 의하여 처분 등의 효력이나 그 집행 또는 절차의 속행의 전부 또는 일부의 정지를 결정할 수 있다. 다만, 처분의 효력정지는 처분 등의 집행 또는 절차의 속행을 정지함으로써 목적을 달성할 수 있는 경우에는 허용되지 아니한다.

② [○] 행정대집행에 의해 철거가 끝나버린 후에는 취소소송을 제기하더라도 아무런 실익이 없다. 즉, 취소소송과 병행하여 계고처분의 전부나 일부정지로 속행을 중지하는 조치를 취할 필요가 있다.
④ [×] 건물철거명령이 당연무효가 아닌 이상 행정심판이나 소송을 제기하여 그 위법함을 소구하는 절차를 거치지 아니하였다면 위 선행행위인 건물철거명령은 적법한 것으로 확정되었다고 할 것이므로 후행행위인 대집행계고처분에서는 그 건물이 무허가건물이 아닌 적법한 건축물이라는 주장이나 그러한 사실인정을 하지 못한다(대판 1998.9.8, 97누20502).

답 ②

038

행정소송법상 집행정지에 대한 설명으로 옳지 않은 것은? (다툼이 있는 경우 판례에 의함)

2021년 7급

① 공공복리에 중대한 영향을 미칠 우려가 있어 집행정지를 불허할 경우의 입증책임은 행정청에게 있다.
② 집행정지결정 후 본안소송이 취하되면 집행정지결정의 효력도 상실한다.
③ 무효확인소송에서는 집행정지가 인정되지 않는다.
④ 집행정지의 결정을 신청함에 있어서는 그 이유에 대한 소명이 있어야 한다.

📝 해설 ┃ 집행정지

중요도 ★★☆

① [○] 행정소송법 제23조 제3항에서 규정하고 있는 집행정지의 장애사유로서의 '공공복리에 중대한 영향을 미칠 우려'라 함은 일반적·추상적인 공익에 대한 침해의 가능성이 아니라 당해 처분의 집행과 관련된 구체적·개별적인 공익에 중대한 해를 입힐 개연성을 말하는 것으로서 이러한 집행정지의 소극적 요건에 대한 주장·소명책임은 행정청에게 있다(대결 2004.5.17, 2004무6).

② [○] 행정처분의 집행정지는 행정처분 집행부정지의 원칙에 대한 예외로서 인정되는 일시적인 응급처분이라 할 것이므로 집행정지결정을 하려면 이에 대한 본안소송이 법원에 제기되어 계속중임을 요건으로 하는 것이므로 집행정지결정을 한 후에라도 본안소송이 취하되어 소송이 계속하지 아니한 것으로 되면 집행정지결정은 당연히 그 효력이 소멸되는 것이고 별도의 취소조치를 필요로 하는 것이 아니다(대판 1975.11.11, 75누97).

③ [×] 집행정지는 취소소송과 무효등 확인소송에서만 인정되고, 부작위법확인소송에서는 인정되지 않고 있다.

> **행정소송법 제38조 【준용규정】** ① 제9조, 제10조, 제13조 내지 제17조, 제19조, 제22조 내지 제26조, 제29조 내지 제31조 및 제33조의 규정은 무효등 확인소송의 경우에 준용한다.

④ [○] 동법 제23조 제2항·제4항

> **제23조 【집행정지】** ② 취소소송이 제기된 경우에 처분 등이나 그 집행 또는 절차의 속행으로 인하여 생길 회복하기 어려운 손해를 예방하기 위하여 긴급한 필요가 있다고 인정할 때에는 본안이 계속되고 있는 법원은 당사자의 신청 또는 직권에 의하여 처분 등의 효력이나 그 집행 또는 절차의 속행의 전부 또는 일부의 정지(이하 "집행정지"라 한다)를 결정할 수 있다. 다만, 처분의 효력정지는 처분 등의 집행 또는 절차의 속행을 정지함으로써 목적을 달성할 수 있는 경우에는 허용되지 아니한다.
> ④ 제2항의 규정에 의한 집행정지의 결정을 신청함에 있어서는 그 이유에 대한 소명이 있어야 한다.

답 ③

039

행정소송법상 집행정지에 관한 설명 중 옳지 않은 것은?

2009년 9급 복원

① 집행정지는 취소소송과 무효등 확인소송에 인정된다.
② 집행정지는 당사자의 신청이나 직권에 의해 행해진다.
③ 집행정지결정에는 기판력이 인정되지 않는다.
④ 집행정지신청은 항소심과 상고심에서는 불가능하다.

📝 해설 ┃ 집행정지

중요도 ★★☆

① [○] 집행정지는 취소소송·무효등 확인소송에는 인정되지만 부작위법확인소송에는 인정되지 않는다.
② [○] 법원은 당사자의 신청 또는 직권에 의하여 처분 등의 효력이나 그 집행 또는 절차의 속행의 전부 또는 일부의 정지를 결정할 수 있다.
③ [○] 집행정지결정은 행정청과 그 밖의 행정청을 기속할뿐 기판력이 인정되지는 않는다.
④ [×] 적법한 본안소송이 계속 중인 한 항소심뿐 아니라 상고심에서도 집행정지를 신청할 수 있다.

답 ④

040 집행정지에 대한 다음 설명 중 옳지 않은 것은?

① 집행정지결정시 기속력과 형성력이 인정된다.

② 교수임용신청에 대한 거부처분은 집행정지의 대상이 된다.

③ 당사자와 검사가 과태료 재판에 대해 즉시 항고할 경우 항고는 집행정지의 효력이 있다.

④ 처분의 효력정지는 처분의 집행 또는 절차의 속행을 정지함으로써 그 목적을 달성할 수 있을 때에는 허용되지 않는다.

해설 | 집행정지

중요도 ★★☆

① [○] 처분 등을 취소하는 확정판결은 그 사건에 관하여 당사자인 행정청과 그 밖의 관계행정청을 기속한다(행정소송법 제30조 제1항). 제30조 제1항의 규정은 제2항의 규정에 의한 집행정지의 결정에 이를 준용한다(동법 제23조 제6항). ⇨ 집행정지결정이 고지되면 행정청의 별도 효력 등 정지통지 없이도 당연히 결정에서 정한대로 처분 등의 효력이 정지된다.

② [×] 거부처분은 행정소송법상 집행정지의 대상이 되지 아니한다.

③ [○] 당사자와 검사는 과태료 재판에 대하여 즉시항고를 할 수 있다. 이 경우 항고는 집행정지의 효력이 있다(질서위반행위규제법 제38조 제1항).

④ [○] 취소소송이 제기된 경우에 처분 등이나 그 집행 또는 절차의 속행으로 인하여 생길 회복하기 어려운 손해를 예방하기 위하여 긴급한 필요가 있다고 인정할 때에는 본안이 계속되고 있는 법원은 당사자의 신청 또는 직권에 의하여 처분 등의 효력이나 그 집행 또는 절차의 속행의 전부 또는 일부의 정지를 결정할 수 있다. 다만, 처분의 효력정지는 처분 등의 집행 또는 절차의 속행을 정지함으로써 목적을 달성할 수 있는 경우에는 허용되지 아니한다(행정소송법 제23조 제2항).

답 ②

---

041 다음 중 집행정지에 관한 설명으로 옳지 않은 것은?

① 무효인 행정행위에는 불가쟁력이 발생하지 않는다.

② 집행부정지의 원칙은 행정의 신속성·행정객체의 권리보호 차원에서 행해진다.

③ 정지사유가 없어진 때에는 당사자의 신청이나 직권에 의해 집행정지결정을 취소할 수 있다.

④ 처분의 효력정지는 처분 등의 집행이나 절차의 속행을 정지함으로써 목적을 달성할 수 있는 경우에는 허용되지 않는다.

해설 | 집행정지

중요도 ★★☆

① [○] 무효인 행정행위에는 공정력, 불가쟁력이 인정되지 않는다.

② [×] 취소소송의 제기는 처분 등의 효력이나 그 집행 또는 절차의 속행에 영향을 주지 아니한다(행정소송법 제23조 제1항).
　　⇨ 행정소송법 제23조는 집행부정지의 원칙을 규정하고 있는데 이는 행정의 신속성과 행정소송 제기 남용과 억제를 위한 정책적 고려의 결과일 뿐 행정객체의 권리보호와는 관련이 없다.

③ [○] 집행정지의 결정이 확정된 후 집행정지가 공공복리에 중대한 영향을 미치거나 그 정지사유가 없어진 때에는 당사자의 신청 또는 직권에 의하여 결정으로써 집행정지의 결정을 취소할 수 있다(동법 제24조 제1항).

④ [○] 취소소송이 제기된 경우에 처분 등이나 그 집행 또는 절차의 속행으로 인하여 생길 회복하기 어려운 손해를 예방하기 위하여 긴급한 필요가 있다고 인정할 때에는 본안이 계속되고 있는 법원은 당사자의 신청 또는 직권에 의하여 처분 등의 효력이나 그 집행 또는 절차의 속행의 전부 또는 일부의 정지를 결정할 수 있다. 다만, 처분의 효력정지는 처분 등의 집행 또는 절차의 속행을 정지함으로써 목적을 달성할 수 있는 경우에는 허용되지 아니한다(동법 제23조 제2항).

답 ②

042

취소소송의 판결효력에 대한 설명으로 옳지 않은 것은?

① 처분 등을 취소하는 확정판결은 제3자에 대하여는 효력이 미치지 않는다.

② 처분 등의 무효를 확인하는 인용판결은 제3자에 대하여도 효력이 미친다.

③ 처분행정청은 기속력의 적극적 효력에 의하여 판결의 취지에 따른 처분을 하여야 하는 재처분의무를 진다.

④ 본안판결은 청구의 당부에 관한 판결로서 청구내용의 전부 또는 일부를 기각하거나 인용하는 것을 내용으로 한다.

📝 해설 | 판결의 효력

중요도 ★★☆

① [×] 처분 등을 취소하는 확정판결은 제3자에 대하여도 효력이 있다(행정소송법 제29조 제1항).

② [○] 무효등 확인소송에서도 행정소송법 제29조를 준용하기 때문에 처분 등의 무효를 확인하는 인용판결은 제3자에 대하여도 효력이 미친다.

③ [○] 처분 등을 취소하는 확정판결은 그 사건에 관하여 당사자인 행정청과 그 밖의 관계행정청을 기속하며, 판결에 의하여 취소되는 처분이 당사자의 신청을 거부하는 것을 내용으로 하는 경우에는 그 처분을 행한 행정청은 판결의 취지에 따라 다시 이전의 신청에 대한 처분을 하여야 한다(동법 제30조 제1항·제2항).

④ [○] 본안판결은 소송요건이 적법하게 충족한 것을 전제로 청구의 당부에 대한 판결로서 본안심리의 결과 청구내용의 전부 또는 일부를 기각하거나 인용하는 종국판결이다.

답 ①

043

다음 중 판결에 관한 설명으로 옳지 않은 것은? (다툼이 있는 경우 판례에 의함)

① 기속력에 반하는 행정청의 행위는 위법하며 판례는 무효원인으로 본다.

② 행정소송법의 취소판결 효력은 제3자에게 미치지 않는다.

③ 판례에 의하면 처분의 위법함을 인정하는 청구인용판결이 확정된 경우에도 처분 시점 이후에 생긴 새로운 사유나 사실관계를 들어 동일한 내용의 처분을 하는 것은 무방하다.

④ 사정판결의 대상이 되는 처분의 위법 여부는 처분시를 기준으로 판단하여야 한다.

📝 해설 | 판결의 효력

중요도 ★★☆

① [○] 주택건설사업 승인신청 거부처분의 취소를 명하는 판결이 확정되었음에도 행정청이 그에 따른 재처분을 하지 않은 채 위 취소소송 계속 중에 도시계획법령이 개정되었다는 이유를 들어 다시 거부처분을 한 사안에서, 새로운 거부처분이 확정된 종전 거부처분 취소판결의 기속력에 저촉되어 당연무효라고 한 사례이다(대결 2002.12.11, 2002무22).

② [×] 처분 등을 취소하는 확정판결은 제3자에 대하여도 효력이 있다(행정소송법 제29조 제1항).

③ [○] 행정처분의 적법 여부는 그 행정처분이 행하여 진 때의 법령과 사실을 기준으로 하여 판단하는 것이므로 거부처분 후에 법령이 개정·시행된 경우에는 개정된 법령 및 허가기준을 새로운 사유로 들어 다시 이전의 신청에 대한 거부처분을 할 수 있으며 그러한 처분도 행정소송법 제30조 제2항에 규정된 재처분에 해당된다(대판 1998.1.7, 97두22).

④ [○] 처분의 위법 여부는 처분시를 기준으로 한다. 반면, 사정판결의 필요 여부는 판결시(사실심 변론종결시)를 기준으로 한다.

답 ②

044 다음 중 빈칸에 들어갈 내용으로 가장 옳은 것은?

> "행정처분취소청구를 기각하는 판결이 확정된 경우에 당해 처분이 위법하지 아니하다는 점이 판결에서 확정된 이상 원고가 다시 이를 무효라 하여 무효확인소송을 제기할 수 없다."는 법원의 판결에 부여되는 효력을 (   )이라 한다.

① 구속력
② 기판력
③ 불가쟁력
④ 형성력

해설 │ 판결의 효력

중요도 ★☆☆

① [×] 구속력이란 행정행위가 그 내용에 따라 관계행정청 및 상대방과 이해관계인에 대해 일정한 법적 효과를 발생시키는 힘을 말한다. 여기서 행정행위가 법률행위적 행정행위인 경우에는 행정청이 표시한 의사의 내용을, 준법률행위적 행정행위인 경우에는 법령이 정하는 내용을 그 근거로 한다.

② [○] 행정처분취소청구를 기각하는 판결이 확정되면 그 처분이 적법하다는 점에 관하여 기판력이 생기고 그 소의 원고뿐만 아니라 관계행정기관도 이에 기속된다 할 것이므로 면직처분이 위법하지 아니하다는 점이 판결에서 확정된 이상 원고가 다시 이를 무효라 하여 그 무효확인을 소구할 수는 없다(대판 1992.12.8, 92누6891).

③ [×] 불가쟁력이란 하자 있는 행정행위라도 쟁송제기기간이 경과하거나 쟁송수단을 다 거친 경우에는 상대방 또는 이해관계인이 더 이상 그 효력을 다투지 못하는 것을 말한다.

④ [×] 형성력은 확정판결에 의해서 법률관계의 발생·변경·소멸을 일으키는 효력을 말한다.

답 ②

---

045 다음 중 판결의 효력에 대한 설명으로 옳은 것은?

① 기판력은 행정소송법에 규정되어 있다.
② 기속력의 성질에 대하여는 기판력설과 특수효력설이 대립하는 바, 학설과 판례는 기판력설을 취한다.
③ 판결이 난 이후에 판결 전과 같은 사유로 행정청이 동일한 처분을 하게 되면 당연무효라는 것이 판례의 입장이다.
④ 기속력의 이행확보로서 의무이행심판에 따른 처분명령재결이 있음에도 불구하고 당해 행정청이 재결의 내용에 따른 처분을 하지 아니하는 때에는 시정명령 없이 바로 직접 처분을 할 수 있다.

해설 │ 판결의 효력

중요도 ★★☆

① [×] 행정소송법 제30조는 기속력을 규정하고 있으며, 기판력은 규정되어 있지 않다.

② [×] 기속력의 성질에 관하여는 기판력설과 특수효력설로 나누어져 있으며, 기속력과 기판력을 다르게 파악하는 특수효력설이 통설의 입장이다.

③ [○] 어떠한 행정처분에 위법한 하자가 있다는 이유로 그 취소를 소구한 행정소송에서 그 행정처분을 취소하는 판결이 선고되어 확정된 경우에 처분행정청이 그 행정소송의 사실심 변론종결 이전의 사유를 내세워 다시 확정판결에 저촉되는 행정처분을 하는 것은 확정판결의 기판력에 저촉되어 허용될 수 없고 이와 같은 행정처분은 그 하자가 명백하고 중대한 경우에 해당되어 당연무효이다(대판 1989.9.12, 89누985).

④ [×] 위원회는 피청구인이 제49조 제3항에도 불구하고 처분을 하지 아니하는 경우에는 당사자가 신청하면 기간을 정하여 서면으로 시정을 명하고 그 기간에 이행하지 아니하면 직접 처분을 할 수 있다. 다만, 그 처분의 성질이나 그 밖의 불가피한 사유로 위원회가 직접 처분을 할 수 없는 경우에는 그러하지 아니하다(행정심판법 제50조 제1항).

답 ③

046

원고의 청구가 이유 있음에도 불구하고 공익을 이유로 기각하는 판결로 옳은 것은?

① 사정판결
② 취소판결
③ 유효확인판결
④ 무효확인판결

📝 해설 Ⅰ 행정심판

중요도 ★★☆

① [○] 원고의 청구가 이유 있다고 인정하는 경우에도 처분 등을 취소하는 것이 현저히 공공복리에 적합하지 아니하다고 인정하는 때에는 법원은 원고의 청구를 기각할 수 있다. 이 경우 법원은 그 판결의 주문에서 그 처분 등이 위법함을 명시하여야 한다(행정소송법 제28조 제1항).

②③④ [×] 판결은 소송판결과 본안판결로 나누어 볼 수 있으며, 본안판결은 다시 기각판결과 인용판결로 나누어 볼 수 있다. 여기서 기각판결은 처분에 원고가 주장하는 바와 같은 위법성이 없는 경우에 행해지는데, 행정의 법률적합성 원칙의 예외적 현상으로 원고의 청구가 이유가 있는 경우라 하더라도 예외적으로 기각판결을 할 수 있는 것이 사정판결이다.

답 ①

047

다음 중 입증책임에 대한 설명으로 옳지 않은 것은? (다툼이 있는 경우 판례에 의함)

① 대집행 요건 충족의 주장·입증책임은 원고에게 있다.
② 사정판결의 필요성에 대한 입증책임은 피고인 행정청이 부담한다.
③ 취소소송에서 처분의 기초를 이루는 사실에 대한 적법성은 피고가 입증책임을 진다.
④ 무효등 확인소송도 취소소송을 준용하여 무효임을 원고가 입증한다.

📝 해설 Ⅰ 입증책임

중요도 ★★☆

① [×] 건축철거의 대집행 요건의 주장과 입증책임은 계고처분을 한 행정청에 있다(대판 1982.5.11, 81누232).
② [○] 사정판결을 해야 하는 사유는 예외적인 사항에 속하기 때문에 이에 대한 필요성의 입증책임은 피고인 행정청이 부담한다.
③ [○] 민사소송법의 규정이 준용되는 행정소송에 있어서 입증책임은 원칙적으로 민사소송의 일반원칙에 따라 당사자간에 분배되고 항고소송의 경우에는 그 특성에 따라 당해 처분의 적법을 주장하는 피고에게 그 적법사유에 대한 입증책임이 있다(대판 1984.7.24, 84누124).
④ [○] 행정처분의 당연무효를 주장하여 그 무효확인을 구하는 행정소송에 있어서는 원고에게 그 행정처분이 무효인 사유를 주장·입증할 책임이 있다(대판 2010.5.13, 2009두3460).

답 ①

PART 6

2022 해커스군무원 정채혁 행정법 16개년 기출문제집

CHAPTER 2 행정소송 **277**

048 행정소송에 대한 설명으로 옳지 않은 것은? (다툼이 있는 경우 판례에 의함) 2016년 9급 복원

① 판례는 행정처분의 적법 여부는 특별한 사정이 없는 한 그 처분 당시를 기준으로 판단하여야 한다는 입장이다.

② 사정판결에 관한 행정소송법 규정은 무효등 확인소송에는 준용되지 않는다.

③ 취소소송에 대한 판결이 확정된 후 그 확정판결의 기속력에 반하는 행정청의 행위는 위법하며 무효원인에 해당한다는 것이 판례의 입장이다.

④ 무효등 확인소송과 부작위위법확인소송에는 거부처분취소판결의 간접강제에 관한 규정이 준용된다.

📝 해설 | 무효등 확인소송 중요도 ★★☆

① [○] 행정처분의 적법 여부는 특별한 사정이 없는 한 그 처분 당시를 기준으로 하여 판단하여야 한다(대판 1989.3.28, 88누12257).

② [○] 사정판결에 관한 행정소송법 규정에는 무효등 확인소송에 준용되지 않는다. 이에 대해 학설의 대립이 있으나 적용되지 않는다고 보는 것이 다수설과 판례의 입장이다.

③ [○] 어떠한 행정처분에 위법한 하자가 있다는 이유로 그 취소를 소구한 행정소송에서 그 행정처분을 취소하는 판결이 선고되어 확정된 경우에 처분행정청이 그 행정소송의 사실심 변론종결 이전의 사유를 내세워 다시 확정판결에 저촉되는 행정처분을 하는 것은 확정판결의 기판력에 저촉되어 허용될 수 없고 이와 같은 행정처분은 그 하자가 명백하고 중대한 경우에 해당되어 당연무효이다(대판 1989.9.12, 89누985).

④ [×] 부작위위법확인소송에는 취소소송의 간접강제에 관한 규정이 준용되지만, <u>무효등 확인소송에는 준용되지 않는다.</u>

답 ④

049 다음 설명 중 옳은 것은? (다툼이 있는 경우 판례에 의함) 2014년 9급 복원

① 소송요건은 사실심까지만 존속하면 충분하다.

② 처분사유의 추가·변경은 기본적 사실관계의 동일성이 인정되면 사실심 이후 상고심까지 가능하다.

③ 처분의 적법성은 원고가 입증하여야 한다.

④ 행정처분의 무효를 구하는 소송에서 처분이 무효라는 사실은 원고가 입증책임을 진다.

📝 해설 | 무효등 확인소송 중요도 ★★☆

① [×] 행정처분의 직접 상대방이 아닌 제3자라 하더라도 당해 행정처분으로 인하여 법률상 보호되는 이익을 침해당한 경우에는 그 처분의 취소나 무효확인을 구하는 행정소송을 제기하여 그 당부의 판단을 받을 자격, 즉 원고적격이 있고, 여기에서 말하는 법률상 보호되는 이익은 당해 처분의 근거법규 및 관련법규에 의하여 보호되는 개별적·직접적·구체적 이익을 말하며, 원고적격은 소송요건의 하나이므로 사실심 변론종결시는 물론 상고심에서도 존속하여야 하고 이를 흠결하면 부적법한 소가 된다(대판 2007.4.12, 2004두7924).

② [×] 행정청은 기본적 사실관계의 동일성이 있다고 인정되는 한도 내에서만 다른 처분사유를 추가, 변경할 수 있다고 할 것이나 이는 사실심 변론종결시까지만 허용된다(대판 1999.8.20, 98두17043).

③ [×] 일반적으로 처분의 위법성에 대해서 주장할 때는 그 취소를 구하는 이가 구체적인 사항을 먼저 주장하여야 하지만, 구체적 사안에서 입증책임이 누구에게 있는지에 대한 학설의 대립이 있다. 판례는 ㉠처분청에 적법성에 관한 주장·입증 책임이 있다고 하며, ㉡무효확인소송에서는 원고가 처분의 무효사유를 주장·입증할 책임이 있다고 본다. ㉢부작위위법확인소송에 대한 판례는 아직 없다.

> **✒ 관련 판례**
>
> 행정소송에 있어서 특단의 사정이 있는 경우를 제외하면 당해 행정처분의 적법성에 관하여는 당해 처분청이 이를 주장·입증하여야 하고, 행정소송에 있어서 직권주의가 가미되어 있다고 하여도 여전히 당사자주의, 변론주의를 기본 구조로 하는 이상 행정처분의 위법을 들어 그 취소를 청구함에 있어서는 직권조사사항을 제외하고는 그 취소를 구하는 자가 위법된 구체적인 사항을 먼저 주장하여야 한다(대판 1995.7.28, 94누12807).

④ [○] 행정처분의 당연무효를 구하는 소송에 있어서 그 무효를 구하는 사람에게 그 행정처분에 존재하는 하자가 중대하고 명백하다는 것을 주장·입증할 책임이 있다(대판 1984.2.28, 82누154).

답 ④

---

050 행정소송법상 행정입법부작위에 대한 설명으로 옳지 않은 것은?

2021년 9급

① 행정권의 시행명령제정의무는 헌법적 의무이다.
② 시행명령을 제정해야 함에도 불구하고 제정을 거부하는 것은 법치행정의 원칙에 반하는 것이 된다.
③ 시행명령을 제정 또는 개정하였지만 그것이 불충분 또는 불완전하게 된 경우에는 행정입법부작위가 아니다.
④ 행정입법부작위는 부작위위법확인소송의 대상이 된다.

✎ 해설 | 무효등 확인소송

중요도 ★★☆

① [○] 삼권분립의 원칙, 법치행정의 원칙을 당연한 전제로 하고 있는 우리 헌법하에서 행정권의 행정입법 등 법집행의무는 헌법적 의무라고 보아야 한다. 왜냐하면 행정입법이나 처분의 개입 없이도 법률이 집행될 수 있거나 법률의 시행여부나 시행시기까지 행정권에 위임된 경우는 별론으로 하고, 이 사건과 같이 치과전문의제도의 실시를 법률 및 대통령령이 규정하고 있고 그 실시를 위하여 시행규칙의 개정 등이 행해져야 함에도 불구하고 행정권이 법률의 시행에 필요한 행정입법을 하지 아니하는 경우에는 행정권에 의하여 입법권이 침해되는 결과가 되기 때문이다(헌재 1998.7.16, 96헌마246).

② [○] 우리 헌법은 국가권력의 남용으로부터 국민의 자유와 권리를 보호하려는 법치국가의 실현을 기본이념으로 하고 있고, 자유민주주의 헌법의 원리에 따라 국가의 기능을 입법·행정·사법으로 분립하여 견제와 균형을 이루게 하는 권력분립제도를 채택하고 있어 행정과 사법은 법률에 기속되므로, 국회가 특정한 사항에 대하여 행정부에 위임하였음에도 불구하고 행정부가 정당한 이유 없이 이를 이행하지 않는다면 권력분립의 원칙과 법치국가의 원칙에 위배되는 것이다(헌재 2004.2.26, 2001헌마718).

③ [○] 입법부작위에는 입법자가 헌법상 입법의무가 있는 어떤 사항에 관하여 전혀 입법을 하지 아니함으로써 입법행위의 흠결이 있는 진정입법부작위와 입법자가 어떤 사항에 관하여 입법은 하였으나 그 입법의 내용·범위·절차 등의 당해 사항을 불완전·불충분 또는 불공정하게 규율함으로써 입법행위에 결함이 있는 부진정입법부작위로 나눌 수 있다. 전자인 진정입법부작위는 입법부작위로서 헌법소원의 대상이 될 수 있지만, 후자인 부진정입법부작위의 경우에는 그 불완전한 법규정 자체를 대상으로 하여 그것이 헌법위반이라는 적극적인 헌법소원을 청구할 수 있을 뿐 이를 입법부작위라 하여 헌법소원을 제기할 수 없다(헌재 2003.5.15, 2000헌마192·508).

④ [×] 행정소송은 구체적 사건에 대한 법률상 분쟁을 법에 의하여 해결함으로써 법적 안정을 기하자는 것이므로 부작위위법확인소송의 대상이 될 수 있는 것은 구체적 권리의무에 관한 분쟁이어야 하고, 추상적인 법령에 관하여 제정의 여부 등은 그 자체로서 국민의 구체적인 권리의무에 직접적 변동을 초래하는 것이 아니어서 그 소송의 대상이 될 수 없다(대판 1992.5.8, 91누11261).

답 ④

051 다음 중 부작위위법확인소송에 대한 설명으로 옳지 않은 것은? (다툼이 있는 경우 판례에 의함) 2019년(1차) 9급 복원

① 부작위위법확인소송은 처분의 신청을 한 자로서 부작위위법의 확인을 구할 법률상 이익이 있는 자만이 제기할 수 있다.

② 부작위가 성립되기 위해서는 당사자의 신청이 있어야 하며 신청의 내용에는 사경제적 계약의 체결 요구나 비권력적 사실행위의 요구 등도 포함된다.

③ 부작위의 직접 상대방이 아닌 제3자라 하여도 당해 행정처분의 부작위위법확인을 구할 법률상의 이익이 있는 경우에는 원고적격이 인정된다.

④ 부작위상태가 계속되는 한 부작위위법의 확인을 구할 이익이 있다고 보아야 하므로 제소기간의 제한을 받지 않는다.

📝 해설 | 부작위위법확인소송
중요도 ★★☆

① [○] 부작위위법확인소송은 처분의 신청을 한 자로서 부작위의 위법의 확인을 구할 법률상 이익이 있는 자만이 제기할 수 있다(행정소송법 제36조).

② [×] 부작위위법확인소송의 대상이 되는 부작위는 '처분'에 대한 신청에 대해서만 인정된다. 즉, 부작위란 행정청이 당사자의 신청에 대해 상당한 기간 내에 일정한 '처분'을 할 법률상 의무가 있음에도 불구하고 이를 하지 아니하는 것을 말한다. 따라서 처분에 해당하지 않는 사경제적 계약 체결이나 비권력적 사실행위에 대한 신청에 대한 부작위는 부작위위법확인소송의 대상이 아니다.

③ [○] 행정처분의 직접 상대방이 아닌 제3자라 하더라도 당해 행정처분으로 인하여 법률상 보호되는 이익을 침해당한 경우에는 그 처분의 무효확인을 구하는 행정소송을 제기하여 그 당부의 판단을 받을 자격이 있다 할 것이며, 여기에서 말하는 법률상 보호되는 이익이라 함은 당해 처분의 근거 법규 및 관련 법규에 의하여 보호되는 개별적·직접적·구체적 이익이 있는 경우를 말하고, 공익 보호의 결과로 국민 일반이 공통적으로 가지는 일반적·간접적·추상적 이익이 생기는 경우에는 법률상 보호되는 이익이 있다고 할 수 없다(대판 2006.3.16, 2006두330).

④ [○] 부작위위법확인의 소는 부작위상태가 계속되는 한 그 위법의 확인을 구할 이익이 있다고 보아야 하므로 원칙적으로 제소기간의 제한을 받지 않는다. 그러나 행정소송법 제38조 제2항이 제소기간을 규정한 같은 법 제20조를 부작위위법확인소송에 준용하고 있는 점에 비추어 보면, 행정심판 등 전심절차를 거친 경우에는 행정소송법 제20조가 정한 제소기간 내에 부작위위법확인의 소를 제기하여야 한다(대판 2009.7.23, 2008두10560).

답 ②

052 다음 중 ㄷ, ㄹ에 들어갈 수 있는 내용으로 옳은 것은? 2017년 9급 복원

무효등 확인소송 (행정소송법 제38조 제1항)	부작위위법확인소송 (행정소송법 제38조 제2항)
취소소송의 규정이 대부분 적용되나, ① (ㄱ) ② (ㄴ) ③ 재량처분의 취소 ④ 사정판결 등에 관한 규정은 준용되지 않는다.	취소소송의 규정이 대부분 적용되나, ① (ㄷ) ② (ㄹ) ③ 사정판결 ④ 사정판결시 피고의 소송비용부담 등에 관한 규정은 준용되지 않는다.

① 예외적 행정심판전치주의, 처분변경으로 인한 소의 변경

② 제소기간의 제한, 집행정지·집행정지취소결정

③ 처분변경으로 인한 소의 변경, 집행정지·집행정지취소결정

④ 제소기간의 제한, 처분변경으로 인한 소의 변경

무효등 확인소송 (행정소송법 제38조 제1항)	부작위위법확인소송 (행정소송법 제38조 제2항)
취소소송의 규정이 대부분 적용되나, ① (ㄱ – 예외적 행정심판전치주의, 제18조 제1항 단서) ② (ㄴ – 제소기간, 제20조) ③ 재량처분의 취소 ④ 사정판결 등에 관한 규정은 준용되지 않는다.	취소소송의 규정이 대부분 적용되나, ① (ㄷ – <u>처분변경으로 인한 소의 변경</u>, 제22조) ② (ㄹ – 집행정지 및 집행정지의 취소결정, 제23조·제24조) ③ 사정판결 ④ 사정판결시 피고의 소송비용부담 등에 관한 규정은 준용되지 않는다.

답 ③

---

053 다음에서 甲의 현행 행정쟁송법상의 권리구제수단에 관한 설명으로 옳지 않은 것은? 2009년 9급 복원

> 甲은 자신의 주거지 인근에 위치한 대기오염을 야기하는 공장에 대하여 관할구청에 대기환경보전법의 관련규정에 의거하여 개선명령을 발동해 줄 것을 요구하였으나, 이에 대하여 주무부장관인 환경부장관은 아무런 응답이 없었다.

① 甲은 이 경우 의무이행심판을 청구할 수는 있으나 취소심판을 청구할 수는 없다.
② 의무이행심판의 인용재결의 경우는 중앙행정심판위원회의 의결에 따라 환경부장관이 스스로 甲의 신청에 따르는 처분을 하면 된다.
③ 甲은 행정소송으로서 부작위위법확인소송을 제기할 수 있으나, 이 소송에서 법원은 부작위가 위법함을 확인하는 데 그쳐야 하고, 그 이상으로 행정청이 발급하여야 할 실체적 처분의 내용까지 심리할 수 없다고 보는 것이 대법원의 입장이다.
④ 대법원의 입장에 따르면 부작위위법확인소송에서 법원의 인용판결이 있으면 환경부장관은 판결의 기속력에 따라 적극적으로 개선명령을 발동하여야 하고, 또 다시 거부처분과 같은 소극적 처분을 하여서는 안 된다.

📝 해설 | 행정소송   중요도 ★★★

① [O] 의무이행심판은 당사자의 신청에 대한 행정청의 위법 또는 부당한 거부처분이나 부작위에 대하여 일정한 처분을 하도록 하는 행정심판으로, 행정청의 위법 또는 부당한 처분을 취소하거나 변경하는 행정심판인 취소심판과 구별된다. 해당 지문은 행정청에 대하여 일정한 처분을 할 것을 명하는 재결을 구하는 것이므로 의무이행심판의 청구가 적절하다.
② [O] 국가행정기관의 장 또는 그 소속 행정청의 처분 또는 부작위에 대한 심판청구에 대하여는 국민권익위원회에 두는 중앙행정심판위원회에서 심리·재결하므로, 위원회가 의무이행심판의 청구가 이유가 있다고 인정하여 지체 없이 신청에 따른 처분을 할 것을 피청구인에게 명한다면 환경부장관은 스스로 甲의 신청에 따르는 처분을 하면 된다.
③ [O] 부작위위법확인소송은 행정청의 부작위가 위법하다는 것을 확인하는 소송으로, 행정청에게 특정한 행위를 할 것을 명하는 의무이행소송은 아니다.

> 🔖 관련 판례
> 행정청이 상대방의 신청에 대하여 아무런 적극적 또는 소극적 처분을 하지 않고 있는 이상 행정청의 부작위는 그 자체로 위법하다고 할 것이고, 구체적으로 그 신청이 인용될 수 있는지 여부는 소극적 처분에 대한 항고소송의 본안에서 판단하여야 할 사항이라고 할 것이다(대판 2005.4.14, 2003두7590).

④ [×] 판례의 태도에 비추어 볼 때 부작위위법확인소송에서 법원의 인용판결이 확정되면 환경부장관은 판결의 기속력에 따라 적극적으로 개선명령을 발동할 수도 있고, 반드시 원고가 신청한대로 처분해야 한다는 것은 아니므로 거부처분과 같은 소극적 처분을 할 수도 있다.

답 ④

054

다음 중 부작위위법확인소송에 대한 설명으로 옳지 않은 것은? (다툼이 있는 경우 판례에 의함)

① 부작위위법확인소송은 행정청의 부작위가 위법하다는 확인을 구하는 소송을 말하며 확인소송의 성질을 갖는다.

② 부작위위법확인소송에서 원고적격이 인정되기 위해서는 법규상 또는 조리상의 신청권이 있어야 한다.

③ 취소소송에 있어서의 소의 종류의 변경에 관한 행정소송법 제21조의 규정은 부작위위법확인소송에도 준용될 수 있다.

④ 부작위위법확인소송으로 구제가 가능하다고 하여도 손해배상이나 헌법소원을 청구할 수 있다.

해설 | 부작위위법확인소송

중요도 ★★☆

① [○] 행정소송법 제4조 제3호

> 제4조 【항고소송】 항고소송은 다음과 같이 구분한다.
> 3. 부작위위법확인소송: 행정청의 부작위가 위법하다는 것을 확인하는 소송

② [○] 부작위위법확인소송은 처분의 신청을 한 자로서 부작위의 위법확인을 구할 법률상 이익이 있는 자만이 제기할 수 있다 할 것이며 이를 통하여 구하는 행정청의 응답행위는 행정소송법 제2조 제1항 제1호 소정의 처분에 관한 것이라야 하므로 당사자가 행정청에 대하여 어떠한 행정행위를 하여 줄 것을 신청하지 아니하였거나 신청을 하였더라도 당사자가 행정청에 대하여 그러한 행정행위를 하여 줄 것을 요구할 수 있는 법규상 또는 조리상 권리를 갖고 있지 아니하든지 또는 행정청이 당사자의 신청에 대하여 거부처분을 한 경우에는 원고적격이 없거나 항고소송의 대상인 위법한 부작위가 있다고 볼 수 없어 그 부작위위법확인의 소는 부적법하다(대판 1993.4.23, 92누17099).

③ [○] 제21조(소의 변경)의 규정은 무효등 확인소송이나 부작위위법확인소송을 취소소송 또는 당사자소송으로 변경하는 경우에 준용한다(동법 제37조).

④ [×] 헌법소원은 다른 구제절차가 없는 경우에만 심판청구가 가능한 예외적 권리구제제도이다. 따라서 헌법소원과 함께 청구할 수는 없다. 한편 부작위위법확인소송의 제기 없이도 손해배상소송을 청구하는 것은 가능하다.

답 ④

055

부작위위법확인소송에 대한 설명으로 옳지 않은 것은? (다툼이 있는 경우 판례에 의함)

① 부작위위법확인소송의 확정판결은 제3자에 대하여도 효력이 있다.

② 부작위위법확인의 소는 부작위상태가 계속되는 한 그 위법의 확인을 구할 이익이 있다고 보아야 하므로 원칙적으로 제소기간의 제한을 받지 않는다.

③ 부작위위법확인의 소는 신청에 대한 부작위의 위법을 확인하여 소극적인 위법상태를 제거하는 동시에 신청의 실체적 내용이 이유 있는 것인가도 심리하는 것을 목적으로 한다.

④ 부작위위법확인소송에 있어서의 판결은 행정청의 특정 부작위의 위법 여부를 확인하는 데 그치고, 적극적으로 행정청에 대하여 일정한 처분을 할 의무를 직접 명하지는 않는다.

① [○] 처분 등을 취소하는 확정판결은 제3자에 대하여도 효력이 있다(행정소송법 제29조 제1항). 제9조, 제10조, 제13조 내지 제19조, 제20조, 제25조 내지 제27조, 제29조 내지 제31조, 제33조 및 제34조의 규정은 부작위위법확인소송의 경우에 준용한다(동법 제38조 제2항).

② [○] 부작위위법확인의 소는 부작위상태가 계속되는 한 그 위법의 확인을 구할 이익이 있다고 보아야 하므로 원칙적으로 제소기간의 제한을 받지 않는다. 그러나 행정소송법 제38조 제2항이 제소기간을 규정한 같은 법 제20조를 부작위위법확인소송에 준용하고 있는 점에 비추어 보면, 행정심판 등 전심절차를 거친 경우에는 행정소송법 제20조가 정한 제소기간 내에 부작위위법확인의 소를 제기하여야 한다(대판 2009.7.23, 2008두10560).

③ [×] 부작위위법확인의 소는 행정청이 국민의 법규상 또는 조리상의 권리에 기한 신청에 대하여 상당한 기간 내에 그 신청을 인용하는 적극적 처분을 하거나 또는 각하 내지 기각하는 등의 소극적 처분을 하여야 할 법률상의 응답의무가 있음에도 불구하고 이를 하지 아니하는 경우 판결시를 기준으로 그 부작위의 위법함을 확인함으로써 행정청의 응답을 신속하게 하여 부작위 내지 무응답이라고 하는 소극적인 위법상태를 제거하는 것을 목적으로 하는 것이고, 나아가 당해 판결의 구속력에 의하여 행정청에게 처분 등을 하게 하고, 다시 당해 처분 등에 대하여 불복이 있을 때에는 그 처분 등을 다투게 함으로써 최종적으로 국민의 권리·이익을 보호하려는 제도이다(대판 1992.7.28, 91누7361).

④ [○] 행정소송법은 부작위위법확인소송을 '행정청의 부작위가 위법하다는 것을 확인하는 소송'으로 규정하고 있다(동법 제4조 제3호).

답 ③

056

□□□

다음 중 판례가 당사자소송의 대상으로 본 것은?　　　　　　　　　　　　　　　　2015년 9급 복원

① 공중보건의사의 채용계약해지의 의사표시
② 공법상 부당이득반환청구소송
③ 공무원연금관리공단의 급여결정
④ 국유임야 대부시 대부료 부과처분

📑 **해설 | 당사자소송**　　　　　　　　　　　　　　　　　　　　　　　　　　중요도 ★★☆

① [○] 공중보건의사 채용계약해지의 의사표시에 대하여는 대등한 당사자간의 소송형식인 공법상의 당사자소송으로 그 의사표시의 무효확인을 청구할 수 있는 것이지, 이를 항고소송의 대상이 되는 행정처분이라는 전제하에서 그 취소를 구하는 항고소송을 제기할 수는 없다(대판 1996.5.31, 95누10617).

② [×] 부당이득반환청구소송은 민사소송으로 제기하여야 한다(대판 1995.4.28, 94다55019).

③ [×] 구 공무원연금법상의 퇴직급여는 공무원연금관리공단의 지급결정으로 구체적 권리가 발생하는 것이므로 공무원연금관리공단의 급여결정은 행정처분으로서 이에 대해서는 항고소송을 제기하여야 한다(대판 1996.12.6, 96누6417).

④ [×] 사법관계이므로 민사소송으로 제기하여야 한다.

> ┌─ 🔎 **관련 판례** ───────────────────────────────
> 국유재산법 제31조, 제32조 제3항, 산림법 제75조 제1항의 규정 등에 의하여 국유잡종재산에 관한 관리처분의 권한을 위임받은 기관이 국유잡종재산을 대부하는 행위는 국가가 사경제주체로서 상대방과 대등한 위치에서 행하는 사법상의 계약이고, 행정청이 공권력의 주체로서 상대방의 의사 여하에 불구하고 일방적으로 행하는 행정처분이라고 볼 수 없으며, 국유잡종재산에 관한 대부료의 납부고지 역시 사법상의 이행청구에 해당하고, 이를 행정처분이라고 할 수 없다(대판 2000.2.11, 99다61675).

답 ①

① 공무원연금관리공단의 인정에 의하여 퇴직연금을 지급받아 오던 중 구 공무원연금법령의 개정 등으로 퇴직연금 중 일부 금액의 지급이 정지된 경우에는 당연히 개정된 법령에 따라 퇴직연금이 확정되는 것이지 공무원연금관리공단의 퇴직연금 결정과 통지에 의하여 비로소 그 금액이 확정되는 것이 아니므로 공무원연금관리공단이 퇴직연금 중 일부 금액에 대하여 지급거부의 의사표시를 하였다면 이는 거부처분으로서 항고소송의 대상이 된다.

② 사업주가 당연가입자가 되는 고용보험 및 산재보험에서 보험료 납부의무 부존재 확인의 소는 공법상의 법률관계 자체를 다투는 소송으로서 공법상 당사자소송이다.

③ 원고가 고의 또는 중대한 과실 없이 당사자소송으로 제기하여야 할 것을 항고소송으로 잘못 제기한 경우에, 당사자소송으로서의 소송요건을 결하고 있음이 명백하여 당사자소송으로 제기되었더라도 어차피 부적법하게 되는 경우가 아닌 이상, 법원으로서는 원고가 당사자소송으로 소 변경을 하도록 하여 심리·판단하여야 한다.

④ 지방자치단체가 보조금 지급결정을 하면서 일정 기한 내에 보조금을 반환하도록 하는 교부조건을 부가한 사안에서 이러한 부관상 의무는 보조사업자가 지방자치단체에 부담하는 공법상 의무이므로 보조사업자에 대한 지방자치단체의 보조금반환청구는 당사자소송의 대상이다.

📝 해설 | 당사자소송
중요도 ★★★

① [×] 공무원연금관리공단의 인정에 의하여 퇴직연금을 지급받아 오던 중 구 공무원연금법령의 개정 등으로 퇴직연금 중 일부 금액의 지급이 정지된 경우에는 당연히 개정된 법령에 따라 퇴직연금이 확정되는 것이지 같은 법 제26조 제1항에 정해진 공무원연금관리공단의 퇴직연금 결정과 통지에 의하여 비로소 그 금액이 확정되는 것이 아니므로, 공무원연금관리공단이 퇴직연금 중 일부 금액에 대하여 지급거부의 의사표시를 하였다고 하더라도 그 의사표시는 퇴직연금 청구권을 형성·확정하는 행정처분이 아니라 공법상의 법률관계의 한쪽 당사자로서 그 지급의무의 존부 및 범위에 관하여 나름대로의 사실상·법률상 의견을 밝힌 것일 뿐이어서, 이를 행정처분이라고 볼 수는 없고, 이 경우 미지급퇴직연금에 대한 지급 청구권은 공법상 권리로서 그의 지급을 구하는 소송은 공법상의 법률관계에 관한 소송인 공법상 당사자소송에 해당한다(대판 2004.7.8, 2004두244).

② [○] 고용보험 및 산업재해보상보험의 보험료징수 등에 관한 법률 제4조, 제16조의2, 제17조, 제19조, 제23조의 각 규정에 의하면, 사업주가 당연가입자가 되는 고용보험 및 산재보험에서 보험료 납부의무 부존재확인의 소는 공법상의 법률관계 자체를 다투는 소송으로서 공법상 당사자소송이다(대판 2016.10.13, 2016다221658).

③ [○] 공법상의 법률관계에 관한 당사자소송에서는 그 법률관계의 한쪽 당사자를 피고로 하여 소송을 제기하여야 한다. 다만 원고가 고의 또는 중대한 과실 없이 당사자소송으로 제기하여야 할 것을 항고소송으로 잘못 제기한 경우에, 당사자소송으로서의 소송요건을 결하고 있음이 명백하여 당사자소송으로 제기되었더라도 어차피 부적법하게 되는 경우가 아닌 이상, 법원으로서는 원고가 당사자소송으로 소 변경을 하도록 하여 심리·판단하여야 한다(대판 2016.5.24, 2013두14863).

④ [○] 지방자치단체가 보조금 지급결정을 하면서 일정 기한 내에 보조금을 반환하도록 하는 교부조건을 부가한 사안에서, 보조사업자의 지방자치단체에 대한 보조금 반환의무는 행정처분인 위 보조금 지급결정에 부가된 부관상 의무이고, 이러한 부관상 의무는 보조사업자가 지방자치단체에 부담하는 공법상 의무이므로, 보조사업자에 대한 지방자치단체의 보조금반환청구는 공법상 권리관계의 일방 당사자를 상대로 하여 공법상 의무이행을 구하는 청구로서 행정소송법 제3조 제2호에 규정한 당사자소송의 대상이라고 한 사례이다(대판 2011.6.9, 2011다2951).

답 ①

058

다음 중 공법상 당사자소송으로 옳지 않은 것은? (다툼이 있는 경우 판례에 의함)

2006년 9급 복원

① 공법상 신분 또는 지위 등의 확인소송

② 전문직공무원 채용계약해지의 의사표시에 대한 무효확인 청구소송

③ 사립학교교원에 관한 징계소송

④ 석탄가격안정지원금 청구소송

📝 해설 | 당사자소송

중요도 ★★☆

① [○] 원고의 이 사건 소는 교육청 교육장의 당연퇴직 조치가 행정처분임을 전제로 그 취소나 무효의 확인을 구하는 항고소송이 아니라 원고의 지방공무원으로서의 지위를 다투는 피고에 대하여 그 지위확인을 구하는 공법상의 당사자소송에 해당함이 분명하므로, 행정소송법 제39조의 규정상 지방자치단체로서 권리주체인 피고가 이 사건 소에 있어서의 피고적격을 가진다고 할 것이다(대판 1998.10.23, 98두12932).

② [○] 현행 실정법이 전문직공무원인 공중보건의사의 채용계약 해지의 의사표시는 일반공무원에 대한 징계처분과는 달라서 항고소송의 대상이 되는 처분 등의 성격을 가진 것으로 인정되지 아니하고, 일정한 사유가 있을 때에 관할 도지사가 채용계약 관계의 한쪽 당사자로서 대등한 지위에서 행하는 의사표시로 취급하고 있는 것으로 이해되므로, 공중보건의사 채용계약 해지의 의사표시에 대하여는 대등한 당사자간의 소송형식인 공법상의 당사자소송으로 그 의사표시의 무효확인을 청구할 수 있는 것이지, 이를 항고소송의 대상이 되는 행정처분이라는 전제하에서 그 취소를 구하는 항고소송을 제기할 수는 없다(대판 1996.5.31, 95누10617).

③ [×] 사립학교 교원은 학교법인 또는 사립학교 경영자에 의하여 임면되는 것으로서 사립학교 교원과 학교법인의 관계를 공법상의 권력관계라고는 볼 수 없으므로 사립학교 교원에 대한 학교법인의 해임처분을 취소소송의 대상이 되는 행정청의 처분으로 볼 수 없고, 따라서 학교법인을 상대로 한 불복은 행정소송에 의할 수 없고 민사소송절차에 의할 것이다(대판 1993.2.12, 92누13707).

④ [○] 석탄가격안정지원금은 석탄의 수요 감소와 열악한 사업환경 등으로 점차 경영이 어려워지고 있는 석탄광업의 안정 및 육성을 위하여 국가정책적 차원에서 지급하는 지원비의 성격을 갖는 것이고, 석탄광업자가 석탄산업합리화사업단에 대하여 가지는 이와 같은 지원금지급청구권은 석탄사업법령에 의하여 정책적으로 당연히 부여되는 공법상의 권리이므로, 석탄광업자가 석탄산업합리화사업단을 상대로 석탄산업법령 및 석탄가격안정지원금 지급요령에 의하여 지원금의 지급을 구하는 소송은 공법상의 법률관계에 관한 소송인 공법상의 당사자소송에 해당한다(대판 1997.5.30, 95다28960).

답 ③

059

국가소송시 국가를 대표하는 기관으로 옳은 것은?

2006년 9급 복원

① 국무총리

② 법무부장관

③ 행정안전부장관

④ 대통령

📝 해설 | 행정소송

중요도 ★☆☆

② [○] 국가를 당사자 또는 참가인으로 하는 소송에서는 법무부장관이 국가를 대표한다(국가를 당사자로 하는 소송에 관한 법률 제2조).

답 ②

060 국가를 당사자 또는 참가인으로 하는 소송에서 국가를 대표하는 기관으로 옳은 것은?

① 대통령
② 국무총리
③ 법무부장관
④ 중앙행정기관의 장

✍ 해설 | 행정소송

중요도 ★☆☆

③ [O] 국가를 당사자 또는 참가인으로 하는 소송에서는 법무부장관이 국가를 대표한다(국가를 당사자로 하는 소송에 관한 법률 제2조).

답 ③

---

061 다음 중 행정소송에 대한 설명으로 옳지 않은 것은? (다툼이 있는 경우 판례에 의함)

① 민중소송 및 기관소송은 법률이 정한 경우에는 법률에 정한 자에 한하여 제기할 수 있다.
② 판례에 따르면 국가를 상대로 하는 당사자소송의 경우에는 가집행선고를 할 수 없다.
③ 취소소송에는 사실심의 변론종결시까지 관련청구소송을 병합하거나 피고 외의 자를 상대로 한 관련청구소송을 취소소송이 계속된 법원에 병합하여 제기할 수 있다.
④ 취소소송의 피고는 원칙적으로 당해 처분을 한 행정청이다.

✍ 해설 | 행정소송

중요도 ★★☆

① [O] 민중소송 및 기관소송은 법률이 정한 경우에 법률에 정한 자에 한하여 제기할 수 있다(행정소송법 제45조).
② [×] 행정소송법 제8조 제2항에 의하면 행정소송에도 민사소송법의 규정이 일반적으로 준용되므로 법원으로서는 공법상 당사자소송에서 재산권의 청구를 인용하는 판결을 하는 경우 가집행선고를 할 수 있다(대판 2000.11.28, 99두3416).
③ [O] 취소소송에는 사실심의 변론종결시까지 관련청구소송을 병합하거나 피고 외의 자를 상대로 한 관련청구소송을 취소소송이 계속된 법원에 병합하여 제기할 수 있다(동법 제10조 제2항).
④ [O] 취소소송은 다른 법률에 특별한 규정이 없는 한 그 처분 등을 행한 행정청을 피고로 한다(동법 제13조 제1항).

답 ②

---

062 당사자소송에 대한 설명으로 옳지 않은 것은? (다툼이 있는 경우 판례에 따름)

① 당사자소송에는 취소소송의 직권심리에 관한 규정이 준용된다.
② 당사자소송으로 제기해야 할 사건을 민사소송으로 잘못 제기한 경우, 수소법원이 행정소송에 대한 관할을 가지고 있지 않다면 당해 소송이 당사자소송으로서의 소송요건을 갖추지 못하였음이 명백하지 않는 한 당사자소송의 관할법원으로 이송하여야 한다.
③ 당사자소송에는 취소소송의 피고적격에 관한 규정이 준용된다.
④ 당사자소송에는 취소소송의 행정심판에 관한 규정이 준용되지 않는다.

---

① [○] 법원은 필요하다고 인정할 때에는 직권으로 증거조사를 할 수 있고, 당사자가 주장하지 아니한 사실에 대하여도 판단할 수 있다(행정소송법 제26조). 제14조 내지 제17조, 제22조, 제25조, 제26조, 제30조 제1항, 제32조 및 제33조의 규정은 당사자소송의 경우에 준용한다(동법 제44조 제1항).

② [○] 대판 1997.5.30, 95다28960

③ [×] 당사자소송은 국가·공공단체 그 밖의 권리주체를 피고로 한다(동법 제39조). ⇨ 취소소송의 피고는 행정청이므로, 당사자소송에 취소소송의 피고적격에 관한 규정이 준용되지 않는다.

④ [○] 당사자소송에는 취소소송의 행정심판에 관한 규정인 행정소송법 제18조가 준용되지 않는다.

답 ③

---

063 행정소송법상 당사자소송에 대한 설명으로 옳지 않은 것은?

2021년 9급

① 공법상 당사자소송이란 행정청의 처분 등을 원인으로 하는 법률관계에 관한 소송 그 밖에 공법상의 법률관계에 관한 소송으로서 그 법률관계의 한쪽 당사자를 피고로 하는 소송을 말한다.

② 공법상 계약의 한쪽 당사자가 다른 당사자를 상대로 효력을 다투거나 이행을 청구하는 소송은 공법상의 법률관계에 관한 분쟁이므로 분쟁의 실질이 공법상 권리·의무의 존부·범위에 관한 다툼에 관해서는 공법상 당사자소송으로 제기하여야 한다.

③ 원고가 고의 또는 중대한 과실 없이 행정소송으로 제기하여야 할 사건을 민사소송으로 잘못 제기한 경우, 수소법원으로서는 만약 그 행정소송에 대한 관할도 동시에 가지고 있다면 이를 행정소송으로 심리·판단하여야 하고, 그 행정소송에 대한 관할을 가지고 있지 아니하다면 관할 법원에 이송하여야 한다.

④ 당사자소송의 경우 법원은 필요하다고 인정할 때에는 직권으로 증거조사를 할 수 있으나, 당사자가 주장하지 아니한 사실에 대하여는 판단하여서는 안 된다.

📝 **해설 | 행정소송** 중요도 ★★☆

① [○] 행정소송법 제3조 제2호

> **제3조 【행정소송의 종류】** 행정소송은 다음의 네 가지로 구분한다.
> 2. 당사자소송: 행정청의 처분 등을 원인으로 하는 법률관계에 관한 소송 그 밖에 공법상의 법률관계에 관한 소송으로서 그 법률관계의 한쪽 당사자를 피고로 하는 소송

② [○] 공법상 계약의 한쪽 당사자가 다른 당사자를 상대로 효력을 다투거나 이행을 청구하는 소송은 공법상의 법률관계에 관한 분쟁이므로 분쟁의 실질이 공법상 권리·의무의 존부·범위에 관한 다툼이 아니라 손해배상액의 구체적인 산정방법·금액에 국한되는 등의 특별한 사정이 없는 한 공법상 당사자소송으로 제기하여야 한다(대판 2021.2.4, 2019다277133).

③ [○] 원고가 고의 또는 중대한 과실 없이 행정소송으로 제기하여야 할 사건을 민사소송으로 잘못 제기한 경우, 수소법원으로서는 만약 그 행정소송에 대한 관할도 동시에 가지고 있다면 이를 행정소송으로 심리·판단하여야 하고, 그 행정소송에 대한 관할을 가지고 있지 아니하다면 관할 법원에 이송하여야 한다(대판 2021.2.4, 2019다277133).

④ [×] 동법 제26조, 제44조 제1항

> **제26조 【직권심리】** 법원은 필요하다고 인정할 때에는 직권으로 증거조사를 할 수 있고, 당사자가 주장하지 아니한 사실에 대하여도 판단할 수 있다.
> **제44조 【준용규정】** ① 제14조 내지 제17조, 제22조, 제25조, 제26조, 제30조 제1항, 제32조 및 제33조의 규정은 당사자소송의 경우에 준용한다.

답 ④

PART 7

행정법각론

PART 7

출제비중분석

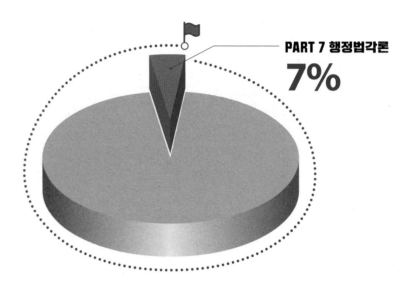

PART 7 행정법각론
7%

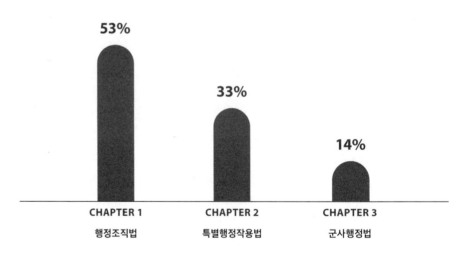

53%

33%

14%

CHAPTER 1	CHAPTER 2	CHAPTER 3
행정조직법	특별행정작용법	군사행정법

학습목표

☐ PART 7은 행정법이라는 학문에서 개별적인 내용을 다루는 각론 영역으로, 2020년 시험부터 이전보다 눈에 띄게 비중이 늘어났으므로 꼭 챙겨야 합니다. 행정조직법 및 특별행정작용법에서는 조문 중심으로 학습한 후에 판례로 확장하고, 군사행정법에서는 이론과 조문, 판례를 모두 함께 이해하고 학습하면 좋습니다.

☐ 군무원 행정법의 특징이라고 할 수 있는 군사행정법 영역에서는 군무원 직무와 관련된 군사행정·병무 기본 원리, 병역법 및 관련 판례 등이 출제됩니다. 기출문제를 먼저 가볍게 풀어본 후에 부록으로 제공하는 "필승으로 가는 군무원 판례"에서 자세한 판례 내용까지 확인한 후 OX 문제로 한 번 더 복습하며 확실히 숙지합니다.

2021년 더 알아보기

출제비중분석

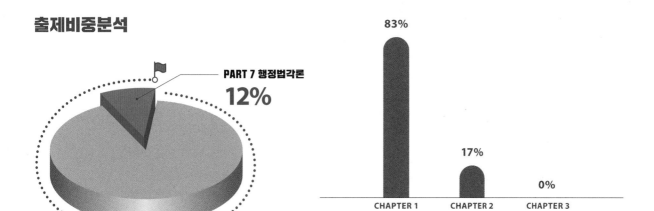

PART 7 행정법각론
12%

- 83% CHAPTER 1 행정조직법
- 17% CHAPTER 2 특별행정작용법
- 0% CHAPTER 3 군사행정법

출제문항별 키워드

- 행정조직법상 권한에 대한 설명으로 옳지 않은 것은? [7급]   293p, 004번
  → 권한위임과 내부위임, 대리관계에서의 항고소송의 피고, 행정권한의 위임, 권한위임의 법적 근거
- 지방자치단체의 사무에 대한 설명으로 옳지 않은 것은? [7급]   295p, 006번
  → 지방자치단체장의 지도·감독사무, 자치사무, 사무의 성질 결정요소, 시정명령의 효력
- A시와 B시는 공유수면 매립지의 경계를 두고 이견이 있다. 이에 대한 최종적인 결정권을 가진 기관은 어디인가? [7급]   300p, 013번
  → 지방자치단체의 명칭과 구역에 대한 결정권자
- 공무원의 권리에 대한 설명으로 가장 옳은 것은? [7급]   304p, 019번
  → 고충심사결정, 소청전치주의, 공무원의 근무조건 법정주의, 임용결격사유와 퇴직급여청구 가능성
- 국유재산에 대한 설명으로 옳지 않은 것은? [7급]   307p, 004번
  → 부당이득반환청구, 변상금 부과처분, 행정재산의 사용·수익 허가의 성격, 행정재산의 사용·수익 허가기간
- 공익사업을 위한 토지 등의 취득 및 보상에 관한 법률상의 환매권에 대한 설명으로 옳지 않은 것은? [9급]   312p, 012번
  → 환매권의 행사사유, 발생기간

CHAPTER 1 | 행정조직법

001

국무총리 소속기관으로 옳지 않은 것은?

2007년 9급 복원

① 법제처
② 감사원
③ 국무조정실
④ 국가보훈처

📝 해설 | 법규명령

중요도 ★☆☆

①③④ [○] 법제처, 국무조정실, 국가보훈처는 국무총리 소속기관이다.
② [×] 국가의 세입·세출의 결산, 국가 및 법률이 정한 단체의 회계검사와 행정기관 및 공무원의 직무에 관한 감찰을 하기 위하여 <u>대통령 소속하에 감사원을 둔다</u>(헌법 제97조).

답 ②

002

행정청의 권한의 위임에 대한 설명으로 옳지 않은 것은? (다툼이 있는 경우 판례에 의함)

2020년 7급

① 행정권한의 위임은 법률이 위임을 허용하고 있는 경우에 한하여 인정된다.
② 시·도지사는 지방자치단체의 조례에 의하여 기관위임사무를 구청장 등에게 재위임할 수는 없다.
③ 수임사무의 처리가 부당한지 여부의 판단은 위법성 판단과 달리 합목적적·정책적 고려도 포함된다.
④ 전결규정에 위반하여 원래의 전결권자가 아닌 보조기관 등이 처분권자인 행정관청의 이름으로 행한 행정처분은 무효의 처분이다.

📝 해설 | 행정권한의 위임

중요도 ★★☆

① [○] 행정권한의 위임은 행정관청이 법률에 따라 특정 권한을 다른 행정관청에 이전하여 수임관청의 권한으로 행사하도록 하는 것이어서 권한의 법적인 귀속을 변경하는 것이므로 법률의 위임을 허용하고 있는 경우에 한하여 인정된다(대판 1992.4.24, 91누5792).
② [○] 관리처분계획의 인가 등에 관한 사무는 국가사무로서 지방자치단체의 장에게 위임된 이른바 기관위임사무에 해당하므로, 시·도지사가 지방자치단체의 조례에 의하여 이를 구청장 등에게 재위임할 수는 없고, 행정권한의 위임 및 위탁에 관한 규정 제4조에 의하여 위임기관의 장의 승인을 얻은 후 지방자치단체의 장이 제정한 규칙이 정하는 바에 따라 재위임하는 것만이 가능하다(대판 1995.8.22, 94누5694 전합).
③ [○] 정부조직법 제6조 등에 따른 행정권한의 위임 및 위탁에 관한 규정 제6조는 "위임 및 위탁기관은 수임 및 수탁기관의 수임 및 수탁사무 처리에 대하여 지휘·감독하고, 그 처리가 위법하거나 부당하다고 인정될 때에는 이를 취소하거나 정지시킬 수 있다."라고 규정하고 있다. 수임 및 수탁사무의 처리가 부당한지 여부의 판단은 위법성 판단과 달리 합목적적·정책적 고려도 포함되므로, 위임 및 위탁기관이 그 사무처리에 관하여 일반적인 지휘·감독을 하는 경우는 물론이고 나아가 수임 및 수탁사무의 처리가 부당하다는 이유로 그 사무처리를 취소하는 경우에도 광범위한 재량이 허용된다고 보아야 한다(대판 2017.9.21, 2016두55629).
④ [×] 전결과 같은 행정권한의 내부위임은 법령상 처분권자인 행정관청이 내부적인 사무처리의 편의를 도모하기 위하여 그의 보조기관 또는 하급 행정관청으로 하여금 그의 권한을 사실상 행사하게 하는 것으로서 법률이 위임을 허용하지 않는 경우에도 인정되는 것이므로, 설사 행정관청 내부의 사무처리규정에 불과한 전결규정에 위반하여 원래의 전결권자 아닌 보조기관 등이 처분권자인 행정관청의 이름으로 행정처분을 하였다고 하더라도 그 처분이 권한 없는 자에 의하여 행하여진 무효의 처분이라고는 할 수 없다(대판 1998.2.27, 97누1105).

답 ④

행정권한의 위임에 관한 설명 중 옳지 않은 것은? (다툼이 있는 경우 판례에 의함)

① 권한을 위임하기 위해서는 법적 근거가 있어야 하고, 법령의 근거가 없는 권한의 위임은 무효이다.

② 권한의 위임은 권한의 일부를 위임하는 것에 한정되고, 권한의 전부를 위임하는 것은 허용되지 않는다.

③ 권한의 위임 및 재위임에 관하여 규정하고 있는 정부조직법 제6조 제1항의 규정은 개별적인 권한 위임의 법률상 근거가 될 수 없다.

④ 내부위임을 받아 원행정청 명의를 밝히지 아니하고는 그의 명의로 처분 등을 할 권한이 없는 행정청이 권한 없이 그의 명의로 한 처분에 대하여 항고소송이 제기된 경우, 처분명의자인 행정청이 피고가 된다.

📝 해설 | 행정권한의 위임

중요도 ★★☆

① [○] 행정권한의 위임은 행정관청이 법률에 따라 특정한 권한을 다른 행정관청에 이전하여 수임관청의 권한으로 행사하도록 하는 것이어서 권한의 법적인 귀속을 변경하는 것이므로 법률이 위임을 허용하고 있는 경우에 한하여 인정된다 할 것이고, 이에 반하여 행정권한의 내부위임은 법률이 위임을 허용하고 있지 아니한 경우에도 행정관청의 내부적인 사무처리의 편의를 도모하기 위하여 그의 보조기관 또는 하급행정관청으로 하여금 자기의 권한을 사실상 행사하게 하는 것이므로, 권한위임의 경우에는 수임관청이 자기의 이름으로 그 권한행사를 할 수 있지만 내부위임의 경우에는 수임관청은 위임관청의 이름으로만 그 권한을 행사할 수 있을 뿐 자기의 이름으로는 그 권한을 행사할 수 없다(대판 1995.11.28, 94누6475).

② [○] 행정권한의 일부에 대한 위임은 가능하지만 권한의 전부 위임은 허용되지 않는다. 권한획정, 즉 권한을 나누어 각 기관에 분배해 둔 취지에 정면으로 반하기 때문이다.

③ [×] 정부조직법 제6조 제1항은 법문상 권한의 위임 및 재위임의 근거 규정임이 명백하고, 동법에 근거한 행정권한의 위임 및 위탁에 관한 규정 제4조 역시 재위임에 관한 일반적인 근거규정에 해당한다(대판 1990.2.27, 89누5287).

④ [○] 내부위임이나 대리권을 수여받은 데 불과하여 원행정청 명의나 대리관계를 밝히지 아니하고는 그의 명의로 처분 등을 할 권한이 없는 행정청이 권한 없이 그의 명의로 한 처분에 대하여도 처분명의자인 행정청이 피고가 되어야 한다(대판 1994.6.14, 94누1197).

답 ③

행정조직법상 권한에 대한 설명으로 옳지 않은 것은? (다툼이 있는 경우 판례에 의함)

① 체납취득세에 대한 압류처분권한은 도지사로부터 시장에게 권한위임된 것이고 시장으로부터 압류처분권한을 내부위임받은 데 불과한 구청장이 자신의 명의로 한 압류처분은 권한 없는 자에 의하여 행하여진 위법무효의 처분이다.

② 대리권을 수여받은 데 불과하여 원행정청과 대리관계를 밝히지 아니하고는 그의 명의로 처분 등을 할 권한이 없는 행정청이 권한 없이 그의 명의로 한 처분에서 그 취소소송시 피고는 본 처분 권한이 있는 행정청이 된다.

③ 행정권한의 위임은 법률이 위임을 허용하고 있는 경우에 한하여 인정된다.

④ 권한의 위임에 관한 개별규정이 없는 경우 정부조직법 제6조, 행정권한의 위임 및 위탁에 관한 규정, 지방자치법 제117조와 같은 일반적 규정에 따라 행정청은 위임받은 권한을 재위임할 수 있다.

📝 해설 | 행정권한의 위임

중요도 ★★☆

① [○] 체납취득세에 대한 압류처분권한은 도지사로부터 시장에게 권한위임된 것이고 시장으로부터 압류처분권한을 내부위임받은 데 불과한 구청장으로서는 시장 명의로 압류처분을 대행처리할 수 있을 뿐이고 자신의 명의로 이를 할 수 없다 할 것이므로 구청장이 자신의 명의로 한 압류처분은 권한 없는 자에 의하여 행하여진 위법무효의 처분이다(대판 1993.5.27, 93누6621).

② [×] 항고소송은 원칙적으로 소송의 대상인 행정처분 등을 외부적으로 그의 명의로 행한 행정청을 피고로 하여야 하는 것으로서, 그 행정처분을 하게 된 연유가 상급행정청이나 타행정청의 지시나 통보에 의한 것이라 하여 다르지 않으며, 권한의 위임이나 위탁을 받아 수임행정청이 정당한 권한에 기하여 수임행정청 명의로 한 처분에 대하여는 말할 것도 없고, 내부위임이나 대리권을 수여받은 데 불과하여 원행정청 명의나 대리관계를 밝히지 아니하고는 그의 명의로 처분 등을 할 권한이 없는 행정청이 권한 없이 그의 명의로 한 처분에 대하여도 처분명의자인 행정청이 피고가 되어야 한다(대판 1994.6.14, 94누1197).

③ [O] 행정권한의 위임은 행정관청이 법률에 따라 특정한 권한을 다른 행정관청에 이전하여 수임관청의 권한으로 행사하도록 하는 것이어서 권한의 법적인 귀속을 변경하는 것이므로 법률이 위임을 허용하고 있는 경우에 한하여 인정된다(대판 1995.11.28, 94누6475).

④ [O] 구 건설업법(1994.1.7. 법률 제4724호로 개정되기 전의 것) 제57조 제1항, 같은 법 시행령 제53조 제1항 제1호에 의하면 건설부장관의 권한에 속하는 같은 법 제50조 제2항 제3호 소정의 영업정지 등 처분권한은 서울특별시장·직할시장 또는 도지사에게 위임되었을 뿐 시·도지사가 이를 구청장·시장·군수에게 재위임할 수 있는 근거규정은 없으나, 정부조직법 제5조 제1항과 이에 기한 행정권한의 위임 및 위탁에 관한 규정 제4조에 재위임에 관한 일반적인 근거규정이 있으므로 시·도지사는 그 재위임에 관한 일반적인 규정에 따라 위임받은 위 처분권한을 구청장 등에게 재위임할 수 있다(대판 1995.7.11, 94누4615).

> **정부조직법 제6조 【권한의 위임 또는 위탁】** ① 행정기관은 법령으로 정하는 바에 따라 그 소관사무의 일부를 보조기관 또는 하급행정기관에 위임하거나 다른 행정기관·지방자치단체 또는 그 기관에 위탁 또는 위임할 수 있다. 이 경우 위임 또는 위탁을 받은 기관은 특히 필요한 경우에는 법령으로 정하는 바에 따라 위임 또는 위탁을 받은 사무의 일부를 보조기관 또는 하급행정기관에 재위임할 수 있다.
>
> **지방자치법 제117조 【사무의 위임 등】** ① 지방자치단체의 장은 조례나 규칙으로 정하는 바에 따라 그 권한에 속하는 사무의 일부를 보조기관, 소속 행정기관 또는 하부행정기관에 위임할 수 있다.
> ② 지방자치단체의 장은 조례나 규칙으로 정하는 바에 따라 그 권한에 속하는 사무의 일부를 관할 지방자치단체나 공공단체 또는 그 기관(사업소·출장소를 포함한다)에 위임하거나 위탁할 수 있다.
> ③ 지방자치단체의 장은 조례나 규칙으로 정하는 바에 따라 그 권한에 속하는 사무 중 조사·검사·검정·관리업무 등 주민의 권리·의무와 직접 관련되지 아니하는 사무를 법인·단체 또는 그 기관이나 개인에게 위탁할 수 있다.
> ④ 지방자치단체의 장이 위임받거나 위탁받은 사무의 일부를 제1항부터 제3항까지의 규정에 따라 다시 위임하거나 위탁하려면 미리 그 사무를 위임하거나 위탁한 기관의 장의 승인을 받아야 한다.

답 ②

THEME 63 | 지방자치법

005 다음 중 지방자치단체에 관한 설명으로 옳지 않은 것은?   2015년 9급 복원

① 판례는 주민의 권리의무에 관한 사항에 관하여 구체적으로 아무런 범위도 정하지 아니한 채 조례로 정하도록 포괄적으로 위임할 수 없고, 개별적·구체적으로 범위를 정하여서만 위임이 가능하다고 본다.

② 지방자치단체의 장은 지방의회의 의결이 월권이거나 법령에 위반되거나 공익을 현저히 해친다고 인정되면 그 의결사항을 이송받은 날부터 20일 이내에 이유를 붙여 재의를 요구할 수 있다.

③ 지방자치단체장의 요구에 대하여 재의한 결과 재적의원 과반수의 출석과 출석의원 3분의 2 이상의 찬성으로 전과 같은 의결을 하면 그 의결사항은 확정된다.

④ 지방자치단체의 장은 재의결된 사항이 법령에 위반된다고 인정되면 대법원에 소를 제기할 수 있다.

📝 해설 | 지방자치   중요도 ★★☆

① [×] 법률이 주민의 권리의무에 관한 사항에 관하여 구체적으로 아무런 범위도 정하지 아니한 채 조례로 정하도록 포괄적으로 위임하였다고 하더라도, 행정관청의 명령과는 달라, 조례도 주민의 대표기관인 지방의회의 의결로 제정되는 지방자치단체의 자주법인 만큼, 지방자치단체가 법령에 위반되지 않는 범위 내에서 주민의 권리의무에 관한 사항을 조례로 제정할 수 있는 것이다(대판 1991. 8.27, 90누6613).

② [O] 지방자치단체의 장은 지방의회의 의결이 월권이거나 법령에 위반되거나 공익을 현저히 해친다고 인정되면 그 의결사항을 이송받은 날부터 20일 이내에 이유를 붙여 재의를 요구할 수 있다(지방자치법 제120조 제1항).

③ [O] 지방자치법 제120조 제1항의 요구에 대하여 재의한 결과 재적의원 과반수의 출석과 출석의원 3분의 2 이상의 찬성으로 전과 같은 의결을 하면 그 의결사항은 확정된다(동법 제120조 제2항).

④ [O] 지방자치단체의 장은 지방자치법 제120조 제2항에 따라 재의결된 사항이 법령에 위반된다고 인정되면 대법원에 소를 제기할 수 있다. 이 경우에는 제192조 제4항을 준용한다(동법 제120조 제3항).

답 ①

지방자치단체의 사무에 대한 설명으로 옳지 않은 것은? (다툼이 있는 경우 판례에 의함)　

① 부랑인선도시설 및 정신질환자요양시설에 대한 지방자치단체장의 지도·감독사무는 국가사무이다.

② 인천광역시장이 원고로서 인천광역시의회를 피고로 인천광역시 공항고속도로통행료지원 조례안재의결 무효확인 청구소송을 제기하였는데, 이 조례안에서 지역주민에게 통행료를 지원하는 내용의 사무는 자치사무이다.

③ 법령상 지방자치단체의 장이 처리하도록 규정하고 있는 사무가 자치사무인지 기관위임사무인지를 판단할 때 그에 관한 경비부담의 주체는 사무의 성질결정의 본질적 요소가 아니므로 부차적인 것으로도 고려요소가 될 수 없다.

④ 지방자치단체의 자치사무에 관한 그 장의 명령이나 처분에 대한 시정명령의 경우 법령을 위반하는 것에 한한다.

📝 해설 | 지방자치　중요도 ★★☆

① [○] 부랑인선도시설 및 정신질환자요양시설의 지도·감독사무에 관한 법규의 규정 형식과 취지가 보건사회부장관 또는 보건복지부장관이 위 각 시설에 대한 지도·감독권한을 시장·군수·구청장에게 위임 또는 재위임하고 있는 것으로 보이는 점, 위 각 시설에 대한 지도·감독사무가 성질상 전국적으로 통일적인 처리가 요구되는 것인 점, 위 각 시설에 대한 대부분의 시설운영비 등의 보조금을 국가가 부담하고 있는 점, 장관이 정기적인 보고를 받는 방법으로 최종적인 책임을 지고 있는 것으로 보이는 점 등을 종합하여, 부랑인선도시설 및 정신질환자요양시설에 대한 지방자치단체장의 지도·감독사무를 보건복지부장관 등으로부터 기관위임된 국가사무로 판단한 사례이다(대판 2006.7.28, 2004다759).

② [○] 인천광역시의회가 의결한 '인천광역시 공항고속도로 통행료지원 조례안'이 규정하고 있는 인천국제공항고속도로를 이용하는 지역주민에게 통행료를 지원하는 내용의 사무는, 구 지방자치법(2007.5.11. 법률 제8423호로 전문 개정되기 전의 것) 제9조 제2항 제2호 가목에 정한 주민복지에 관한 사업으로서 지방자치사무이다(대판 2008.6.12, 2007추42).

③ [×] 법령상 지방자치단체의 장이 처리하도록 규정하고 있는 사무가 기관위임사무에 해당하는지 여부를 판단함에 있어서는 그에 관한 법령의 규정 형식과 취지를 우선 고려하여야 할 것이지만 그 외에도 그 사무의 성질이 전국적으로 통일적인 처리가 요구되는 사무인지 여부나 그에 관한 경비부담과 최종적인 책임귀속의 주체 등도 아울러 고려하여 판단하여야 할 것이다(대판 1999.9.17, 99추30).

④ [○] 지방자치법 제188조 제1항·제5항

> **제188조【위법·부당한 명령이나 처분의 시정】** ① 지방자치단체의 사무에 관한 지방자치단체의 장(제103조 제2항에 따른 사무의 경우에는 지방의회의 의장을 말한다. 이하 이 조에서 같다)의 명령이나 처분이 법령에 위반되거나 현저히 부당하여 공익을 해친다고 인정되면 시·도에 대해서는 주무부장관이, 시·군 및 자치구에 대해서는 시·도지사가 기간을 정하여 서면으로 시정할 것을 명하고, 그 기간에 이행하지 아니하면 이를 취소하거나 정지할 수 있다.
> ⑤ 제1항부터 제4항까지의 규정에 따른 자치사무에 관한 명령이나 처분에 대한 주무부장관 또는 시·도지사의 시정명령, 취소 또는 정지는 법령을 위반한 것에 한정한다.

답 ③

다음 중 지방자치법상 지방자치에 대한 내용으로 옳은 것은?　

① 지방자치단체의 구성은 헌법에 규정되어 있다.

② 지방자치단체는 법령에 위반하여 그 사무를 처리할 수 없지만 시·군 및 자치구는 해당 구역을 관할하는 시·도의 조례를 위반하여 사무를 처리할 수 있다.

③ 지방의회는 주민에게 과도한 부담을 주거나 중대한 영향을 미치는 지방자치단체의 주요 결정사항 등에 대하여 주민투표에 부칠 수 있다.

④ 광역자치단체와 기초자치단체는 원칙적으로 대등한 법적 지위를 가지지만 사무의 성격상 업무의 처리와 관련하여 개별법률 규정에서 지도·감독관계가 인정될 수는 있다.

① [×] 지방자치법에 지방자치단체의 구성에 관하여 규정되어 있다.
② [×] 지방자치단체는 법령을 위반하여 사무를 처리할 수 없으며, 시·군 및 자치구는 해당 구역을 관할하는 시·도 조례를 위반하여 사무를 처리할 수 없다(지방자치법 제12조 제3항).
③ [×] 지방자치단체의 장은 주민에게 과도한 부담을 주거나 중대한 영향을 미치는 지방자치단체의 주요 결정사항 등에 대하여 주민투표에 부칠 수 있다(동법 제18조 제1항).
④ [○] 광역자치단체와 기초자치단체는 원칙적으로 대등한 법적 지위를 가졌으며 상하로 소속된 관계가 아니다. 다만, 그 사무의 성격상 업무의 처리 등에 있어서 개별법률에 따라 지도·감독의 관계가 형성될 수 있다.

답 ④

---

008 다음 중 지방자치단체의 장의 고유한 권한사항만으로 묶인 것은? (다툼이 있는 경우 판례에 의함)   2019년(2차) 9급 복원
□□□

> ㄱ. 주민투표부의권
> ㄴ. 규칙제정권
> ㄷ. 재의요구권
> ㄹ. 청원의 접수 및 수리
> ㅁ. 조례제정권
> ㅂ. 행정감사권
> ㅅ. 예산의 심의·확정 및 결산의 승인
> ㅇ. 소속직원에 대한 임면 및 지휘·감독

① ㄱ, ㄴ, ㄷ, ㅂ
② ㄱ, ㄴ, ㄷ, ㅇ
③ ㄴ, ㄷ, ㄹ, ㅁ
④ ㄴ, ㄷ, ㄹ, ㅂ

ㄱ. [○] 지방자치단체의 장은 주민에게 과도한 부담을 주거나 중대한 영향을 미치는 지방자치단체의 주요 결정사항 등에 대하여 주민투표에 부칠 수 있다(지방자치법 제18조 제1항).
ㄴ. [○] 지방자치단체의 장은 법령이나 조례가 위임한 범위에서 그 권한에 속하는 사무에 관하여 규칙을 제정할 수 있다(동법 제29조).
ㄷ. [○] 지방자치단체의 장은 지방의회의 의결이 월권이거나 법령에 위반되거나 공익을 현저히 해친다고 인정되면 그 의결사항을 이송받은 날부터 20일 이내에 이유를 붙여 재의를 요구할 수 있다(동법 제120조 제1항).
ㄹ. [×] 지방의회에 청원을 하려는 자는 지방의회의원의 소개를 받아 청원서를 제출하여야 한다(동법 제85조 제1항).
ㅁ. [×] 지방자치단체는 법령의 범위 안에서 그 사무에 관하여 조례를 제정할 수 있다. 다만, 주민의 권리 제한 또는 의무부과에 관한 사항이나 벌칙을 정할 때에는 법률의 위임이 있어야 한다(동법 제28조).
ㅂ. [×] 지방의회는 매년 1회 그 지방자치단체의 사무에 대하여 시·도에서는 14일의 범위에서, 시·군 및 자치구에서는 9일의 범위에서 감사를 실시하고, 지방자치단체의 사무 중 특정 사안에 관하여 본회의 의결로 본회의나 위원회에서 조사하게 할 수 있다(동법 제49조 제1항).
ㅅ. [×] 지방자치단체의 장은 회계연도마다 예산안을 편성하여 시·도는 회계연도 시작 50일 전까지, 시·군 및 자치구는 회계연도 시작 40일 전까지 지방의회에 제출하여야 한다(동법 제142조 제1항).

ㅇ. [○] 지방자치법 제125조, 지방공무원법 제6조

> **지방자치법 제125조【행정기구와 공무원】** ① 지방자치단체는 그 사무를 분장하기 위하여 필요한 행정기구와 지방공무원을 둔다.
> ④ 지방공무원의 임용과 시험·자격·보수·복무·신분보장·징계·교육훈련 등에 관하여는 따로 법률로 정한다.
> ⑤ 지방자치단체에는 제1항에도 불구하고 법률로 정하는 바에 따라 국가공무원을 둘 수 있다.
> ⑥ 제5항에 규정된 국가공무원은 국가공무원법 제32조 제1항부터 제3항까지에도 불구하고 5급 이상의 국가공무원이나 고위공무원단에 속하는 공무원은 해당 지방자치단체의 장의 제청으로 소속 장관을 거쳐 대통령이 임명하고, 6급 이하의 국가공무원은 그 지방자치단체의 장의 제청으로 소속 장관이 임명한다.
> **지방공무원법 제6조【임용권자】** ① 지방자치단체의 장[특별시·광역시·특별자치시·도 또는 특별자치도(이하 "시·도"라 한다)의 교육감을 포함한다. 이하 같다] 및 지방의회의 의장[시·도의회의 의장 및 시·군·구(자치구를 말한다. 이하 같다)의회의 의장을 말한다. 이하 같다]은 이 법에서 정하는 바에 따라 그 소속공무원의 임명·휴직·면직과 징계를 하는 권한(이하 "임용권"이라 한다)을 가진다.

답 ②

009 지방자치법상 주민투표에 관한 설명으로 옳지 않은 것은? (다툼이 있는 경우 판례에 의함) 2019년(2차) 9급 복원
□□□

① 지방자치법상 주민투표권은 법률상 권리이다.
② 주민투표의 실시 여부는 지방자치단체의 장의 임의적 재량에 속한다.
③ 중앙행정기관의 장은 지방자치단체의 국가정책의 수립에 관하여 주민의 의견을 듣기 위하여 필요하다고 인정하는 때에는 주민투표의 실시구역을 정하여 관계 지방자치단체의 장에게 주민투표의 실시를 요구할 수 있으나, 지방자치단체의 장은 중앙행정기관의 장에게 주민투표의 실시를 요구할 수 없다.
④ 주민투표를 실시하기 위해서는 주민 또는 지방의회의 청구가 있어야 한다.

📝 해설 │ 지방자치
중요도 ★★★

① [○] 지방자치법 제18조, 주민투표법 제2조 제1항

> **지방자치법 제18조【주민투표】** ① 지방자치단체의 장은 주민에게 과도한 부담을 주거나 중대한 영향을 미치는 지방자치단체의 주요 결정사항 등에 대하여 주민투표에 부칠 수 있다.
> ② 주민투표의 대상·발의자·발의요건, 그 밖에 투표절차 등에 관한 사항은 따로 법률로 정한다.
> **주민투표법 제2조【주민투표권행사의 보장】** ① 국가 및 지방자치단체는 주민투표권자가 주민투표권을 행사할 수 있도록 필요한 조치를 취하여야 한다.

② [○] 주민투표실시에 관한 지방자치법 제13조의2는 규정 문언상 임의규정으로 되어 있고, 실시 여부도 지방자치단체의 장의 재량사항으로 되어 있으며 아직 주민투표법이 제정되지도 아니하였으며, 주민투표절차는 위에서 살펴본 바와 같이 청문절차의 일환이고 그 결과에 구속적 효력이 없다. 따라서 이 사건 법률의 제정과정에서 주민투표를 실시하지 아니하였다고 하여 적법절차원칙을 위반하였다고는 할 수 없다(헌재 1994.12.29, 94헌마201).

③ [○] 중앙행정기관의 장은 지방자치단체의 폐치(廢置)·분합(分合) 또는 구역변경, 주요시설의 설치 등 국가정책의 수립에 관하여 주민의 의견을 듣기 위하여 필요하다고 인정하는 때에는 주민투표의 실시구역을 정하여 관계 지방자치단체의 장에게 주민투표의 실시를 요구할 수 있다. 이 경우 중앙행정기관의 장은 미리 행정안전부장관과 협의하여야 한다(주민투표법 제8조 제1항).
▷ 중앙행정기관의 장이 국가정책에 관한 주민투표의 청구권자이며 지방자치단체의 장은 국가정책에 관한 주민투표에 대한 요구권이 없다.

④ [×] 지방자치단체의 장은 주민 또는 지방의회의 청구에 의하거나 직권에 의하여 주민투표를 실시할 수 있다(주민투표법 제9조 제1항).

답 ④

010

지방자치단체에 대한 설명으로 옳은 것은? (다툼이 있는 경우 판례에 의함)

① 헌법재판소는 지방행정기관도 기본권을 가질 수 있기 때문에 소송제기를 할 수 있다고 판시하였다.

② 자치사무나 단체사무에 대해서는 조례 제정이 가능하지만, 기관위임사무에 대해서는 법령에서 조례로 정하도록 위임한 경우에 그 사항에 관하여서만 조례 제정이 가능하다.

③ 조례 제정에 대한 법률의 위임은 법규명령에 대한 법률의 위임과 같이 구체적으로 범위를 정하여야 한다.

④ 지방자치단체장이 조례에 의해 만들어진 위원회의 위원을 해·위촉할 때에 지방의회의 동의를 받도록 하는 것은 허용되지 않는다.

📝 해설 | 지방자치

중요도 ★★☆

① [×] 기본권의 보장에 관한 각 헌법규정의 해석상 국민만이 기본권의 주체라 할 것이고, 국가나 국가기관 또는 국가조직의 일부나 공법인은 기본권의 '수범자'이지 기본권의 주체로서 그 '소지자'가 아니고 오히려 국민의 기본권을 보호 내지 실현해야 할 책임과 의무를 지니고 있는 지위에 있을 뿐이므로, 공법인인 지방자치단체의 의결기관인 청구인 의회는 기본권의 주체가 될 수 없고 따라서 헌법소원을 제기할 수 있는 적격이 없다(헌재 1998.3.26, 96헌마345).

② [○] 지방자치법 제15조, 제9조에 의하면, 지방자치단체가 자치조례를 제정할 수 있는 사항은 지방자치단체의 고유사무인 자치사무와 개별법령에 의하여 지방자치단체에 위임된 단체위임사무에 한하는 것이고, 국가사무가 지방자치단체의 장에게 위임된 기관위임사무는 원칙적으로 자치조례의 제정범위에 속하지 않는다 할 것이고, 다만 기관위임사무에 있어서도 그에 관한 개별법령에서 일정한 사항을 조례로 정하도록 위임하고 있는 경우에는 위임받은 사항에 관하여 개별법령의 취지에 부합하는 범위 내에서 이른바 위임조례를 정할 수 있다(대판 2000.5.30, 99추85).

③ [×] 조례의 제정권자인 지방의회는 선거를 통해서 그 지역적인 민주적 정당성을 지니고 있는 주민의 대표기관이고, 헌법이 지방자치단체에 대해 포괄적인 자치권을 보장하고 있는 취지로 볼 때 조례제정권에 대한 지나친 제약은 바람직하지 않으므로 조례에 대한 법률의 위임은 법규명령에 대한 법률의 위임과 같이 반드시 구체적으로 범위를 정하여 할 필요가 없으며 포괄적인 것으로 족하다고 할 것이다(헌재 1995.4.20, 92헌마264).

④ [×] 상위법령에서 지방자치단체장에게 기관구성원 임명·위촉권한을 부여하면서도 임명·위촉권의 행사에 지방의회의 동의를 받도록 하는 등의 견제나 제약을 규정하고 있거나 그러한 제약을 조례 등에서 할 수 있다고 규정하고 있지 않는 한 당해 법령에 의한 임명·위촉권은 지방자치단체의 장에게 전속적으로 부여된 것이라고 보아야 한다. 따라서 하위법규인 조례로는 지방자치단체장의 임명·위촉권을 제약할 수 없고, 지방의회의 지방자치단체 사무에 대한 비판, 감시, 통제를 위한 행정사무감사 및 조사권 행사의 일환으로 위와 같은 제약을 규정하는 조례를 제정할 수도 없다(대판 2013.9.27, 2012추169).

답 ②

011

지방자치법에 대한 설명으로 옳지 않은 것은? (다툼이 있는 경우 판례에 의함)

① 법률의 위임 없이 보육시설 종사자의 정년을 규정한 조례안에 대한 재의결은 무효이다.

② 위임사무에 관한 명령이나 처분의 시정명령의 경우에는 그의 위법·부당성이 사유가 되나, 자치사무에 관한 명령이나 처분의 시정명령의 경우에는 그의 위법성만이 사유가 된다.

③ 법률이 주민의 권리의무에 관한 사항에 관하여 구체적으로 범위를 정하지 않은 채 조례로 정하도록 포괄적으로 위임한 경우에도 지방자치단체는 법령에 위반되지 않는 범위 내에서 각 지역의 실정에 맞게 주민의 권리의무에 관한 사항을 조례로 제정할 수 있다.

④ 지방의회의 의결이 법령에 위반되거나 공익을 현저히 해친다고 판단되면 주무부장관은 시·도에 대하여 재의를 요구하게 할 수 있는 동시에 그 시·도지사에게 그 의결에 대한 제소를 지시하거나 직접 제소 및 집행정지결정을 신청할 수 있다.

① [○] 영유아보육법이 보육시설 종사자의 정년에 관한 규정을 두거나 이를 지방자치단체의 조례에 위임한다는 규정을 두고 있지 않음에도 보육시설 종사자의 정년을 규정한 '서울특별시 중구 영유아 보육조례 일부개정조례안' 제17조 제3항은, 법률의 위임 없이 헌법이 보장하는 직업을 선택하여 수행할 권리의 제한에 관한 사항을 정한 것이어서 그 효력을 인정할 수 없으므로, 위 조례안에 대한 재의결은 무효이다(대판 2009.5.28, 2007추134).

② [○] 지방자치법 제188조 제1항, 제5항

> **제188조 【위법·부당한 명령이나 처분의 시정】** ① 지방자치단체의 사무에 관한 지방자치단체의 장(제103조 제2항에 따른 사무의 경우에는 지방의회의 의장을 말한다. 이하 이 조에서 같다)의 명령이나 처분이 법령에 위반되거나 현저히 부당하여 공익을 해친다고 인정되면 시·도에 대해서는 주무부장관이, 시·군 및 자치구에 대해서는 시·도지사가 기간을 정하여 서면으로 시정할 것을 명하고, 그 기간에 이행하지 아니하면 이를 취소하거나 정지할 수 있다.
> ⑤ 제1항부터 제4항까지의 규정에 따른 자치사무에 관한 명령이나 처분에 대한 주무부장관 또는 시·도지사의 시정명령, 취소 또는 는 정지는 법령을 위반한 것에 한정한다.

③ [○] 조례가 규율하는 특정사항에 관하여 그것을 규율하는 국가의 법령이 이미 존재하는 경우에도 조례가 법령과 별도의 목적에 기하여 규율함을 의도하는 것으로서 그 적용에 의하여 법령이 반드시 그 규정에 의하여 전국에 걸쳐 일률적으로 동일한 내용을 규율하려는 취지는 아니고 각 지방자치단체가 그 지방의 실정에 맞게 별도로 규율하는 것을 용인하는 취지라고 해석되는 때에는 그 조례가 국가의 법령에 위반되는 것은 아니다. 그리하여 조례의 내용이 생활보호법보다 생활보호의 대상과 방법을 확대하여도 그 조례는 생활보호법을 위반하는 것이 아니다(대판 1997.4.25, 96추244).

④ [×] 재의를 요구할 수 있는 사유는 '법령에 위반되거나 공익을 현저히 해친다고 판단될 때'이지만, 제소를 지시하거나 직접 제소 및 집행정지결정을 신청할 수 있는 사유는 '법령에 위반된다고 인정되는 때'라는 점에서 양자가 다르므로, 동시에 할 수 있다는 서술은 옳지 않다.

> **지방자치법 제192조 【지방의회 의결의 재의와 제소】** ① 지방의회의 의결이 법령에 위반되거나 공익을 현저히 해친다고 판단되면 시·도에 대해서는 주무부장관이, 시·군 및 자치구에 대해서는 시·도지사가 해당 지방자치단체의 장에게 재의를 요구하게 할 수 있고, 재의 요구 지시를 받은 지방자치단체의 장은 의결사항을 이송받은 날부터 20일 이내에 지방의회에 이유를 붙여 재의를 요구하여야 한다.
> ② 시·군 및 자치구의회의 의결이 법령에 위반된다고 판단됨에도 불구하고 시·도지사가 제1항에 따라 재의를 요구하게 하지 아니한 경우 주무부장관이 직접 시장·군수 및 자치구의 구청장에게 재의를 요구하게 할 수 있고, 재의 요구 지시를 받은 시장·군수 및 자치구의 구청장은 의결사항을 이송받은 날부터 20일 이내에 지방의회에 이유를 붙여 재의를 요구하여야 한다.
> ③ 제1항 또는 제2항의 요구에 대하여 재의한 결과 재적의원 과반수의 출석과 출석의원 3분의 2 이상의 찬성으로 전과 같은 의결을 하면 그 의결사항은 확정된다.
> ④ 지방자치단체의 장은 제3항에 따라 재의결된 사항이 법령에 위반된다고 판단되면 재의결된 날부터 20일 이내에 대법원에 소를 제기할 수 있다. 이 경우 필요하다고 인정되면 그 의결의 집행을 정지하게 하는 집행정지결정을 신청할 수 있다.

답 ④

012

2020년 7급

지방자치법에 대한 설명으로 옳지 않은 것은? (다툼이 있는 경우 판례에 의함)

① 국가사무가 지방자치단체의 장에게 위임된 기관위임사무와 같이 지방자치단체의 장이 국가기관의 지위에서 수행하는 사무라고 할 수 있는 것은 원칙적으로 자치조례의 제정범위에 속한다.

② 지방자치단체는 법인으로 한다.

③ 지방자치단체는 법령이나 상급 지방자치단체의 조례를 위반하여 그 사무를 처리할 수 없다.

④ 지방자치단체는 조례를 위반한 행위에 대하여 조례로써 1천만원 이하의 과태료를 정할 수 있다.

📝 **해설 | 지방자치** 중요도 ★★☆

① [×] 조례는 자치사무와 단체위임사무에 대하여만 제정할 수 있다. 다만, 판례는 개별법령에서 특별히 위임하고 있는 경우에는 기관위임사무에 대하여도 그 위임의 범위 내에서 위임조례를 제정할 수 있음을 인정하고 있다.

② [○] 지방자치단체는 법인으로 한다(지방자치법 제3조 제1항).

③ [○] 시·군 및 자치구의 조례나 규칙은 시·도의 조례나 규칙을 위반하여서는 아니 된다(동법 제30조).

④ [○] 지방자치단체는 조례를 위반한 행위에 대하여 조례로써 1천만원 이하의 과태료를 정할 수 있다(동법 제34조 제1항).

답 ①

013 A시와 B시는 공유수면 매립지의 경계를 두고 이견이 있다. 이에 대한 최종적인 결정권을 가진 기관은 어디인가?

① 헌법재판소
② 대법원
③ 지방자치단체중앙분쟁조정위원회
④ 중앙행정심판위원회

📝 해설 | 지방자치

중요도 ★★☆

※출제 취지상 정답 ② 또는 ③(이의제기 결과, 모두 정답 처리)
지방자치단체간 관할구역의 다툼이 있는 경우 종래에는 헌법재판소의 권한쟁의심판으로 해결해왔다. 그러나 법 개정으로 이제는 해당 지역이 속할 지방자치단체의 결정을 행정안전부장관에게 신청하고, 장관은 지방자치단체중앙분쟁조정위원회의 심의·의결에 따라 그를 결정한다. 그리고 관계 지방자치단체장은 이 결정에 이의가 있으면 대법원에 소를 제기할 수 있게 되었다. 출제의 취지는 '② 대법원'이었으나, 만약 대법원에 소를 제기하지 않는다면 '③ 지방자치단체중앙분쟁조정위원회'가 최종적 결정권을 가졌다고 볼 수도 있으므로 이의제기가 받아들여졌다. 그러나 모두 정답처리가 타당한지는 의문이다.

> **지방자치법 제5조【지방자치단체의 명칭과 구역】** ① 지방자치단체의 명칭과 구역은 종전과 같이 하고, 명칭과 구역을 바꾸거나 지방자치단체를 폐지하거나 설치하거나 나누거나 합칠 때에는 법률로 정한다.
> ② 제1항에도 불구하고 지방자치단체의 구역변경 중 관할 구역 경계변경(이하 "경계변경"이라 한다)과 지방자치단체의 한자 명칭의 변경은 대통령령으로 정한다. 이 경우 경계변경의 절차는 제6조에서 정한 절차에 따른다.
> ④ 제1항 및 제2항에도 불구하고 다음 각 호의 지역이 속할 지방자치단체는 제5항부터 제8항까지의 규정에 따라 행정안전부장관이 결정한다.
> 1. 공유수면 관리 및 매립에 관한 법률에 따른 매립지
> 2. 공간정보의 구축 및 관리 등에 관한 법률 제2조 제19호의 지적공부(이하 "지적공부"라 한다)에 등록이 누락된 토지
> ⑤ 제4항 제1호의 경우에는 공유수면 관리 및 매립에 관한 법률 제28조에 따른 매립면허관청(이하 이 조에서 "면허관청"이라 한다) 또는 관련 지방자치단체의 장이 같은 법 제45조에 따른 준공검사를 하기 전에, 제4항 제2호의 경우에는 공간정보의 구축 및 관리 등에 관한 법률 제2조 제18호에 따른 지적소관청(이하 이 조에서 "지적소관청"이라 한다)이 지적공부에 등록하기 전에 각각 해당 지역의 위치, 귀속희망 지방자치단체(복수인 경우를 포함한다) 등을 명시하여 행정안전부장관에게 그 지역이 속할 지방자치단체의 결정을 신청하여야 한다. 이 경우 제4항 제1호에 따른 매립지의 매립면허를 받은 자는 면허관청에 해당 매립지가 속할 지방자치단체의 결정 신청을 요구할 수 있다.
> ⑥ 행정안전부장관은 제5항에 따른 신청을 받은 후 지체 없이 제5항에 따른 신청내용을 20일 이상 관보나 인터넷 홈페이지에 게재하는 등의 방법으로 널리 알려야 한다. 이 경우 알리는 방법, 의견 제출 등에 관하여는 행정절차법 제42조·제44조 및 제45조를 준용한다.
> ⑦ 행정안전부장관은 제6항에 따른 기간이 끝나면 다음 각 호에서 정하는 바에 따라 결정하고, 그 결과를 면허관청이나 지적소관청, 관계 지방자치단체의 장 등에게 통보하고 공고하여야 한다.
> 1. 제6항에 따른 기간 내에 신청내용에 대하여 이의가 제기된 경우: 제166조에 따른 지방자치단체중앙분쟁조정위원회(이하 이 조 및 제6조에서 "위원회"라 한다)의 심의·의결에 따라 제4항 각 호의 지역이 속할 지방자치단체를 결정
> 2. 제6항에 따른 기간 내에 신청내용에 대하여 이의가 제기되지 아니한 경우: 위원회의 심의·의결을 거치지 아니하고 신청내용에 따라 제4항 각 호의 지역이 속할 지방자치단체를 결정
> ⑧ 위원회의 위원장은 제7항 제1호에 따른 심의과정에서 필요하다고 인정되면 관계 중앙행정기관 및 지방자치단체의 공무원 또는 관련 전문가를 출석시켜 의견을 듣거나 관계 기관이나 단체에 자료 및 의견 제출 등을 요구할 수 있다. 이 경우 관계 지방자치단체의 장에게는 의견을 진술할 기회를 주어야 한다.
> ⑨ 관계 지방자치단체의 장은 제4항부터 제7항까지의 규정에 따른 행정안전부장관의 결정에 이의가 있으면 그 결과를 통보받은 날부터 15일 이내에 대법원에 소송을 제기할 수 있다.
> ⑩ 행정안전부장관은 제9항에 따른 소송 결과 대법원의 인용결정이 있으면 그 취지에 따라 다시 결정하여야 한다.
> ⑪ 행정안전부장관은 제4항 각 호의 지역이 속할 지방자치단체 결정과 관련하여 제7항 제1호에 따라 위원회의 심의를 할 때 같은 시·도 안에 있는 관계 시·군 및 자치구 상호 간 매립지 조성 비용 및 관리 비용 부담 등에 관한 조정(調整)이 필요한 경우 제165조 제1항부터 제3항까지의 규정에도 불구하고 당사자의 신청 또는 직권으로 위원회의 심의·의결에 따라 조정할 수 있다. 이 경우 그 조정 결과의 통보 및 조정 결정 사항의 이행은 제165조 제4항부터 제7항까지의 규정에 따른다.

모두 정답

014

□□□

군무원은 국가공무원법상 어느 공무원에 해당하는가?

2008년 9급 복원

① 일반직공무원

② 특정직공무원

③ 정무직공무원

④ 별정직공무원

📝 해설 | 공무원

중요도 ★☆☆

② [○] 군무원은 특정직공무원이다.

> **국가공무원법 제2조 【공무원의 구분】** ① 국가공무원(이하 "공무원"이라 한다)은 경력직공무원과 특수경력직공무원으로 구분한다.
> ② "경력직공무원"이란 실적과 자격에 따라 임용되고 그 신분이 보장되며 평생 동안(근무기간을 정하여 임용하는 공무원의 경우에는 그 기간 동안을 말한다) 공무원으로 근무할 것이 예정되는 공무원을 말하며, 그 종류는 다음 각 호와 같다.
> 1. 일반직공무원: 기술·연구 또는 행정 일반에 대한 업무를 담당하는 공무원
> 2. 특정직공무원: 법관, 검사, 외무공무원, 경찰공무원, 소방공무원, 교육공무원, 군인, 군무원, 헌법재판소 헌법연구관, 국가정보원의 직원, 경호공무원과 특수 분야의 업무를 담당하는 공무원으로서 다른 법률에서 특정직공무원으로 지정하는 공무원
> ③ "특수경력직공무원"이란 경력직공무원 외의 공무원을 말하며, 그 종류는 다음 각 호와 같다.
> 1. 정무직공무원
> 　가. 선거로 취임하거나 임명할 때 국회의 동의가 필요한 공무원
> 　나. 고도의 정책결정 업무를 담당하거나 이러한 업무를 보조하는 공무원으로서 법률이나 대통령령(대통령비서실 및 국가안보실의 조직에 관한 대통령령만 해당한다)에서 정무직으로 지정하는 공무원
> 2. 별정직공무원: 비서관·비서 등 보좌업무 등을 수행하거나 특정한 업무 수행을 위하여 법령에서 별정직으로 지정하는 공무원

답 ②

015

□□□

다음 중 국가공무원법상의 징계사유에 해당되지 않는 것은?

2007년 9급 복원

① 국가공무원법 위반

② 직무명령 위반

③ 직무 외 품위 손상

④ 타인에게 손해를 발생하게 한 경우

📝 해설 | 국가공무원법상 징계사유

중요도 ★★☆

①②③ [○] 국가공무원법 제78조 제1항

> **국가공무원법 제78조 【징계 사유】** ① 공무원이 다음 각 호의 어느 하나에 해당하면 징계 의결을 요구하여야 하고 그 징계 의결의 결과에 따라 징계처분을 하여야 한다.
> 1. 이 법 및 이 법에 따른 명령을 위반한 경우
> 2. 직무상의 의무(다른 법령에서 공무원의 신분으로 인하여 부과된 의무를 포함한다)를 위반하거나 직무를 태만히 한 때
> 3. 직무의 내외를 불문하고 그 체면 또는 위신을 손상하는 행위를 한 때

④ [×] 타인에게 손해를 발생하게 한 경우는 국가공무원법상의 징계사유에 해당하지 않는다.

답 ④

016 공무원의 징계에 관한 설명 중 옳지 않은 것은? (다툼이 있는 경우 판례에 의함)

2018년 9급 복원

① 상급자와 다투고 폭언하는 행위에 대하여 장관이 행한 서면 경고는 국가공무원법상의 징계처분에 해당한다.

② 경찰공무원이 그 단속의 대상이 되는 신호위반자에게 1만원을 요구하여 금품을 수수한 행위에 대하여 해임처분을 한 것은 징계재량권의 일탈·남용에 해당하지 않는다.

③ 공무원은 직무와의 관련 여부를 떠나 공무원의 체면이나 위신을 떨어뜨리는 행동을 하면 국가공무원법상 징계의 사유에 해당한다.

④ 지방공무원의 동의 없는 전출명령은 위법하여 취소되어야 하므로, 전출명령이 적법함을 전제로 내린 당해 지방공무원에 대한 징계처분은 징계양정에 있어 재량권을 일탈하여 위법에 해당한다.

🖊 해설 | 공무원의 징계

중요도 ★★★

① [×] 공무원이 소속 장관으로부터 받은 "직상급자와 다투고 폭언하는 행위 등에 대하여 엄중 경고하니 차후 이러한 사례가 없도록 각별히 유념하기 바람"이라는 내용의 서면에 의한 경고가 공무원의 신분에 영향을 미치는 국가공무원법상의 징계에 해당하지 아니하고, 근무충실에 관한 권고행위 내지 지위로서 그 때문에 공무원으로서의 신분에 불이익을 초래하는 법률상의 효과가 발생하는 것도 아니므로 경고가 국가공무원법의 징계처분이나 행정소송의 대상이 되는 행정처분이라고 할 수 없어 그 취소를 구할 법률상의 이익이 없다(대판 1991.11.12, 91누2700).

② [○] 경찰공무원이 그 단속의 대상이 되는 신호위반자에게 먼저 적극적으로 돈을 요구하고, 다른 사람이 볼 수 없도록 돈을 접어 건네주도록 전달방법을 구체적으로 알려주었으며, 동승자에게 신고시 범칙금 처분을 받게 된다는 등 비위신고를 막기 위한 말까지 하고 금품을 수수한 경우, 비록 그 받은 돈이 1만원에 불과하더라도 위 금품수수행위를 징계사유로 하여 당해 경찰공무원을 해임처분한 것은 징계재량권의 일탈·남용이라 할 수 없다(대판 2006.12.21, 2006두16274).

③ [○] 국가공무원법 제63조에 규정된 품위유지의무란 공무원이 직무의 내외를 불문하고, 국민의 수임자로서의 직책을 맡아 수행해 나가기에 손색이 없는 인품에 걸맞게 본인은 물론 공직사회에 대한 국민의 신뢰를 실추시킬 우려가 있는 행위를 하지 않아야 할 의무라고 해석할 수 있고, 이러한 품위유지의무 위반에 대하여 징계권자는 재량권의 남용에 해당하지 않는 범위에서 징계권을 행사할 수 있다(대판 2017.11.9, 2017두47472).

④ [○] 당해 공무원의 동의 없는 지방공무원법 제29조의3의 규정에 의한 전출명령은 위법하여 취소되어야 하므로, 그 전출명령이 적법함을 전제로 내린 징계처분은, 그 전출명령이 공정력에 의하여 취소되기 전까지는 유효하다고 하더라도, 징계양정에 있어 재량권을 일탈하여 위법하다(대판 2001.12.11, 99두1823).

답 ①

---

017 다음 시보 임용 기간 중에 있는 공무원에 관한 설명으로 옳은 것은?

2017년 9급 복원

① 시보 임용 기간 중에는 공무원법상 신분보장을 받지 못함이 원칙이다.

② 5급 공무원을 신규 채용하는 경우에는 6개월, 6급 이하의 공무원을 신규 채용하는 경우에는 3개월간 각각 시보로 임용한다.

③ 성실의 의무는 명문규정은 없지만 당연히 지켜야 한다.

④ 시보 임용 당시 결격사유가 있었다면 정규공무원 임용 당시 결격사유가 사라지더라도 그 임용행위는 당연무효이다.

① [○] 시보 임용 기간 중에 있는 공무원이 근무성적·교육훈련성적이 나쁘거나 이 법 또는 이 법에 따른 명령을 위반하여 공무원으로서의 자질이 부족하다고 판단되는 경우에는 제68조와 제70조에도 불구하고 면직시키거나 면직을 제청할 수 있다. 이 경우 구체적인 사유 및 절차 등에 필요한 사항은 대통령령 등으로 정한다(국가공무원법 제29조 제3항).

② [×] 5급 공무원을 신규 채용하는 경우에는 1년, 6급 이하의 공무원을 신규 채용하는 경우에는 6개월간 각각 시보로 임용하고 그 기간의 근무성적·교육훈련성적과 공무원으로서의 자질을 고려하여 정규공무원으로 임용한다. 다만, 대통령령 등으로 정하는 경우에는 시보 임용을 면제하거나 그 기간을 단축할 수 있다(동법 제29조 제1항).

③ [×] 모든 공무원은 법령을 준수하며 성실히 직무를 수행하여야 한다(동법 제56조).

④ [×] 지방공무원법상 정규공무원 임용행위는 시보임용행위와는 별도의 임용행위이므로 그 요건과 효력은 개별적으로 판단하여야 할 것인바, 이 사건 통지서의 문언에 의하면, 위 원고에 대한 1983.10.11.자 지방소방사시보 발령을 취소한다고만 기재되어 있고, 위 원고에 대한 지방소방사 임용행위를 취소하는지 여부에 대하여는 아무런 언급이 없으므로, 피고는 이 사건 통지서에 의하여 위 원고에 대한 시보임용행위만을 취소하였음이 문언상 분명하다고 할 것이고, 위 원고가 이 사건 통지에 대하여 아무런 이의를 제기한 사실이 없고, 임용특례법에 따라 퇴직보상금 지급을 신청하고 아울러 특별채용을 신청하여 특별채용되었다 하더라도 그와 같은 사정을 들어 피고의 이 사건 통지에 시보임용행위와는 별도의 행정행위인 정규공무원 임용행위까지도 취소한다는 취지가 포함되어 있었다고 볼 수는 없으므로, 위 원고는 여전히 당초의 정규공무원 임용에 따른 지방공무원으로서의 지위를 가지고 있다고 보아야 할 것이다(대판 2005.7.28, 2003두469). ⇨ 지방공무원 시보 임용 당시 결격사유가 있었지만 정규지방공무원 임용 당시 그 결격사유가 해소되었다면 그 임용행위를 당연무효라고 할 수 없다.

답 ①

---

018 다음 중 공무원의 징계에 대한 설명으로 옳지 않은 것은? (다툼이 있는 경우 판례에 의함) 2016년 9급 복원

① 공무원에 대한 의원면직의 경우, 수리 전까지는 철회가 가능하다.

② 소청심사위원회의 취소명령 또는 변경명령 결정은 그에 따른 징계나 그 밖의 처분이 있을 때까지는 종전에 행한 징계처분에 영향을 미치지 않는다.

③ 공무원이 징계에 불복하는 경우 소청심사위원회의 심사·결정을 거치지 아니하면 바로 행정소송을 제기할 수 없다.

④ 계약직공무원의 보수를 감봉하거나 삭감할 때는 공무원법의 처분절차를 거치지 않고 할 수 있다.

① [○] 공무원이 한 사직 의사표시의 철회나 취소는 그에 터잡은 의원면직처분이 있을 때까지 할 수 있는 것이고, 일단 면직처분이 있고 난 이후에는 철회나 취소할 여지가 없다(대판 2001.8.24, 99두9971).

② [○] 소청심사위원회의 취소명령 또는 변경명령 결정은 그에 따른 징계나 그 밖의 처분이 있을 때까지는 종전에 행한 징계처분 또는 제78조의2에 따른 징계부가금 부과처분에 영향을 미치지 아니한다(국가공무원법 제14조 제6항).

③ [○] 제75조에 따른 처분, 그 밖에 본인의 의사에 반한 불리한 처분이나 부작위에 관한 행정소송은 소청심사위원회의 심사·결정을 거치지 아니하면 제기할 수 없다(동법 제16조 제1항).

④ [×] 근로기준법 등의 입법 취지, 지방공무원법과 지방공무원 징계 및 소청규정의 여러 규정에 비추어 볼 때, 채용계약상 특별한 약정이 없는 한, 지방계약직공무원에 대하여 지방공무원법, 지방공무원 징계 및 소청규정에 정한 징계절차에 의하지 않고서는 보수를 삭감할 수 없다고 봄이 상당하다(대판 2008.6.12, 2006두16328).

답 ④

① 고충심사결정은 행정상 쟁송의 대상이 되는 행정처분이다.

② 국가공무원에 대한 불리한 부작위에 대한 행정소송은 인사혁신처의 소청심사위원회의 심사·결정을 거치지 않아도 제기할 수 있다.

③ 공무원이 국가를 상대로 그 실질이 보수에 해당하는 금원의 지급을 구하는 경우 그 보수에 관한 법률에 지급근거인 명시적 규정이 존재하여야 하고, 해당 보수 항목이 국가예산에도 계상되어 있어야만 한다.

④ 공무원이 임용 당시 공무원 임용결격사유가 있었어도 사실상 근무에 대하여 공무원연금법령에서 정한 퇴직급여를 청구할 수 있다.

📝 해설 | 공무원의 징계

중요도 ★★☆

① [×] 지방공무원법 제67조의2에서 규정하고 있는 고충심사제도는 공무원으로서의 권익을 보장하고 적정한 근무환경을 조성하여 주기 위하여 근무조건 또는 인사관리 기타 신상문제에 대하여 법률적인 쟁송의 절차에 의하여서가 아니라 사실상의 절차에 의하여 그 시정과 개선책을 청구하여 줄 것을 임용권자에게 청구할 수 있도록 한 제도로서, 고충심사결정 자체에 의하여는 어떠한 법률관계의 변동이나 이익의 침해가 직접적으로 생기는 것은 아니므로 고충심사의 결정은 행정상 쟁송의 대상이 되는 행정처분이라고 할 수 없다(대판 1987.12.8, 97누657).

② [×] 국가공무원법 제16조 제1항

> **제16조【행정소송과의 관계】** ① 제75조에 따른 처분, 그 밖에 본인의 의사에 반한 불리한 처분이나 부작위(不作爲)에 관한 행정소송은 소청심사위원회의 심사·결정을 거치지 아니하면 제기할 수 없다.

③ [○] 공무원이 국가를 상대로 실질이 보수에 해당하는 금원의 지급을 구하려면 공무원의 '근무조건 법정주의'에 따라 국가공무원법령 등 공무원의 보수에 관한 법률에 그 지급근거가 되는 명시적 규정이 존재하여야 하고, 나아가 해당 보수 항목이 국가예산에도 계상되어 있어야만 한다(대판 2018.2.28, 2017두64606).

④ [×] 공무원연금법이나 근로자퇴직급여 보장법에서 정한 퇴직급여는 적법한 공무원으로서의 신분을 취득하거나 근로고용관계가 성립하여 근무하다가 퇴직하는 경우에 지급되는 것이다. 임용 당시 공무원 임용결격사유가 있었다면, 비록 국가의 과실에 의하여 임용결격자임을 밝혀내지 못하였다 하더라도 임용행위는 당연무효로 보아야 하고, 당연무효인 임용행위에 의하여 공무원의 신분을 취득한다거나 근로고용관계가 성립할 수는 없다. 따라서 임용결격자가 공무원으로 임용되어 사실상 근무하여 왔다 하더라도 적법한 공무원으로서의 신분을 취득하지 못한 자로서는 공무원연금법이나 근로자퇴직급여 보장법에서 정한 퇴직급여를 청구할 수 없다. 나아가 이와 같은 법리는 임용결격사유로 인하여 임용행위가 당연무효인 경우뿐만 아니라 임용행위의 하자로 임용행위가 취소되어 소급적으로 지위를 상실한 경우에도 마찬가지로 적용된다(대판 2017.5.11, 2012다200486).

답 ③

CHAPTER 2 | 특별행정작용법

THEME 65 | 공물법

001 다음 중 공물에 관한 설명으로 옳지 않은 것은? (다툼이 있는 경우 판례에 의함)

2016년 9급 복원

① 예산부족 등 설치 관리자의 재정사정은 배상책임 판단에 있어 참작사유는 될 수 있으나 안전성을 결정지을 절대적 요건은 아니다.

② 공공의 영조물이란 국가 또는 지방자치단체가 소유권, 임차권 그 밖의 권한에 기하여 관리하고 있는 경우뿐만 아니라 사실상의 관리를 하고 있는 경우도 포함한다.

③ 국가배상법상 영조물의 관리상 하자로 인한 책임은 무과실 책임이고 민법상 면책규정이 적용되지 않는다,

④ 편도 2차선 도로의 1차선상에 교통사고의 원인이 될 수 있는 크기의 돌멩이가 방치되어 있는 경우, 도로의 점유·관리자가 그에 대한 관리가능성이 없다는 입증을 하지 못하더라도 도로의 관리·보존상의 하자가 있다고 볼 수는 없다.

✍️ 해설 | 공물

중요도 ★★☆

① [○] 공물의 관리상 필요한 예산의 부족 등과 같은 재정적 제약은 배상책임 판단에 있어서 참작사유가 될 수는 있으나 공물의 안정성 판단의 절대적 요건은 아니다(대판 1967. 2.21, 66다1723).

② [○] 국가배상법 제5조 제1항 소정의 "공공의 영조물"에는 국가 또는 지방자치단체가 소유권, 임차권 그 밖의 권한에 기하여 관리하고 있는 경우뿐만 아니라 사실상의 관리를 하고 있는 경우도 포함한다(대판 1995.1.24, 94다45302).

③ [○] 민법에는 공작물점유자의 면책규정이 있으나(민법 제758조), 국가배상법에는 규정되어 있지 않다.

④ [×] 도로의 설치 또는 관리·보존상의 하자는 도로의 위치 등 장소적인 조건, 도로의 구조, 교통량, 사고시에 있어서의 교통사정 등 도로의 이용 상황과 그 본래의 이용목적 등 제반 사정과 물적 결함의 위치, 형상 등을 종합적으로 고려하여 사회통념에 따라 구체적으로 판단하여야 하는바, 도로의 설치 후 제3자의 행위에 의하여 그 본래의 목적인 통행상의 안전에 결함이 발생한 경우에는 도로에 그와 같은 결함이 있다는 것만으로 성급하게 도로의 보존상 하자를 인정하여서는 안 되고, 당해 도로의 구조, 장소적 환경과 이용 상황 등 제반 사정을 종합하여 그와 같은 결함을 제거하여 원상으로 복구할 수 있는데도 이를 방치한 것인지 여부를 개별적·구체적으로 심리하여 하자의 유무를 판단하여야 한다. 편도 2차선 도로의 1차선상에 교통사고의 원인이 될 수 있는 크기의 돌멩이가 방치되어 있는 경우, 도로의 점유·관리자가 그에 대한 관리가능성이 없다는 입증을 하지 못하는 한 이는 도로의 관리·보존상의 하자에 해당한다(대판 1998.2.10, 97다32536).

답 ④

PART 7

2022 해커스군무원 정재혁 행정법 16개년 기출문제집

002 □□□ 다음 중 공물에 대한 설명으로 옳지 않은 것은?

① 공물이란 행정주체에 의하여 직접행정목적에 제공된 개개의 유체물을 의미한다.
② 공물은 원칙적으로 취득시효의 대상이 되지 않지만 국유재산 중 일반재산에 대해서는 시효취득이 가능하다.
③ 자연공물은 일정한 형태적 요소를 갖추면 당연히 공물로 성립하므로 행정주체의 특별한 의사표시를 필요로 하지 않는다.
④ 인공공물을 사실상 사용하지 않는 경우 공용폐지된 것으로 본다.

✎ 해설 Ⅰ 공물 중요도 ★★☆

① [○] 공물은 국가 또는 공공단체 등의 행정주체에 의하여 직접행정목적에 제공된 개개의 유체물을 의미한다.
② [○] 일반재산에 대해서는 시효취득을 인정하고 있다.
③ [○] 자연공물의 성립을 위해서는 그 형체적 요소만 있으면 충분하다.
④ [×] 공물의 용도폐지 의사표시는 명시적이든 묵시적이든 불문하나 적법한 의사표시이어야 하고 단지 사실상 공물로서의 용도에 사용되지 아니하고 있다는 사실이나 무효인 매도행위를 가지고 용도폐지의 의사표시가 있다고 볼 수 없다(대판 1983.6.14, 83다카181).

답 ④

---

003 □□□ 다음 중 공물의 시효취득에 대한 내용으로 옳지 않은 것은? (다툼이 있는 경우 판례에 의함)

① 공유수면에 매립공사를 시행하였으나 그중 일부가 원래의 수면형태로 남아 있다면 그 부분은 주변이 매립지로 바뀌었다고 하여도 공유수면성을 상실하지 않는다.
② 보존재산인 문화재보호구역 내의 국유토지는 시효취득의 대상으로 인정된다.
③ 수리조합이 자연상태에서 전·답에 불과한 토지 위에 저수지를 설치한 경우 이 시설은 시효취득의 대상이 된다.
④ 대법원은 사실상 공물로서의 용도에 사용되지 아니하고 있다는 사실이나 무효인 매도행위는 용도폐지의 의사표시가 아니라고 본다.

✎ 해설 Ⅰ 공물 중요도 ★★☆

① [○] 공유수면이라 함은 하천, 바다, 호수 기타 공공의 용에 사용되는 수류 또는 수면으로서 국가의 소유에 속하는 자연공물을 말하고, 매립이라 함은 공유수면에 토사, 토적 기타 물건을 인위적으로 투입하고 물을 제거하여 육지로 조성하는 행위를 말하는 것이므로, 공유수면에 매립공사를 시행하였으나 그중 일부가 원래의 수면형태로 남아 있다면 그 부분은 주변이 매립지로 바뀌었다고 하여도 공유수면성을 상실하지 않는다고 할 것이다(대판 1992.4.28, 91누4300).
② [×] 문화재보호구역 내의 국유토지는 법령의 규정에 의하여 국가가 보존하는 재산, 즉 국유재산법 제4조 제3항 소정의 보존재산에 해당하므로 구 국유재산법 제5조 제2항에 의하여 시효취득의 대상이 되지 아니한다(대판 1994.5.10, 93다23442).
③ [○] 시효취득의 대상이 될 수 없는 자연공물이란 자연의 상태 그대로 공공용에 제공될 수 있는 실체를 갖고 있는 것을 말하므로, 원래 자연상태에서는 전·답에 불과하였던 토지 위에 수리조합이 저수지를 설치한 경우라면 이는 자연공물이라고 할 수 없을 뿐만 아니라 국가가 직접 공공목적에 제공한 것도 아니어서 비록 일반 공중의 공동이용에 제공된 것이라 하더라도 국유재산법상의 행정재산에 해당하지 아니하므로 시효취득의 대상이 된다(대판 2010.11.25, 2010다37042).
④ [○] 공물의 용도폐지 의사표시는 명시적이든 묵시적이든 불문하나 적법한 의사표시이어야 하고 단지 사실상 공물로서의 용도에 사용되지 아니하고 있다는 사실이나 무효인 매도행위를 가지고 용도폐지의 의사표시가 있다고 볼 수 없다(대판 1983.6.14, 83다카181).

답 ②

306 해커스공무원 학원·인강 gosi.Hackers.com

004

국유재산에 대한 설명으로 옳지 않은 것은? (다툼이 있는 경우 판례에 의함)

① 국가가 국유재산의 무단점유자를 상대로 변상금의 부과 징수권의 행사와 별도로 국유재산의 소유자로서 민사상 부당이득반환청구의 소를 제기할 수 있다.

② 국유재산의 무단점유자에 대한 변상금부과는 관리청이 공권력을 가진 우월한 지위에서 행한 것으로 항고소송의 대상이 되는 행정처분의 성격을 갖는다.

③ 행정재산의 목적외 사용·수익허가의 법적 성질은 특정인에게 행정재산을 사용할 수 있는 권리를 설정하여 주는 강학상 특허에 해당한다.

④ 국유재산법에서는 행정재산의 사용·수익의 허가기간은 3년 이내로 한다.

📝 해설 | 공물

중요도 ★★☆

① [○] 구 국유재산법(2009.1.30. 법률 제9401호로 전부 개정되기 전의 것, 이하 같다) 제51조 제1항·제4항·제5항에 의한 변상금 부과·징수권은 민사상 부당이득반환청구권과 법적 성질을 달리하므로, 국가는 무단점유자를 상대로 변상금 부과·징수권의 행사와 별도로 국유재산의 소유자로서 민사상 부당이득반환청구의 소를 제기할 수 있다(대판 2014.7.16, 2011다76402 전합).

② [○] 국유재산법 제51조 제1항은 국유재산의 무단점유자에 대하여는 대부 또는 사용, 수익허가 등을 받은 경우에 납부하여야 할 대부료 또는 사용료 상당액 외에도 그 징벌적 의미에서 국가측이 일방적으로 그 2할 상당액을 추가하여 변상금을 징수토록 하고 있으며 동조 제2항은 변상금의 체납시 국세징수법에 의하여 강제징수토록 하고 있는 점 등에 비추어 보면 국유재산의 관리청이 그 무단점유자에 대하여 하는 변상금부과처분은 순전히 사경제주체로서 행하는 사법상의 법률행위라 할 수 없고 이는 관리청이 공권력을 가진 우월적 지위에서 행한 것으로서 행정소송의 대상이 되는 행정처분이라고 보아야 한다(대판 1988.2.23, 87누1046).

③ [○] 판례는 행정재산의 목적 외 사용을 강학상 특허에 의한 공법관계로 본다.

> **🔎 관련 판례**
> 공유재산의 관리청이 행정재산의 사용·수익에 대한 허가는 순전히 사경제주체로서 행하는 사법상의 행위가 아니라 관리청이 공권력을 가진 우월적 지위에서 행하는 행정처분으로서 특정인에게 행정재산을 사용할 수 있는 권리를 설정하여 주는 강학상 특허에 해당한다(대판 1998.2.27, 97누1105).

④ [×] 행정재산 등의 사용·수익허가기간은 5년 이내로 한다. 다만, 제34조 제1항 제1호의 경우에는 사용료의 총액이 기부를 채납한 재산의 가액에 달하는 기간 이내로 한다(국유재산법 제35조 제1항).

답 ④

005

공물에 관한 설명 중 옳지 않은 것은? (다툼이 있는 경우 판례에 의함)

① 행정재산을 관재당국이 모르고 매각처분을 한 경우, 그 매각처분은 무효이다.

② 행정재산이 본래의 용도에 제공되지 않는 상태에 있다는 사정만으로는 이에 대한 공용폐지의 의사표시가 있다고 볼 수 없다.

③ 도로의 특별사용이란 도로의 특정부분을 유형적·고정적으로 특정한 목적을 위하여 사용하는 것을 의미하므로, 반드시 독점적·배타적인 것이어야 한다.

④ 국유재산의 무단점유자에 대한 변상금부과처분에 따라 발생하는 변상금징수권은 공법상의 법률관계에 기한 공법상의 권리이다.

① [O] 행정재산은 공유물로서 이른바 사법상의 거래의 대상이 되지 아니하는 불융통물이므로 이러한 행정재산을 관재당국이 모르고 매각처분하였다 할지라도 그 매각처분은 무효이다(대판 1967.6.27, 67다806).

② [O] 행정재산에 대한 공용폐지의 의사표시는 명시적이든 묵시적이든 상관이 없으나 적법한 의사표시가 있어야 하고, 행정재산이 사실상 본래의 용도에 사용되지 않고 있다는 사실만으로 용도폐지의 의사표시가 있었다고 볼 수는 없다(대판 1997.3.14, 96다43508).

③ [X] 도로의 특별사용은 반드시 독점적, 배타적인 것이 아니라 그 사용목적에 따라서는 도로의 일반사용과 병존이 가능한 경우도 있고 이러한 경우에는 도로점용부분이 동시에 일반 공중의 교통에 공용되고 있다고 하여 도로점용이 아니라고 말할 수 없다(대판 1991.4.9, 90누8855).

④ [O] 국유재산법 제51조 제1항에 의한 국유재산의 무단점유자에 대한 변상금부과는 대부나 사용 수익허가 등을 받은 경우에 납부하여야 할 대부료 또는 사용료 상당액 외에도 그 징벌적 의미에서 국가측이 일방적으로 그 2할 상당액을 추가하여 변상금을 징수토록 하고 있으며 그 체납시에는 국세징수법에 의하여 강제징수토록 하고 있는 점 등에 비추어 보면 그 부과처분은 관리청이 공권력을 가진 우월적 지위에서 행하는 것으로서 행정처분이라고 보아야 하고, 그 부과처분에 의한 변상금징수권은 공법상의 권리로서 사법상의 채권과는 그 성질을 달리하므로 국유재산의 무단점유자에 대하여 국가가 민법상의 부당이득금 반환청구를 하는 경우 국유재산법 제51조 제1항이 적용되지 않는다(대판 1992.4.14, 91다42197).

답 ③

---

006 공물의 사용관계에 대한 설명으로 옳지 않은 것은? (다툼이 있는 경우 판례에 의함) 2020년 7급

① 자유(보통, 일반)사용에 놓이는 공물은 사후에 사용허가를 요하지 아니하며, 국·공립학교 운동장의 사용은 일반인의 자유(보통, 일반)사용의 대상이 되는 것이 원칙이다.

② 도로의 특별사용은 반드시 독점적, 배타적인 것이 아니라 그 사용목적에 따라서는 도로의 일반사용과 병존이 가능한 경우도 있다.

③ 공물관리권은 적극적으로 공물 본래의 목적을 달성시킴을 목적으로 하며, 공물경찰권은 소극적으로 공물상의 안녕과 질서에 대한 위해를 방지함을 목적으로 한다.

④ 하천의 점용허가권은 하천의 관리주체에 대하여 일정한 특별사용을 청구할 수 있는 채권에 지나지 아니하고 대세적 효력이 있는 물권이라 할 수 없다.

해설 | 공물의 사용관계 중요도 ★★☆

① [X] 국·공립학교 운동장은 공물 중 '공용물'로서 행정주체의 사용이 우선하고, 그 목적달성을 방해하지 않는 한도 내에서 일반 공중의 자유사용 대상이 될 수 있다. 따라서 자유사용의 대상이 원칙이라고 할 수 없다.

② [O] 특허사용이 일반사용을 감수하는 경우에는 특허사용과 일반사용의 병존이 가능하다.

> **관련 판례**
> 도로의 특별사용은 반드시 독점적, 배타적인 것이 아니라 그 사용목적에 따라서는 도로의 일반사용과 병존이 가능한 경우도 있고 이러한 경우에는 도로점용부분이 동시에 일반 공중의 교통에 공용되고 있다고 하여 도로점용이 아니라고 할 수 없다(대판 1992.9.8, 91누8173).

③ [O] 공물관리권이란 행정주체가 공물의 존립을 유지하고 당해 물건을 공적 목적에 공용함으로써 공물의 목적을 달성하기 위하여 행하는 일체의 작용에 대한 권한을 말한다. 이러한 공물관리권은 공물 본래의 목적달성을 목적으로 하는데, 그중에서도 적극적으로 공공복리를 증진시키고자 함이 주된 목적이다. 한편, 공물경찰권이란 경찰권의 주체가 일반경찰권에 의거하여 공물의 사용과 관련하여 발생하는 사회 공공의 안녕과 질서에 대한 위해를 예방하고 제거하기 위하여 행하는 작용에 대한 권한을 말한다. 이러한 공물경찰권은 공물사용관계상의 질서를 유지하기 위하여 소극적으로 어떠한 위해를 예방 또는 제거하는 것을 그 목적으로 한다.

④ [O] 하천의 점용허가권은 특허에 의한 공물사용권의 일종으로서 하천의 관리주체에 대하여 일정한 특별사용을 청구할 수 있는 채권에 지나지 아니하고 대세적 효력이 있는 물권이라고 할 수 없다(대판 1990.2.13, 89다카23022).

답 ①

다음 중 변상금에 대한 설명으로 옳지 않은 것은? (다툼이 있는 경우 판례에 의함)

① 판례는 변상금부과처분을 행정처분으로 보고 있다.

② 국유재산의 무단점유자에 대한 변상금의 징수는 기속행위이다.

③ 국유재산의 무단점유자에 대하여 변상금을 부과하면서 동시에 민사상 부당이득반환청구소송을 할 수는 없다.

④ 변상금부과처분은 행정청이 공권력의 주체로서 상대방의 의사를 묻지 않고 일방적으로 행하는 공법행위이다.

📝 해설 | 변상금
중요도 ★★☆

① [○] 국유재산의 관리청이 그 무단점유자에 대하여 하는 변상금부과처분은 순전히 사경제주체로서 행하는 사법상의 법률행위라 할 수 없고 이는 관리청이 공권력을 가진 우월적 지위에서 행한 것으로서 행정소송의 대상이 되는 행정처분이라고 보아야 한다(대판 1988.2.23, 87누1047).

② [○] 국유재산의 무단점유 등에 대한 변상금징수의 요건은 국유재산법 제51조 제1항에 명백히 규정되어 있으므로 변상금을 징수할 것인가는 처분청의 재량을 허용하지 않는 기속행위이다(대판 2000.1.28, 97누4098).

③ [×] 구 국유재산법 제51조 제1항, 제4항, 제5항에 의한 변상금부과·징수권은 민사상 부당이득반환청구권과 법적 성질을 달리하므로, 국가는 무단점유자를 상대로 변상금 부과·징수권의 행사와 별도로 국유재산의 소유자로서 민사상 부당이득반환청구의 소를 제기할 수 있다(대판 2014.7.16, 2011다76402).

④ [○] 국유재산의 무단점유자에 대한 변상금부과는 대부나 사용, 수익허가 등을 받은 경우에 납부하여야 할 대부료 또는 사용료 상당액 외에도 그 징벌적 의미에서 국가측이 일방적으로 그 2할 상당액을 추가하여 변상금을 징수토록 하고 있으며 그 체납시에는 국세징수법에 의하여 강제징수토록 하고 있는 점 등에 비추어 보면 그 부과처분은 관리청이 공권력을 가진 우월적 지위에서 행하는 것으로서 행정처분이라고 보아야 한다(대판 1992.4.14, 91다42197).

답 ③

THEME 66 | 토지행정법

토지행정법에 대한 설명으로 옳지 않은 것은? (다툼이 있는 경우 판례에 의함)

① 표준지로 선정된 토지의 공시지가에 불복하기 위하여는 구 지가공시 및 토지 등의 평가에 관한 법률의 이의신청절차를 밟지 아니한 채 그 표준지에 대한 조세부과처분의 취소를 구하는 소송에서 그 공시지가의 위법성을 다툴 수는 없다.

② 구 지가공시 및 토지 등의 평가에 관한 법률에 의하여 시장, 군수, 구청장이 한 개별토지가액의 결정은 행정소송의 대상이 되는 행정처분으로 보아야 할 것이다.

③ 토지거래계약허가제에 있어서 허가란 규제지역 내의 모든 국민에게 전반적으로 토지거래의 자유를 원칙적으로 금지하고 일정한 요건을 갖춘 경우에만 사후에 금지를 해제하여 계약체결의 자유를 회복시켜 주는 성질의 것이다.

④ 토지거래계약에 관한 허가구역의 지정은 개인의 권리 내지 법률상의 이익을 구체적으로 규제하는 효과를 가져 오게 하는 행정청의 처분에 해당하고, 따라서 이에 대하여는 원칙적으로 항고소송을 제기할 수 있다.

① [○] 표준지로 선정된 토지의 공시지가에 불복하기 위하여는 구 지가공시 및 토지 등의 평가에 관한 법률(1995.12.29. 법률 제5108호로 개정되기 전의 것) 제8조 제1항 소정의 이의절차를 거쳐 처분청인 건설부장관을 상대로 그 공시지가 결정의 취소를 구하는 행정소송을 제기하여야 하는 것이지 그러한 절차를 밟지 아니한 채 그 표준지에 대한 조세부과처분의 취소를 구하는 소송에서 그 공시지가의 위법성을 다툴 수는 없다(대판 1997.2.28, 96누10225).

② [○] 시장·군수 또는 구청장의 개별토지가격결정은 관계 법령에 의한 구 토지초과이득세, 구 택지초과소유부담금 또는 개발부담금산정의 기준이 되어 국민의 권리나 의무 또는 법률상 이익에 직접적으로 관계되는 것으로서 행정소송법 제2조 제1항 제1호 소정의 행정청이 행하는 구체적 사실에 관한 법집행으로서 공권력의 행사에 해당한다(대판 1994.2.8, 93누111).

③ [×] 국토이용관리법상의 규제구역 내의 '토지 등의 거래계약'허가에 관한 규정은 규제지역 내의 모든 국민에게 전반적으로 토지거래의 자유를 금지하고 일정한 요건을 갖춘 경우에만 금지를 해제하여 계약체결의 자유를 회복시켜 주는 성질의 것이라고 보는 것은 위 법의 입법 취지를 넘어선 지나친 해석이라고 할 것이고, 규제지역 내에서도 토지거래의 자유가 인정되나, 다만 위 허가를 허가 전의 유동적 무효 상태에 있는 법률행위의 효력을 완성시켜 주는 인가적 성질을 띤 것이라고 보는 것이 타당하다(대판 1991.12.24, 90다12243 전합).

④ [○] 국토의 계획 및 이용에 관한 법률의 규정에 의하면, 토지거래계약허가를 받은 자는 5년의 범위 이내에서 대통령령이 정하는 기간 동안 그 토지를 허가받은 목적대로 이용하여야 하는 의무도 부담하며, 같은 법에 따른 토지이용의무를 이행하지 아니 하는 경우 이행강제금을 부과당하게 되는 등 토지거래계약에 관한 허가구역의 지정은 개인의 권리 내지 법률상의 이익을 구체적으로 규제하는 효과를 가져오게 하는 행정청의 처분에 해당하고, 따라서 이에 대하여는 원칙적으로 항고소송을 제기할 수 있다(대판 2006.12.22, 2006두12883).

답 ③

THEME 67   환경행정법

009
☐☐☐

다음 중 환경행정법의 기본원칙으로 옳지 않은 것은?   2011년 9급 복원

① 신뢰보호의 원칙

② 사전배려의 원칙

③ 존속보호의 원칙

④ 원인자책임의 원칙

① [×] 신뢰보호의 원칙이란 국민이 법률적 규율이나 제도가 장래에 지속할 것이라는 합리적인 신뢰를 바탕으로 개인의 법적 지위를 형성해 왔을 때에는 국가에게 그 국민의 신뢰를 되도록 보호할 것을 요구하는 법치국가원리의 파생원칙으로, 환경행정법의 기본원칙에 해당하지 않는다.

② [○] 개발사업에서 환경보전을 우선적으로 고려하여 사전에 배려하는 조치를 하여야 한다는 원칙으로, 환경행정법의 기본원칙이다.

③ [○] 환경이 더 악화되는 것을 막고 현재 상태 그대로 보전하여야 한다는 원칙으로 환경행정법의 기본원칙이다.

④ [○] 환경오염 또는 환경훼손으로 피해가 발생한 경우에는 해당 환경오염 또는 환경훼손의 원인자가 그 피해를 배상하여야 한다고 환경정책기본법 제44조에 규정하고 있으며, 이는 환경행정법의 기본원칙이다.

답 ①

010 부담금과 조세에 관한 사항으로 옳지 않은 것은?

2007년 9급 복원

① 양자는 병과가 가능하다.

② 부담금과 조세는 모두 공법상 금전지급의무에 해당한다.

③ 부담금과 조세는 모두 담세능력에 기초해서 부과한다.

④ 부담금은 특정 공익사업의 경비충당을 위한 것이고, 조세는 행정주체의 일반경비의 충당을 위한 것이다.

📝 **해설 | 부담금과 조세**　　　　　　　　　　　　　　　　　　중요도 ★★☆

①②④ [O] 부담금은 특정 공익사업에 충당하기 위하여 당해 사업과 특별한 관계에 있는 자에 대해 부과하는 금전급부의무이며, 조세는 행정주체가 그 경비에 충당할 재정조달을 목적으로 과세요건을 충족한 자에게 부과하는 금전금부의무로 양자는 병과가 가능하다.

③ [×] <u>부담금은 특정 공익사업과의 이해관계에 기초하여 부과</u>되지만, 조세는 납세자의 능력에 기초하여 부과되는 것이 원칙이다.

답 ③

011 공용수용의 목적물이 될 수 없는 것은?

2007년 9급 복원

① 광업권

② 행정재산

③ 건물의 전세권

④ 토지에 관한 소유권 이외의 권리

📝 **해설 | 공용수용**　　　　　　　　　　　　　　　　　　　중요도 ★★☆

①③④ [O] 공익사업을 위한 토지 등의 취득 및 보상에 관한 법률 제3조

> **제3조 【적용 대상】** 사업시행자가 다음 각 호에 해당하는 토지·물건 및 권리를 취득하거나 사용하는 경우에는 이 법을 적용한다.
> 1. 토지 및 이에 관한 소유권 외의 권리
> 2. 토지와 함께 공익사업을 위하여 필요한 입목(立木), 건물, 그 밖에 토지에 정착된 물건 및 이에 관한 소유권 외의 권리
> 3. 광업권·어업권·양식업권 또는 물의 사용에 관한 권리
> 4. 토지에 속한 흙·돌·모래 또는 자갈에 관한 권리

② [×] <u>행정재산은 공물로서 공용폐지가 되지 않는다면 공용수용의 목적물이 될 수 없다.</u>

답 ②

PART 7 2022 해커스군무원 장재혁 행정법 16개년 기출문제집

공익사업을 위한 토지 등의 취득 및 보상에 관한 법률상의 환매권에 대한 설명으로 옳지 않은 것은? (다툼이 있는 경우 판례에 의함)

① 토지의 협의취득일 또는 수용의 개시일부터 10년 이내에 해당 사업의 폐지·변경 또는 그 밖의 사유로 취득한 토지의 전부 또는 일부가 필요 없게 된 경우 취득일 당시의 토지소유자 또는 그 포괄승계인은 환매권을 행사할 수 있다.

② 환매권의 발생기간을 제한한 것은 사업시행자의 지위나 이해관계인들의 토지이용에 관한 법률관계 안정, 토지의 사회경제적 이용 효율 제고, 사회일반에 돌아가야 할 개발이익이 원소유자에게 귀속되는 불합리 방지 등을 위한 것이라 하더라도, 그 입법목적은 정당하다고 할 수 없다.

③ 환매권 발생기간 '10년'을 예외 없이 유지하게 되면 토지수용 등의 원인이 된 공익사업의 폐지 등으로 공공필요가 소멸하였음에도 단지 10년이 경과하였다는 사정만으로 환매권이 배제되는 결과가 초래될 수 있다.

④ 법률조항 제91조의 위헌성은 환매권의 발생기간을 제한한 것 자체에 있다기보다는 그 기간을 10년 이내로 제한한 것에 있다. 이 사건 법률조항의 위헌성을 제거하는 다양한 방안이 있을 수 있고 이는 입법재량 영역에 속한다.

📝 해설 | 부담금과 조세

중요도 ★★☆

① [○] 토지의 협의취득일 또는 수용의 개시일(이하 이 조에서 "취득일"이라 한다)부터 10년 이내에 해당 사업의 폐지·변경 또는 그 밖의 사유로 취득한 토지의 전부 또는 일부가 필요 없게 된 경우 취득일 당시의 토지소유자 또는 그 포괄승계인(이하 "환매권자"라 한다)은 그 토지의 전부 또는 일부가 필요 없게 된 때부터 1년 또는 그 취득일부터 10년 이내에 그 토지에 대하여 받은 보상금에 상당하는 금액을 사업시행자에게 지급하고 그 토지를 환매할 수 있다(공익사업을 위한 토지 등의 취득 및 보상에 관한 법률 제91조 제1항).

② [×] 환매권의 발생기간을 제한한 것은 사업시행자의 지위나 이해관계인들의 토지이용에 관한 법률관계 안정, 토지의 사회경제적 이용 효율 제고, 사회일반에 돌아가야 할 개발이익이 원소유자에게 귀속되는 불합리 방지 등을 위한 것인데, 그 입법목적은 정당하고 이와 같은 제한은 입법목적 달성을 위한 유효적절한 방법이라 할 수 있다(헌재 2020.11.26, 2019헌바131).

③ [○] 2000년대 이후 다양한 공익사업이 출현하면서 공익사업 간 중복·상충 사례가 발생하였고, 산업구조 변화, 비용 대비 편익에 대한 지속적 재검토, 인근 주민들의 반대 등에 직면하여 공익사업이 지연되다가 폐지되는 사례가 다수 발생하고 있다. 이와 같은 상황에서 이 사건 법률조항의 환매권 발생기간 '10년'을 예외 없이 유지하게 되면 토지수용 등의 원인이 된 공익사업의 폐지 등으로 공공필요가 소멸하였음에도 단지 10년이 경과하였다는 사정만으로 환매권이 배제되는 결과가 초래될 수 있다. 다른 나라의 입법례에 비추어 보아도 발생기간을 제한하지 않거나 더 길게 규정하면서 행사기간 제한 또는 토지에 현저한 변경이 있을 때 환매거절권을 부여하는 등 보다 덜 침해적인 방법으로 입법목적을 달성하고 있다. 이 사건 법률조항은 침해의 최소성 원칙에 어긋난다(헌재 2020.11.26, 2019헌바131).

④ [○] 이 사건 법률조항의 위헌성은 환매권의 발생기간을 제한한 것 자체에 있다기보다는 그 기간을 10년 이내로 제한한 것에 있다. 이 사건 법률조항의 위헌성을 제거하는 다양한 방안이 있을 수 있고 이는 입법재량 영역에 속한다. 이 사건 법률조항의 적용을 중지하더라도 환매권 행사기간 등 제한이 있기 때문에 법적 혼란을 야기할 뚜렷한 사정이 있다고 보이지는 않는다. 이 사건 법률조항 적용을 중지하는 헌법불합치결정을 하고, 입법자는 가능한 한 빠른 시일 내에 이와 같은 결정 취지에 맞게 개선입법을 하여야 한다(헌재 2020.11.26, 2019헌바131).

답 ②

CHAPTER 3 | 군사행정법

THEME 69 | 군사행정법

001 다음 중 군사행정의 기본원칙이 아닌 것은?

2006년 9급 복원

① 민주군정주의
② 국군의 정치적 중립성
③ 국제평화주의
④ 병정분리주의

📝 해설 | 군사행정의 기본원칙

중요도 ★☆☆

① [○] 우리 헌법은 전문에서 자유민주적 기본질서를 더욱 확고히 한다고 규정하여 모든 국가활동이 민주주의에 기반하여 이루어져야 함을 밝히고 있다.
② [○] 국군은 국가의 안전보장과 국토방위의 신성한 의무를 수행함을 사명으로 하며, 그 정치적 중립성은 준수된다(헌법 제5조 제2항).
③ [○] 대한민국은 국제평화의 유지에 노력하고 침략적 전쟁을 부인한다(헌법 제5조 제1항).
④ [×] 대통령은 헌법과 법률이 정하는 바에 의하여 국군을 통수한다(헌법 제74조 제1항). ⇨ 병정통합주의가 군사행정의 기본원칙으로 군정과 군령을 모두 일반행정기관이 관장하는 제도를 의미하며, 국군의 최고통수권자는 행정부의 수반인 대통령이다.

답 ④

002 국가긴급권에 대한 다음 설명 중 옳지 않은 것은?

2012년 9급 복원

① 계엄지역 내에서는 작전상 부득이한 경우 국민의 재산을 파괴 또는 소각할 수 있다.
② 계엄을 선포한 때에는 대통령은 지체 없이 국회에 통고해야 하며, 국회가 재적의원 과반수의 찬성으로 계엄해제를 요구할 경우 대통령은 이를 해제하여야 한다.
③ 헌법재판소는 '금융실명거래 및 비밀보장에 관한 긴급재정경제명령'이 헌법재판의 대상이 된다는 입장을 취하고 있다.
④ 긴급재정경제명령은 국가긴급권으로 인정되지 않는다.

📝 해설 | 국가긴급권

중요도 ★★☆

① [○] 비상계엄지역에서 계엄사령관은 작전상 부득이한 경우에는 국민의 재산을 파괴 또는 소각할 수 있다(계엄법 제9조 제3항).
② [○] 헌법 제77조 제4항·제5항

> **제77조** ④ 계엄을 선포한 때에는 대통령은 지체 없이 국회에 통고하여야 한다.
> ⑤ 국회가 재적의원 과반수의 찬성으로 계엄의 해제를 요구한 때에는 대통령은 이를 해제하여야 한다.

③ [○] 대통령의 긴급재정경제명령은 국가긴급권의 일종으로서 고도의 정치적 결단에 의하여 발동되는 행위이고 그 결단을 존중하여야 할 필요성이 있는 행위라는 의미에서 이른바 통치행위에 속한다고 할 수 있으나, 통치행위를 포함하여 모든 국가작용은 국민의 기본권적 가치를 실현하기 위한 수단이라는 한계를 반드시 지켜야 하는 것이고, 헌법재판소는 헌법의 수호와 국민의 기본권 보장을 사명으로 하는 국가기관이므로 비록 고도의 정치적 결단에 의하여 행해지는 국가작용이라고 할지라도 그것이 국민의 기본권 침해와 직접 관련되는 경우에는 당연히 헌법재판소의 심판대상이 된다(헌재 1996.2.29, 93헌마186).
④ [×] 대통령의 긴급명령과 긴급재정·경제명령은 법률의 효력을 가지며 국가긴급권으로 인정된다.

답 ④

PART 7 2022 해커스군무원 정채락 행정법 16개년 기출문제집

병역법의 내용 중 옳지 않은 것은?

① 병역의무에 대한 특례를 인정하지 않고 있다.

② 현역병이 징역·금고·구류의 형을 받은 경우에는 그 형의 집행일수는 현역 복무기간에 산입하지 아니한다.

③ 예비군, 민방위도 국방의 의무에 포함된다.

④ 군 복무 중 재해로 인하여 발생한 손실에 대해서는 관련 법률이 정하는 바에 의하여 보상금을 지급한다.

📝 해설 | 병역법

중요도 ★★★

① [×] 병역법은 제21조, 제21조의2, 제25조, 제26조, 제33조의7 조항 등을 근거로 하여 병역의무에 대한 특례를 인정하고 있다.

② [O] 현역병이 징역·금고·구류의 형이나 영창처분을 받은 경우 또는 복무를 이탈한 경우에는 그 형의 집행일수, 영창처분일수 또는 복무이탈일수는 현역 복무기간에 산입하지 아니한다(병역법 제18조 제3항).

③ [O] 예비군, 민방위의 경우도 간접적인 병력 형성의 의무를 지는 것으로서 국방의 의무에 포함된다.

④ [O] 군복무 중 전사·순직한 사람의 유족과 전상·공상 또는 공무상 질병으로 인하여 전역하거나 병역이 면제된 사람 및 그 가족에 해당하는 사람은 국가유공자 등 예우 및 지원에 관한 법률 또는 보훈보상대상자 지원에 관한 법률에서 정하는 바에 따라 보상을 받을 수 있다(동법 제75조 제1항 제1호).

> **병역법 제21조 【상근예비역소집의 대상 및 선발】** ① 상근예비역소집은 징집에 의하여 상근예비역소집 대상으로 입영하여 1년의 기간 내에서 대통령령으로 정하는 현역 복무기간을 마치고 예비역에 편입된 사람과 제65조 제3항에 따라 예비역에 편입된 사람을 대상으로 한다.
> ② 지방병무청장은 현역병으로 입영할 사람 중에서 징집에 의하여 상근예비역소집 대상자를 거주지별로 선발한다.
> ③ 제2항에 따른 상근예비역소집 대상자 선발기준은 거주지와 신체등급·학력·연령 등 자질을 고려하여 병무청장이 정한다.
> ④ 지방병무청장은 제2항에 따라 상근예비역소집 대상자로 선발된 사람 중 신상변동 등으로 인하여 처음 선발된 지역에서 상근예비역으로 근무할 수 없는 사람에 대하여는 상근예비역소집 대상자의 선발을 취소할 수 있다. 다만, 제2항에 따라 상근예비역소집 대상자로 선발된 사람이 현역병으로 입영한 후에는 그 선발의 취소는 각 군 참모총장이 한다.
> ⑤ 제4항 본문에 따른 취소의 요건 및 절차 등에 필요한 사항은 병무청장이 정한다. 다만, 같은 항 단서의 경우에는 각 군 참모총장이 정한다.
>
> **제21조의2 【승선근무예비역의 편입 등】** ① 다음 각 호의 어느 하나에 해당하는 사람으로서 선박직원법 제4조 제2항 제1호 및 제2호에 따른 항해사·기관사 면허가 있는 사람은 지원에 의하여 승선근무예비역에 편입할 수 있다.
> 1. 제57조 제2항에 따른 고등학교 이상의 학교에 설치된 학생군사교육단 사관후보생 또는 부사관후보생 과정(해군만 해당한다)을 마치고 현역의 장교 또는 부사관의 병적에 편입되지 아니한 사람
> 2. 현역병입영 대상자로서 선박직원법의 관련규정에 따라 해양수산부장관이 지정하는 교육기관에서 정규교육과정을 마친 사람
> ② 제1항에 따라 승선근무예비역에 편입된 사람은 다음 각 호의 구분에 따른 병적에 편입된다.
> 1. 예비역 장교의 병적: 제1항 제1호 중 학생군사교육단 사관후보생 과정을 마치고 현역 장교의 병적에 편입되지 아니한 사람
> 2. 예비역 부사관의 병적: 제1항 제1호 중 학생군사교육단 부사관후보생 과정을 마치고 현역 부사관의 병적에 편입되지 아니한 사람
> 3. 예비역 병의 병적: 제1항 제2호에 해당하는 사람
> ③ 병무청장은 군에서 필요로 하는 인원의 충원에 지장이 없는 범위에서 승선근무예비역으로 편입할 수 있는 인원을 결정하고 승선근무예비역이 복무할 수 있는 업체별 배정인원을 결정한다.
> ④ 제1항 및 제3항에 따른 승선근무예비역의 편입 기준 및 절차, 필요인원의 통보 및 업체별 배정 기준 등에 필요한 사항은 대통령령으로 정한다.
>
> **제25조 【추천에 의한 전환복무】** ① 국방부장관은 다음 각 호의 어느 하나에 해당할 경우에는 그 추천을 받은 사람을 현역병지원자로 보고 지방병무청장으로 하여금 이들을 입영하게 하여 정하여진 군사교육을 마치게 한 후 전환복무시킬 수 있다.
> 1. 소방청장으로부터 의무소방대설치법 제3조 제2항에 따라 소방업무의 보조를 임무로 하는 의무소방원 임용예정자를 추천받은 경우
> 2. 경찰청장 또는 해양경찰청장으로부터 의무경찰대 설치 및 운영에 관한 법률 제3조에 따라 대간첩작전 수행과 치안업무의 보조를 임무로 하는 의무경찰 임용예정자와 경찰대학 졸업예정자로서 의무경찰대에 복무할 사람을 추천받은 경우
> ② 제1항에 따라 전환복무된 사람은 입영한 날부터 기산하여 현역병의 복무기간과 같은 기간 동안 복무를 하여야 한다.
> ③ 경찰청장, 소방청장 또는 해양경찰청장은 다음 각 호의 어느 하나에 해당하는 경우에는 제1항에 따라 전환복무된 사람의 복무기간을 6개월의 범위에서 연장할 수 있다. 이 경우 국방부장관과 협의하고 국무회의의 심의를 거쳐 대통령의 승인을 받아야 한다.
> 1. 전시·사변에 준하는 사태
> 2. 재난 및 안전관리기본법 제60조 제1항에 따라 특별재난지역이 선포된 경우
> 3. 전환복무 자원의 충원이 곤란한 경우
> ④ 제2항 및 제3항에 따른 전환복무기간과 연장된 전환복무기간은 현역병으로 복무한 기간으로 본다.
> ⑤ 국방부장관은 제1항에 따라 전환복무된 사람이 전환복무를 마친 경우 전환복무를 해제하고 예비역에 편입한다.

⑥ 경찰청장, 소방청장 또는 해양경찰청장은 제1항에 따라 전환복무된 사람으로서 제65조 제1항 각 호의 어느 하나에 해당하는 사람에 대해서는 국방부장관에게 전환복무 해제를 요청할 수 있다.

⑦ 국방부장관은 제6항에 따른 전환복무 해제의 요청을 받으면 해당되는 사람의 전환복무를 해제하고 전역 또는 병역면제의 처분을 하여야 한다.

⑧ 제1항에 따른 추천 인원 배정과 전환복무에 필요한 사항은 대통령령으로 정한다.

제26조【사회복무요원의 업무 및 소집 대상】 (이하 생략)

제33조의7【예술 · 체육요원의 편입】 (이하 생략)

답 ①

004

병무와 관련된 다음 내용 중 옳지 않은 것은?

2017년 9급 복원

ㄱ. 병역징집의 주체는 국가이다.

ㄴ. 강제징집이 원칙이지만, 지원병제도도 배제하고 있지 않다.

ㄷ. 병무청장의 처분으로 병역의무를 지는 국민의 법적 지위가 구체화된다.

ㄹ. 병무청장은 중앙행정기관이므로 부령을 발할 수 있다.

ㅁ. 병무청장은 국방부 소속이다.

① ㄱ, ㄴ

② ㄷ

③ ㄷ, ㅁ

④ ㄹ

해설 | 병무

중요도 ★★☆

ㄱ. [○] 우리나라는 국군만을 군으로 인정하고 있으므로 병역징집의 주체는 국가이다.

ㄴ. [○] 우리나라는 징집, 소집, 지원 등의 입영 방법을 두고 있으며, 그중 강제징집을 원칙으로 하고 지원병제도도 허용하고 있다.

ㄷ. [○] 병무청장의 병역처분으로 병역의무를 지는 국민의 법적 지위가 구체화된다.

ㄹ. [×] 병무청장은 부령을 발할 수 없으며, 관할 중앙행정기관인 국방부장관이 부령을 발할 수 있다.

ㅁ. [○] 병무청장은 국방부 소속으로 국방부의 외청이다.

답 ④

① 현역입영대상자인 피고인이 정당한 사유 없이 병역의무부과통지서인 현역입영통지서의 수령을 거부하고 입영기일부터 3일이 경과하여도 입영하지 않은 경우 통지서 수령거부에 대한 처벌만 인정될 뿐 입영의 기피에 대한 처벌은 인정되지 않는다.

② 병역의무부과통지서인 현역입영통지서는 그 병역의무자에게 이를 송달함이 원칙이고, 이러한 송달은 병역의무자의 현실적인 수령행위를 전제로 하고 있다고 보아야 하므로, 병역의무자가 현역입영통지의 내용을 이미 알고 있는 경우에도 여전히 현역입영통지서의 송달은 필요하다.

③ 현역입영대상자로서는 현실적으로 입영을 하였다고 하더라도, 입영 이후의 법률관계에 영향을 미치고 있는 현역병입영통지처분 등을 한 관할지방병무청장을 상대로 위법을 주장하여 그 취소를 구할 소송상의 이익이 있다.

④ 병역법상 보충역편입처분과 공익근무요원소집처분이 각각 단계적으로 별개의 법률효과를 발생하는 독립된 행정처분이 아니므로, 불가쟁력이 생긴 보충역편입처분의 위법을 이유로 공익근무요원소집처분의 효력을 다툴 수 있다.

📝 해설 | 병역법

중요도 ★★★

① [○] 현역병입영대상자가 현역입영통지서를 거절한 경우, 이를 적법하게 수령한 것으로 볼 수 없어 입영하지 않았더라도 병역법 제88조 제1항 제1호의 입영기피에 해당하지 않는다(대판 2009.6.25, 2009도3387).

② [○] 병역의무부과통지서인 현역입영통지서는 그 병역의무자에게 이를 송달함이 원칙이고(병역법 제6조 제1항 참조), 이러한 송달은 병역의무자의 현실적인 수령행위를 전제로 하고 있다고 보아야 하므로, 병역의무자가 현역입영통지의 내용을 이미 알고 있는 경우에도 여전히 현역입영통지서의 송달은 필요하고(대판 1997.5.23, 96누5094; 대판 2004.4.9, 2003두13908 등 참조), 다른 법령상의 사유 없는 한 병역의무자로부터 근거리에 있는 책상 등에 일시 현역입영통지서를 둔 것만으로는 병역의무자의 현실적인 수령행위가 있었다고 단정할 수 없다. 같은 취지에서 원심이 그 판시와 같은 이유로 피고인이 이 사건 현역입영통지서 수령을 거절하였을 뿐 이를 적법하게 수령하였다고 볼 수 없다는 이유로 현역병입영대상자인 피고인이 현역입영통지서를 받았음에도 정당한 사유 없이 입영기일부터 3일이 경과하여도 입영하지 않았다는 이 사건 주위적 공소사실에 대하여는 그 범죄의 증명이 없는 때에 해당한다고 판단한 것은 정당하고, 거기에 상고이유 주장과 같이 병역의무부과통지서의 송달에 관한 법리를 오해하여 판결에 영향을 미친 위법이 있다고 할 수 없다(대판 2009.6.25, 2009도3387).

③ [○] 병역법 제2조 제1항 제3호에 의하면 '입영'이란 병역의무자가 징집·소집 또는 지원에 의하여 군부대에 들어가는 것이고, 같은 법 제18조 제1항에 의하면 현역은 입영한 날부터 군부대에서 복무하도록 되어 있으므로 현역병입영통지처분에 따라 현실적으로 입영을 한 경우에는 그 처분의 집행은 종료되지만, 한편, 입영으로 그 처분의 목적이 달성되어 실효되었다는 이유로 다툴 수 없도록 한다면, 병역법상 현역입영대상자로서는 현역병입영통지처분이 위법하다 하더라도 법원에 의하여 그 처분의 집행이 정지되지 아니하는 이상 현실적으로 입영을 할 수밖에 없으므로 현역병입영통지처분에 대하여는 불복을 사실상 원천적으로 봉쇄하는 것이 되고, 또한 현역입영대상자가 입영하여 현역으로 복무하는 과정에서 현역병입영통지처분 외에는 별도의 다른 처분이 없으므로 입영한 이후에는 불복할 아무런 처분마저 없게 되는 결과가 되며, 나아가 입영하여 현역으로 복무하는 자에 대한 병적을 당해 군 참모총장이 관리한다는 것은 입영 및 복무의 근거가 된 현역병입영통지처분이 적법함을 전제로 하는 것으로서 그 처분이 위법한 경우까지를 포함하는 의미는 아니라고 할 것이므로, 현역입영대상자로서는 현실적으로 입영을 하였다고 하더라도, 입영 이후의 법률관계에 영향을 미치고 있는 현역병입영통지처분 등을 한 관할지방병무청장을 상대로 위법을 주장하여 그 취소를 구할 소송상의 이익이 있다(대판 2003.12.26, 2003두1875).

④ [×] 각 규정에 의하면, 보충역편입처분 등의 병역처분은 구체적인 병역의무부과를 위한 전제로서 징병검사 결과 신체등위와 학력·연령 등 자질을 감안하여 역종을 부과하는 처분임에 반하여, 공익근무요원소집처분은 보충역편입처분을 받은 공익근무요원소집대상자에게 기초적 군사훈련과 구체적인 복무기관 및 복무분야를 정한 공익근무요원으로서의 복무를 명하는 구체적인 행정처분이므로, 위 두 처분은 후자의 처분이 전자의 처분을 전제로 하는 것이기는 하나 각각 단계적으로 별개의 법률효과를 발생하는 독립된 행정처분이라고 할 것이므로, 따라서 보충역편입처분의 기초가 되는 신체등위판정에 잘못이 있다는 이유로 이를 다투기 위하여는 신체등위판정을 기초로 한 보충역편입처분에 대하여 쟁송을 제기하여야 할 것이며, 그 처분을 다투지 아니하여 이미 불가쟁력이 생겨 그 효력을 다툴 수 없게 된 경우에는, 병역처분변경신청에 의하는 경우는 별론으로 하고, <u>보충역편입처분에 하자가 있다고 할지라도 그것이 당연무효라고 볼만한 특단의 사정이 없는 한 그 위법을 이유로 공익근무요원소집처분의 효력을 다툴 수 없다</u>(대판 2002.12.10, 2001두5422).

답 ④

부록

필승으로 가는 군무원 판례

판례 01 병역법 위반죄 성립 여부

[1] 기록에 비추어 살펴보면, 원심이 그 채용증거에 의하여 현역입영대상자인 피고인이 정당한 사유 없이 병역의무부과통지서인 현역입영통지서의 수령을 거부하였다고 인정하여 이 사건 예비적 공소사실을 유죄로 판단한 것은 정당하고, 거기에 상고이유에서 주장하는 바와 같은 위법이 있다고 할 수 없다. 그리고 피고인에게 10년 미만의 징역형이 선고된 이 사건에서 형의 양정이 부당하다는 취지의 주장은 적법한 상고이유가 될 수 없다.

[2] 병역의무부과통지서인 현역입영통지서는 그 병역의무자에게 이를 송달함이 원칙이고(병역법 제6조 제1항 참조), 이러한 송달은 병역의무자의 현실적인 수령행위를 전제로 하고 있다고 보아야 하므로, 병역의무자가 현역입영통지의 내용을 이미 알고 있는 경우에도 여전히 현역입영통지서의 송달은 필요하고, 다른 법령상의 사유가 없는 한 병역의무자로부터 근거리에 있는 책상 등에 일시 현역입영통지서를 둔 것만으로는 병역의무자의 현실적인 수령행위가 있었다고 단정할 수 없다. 같은 취지에서 원심이 그 판시와 같은 이유로 피고인이 이 사건 현역입영통지서 수령을 거절하였을 뿐 이를 적법하게 수령하였다고 볼 수 없다는 이유로 현역병입영대상자인 피고인이 현역입영통지서를 받았음에도 정당한 사유 없이 입영기일부터 3일이 경과하여도 입영하지 않았다는 이 사건 주위적 공소사실에 대하여는 그 범죄의 증명이 없는 때에 해당한다고 판단한 것은 정당하고, 거기에 상고이유 주장과 같이 병역의무부과통지서의 송달에 관한 법리를 오해하여 판결에 영향을 미친 위법이 있다고 할 수 없다.

> ### 🏛 확인 OX
>
> 01 현역입영대상자인 피고인이 정당한 사유 없이 병역의무부과통지서인 현역입영통지서의 수령을 거부하고 입영기일부터 3일이 경과하여도 입영하지 않은 경우 통지서 수령거부에 대한 처벌만 인정될 뿐 입영의 기피에 대한 처벌은 인정되지 않는다. 2020년 9급
> (○ , ×)
>
> 02 병역의무부과통지서인 현역입영통지서는 그 병역의무자에게 이를 송달함이 원칙이고, 이러한 송달은 병역의무자의 현실적인 수령행위를 전제로 하고 있다고 보아야 하므로, 병역의무자가 현역입영통지의 내용을 이미 알고 있는 경우에도 여전히 현역입영통지서의 송달은 필요하다. 2020년 9급
> (○ , ×)
>
> 답 01 ○ 02 ○

판례 02 병역의무부과처분 취소청구

[1] 병역법 제2조 제1항 제3호에 의하면 '입영'이란 병역의무자가 징집·소집 또는 지원에 의하여 군부대에 들어가는 것이고, 같은 법 제18조 제1항에 의하면 현역은 입영한 날부터 군부대에서 복무하도록 되어 있으므로 현역병입영통지처분에 따라 현실적으로 입영을 한 경우에는 그 처분의 집행은 종료되지만, 한편, 입영으로 그 처분의 목적이 달성되어 실효되었다는 이유로 다툴 수 없도록 한다면, 병역법상 현역입영대상자로서는 현역병입영통지처분이 위법하다 하더라도 법원에 의하여 그 처분의 집행이 정지되지 아니하는 이상 현실적으로 입영을 할 수밖에 없으므로 현역병입영통지처분에 대하여는 불복을 사실상 원천적으로 봉쇄하는 것이 되고, 또한 현역입영대상자가 입영하여 현역으로 복무하는 과정에서 현역병입영통지처분 외에는 별도의 다른 처분이 없으므로 입영한 이후에는 불복할 아무런 처분마저 없게 되는 결과가 되며, 나아가 입영하여 현역으로 복무하는 자에 대한 병적을 당해 군 참모총장이 관리한다는 것은 입영 및 복무의 근거가 된 현역병입영통지처분이 적법함을 전제로 하는 것으로서 그 처분이 위법한 경우까지를 포함하는 의미는 아니라고 할 것이므로, 현역입영대상자로서는 현실적으로 입영을 하였다고 하더라도, 입영 이후의 법률관계에 영향을 미치고 있는 현역병입영통지처분 등을 한 관할지방병무청장을 상대로 위법을 주장하여 그 취소를 구할 소송상의 이익이 있다.

[2] 병무청 담당부서의 담당공무원에게 공적 견해의 표명을 구하는 정식의 서면질의 등을 하지 아니한 채 총무과 민원팀장에 불과한 공무원이 민원봉사차원에서 상담에 응하여 안내한 것을 신뢰한 경우, 신뢰보호원칙이 적용되지 아니한다고 한 사례이다(대판 2003.12.26, 2003두1875).

> **📖 확인 OX**
>
> **01** 현역입영대상자로서는 현실적으로 입영을 하였다고 하더라도, 입영 이후의 법률관계에 영향을 미치고 있는 현역병입영통지처분 등을 한 관할지방병무청장을 상대로 위법을 주장하여 그 취소를 구할 소송상의 이익이 있다. 2020년 9급   (○ , ×)
>
> **02** 병무청 담당부서의 담당공무원에게 공적 견해의 표명을 구하는 정식의 서면질의 등을 하지 아니한 채 총무과 민원팀장에 불과한 공무원이 민원봉사차원에서 상담에 응하여 안내한 것을 신뢰하였더라도 신뢰보호원칙이 적용된다.
> 2013년 국가직 9급 변형   (○ , ×)
>
> 답 01 ○ 02 ×

판례 03   공익근무요원소집처분 취소청구

구 병역법(1999.12.28. 법률 제6058호로 개정되기 전의 것) 제2조 제1항 제2호, 제9호, 제5조, 제11조, 제12조, 제14조, 제26조, 제29조, 제55조, 제56조의 각 규정에 의하면, 보충역편입처분 등의 병역처분은 구체적인 병역의무부과를 위한 전제로서 징병검사 결과 신체등위와 학력·연령 등 자질을 감안하여 역종을 부과하는 처분임에 반하여, 공익근무요원소집처분은 보충역편입처분을 받은 공익근무요원소집대상자에게 기초적 군사훈련과 구체적인 복무기관 및 복무분야를 정한 공익근무요원으로서의 복무를 명하는 구체적인 행정처분이므로, 위 두 처분은 후자의 처분이 전자의 처분을 전제로 하는 것이기는 하나 각각 단계적으로 별개의 법률효과를 발생하는 독립된 행정처분이라고 할 것이므로, 따라서 보충역편입처분의 기초가 되는 신체등위판정에 잘못이 있다는 이유로 이를 다투기 위하여는 신체등위판정을 기초로 한 보충역편입처분에 대하여 쟁송을 제기하여야 할 것이며, 그 처분을 다투지 아니하여 이미 불가쟁력이 생겨 그 효력을 다툴 수 없게 된 경우에는, 병역처분변경신청에 의하는 경우는 별론으로 하고, 보충역편입처분에 하자가 있다고 할지라도 그것이 당연무효라고 볼만한 특단의 사정이 없는 한 그 위법을 이유로 공익근무요원소집처분의 효력을 다툴 수 없다(대판 2002.12.10, 2001두5422).

> **📖 확인 OX**
>
> **01** 병역법상 보충역편입처분과 공익근무요원소집처분이 각각 단계적으로 별개의 법률효과를 발생하는 독립된 행정처분이 아니므로, 불가쟁력이 생긴 보충역편입처분의 위법을 이유로 공익근무요원소집처분의 효력을 다툴 수 있다. 2020년 9급   (○ , ×)
>
> **02** 보충역편입처분과 공익근무요원소집처분은 구체적인 병역의무부과를 위한 전제로서 징병검사 결과 신체등위와 학력·연령 등 자질을 감안하여 역종을 부과하는 처분이다. 예상문제   (○ , ×)
>
> 답 01 × 02 ×

판례 04   공익근무요원의 법적 성질

공익근무요원은 병역법 제2조 제1항 제9호, 제5조 제1항의 규정에 의하면 국가기관 또는 지방자치단체의 공익목적수행에 필요한 경비·감시·보호 또는 행정업무 등의 지원과 국제협력 또는 예술·체육의 육성을 위하여 소집되어 공익분야에 종사하는 사람으로서 보충역에 편입되어 있는 자이기 때문에, 소집되어 군에 복무하지 않는 한 군인이라고 말할 수 없으므로, 비록 병역법 제75조 제2항이 공익근무요원으로 복무 중 순직한 사람의 유족에 대하여 국가유공자 등 예우 및 지원에 관한 법률에 따른 보상을 하도록 규정하고 있다고 하여도, 공익근무요원이 국가배상법 제2조 제1항 단서의 규정에 의하여 국가배상법상 손해배상청구가 제한되는 군인·군무원·경찰공무원 또는 향토예비군대원에 해당한다고 할 수 없다(대판 1997.3.28, 97다4036).

판례 05 **병역처분취소처분 취소청구**

[1] 행정처분을 한 처분청은 그 처분의 성립에 하자가 있는 경우 이를 취소할 별도의 법적 근거가 없다고 하더라도 직권으로 이를 취소할 수 있는바, 병역의무가 국가수호를 위하여 전 국민에게 과하여진 헌법상의 의무로서 그를 수행하기 위한 전제로서의 신체등위판정이나 병역처분 등은 공정성과 형평성을 유지하여야 함은 물론 그 면탈을 방지하여야 할 공익적 필요성이 매우 큰 점에 비추어 볼 때, 지방병무청장은 군의관의 신체등위판정이 금품수수에 따라 위법 또는 부당하게 이루어졌다고 인정하는 경우에는 그 위법 또는 부당한 신체등위판정을 기초로 자신이 한 병역처분을 직권으로 취소할 수 있다.

[2] 구 병역법(1999.2.5. 법률 제5757호로 개정되기 전의 것) 제5조, 제8조, 제12조, 제14조, 제62조, 제63조, 제65조의 규정을 종합하면, 지방병무청장이 재신체검사 등을 거쳐 현역병입영대상편입처분을 보충역편입처분이나 제2국민역편입처분으로 변경하거나 보충역편입처분을 제2국민역편입처분으로 변경하는 경우 비록 새로운 병역처분의 성립에 하자가 있다고 하더라도 그것이 당연무효가 아닌 한 일단 유효하게 성립하고 제소기간의 경과 등 형식적 존속력이 생김과 동시에 종전의 병역처분의 효력은 취소 또는 철회되어 확정적으로 상실된다고 보아야 할 것이므로 그 후 새로운 병역처분의 성립에 하자가 있었음을 이유로 하여 이를 취소한다고 하더라도 종전의 병역처분의 효력이 되살아난다고 할 수 없다.

[3] 지방병무청장의 제2국민역편입처분의 취소처분이 병역법 제86조에 근거하는 것이 아니라 하자 있는 행정처분 일반에 대한 직권취소권에 기초하고 있는 이상 위 취소처분이 정당하다는 원심의 판단이 병역의무자가 병역의무를 기피할 목적으로 사위행위를 하였다는 병역법 제86조 위반의 공소사실에 대하여 범죄의 증명이 없다는 이유로 무죄를 선고한 형사판결의 사실인정과 저촉되는 것이라 할 수 없다고 한 사례이다(대판 2002.5.28, 2001두9653).

[1] 행정청이 침해적 행정처분을 하면서 당사자에게 행정절차법상의 사전통지를 하거나 의견제출의 기회를 주지 아니하였다면 사전통지를 하지 않거나 의견제출의 기회를 주지 아니하여도 되는 예외적인 경우에 해당하지 아니하는 한 그 처분은 위법하여 취소를 면할 수 없다.

[2] 행정과정에 대한 국민의 참여와 행정의 공정성, 투명성 및 신뢰성을 확보하고 국민의 권익을 보호함을 목적으로 하는 행정절차법의 입법목적과 행정절차법 제3조 제2항 제9호의 규정 내용 등에 비추어 보면, 공무원 인사관계 법령에 의한 처분에 관한 사항 전부에 대하여 행정절차법의 적용이 배제되는 것이 아니라 성질상 행정절차를 거치기 곤란하거나 불필요하다고 인정되는 처분이나 행정절차에 준하는 절차를 거치도록 하고 있는 처분의 경우에만 행정절차법의 적용이 배제된다.

[3] 군인사법령에 의하여 진급예정자명단에 포함된 자에 대하여 의견제출의 기회를 부여하지 아니한 채 진급선발을 취소하는 처분을 한 것이 절차상 하자가 있어 위법하다고 한 사례이다(대판 2007.9.21, 2006두20631).

🏛 확인 OX

01 행정청이 침해적 행정처분을 하면서 당사자에게 행정절차법상의 사전통지를 하거나 의견제출의 기회를 주지 아니하였다면 사전통지를 하지 않거나 의견제출의 기회를 주지 아니하여도 되는 예외적인 경우에 해당하지 아니하는 한 그 처분은 위법하여 취소를 면할 수 없다. 2016년 사회복지직 9급 변형 (○, ×)

02 행정절차법상 처분의 사전통지 및 의견청취 등에 관한 규정은 군인사법상 진급선발취소 처분에 대해서는 적용하지 않는다.
예상문제 (○, ×)

답 01 ○ 02 ×

[1] 국가배상법 제2조 소정의 "공무원이 그 직무를 집행함에 당하여"라고 함은 직무의 범위 내에 속한 행위이거나 직무수행의 수단으로써 또는 직무행위에 부수하여 행하여지는 행위로서 직무와 밀접한 관련이 있는 것도 포함되는바, 육군중사가 자신의 개인소유 오토바이 뒷좌석에 같은 부대 소속 군인을 태우고 다음날부터 실시예정인 훈련에 대비하여 사전정찰차 훈련지역 일대를 살피고 귀대하던 중 교통사고가 일어났다면, 그가 비록 개인소유의 오토바이를 운전한 경우라 하더라도 실질적, 객관적으로 위 운전행위는 그에게 부여된 훈련지역의 사전정찰임무를 수행하기 위한 직무와 밀접한 관련이 있다고 보아야 한다.

[2] 국가배상법 제2조 제1항 단서에 의하면 군인, 군무원 등이 직무집행과 관련하는 행위 등으로 인하여 전사, 순직 또는 공상을 입은 경우에 다른 법령의 규정에 의하여 재해보상금, 유족연금, 상이연금 등의 보상을 지급받을 수 있을 때에는 국가배상법 또는 민법의 규정에 의한 손해배상청구를 할 수 없도록 규정하고 있으므로 이들이 직접 국가에 대하여 손해배상청구권을 행사할 수 없음은 물론 국가와 공동불법행위책임이 있는 자가 그 배상채무를 이행하였음을 이유로 국가에 대하여 구상권을 행사하는 것은 허용되지 않는다(대판 1994.5.27, 94다6741).

🏛 확인 OX

01 육군중사가 자신의 개인소유 오토바이 뒷좌석에 같은 부대 소속 군인을 태우고 다음날부터 실시예정인 훈련에 대비하여 사전정찰차 훈련지역 일대를 살피고 귀대하던 중 교통사고가 일어났다면 이는 그에게 부여된 훈련지역의 사전정찰임무를 수행하기 위한 직무와 밀접한 관련이 있다고 볼 수 없다. 2016년 지방직 7급 변형 (○, ×)

02 국가배상법 제2조 제1항 단서에 의하면 군인, 군무원 등이 직무집행과 관련하는 행위 등으로 인하여 전사, 순직 또는 공상을 입은 경우에 다른 법령의 규정에 의하여 재해보상금, 유족연금, 상이연금 등의 보상을 지급받을 수 있을 때에는 국가배상법 또는 민법의 규정에 의한 손해배상청구를 할 수 없도록 규정하고 있다. 예상문제 (○, ×)

답 01 × 02 ○

[1] 미성년자의 과실능력은 그에게 사리를 변식함에 족한 지능을 구유하고 있으면 족하고 책임을 변식함에 족한 지능을 구유함을 요하지 아니한다.

[2] 사고차량이 군용차량이고 운전사가 군인임이 외관상 뚜렷한 이상, 실제는 공무집행에 속하는 것이 아니라 하여도 이는 공무원이 그 직무를 수행함에 당하여 저지른 것으로 해석하여야 한다(대판 1971.3.23, 70다2986).

> **🏛 확인 OX**
>
> 사고차량이 군용차량이고 운전사가 군인임이 외관상 뚜렷하더라도, 실제는 공무집행에 속하는 것이 아니라면 이는 공무원이 그 직무를 수행함에 당하여 저지른 것으로 해석할 수 없다. 2017년 소방 간부 변형 (○ , ×)
>
> 답 ×

[1] 구 군인연금법(2000.12.30. 법률 제6327호로 개정되기 전의 것)과 같은 법 시행령(2000.12.30. 대통령령 제17099호로 개정되기 전의 것)의 관계 규정을 종합하면, 같은 법에 의한 퇴역연금 등의 급여를 받을 권리는 법령의 규정에 의하여 직접 발생하는 것이 아니라 각 군 참모총장의 확인을 거쳐 국방부장관이 인정함으로써 비로소 구체적인 권리가 발생하고, 위와 같은 급여를 받으려고 하는 자는 우선 관계 법령에 따라 국방부장관에게 그 권리의 인정을 청구하여 국방부장관이 그 인정 청구를 거부하거나 청구 중의 일부만을 인정하는 처분을 하는 경우 그 처분을 대상으로 항고소송을 제기하는 등으로 구체적 권리를 인정받은 다음 비로소 당사자소송으로 그 급여의 지급을 구하여야 할 것이고, 구체적인 권리가 발생하지 않은 상태에서 곧바로 국가를 상대로 한 당사자소송으로 그 권리의 확인이나 급여의 지급을 소구하는 것은 허용되지 아니한다.

[2] 국방부장관의 인정에 의하여 퇴역연금을 지급받아 오던 중 군인보수법 및 공무원보수규정에 의한 호봉이나 봉급액의 개정 등으로 퇴역연금액이 변경된 경우에는 법령의 개정에 따라 당연히 개정규정에 따른 퇴역연금액이 확정되는 것이지 구 군인연금법(2000.12.30. 법률 제6327호로 개정되기 전의 것) 제18조 제1항 및 제2항에 정해진 국방부장관의 퇴역연금액 결정과 통지에 의하여 비로소 그 금액이 확정되는 것이 아니므로, 법령의 개정에 따른 국방부장관의 퇴역연금액 감액조치에 대하여 이의가 있는 퇴역연금수급권자는 항고소송을 제기하는 방법으로 감액조치의 효력을 다툴 것이 아니라 직접 국가를 상대로 정당한 퇴역연금액과 결정, 통지된 퇴역연금액과의 차액의 지급을 구하는 공법상 당사자소송을 제기하는 방법으로 다툴 수 있다 할 것이고, 같은 법 제5조 제1항에 그 법에 의한 급여에 관하여 이의가 있는 자는 군인연금급여재심위원회에 그 심사를 청구할 수 있다는 규정이 있다 하여 달리 볼 것은 아니다(대판 2003.9.5, 2002두3522).

> **🏛 확인 OX**
>
> 01 퇴역연금 등의 급여를 받을 권리는 각 군 참모총장의 확인을 거쳐 국방부장관이 인정함으로써 비로소 구체적인 권리가 발생하는 것이 아니라 법령의 규정에 의하여 직접 발생한다. 예상문제 (○ , ×)
>
> 02 국방부장관의 인정에 의하여 퇴역연금을 지급받아 오던 중 군인보수법 및 공무원보수규정에 의한 호봉이나 봉급액의 개정 등으로 퇴역연금액이 변경된 경우 법령의 개정에 따른 국방부장관의 퇴역연금액 감액조치에 대하여 이의가 있는 퇴역연금수급권자는 당사자소송을 제기할 수 있다. 2018년 국가직 9급 변형 (○ , ×)
>
> 답 01 × 02 ○

[1] 병무청장이 병역법 제81조의2 제1항에 따라 병역의무 기피자의 인적사항 등을 인터넷 홈페이지에 게시하는 등의 방법으로 공개한 경우 병무청장의 공개결정을 항고소송의 대상이 되는 행정처분으로 보아야 한다. 그 구체적인 이유는 다음과 같다.

① 병무청장이 하는 병역의무 기피자의 인적사항 등 공개는, 특정인을 병역의무 기피자로 판단하여 그 사실을 일반 대중에게 공표함으로써 그의 명예를 훼손하고 그에게 수치심을 느끼게 하여 병역의무 이행을 간접적으로 강제하려는 조치로서 병역법에 근거하여 이루어지는 공권력의 행사에 해당한다.

② 병무청장이 하는 병역의무 기피자의 인적사항 등 공개조치에는 특정인을 병역의무 기피자로 판단하여 그에게 불이익을 가한다는 행정결정이 전제되어 있고, 공개라는 사실행위는 행정결정의 집행행위라고 보아야 한다. 병무청장이 그러한 행정결정을 공개 대상자에게 미리 통보하지 않은 것이 적절한지는 본안에서 해당 처분이 적법한가를 판단하는 단계에서 고려할 요소이며, 병무청장이 그러한 행정결정을 공개 대상자에게 미리 통보하지 않았다거나 처분서를 작성·교부하지 않았다는 점만으로 항고소송의 대상적격을 부정하여서는 아니 된다.

③ 병무청 인터넷 홈페이지에 공개 대상자의 인적사항 등이 게시되는 경우 그의 명예가 훼손되므로, 공개 대상자는 자신에 대한 공개결정이 병역법령에서 정한 요건과 절차를 준수한 것인지를 다툴 법률상 이익이 있다. 병무청장이 인터넷 홈페이지 등에 게시하는 사실행위를 함으로써 공개 대상자의 인적사항 등이 이미 공개되었더라도, 재판에서 병무청장의 공개결정이 위법함이 확인되어 취소판결이 선고되는 경우, 병무청장은 취소판결의 기속력에 따라 위법한 결과를 제거하는 조치를 할 의무가 있으므로 공개 대상자의 실효적 권리구제를 위해 병무청장의 공개결정을 행정처분으로 인정할 필요성이 있다. 만약 병무청장의 공개결정을 항고소송의 대상이 되는 처분으로 보지 않는다면 국가배상청구 외에는 침해된 권리 또는 법률상 이익을 구제받을 적절한 방법이 없다.

④ 관할지방병무청장의 공개 대상자 결정의 경우 상대방에게 통보하는 등 외부에 표시하는 절차가 관계 법령에 규정되어 있지 않아, 행정실무상으로도 상대방에게 통보되지 않는 경우가 많다. 또한 관할지방병무청장이 위원회의 심의를 거쳐 공개 대상자를 1차로 결정하기는 하지만, 병무청장에게 최종적으로 공개 여부를 결정할 권한이 있으므로, 관할지방병무청장의 공개 대상자 결정은 병무청장의 최종적인 결정에 앞서 이루어지는 행정기관 내부의 중간적 결정에 불과하다. 가까운 시일 내에 최종적인 결정과 외부적인 표시가 예정된 상황에서, 외부에 표시되지 않은 행정기관 내부의 결정을 항고소송의 대상인 처분으로 보아야 할 필요성은 크지 않다. 관할지방병무청장이 1차로 공개 대상자 결정을 하고, 그에 따라 병무청장이 같은 내용으로 최종적 공개결정을 하였다면, 공개 대상자는 병무청장의 최종적 공개결정만을 다투는 것으로 충분하고, 관할지방병무청장의 공개 대상자 결정을 별도로 다툴 소의 이익은 없어진다.

[2] 행정처분의 무효확인 또는 취소를 구하는 소가 제소 당시에는 소의 이익이 있어 적법하였더라도, 소송 계속 중 처분청이 다툼의 대상이 되는 행정처분을 직권으로 취소하면 그 처분은 효력을 상실하여 더 이상 존재하지 않는 것이므로, 존재하지 않는 그 처분을 대상으로 한 항고소송은 원칙적으로 소의 이익이 소멸하여 부적법하다.

다만, 처분청의 직권취소에도 불구하고 완전한 원상회복이 이루어지지 않아 무효확인 또는 취소로써 회복할 수 있는 다른 권리나 이익이 남아 있거나 또는 동일한 소송 당사자 사이에서 그 행정처분과 동일한 사유로 위법한 처분이 반복될 위험성이 있어 행정처분의 위법성 확인 내지 불분명한 법률문제에 대한 해명이 필요한 경우 행정의 적법성 확보와 그에 대한 사법통제, 국민의 권리구제의 확대 등의 측면에서 예외적으로 그 처분의 취소를 구할 소의 이익을 인정할 수 있을 뿐이다(대판 2019.6.27, 2018두49130).

🏛 확인 OX

01 병무청장의 병역의무 기피자의 인적사항 공개결정은 취소소송의 대상이 되는 처분에 해당한다. 2020년 7급 (○, ×)

02 행정처분의 무효확인 또는 취소를 구하는 소가 제소 당시에는 소의 이익이 있어 적법하였더라도, 소송 계속 중 처분청이 다툼의 대상이 되는 행정처분을 직권으로 취소하면 그 처분을 대상으로 한 항고소송은 원칙적으로 소의 이익이 소멸하여 부적법하다. 예상문제 (○, ×)

답 01 ○ 02 ○

[1] 심판대상을 오인한 위법을 이유로 원심판결을 파기하고 자판한 사례이다.

[2] 병역법상 신체등위판정은 행정청이라고 볼 수 없는 군의관이 하도록 되어 있으며, 그 자체만으로 바로 병역법상의 권리 의무가 정하여지는 것이 아니라 그에 따라 지방병무청장이 병역처분을 함으로써 비로소 병역의무의 종류가 정하여지 는 것이므로 항고소송의 대상이 되는 행정처분이라 보기 어렵다(대판 1993.8.27, 93누3356).

> **🏛 확인 OX**
>
> **01** 병역법상 신체등위판정은 행정청이라고 볼 수 없는 군의관이 하도록 되어 있지만 그 자체만으로 바로 병역법상의 권리의무가 정 하여지기 때문에 항고소송의 대상이 되는 행정처분이라고 볼 수 있다. 2017년 지방직 9급 변형 (○, ×)
>
> **02** 병역법상 신체등위판정은 행정청이라고 볼 수 없는 군의관이 하도록 되어 있으며, 그에 따라 지방병무청장이 병역처분을 함으로 써 비로소 병역의무의 종류가 정하여지는 것이다. 예상문제 (○, ×)
>
> 답 01 × 02 ○

징발권자인 국가와 피징발권의 관계가 공법관계에 속한다 하더라도 징발로 인한 손실보상은 피징발권의 사법상의 권리에 대한 손실을 그 본질적 내용으로 하는 것이므로 징발보상금청구는 민사소송사건이다(대판 1970.3.10, 69다1886).

> **🏛 확인 OX**
>
> **01** 징발권자인 국가와 피징발권의 관계가 공법관계에 속한다. 2015년 9급 복원 (○, ×)
>
> **02** 징발로 인한 손실보상은 피징발권의 사법상의 권리에 대한 손실을 그 본질적 내용으로 하는 것이므로 징발보상금청구는 민사소 송사건이다. 예상문제 (○, ×)
>
> 답 01 ○ 02 ○

[1] 군인사정책상 필요에 의하여 복무연장지원서와 전역(여군의 경우 면역임)지원서를 동시에 제출하게 한 방침에 따라 위 양 지원서를 함께 제출한 이상, 그 취지는 복무연장지원의 의사표시를 우선으로 하되, 그것이 받아들여지지 아니하는 경우에 대비하여 원에 의하여 전역하겠다는 조건부 의사표시를 한 것이므로 그 전역지원의 의사표시도 유효한 것으로 보아야 한다.

[2] 위 전역지원의 의사표시가 진의 아닌 의사표시라 하더라도 그 무효에 관한 법리를 선언한 민법 제107조 제1항 단서의 규정은 그 성질상 사인의 공법행위에는 적용되지 않는다 할 것이므로 그 표시된 대로 유효한 것으로 보아야 한다(대판 1994.1.11, 93누10057).

> **🏛 확인 OX**
>
> **01** 군인사정책상의 필요에 따라 복무연장지원서와 전역지원서를 동시에 제출한 경우, 복무연장지원의 의사표시를 우선하되, 그것이 받아들여지지 아니하는 경우에 대비하여 원에 의하여 전역하겠다는 조건부 의사표시를 한 것이므로 그 전역지원의 의사표시도 유효한 것으로 보아야 한다. 2018년 9급 복원 (○, ×)
>
> **02** 전역지원의 의사표시가 진의 아닌 의사표시라면 그 무효에 관한 법리를 선언한 민법 제107조 제1항 단서의 규정에 따라 무효로 보아야 한다. 2018년 9급 복원 (○, ×)
>
> 답 01 ○ 02 ×

[1] 이 사건 법률조항의 의미는 국방부 등의 보조기관 등을 현역군인으로 보할 것인지 아니면 군무원으로도 보할 것인지를 대통령령으로 정하겠다는 것이 아니라, 현역군인으로만 보하되 그와 관련된 구체적인 사항에 대해서는 대통령령으로 정하겠다는 것이다. 그러므로 현역군인이 아닌 군무원은 대통령령에 규정될 내용에 관계없이 국방부 등의 보조기관 등에 보해질 수 없음이 이 사건 법률조항에 의해 확정되어 있다고 할 것이어서 이 사건 법률조항은 기본권 침해의 직접성이 인정된다.

[2] 공무담임권의 보호영역에는 일반적으로 공직취임의 기회보장, 신분박탈, 직무의 정지가 포함되는 것일 뿐, 여기서 더 나아가 공무원이 특정의 장소에서 근무하는 것 또는 특정의 보직을 받아 근무하는 것을 포함하는 일종의 '공무수행의 자유'까지 그 보호영역에 포함된다고 보기는 어렵다. 따라서 이 사건 법률조항이 특정직공무원으로서 군무원인 청구인들의 공무담임권을 제한하는 것은 아니다.

[3] 군인과 군무원은 모두 국군을 구성하며 국토수호라는 목적을 위해 국가와 국민에게 봉사하는 특정직공무원이기는 하지만 각각의 책임·직무·신분 및 근무조건에는 상당한 차이가 존재한다. 이 사건 법률조항이 현역군인에게만 국방부 등의 보조기관 등에 보해질 수 있는 특례를 인정한 것은 국방부 등이 담당하고 있는 지상·해상·상륙 및 항공작전임무와 그 임무를 수행하기 위한 교육훈련업무에는 평소 그 업무에 종사해 온 현역군인들의 작전 및 교육경험을 활용할 필요성이 인정되는 반면, 군무원들이 주로 담당해 온 정비·보급·수송 등의 군수지원분야의 업무, 행정 업무 그리고 일부 전투지원분야의 업무는 국방부 등에 근무하는 일반직공무원·별정직공무원 및 계약직공무원으로서도 충분히 감당할 수 있다는 입법자의 합리적인 재량 판단에 의한 것이다. 따라서 이와 같은 차별이 입법재량의 범위를 벗어나 현저하게 불합리한 것이라 볼 수는 없으므로 이 사건 법률조항은 청구인들의 평등권을 침해하지 않는다(헌재 2008.6.26, 2005헌마1275).

🏛 **확인 OX**

01 현역군인만을 국방부의 보조기관 및 차관보·보좌기관과 병무청 및 방위사업청의 보조기관 및 보좌기관에 보할 수 있도록 정하여 군무원을 제외하고 있는 정부조직법 관련 조항은 군무원인 청구인들의 평등권을 침해한다고 보아야 한다. 2020년 9급 (○, ×)

02 공무원이 특정의 장소에서 근무하는 것 또는 특정의 보직을 받아 근무하는 것을 포함하는 일종의 '공무수행의 자유'까지 그 보호영역에 포함된다고 보기는 어렵다. 예상문제 (○, ×)

답 01 × 02 ○

[1] 대통령은 행정부의 수반인 공무원으로서의 지위와 정치적 헌법기관 또는 정치인으로서의 지위를 겸유하고 있으므로, 현직 대통령에 대한 지지의견을 공표하는 것은 그 자체로 특정 정치인에 대한 지지행위로서 구 군형법(2014.1.14. 법률 제12232호로 개정되기 전의 것, 이하 같다) 제94조에서 금지하는 정치적 의견 공표행위에 해당한다.

또한 정부의 특정 정책이나 성과를 지지하는 것은 정부의 수반인 대통령 및 대통령과 정치적 입장을 같이하는 여당 등 특정 정당에 대한 지지 또는 정부·여당의 해당 정책에 비판하는 야당 등 특정 정당에 대한 반대로 이해될 수 있다. 그러므로 정부의 특정 정책이나 성과에 대한 지지의견을 공표하는 것 역시 구 군형법 제94조에서 금지하는 정치적 의견 공표행위에 해당한다. 그리고 이러한 지지 또는 반대의견을 공표할 당시까지 해당 정책이나 성과에 대하여 여야간 의견대립이 명시적으로 드러나지 않았더라도 그 사정만으로 달리 볼 것은 아니다.

[2] 구 군형법(2014.1.14. 법률 제12232호로 개정되기 전의 것) 제94조가 금지하는 정치적 의견 공표행위에 해당하는지 여부는 문제되는 의견 또는 사실의 내용, 표현방법, 공표의 경위, 전체적인 맥락 등에 비추어 판단되어야 한다. 문제되는 내용에 특정 정당이나 정치인에 대한 직접적인 언급이 없거나 명시적인 가치판단적 내용 없이 사실관계만 적시되어 있더라도, 그것이 정부의 정책이나 성과, 특정 정당이나 정치인에 대한 긍정적인 사실관계, 특정 정당이나 정치인 등에 불리한 사실관계를 적시하는 내용이라면, 이를 가치중립적인 사실관계를 적시한 것이라고 보기 어렵고, 표현방법과 경위, 전체적인 맥락 등을 종합할 때 그 주된 취지가 특정 정당이나 정치인에 대한 지지 또는 반대에 있다면, 이는 정치적 의견을 공표하는 행위에 해당한다고 볼 수 있다(대판 2018.6.28, 2017도2741).

🏛 확인 OX

01 현직 대통령에 대한 지지의견을 공표하는 것은 그 자체로 특정 정치인에 대한 지지행위로서 군형법에서 금지하는 정치적 의견 공표행위에 해당한다. 예상문제 (○, ×)

02 정부의 특정 정책이나 성과에 대한 지지의견을 공표하는 것은 군형법에서 금지하는 정치적 의견 공표행위에 해당하지 않는다. 예상문제 (○, ×)

답 01 ○ 02 ×